Helmut Hermann
Dorit Heike Gruhn

mexiko
kompakt

Helmut Hermann
Dorit Heike Gruhn

Mexiko
kompakt

Helmut Hermann
Dorit Heike Gruhn

Mexiko kompakt
erschienen im
REISE KNOW-HOW Verlag

ISBN 978-3-89662-317-1

© REISE KNOW-HOW Verlag Helmut Hermann
Untere Mühle 4
D - 71706 Markgröningen
5. aktualisierte Auflage **2023**

Alle Rechte vorbehalten

– Printed in Germany –

eMail-Adresse des Verlags: verlag@rkh-reisefuehrer.de

Internet-Adresse des Verlags: www.rkh-reisefuehrer.de

Verlagsshop von Reise Know-How:
www.reise-know-how.de

Gestaltung und Herstellung
Umschlagkonzept: Carsten Blind
Inhalt: Carsten Blind
Karten: Helmut Hermann
Druck: mediaprint, Paderborn
Fotos: siehe Anhang S. 414

Dieses Buch ist erhältlich in jeder Buchhandlung in Deutschland,
Österreich, Schweiz, Niederlande und Belgien
Bitte informieren Sie Ihren Buchhändler über folgende Bezugsadressen:
D: PROLIT GmbH, Postfach 9, 35461 Fernwald
        www.prolit.de (sowie alle Barsortimente),
CH: AVA-buch 2000, Postfach 27, 8910 Affoltern, www.ava.ch
A: Freytag-Berndt und Artaria KG, Brunner Str. 69, 1230 Wien,
        www.freytagberndt.com
NL, B: Willems Adventure, www.willemsadventure.nl
Wer im Buchhandel trotzdem kein Glück hat, bekommt
unsere Bücher auch über unsere Büchershops im Internet (s.o.)

Entdecke Mexiko!

ach zwei Jahren coronabedingter Talfahrt aller touristischen Kennziffern Mexikos klingt dieses Motto des mexikanischen Auswärtigen Amts etwas zögerlich. Doch allen Krisen zum Trotz sind die Besucherzahlen seit 2022 wieder deutlich gestiegen, und das nicht ohne Grund: Mexiko ist und bleibt eines der faszinierendsten und facettenreichsten Reiseländer überhaupt. Ob Sie nun lieber auf den Spuren der alten Hochkulturen wandeln, die Architektur der Kolonialstädte bewundern, Urwald- oder Gebirgsausflüge unternehmen oder am Meer die Unterwasserwelt entdecken – vielleicht aber einfach nur in der Sonne dösen möchten –, für jeden ist hier etwas dabei.

Die allgegenwärtige Mischung aus indigenen und spanischen Einflüssen sowie das dichte Nebeneinander von uralter Tradition und Modernität machen den besonderen Reiz des Landes aus, bei dessen Entdeckung Sie auf eine gut ausgebaute touristische Infrastruktur nicht verzichten müssen.

Die Bedeutung eines gedruckten Reiseführers hat sich gewandelt: Früher versorgte er Reisende mit Informationen, die woanders kaum erhältlich waren, heute googelt man einige Stichwörter und wird sofort überschwemmt mit unzähligen Homepages, Werbeseiten und Traveller-Blogs. Doch die übergroße Datenflut führt keinesfalls zu einer ausgewogenen Übersicht, im Gegenteil: Häufig sind Angaben auf Webseiten veraltet, aus gewinnträchtigen Gründen verschönt oder entstammen der momentanen Stimmungslage Einzelner. Das alles trägt dazu bei, dass der gedruckte Reiseführer auch in Zeiten von WiFi und Reise-Apps kein überflüssiger Ballast im Gepäck ist. Er bewertet, wählt aus, recherchiert vor Ort und präsentiert Ihnen nützliche Informationen in überschaubarer und kompakter Weise, fast immer auch mit Links versehen, die weitere Details liefern können.

Der vorliegende „Mexiko kompakt"-Reiseführer wendet sich sowohl an Reisende, die das organisierte Angebot eines Reiseveranstalters wahrnehmen wollen, als auch an Individualreisende, die es schätzen, ein handliches Buch zum Besuch der Highlights Mexikos griffbereit zu haben. Es bietet viele Hintergrundinformationen zu Land und Leuten, Beschreibungen der wichtigsten Städte, jede Menge praktischer Tipps, zahlreiche Karten und detaillierte Stadtpläne, ausgewählte Unterkünfte und Restaurants und darüber hinaus im Anhang ein umfangreiches Glossar, einen kleinen Sprachführer und eine Übersicht der mexikanischen Speisekarte.

Zögern Sie nicht, uns zu schreiben (verlag@rkh-reisefuehrer.de), falls Sie eine Erfahrung weitergeben möchten oder sonstige Verbesserungsvorschläge zum Buch haben.

Nun wünschen wir Ihnen eine erlebnisreiche und unvergessliche Reise, oder wie man in Mexiko sagt: *„¡Buen viaje y que les vaya muy bien!"*

Ihre Heike Gruhn & Helmut Hermann

Inhaltsverzeichnis

🅕 auf Facebook; ggf. abweichender
Name bzw. Adresse angegeben

Isla Mujeres

Bitte schreiben oder mailen Sie
(verlag@rkh-reisefuehrer.de),
wenn sich vor Ort Dinge verändert
haben oder Sie Neues wissen.
Besten Dank!

Reisevorbereitung und Planung

❶ auf Facebook; ggf. abweichender Name bzw. Adresse angegeben

Praktisches Reise-ABC

Ausrüstung und Reisevorbereitung

Machen Sie sich eine Checkliste. Folgende Punkte nicht vergessen:

O Alle wichtigen Dokumente kopieren bzw. auf einem USB-Stick mitnehmen (Pass, Flugtickets, Auslands-Krankenversicherung, internationaler Führerschein usw.)

O Wichtige Adressen, Telefonnummern usw. sicher speichern (u.a. auch Tel.-Nr. zur Sperrung Ihrer Kredit- oder BankCard; zum Ausdrucken auf www.kartensicherheit.de, Tel. 0049-116116

O Wichtige persönliche Sachen wie Medikamente. Ersatzbrille, Kopfbedeckung, Sonnenschutz

Hinweis: Zum Schutz der Unterwasserwelt bei Aktivitäten im Meer biologisch abbaubare Sonnenschutzmittel verwenden (gibt's i.d.R. vor Ort zu kaufen), manche Touranbieter werden Sie darum bitten. Die Chemikalien Oxybenzon und Octinoxat dürfen nicht enthalten sein.

O Informieren Sie sich, in welche Klimazonen Sie reisen und nehmen Sie ein entsprechendes Kleidungssortiment mit (s.S. 21)

O Auffrischung von allgemeinen Schutzimpfungen wie Tetanus, Typhus, Tollwut und Hepatitis. Fragen Sie diesbezüglich Ihren Arzt, auch bezüglich Impfungen gegen das Corona-Virus (s.S. 18)

O Einen Geldgürtel besorgen oder – besser noch – Innentaschen in Kleidungsstücke einnähen

O Reisekrankenversicherung abschließen

Banken

haben in der Regel von Mo–Fr zw. 9 und 16 Uhr geöffnet (einige auch Sa-Vormittag). Vorabtauschen zu Hause ist ein absolutes Verlustgeschäft!

Am bequemsten ist der Geldnachschub per **Kreditkarte** oder mit der normalen **girocard** (BankCard – deren Verwendungsakzeptanz an mexikanischen Geldautomaten bitte vorher bei Ihrer Bank erfragen) an einem der zahllosen Geldautomaten *(Cajero automático)*. Dort sind die Logos der Karten angebracht, die der Automat annimmt. Beachten Sie, dass es einen **Tageshöchstbetrag** beim Abheben am Automaten gibt. An allen Geldautomaten mit dem **VISA**-Logo funktioniert auch die „SparCard" der Postbank, bei der pro Jahr vier Auslandsabhebungen gebührenfrei sind. Vorteile haben auch Kunden der Deutschen Bank, denn die können bei deren Partnerbank Scotiabank, die in Mexiko vielfach vertreten ist, gebührenfrei Bargeld von ihrem dt. Konto abheben.

TIPP: Ziehen Sie Ihr Geld möglichst tagsüber, nachts steigt die Überfallgefahr. Hotels, Restaurants und Geschäfte akzeptieren i.d.R. Kreditkarten (außer American Express).

Möchten Sie in einem Hotel oder beim Anmieten eines Wagens per Kreditkarte zahlen, so werden Sie u.U. gebeten, einen Kreditkartenbeleg blanko zu unterzeichnen. Der fällige Betrag wird erst beim Auschecken eingetragen. Vergessen Sie also auf keinen Fall den Kopie-Beleg als Nachweis.

Beim Bezahlen mit Karte immer den Betrag auf dem Beleg umgehend prüfen.

Verlust der Bankkarte: Machen Sie zuvor Kopien Ihrer Karten mit deren Nummern vorn und hinten bzw. notieren Sie sich diese und rufen Sie zur Kartensperrung bei der Tel.-Nummer Ihrer Kreditkarten-Organisation an. Sie können das auch übers Internet erledigen, z.B. bei www.mastercard.de oder www.visa.de. Eine Aufstellung aller aktuellen Not-Nummern für alle Kreditkarten-Gesellschaften gibt es auf www.kartensicherheit.de.

Neue zentrale Notrufnummer für alle Kartenarten:
0049-116116, www.sperr-notruf.de.
Weitere Infos unten bei „Geldwechsel und Währung".

Betteln

Armut ist in Mexiko Realität. Besonders alten oder behinderten Leuten bleibt oft keine andere Wahl als betteln zu gehen. Unterstützen sie Personen, die offensichtlich nicht mehr arbeiten können, oder die etwas tun (Parkplatzwächter, Schuhputzer, Akrobaten usw.).

Botschaften

Von Mexiko in den deutschsprachigen Ländern:
in D: Klingelhöferstr. 3, 10785 Berlin, Tel. 030269323-0, mexale@sre.gob.mx, https://embamex.sre.gob.mx/alemania

in A: Operngasse 21, 10. Stock, 1040 Wien, Tel. 1-3107383/-86, embaustria@sre.gob.mx, www.botschaft-wien.com/mexikanische.html

in CH: Weltpoststrasse 20, 15 Bern, Tel. 31-3574747, embamex1@swissonline.ch, www.botschaft-bern.com/mexiko.html

Botschaften der deutschsprachigen Länder in Mexiko-Stadt:

D: Embajada de Alemania, Horacio 1506, Col. Los Morales, Sección Alameda, Delegación Miguel Hidalgo, Tel. (+52) 55-52832200, info@mexi.diplo.de, www.mexiko.diplo.de

CH: Embajada de Suiza, Av. Paseo de las Palmas 405, Torre Óptima, Piso 11, Lomas de Chapultepec, Tel. (+52) 55-91784370, mexicocity.visa@eda.admin.ch, www.eda.admin.ch/mexico

A: Embajada de Austria, Sierra Tarahumara Poniente 420, Lomas de Chapultepec, Tel. (+52) 55 52 51 08 06, mexiko-ob@bmeia.gv.at, www.aussenministerium.at/mexiko

Darüber hinaus gibt es in einigen größeren bzw. touristischen Städten auch **Honorarkonsulate** (Adressen stehen auf den jeweiligen Webseiten).

Ein- und Ausreisebestimmungen

Ihr Reisepass muss noch mindestens 6 Monate gültig sein, ein Visum brauchen Sie nicht. Sie bekommen eine **Touristenkarte** (*Forma Migratoria Múltiple* oder *Tarjeta de Turista),* die Sie ausfüllen müssen und in die dann bei der Einreise die bewilligte Verweildauer (max. 180 Tage) eingetragen wird (Adresse Ihrer Erstunterkunft in Mexiko bei der Hand haben). Sie ist gut aufzubewahren, kann unterwegs im Land kontrolliert werden und wird bei der Ausreise wieder eingezogen. Angelegenheiten rund um die Touristenkarte (Verlängerung, Verlust) regelt man an den örtlichen Stellen des **Instituto Nacional de Migración** (INM, www.inm.gob.mx, 🅕 InamiMX), in Mexiko-Stadt ist das in der Calle Homero 1832, Col. Polanco, Tel. 800-0046264, Mo–Fr 9–15 Uhr. Örtliche Stellen gibt es auch an Flughäfen, Grenzübergängen und in einigen größeren Städten.

TIPP: Gleich in den ersten Tagen eine Kopie der Touristenkarte machen.

Wenn Sie auf dem **Landweg über die USA** einreisen, sollten Sie darauf achten, dass Ihre Touristenkarte gestempelt wird. Andernfalls ist das bei einer Stelle des Instituto Nacional de Migración (INM) nachzuholen, möglichst am Grenzort selbst. Wenn Sie mit einem grenzüberschreitenden Bus einreisen, denken Sie daran, dass die mitreisenden Mexikaner diesen Stempel nicht benötigen und der Bus u.U. nicht auf Sie warten kann.

Mexiko erhebt eine **Ein- bzw.** (wer erstere noch nicht bezahlt hat) **Ausreisesteuer.** In Flugtickets ist diese bereits enthalten, den entsprechenden Beleg sollten Sie aber bei einer geplanten Ausreise auf dem Land- oder Wasserweg vorzeigen können.

Wer einen mexikanischen Inlandsflug nach oder ab Tijuana gebucht hat (oft günstige Flüge) und die Grenze zwischen Mexiko und Kalifornien/USA auf dem Landweg passieren möchte, nutzt am bequemsten den **Cross Border Xpress** (CBX). Dabei handelt es sich um einen Grenzübergang für Fußgänger, der San Diego in den USA direkt mit dem Flughafeninnern von Tijuana verbindet (dort also nicht durch die Kontrollen nach außen gehen, der Eingang zum CBX liegt unmittelbar im Bereich der Gepäckbänder). Näheres auf www.crossborderxpress.com. Kostenpunkt bei Drucklegung 25 US$ bzw. 40 US$ hin- und zurück; man spart das Taxi (u. evtl. eine Übernachtung) in Tijuana und vor allem Zeit. Im Innern des CBX befindet sich auch eine Stelle des INM. Kommen Sie aus den USA, ist ein Bus mit dem Ziel Cross Border Xpress zu nehmen.

Seit 2012 ist es nicht mehr möglich, ein Touristenvisum in einen Aufenthaltstitel für Erwerbstätigkeit umzuwandeln. Wer **im Land arbeiten** möchte, muss die entsprechende Genehmigung vor seiner Einreise bei den mexikanischen Auslandsvertretungen außerhalb Mexikos beantragen.

Zoll

Zollfrei ist die Einfuhr persönlicher Gegenstände, 1 Stange Zigaretten, bis zu 3 Liter Alkoholika (bzw. 6 Liter Wein). Nicht erlaubt sind Waffen (auch keine Harpunenspeere), frische Lebensmittel, Pflanzen, Früchte. Mehr als 10.000 US$ Bargeld (bzw. Schecks) müssen deklariert werden (Angaben ohne Gewähr, die Bestimmungen können sich jederzeit ändern).

Auf der Homepage des mex. Finanzamts kann man im Anhang 1 das Formular **„Declaración de aduana para pasajeros procedentes del extranjero"** (E/Sp) konsultieren, das weitere Details enthält:
www.sat.gob.mx/personas/
normatividad > *Formatos oficiales.*

Verboten ist die Ausfuhr von archäologischen Gegenständen, Antiquitäten, Gold (außer Schmuck), Drogen und Kakteen, ebenso Tiere, Tierprodukte und Souvenirs, die unter das Artenschutzabkommen fallen (z.B. Schwarze Korallen, Produkte aus Schildkrötenpanzern, Schlangen, Krokodilen, Papageien u.a.) sowie einige Pflanzenarten wie Kakteen und Orchideen. Heimbringen dürfen Sie zollfrei

• eine Stange Zigaretten
  oder 50 Zigarren,
• 1 Liter Spirituosen oder 2 Liter Wein
• 500 g Kaffee
• Mitbringsel und Souvenirs in einem
  Wert bis zu 430 €

(Genaueres unter: www.zoll.de).

Essen und Trinken

Mittags- bzw. Essenszeit ist zwischen 14 und 16 Uhr, am späteren Abend wird dann noch einmal warm gegessen. *Comida Corrida* ist ein drei- oder vier-gängiges günstiges Mittagsmenü, gibt es in den meisten Restaurants im Zentrum und Süden des Landes.

Die im Reiseführer empfohlenen Restaurants geben lediglich eine Momentaufnahme wieder. Es herrscht ein ständiges Kommen und Gehen, viele Restaurants verschwinden ebenso schnell, wie sie eröffnet wurden; mitunter wechselt auch urplötzlich der Besitzer – und dann schmeckt es nicht mehr – oder besser als vorher. In Mexiko lassen sich unscheinbare kleine Familienrestaurants finden, die bestes Essen zu günstigen Preisen bieten. Andererseits ist so manches renommierte Restaurant nur so lange gut, bis es sich auf seinem Ruf ausruhen kann. Schreiben Sie uns, wenn es Ihnen irgendwo besonders gut oder auch nicht geschmeckt hat.

Vegetarier und Veganer können auf der folgenden Website (weltweit) einschlägige Restaurants suchen: www.happycow.net. Angemerkt sei allerdings, dass die Seite das Nachfragen

Würzige Shrimp-Tacos

Kulinarische Entdeckungen in Mexiko

Nicht nur in religiöser, sondern auch in kulinarischer Hinsicht ist Mexiko ein durch und durch „synkretistisches" Land: indigene und europäische, ja selbst arabische und asiatische Esskulturen sind darin verschmolzen. Restaurants gibt es in allen Varianten und Preisklassen, volkstümlich geht es in **Mercados, Fondas** oder **Taquerías** zu, Restaurants der gehobeneren Klasse befinden sich oft in stilvoll eingerichteten Kolonialgebäuden. Größere Städte werden allerdings mit nationalen und internationalen Restaurantketten regelrecht überflutet. Bekannte Namen sind z.B. *Porfirio's* und *100% Natural* – empfehlenswert zum Frühstücken – oder die klassisch-guten *Sanborns*. Doch auch gegenläufige Tendenzen lassen sich beobachten, wie z.B. die Wiederentdeckung der prähispanischen Küche, wo Würmer, Ameiseneier, Schlangen usw. auf die Teller kommen.

Die „typisch" mexikanische Küche ist im Grunde genommen die Summe vieler regionaltypischer Gerichte *(platos típicos)*. **Mais** gehört jedoch landesweit zu den Grundbestandteilen (Exkurs s.S.169), nur im Norden bevorzugt man Weizen. Klassische Zutat ist **Frijoles refritos,** ausgebratenes Bohnenmus. Ein Töpfchen mit grüner oder roter **Salsa mexicana** (Chili-Soße) bzw. der aus Zwiebel-, grünen Chili- und roten Tomatenstückchen bestehende und mit *cilantro* (Koriander) gewürzte **Pico de gallo** (wörtlich: Hahnenschnabel) darf auf keinem Esstisch fehlen. Eine mexikanische Eigenheit sind die **Nopales,** gekochte bzw. gebratene Kaktusblätter (die vorher natürlich entstachelt werden). Regionale Variationen gibt es von der meist schwarzbraunen, süßlich-scharfen **Mole-Soße** (s.S. 162) oder den in Mais- oder Bananenblättern eingewickelten **Tamales** (Maismasse). Beliebt sind auch **El Pozole,** eine deftig-kräftige Suppe mit Fleisch- bzw. Hühncheneinlage und aufgequollenem Mais, oder **Enchiladas,** mit Hühnchen gefüllte Tortillas in Chile-Soße. **Guacamole,** ein je nach Koch mehr oder weniger scharfes Avocado-Dip, sollte man ebenfalls einmal probieren. Gemüse- und Salatliebhaber werden in Mexiko allerdings selten auf ihre Kosten kommen, oft beschränken sich diese auf zwei, drei Scheiben Kartoffeln oder ein dünnes Salatblatt als Beilagen.

Gesundheit kann man dafür in Form von **Früchten** und **Obst** – das Angebot ist schier unüberschaubar –, frisch gepressten **Säften** und *Aguas frescas* tanken. Letztere enthalten pürierte Früchte, Wasser und Zucker, evtl. auch Reismehl *(agua de horchata)* oder Hibiskusblüten *(agua de jamaica)*.

Etwas Vorsicht ist bei **Meeresfrüchten** *(mariscos)* geboten, nur Frisches essen! Im aromatischen Meeresfrüchte-Cocktail *Ceviche* sind die Shrimps *(camarones)*, Krabben *(cangrejos)* und sonstigen Zutaten im Rohzustand. Gängige Zubereitungsarten für **Fisch** *(pescado)*, z.B. den leckeren *Huachinango* (Rotbarsch), sind *frito* (gebraten), *empanizado* (paniert), *al mojo de ajo* (in Knoblauchtunke) oder *a la veracruzana* (in würziger Tomatensoße).

Wundern Sie sich nicht, wenn Sie unter gleichem Namen in verschiedenen Landesteilen anderes serviert bekommen! Wundern Sie sich auch nicht, wenn der Kellner behauptet, das bestellte Gericht sei überhaupt nicht **scharf,** und sie dann wie ein Drache Feuer speien (landläufig heißt das *„enchilarse"*). Anderseits sind auch viele Mexikaner sehr besorgt, dass das Essen für den Ausländer zu scharf sein könnte, selbst dann, wenn – wie es durchaus vorkommt – die Schärfe fast gänzlich fehlt.

Übrigens: Mexikanische Restaurants in Europa servieren oftmals keine original mexikanische Küche, sondern Tex-Mex aus den USA, was natürlich ebenso schmackhaft sein kann. Von dort stammt auch das angebliche Nationalgericht „Chili con Carne" – in Mexiko ist es gänzlich unbekannt!

Schmackhaftes und günstiges Essen gibt es in den mexikanischen Markthallen

vor Ort nicht völlig ersetzen kann, denn manch gutes Restaurant ist dort nicht verzeichnet, während andere schon nicht mehr existieren.

Weitere Details zu den mexikanischen Speisen und Getränken im nebenstehenden Exkurs. Siehe dazu auch die Rubrik „Rund ums Essen und Trinken" im Anhang.

Flüge

Tägliche Direktflüge von Frankfurt oder München nach Mexiko-Stadt bietet **Lufthansa.** Charterflüge nach Cancún findet man bei **Condor**.

Die größte mexikanische Fluggesellschaft mit vielen nationalen und internationalen Zielen ist **AeroMexico:** www.aeromexico.com bzw. www.aeromexicovacations.com.

Billigfluglinien innerhalb Mexikos sind **VivaAerobus, Volaris** u.a.

Auf http://mexicoaeropuerto.com kann man seinen Zielflughafen auswählen und die Gesellschaften sehen, die diesen anfliegen. Außerdem Infos zur Weiterfahrt in andere Städte mit Flughafen-Shuttles, zu den verschiedenen dort ansässigen Autovermietern u.v.m. Neben dem *Aeropuerto Internacional de la Ciudad de México* **(AICM)** ist seit 2022 ein weiterer Flughafen in Hauptstadtnähe (44 km außerhalb, vorerst noch schwer zu erreichen) in Betrieb, der *Aeropuerto Internacional Felipe Ángeles* **(AIFA)**. Bislang bedient dieser aber fast nur nationale Ziele: https://vuelaaifa.mx.

Die Flughäfen der nördlichen Pazifikstaaten haben sich darüber hinaus zu einer eigenen Seite zusammengeschlossen: www.aeropuertosgap.com.mx

An den Flughäfen gibt es meist auch eine **Informationsstelle für Touristen** (doch Vorsicht, hier versucht man, Ihnen das Teuerste anzudrehen) sowie **Taxistände** für eine Fahrt ins Zentrum, zuvor ist ein Wertgutschein am Schalter zu kaufen, es gibt feste Staffelpreise. Sehr teuer, aber für Neuankömmlinge aus Sicherheitsgründen ratsam.

Fotografieren und Filmen

In Mexiko werden Ihnen nie die Motive ausgehen, seien Sie also entsprechend ausgerüstet. Anspruchsvolle setzen eine Systemkamera mit Wechselobjektiven bzw. mit einem Zoom-Objektiv ein, andere ihr Handy.

In Museen, Kirchen und bei einigen archäologischen Stätten (Grabkammern, Wandgemälde) bestehen Fotografierverbote oder -einschränkungen (kein Blitzlicht, kein Stativ). Seien Sie diskret bei Aufnahmen von Personen. Am besten vorher um Erlaubnis fragen ("Puedo sacar una foto?").

TIPP: In den frühen Morgen- und Abendstunden sind die Lichtverhältnisse besonders günstig für stimmungsvolle Aufnahmen.

Geldwechsel und Währung

Die mexikanische Währung ist der Peso (Zeichen „$", das gleiche wie beim US-Dollar).

Pesokurs (in Mexiko) bei Drucklegung:

1 Euro ≈ 20,25 Pesos
1 US-Dollar ≈ 20,16 Pesos

Der neue 500-Pesos-Schein ist leicht mit dem auslaufenden 20-Pesos-Schein zu verwechseln, beide sind blau und zeigen Benito Juárez, ersterer ist aber länger.

Den besten Kurs für **Bargeld** (Euro, US-Dollar) bekommen Sie in der Regel in einer **Casa de Cambio** (Wechselstube, gibt es in allen touristischen Orten), den schlechtesten in Hotels und Banken. Doch auch unter den Casas de Cambio gibt es große Kursunterschiede, vergleichen lohnt deshalb. Beachten Sie auch unseren Hinweis zu den Wechselstuben am Flughafen (s.S. 106).

Gesundheit

Impfungen sind für Mexiko nicht vorgeschrieben. Es empfiehlt sich jedoch, **allgemeine Schutzimpfungen** wie Tetaus, Diphterie u.a. aufzufrischen. Zusätzlich je nach Reisegebiet und -art weitere Impfungen wie Hepatitis, Typhus oder Tollwut (Straßenhunde beißen i.d.R. nicht, möglicherweise aber solche, die ein Haus oder Grundstück bewachen). Näheres auf der **Info-Seite des Auswärtigen Amts** (s.u.).

Hüten müssen Sie sich vor allem vor den **Mücken bzw. Moskitos** – sie übertragen nicht nur die (seltene) Malaria, sondern auch Dengue-Fieber, Zika-Virus, Chikungunya oder Leishmaniasis. Beugen Sie also durch ausreichenden Mückenschutz in Form von Insektenschutzmitteln und körperbedeckenden Kleidung vor, insbesondere, wenn Sie in Gebiete reisen, die unter 1000 m Höhe liegen. Eine Malaria-Prophylaxe ist allerdings nur dann anzudenken, wenn Sie sich in Regenwaldgebieten aufhalten (südliches Tiefland von Chiapas und Campeche, Tikal in Guatemala), doch auch dort ist das Risiko einer Erkrankung sehr gering.

Bei **Moctezumas Rache** (Durchfall) sollten Sie reichlich Flüssigkeit (das mexikanische Fertigpräparat „Electrolyte" gibt es in jeder Apotheke) und möglichst wenig Essen zu sich nehmen, bevorzugt Tortillas, Haferflocken oder Bananen. Kohletabletten gibt es in Mexiko nicht, diese evtl. von zu Hause mitbringen.

Vorbeugemaßnahmen: Kein Leitungswasser trinken, sondern abgepackte Wasserflaschen kaufen, nichts Halbrohes oder Ungekochtes (Fleisch/Fisch, Schalentiere) essen, auf Muscheln besser ganz verzichten, keine Früchte, die nicht geschält werden können, in Tropengebieten wegen evtl. Trichinengefahr auf Schweinefleisch verzichten. Auch schlimmeren Erkrankungen wie **Typhus** oder **Cholera** kann durch solche Maßnahmen vorgebeugt werden.

Die Frage, wo Sie essen können, müssen Sie mehr oder weniger selbst nach Bauchgefühl entscheiden. Nicht immer gilt die Regel: Wo es fein aussieht, wird man nicht krank. Straßenstände besser meiden, es sei denn, sie hätten Ihren Magen schon bei früheren Fernreisen abgehärtet.

Denken Sie auch an den **Höhenunterschied** (der Ankunftsflughafen Mexiko-Stadt liegt auf 2240 m Höhe) und überanstrengen Sie sich vor allem in den ersten Tagen nicht.

Apotheken gibt es in Mexiko an jeder Ecke, nehmen Sie also an Medikamenten nur das mit, was Sie unbedingt brauchen. Antibiotika sind rezeptpflichtig (einige Apothekenketten haben anbei gleich eine Arztpraxis, wo sie verschrieben werden).

Die häufigsten Urlaubskrankheiten sind Magen-Darmprobleme, Erkältung und Sonnenbrand. Vor Reiseantritt sollte unbedingt eine Auslandsreise-Krankenversicherung abgeschlossen werden, die auch einen Rücktransport im Notfall mit einschließt.

Webseiten zur Reisegesundheit:
• Auswärtiges Amt: www.auswaertiges-amt.de/DE/Laenderinformationen/00-SiHi/MexikoSicherheit.html

Medizinische Hinweise:
• Zentrum für Reisemedizin: www.crm.de • www.fit-for-travel.de.

COVID-19

Mexiko gehörte 2020 und 2021 zu den Ländern mit den höchsten Infektionszahlen und den meisten Corona-Toten weltweit (in absoluten und relativen Zahlen). Bei Drucklegung sind die Infektionszahlen stark zurückgegangen, es bestehen weder Reisewarnungen noch Reisebeschränkungen, ein Impfnachweis muss nicht vorgelegt werden. Es ist allerdings weiterhin üblich und teilweise auch Pflicht, in öffentlichen Transportmitteln und Gebäuden sowie in Geschäften eine Maske (cubrebocas) zu tragen. Die Bestimmungen können sich jederzeit ändern, weshalb Sie vor Ihrer Reise auf jeden Fall die einschlägigen Reise- und Sicherheitshinweise auf der **Website des Auswärtigen Amtes** (QR-Code ▶) einsehen sollten.

Hotels

und sonstige Unterkünfte (Hostals, airbnb u.a.) gibt es in Mexiko nahezu an jedem Ort und in allen Preisklassen. Vorbuchen sollte man in der Hochsaison, das sind die Oster- und Weihnachtsfeiertage, sowie in den mexikanischen Sommerferien Ende Juli/Anfang August. Auch wenn ein großes Fest ansteht (z.B. Patronatsfest, Informationen dazu in den „Adressen & Service"-Teilen) kann es in den jeweiligen Orten recht voll werden.

Achten Sie bei der Buchung eines Hotelzimmers darauf, ob Sie zwei Einzelbetten *(dos camas individuales)* oder ein breites Doppel- bzw. Ehebett *(una cama matrimonial)* reservieren. Die Hotels bieten oft Zimmer unterschiedlicher Komfort-Klassen bzw. mit diverser Ausstattung an, z.B. mit oder ohne Klimaanlage, oben oder unten, mit Fenstern oder Balkon hinten oder vorne. Das kann „mehr oder weniger Lärm" und „mit oder ohne Aussicht" bedeuten. Lassen Sie sich

Hotelpreise

Der feste Hotelpreis ist am Aussterben. Nicht nur, weil manche Hotels je nach Saison sehr unterschiedliche Preise handhaben; Hotelpreise können auch infolge von Wechselkursänderungen, Benzinpreiserhöhungen, Naturkatastrophen oder ganz allgemein einer veränderten Nachfragesituation sehr schnell steigen, manchmal aber auch sinken.

Das Konzept „Saison" wird sehr unterschiedlich interpretiert, manche schlagen nur zu Ostern, Weihnachten und bei örtlichen Festen kräftig auf, andere wiederum unterscheiden eine Vielzahl an Saisontypen, angefangen bei Wochentag – Wochenende. In den Frühjahrsferien stürmen die *Springbreaker* aus den USA die Strände, auch das beeinflusst die Preise.

Manche Hotels lassen sich überhaupt nur noch über **einschlägige Webseiten** (Booking.com, Hoteles.com, Expedia u.a.) reservieren. Die günstigsten Angebote können i.d.R. nach Zahlung nicht mehr storniert werden. Haben Sie das Hotel Ihrer Wahl gefunden, geben Sie den Namen in eine Suchmaschine wie www.trivago.com.mx ein, diese vergleicht alle Preisportale und sucht das billigste Angebot für das gewählte Hotel heraus.

Da es heutzutage gang und gäbe ist, mit dem Handy zu reisen und aktuelle Preise und Angebote jederzeit einsehen zu können, verzichten wir in diesem Führer auf Preisangaben und verwenden stattdessen Preiskategorien (siehe Kasten rechts).

die Zimmer vorher zeigen. Bei Billigunterkünften (meist *hostales*) sollten Sie (je nach Fingerspitzengefühl) die Matratzen auch nach Bettwanzen durchsuchen, denn diese können äußerst lästig sein und werden unbemerkt mit nach Hause genommen.

Im Serviceteil der einzelnen Orte ist jeweils eine kleine Auswahl an Hotels und Restaurants der mittleren und gehobenen Preisklasse aufgenommen, die bei Ausflügen auf eigene Faust hilfreich sein können. Da es heute gang und gäbe ist, aktuelle Angebote in Internetportals einzusehen (booking.com, hoteles.com, expedia u.a., die Preise verschiedener Portale vergleichen kann man bei www.trivago.com.mx. Auf die ausgeschriebenen Preise kommen noch Steuern pro Person, Endpreise sieht man also erst beim Reservieren) verzichten wir in diesem Führer auf Preisangaben.

Zur groben Orientierung verwenden wir Euro-Zeichen als Kategorien
€   unter 50 €
€€   zwischen 50 und 100 €
€€€   über 100 €
jeweils auf ein Doppelzimmer für 2 Personen in der **Nebensaison** bezogen.

Informationsstellen für Touristen

In jeder für Touristen bedeutsamen Stadt gibt es eine **Delegación de Turismo,** kurz **„Turismo"** genannt, oder auch einen **„Módulo de Información"** (Informations-Stand). Meist in der Nähe des Hauptplatzes, dem Zócalo, und fast immer auch in den Busterminals sowie Flughäfen. Die Adressen sind jeweils im Service-Teil aufgeführt und ihre Lagen im Stadtplan.

Die Qualität des Service ist von Ort zu Ort sehr unterschiedlich, mancherorts sitzen uninteressierte Angestellte, die die Sehenswürdigkeiten selbst nicht kennen, bei einigen Info-Stellen gibt es kaum Material, „weil die aus der Landeshauptstadt nichts geschickt haben", bei anderen wiederum bekommen Sie Stadtpläne und reichlich sonstige Infos, manchmal auch auf Englisch oder Deutsch, und man wird sich sehr um Sie bemühen.

Telefonische Information

Bei den Recherchen zu diesem Buch mussten wir leider feststellen, dass Telefonnummern von örtlichen Stellen des Touristenministeriums in den meisten Fällen nicht funktionieren oder niemand antwortet. Manchmal wird man auch in eine digitale Warteschleife geschickt und nach einiger Zeit aus dem System geworfen. Falls doch jemand antwortet, hat die Person i.d.R. die gewünschte Information nicht bei der Hand. Aus diesem Grund verzichten wir im Buch (bis auf wenige Ausnahmen) auf die Angabe der Telefonnummern.

Wählt man **078** der **Ángeles Verdes,** wird ein Menü angesagt:

1 = Spanisch

2 = Englisch

Hat man die Sprache gewählt, kommt ein weiteres Menü:

1 = Autopanne (24 Std.-Service)

2 = tourist. Informationen (nur Mo–Fr)

Karten

Eine Landkarte von Mexiko besorgt man sich am besten schon zu Hause, z.B. bei Reise-Know-How, www.reise-know-how.de, wasserdicht und reißfest, konventionell zum Mitnehmen, oder digital. Ein mexikanischer Karten-Verlag ist Guía Roji, www.guiaroji.com.mx, erhältlich in größeren Buchhandlungen, an Zeitschriftenständen oder bei Sanborns sowie digitale Optionen. Ein Online-Shop für Mexiko- und Lateinamerikakarten sowie GPS-Kartenprogramme ist auch www.mexicomaps.com.

Kleidung

Luftig-leichte Kleidung für heiße Regionen sowie Wärmendes für kühle Zonen bzw. für den Abend mitnehmen (siehe Klima). Arm- und Beinbedeckung ist auch ein Schutz vor Mückenstichen und allzu praller Sonne. Für Ausflüge in die Natur, den Regenwald oder zu archäologischen Stätten festes Schuhwerk tragen (Skorpione, Schlangen). Bei Kirchenbesuchen nicht schulterfrei gehen.

Klima

Beste Reisezeit: von Mitte Oktober bis Mitte Mai, dann ist es in den meisten Landesteilen trocken und nicht allzu heiß.

Die Regenzeit dauert ungefähr von Mitte Mai bis Mitte Oktober (seit einigen Jahren sind allerdings auch Abweichungen von dieser Regel zu verzeichnen). Es regnet meist nachmittags, Unternehmungen dann auf den Vormittag verlegen. Im tropischen Tiefland Mexikos – also auf der Halbinsel Yucatán, in den Tiefgebieten von Chiapas und Oaxaca sowie in den Küstenstreifen des zentralen und südlichen Mexikos – ist es das ganze Jahr über schwülheiß, auch hier am besten in den Trockenmonaten reisen (Hurrikan-Gefahr besteht vor allem zwischen Juni und November).

In den höher gelegenen Landesteilen der nördlichen Bundesstaaten fällt im Winter auch Schnee und es wird mitunter sehr kalt, diese also besser im Frühjahr oder Herbst besuchen (die Sommer sind dort extrem heiß).

Vergessen Sie nicht: Aufgrund der unterschiedlichen Höhenlagen und topographischen Verhältnisse der einzelnen Regionen, wie z.B. in Chiapas, können Sie schon innerhalb kurzer Entfernungen in eine ganz andere Klimazone geraten. In hohen Lagen herrschen auch große Tag-/Nacht-Temperaturschwankungen. Seien Sie also immer sowohl auf heiße wie auch auf kalte Temperaturen vorbereitet. Wer sich vorab übers Klima informieren möchte, kann das hier tun: www.wetteronline.de, oder beim mexikanischen Wetterdienst: https://smn.conagua.gob.mx/es/.

Literatur-Tipps

s. Anhang

Mietwagen

Internationale Anbieter (Hertz, National, Avis usw.) gibt es an allen wichtigen Flughäfen, in großen Städten und Touristenzentren. Mindestalter 21 Jahre (manchmal auch 25). Als am zuverlässigsten gelten Hertz und Nacional. Vorzulegen ist der nationale und internationale Führerschein. Zum Bezahlen und als Kaution benötigen Sie eine Kreditkarte (Blanko-Unterschrift). Informieren Sie sich genau über die Art des Versicherungsschutzes – schließt die **Haftpflichtversicherung** auch Schäden an fremden Fahrzeugen/Personenschäden ein? Darauf sollten Sie unbedingt achten, denn in Mexiko sind sehr viele Pkw überhaupt nicht versichert.

Die Reifen sollten übrigens auch im Schutz enthalten sein, es gibt unzählige Schlaglöcher.

Die Preise sind sehr variabel, i.d.R. ist es billiger, online vorzubuchen bzw. bereits von Europa aus einen Wagen anzumieten (z.B. bei www.billiger-miet wagen.de). Lassen Sie sich nicht von allzu günstigen Angeboten blenden, meist wird das „verlorene Geld" über diverse Nebenkosten (Versicherung) wieder reingeholt.

Landen Sie an einem **Flughafen,** dann ist klarzustellen, ob Sie den Wagen direkt am Airport (oder im Zentrum) übernehmen können. Bei der Fahrzeugübernahme überprüfen, ob alles vorhanden ist und funktioniert und die diesbezügliche Checkliste mit dem Angestellten genau durchgehen, dort nicht vermerkte Schäden können Ihnen sonst bei der Abgabe angelastet werden.

Unter dem Präsidenten Peña Nieto wurde das staatliche PEMEX-Monopol gebrochen, so dass es seit 2017 auch Privatanbieter unter den Tankstellen (Total, BP u.a.) gibt. Die Farbanzeige für Magna ist grün, Premium rot, Diesel schwarz. Am besten einen Festbetrag vorgeben beim Tanken, dieser muss an der Zapfsäule eingegeben werden; bei Literangaben wird sie meist eingangs nicht auf 0 gestellt.

Die Halbinsel Yucatán ist zum Selbstfahren gut geeignet, innermexikanische Gebirgsstrecken und die Hauptstadt jedoch weniger. Fahren Sie defensiv, nicht zu schnell, möglichst nicht in der Dunkelheit und seien Sie im Straßenverkehr auf alles gefasst: Fahrzeuge ohne funktionierende Bremslichter, Abbiegen ohne Blinken, Überholen im Überholverbot, Überqueren einer Kreuzung bei roter Ampel usw.

Rechts blinken bedeutet in Mexiko: „Überholen *nicht* möglich"!

In Mexiko-Stadt hat jede Auto-Kennzeichen-Endziffer an einem bestimmten Tag Fahrverbot, genannt *„hoy no circula".* Fragen Sie Ihren Autovermieter.

Bei Pannen die unter dem Stichwort „Notfall" angegebene Nummer wählen.

TIPP: Für einen Ausflug von nur einem Tag ist es möglicherweise bequemer und nicht teurer, ein Taxi mit ortskundigem Fahrer anzuheuern.

Mautpflichtige Autobahnen heißen *Autopista de Cuota,* erkenntlich am „D" nach der Autobahn-Nr. (Mex 180 D). Die Gebühren sind hoch, eine Übersicht bietet www.gob.mx/capufe. **Achten Sie immer auf** die tückischen *topes,* **Querschwellen auf Straßen,** Autofahrer sollen so gezwungen werden, langsam zu fahren!

Die in einer bestimmten Gegend ansässigen Anbieter finden Sie über die Flughafenseite, geben Sie die Stadt Ihrer Wahl ein: **http://mexicoaeropuerto. com/renta-de-autos**

Darüber hinaus können Sie auf folgendem Portal die Preise der wichtigsten Anbieter vergleichen: www.rentalcars.com/Home.do.

Museen und archäologische Stätten

Staatlich geführte Museen sind i.d.R. montags geschlossen. Archäologische Stätten öffnen täglich von 8–17 Uhr, letzter Einlass ist gegen 16 Uhr (oder 16.30 Uhr bei kleineren Einrichtungen). Eine landesweite Übersicht über sämtliche dem **Instituto Nacional de Antropología e Historia,** kurz **INAH**, unterstellten (also staatlichen) Einrichtungen

finden Sie auf www.inah.gob.mx (Link „Zonas Arqueológicas" oder „Museos"), ebenso über http://sic.gob.mx.

Hinweise: Nicht immer entsprechen die hier verzeichneten Öffnungszeiten und Preise dem aktuellen Stand. Bei manchen archäologischen oder Natur-Stätten muss man an mehreren Stellen Eintritt bezahlen (für das Reservat sowie für die Stätte selbst), die auf der o.g. Homepage genannten Preise beziehen sich meist nur auf letztere.

Während der Corona-Pandemie waren viele Stätten geschlossen. Nach ihrer Wiedereröffnung haben die meisten maximale Besucherzahlen, je nach Anlagengröße dürfen z.B. nicht mehr als 350 Personen gleichzeitig dort sein und es gibt eine Tageshöchstgrenze. Es empfiehlt sich also, früh dort zu sein.

Eine Übersicht über die mexikanischen Museen und weitere Kultureinrichtungen bietet die Seite http://sic.gob.mx/

Kunst-Infos auch hier: http://museosmexico.cultura.gob.mx, www.artesdemexico.com

Weitere Kunst-Infos zu Museen (auch private) und Kunst finden Sie hier: www.museosdemexico.org www.artesdemexico.com

In den Staaten Yucatán und Quintana Roo gibt es eine **Zwei-Klassen-Preispolitik,** vor allem bei großen staatlichen Einrichtungen (aber z.B. auch bei den privaten Vergnügungsparks Xcaret und Xel-Há an der Karibikküste), d.h. Ausländer zahlen grundsätzlich mehr. Landesweit gilt: Die ausgeschriebenen Ermäßigungen (Studenten, Lehrer, Rentner und freie Sonntage) sind nur für Besitzer mexikanischer Ausweise.

Pueblos Mágicos

Das Programm der *Pueblos Mágicos* wurde 2001 vom mexikanischen Touristenministerium ins Leben gerufen und soll der Aufwertung besonders traditionsreicher, geschichtlich und architektonisch bedeutsamer oder sonstwie symbolträchtiger Orte dienen. Das können Kleinstädte, Dörfer, aber auch archäologische Stätten (z.B. Teotihuacán und Palenque) oder Orte mit ausgefallenen Bräuchen sein (z.B. Huamantla in Tlaxcala, wo Blumenteppiche ausgelegt und Stiere durch die Straßen getrieben werden). Da die Ernennung zum *Pueblos Mágico* sowohl mit staatlichen Subventionen als auch privaten Investitionen verbunden ist, sind die Anwärter zahlreich. Kritiker bemängeln, dass die Kriterien zur Aufnahme in den „magischen Kreis" mit der Zeit lascher geworden seien, außerdem bleibe der finanzielle Nutzen in Händen weniger Geschäftsleute. Wie dem auch sei, heute (2022) zählt Mexiko 132 solcher „magischer Orte", Spitzenreiter sind die Bundesstaaten Mexiko (10) und Puebla (10). Reisende dürfen bei diesem Prädikat jedenfalls nicht nur auf Sehenswertes, sondern auch auf eine relativ gute touristische Infrastruktur hoffen, weshalb die in diesem Führer genannten *Pueblos Mágicos* als solche mit ihrem offiziellen Symbol (s.o.) ausgewiesen sind. Dieses Symbol werden Sie auf Ihrer Reise antreffen. Eine vollständige Liste der *Pueblos Mágicos* finden Sie auf

https://pueblosmagicos.mexicodesconocido.com.mx/

Das bunte Ortszentrum vom Pueblo Mágico Cholula

Notfall

Notruf: **911 (kostenlos)**

Bei einer **Autopanne** die **24-Stunden-Hotline 078** des mexikanischen Tourismus-Ministeriums SECTUR bzw. der **Ángeles Verdes** („Grüne Engel", Automobilclub) anrufen (s.o. bei „Informationsstellen für Touristen").

Öffnungszeiten

Viele Geschäfte haben bis spätabends und sogar sonntags geöffnet. Einige schließen zwischen 14 und 16 Uhr (Siesta-Zeit). Banken/Behörden: Am besten vormittags aufsuchen. An Festtagen sind sie geschlossen. Manche Museen (und Kirchen) machen eine Mittagspause. **Sonntags haben Mexikaner** (und in Mexiko ansässige Ausländer) **in Museen und archäologischen Stätten freien Eintritt, deshalb sind diese dann oft überfüllt.**

Weiteres zu Museen und archäologischen Stätten siehe unter diesem Stichwort.

Post

Postämter *(Correos)* werden immer seltener, in größeren Städten befindet sich meist eins in Zócalonähe. Laufzeit nach Europa ca. 10–14 Tage, in (seltenen) Fällen kommen sie gar nicht an. Wichtige Sendungen besser mit einem internationalen Kurierdienst verschicken, z.B. mit DHL oder Mexpost (letzterer ist preiswerter aber langsamer, befindet sich im Postamt selbst).

Preise und Einkaufen

Mexiko ist kein Billigland, dennoch sind die durchschnittlichen Preise für Unterkunft, Essen und Transport günstiger als bei uns. **Handeln** können Sie auf Märkten oder bei Straßenverkäufern, doch bedenken Sie bitte immer, dass viele der Händler bettelarm sind und ihr Lebensstandard in keinem Vergleich zu dem des Durchschnittseuropäers steht. Versuchen Sie also nicht, alles auf einen Minimalpreis herunterzuhandeln.

Touristenresorts und Badeorte wie Cancún, die Karibikküste oder Huatulco am Pazifik sind allgemein teurer, hier ist leider häufig das Preis-Leistungsverhältnis nicht mehr angemessen. In Zeiten wirtschaftlicher Inflation können die Preise von Benzin, Taxis, Hotels etc. von heute auf morgen steigen.

Bei **Taxis** ohne Taximeter den Preis zu Beginn der Fahrt ausmachen.

Auf einige Produkte – unter anderem Hotelzimmer – werden manchmal noch 16% **Mehrwertsteuer** (IVA) plus **Hotelsteuer** (ISH) draufgeschlagen.

Mexiko ist ein wahres Einkaufsparadies, Modernes findet man in zahllosen Einkaufszentren, traditionelle Handarbeit in Läden und Märkten für kunsthandwerkliche Produkte (s.S. 60). Beliebte Mitbringsel sind – neben Webwaren aller Art – Silberschmuck, Lederwaren, Hängematten und natürlich Tequila oder Mezcal (der Schnaps mit dem Wurm).

Reiseveranstalter und Touristenführer (deutschsprachig)

Das mexikanische Fremdenverkehrsbüro in Deutschland befindet sich im Gebäude der mexikanischen Botschaft in 10785 Berlin, Klingelhöferstraße 3, Tel. 030-26397940, www.visitmexico.com, germany@visitmexico.com.

Sicherheit

In den letzten Jahren schafft Mexiko es leider immer wieder in die Negativschlagzeilen, vor allem infolge der organisierten **Kriminalität**. Deren Fangarme reichen weit in Kreise von Sicherheitskräften und Politik hinein, was ihre Bekämpfung ausgesprochen schwierig macht. Allerdings muss man sich vor Augen führen, dass im fernen Europa die Gewalt konzentriert auf dem Bildschirm erscheint, während das „normale Leben" dort kaum erfasst wird. Drogenkriminalität ist gezielte Kriminalität, d.h. Schießereien finden meistens unter Angehörigen verschiedener Kartelle bzw. zwischen diesen und Militärs statt, wobei einige Bundesstaaten stärker betroffen sind als andere, insbesondere die an die USA grenzenden und einige am Pazifik (Michoacán, Jalisco, Guerrero), aber auch das zentral gelegene Guanajuato – Spitzenreiter der Mordstatistiken von 2021. Ohne die Zustände herunterspielen zu wollen, ist die Wahrscheinlichkeit, als ausländischer Tourist davon betroffen zu sein, recht gering. Besucht und bereist wird das Land jedenfalls weiterhin.

Auf der Hut sein sollte man auf jeden Fall vor „klassischen" Straßenräubern und Taschendieben. **Sie selbst können einiges zur Verminderung des Risikos beitragen:** Bewegen Sie sich auf „ausgetrampelten Touristenpfaden", d.h. von Abenteuern auf eigene Faust in entlegene Gebiete ist abzuraten. Reisen Sie tagsüber und mit 1. Klasse-Direktbussen, die keine oder nur wenige Zwischenstopps einlegen, bzw. mit dem Mietwagen möglichst auf Autobahnen. Bei großen Entfernungen ist das Flugzeug das sicherste Verkehrsmittel.

Seien Sie dort besonders wachsam, wo sich viele Menschen tummeln (Märkte, Busterminals, Feste – gerne werden auch Rucksäcke von hinten unbemerkt aufgeschlitzt), lassen Sie ihr Gepäck nie aus den Augen, nehmen Sie **offizielle Taxis** bzw. jene von Uber oder Didi (s.S. 30), ziehen Sie Ihr Geld nicht in der Nacht und an abgelegenen **Geldautomaten** und informieren Sie sich an den jeweiligen Orten, welche Stadtviertel Sie besser meiden sollten. **Wertgegenstände** wie Uhren oder Schmuck gar nicht erst mitnehmen. Zeigen Sie nicht in aller Öffentlichkeit, was Sie dabeihaben. Lassen Sie auch kein Geld in der Jacke hinter Ihnen an der Stuhllehne.

Falls es wirklich zu einem **Überfall** kommt, keine Gegenwehr leisten, denn dann werden die Räuber schnell gewalttätig.

Bei einem Verlust von Wertsachen eine Anzeige bei der Polizei aufgeben, sofern man ein Protokoll für seine Versicherung benötigt. Bei Diebstahl des Reisepasses die Botschaft informieren. Sinnvoll ist es, von allen wichtigen Dokumenten (Pässe, Tickets, Touristenkarte usw.) Fotokopien dabeizuhaben bzw. Scans oder Fotos davon in Ihrer Mailbox oder jeglichem Medium, das Sie auch außerhalb ihres Handys abrufen können, zu hinterlegen (Handys sind des Taschendiebes Lieblinge).

Beachten Sie auch die aktuellen Hinweise auf den Webseiten der drei Botschaften zur **Sicherheitslage in Mexiko** auf S. 13.

Deutsche Veranstalter sind z.B. unter www.tourradar.com/de/g/mexiko-reise veranstalter aufgelistet. Noch mehr Mexiko-Veranstalter und viele andere Infos bietet die „ARGE Lateinamerika", www.lateinamerika.org.

„SuedamerikaTours" ist auf Bergsteigen, Wandern und Trekking in Mexiko spezialisiert, www.suedamerikatours.de.

Wer **vor Ort in Mexiko** einen **deutsch oder englischsprachigen Führer** anheuern möchte, kann die Liste des Tourismus-Ministeriums SECTUR einsehen, hier sind zertifizierte Führer nach Bundesstaaten aufgelistet und mit ihren jeweiligen Sprachen, Themenbereichen und den Kontaktdaten Gültigkeitsdaten ihres SECTUR-Ausweises der SECTUR verzeichnet:
https://guiadeturistas.sectur.gob.mx.
Googeln Sie „Directorio Nacional de Guías de Turistas Generales Vigentes" und laden Sie die aktuellste pdf-Datei herunter. Zertifizierte Führer besitzen einen Ausweis der SECTUR. Über die Seite kann man ihnen eine Nachricht hinterlassen oder die Kontaktdaten googeln.

Über http://rnt.sectur.gob.mx/RNT_Tipo Prestador.html kann man auch offiziell registrierte Reisebüros und Touranbieter in allen Bundesstaaten suchen.

Ein empfehlenswertes deutschsprachiges Reiseunternehmen vor Ort ist **Viajero** in Playa del Carmen:
www.viajero-mexico.com.

Auf Baja California und den Kupfercanyon (399) spezialisiert ist der deutschsprachige Anbieter **Aventuras México Profundo,**
http://mexicoprofundo.com.mx/de, hier mehrtägige Touren.

Sportliche Aktivitäten

An touristischen Badeorten werden viele **Wassersportarten** (Tauchen, Schnorcheln, Wasserski, Hochseefischen usw.) angeboten. Die Ausrüstung kann man vor Ort mieten. Die Unterwasserwelt lässt sich besonders gut an der Karibikküste beobachten (z.B. Isla Cozumel mit Palancar-Riff). **Windsurfer** zieht es eher an die Pazifikküste, hier vor allem nach Puerto Escondido. In der Nähe von Hotelresorts

Sommer, Sonne, Schnorcheln …

findet man häufig auch **Golfplätze.**

In einigen Gegenden ist **Gleitschirm-fliegen** *(Parapente)* oder Fliegen im **Heißluftballon** *(globo)* möglich, ebenso **Ausritte** in die Umgebung oder das Mieten eines **Fahrrads** (Exkurs s.S. 72). Zum **Bergsteigen** oder **Wandern** sollten Sie sich einer Gruppe anschließen, einsame Spaziergänge und Wandern in der Natur sind in Mexiko eher unüblich (es besteht Überfallgefahr). Wer eine **Vulkanbesteigung** plant, sollte sich schon vor der Reise mit Experten in Verbindung setzen (s.S. 165).

Auf dem „Vormarsch" sind auch **Fluss-sportarten** wie z.B. *Rafting* (http://rio aventura.com.mx) sowie **Drahtseilglei-ten** (engl. *ziplining*, span. *tirolesa*), Anlagen gibt es u.a. nahe touristischer Brennpunkte und in Öko- oder Vergnügungsparks. Die längste Drahtseilrutsche Lateinamerikas befindet sich im Abenteuerpark des Kupfercanyons (www.parquebarrancas.com, s.S.404) und ist ganze 1113 Meter lang.

Sprachen

Die offizielle Landessprache ist **Spanisch,** natürlich mit einigen regionalen Besonderheiten, die es vom *Castellano* Spaniens unterscheiden (siehe Sprachführer im Anhang). Darüber hinaus existieren noch mehr als 60 Sprachen der indigenen Urbevölkerung, die verbreitetsten sind *Náhuatl* und *Maya.*

Sprachschulen

Beliebte Orte für einen Sprachaufenthalt sind derzeit u.a. Playa del Carmen an der Karibikküste oder Oaxaca, siehe z.B. die Webseiten von www.sprach direkt.de/sprachreisen-mexiko, International House, www.ihmexico.com

oder Instituto Cultural Oaxaca, www.icomexico.com. Wer in Flores (Guatemala) Spanisch lernen möchte, sollte die Sprachschule „Dos Mundos" in Erwägung ziehen: www.flores-spanish.com.

Strom

Die Spannung beträgt im allgemeinen **110 Volt,** Flachstecker sind üblich. **Adapter** erhalten Sie bei Reiseausrüstern oder vor dem Abflug in Flughafengeschäften. Überprüfen Sie, ob Ihre Geräte auf 110 V umschaltbar sind oder sich von selbst anpassen.

Telefonieren

Seit August 2019 sind sowohl Festnetz- als auch Handynummern im **Landesinneren grundsätzlich zehnstellig,** sämtliche Vorwahlen wurden abgeschafft. (Die ehemaligen Städtevorwahlen sind noch an den ersten zwei oder drei Ziffern zu erkennen.)

Nummern, die mit **800** beginnen, sind landesweit gültige **gebührenfreie Servicenummern.**

Von einem Festnetztelefon sind Auslandstelefonate nach Europa nicht mehr teuer, sie kosten (bei Telmex) den Minutentarif eines Ortsgesprächs. Führen Sie aber trotzdem besser keine Ferngespräche vom Hotel aus, bzw. informieren Sie sich vorher über die Kosten).

Wählen Sie „00" + Landesvorwahl (D = 49, CH = 41, A = 43).

Die Landesvorwahl für Mexiko ist +52

Handy/Mobiltelefon:

Das **Handy-Netz** *(Teléfono celular)* ist in großen und kleinen Städten gut ausgebaut, Anbieter mit der besten Flächen-

Blick in die Ticket-Halle des Busterminals TAPO in Mexiko-Stadt

deckung und den meisten Service-Stellen ist Telcel. Für Mexiko benötigen Sie ein Triband-Handy (fragen Sie Ihren Provider), die sog. Roaming-Kosten sind sehr hoch. Günstige mex. Handys mit Guthaben kann man in den Telcel-Shops kaufen (www.telcel.com).

Bei einem Anruf vom Ausland aus ist 0052 plus die zehnstellige Anschlussnummer zu wählen.Die Tendenz geht dahin, dass immer mehr Personen nur noch übers Handy zu erreichen sind, vor allem auch Kleinunternehmen wie Touranbieter oder Touristenführer.

Trinkgeld

Als Trinkgeld – *propina* – lässt man in Restaurants ungefähr 10% des Rechnungspreises auf dem Tisch liegen (natürlich nur, wenn Sie zufrieden waren). Manche Restaurants, besonders in Touristenzentren, stellen den *Servicio* gleich mit in Rechnung – aufpassen! Wechselgeld immer nachzählen. Es ist üblich, einer Tischgruppe eine Gesamtrechnung vorzulegen.

Trinkwasser

Leitungswasser sollte man in Mexiko nie trinken, immer Wasser aus kommerziellen Glas- oder Plastikflaschen nehmen *(agua purificada)*.

Verkehrsmittel

Nur wenige Orte in ländlichen Regionen kann man nicht auf irgendeine Weise mit öffentlichen Transportmitteln erreichen. Das **Langstreckenbusnetz** ist sehr gut ausgebaut. Praktisch jede Stadt hat eine *Central de Autobuses* (auch: *Central Camionera* oder *Terminal de Autobuses*), wo verschiedene Busgesellschaften Nah- und Fernziele bedienen. Wichtigste Linie im Zentrum und Süden des Landes ist **ADO,** die praktisch alle anderen Busgesellschaften ihrer Gruppe einverleibt hat, deren Namen blieben aber erhalten, z.B. Cristóbal Colón, AU, OCC, Estrella de Oro oder Primera Plus. Es gibt verschiedene Kategorien bzw. Komfortklassen, die Übergänge sind jedoch fließend. Nehmen Sie aus Zeit- und Sicherheitsgründen möglichst immer **Direktbusse,** die unterwegs keine oder nur wenige Zwischenstopps einlegen, das sind Busse der 1. bzw. Luxus-Klasse, i.d.R. mit Klimaanlage und Toilette.

Abfahrtszeiten und Preise können sich von einem Tag auf den anderen ändern, weshalb es sinnvoll ist, immer die aktuellsten Informationen einzusehen.

Über **Clickbus** kann man sich über die Abfahrtszeiten der dort assoziierten Gesellschaften (u.a. ADO) informieren: www.clickbus.com.mx, kostenlose Info-Telefonnummer von Clickbus ist 800-6811604. Weitere Infos über die Homepages der Busgesellschaften, z.B.

- **Omnibus de México, (hauptsächlich Ziele nördlich der Hauptstadt)** https://odm.com.mx
- **ETN** (Luxus, hauptsächlich Ziele nördlich der Hauptstadt, aber auch an die Pazifikküste), ww.etn.com.mx
- **Estrella Blanca** (hauptsächlich Ziele nördlich und westlich der Hauptstadt), www.estrellablanca.com.mx

Auf manchen Strecken fahren auch Shuttle-Busse, z.B. von Oaxaca-Stadt zur Küste. Details stehen ggf. bei den jeweiligen Orten.

Die innerstädtischen Busse und Kleinbusse sind vielerorts wenig komfortabel und mehr etwas für Insider. Eine Ausnahme bildet das Transportsystem von Mexiko-Stadt, das auch für ausländische Besucher gut nutzbar ist und Streckenpläne im Internet liefert (s.S. 70).

Taxis kann man überall anhalten, wobei Fahrt-Vermittlungs-Apps wie Uber etc. die Anzahl der frei fahrenden Taxis erheblich reduziert haben. Wenn kein Taximeter *(taximetro)* vorhanden ist (diese gibt es fast nur in Mexiko-Stadt), vorab den Fahrpreis ausmachen. Nachts aus Sicherheitsgründen nur solche Taxis

nehmen, die man telefonisch bzw. über Whatsapp bestellen kann.

Falls Sie **Uber** oder **Didi** bevorzugen, laden Sie sich die App aufs Handy, so können Sie von jedem Standort aus einen Wagen bestellen. Sie bekommen die Daten von Fahrer und Wagen, was die Fahrt sicherer macht. Die Preise können stark schwanken. Es kommt häufig vor, dass Fahrer schon angenommene Fahrten plötzlich wieder stornieren, weshalb bei wichtigen Terminen die Bestellung eines Taxis zu bevorzugen ist

WiFi

Die meisten Hotels bieten kostenloses WiFi (Passwort bekommt man beim Einchecken). Internet-Cafés *(Cíber)* gibt es nur noch wenige. Das @ heißt *arroba*, so geht's auf der Tastatur: Alt + 6 + 4.

Webseiten (touristische)

Webseiten kommen und gehen, weshalb wir uns hier auf die Auswahl einer weniger Dauerbrenner beschränken. Wie schon in der Einleitung erwähnt, sind viele Seiten nicht auf dem neuesten Stand, auch Öffnungzeiten und Telefonnummern auf offiziellen Homepages stimmen oft nicht, niemand denkt daran, die Daten zu aktualisieren, wenn die Webseite erst einmal steht.

Das **mexikanische Tourismusministerium** hat eine sehr gut konzipierte Webseite: **www.visitmexico.com,** auf Englisch **www.visitmexico.com/en**

Von der Hauptseite führen Links zu fast allen touristisch interessanten Orten Mexikos. Da die einzelnen Regionalstellen ihre Seiten jeweils selbst erstellen, unterscheidet sich die Qualität, manche Staaten haben sich sehr bemüht, während andere nur oberflächliche und unvollständige

Informationen präsentieren.

Die "Arbeitsgemeinschaft Lateinamerika e.V." bietet auf ihrer Seite www.latein amerika.org/de für Mexiko und andere Latino-Länder Links zu Reiseführer-Apps an (die von Mexiko ist von 2019).

Eine sehr gute und umfassende Ausgangsseite für alle Bereiche und Aspekte der mexikanischen Kultur, z.B. zu den derzeit 1316 Museen Mexikos in den einzelnen Bundesstaaten, ist **sic.gob.mx** (Sistema de Información Cultural). Leider nur auf Spanisch. Weitere, mehrere Regionen umfassende deutschsprachige Homepages sind

· www.mexiko-lindo.de
· www.planet-mexiko.com
  (Seite des Fremdenverkehrsamts der vorigen Regierung, nicht aktualisiert)

In englischer Sprache:

· www.mexonline.com
· www.mexconnect.com

Eine gute mexikanische **Reisezeitschrift** ist www.mexicodesconocido.com.mx (Spanisch; auch als Printversion an Zeitschriftenständen).

Darüber hinaus gibt es unzählige **Blogs,** suchen Sie z.B. hier: http://weltreiseforum.com

Weitere Webseiten sind im Serviceteil der einzelnen Orte aufgeführt.

Zeitverschiebung und Zeitzonen

Nach jahrelangen Diskussionen hat Mexiko im Herbst 2022 seine Sommerzeit abgeschafft. Der Hauptzeitunterschied zur **mitteleuropäischen Zeit (MEZ)** und Zentralmexiko beträgt im Sommer minus 8 Stunden, im Winter minus 7 Stunden *(hora central).*

Im **östlichsten Bundesstaat Quintana Roo (mit Cancún)** beträgt der Unterschied zur MEZ im Sommer minus 7 Stunden und im Winter minus 6 Stunden *(hora del sureste).*

Im nordwestlichen Mexiko mit den Staaten Baja California Sur, Nayarit, Sinaloa und Sonora gilt die *hora del Pacífico,* in denen im Vergleich zur *hora central* die Uhr um eine Stunde zurückzustellen ist.

In **Baja California Norte** mit seiner *hora del noroeste* muss im Vergleich zur *hora central* die Uhr um zwei Stunden zurückgestellt werden. In zur USA grenznahen Städten (wie z.B. Tujuana), wo die Sommerzeit beibehalten wird, im Sommer jedoch nur eine (gilt auch in anderen Grenzstaaten).

Zeitzonen Mexiko

- MEZ-6
- MEZ-7
- MEZ-8
- MEZ-9 (-8)

Land und Leute – die Magie Mexikos

Grunddaten

Seit Unterzeichnung der Unabhängigkeitsurkunde am 24. August 1821 lautet der offizielle Name *Estados Unidos Mexicanos* – Vereinigte Mexikanische Staaten. Die Nationalflagge ist senkrecht grün-weiß-rot, im weißen Feld sitzt ein Adler mit einer Schlange im Schnabel auf einem Kaktus (Gründungsmythos der Aztekenhauptstadt Tenochtitlán).

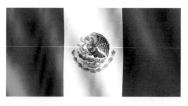

Die **Fläche** beträgt 1,97 Millionen qkm (ungefähr 5,5 mal so groß wie Deutschland). **Einwohnerzahl** 130 Millionen, davon über 80% Mestizen (Mischlinge), rund 10% Weiße *(Criollos)* und rund 10% autochthone Volksgruppen *(Indígenas)*.

Sprachen: Amtssprache ist Spanisch. Über 60 Indígenas-Sprachen, die meisten Sprecher haben die Sprachen *Náhuatl* und *Maya*.

Religion: 78% Katholiken, protestantische Gruppen sind stark auf dem Vormarsch (offiziell rund 11%).

Städte: Rund 80% der Bevölkerung lebt in Städten, allein im Großraum Mexiko-Stadt ungefähr 22 Mio., weitere Großstädte sind Guadalajara und Monterrey, jeweils mit rund 5 Mio. Einwohnern, wenn man die sich nahtlos anschließenden Gemeinden dazurechnet, Tijuana und Querétaro mit (offiziell) rund 2 Mio. Einwohnern, sowie León und Puebla (offiziell rund 1,5 Mio.).

Politisches System: Mexiko umfasst 31 Bundesstaaten (estados) mit eigener Verfassung und politischen Kompetenzen, sowie die Hauptstadt als selbständige Gebietskörperschaft Nr. 32, der Staatspräsident wird auf 6 Jahre gewählt und vereint als Regierungschef und Oberbefehlshaber der Streitkräfte eine große Machtfülle. Parteien: **PRI** (aus der mexikanischen Revolution hervorgegangen), **PAN** (bürgerlich, christlich-demokratisch), **PRD** (links-sozialdemokratisch), **MORENA** (neue Linkspartei).

Landschaftsräume und Klima

Mexiko gehört geografisch zu Nordamerika und ab dem Isthmus von Tehuantepec auch zu Mittelamerika. Kernstück des Landes ist das riesige, von diversen Landschaftsformen durchsetzte zentrale **Hochplateau** (zwischen 900 und 2500 m Höhe, einige Vulkane ragen mit mehr als 4000 m darüber hinaus). Eingerahmt wird das Hochland von langen, zu den Küstenebenen hin abfallenden Gebirgsketten: der **Sierra Madre Oriental** im Osten und der **Sierra Madre Occidental** im Westen. Eine weitere Gebirgskette, die **Sierra Madre del Sur,** liegt im südlichen Pazifikraum. Die **Halbinsel Yucatán** ist eine tischflache Kalk- und Karsttafel von weniger als 200 m Höhe.

Das **Klima** hängt außer von den **Breitengraden** auch von der jeweiligen **Höhenlage** (Topographie) ab, man unterscheidet dabei vier Zonen:

In der heißen **Tierra caliente** (Meeresspiegel bis etwa 800 m) beträgt die mittlere Jahrestemperatur über 25 °C; ganzjährig warm ist es also in den Tieflandgebieten des Südens (Chiapas, Yucatán u.a.), sowie an der südlichen Pazifikküste. Die mittlere, gemäßigte Zone heißt **Tierra templada** (von 800 m bis 1700 m), hier liegt die durchschnittliche Jahrestemperatur zwischen 18 und 25 °C. Kolonialstädte wie Oaxaca und Taxco

gehören dazu (die nördlichen Landesteile dieser Zone zeichnen sich durch extrem heiße Sommer und sehr kalte, evtl. verschneite Winter aus). Nur noch durchschnittlich 12–18 °C hat es in der **Tierra fría,** von 1700 m bis zur Vegetationsgrenze (höhere Lagen des Zentralplateaus, viele Kolonialstädte gehören dazu, auch das Hochland von Chiapas). Die schneebedeckten Vulkankuppen liegen schließlich in der **Tierra helada** (über der Vegetationsgrenze, die bis zu 4500 m hoch sein kann). Mehr zum Klima s. „Praktisches Reise-ABC".

In den diversen Vegetationszonen existiert eine **artenreiche Flora und Fauna** (bezüglich der Vielfalt der Reptilien steht Mexiko z.B. an erster Stelle). Viele

Mexiko-Querschnitt (Verlauf s.ob. Karte)

Spezies sind endemisch, d.h., nur in Mexiko anzutreffen. Erwarten Sie allerdings nicht, viele freilebende Tiere zu Gesicht zu bekommen, dazu gehört schon etwas Glück.

Flora

Kakteen und andere **Sukkulenten** wachsen vor allem in den Wüsten, Halbwüsten und Steppen, also auf Baja California, in Nordmexiko oder Oaxaca (Exkurs S. 34 unten). In den *Gebirgszügen* *der beiden großen Sierras* wachsen **immergrüne Nadel- und Laubbäume** (Kiefern, Zypressen, Eukalyptus und Eichen), darunter auch die Zypressenart **Ahuehuete**, Mexikos Nationalbaum.

Im *Tiefland* gibt es **Edelhölzer** wie Mahagoni, Kapok *(Ceiba,* der heilige Baum der Maya), *Chicozapote* (dessen Rindensaft einst der Kaugummiherstellung diente) oder Blauholzbäume (Indigo-Farbstoff). **Palmen, Bambus** und **Mangroven** gedeihen entlang der feuchtheißen Küstengebiete.

Kakteen und Agaven

In Mexiko gibt es weit über tausend Kakteenarten, schon von alters her wussten die Bewohner Nutzen aus diesen Pflanzen zu ziehen. Opuntien *(nopales)* sind ein beliebtes Gemüse, auch ihre Früchte *(tuna)* gelten als Leckerbissen. Auf Opuntien wurden früher Cochenille-Schildläuse gezüchtet, aus denen sich roter Farbstoff (Karmin) gewinnen ließ. Andere Kakteenarten dienen als Brennmaterial oder zur Einfriedung, wie die meterhohen Orgelkakteen *(órganos),* wieder andere als Heilpflanzen. Und die *coyotes,* die illegale USA-Auswanderer durch die Wüste führen, wissen genau, welche Kakteen man zur Durststillung anzapfen kann. Bei einigen Völkern Nordmexikos ist der Genuss des halluzinogenen *Peyote*-Kaktus Bestandteil ritueller Feste.

❶ Hinweis: Für wildwachsende Kakteen besteht in Mexiko Exportverbot, also einfach stehen lassen!

Zu den Sukkulenten, den wasserspeichernden Pflanzen, gehören auch die über 300 Agaven-Arten *(maguey)* Mexikos, sie sind aber keine Kakteen. Wenn Alexander von Humboldt sie für die nützlichsten Pflanzen des amerikanischen Kontinents hielt, so sicher wegen ihrer vielseitigen Verwendungsmöglichkeiten: Aus ihnen wurden Speisen, Getränke, Fasern, Bau- und Brennmaterial gewonnen. Die Hanf-Faser *henequén* (Sisal) und Mexikos berühmte Schnäpse *Tequila* und *Mezcal* (mit Wurm) sowie *Pulque* sind die bekanntesten Agaven-Produkte. In prähispanischer Zeit war die Agave nach dem Mais die am meisten verehrte Pflanze, die Azteken hatten auch einen Agaven-Gott. Zum Blühen kommt die wuchtige Sukkulente nur ein einziges Mal, und mit dem Verwelken der gelben Blüten stirbt sie ab.

*Weihnachtsstern
(Poinsettia)*

Aus den tropischen und subtropischen Gebieten stammen zahlreiche Kulturpflanzen, die auch auf die europäischen Märkte gelangen, wie **Bananen, Zuckerrohr, Avocado, Kakao, Vanille** u.a. In Höhenlagen über 800 m wird **Kaffee** angepflanzt. In den Orten fallen immer wieder schöne Zierpflanzen und bunt blühende Bäume ins Auge, wie **Korallen- und Flamboyantbäume, Jacarandas, Magnolien, Hibiskus, Weihnachtssterne** oder die besonders häufig anzutreffende **Bougainvillea.**

Fauna

Im tropischen und subtropischen Lebensraum gibt es u.a. **Krokodile, Klammeraffen** *(mono araña)*, **Brüllaffen** *(mono aullador)*, **Waschbären** (können ziemlich aufdringlich werden), **Geckos** und die steinzeitlich anmutenden **Leguane** (ihr Fleisch gilt als Köstlichkeit); an den Küsten **Meeresschildkröten, Pelikane, Reiher** und stellenweise auch **Flamingos.**

Besonders reichhaltig ist das Tierleben an den Küsten der Halbinsel Baja California, hier kommen im Frühjahr die „kleinen" **Wale** zur Welt, tummeln sich **Seelöwen, Robben** und viele andere Tiere.

In Bergregionen und Halbwüsten leben u.a. **Pumas, Bären, Kojoten, Wildschweine, Gürteltiere** *(armadillos)*, **Stinktiere** *(zorillos)* sowie die giftige

Gila-Krustenechse *(el monstruo de Gila)* und **zahlreiche Vogelarten,** auch der inzwischen selten gewordene **Steinadler. Schlangen** (Klapperschlangen!) und **Skorpione** findet man in vielen Landesteilen.

Die schönsten Tropenvögel sind der **Regenbogen-Tukan,** der **Quetzal** (sehr bedeutend in prähispanischer Zeit; heute leider fast ausgestorben) und die *Guacamayas* (**Aras**), diverse **Papageien**-Arten bevölkern die Tropen natürlich auch. Die winzigen **Kolibris** kommen gern in städtische Gärten zum Naschen an Blüten. Im Bundesstaat Michoacán versammeln sich zwischen November und Ende März in Schutzgebieten in den Bergen Abermillionen von **Monarch-Schmetterlingen** (s.u.). Die Städte bevölkern inzwischen auch die nachtaktiven **Cacomixtles** (nordamerikanisches Katzenfrett), die als Allesfresser erheblichen Schaden anrichten können.

Quetzal

Mexikos Tierwelt beobachten

Es ist ein Dilemma: Tourismus kann sehr schädlich für die Tierwelt sein, andererseits aber auch zu deren Erhaltung beitragen. Was internationale Besucher (und ihre Devisen) anlockt, hat mehr Aussicht auf Schutzmaßnahmen! Viele Naturschauspiele sind relativ leicht zugänglich, respektvolles Verhalten (kein Müll, kein Lärm, biologisch abbaubarer Sonnenschutz – ohne Oxybenzon und Octinoxat – im Wasser, Tiere nicht füttern usw.) sollte aber oberstes Gebot sein.

Weit über Mexikos Grenzen bekannt ist die **Reserva de la Biósfera Mariposa Monarca,** welche Teile der Bundesstaaten Michoacán und México umfasst. Die orange-schwarzen **Monarch-Schmetterlinge** (danaus plexippus) fliegen jeden Herbst zu Abermillionen von Zentral- und Ost-USA sowie dem südlichen Kanada über 4000 km bis in die bergigen Wälder Mexikos. Dort lassen sie sich in dichten Trauben auf den Bäumen nieder, ein einmaliges Schauspiel! Die Kälte auf nahezu 3000 m lässt sie zeitweise regelrecht erstarren. Im März geht es dann mit sicherem Spürsinn zurück in den Norden. Leider ist auch der Bestand dieser Wanderschmetterlinge

Monarch auf mexikanischer Sonnenblume

infolge von wandelnden Wetterverhältnissen und fortgesetztem Abholzen ihrer Überwinterungsgebiete gefährdet.

Weniger bekannt, doch auch eindrucksvoll ist die **Reserva de las Luciérnagas** im Staat Tlaxcala. Dort lassen sich zwischen Mitte Juni und Mitte August abertausende **Glühwürmchen** bestaunen: ein einmaliges und natürlich bestens beleuchtetes Schauspiel!

Auch die **Wasserwelt** hat viel zu bieten. An tropischen Küsten sorgen **Mangrovenwälder** und Lagunen für Schutz gegen die Witterung sowie einen Ausgleich der Salzwerte. Viel besucht werden die **Reserva de la Biósfera Ría Celestún** und der **Parque Natural Río Lagartos** (Staat Yucatán), nicht nur der Echsen und Krokodile wegen, die den Namen des letzteren prägten, sondern vor allem, um die eleganten **Flamingos** zu sehen, die in beiden Schutzgebieten zu hunderten im Wasser stochern – gern auf nur einem Bein stehend. Eindrucksvoll ist auch die

Mangroven in der Reserva de la Biósfera Sian Ka'an

Flamingos, Celestún, Yucatán-Nordküste

Reserva de la Biósfera Sian Ka'an (Staat Quintana Roo) mit ihren Krokodilen, Schlangen, Affen, Störchen … und den vorgelagerten Korallenriffen. An der Pazifik-küste (Oaxaca) gibt es eine ähnliche Flora und Fauna in den **Lagunas de Chacahua** mit ihren weit verzweigten Wasserarmen und der kleineren **Laguna de Ventanilla** beim Ort **Mazunte** (Náhuatl: Leg bitte hier Eier ab).

Korallenriffe finden sich vor allen mexikanischen Küsten, das zweitgrößte der Welt, das **Arrecife Maya,** beginnt an der Nordspitze von Quintana Roo und zieht sich vor den Küsten der Karibik entlang. Dort wird man zu jeder Jahreszeit Taucher oder Schnorchler treffen, wobei der Massenansturm und die Verantwortungs-losigkeit vieler Touranbieter das sensible Ökosystem bereits geschädigt haben.

Außergewöhnlich ist auch die Begegnung mit den **Grauwalen,** die zwischen Dezember und März vor den Küsten Baja Californias schwimmen. Touranbieter fahren von vielen Küstenorten aufs offene Meer hinaus, manchmal ohne auch nur einen einzigen davon zu sichten. Sicher anzutreffen sind sie in ihrer „Kinderstube" den Lagunen des **Parque Ecológico Vizcaíno** auf der Pazifikseite, denn dort sind Mütter und Kälbchen vor Feinden geschützt. Außer den tonnenschweren Säugern gibt es natürlich rund um die Halbinsel noch viele andere Meeresbewohner, so z.B. Delfine, Walhaie (größter Fisch der Welt) oder ganze Robbenkolonien. Für den Meeresforscher Jacques-Yves Cousteau war der Golf von Mexiko mit seinem Artenreichtum schlichtweg das „Aquarium der Welt".

Grauwal, Magdalena Bay, Baja California

Natur- und Umweltschutz

Natur und Umwelt sind auch in Mexiko erheblich gefährdet und belastet. Hauptursache ist die stetige **Verstädterung** als Folge von Bevölkerungswachstum und Verarmung der Landbevölkerung, was eine gewaltige Verkehrsbelastung und **Luftverschmutzung** nach sich zieht, aber auch gigantische **Müllberge** mit unzulänglichen Entsorgungskonzepten. Kaum gereinigte Abwässer sowie **Erdölförderung** und **Pestizide** belasten Grundwasser, Flüsse, Seen und Meeresküsten. Jahrhundertelange Abholzung und Brandrodung haben im Hoch- und Tiefland riesige **Erosiosgebiete** hinterlassen, der Regenwald in Chiapas z.B. ist auf nur noch rund 20% seiner einstigen Ausdehnung geschrumpft. Der **globale Klimawandel** tut das seine, diverse Phänomene verursachen in manchen Jahren langdauernde Trockenperioden oder setzen durch wochenlange Niederschläge riesige Landstriche unter Wasser.

Durch die Zerstörung ihrer natürlichen Lebensgrundlagen sind viele Tier- und Pflanzenarten vom Aussterben bedroht. Der sinkende **Grundwasserspiegel** führt vielerorts zu extremer Wasserknappheit, die in Tourismusgebieten durch den hohen Verbrauch der Hotelkomplexe besonders schlimme Dimensionen annehmen kann. Bei der Gesamtbevölkerung ist das Umweltbewusstsein nach wie vor ungenügend ausgeprägt, allein die **wilden Müllkippen** im ganzen Land zeigen das. Auch der **Handel** tut wenig. Immerhin dürfen in großen Supermärkten die Einkäufe inzwischen nicht mehr in unzählige **Plastiktüten** gepackt werden. Doch in kleinen Läden oder auf dem Markt werden sie weiterhin verteilt, verstopfen dann wiederum die städtischen Abwasserkanäle und tragen zu Überschwemmungen bei.

Mehrmals haben sich mexikanische Regierungen ambitionierten Zielen verschrieben: Mexiko war Gastgeber der **UN-Klimakonferenz** 2010 und der UN-Biodiversitätskonvention 2016, beide in Cancún. Das Energiewendegesetz unter dem Ex-Präsidenten Peña Nieto sah einen Ausbau erneuerbarer Energien vor, der jetzige Präsident López Obrador bremste diesen aber wieder aus und setzt ganz und gar auf fossile Energien. Doch zumindest die **Abgaskontrollen** von Fahrzeugen sind seit einigen Jahren strenger geworden und die Rußschleudern aus

Erneuerbare Energien – Solarkollektoren in der Wüste; Baja California Sur

früheren Jahrzehnten weitgehend aus dem Straßenbild verschwunden.

In Schulen steht **Umwelterziehung** schon lange auf dem Lehrplan; auch haben im vergangenen Jahrzehnt die **Naturschutzgebiete** zugenommen, doch ab 2022 wurde das dafür bestimmte Budget gekürzt. Schlagwörter wie Umweltschutz (protección del medio ambiente) oder Nachhaltigkeit (sustentabilidad) gehören zum guten Ton bei touristischen Angeboten, der **Ökotourismus** wird gepriesen. Doch nicht überall, wo „öko" draufsteht, ist auch „öko" drin. Zweifel kommen auf, wenn man erfährt, dass ein Teil dieser „geschützten Gebiete" Privateigentum ist (der Vergnügungspark Xel-Há an der Karibikküste gehört z.B. dazu). Nachhaltiger Naturschutz scheint letztendlich nur dort möglich zu sein, wo dem keine besonderen kommerziellen Interessen entgegenstehen, oder eben politische: Gegenwärtig steht der **Tren Maya** (s.S. 48), Prestigeprojekt von Präsident AMLO (2018–2024), bei Umweltschützern stark in der Kritik. **Umweltaktivisten,** die sich z.B. gegen Megaprojekte des Energiesektors stellen, riskieren in Mexiko ihr Leben. Im Januar 2017 war der Goldman-Environmental-Preisträger Isidro Baldenegro López erschossen worden, ein Tarahumara-Indígena, der den Holzraubbau denunzierte. Unter der MORENA-Regierung seit 2018 wurden bereits weitere 58 Aktivisten ermordet (Stand: Mai 2022), Tendenz steigend. Die meisten dieser Fälle werden nie aufgeklärt.

Landesweit setzt sich die ONG **CEMDA,** www.cemda.org.mx, für Umweltschutz ein, weitere Gruppen sind auf regionaler Ebene aktiv oder widmen sich speziellen Themen.

Vulkane, Erdbeben und Wirbelstürme

Die Konzentration an Vulkanen in Mexiko ist einmalig auf der Welt, viele befinden sich entlang des sogenannten „Transmexikanischen Vulkangürtels" (im Zentrum, zwischen Pazifik und Golf von Mexiko), weitere in der Nähe der Meerenge von Tehuantepec, und auch die Baja California ist eine Vulkanzone (Vulkaninseln). Der landeshöchste ist mit 5610 m der **Pico de Orizaba** (Citlaltépetl, Veracruz/Puebla), letzter Ausbruch 1687, der „originellste", der „Drive-in-Vulkan" mit der Straße fast bis zum Kraterrand, der **Nevado de Toluca** (Estado de México) und der jüngste, der zwischen 1943 und 1952 aus dem Boden gewachsene **Paricutín** (Michoacán). Der 3820 m hohe Stratovulkan **Volcán de Fuego** (auch: *Colima*) ist seit Beginn der Aufzeichnungen im Jahre 1560 schon dutzende Male ausgebrochen, jüngst im Juli 2015. Gern speit er zeitgleich im Duett mit dem 5500 m hohen **Popocatépetl** (70 km südöstlich der Hauptstadt)**,** Mexikos schönstem und berühmtestem Stratovulkan. Dieser ist seit 1994 in eine Phase erhöhter Aktivität getreten, regelmäßig wirft er kilometerhohe Aschewolken und glühendes Gestein in die Luft, manchmal liegen die Straßen der umliegenden Dörfer und Städte unter einer zentimeterdicken Ascheschicht begraben. Gelegentlich bebt und dröhnt er ein paar Stunden lang – sehr beeindruckend! Für den Aufstieg ist er seit Jahren gesperrt. Mexiko wird auch immer wieder von starken **Erdbeben** erschüttert. Grund hierfür ist u.a. die Cocos-Platte, die sich entlang der Westküste unter die Nordamerikanische Platte schiebt. Äußerst

Der Pico de Orizaba, mit 5610 m der höchste Vulkan Mexikos

traumatische Erinnerungen hinterließ das Beben am 19.09.1985 in Mexiko-Stadt (Stärke 8,1) mit mehr als 10.000 Toten; 32 Jahre später gab es auf den Tag genau, am 19.09.2017, ein Erdbeben der Stärke 7,1, das vor allem in Mexiko-Stadt und in den Bundesstaaten Puebla und Morelos Tote, Verletzte und schwere Schäden, auch an vielen Kirchen und Kolonialgebäuden, verursachte. Zwölf Tage vorher hatte bereits ein Beben der Stärke 8,2 Tote, Verletzte und Obdachlose im Süden von Oaxaca hinterlassen. hinterlassen. Das Erdbeben vom 19.09.2022, direkt im Anschluss an die nun regelmäßig an diesem Tag stattfindende nationale Evakuierungsübung, hatte eine Stärke von 7,4 und war ebenfalls in ganz West- und Zentralmexiko zu spüren.

Doch damit nicht genug. An den Küsten richten auch immer wieder **tropische Wirbelstürme** große Zerstörungen an. Manche Orte, wie z.B. Chetumal, 1955 dem Erdboden gleichgemacht, mussten zweimal erbaut werden. Der stärkste Hurrikan des 20. Jahrhunderts, *Gilberto,* wütete 1988 an Mexikos Karibik- und Golfküste (Kategorie 5), 1997 richtete *Paulina* erheblichen Schaden an der Pazifikküste an. Im September 2013 wurde Mexiko von gleich zwei Hurricans in die Zange genommen: Während *Ingrid* am Golf von Mexiko tobte, stürmte *Manuel* die Pazifikküste. Odile (2014) war Anlass für die Notunterbringung von 30.000 Touristen auf Baja California. Geschichte schrieb auch *Agatha,* der am 30. Mai 2022 an den Pazifikstränden Oaxacas etliche Tote und enorme Sachschäden hinterließ: Noch nie war bereits im Mai ein Hurrican mit Stärke 2 an Land gegangen.

Bilden können sie sich nur, wenn die Meereswassertemperatur mindestens 27 Grad beträgt, deshalb treten sie vor allem in den Monaten Juni bis November auf. Doch keine Panik, die Wahrscheinlichkeit, dass Sie auf Ihrer Reise von einer dieser Naturkatastrophen betroffen werden, ist gering. Auch geben zumindest Vulkane und tropische Wirbelstürme in der Regel Vorwarnungen und genügend Zeit, Maßnahmen zu treffen.

Geschichte im Zeitraffer

Im Folgenden finden Sie einige wichtige Ereignisse der mexikanischen Geschichte summarisch im Zeitraffer aufgelistet. Die genannten Länder und Bundesstaaten gab es in der prähispanischen Periode und zu Beginn der Kolonialherrschaft natürlich noch nicht; ihre Angabe soll lediglich der Verortung der Schauplätze dienen.

Frühgeschichte

–10.000   Älteste Funde menschlicher Überreste in Mexiko
–6000   Erste sesshafte Stämme, Beginn des Ackerbaus
–5000   Älteste Höhlenmalereien (San Borjitas, Baja California)
–5000   Älteste Funde von Maisanbau (Tehuacán, Puebla)

Präklassik (ca. 3300 v.Chr. bis 200 n.Chr.)

–2500   Erste Töpferwaren
–1200 bis   Mutterkultur der **Olmeken** (La Venta-Kultur, Kolossal-
ca. –500   köpfe ▶) an der Golfküste von Tabasco und dem südlichen Veracruz mit entscheidendem Einfluss auf viele
   spätere mesoamerikanische Hochkulturen.
–900   **Zapoteken** siedeln im Tal von Oaxaca
–900   Besiedelung des **Maya**-Territoriums
–100   Gründung von **Teotihuacán** in Zentralmexiko

Klassik (ca. 200 bis 909 n.Chr.)

Nach Untergang der Olmeken-Kultur entstehen weitere Hochkulturen wie Teotihuacán, Monte Albán, Maya-Städte. Wechselseitige Beziehungen durch Handel, Kriege und Migration. Aus der Klassischen Periode stammen die meisten archäologischen Stätten Mexikos.

200–500   Blütezeit von **Teotihuacán,** der ersten Großstadt Mesoamerikas; Untergang
   gegen 750.
300–900   Blüte der **Maya-Kultur** mit den Stadtstaaten Palenque, Tikal, Yaxchilán,
   Calakmul u.a. in Südmexiko und Guatemala. Noch vor 900 werden die meisten
   aufgegeben.
700–900   Blütezeit von **El Tajín,** Hauptstadt der **Totonaken** im nördlichen Veracruz.

Postklassik (910 bis 1521)

In diese Periode fallen große Völkerwanderungen, unter anderem der Einfall kriegerischer Stämme (Chichimeken) aus dem Norden ins mexikanische Zentralplateau. Die Epoche wird mit der Eroberung des Aztekenreiches durch die Spanier abgeschlossen.

um 856   Die **Tolteken** gründen **Tula,** das bald zum mesoamerikanischen Machtzentrum wird (Quetzalcóatl-Priesterkönige).

um 1000	Toltekengruppen wandern ins Maya-Gebiet ab und beeinflussen dort eine **Renaissance der Maya-Kultur** in Chichén Itzá (maya-toltekische Architektursynthese).
1168	Tula wird von den Chichimeken erobert.
1100	Die **Mixteken** überlagern die Zapoteken-Kultur im Tal von Oaxaca (Monte Albán, Mitla). Aufgabe von Chichén Itzá und der Puuc-Stätten.
1250	Gründung von **Mayapán**
1325	Gründung der Azteken-Hauptstadt **Tenochtitlán** (heute Mexiko-Stadt) auf einer Insel im Texcoco-See.
1492	Am 12. Oktober entdeckt **Kolumbus** Amerika bzw. eine Bahama-Insel
1502–1519	Herrschaft des Aztekenkönigs **Moctezuma II.** Das Imperium der Azteken umfasst ganz Zentralmexiko und große Teile des Süd-Westens.
1519	Der spanische Eroberer **Hernán Cortés** ▶ und seine Leute gehen im April in der Nähe des heutigen Veracruz vor Anker.
1521	Cortés besiegt am 13. August den letzten Aztekenkönig **Cuauhtémoc,** und mit dem **Fall Tenochtitláns** beginnt die spanische Kolonialherrschaft.

Spanische Kolonialherrschaft 1521–1821

Mit der Christianisierung durch Kirche und Mission geht auch die Zerstörung indigener Kulturleistungen einher, einige Mönche wie *Sahagún* u.a. machen Aufzeichnungen. Indígenas und Einwanderer vermischen sich zur immer größer werdenden mestizischen Mischbevölkerung, eine neue Sozial- und Wirtschaftsstruktur (Kastensystem; Landwirtschaft und Silberminen) entsteht. *Nueva España* (Neu-Spanien) wird von spanischen Vizekönigen regiert.

1521	**Mexiko-Stadt** entsteht auf den Trümmern Tenochtitláns. Cortés ist militärischer Oberbefehlshaber und Statthalter (Gouverneur) von *Nueva España*.
1522	Einführung des *Encomienda-Systems,* das die indigenen Urbewohner als Leibeigene zur Arbeit bei den spanischen Grundbesitzern verpflichtet.
1523	Die **Franziskaner-Mönche** beginnen mit der Missionierung, ebenso die Dominikaner (1526), Augustiner (1533) und Jesuiten (1571).
1524–1530	Niederwerfung der restlichen mesoamerikanischen Völker und Regionen durch Cortés, Guzmán, Montejo u.a.
1531	Nach einer Legende erscheint dem Indígena *Juan Diego* (2002 vom Papst heilig gesprochen) am 12. Dezember eine dunkelhäutige Maria. Als **„Jungfrau von Guadalupe"** wird sie zur Schutzheiligen der Urbewohner und später aller Mexikaner. Millionen treten zum Christentum über.
1545	Der Bischof von Chiapas, **Bartolomé de las Casas** ▶, setzt sich für die Rechte der Indígenas ein. Ihre Zahl ist durch Kriege, Krankheiten und Fronarbeit seit der Ankunft der Spanier um mindestens die Hälfte zurückgegangen. Der Mangel an Arbeitskräften hat die Herbeischaffung **afrikanischer Sklaven** zur Folge.

1535–1565	Durch Eroberungszüge wird das Vizekönigreich im Norden bis nach Kalifornien und Texas ausgedehnt. Große Silber-Ausfuhren nach Spanien, denn die Kolonie darf nur mit dem Mutterland Handel treiben.
1697	Letztes unabhängiges Maya-Reich, das der Itzaés am Petén-See (Guatemala), wird von den Spaniern unterworfen.
17. Jh.	Die Herrschaft der Spanier ist endgültig gefestigt. Um 1670 geht der erste Silberboom zu Ende. Es entstehen große Haciendas (Landgüter), die materielle Ausbeutung des Landes hält an. Etwa ein Drittel Mexikos ist im Besitz der Kirche. 1697 stirbt der spanische König Karl II., die Macht des Mutterlandes zerfällt.
18. Jh.	Um 1750 setzt sich die Bevölkerung aus ca. 4 Mio. rechtloser *Indígenas,* 1,5 Mio. *Mestizen* und etwa 1 Mio. *Criollos* (direkte Nachfahren der Spanier) zusammen. 1767 müssen die Jesuiten Mexiko per königlichem Dekret verlassen (sie waren zu wohlhabend und mächtig geworden).
1803/04	Alexander von Humboldt reist durch Mexiko und macht wertvolle Studien und Aufzeichnungen.
1810–1821	Der Priester **Miguel Hidalgos** ▶ ruft am 16. September 1810 in Dolores (Guanajuato) zum **Unabhängigkeitskrieg** auf („Grito de Dolores"), der bis 1821 andauert. Im wechselhaften Kriegsglück werden die Unabhängigkeitsführer *Hidalgo, Allende, Jiménez* und *Morelos* hingerichtet.

Von der Unabhängigkeit 1821 bis zur Mexikanischen Revolution 1910

Die ersten 90 Jahre von Mexikos neuer republikanischer Freiheit sind geprägt von endlosen Wirren, Konflikten, Putschen, Kriegen und Bürgerkriegen, Reformen und europäischer Intervention. Allein zwischen 1821 und 1854 lösten sich 34 Regierungen ab, gab es ein Kaiserreich und wurden 5 Verfassungen verabschiedet.

24.08.1821	Unterzeichnung der **Unabhängigkeitsurkunde.**
1822	*Agustín Iturbide* wird für ein Jahr erster Kaiser von Mexiko.
1823	Mexiko wird **Republik**. Die vorherigen Provinzen Guatemala, Honduras, El Salvador und Nicaragua erklären ihre Unabhängigkeit.
1836	**Texas** erklärt sich von Mexiko unabhängig. 1845 wird es von den USA annektiert.
1846–1848	Darüber kommt es zwischen Mexiko und den USA zum **Krieg,** der mit dem Verlust von Texas und dem Verkauf von Kalifornien, Arizona und Neu-Mexiko an die USA endet. Damit ist Mexiko um mehr als die Hälfte kleiner geworden.
1847–1933	**„Krieg der Kasten"** (Maya-Aufstand) in Yucatán gegen die mexikanische Zentralregierung (s.S. 279).
1857	Eine Reformregierung beschließt eine liberale Verfassung (Beschneidung der Privilegien von Kirche und Militär, Abschaffung des kirchlichen Grundbesitzes, des Hacienda-Systems sowie des kommunalen Landbesitzes der Indígena-Gemeinden). Darüber kommt es
1858–1861	zum **Reformkrieg,** bei dem die Liberalen gegen die Konservativen siegreich bleiben. Der Zapoteke **Benito Juárez** ▶ aus Oaxaca wird 1858 erster indigener Präsident Mexikos.

1861–1863	Das stark verschuldete Mexiko stellt die Zahlungen an europäische Mächte ein. England, Frankreich und Spanien besetzen daraufhin Teile des Landes. England und Spanien ziehen sich bald zurück, Frankreich wird vor Puebla geschlagen **(Schlacht „5 de Mayo" 1862),** kann aber Mexiko-Stadt besetzen. Unter dem Schutz von Napoleon III. und mit Hilfe mexikanischer Konservativer wird 1864 **Maximilian von Habsburg** als Kaiser von Mexiko eingesetzt.
1866/1867	Die Liberalen setzen sich siegreich gegen Konservative und Franzosen durch. Maximilian wird 1867 in Querétaro erschossen, die Franzosen ziehen sich nach Europa zurück.
1867–1911	**Porfirio Díaz** regiert (Unterbrechung von 1880–84) unter diktatorischen Vollmachten **(Porfiriat).** Hoher Kapitalzustrom ausländischer Investoren. Wohlstand und Modernisierungen für die Oberschicht, doch die Lage der Landbevölkerung verschlimmert sich. Indigener Gemeindebesitz wird Eigentum von Großgrundbesitzern. Soziale Reformen bleiben aus. Etwa 95% des Bodens sind nun in den Händen von nur 1% der Bevölkerung.

Mexikanische Revolution 1910–1917

Das Unzufriedenheitspotential entzündet sich zu einem **bewaffneten Bürgerkrieg**, der bald erbarmungslos tobt (rund 1,5 Mio. Tote) und bis heute tief im Bewusstsein der Mexikaner verhaftet ist.

20.11.1910	Der bewaffnete Aufstand beginnt unter **Francisco Madero** und **Pancho Villa** in Nordmexiko.
Mai 1911	Díaz dankt ab, Madero wird Präsident. Doch schon
1913	wird er erschossen und **General Huerta** ruft sich zum neuen Präsidenten aus. Die **Revolutionsführer Emiliano Zapata, Pancho Villa, Venustiano Carranza** und **Álvaro Obregón** kämpfen gegen die Regierungstruppen.
1914	Huerta dankt ab, Carranza übernimmt die Regierung (mit Sitz in Veracruz). Ein militärisches Chaos folgt. Obregón besiegt Villa vernichtend in Celaya und Zapata kämpft nun gegen Carranza.

Revolutionswirren – Mural im Palacio de Gobierno in Zacatecas

Emiliano Zapata und Pancho Villa

Mexikos legendenumwobener, charismatischer Volksheld ist **Emiliano Zapata** ▶ (1879–1919). Seine sozialrevolutionäre Forderung nach **„Tierra y Libertad"** („Land und Freiheit") ist auch in den 1990er Jahren von den Zapatisten in Chiapas wieder aufgenommen worden. „Das Land gehört demjenigen, der es bearbeitet", war sein Motto. Vor allem in seinem Heimatstaat Morelos kämpfte er gegen den Diktator Díaz, aber auch gegen dessen Nachfolger Madero und Carranza, die sich seinen (blutigen) Landumverteilungsaktionen entgegenstellen. 1914 ist Zapatas Armee, die „Befreiungsarmee des Südens" auf rund 25.000 Mann angewachsen.

Mit **Francisco „Pancho" Villa** ▶ (1878–1923), der im Norden mit seiner berüchtigten „División del Norte" gegen die Truppen des Diktators kämpft, ist er zunächst nur lose verbunden. Doch im Dezember 1914 gelingt ihnen die vorübergehende Besetzung von Mexiko-Stadt (wobei ihr berühmtes Foto auf dem Stuhl des mexikanischen Präsidenten entsteht). Villas Truppen werden bereits im April 1915 von Obregón geschlagen, Zapata kämpft weiter gegen Carranza, der ihn am 10.04.1919 in einen Hinterhalt lockt, wo er im Kugelhagel stirbt. Der steckbrieflich gesuchte Pancho Villa fällt am 20.07.1923 einem Attentat zum Opfer.

05.02.1917 **Proklamation der neuen Verfassung** (mit ähnlichen Grundsätzen wie die liberale Verfassung von 1857; sie sieht u.a. auch die Verstaatlichung aller Bodenschätze Mexikos vor). Für die breite Masse blieb diese jedoch eine Enttäuschung, da viele ihrer Bestimmungen nicht hinreichend umgesetzt wurden. Die vorgesehene Landumverteilung kam z.B. erst in den 1930er

Nachrevolutionäres und modernes Mexiko

1920 Ermordung Carranzas. *Obregón* wird Präsident. Unter ihm und seinem Nachfolger *Calles* beschreitet Mexiko einen zunehmend sozialrevolutionären Weg.

1929 Gründung der (Staats-)Partei PNR, die sich 1946 in **PRI** (Partido Revolucionario Institucional) umbenennt und bis zum Jahr 2000 alle Präsidenten stellt.

1934–1940 Unter Präsident *Lázaro Cárdenas* werden u.a. Böden umverteilt, die ausländische Ölindustrie enteignet und die Eisenbahnen verstaatlicht. Antifaschistische Außenpolitik.

1946–1952 Unter der Regierung von *Miguel Alemán* kommt es zum wirtschaftlichen Aufschwung, doch auch zu Problemen durch anhaltende Korruption.

1953 Die Frauen erhalten das Stimmrecht.

1964–1970 Unter der Regierung *Díaz Ordaz* entsteht 1968 eine Studentenrevolte mit Erschießung tausender Demonstranten in Mexiko-Stadt. **Olympiade** 1968, **Fußball-WM** 1970.

1970–1976 Präsidentschaft von *López Portillo y Pacheco*. 1980 ist Mexiko der viertgrößte Erdölproduzent der Welt. Doch Inflation und Handelsdefizite treiben es in eine wirtschaftliche Krise. Dann fällt weltweit der Rohölpreis. Staatsverschuldung und überbewerteter Peso verursachen eine gewaltige Kapitalflucht. Mexikos Banken werden verstaatlicht.

1982–1988   Riesige Auslandsschulden, hohe Arbeitslosigkeit und eine hohe Inflationsrate demoralisieren die Bevölkerung. Präsident *Miguel de la Madrid* privatisiert nahezu 60 staatliche Unternehmen.

1986   **Fußball-WM.**

19.09.1985   Ein **schweres Erdbeben** fordert über 10.000 Tote in Mexiko-Stadt.

1988–1994   Als Heilmittel gegen die Rezession wird unter *Carlos Salinas de Gortari* eine große Privatisierungswelle eingeläutet. Dafür bekommt Mexiko einen Teil seiner Auslandsschulden erlassen. Unter Salinas werden die diplomatischen Beziehungen zum Vatikan wieder aufgenommen. Ende Dezember 1994 kommt es zu einem **Kurssturz** des Peso, der in ganz Lateinamerika heftige Finanzkrisen auslöst. Die USA, der IWF und die Weltbank gewähren großzügige Kredite zur Stabilisierung der Peso-Krise.

1990   *Octavio Paz* (1914–1998) erhält den Nobelpreis für Literatur.

01.01.1994   Am Tag des Beitritts Mexikos zum Freihandelsabkommen **NAFTA** (North American Free Trade Agreement, span. **TLC,** *Tratado de Libre Comercio*) erschüttert den Indígena-Aufstand des **EZLN** unter *Subcomandante Marcos* nachhaltig das Land.

März 1994   Der Präsidentschaftskandidat des PRI, *Luis Donaldo Colosio,* wird ermordet. Nachfolger ist *Ernesto Zedillo* (Amtsantritt 1.12.94).

1997   Erstmals kommt ein Kandidat der Oppositionspartei PRD *(Partido de la Revolución Democrática)* durch freie Wahlen ans Bürgermeisteramt von Mexiko-Stadt.

2000–2006   Nach 71 Jahren Regierungsmonopol gewinnt **Vicente Fox Quesada** vom liberalkonservativen **PAN** (Partido de Acción Nacional) die Präsidentschaftswahl. Doch der von vielen Mexikanern erhoffte große Wandel unter dem PAN-Präsidenten bleibt aus.

2006–2012   **Felipe Calderón** vom PAN wird neuer mexikanischer Präsident. In die Geschichte eingehen wird er mit seinem **Kampf gegen die Drogenkartelle.** Dieser Kampf hat zwischen 2006 und 2016 185.000 Todesopfer gefordert, auf die Amtszeit von Calderón entfallen dabei rund 120.000, mehrheitlich Angehörige der verschiedenen Kartelle (die sich untereinander bekämpfen). Insgesamt fallen die Ergebnisse aber wenig zufriedenstellend aus, zu sehr sind Politik und Justiz von der organisierten Kriminalität unterwandert, zu schnell können wegfallende Köpfe ersetzt werden. Arbeitslosigkeit und niedriges Gehaltsniveau machen es den Mafias leicht, immer wieder neues Fußvolk anzuwerben. Journalisten, die über diese Themen berichten, werden bedroht und ermordet. Mexiko zählt zu den weltweit gefährlichsten Ländern für Journalisten und die Pressefreiheit ist de facto eingeschränkt.

2012–2018   Die PRI erobert die Regierung zurück, Präsident wird **Enrique Peña Nieto.** Gleich zu Beginn seines Mandats bringt er ein umfangreiches Reformpaket auf den Weg, das 11 Strukturbereiche betrifft, wobei der Energiesektor und das Erziehungswesen die strittigsten sind. Die Energiereform öffnet Mexikos Öl- und Gasmarkt für Privatanbieter, das staatliche Pemex-Monopol ist gebrochen. Doch der versprochene Aufschwung bleibt aus, kaum ein Präsident vor ihm hat so viele Demonstranten auf die Straße gebracht.

2014/2019   Der meistgesuchte Drogenboss, Joaquín Archivaldo Guzmán Loera, Kopf des Sinaloa-Kartells, kurz **Chapo Guzmán** genannt, wird im Februar 2014 gefasst. Zum zweiten Mal, denn Guzmán ist Experte in Gefängnisausbrüchen. Und schon im Juli 2015 verschwindet er wieder – angeblich durch einen Tunnel

	unter dem Duschbecken seines des Hochsicherheitsgefängnisses. Im Januar 2016 wird er in Sinaloa erneut dingfest gemacht, an die USA ausgeliefert und im Juli 2019 in New York zu lebenslanger Haft verurteilt. Damit ist natürlich keine Ruhe eingetreten, vielmehr beginnt ein brutaler Machtkampf unter seinen Nachfolgern.
26.09.2014	43 Lehramtsanwärter aus Ayotzinapa in Guerrero kapern einen Bus, um zu einer Demonstration in der Hauptstadt zu fahren. In dieser Nacht verschwinden sie spurlos. Bei der Suche stößt man auf etliche Massengräber, nicht aber auf die Leichen der Studenten. Tausende Demonstranten gehen auf die Straße, doch die Regierung behindert die nationalen und internationalen Untersuchungskommissionen. Vermutet wird, dass Polizei und Streitkräfte schon zur Tatzeit von den Ereignissen wussten und wohl auch an den Morden beteiligt waren. Die derzeit plausibelste Hypothese ist, dass die Studenten, ohne es zu ahnen, einen mit Drogen beladenen Bus wählten und deshalb sterben mussten.
2015/2016	Die **Reforma Educativa** des Präsidenten Enrique Peña Nieto löst landesweit Demonstrationen und Straßenblockaden aus, vor allem seitens der gewerkschaftlich organisierten Schullehrer (s.S. 50).
2017	Nach der Machtübernahme von **Donald Trump** in den USA verhärten sich die Fronten. Trump verkündet lautstark den Bau einer **Mauer** entlang der Grenze zwischen beiden Staaten und fordert von Mexiko, diese zu bezahlen. Die Liberalisierung der Benzinpreise unter Peña Nieto geben einer neuen Form der Kriminalität enormen Aufschwung: Die *huachicoleros* zapfen Benzinleitungen von Pemex an und verkaufen dann günstig weiter. Die Drahtzieher sitzen bei Pemex selbst und in Regierungskreisen. Wiederholt kommt es zu tödlichen Schießereien oder Explosionen von Pipelines. Der neu gewählte Präsident López Obrador schafft es 2019, die *huachicoleros* einzudämmen, woraufhin diese vermehrt auf LP-Gasleitungen (Haushaltgas) umsteigen.

Jüngste Ereignisse 2018–2022

2018	Am 01.12.2018 tritt der neue Präsident (und früherer Regierungschef von Mexiko-Stadt), **Andrés Manuel López Obrador (AMLO)**, sein Amt an. Der Linkspolitiker aus dem Bundesstaat Tabasco schlug mit seiner Sammlungsbewegung *Morena* („Bewegung der nationalen Erneuerung") seine Kontrahenten klar mit mehr als 53 Prozent. Das Interessante an dieser Wahl war, dass Obrador eine echte Volksbewegung hinter sich hatte, also Leute, die wirklich an ihn glaubten. Die PRI, jene Partei, die in Mexiko über Jahrzehnte eine fast uneingeschränkte Machtposition innehatte, ist im neuen Parlament nur noch drittstärkste Kraft. Als wichtigstes Vorhaben hatte Obrador im Wahlkampf das Vorgehen gegen die Korruption ausgerufen.
2019–2022	Präsident **AMLO** leitet seine Amtszeit mit einem strengen Austeritätsplan ein, der sämtliche Bereiche betrifft, die mit öffentlichen Mitteln finanziert werden (Vorbild ist dabei Benito Juárez). Das beginnt bei der Regierung selbst, sein eigenes Gehalt hat er um die Hälfte gekürzt. Sein Regierungsprojekt nennt er etwas großspurig „la cuarta transformation" **(4T)**, ein weiterer Neuanfang Mexikos nach Unabhängigkeitserklärung, Reformgesetzen von Benito Juárez und Mexikanischer Revolution. Einen radikalen Einschnitt hat es bislang aber nicht gegeben, ganz im Gegenteil, viele seiner Projekte sind stark umstritten,

haben zur Kündigung von Regierungsmitgliedern und einem bedeutenden Anhängerschwund geführt. Eine demokratische Neuheit: Am 10.04.2022 ließ seine Partei eine Volksabstimmung darüber abhalten, ob der Präsident im Amt bleiben sollte oder nicht: Doch nur noch die Hälfte seiner Wähler von 2018 ging überhaupt zu den Urnen (womit das Ergebnis keine rechtliche Gültigkeit erlangte), die Gegner hatten zum Wahlboykott aufgerufen. AMLO und seine Anhänger verbuchten die Ja-Stimmen als Erfolg.

Positiv zu werten sind sicher die Abschaffung von Steuererlässen für Großunternehmen, vielleicht auch die noch längst nicht abgeschlossene Ausdünnung und Umlagerung der äußerst kostenintensiven öffentlichen Verwaltung. Nur wenige Erfolge erzielte er bislang bei der Bekämpfung der organisierten Kriminalität, das (fast immer straflose) Morden geht ungebremst weiter, eine stark steigende Tendenz verzeichnen Morde an Journalisten, Umweltaktivisten und Feminizide. Durch unbedachte oder entwürdigende Äußerungen oder Aktionen hat er es sich mit ganzen Gruppen verscherzt: Journalisten, Frauenrechtlerinnen, Akademiker, Eltern krebskranker Kinder, sogar mit der größten Universität Mexikos, der UNAM.

Manche Mexikaner behaupten, Mexiko sei das **„Land der permanenten Abtreibung".** Millionenschwere, teils gut funktionierende Projekte, werden bei einem Regierungswechsel über Nacht abgeblasen, um mit etwas Eigenem zu punkten. Den Bau eines hochmodernen Flughafens in Texcoco lässt AMLO bei Amtsantritt stoppen und ersetzt diesen durch den wesentlich kleineren, weit entfernten Aeropuerto Internacional Felipe Ángeles (**AIFA,** seit 2022 in Betrieb, fast keine internationalen Flüge). Kliniken, in denen sich Bedürftige ohne Krankenversicherung kostenlos behandeln lassen konnten (Seguro Popular), wurden geschlossen und durch andere (INSABI) ersetzt, die nicht funktionieren. Sein Kampf gegen Korruption im staatlichen Krankensystem (IMSS) bewirkte u.a., dass es dort nun keine Medikamente mehr gibt. Die Erziehungsreform der Vorregierung wurde storniert, aber durch nichts Substantielles ersetzt (außer der massenhaften Vergabe kleiner Stipendien). AMLO wird vorgehalten, sich bei seinen Entscheidungen nicht auf Experten zu stützen.

Besonders strittig sind die Herzstücke seiner Agenda: Die **Energiepolitik** sieht eine größere nationale Unabhängigkeit vor, setzt aber ganz und gar auf **fossile Brennstoffe** (s. Abschnitt zur Wirtschaft), Großprojekte der Vorgänger zur Entwicklung erneuerbarer Energien blieben dabei links liegen. Im Bau befindet sich das Projekt des Touristenzugs **„Tren Maya"** rund um die Halbinsel Yucatán. Von Umweltaktivisten und Indígena-Gemeinden wird es als „Todesprojekt" bezeichnet, u.a. deshalb, da Flora und Fauna geschützter Gebiete irreparable Schäden erleiden und die Wasserversorgung der Bevölkerung der Halbinsel nicht mehr gewährleistet sein wird.

Migrationskrise: Seit Ende 2018 sind mehrere große Flüchtlingskarawanen (die größte umfasste 15.000 Menschen) zentralamerikanischer, venezolanischer, kubanischer und haitianischer Migranten durch Mexiko in Richtung USA gezogen, was große politische, logistische und finanzielle Herausforderungen für Mexiko bedeutet. Manche verweilen monatelang in mexikanischen Auffanglagern, einige erhalten eine Arbeitserlaubnis in Mexiko, andere bleiben in Grenzstädten wie Tijuana hängen. Genaue Zahlen, wie viele es bis in die USA schaffen, gibt es nicht.

Lektüretipp für Geschichtsinteressierte: Ruhl/Ibarra: *Kleine Geschichte Mexikos: Von der Frühzeit bis zur Gegenwart* (siehe Literaturtipps im Anhang).

Wirtschaft

Mexiko ist nach Brasilien die zweitgrößte Volkswirtschaft Lateinamerikas. Nach Einbruch des BIP im Krisenjahr 2009 wuchs die Wirtschaft in den darauffolgenden Jahren wieder. Zum Regierungswechsel 2018/2019 wurde das Wachstum wieder ausgebremst und fiel dann im Pandemie-Jahr 2020 weit unter die Minuswerte von 2009. Nach einer kräftigen Erholung im Jahr 2021 war es 2022 schon wieder rückläufig.

Erste Deviseneinnahmequelle Mexikos sind die **Überweisungen der Migranten aus den USA** *(remesas),* in den Pandemie-Jahren haben sie sogar noch kräftig zugelegt; traditionell wichtige Wirtschaftsfaktoren sind **Erdöl** und **Tourismus**, auch die Einnahmen aus den Aktivitäten der **organisierten Kriminalität** sind nicht zu unterschätzen, manche führen sie als vierte Wirtschaftskraft des Landes an.

Die personalintensive **Landwirtschaft** stellt inzwischen weniger als 4% des BIP, viele Grundnahrungsmittel müssen eingeführt werden, selbst solche, die wie Mais und Bohnen zu den traditionellen Anbaukulturen Mexikos gehören. Die Wasserknappheit erschwert die Bewässerung der Böden, was wiederum eine Intensivierung der Landflucht zur Folge hat. Weltweit an erster Stelle steht das Land bei der Ausfuhr von „grünem Gold", den Avocados, leider schöpft auch die organisierte Kriminalität heftig mit ab. Ebenso hat der Export verarbeiteter landwirtschaftlicher Produkte in jüngster Zeit stark zugenommen, insbesondere ist hier der Bierexport zu erwähnen.

Rund 32% des BIP entfallen auf den **Sekundärsektor** (Industrie, Bauwesen, Minen u.a.), wichtigste Industriesparten sind Maschinenbau und **Fahrzeugproduktion,** letztere zieht auch bedeutende ausländische Direktinvestitionen an. Innerhalb der EU ist Deutschland für Mexiko der wichtigste Handelspartner. Volkswagen, Audi und Daimler-Benz sind in Mexiko angesiedelt, seit 2019 gibt es auch ein BMW-Werk in San Luis Potosí.

64% des BIP werden vom **Tertiärsektor** erwirtschaftet, hauptsächlich von Handel und Immobiliengeschäften sowie vom Tourismus.

Ab den 90er Jahren wurde Mexikos Wirtschaft dereguliert und privatisiert. Seit dem 1.1.1994 gehört Mexiko zur nordamerikanischen Freihandelszone **NAFTA,** 2000 trat auch ein Abkommen mit der EU in Kraft. Von 2006 bis 2021 stellte Mexiko den **Generalsekretär der OECD** (Ángel Gurría). 2016 wurde das **Monopol des staatlichen Ölsektors aufgebrochen** und Förderkonzessionen an Privatunternehmen vergeben, ab 2016 begann auch die Öffnung des

Blick über die Staatsgrenze von Seite der USA

Strommarktes. Eines der wichtigsten Projekte von Präsident AMLO ist es, den Energiesektor wieder vollständig unter staatliche Kontrolle zu bringen. Dabei setzt er vorrangig auf fossile Brennstoffe, im Juli 2022 weihte er stolz die **Ölraffinerie Dos Bocas** in seinem Heimatstaat Tabasco ein – die allerdings noch längst nicht betriebsfähig ist. Millionenschwere Investitionen der Vorgängerregierung in erneuerbare Energien ließ er im Sand versickern. Der weltweit immer dringlicher werdende Kampf gegen den Klimawandel steht schlichtweg nicht auf seiner Agenda. Benzin wird staatlich subventioniert und ist deshalb (noch) günstig. Wichtigster Handelspartner sind nach wie vor die USA.

Chronische Probleme Mexikos sind die **aufgeblähte, ineffizient arbeitende Bürokratie** (und die riesigen Summen, die der Verwaltungsapparat, sowie amtierende und ehemalige Politiker verschlingen), **Vetternwirtschaft** und **Korruption.** Gouverneure trumpfen gern mit überteuerten (und manchmal gänzlich unnützen) Großbauprojekten auf, die Aufträge gehen an Freunde. Für die zweite Hälfte seiner Amtszeit plant AMLO eine tiefgreifende Reform der öffentlichen Verwaltung, mit Auflösung,

Zusammenlegung oder auch Dezentralisierung diverser Behörden.

Vor Augen führen muss man sich jedenfalls, dass industrieller Aufschwung und Investitionen internationaler Konzerne damit erkauft werden, dass Mexiko weiterhin ein **Billiglohnland** ist. Das bedeutet, dass das Gros der Arbeitnehmer kaum von seinen Einkünften leben kann; auch wenn der gesetzliche Mindestlohn unter AMLO kräftig erhöht wurde und derzeit rund 10,6 US$ pro Tag beträgt. Für viele ist deshalb ein Abtauchen in die organisierte Kriminalität lukrativer als eine reguläre Tätigkeit. Ein Millionenheer nirgends registrierter Arbeitsloser ist in der **Schattenwirtschaft** tätig und erwirtschaftet als fliegende Händler und Anbieter diverser Serviceleistungen (Schuhputzer, Straßenmusiker, Türaufhalter, Nachtwächter u.a.) schätzungsweise noch einmal rund ein Drittel des offiziellen Bruttoinlandsprodukts – ohne Steuern zu bezahlen. Eine Arbeitslosenunterstützung nach westeuropäischem Vorbild existiert nicht. Die Inflation betrug 2022 fast 9%.

Rund 44% der Bevölkerung wird statistisch als arm bezeichnet, Tendenz steigend, unter anderem aufgrund der wachsenden Gesamtbevölkerung, knapp 10%

Agaven-Stechen für die Herstellung von Tequila

davon lebt in absoluter Armut (die Zahlenangaben unterscheiden sich erheblich, je nach Quelle, hier: CONEVAL 2020) und bevölkert Straßen und öffentliche Verkehrsmittel als Bettler. Auf 10% der Bevölkerung konzentriert sich 79% aller Reichtümer im Land, womit Mexiko weltweit zu den Nationen mit der größten Ungleichheit bei der Einkommensverteilung gehört (Stand 2021).

Erziehung

Das mexikanische Schulsystem umfasst drei Vorschuljahre, sechs Grundschuljahre, die dreijährige Sekundarschule und drei Jahre Oberschule (*bachillerato* oder *preparatoria*) – seit einer Reform im Jahre 2013 sind alle **obligatorisch!** Doch viele Kinder „verschwinden" auf dem Weg, nur etwas mehr als die Hälfte der 15–17-Jährigen besucht auch tatsächlich die Oberschule. Die Problematik der Schulabbrecher hat sich infolge der COVID-19-Pandemie natürlich (wie überall) noch verschärft.

Einem breiten Netz **staatlicher Schulen und Universitäten** stehen **Privatanbieter** aller Preis- und Güteklassen gegenüber, für die Mittel- und Oberschicht ist der Besuch der teuersten eine Prestigefrage. **Internationale Austauschprogramme** sind angesagt, immer mehr Schüler verbringen ein Schuljahr im Ausland, Studenten erhalten Stipendien für ein Master- oder Promotionsstudium; wenn es nach Deutschland geht, sponsert häufig der DAAD, manchmal auch in Mexiko ansässige Firmen.

Berufsbildende Institutionen sind immer noch wenig entwickelt, man lernt im Familienbetrieb. Ein Heer an nicht oder schlecht ausgebildeten Arbeitskräften, aber auch durchgewunkenen Universitätsabsolventen trägt zur Ineffizienz vieler Institutionen bei. Die im Schnitt sehr niedrigen Gehälter bewirken eine hohe Fluktuation der Arbeitskräfte, was nachhaltiges Wirtschaften erschwert. Immerhin ist der Analphabetismus in den letzten Jahren stark zurückgegangen, offiziell sind es nur noch 4,6% der Bevölkerung (2020). Doch dürfte der Anteil pandemiebedingt wieder steigen.

Jede neue Regierung verkündet lauthals ihre **Reform des Erziehungswesens.** Die 2013 im Rahmen einer Verfassungsänderung durchgesetzte *Reforma Educativa* des Präsidenten Enrique Peña Nieto (2012–2018) hat besonders viele Proteste ausgelöst, vor allem weil die Wiedereinstellung bzw. Besoldung der Lehrer an regelmäßige Prüfungen geknüpft werden sollte. Präsident Obrador nahm sie zurück und verkündete das Modell der *Nueva Escuela Mexicana* (NEM), einschließlich Verfassungsänderungen, die am 20.09.2019 vom Parlament abgesegnet wurden. Die „Neue Schule" erschöpft sich vor allem in diversen (nicht an Leistungen geknüpfte) Stipendien für Schüler und Studenten. Fachliche Neuerungen sind bislang ausgeblieben.

Bei international vergleichenden Leistungsstudien, wie z.B. PISA (letzte war 2018), befindet sich Mexiko jedenfalls nach wie vor im untersten Drittel – allen Reformen zum Trotz. Das liegt zum einen daran, dass das gesamte Erziehungssystem weiterhin von **Vetternwirtschaft** durchzogen wird, wenn es um die Besetzung von Stellen geht, haben gegenseitige Freundschaftsdienste Vorrang vor akademischen Gesichtspunkten. Zum anderen aber an dem riesigen **Verwaltungsaufwand,** den die sich aneinanderreihenden Reformen auch für die Lehrer nach sich ziehen, da bleibt für Erziehungsaufgaben wenig Zeit. Und nicht zuletzt an der **Jagd nach positiven Indikatoren,** wie sie von der OECD eingefordert werden – Zahlen sind einfacher herzustellen als Bildung.

Völker und Kulturen in Geschichte und Gegenwart

Eine Vielzahl indigener Völker bewohnte und bewohnt das Gebiet des heutigen Mexikos. Manche prähispanischen Völker, wie z.B. die **Olmeken** (Golfküste) oder **Teotihuacanos** waren schon längst verschwunden, als die Spanier den Kontinent betraten, andere wurden von den Eroberern vernichtet: das bekannteste Beispiel sind die **Azteken** (Hauptstadt Tenochtitlán, heute Mexiko-Stadt). Im Jahr 2020 sprach nur noch 6% der Gesamtbevölkerung eine Indígena-Sprache, Tendenz sinkend (auch wegen der in absoluten Zahlen rasant steigenden Gesamtbevölkerung), wobei die verschiedenen **Náhua-** und **Maya-Gruppen** zahlenmäßig am stärksten sind. 12% der Sprecher dieser Sprachen sind des Spanischen bis heute nicht mächtig.

Mexiko gehört weltweit zu den Ländern mit den meisten **Sprachen:** Bei Ankunft der Spanier soll es ca. 170 gegeben haben, heute sind es immerhin noch 68, die sich wiederum in unterschiedliche Varianten aufteilen lassen. Die Staaten mit den meisten Sprechern indigener Sprachen sind Oaxaca (rund 31% der Bevölkerung), Chiapas (rund 28%) und Yucatán (rund 24%), die Staaten mit den wenigsten liegen in der Nordhälfte des Landes.

Die **Indígenas** führen ein Randdasein in der mexikanischen Mestizengesellschaft. Nicht nur, dass ihre Sprachen als „Dialekte" herabgewürdigt werden, „Indio" ist unter den Mestizen auch ein Schimpfwort. „Mexiko verherrlicht seine indianische Vergangenheit, verachtet aber seine lebenden Indios", schrieb der Literaturnobelpreisträger Octavio Paz vor einigen Jahrzehnten. Als Folge des Zapa-

tistenaufstands in Chiapas 1994 (s.S. 242f.) wurden in diesem Jahrtausend ihre Rechte durch eine Verfassungsänderung (2001) und die Gründung eines Instituts zum Schutz ihrer Sprachen (INALI, 2003) gestärkt, reformiert und unbenannt wurde das Institut zur Betreuung ihrer politischen Angelegenheiten (INPI, 2018).

Im Folgenden ein grober Überblick über einige der heute lebenden Völker und ihren Siedlungsraum:

Halbinsel Yucatán und Chiapas

Maya

Sammelbezeichnung für über 30 größere und kleinere Mayavölker in Mesoamerika, Nachkommen der gleichnamigen Hochkultur. Die mexikanischen Maya leben vor allem auf der Halbinsel Yucatán und im Bundesstaat Chiapas.

Chontales, Choles, Tojolabales, Tseltales, Tzotziles und *Lacandones* sind Maya-Untergruppen aus dem Hoch- und Tiefland von Chiapas sowie aus Tabasco. Die Fotos der Schweizerin Gertrude Duby-Blom (1901–1993) machten vor allem die weißgewandeten *Lacandonen* bekannt, diese zählen heute nur noch ca. 1000 Personen.

Oaxaca

Zapoteken, Mixteken und Mazateken

sind die zahlenmäßig größten Gruppen des Bundesstaates Oaxaca (die Mixteken siedeln allerdings auch in Puebla und Guerrero). Zapoteken und Mixteken sind Nachfahren der gleichnamigen altmexikanischen Hochkulturen, die Mazateken sind für ihre Rituale mit halluzinogenen Pilzen bekannt.

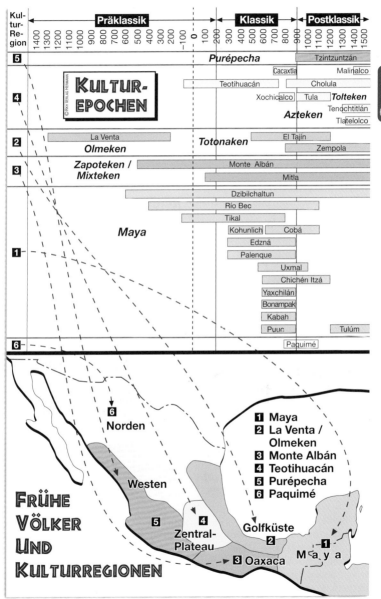

Frühe Völker und Kulturregionen

1. Maya
2. La Venta / Olmeken
3. Monte Albán
4. Teotihuacán
5. Purépecha
6. Paquimé

Golfküste

Totonaken

Die Totonaken leben an der nördlichen Golfküste. Ihre Vorfahren bauten die einzigartigen Nischenpyramiden von *El Tajín* und *Yohualichan*.

Zentrales Mexiko

Náhua

Sie leben überwiegend im Zentrum Mexikos. Ihre Sprache *Náhuatl* wurde (in seiner klassischen Form) von den Azteken und anderen prähispanischen Völkern gesprochen.

Otomí

Diese Gruppe siedelt ebenfalls im zentralmexikanischen Hochland. Eine Hochkultur waren sie nie, bis heute verstehen sie sich aber auf die Herstellung von Baumbastpapier *(amate)*, das in buntbemalter Ausführung in vielen Souvenirläden des Landes zu finden ist.

Westmexiko

Purépecha

von den Spaniern auch *Tarasken* genannt, wohnen im Staat Michoacán. Einst bildeten sie ein bedeutendes Reich, das nie von den Azteken erobert werden konnte. Bekannt sind sie für ihre kunsthandwerklichen Arbeiten und die *Danza de los Viejitos* (Tanz der Alten).

Huicholes

In Rückzugsgebieten der Sierra Madre Occidental (Staat Jalisco u.a.) beheimatet, bewahren sie sich ihre alten Bräuche mehr als viele andere Völker. Jedes Jahr nehmen sie den halluzinogenen Peyote-Kaktus im Rahmen ritueller Festlichkeiten ein. Sie

sind die Schöpfer leuchtend bunter Stickbilder aus Wollfäden oder Perlen, die Elemente ihrer mythischen Welt darstellen.

Nordmexiko

Seri, Yaquí und Tarahumara

Diese Völker leben im Nordwesten des Landes und haben sich ebenfalls noch viele ihrer alten Traditionen bewahren können.

Die Yaquí haben sich über Jahrhunderte den Spaniern und Mestizen kämpferisch widersetzt und wurden dabei stark dezimiert, heute umfasst ihre Gemeinschaft nur noch rund 20.000 Individuen, eine weitere kleine Kolonie gibt es in Arizona. Lektüreempfehlung: Paco Ignacio Taibo II: *Die Yaqui: Indigener Widerstand und ein vergessener Völkermord* (siehe Literaturtipps im Anhang).

Die Mexikaner heute

Das **Neben- und Durcheinander von Moderne und Tradition** macht es unmöglich, die Mexikaner auf ein bestimmtes Bild festlegen zu wollen. Wer sich den mexikanischen Mann als einen harten Macho mit breitkrempigem Hut und die mexikanische Frau mit langen Zöpfen und unterwürfigem Blick vorstellt, mag in einigen ländlichen Regionen und bei touristischen Veranstaltungen fündig werden – dieser Prototyp existiert wohl noch, als Beschreibungsmerkmal aller Mexikaner taugt er aber nicht.

In Traditionen verwurzelt sind bis heute zahlreiche Indígena-Gemeinden. Religiöse Feste und Praktiken (Verbindung von Katholizismus und prähispanischen Religionen) sind feste Bestandteile ihres Lebens. Doch viele werden durch Armut zur Auswanderung in die USA oder in mexikanische Großstädte getrieben, wo auch sie über kurz oder lang in die Mühlen der Modernität geraten und häufig sogar ihre Sprache verleugnen. (Im Pandemie-Jahr 2020 sank die Zahl der mexikanischen Auswanderer in die USA zwar drastisch, es waren sogar Rückwanderer zu verzeichnen, doch seit der zweiten Hälfte 2021 steigt sie schon wieder kräftig an.)

Die städtischen Mittel- und Oberschichten orientieren sich an europäisch/amerikanischen Wertvorstellungen (oder an dem, was sie dafür halten). Heute schließen landesweit ungefähr genauso viele Frauen ein Universitätsstudium ab wie Männer. So ist es auch nicht verwunderlich, dass Frauen im modernen Arbeitssektor in fast allen Positionen vertreten sind (die Frauen der Unterschichten waren immer schon in Landwirtschaft und Handel tätig). Eine Liberalisierung der Moral konnte da nicht ausbleiben: Jungfräulichkeit vor der Ehe ist schon längst kein allgemeines Ideal mehr, das höhere Bildungsniveau lässt die Kinderzahl sinken, und wer wirtschaftlich unabhängig ist, lässt sich auch nichts gefallen, es gibt also viele Scheidungen.

Doch auch in den Städten prägen teilweise noch traditionelle Denk- und Verhaltensweisen den Alltag, so sind zum Beispiel magische Praktiken sehr verbreitet, und die Familie – im weiteren Sinne, d.h. einschließlich Großeltern, Geschwistern, Onkel, Tanten, Cousins, Neffen und Paten – wird weiterhin als Herzstück der Gesellschaft angesehen. Sie bildet den Lebensraum und wichtigsten Zufluchtsort der meisten Mexikaner. Die hohe Zahl der zerrütteten Ehen und alleinerziehenden Mütter ändert daran vorerst nicht viel. Wer nicht verheiratet ist, wohnt gewöhnlich bei Eltern oder Verwandten.

Wichtig sind auch heute noch Höflichkeit und gute Umgangsformen, selbst Unangenehmes wird gerne „durch die Blume" gesagt. Das mag dem Hang vieler Europäer zu übermäßiger Direktheit nicht immer entgegenkommen, schafft aber einen zumeist freundlichen Umgangston im öffentlichen Leben, der zwar nicht immer dazu dient, Probleme an der Wurzel zu packen, aber für das Miteinander auch vorteilhaft sein kann.

Musikgruppe in einem Festzug

Fiestas Mexicanas

Die Mexikaner feiern gern und ausgiebig. An die 5000 Feste, Feiern und Folklore-Veranstaltungen sollen alljährlich im Land stattfinden – kaum ein anderes Volk der Erde wird das überbieten können. Jeder Ort hat sein *Patronatsfest* (z.B. San Miguel, San Antonio usw.), dann gibt es mehrere Tage lang Prozessionen, Tänze in farbenprächtigen Kostümen und Masken, oft auch *Charreadas* (Reitkunststücke auf Pferden oder Rindern) oder *Peleas de Gallos* (Hahnenkämpfe, bei denen scharfe Stahlklingen an die Beine der Kampfhähne gebunden werden) und natürlich jede Menge Knallkörper – die lautesten werden von den Geistlichen höchstpersönlich abgeschossen. Nicht fehlen dürfen bei den Feierlichkeiten **Musik- und Tanzdarbietungen,** jede Region und Volksgruppe hat ihren eigenen Musikstil und eigene Tänze und Trachten. Dabei wurde die lebensfrohe Folkloremusik von vielen Einflüssen geprägt, kreolisch-mestizische Elemente, aber auch afrikanisch-karibische Rhythmen (Cumbia, Salsa, Merengue) gehören dazu. Der Besuch des **Ballet Folklórico de México** in Mexiko-Stadt oder einer Veranstaltung anderer Tanzgruppen kann einen guten Eindruck der facettenreichen Musik- und Tanztradition Mexikos vermitteln. Im Folgenden eine kurze Auflistung der wichtigsten Fest- und Feiertage.

Festkalender: nationale und religiöse Feiertage

An den nationalen Feiertagen sind Behörden und Banken geschlossen, Läden aber in vielen Fällen geöffnet. Seit einigen Jahren ist es allerdings üblich, bei manchen (nicht so sehr befeierten) profanen Tagen einen Freitag oder Montag frei zu geben, wogegen am Feiertag selbst Unterricht ist bzw. gearbeitet wird.

Feiertage

01.01. *Año Nuevo* – Neujahr

06.01. *Heilige Drei Könige* – die Kinder bekommen Geschenke! Und es wird die traditionelle *Rosca de Reyes* (ein Kuchen mit Trockenobst) gegessen.

02.02. *Día de la Candelaria*. Wer am 06.01. in seiner *Rosca* eine Jesusfigur gefunden hat, muss nun Kakao und *Tamales* (s. „Die mexikanische Speisekarte" im Anhang) ausgeben. Umzüge und Feiern in ganz Mexiko, besonders aber in Tlacotalpan, Veracruz.

05.02. *Día de la Constitución* – Jahrestag der Verfassung von 1917

21.03. Geburtstag von Benito Juárez, dem Reformpräsidenten (s.S. 43) sowie *Equinoccio* (Tagundnachtgleiche, wiederholt sich um den 22. Sept.), wird bei einigen Pyramiden groß gefeiert.

Feb/März Karneval (das Ende des Karnevals fällt immer auf den Aschermittwoch und den Beginn der Fastenzeit, weshalb die Termine jedes Jahr anders liegen), wird besonders in Veracruz, Mazatlán, Campeche, San Juan Chamula (Chiapas) und Huejotzingo (Puebla) gefeiert, aber auch an vielen anderen Orten.

Ostern *Semana Santa* (Karwoche, Ostermontag ist kein Feiertag) mit Prozessionen und weiteren Feierlichkeiten.

01.05. Tag der Arbeit

05.05. Tag der Schlacht von Puebla 1862 (s.S. 167)

24.06. *Día de San Juan Bautista* (Patronatsfeste zu Ehren von Johannes dem Täufer, ganz Mexiko)

29.06. *Día de San Pedro y San Pablo* (St. Peter und Paul, ganz Mexiko)
Día de Nuestra Señora del Carmen (ganz Mexiko)

Juli, Ende *Fiesta de la Guelaguetza* in Oaxaca, spektakuläres Folklore-Festival (s. Oaxaca)

25.07. *Día de Santiago Apóstol* – Tag des heiligen Jakobus, wird besonders in Ortschaften gefeiert die „Santiago" heißen.

15.08. *María Asunción* – Maria Himmelfahrt, in ganz Mexiko

16.09. *Día de la Independencia* – Unabhängigkeitstag. Groß gefeiert wird der Vorabend, 15.09. Um 23 Uhr ertönt von allen Rathäusern des Landes „El Grito", der Freiheitsruf Hidalgos (s.S. 43)

29.09. *Día de San Miguel* (San Miguel-Patronatsfeste), wird in den vielen Ortschaften gefeiert die „Miguel" heißen.

Oktober Große Feste in Guanajuato (Cervantino) und Guadalajara

04.10. *San Francisco*-Patronatsfeste

12.10. *Día de la Raza* – „Tag der Rasse". Entdeckung Amerikas durch Kolumbus am 12.10.1492. Die Geburt des heutigen Mestizenvolkes Mexikos nahm hier ihren Ausgang.

01./02.11. *Todos los Santos* und *Día de los Muertos* (Allerheiligen und Allerseelen), eine der interessantesten Feierlichkeiten mit kunstvoll hergerichteten Altären.

20.11. *Día de la Revolución* – Jahrestag der mexikanischen Revolution 1910.

12.12. *Tag der Jungfrau von Guadalupe* (s.S. 98), Mexikos höchster religiöser Feiertag.

ab 16.12. Neun Tage lang gibt es *Posadas* (Marias und Josefs Suche nach Herberge wird bei stimmungsvollen Hausfesten nachgespielt), die Kinder zerschlagen mit Süßigkeiten gefüllte *piñatas*, Pappmaché-Figuren, getrunken wird *Ponche* (s. im Anhang „Die mexikanische Speisekarte").

24./25.12. *Navidad* – Weihnachten (kein 2. Weihnachtsfeiertag).

28.12. *Día de los Santos Inocentes*, mit 1.-April-Scherzen.

Von Festen, Tänzen und Trachten

In kaum einem anderen Land wird so oft und so ausgiebig gefeiert wie in Mexiko. Die meisten Feste haben religiöse Bedeutung und sind tragend für die Gruppenidentität. Ihre Vorbereitung ist eine ernsthafte Angelegenheit, nicht selten gibt eine Familie ihr ganzes Vermögen dabei aus oder verschuldet sich auf Jahre. Überaus wichtig ist an allen Orten der **Tag des Schutzpatrons,** dann gibt es meist etliche Tage lang Umzüge, Tanz und Musik. Der **Karneval** hat besondere Tradition in **Veracruz, Mazatlán** und **Chamula** (Chiapas). Beeindruckende

Mojiganga – „Pappkameraden"-Parade

Osterprozessionen gibt es in **Taxco** oder bei den **Tarahumara** (Chihuahua). An den **Totentagen** (1./2. Nov., s.S. 157) sollte man das Dorf **Villa de Etla** bei Oaxaca oder die Insel **Janítzio** (Michoacán) besuchen. Berühmt ist weiterhin die **Guelaguetza** (s.S. 212) mit ihren bunten Folkloretänzen, und ganz besonders wichtig der **Día de la Virgen de Guadalupe** (12.12., s.S. 98).

Bei vielen kollektiven **Fiestas** und **Ferias** (Verkaufsausstellungen) werden auch **Charreadas** (Reiterspiele), **Stier-** und **Hahnenkämpfe** veranstaltet.

Im (Groß-)Familienkreis verausgabt man sich besonders bei **Taufen,** am **15. Geburtstag** der Töchter und bei **Hochzeiten** – nicht selten mit hunderten an Gästen, in den Dörfern auch bei **Totenwachen,** bei denen ebenfalls die Massen verköstigt werden müssen.

Masken- bzw. **Trachtentänze** gehören zum Dorffest dazu, einige sind prähispanischen Ursprungs, z.B. die *Voladores* (s.S. 59) oder der *Tanz des Quetzalvogels,* andere entstanden beim „Zusammenprall der Kulturen", z.B. *Los Santiagos, Los Negritos, La Danza de Moros y Cristianos,* die den Kampf zwischen Spaniern und Mauren darstellt, aber auch die *Danza de los Viejitos* (Morelia). Wunderschöne Trachten gehören zu vielen Volkstänzen, besonders bekannt sind die **Charro-Tracht** aus Jalisco (s.S. 142), die **China Poblana** in den Nationalfarben (roter Rock, grüne Taille, weiße Bluse) und die ganz weiße Tracht im Staat Veracruz. Im westlichen Chiapas (Chiapa de Corzo) und Juchitán tragen Frauen weiße Röcke mit bunten Blumenmustern auf schwarzen Oberteilen und ausladende weiße Kopfhauben. Solch schmuckvolle Galas trägt man allerdings lediglich zu den Fiestas, im Alltag sind Trachten nur noch in manchen ländlichen Gegenden üblich.

Das wichtigste profane Fest ist der **Unabhängigkeitstag** (15./16. September), dann ist jeder auf der Straße, werden Fahnen geschwenkt und Knallkörper gezündet, und um 23 Uhr (15.09.) ertönt vom Rathaus aller Städte Mexikos der Unabhängigkeitsschrei.

Auf eines sollten Sie gefasst sein: Mexikanische Fiestas sind dröhnend laut und arten nicht selten in eine handfeste Sauferei aus, denn dann ist es erlaubt, Gefühle auszuleben, die an anderen Tagen verborgen bleiben.

Lektüre-Tipp: Octavio Paz: Das Labyrinth der Einsamkeit, Suhrkamp, Kapitel „Fiesta".

Voladores – die fliegenden Menschen

Am Eingang vieler archäologischen Stätten und Touristenspots Mexikos können Besucher oft eine ganz besondere, rituelle „Flugshow" erleben – „La Danza de tocotines". Dabei klettern fünf Personen, meist Männer, manchmal aber auch Frauen oder Kinder, in der hübsch anzusehenden weiß-roten Totonaken-Tracht mittels einer Strickleiter oder über Streben auf einen 20 bis 40 Meter hohen Holz- oder Metallmast. Oben angekommen, setzt sich einer auf die Mastspitze und bespielt eine Flöte, während sich die anderen ein Seil umbinden. Nach einer Konzentrationspause lassen sich die vier *tocotines* dann kopfunter nach hinten fallen, schwe-

Voladores kreiseln kopfunter von einem hohen Mast

ben in immer größer werdenden Kreisen der Erde entgegen. Nach genau 13 Umdrehungen haben sich die Seile vom drehbaren Holzrahmen abgewickelt und die Flieger wieder Bodenberührung. 4 x 13 ergibt 52, die Zahl der Wochen eines Jahres, bei den Azteken und Maya eine besondere Zahl. Das religiöse Ritual gab es in mehreren Regionen Mexikos und auch in Guatemala. Heute sind diese „Tänzer" mexikoweit als „Voladores de Papantla" bekannt, Papantla ist ein kleiner Ort bei Poza Rica im Staat Veracruz. Was der rituelle „Tanz" symbolisiert, konnte bis jetzt nicht eindeutig geklärt werden, wahrscheinlich ist aber, dass die Voladores Vögel darstellen sollen.

Voladores-Familie in weiß-roter Totonaken-Tracht

Kunsthandwerk und Souvenirs

Ein Markt für kunsthandwerkliche Produkte (*artesanías* oder *arte popular*) wurde in Mexiko, wie überall auf der Welt, erst durch den Tourismus geschaffen. Er führte zur Wiederbelebung früherer handwerklicher Traditionen, aber auch zu Umformungen alter Techniken und völligen Neuschöpfungen, die dann zur realen Volkskunst keinen Bezug mehr haben. Die talentiertesten Töpfer, Weber, Sticker, Silberschmiede usw. finden sich unter den Indígenas, und das meiste Kunsthandwerk stammt folglich aus den ärmeren Bundesstaaten Mexikos, wie Oaxaca, Chiapas, Guerrero oder Michoacán, wobei jede Region auf bestimmte Arbeiten spezialisiert ist. Manchmal widmen sich ganze
Dörfer der Herstellung einer einzigen Produktlinie, Beispiele dafür sind die originellen **Alebrijes** (buntbemalte Holztierchen, s. Foto rechts) in Arrazola (Oaxaca), die Silberschmiedearbeiten in Taxco, aber auch das prähispanische Bastpapier **Amate**, das in San Pablito (Puebla) hergestellt und dann bunt bemalt wird. Die „Erfindung" dieser oft kunstvollen Bemalungen begann übrigens in den 1960er und 70er Jahren in der Hauptstadt und gelangte erst von dort in die Dörfer.

Wo Kunsthandwerk eine wichtige Einnahmequelle ist, passt man sich dem Geschmack der Kunden an, was mitunter zu einer massenhaften Kitschproduktion führt: Sombreros in allen Größen, tequilatrinkende Mexikaner, die am Kaktus lehnen oder billige Nachahmungen des aztekischen Kalendersteins wird man immer wieder antreffen. Statt reiner Wolle wird dann gerne das günstigere Synthetikgarn verwendet, statt echtem Stein nimmt man Plastik und manche der angeblich handgefertigten Waren kommen direkt aus der Maschine. „Garantiert echte" präkolumbische Antiquitäten, die unter vorgehaltener Hand bei archäologischen Stätten angeboten werden, sind gutgemachte Fälschungen (die Ausfuhr originaler Antiquitäten ist ohnehin streng verboten). Ebenso verhält es sich mit „garantiert echtem" Bernstein, der von fliegenden Händlern verkauft wird. Doch wird man auch immer wieder auf wahre Kunstwerke stoßen, deren Arbeitsaufwand in Europa kaum bezahlbar wäre.

Gute Qualität erhält man zumeist in **Läden von Hersteller-Kooperativen** oder in den Verkaufsabteilungen von Museen. Hier gelten in der Regel (teurere) Fixpreise. Handeln kann (und soll) man auf Märkten, bei Straßenhändlern oder in kleineren

Bemalen von Alebrijes im Familienbetrieb

Läden. Der Kunsthandwerksmarkt *Centro de Artesanías de la Ciudadela* in Mexiko-Stadt (s. dort) führt Arbeiten aus allen Landesteilen.

Korb- und Flechtwaren *(canastas)* sind in ganz Mexiko erhältlich, Hauptproduzenten sind die Mixteken Oaxacas. Ebenso **Keramik** *(cerámica)*, die es in vielen regionalen Ausführungen gibt (vor allem bestimmte Dörfer in Oaxaca, Chiapas, Guerrero und Jalisco sind darauf spezialisiert). Eine Besonderheit sind die **Talavera**-Kacheln und -töpferarbeiten aus Puebla sowie die allegorischen **Lebensbäume** *(árboles de vida)* aus drei Orten in den Bundesstaaten México und Puebla.

Kunsthandwerk zum Tag der Toten

Auch **Textilien und Webwaren** *(tejidos)* werden im ganzen Land produziert, wobei *sarapes* traditionelle Umhänge (Ponchos) oder Wolldecken sind, *rebozos* Schultertücher bzw. Schals und *huipiles* die bestickten Hemdkleider der Indígena-Frauen (besonders schöne gibt es in Chiapas und Yucatán). Sehr kunstvoll gewebte **Teppiche** findet man vor allem in Oaxaca.

Das Angebot an **Schmuck aus Silber, Gold und Edelsteinen** *(plata, oro, pedrería)* ist in Mexiko gut und preiswerter als in Europa. Für hübsche Silberarbeiten sind Oaxaca, Mexiko-Stadt und Guadalajara bekannt (die Silberstadt Taxco ist teuer) – auf den Prägestempel achten! Echten **Bernstein** *(ámbar)* findet man vorwiegend in Chiapas, wo er gewonnen wird.

Auf **Kupfer-** *(cobre)* und bunte **Lackarbeiten** *(lacas)* – letztere als neckische Kürbis- oder Holzkästchen – hat man sich in einigen Städtchen des Staates Michoacán spezialisiert, aber auch in Chiapa de Corzo (Chiapas), wo es ein eigenes Laca-Museum gibt. **Hängematten** und **Panamahüte** kauft man am besten auf Yucatán.

Verboten ist die Ausfuhr von bedrohten Tieren und Pflanzen – lebend, aber auch tote Teile davon – kaufen Sie also möglichst nichts, was Pflanzen- oder Tierteile (Federn!) enthält.

Strandverkäufer

Unterwegs in Mexiko
Mexiko-Stadt

Bild unten:
Tenochtitlán im
Texcoco-See,
darunter der
aztekische Zere-
monialbezirk
(Anthropologi-
sches Museum
Mexiko-Stadt)

La Ciudad de México, 2240 m hoch gelegen, ist eine Mixtur aus (be-grabener) aztekischer Geschichte, spanischer Vergangenheit und mexikanischer Jetztzeit. Der gesamte Ballungsraum hat heute 21,6 Millionen Einwohner (fünftgrößte Stadt weltweit), denn als politisches und vor allem wirtschaftliches Zentrum des Landes wirkte die Megastadt jahrzehntelang wie ein Magnet auf Landflüchtige, erst nach der Jahrtausendwende hat sich das Wachstum deutlich verlangsamt. Auch Reisende aus aller Welt zieht sie an, und das zu Recht: Die Möglichkeiten, in Kunst und Kultur der unterschiedlichsten Geschichtsepochen einzutauchen sind fast unbegrenzt.

Aztekenhauptstadt Tenochtitlán

Aufstieg der
„Barbaren"

Ein Nomadenstamm aus dem Norden, von seinen Zeitgenossen *Chichimeken* („Barbaren") genannt, führte Mesoamerika zu seiner letzten kulturellen Blüte vor Ankunft der Spanier und gab dem heutigen Mexiko seinen Namen. Von *Aztlán,* ihrer mythischen Heimat (woraus sich später „Azteca" – Azteken – ableitete), waren sie losgezogen, und

CIUDAD DE MEXICO

0   10 km

n. Tepotzotlán / Tula / Querétaro ↗

MEX 57D

n. Pachuca ↑

MEX 85D   Teotihuacán

MEX 132

Estado de México

Ciudad de México

Estado de México

Mexiko-Stadt lag einst nur innerhalb der rot gestrichelten Linie, wucherte aber im Laufe der Zeit weit in den Bundesstaat México hinein. Höhenlage: 2240 m
Stadtausdehnung:
N – S etwa 40 km
O – W etwa 30 km

Pirámide de Tenayuca

Tlal-nepantla

Anillo Periférico

Anillo Periférico

Naucal-pan

n. Toluca

Insurgentes Norte

Busterminal Norte

Basílica de Guadalupe

s. Karte »Mexiko-Stadt Zentrum«

Busterminal Oriente (TAPO)

Museo de Antropología

Pas. Reforma

Bosque de Chapultepec

P. Reforma

Zócalo

Ala-meda

Mier

V. Aleman

Aeropuerto

Nezahual-cóyotl

Rancho del Charro

Hotel de México / Polyforum Siqueiros

Busterminal Poniente

Plaza México / Cd. de los Deportes

Norte

Tlalpan

Zaragoza

Iztapalapa

Río Churubusco

s. Karte »San Ángel/Coyoacán«

MEX 15D

n. Toluca

San Ángel

Coyoacán

Busterminal Sur

n. Texcoco

MEX 136

MEX 150D

n. Puebla

Estadio Olímpico

Insurgentes Sur

Ciudad Universitario (UNAM)

Museo Anahuacalli (Diego Rivera)

Estadio G. Cañedo (Azteken-stadion)

Ciudad de México

P.N. Desierto de los Leones

Anillo Periférico

Tlalpan

Parque-Ecológico de Xochimilco

Ciudad de México

Xochimilco

MEX 95   MEX 95D

n. Cuernavaca ↙

Museo Dolores Olmedo Patiño

»Schwimmende Gärten« von Xochimilco

México – Ciudad de México – México D.F.

Drei verschiedene Namen für die größte Stadt Mexikos. Statt des amtlichen **Ciudad de México** sagen die Mexikaner meist nur **México** (gesprochen »me-hi-ko«), doch dies ist u.U. mit dem Bundesstaat oder mit dem Land *México* zu verwechseln. Bis 2016 lautete der offizielle Stadtname *Distrito Federal*, kurz »D.F.« (»de-effe«). Dieser ist am Verschwinden begriffen, denn die Hauptstadt ist nun ein Stadtstaat und Gebietskörperschaft Nummer 32 des Landes.

Die englische Bezeichnung »Mexico City« als Stadtname ist in Mexiko ein inadäquater Terminus.

Die Stadtbewohner nennen sich *capitalinos*, andere Mexikaner sagen dagegen oft – geringschätzig – *chilangos* (»Parasiten«). Wie die Karte zeigt, wucherte »La capital« aber schon längst über die alten D.F.-Grenzen nach Norden, Westen und Osten in den Bundesstaat México hinaus.

nach jahrhundertelangem Umherirren sahen sie jenen **Adler auf einem Kaktus** (das heutige Staatswappen Mexikos, die Schlange im Schnabel wurde später dazugedichtet), den die Vorhersehung ihnen als Zeichen für die endgültige Niederlassung bestimmt hatte. Dies war nun ausgerechnet in **Anáhuac,** dem Tal von Mexiko, das bereits von vielen Völkern besiedelt wurde. Auf einer Insel mitten im großen **Texcoco-See** – von dem heute nur noch der kleine Südzipfel *Xochimilco* übriggeblieben ist –, ließen sie sich gegen 1250 nieder, kämpften gegen die herrschenden Gruppen und gründeten bereits **1325** als Siegermacht ihre **Hauptstadt Tenochtitlán.** Eine Dreistädte-Allianz aus den Stadtstaaten und Seeanrainern Texcoco, Tlacopan und der Führungsmacht Tenochtitlán wurde besiegelt, und unter dem **Tlatoani** (oberster Herrscher) **Moctezuma** und seinen Nachfolgern eroberte diese ab 1440 ein riesiges Imperium, das zu Beginn des 16. Jahrhunderts große Teile des heutigen Mexiko umfasste. Die Tributabgaben der unterworfenen Völker – Silber, Gold, Felle, Matten, Honig, Kakao und vieles andere – wurden zu einem wichtigen Wirtschaftsfaktor für die Hauptstadt, brachten den Azteken aber auch großen Hass ein. Die Stämme der Totonaken und Tlaxcalteken verbündeten sich schließlich mit den eindringenden Spaniern. Ohne deren Hilfe hätte Tenochtitlán wohl kaum so schnell erobert werden können.

Was bedeutet „Mexiko"?

Die Azteken selbst nannten sich **„Mexica"** (das „x" wird wie das weiche deutsche „ch" gesprochen), der Landesname „Mexiko" leitet sich davon ab. Über die Bedeutung dieses Wortes der Náhuatl-Sprache besteht Uneinigkeit. Eine erste Version übersetzt das Wort als „Platz des Zentrums der Agave", eine weitere als „wo dein Tempel ist", und die dritte Interpretation lautet „im Nabel des Mondsees".

Die Welt der Azteken

Ganze zwölf Bände umfasst die „Historia general de las cosas de la Nueva España", in der der spanische Mönch **Bernardino de Sahagún** (1500–1590) unzählige Details des aztekischen Lebens festgehalten hat. Da die Eroberer diese Hochkultur noch intakt vorfanden, ist sie als einzige von Zeitzeugen dokumentiert. Vieles hatte diese streng hierarchisch organisierte Oligarchie (religiöse Herrschaft einer kleinen Gruppe) von anderen, früheren Kulturen übernommen. Sie kannten eine bildliche Ideen- oder Inhaltsschrift (Piktographie), mit der komplexe Vorgänge dargestellt werden konnten. Besonders berühmt war die **Códices**-Sammlung (Faltbücher) in Texcoco – diese und viele andere wurden von den Spaniern als „Teufelswerk" verbrannt, ein unwiederbringlicher Verlust für das Kulturerbe der Menschheit! Die Azteken waren auch geniale Mathematiker und Astronomen, wobei der **Zahl 52** in ihrem Kalendersystem eine besondere Bedeutung zukam: Nach jeweils 52 Jahren endete ein Weltenzyklus, es gab eine

große „Neu-Feuer"-Zeremonie und alles begann von vorne. Zu diesem Anlass (und anderen) wurden auch Menschen geopfert. Die Forschung geht heute allerdings davon aus, dass die Gräuelberichte der Spanier hinsichtlich von massenhaften Menschenopfern und Kannibalismus übertrieben sind und im Wesentlichen ihr eigenes grausames Vorgehen rechtfertigen sollten. Die bei den spanischen Chronisten, wie Bernal Díaz de Castillo (s. S. 415) erwähnten **Tzompantli,** Gerüste, auf denen tausende Totenköpfe gestapelt wurden, waren allerdings ganz real, mehrmals hat man solche Schädelstätten gefunden, zuletzt 2015/2020 unter dem Templo Mayor (s. u.) mit rund 600 noch intakten Schädeln von Männern, Frauen und Kindern.

Jaguar-Figur, Ocelotl cuauh-xicalli. Auf dem Rücken eine Vertiefung für Opfergaben

Sicher ist auch, dass das indigene Leben bis in alltägliche Details hinein von einer kosmischen Ordnung und einem religiösen Grundsystem bestimmt wurde, wobei die „Zuständigkeiten" der vielfältigen Götterwelt breit gefächert waren. Letztendlich stehen alle Götter auf die eine oder andere Weise mit Elementen der Natur in Verbindung und symbolisieren in der Regel Leben und Fruchtbarkeit, aber auch Krieg und Tod. Am bekanntesten sind **Quetzalcóatl,** die quetzalgefiederte Schlange, der schlangengesichtige Regen- und Wassergott **Tlalóc** und der Sonnen- und Kriegsgott **Huitzilopochtli** als Haupt-Schutzherr der Azteken.

Ihre Sprache war übrigens das **Náhuatl** – heute nennt man es „klassisches Náhuatl", in Abgrenzung zu den gegenwärtig noch gesprochenen dialektalen Varianten. Landesweit zeugen viele geografische Bezeichnungen von den einstigen Eroberern – für den Reisenden meist wahre Zungenbrecher! Doch ohne es zu ahnen, verwenden auch wir Wörter der Aztekensprache, so gelangten zum Beispiel „Tomate", „Avocado" oder „Kakao" mit den rückkehrenden Spaniern nach Europa.

Der Untergang Tenochtitláns

„Diese Stadt ist so groß und so schön, dass ich über sie kaum die Hälfte von dem sagen werde, was ich sagen könnte, und selbst dieses Wenige ist fast unglaublich, ist sie doch schöner als Granada …" schrieb der verzückte **Hernán Cortés** (1485–1547) an seinen König, Karl I. Dies hinderte ihn jedoch nicht daran, sie bald darauf dem Erdboden gleichzumachen – der Hunger nach Gold und Macht waren stärker als jede Bewunderung! (Der Zug von Cortés nach Tenochtitláns s. in der Karte Mexiko-Stadt Zentrum, S. 66).

Rund 100.000 Menschen lebten bei Ankunft der Spanier in der Inselstadt, die von einem dichten Netz an Kanälen durchzogen wurde – eine Art Venedig der Neuen Welt. Besonders bestaunten die Eroberer den großen **Markt von Tlatelolco,** wo es alles gab, was die Azteken aus ihrem großen Reich zusammenzutragen vermochten.

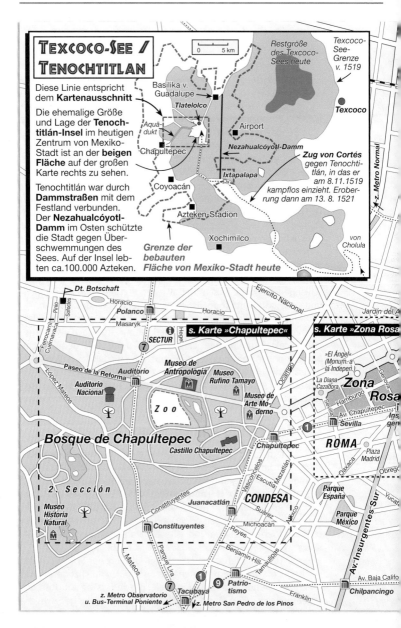

TEXCOCO-SEE / TENOCHTITLAN

Diese Linie entspricht dem **Kartenausschnitt**

Die ehemalige Größe und Lage der **Tenochtitlán-Insel** im heutigen Zentrum von Mexiko-Stadt ist an der **beigen Fläche** auf der großen Karte rechts zu sehen.

Tenochtitlán war durch **Dammstraßen** mit dem Festland verbunden. Der **Nezahualcóyotl-Damm** im Osten schützte die Stadt gegen Überschwemmungen des Sees. Auf der Insel lebten ca. 100.000 Azteken.

Grenze der bebauten Fläche von Mexiko-Stadt heute

Restgröße des Texcoco-Sees heute

Texcoco-See-Grenze v. 1519

Basilika v. Guadalupe

Tlatelolco

Aquä-dukt

Chapultepec

Airport

Nezahualcóyotl-Damm

Texcoco

Ixtapalapa

Zug von Cortés *gegen Tenochtitlán, in das er am 8.11.1519 kampflos einzieht. Eroberung dann am 13. 8. 1521*

Coyoacán

Azteken-Stadion

Xochimilco

von Cholula

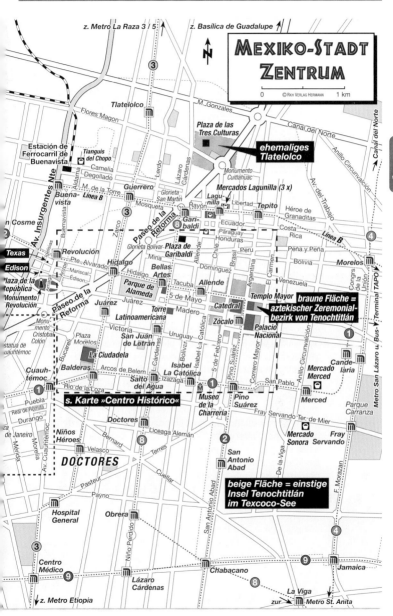

MEXIKO-STADT ZENTRUM

0 © RKH VERLAG HERMANN 1 km

z. Metro La Raza 3 / 5

z. Basílica de Guadalupe

N

Tlatelolco

Flores Magon

M. Gonzales

Canal del Norte

Anillo Circunvalación

Canal del Norte

Plaza de las Tres Culturas

ehemaliges Tlatelolco

Estación de Ferrocarril de Buenavista

Tianguis del Chopo

Camelia

Degollado

Lázaro Cárdenas

M. de la Torre

Monumento Cuitláhuac

Mercados Lagunilla (3 x)

Av. del Trabajo

n Cosme

Av. Insurgentes Nte

Buena-vista

Línea B

Guerrero

Glorieta San Martín

Mosqueta

Laguni-lla

Rayón

Libertad

Tepito

Héroe de Granaditas

Línea B

Zarco

Buenavista

Línea B

Paseo de la Reforma

Gari-baldi

Ecuador

Paraguay

Honduras

Costa Rica

Peru

Brasil

Argentina

Peña y Peña

Morelos

Texas

Edison

Revolución

Pte. Alvarado

Iglesias

Mina

Glorieta Bolívar

Plaza de Garibaldi

Allende

Chile

Bolivia

Venezuela

Congr. de la Unión

Línea B

Plaza de la República

Monumento Revolución

Paseo de la Reforma

Hidalgo

Edison

Mariscal

Hidalgo

Bellas Artes

Tacuba

Allende

Templo Mayor

braune Fläche = aztekischer Zeremonial-bezirk von Tenochtitlán

Monu-mento Cristobal Colón

statua de Cuauhtémoc

Juárez

Parque de Alameda

5 de Mayo

Madero

Catedral

Zócalo

Palacio Nacional

Correo Mayor

Terminal TAPO

Torre Latinoamericana

Victoria

Uruguay

Isabel La Católica

5 de Febrero

Pino Suárez

Anillo Circunvalación

Metro San Lázaro

Cuauh-témoc

Plaza Morelos

San Juán de Letrán

Bolívar

Cárdenas

Isabel La Católica

San Pablo

Mercado Merced

Cande-laria

La Ciudadela

Balderas

Arcos de Belem

Salto del Agua

Izazaga

Museo de la Charrería

Pino Suárez

Fray Servando Ter. de Mier

Merced

Parque Carranza

Rio de la Loza

s. Karte »Centro Histórico«

Puebla

Real de Romita

Durango

de Janeiro

Merida

Doctores

Liceaga

Aleman

Bernard

Terres

San Antonio Abad

Mercado Sonora

Fray Servando

Niños Héroes

Velasco

Av. Cuauhtémoc

DOCTORES

Cuellar

beige Fläche = einstige Insel Tenochtitlán im Texcoco-See

Pasteur

Payno

Obrera

Niño Perdido

San Antonio Abad

De la Viga

Hospital General

Morelia

F. Morazan

Centro Médico

Lázaro Cárdenas

Chabacano

La Viga

zur Metro St. Anita

Jamaica

z. Metro Etiopia

Moctezuma II., Cortés und Malinche

Und dort, wo sich heute Zócalo und Regierungspalast befinden, lag der politische und religiöse Mittelpunkt Tenochtitláns, die kläglichen Reste des **Templo Mayor** (Hauptpyramide) können besichtigt werden, vom großen Palast des Herrschers **Moctezuma II.** ist nichts mehr übrig. Dieser hatte die Spanier bei ihrer Ankunft in der Hauptstadt 1519 durchaus ehrerbietig behandelt, denn – laut spanischen Quellen – hielt er Cortés zunächst für den **Gott Quetzalcóatl,** dessen Rückkehr prophezeit worden war (s.S. 112). **Malinche** (Ce Malinali Tenepal), Cortés' Dolmetscherin und Geliebte, übersetzte die Verhandlungen und stand den Eroberern mit wertvollen Kenntnissen der Landessitten zur Seite.

Die durchaus weltlichen Begierden der Spanier wurden allerdings bald offensichtlich, kiloweise schmolzen sie die herrlichsten Goldschmiedearbeiten ein und verschifften die Barren nach Spanien. Moctezuma wurde gefangengenommen und starb am 27. Juni 1520, bis heute ist nicht geklärt, ob von spanischer Hand oder durch seine eigenen Leute. Doch schon drei Tage später sollten die Azteken ihren einzigen großen Sieg davontragen, als sie in der *„noche triste"* (traurige Nacht) vom 30. Juni zum 1. Juli die Spanier entscheidend schlugen und aus der Stadt vertrieben.

Der letzte aller Aztekenherrscher ist dann der legendäre **Cuauhtémoc** („Herabstoßender Adler", Cortés ließ ihn 1525 hängen). Als die Spanier und ihre einheimischen Helfer Ende Mai 1521 wiederkamen, schafften es die Azteken unter seiner Führung noch, den Angreifern fast drei Monate lang standzuhalten. Doch letztendlich erlagen sie den Feuerwaffen, aber auch Durst und Hunger, denn Cortés hatte die Wasser- und Lebensmittelzufuhr der Insel abgeschnitten. Eine Gedenktafel am „Platz der drei Kulturen" in Mexiko-Stadt interpretiert dieses Ende folgendermaßen:

Cuauhtémoc

„Am **13. August 1521** fiel Tenochtitlán, heldenhaft verteidigt von Cuauhtémoc, in die Hände von Hernán Cortés. Es war weder Triumph noch Niederlage. Es war die schmerzhafte Geburt des Mestizenvolkes, des heutigen Mexiko".

Ihr Weltbild und Wissen nahmen die Köpfe der Hochkultur mit ins Grab, es entstand die heutige synkretistische Gesellschaft – eine Mischung aus indigenen Volkstraditionen, Erbschaften der Spanier und Einflüssen der Moderne des 20./21. Jahrhunderts.

Wichtige Stadt-Daten von 1521 bis heute

Aus Tenochtitlán wurde Mexiko-Stadt, im Jahre **1535** wird sie zur **Hauptstadt** des Vizekönigreiches „Neu-Spanien" ernannt. **1546** erhält der **Erzbischof** hier seinen Sitz, bereits **1551** gründet man die erste **Universität**. Auch während und nach dem Unabhängigkeitskrieg (1810–1821) sollte sie Hauptstadt bleiben. Im 19. Jahrhundert stand sie mehrmals unter amerikanischer bzw. französischer Besatzung. **1930** trat sie dann in den Kreis der **Millionenstädte** ein, der Zustrom armer Massen vom Land schwoll ständig weiter an – **1960** waren es dann schon 5 Millionen, aber laut Bewohnern noch eine sehr hübsche Stadt mit geringer Kriminalität. Das konnte man dann in den **1990er Jahren** (rund 20 Millionen Einwohner im gesamten Großraum) sicher nicht mehr behaupten.

Sportliche Höhepunkte waren die **Olympischen Spiele** von **1968** und die **Fußballweltmeisterschaften** von **1970** und **1986.** Um die ganze Welt gingen die schrecklichen Bilder des **Erdbebens** vom 19. September **1985,** das vermutlich weit über 10.000 Tote forderte. Regiert wurde sie seit 1997 von Kandidaten der Oppositionspartei PRD, zwischen 2000 und 2005 auch von Andrés Manuel López Obrador (AMLO), dem gegenwärtigen Präsidenten Mexikos. Seit Dezember 2018 ist *Claudia Sheinbaum* erste demokratisch gewählte weibliche Regierungschefin der Megastadt. Wie viele Politiker im Umfeld von AMLO wechselte sie im Jahr 2014 zur frisch gegründeten Linkspartei MORENA (Movimiento Regeneración Nacional

Mexiko-Stadt als urbane End-Katastrophe?

Die schier unlösbaren Umweltprobleme der Stadt sind hinreichend bekannt. Der enorme **Bevölkerungszustrom** zwischen 1950 und 2000 führte zu wild wuchernden, millionenstarken Elendsvorstädten, manche sind bis heute nicht an das städtische Kanalisationssystem angeschlossen und in der Regenzeit steht „alles" unter Wasser. Unvorstellbar sind auch die zigtausend Tonnen schweren Müllberge, die der Stadtmoloch täglich produziert – was wäre, wenn die Müllabfuhr einmal ganz ausfiele? Ein weiteres Millionenheer, das der Kraftfahrzeuge, verpestet die Luft. Auto-Katalysatoren sind mittlerweile allerdings Pflicht und die alten VW-Käfer weitgehend aus dem Verkehr gezogen. Als Hauptschadstoffe gelten heute Ozon und toxische Gase. Die **Schadstoffkonzentration in der Luft** wird täglich gemessen und im Internet veröffentlicht (www.aire.cdmx.gob.mx), der Bereich „mala" (schlecht) liegt zwischen 100 und 150 Punkten, „muy mala" ist die Kategorie 150–200 Punkte.

Besonders bedenklich ist der **Mangel an Trinkwasser,** der Grundwasserspiegel sinkt ständig, mit ihm übrigens die ganze Stadt, die ja auf dem trockengelegten Texcoco-See entstand. Schon lange muss der Durst des Wasserschmarotzers mit Lieferungen aus umliegenden Berggegenden gestillt werden. Und zynisch lächelt die Geschichte: Wird die Stadt, die einst von den Azteken im Wasser erbaute wurde, bald wegen Wassermangel unbewohnbar werden?

Dennoch sollte man Mexiko-Stadt nicht nur als Öko-Katastrophe auffassen. Sie funktioniert erstaunlich gut und hat sehr viele liebenswerte Seiten. Im Rahmen des Möglichen werden große Anstrengungen zur Verbesserung der Lebensverhältnisse unternommen. Und viele Hauptstädter (von den restlichen Mexikanern gerne als „chilangos" beschimpft) schwören auf ihre Stadt. Diese hieß übrigens bis 2016 offiziell „D.F." (de-effe, Distrito Federal) – heute ist sie ein Stadtstaat, Gebietskörperschaft Nummer 32 des Landes, und natürlich weiterhin Hauptstadt.

Tipps für den Besucher

Die ersten Tage Neuankömmlinge sollten sich am Anfang nicht allzu viel zumuten. Zeitverschiebung, Smogluft und der Höhenunterschied (2240 m) belasten den Kreislauf. Kopfschmerzen, Müdigkeit und Atemnot können auftreten. Nach einer Anpassungszeit von 2–3 Tagen geht es dann besser.

Verkehrsmittel Die **Metro** (nachts bis 24 Uhr) ist das Haupttransportmittel der Stadt, das Netz ist gut ausgebaut. Die Züge kommen im Minutentakt, sie ist sehr billig und relativ sicher. Die Stoßzeiten zwischen 7 und 9.30 Uhr und 17–20.30 Uhr meiden, denn dann wird man gepresst wie eine Ölsardine. Großes Gepäck mitzuführen ist offiziell nicht erlaubt, wird aber gelegentlich toleriert. Immer gleich mehrere Tickets kaufen, um langes Anstehen zu vermeiden. Eine Fahrkarte (Einheitspreis 5 Ps) ist für das gesamte Netz gültig, einschließlich unlimitiertes Umsteigen, sie wird beim Passieren des Eingangs einbehalten. Für rund 15 Ps kann man kann auch eine aufladbare Karte *(tarjeta de movilidad integrada)* erstehen, das Guthaben ist jeweils 300 Tage lang gültig und gilt dann auch für – die etwas teureren Verkehrsmittel – Metrobus und Tren Ligero (fährt in die Außenbezirke). Die U-Bahn-Linie 12 kann nur mit Karte benutzt werden. Beim Umsteigen müssen teilweise recht lange Gehstrecken bewältigt werden, dafür gibt's dann in manchen Tunneln auch einiges zu sehen. Studieren Sie den Metro-Plan (gibt's an allen Schaltern). Wissenswertes auch auf der Metro-Homepage www.metro.cdmx.gob.mx

Metrobus Nur mit Karte kann der **Metrobus** benutzt werden (6 Ps), das sind mehrwagige rote Stadtbusse, denen Staus i.d.R. nichts anhaben können, da sie auf Sonderspuren fahren. Insgesamt verkehren 7 Linien, einige Haltestellen sind an Metro-Stationen angebunden, das Gesamtnetz kann man hier einsehen: www.metrobus.cdmx.gob.mx.

Blick auf den Zócalo, Nationalpalast und die Kathedrale vom Torre Latinoamericana

Die wichtige **Linie 4** umkreiselt das Centro Histórico (die Ruta Sur hält auch in Zócalo-Nähe), fährt zum Busterminal TAPO und zum Flughafen (Terminal 1: puerta 7, Terminal 2: im Erdgeschoss beim Taxistand). Vom und zum Flughafen kostet die Fahrt 30 Ps. Die Automaten zum Aufladen der Karte geben kein Wechselgeld. Darüber hinaus gibt es große Stadtbusse und Trolley- bzw. Oberleitungsbusse, hier muss man das Geld passend beim Fahrer zahlen, kein Wechselgeld.

Cablebús Ein neues urbanes Verkehrskonzept ist seit 2021 der **Cablebús** (7 Ps), ein Luftseilbahn-System mit vielen kleinen 10-Personen-Kabinen, die hoch über Verkehr und Staus schweben. Bis jetzt gibt es davon erst zwei Linien, weitere zwei sind geplant. Fährt allerdings vorrangig in die Außenbezirke (https://ste.cdmx.gob.mx/cablebus/cb-linea2).

Taxi Bei **Taxis** ist darauf zu achten, dass man nicht an ein unlizensiertes Gerät (Überfallgefahr). Offizielle Taxis zeigen gut sichtbar die Taxi-Lizenz mit Kennzeichen und Lichtbild des Fahrers. Am sichersten sind **Taxis de Sitio** (mit festem Standplatz) oder **Radio-Taxis,** die man telefonisch bestellt (Preis gleich telefonisch aushandeln). In Mexiko-Stadt sind Taximeter die Regel, ansonsten den Preis immer schon vor der Fahrt bestimmen. Ein Taxi de Sitio kann auch stundenweise gemietet werden.

Uber und Didi Immer beliebter werden die Fahrten mit **Uber** oder **Didi**. Man lädt sich die App auf sein Handy und kann sie von überall bestellen; die App leitet Ihren Standort an die Zentrale und Sie bekommen die Daten von Fahrer und Wagen, was die Fahrt sicherer macht. Allerdings sind diese Plattformen eine harte Konkurrenz für die Taxizentralen, die nun weniger Wagen und Fahrer zur Verfügung haben. Das wiederum ermöglicht es Uber und Didi die Preise anzuziehen.

Fahrradtourismus in Mexiko

Seit 2012 wird in jeweils unterschiedlichen Hauptstädten Lateinamerikas der *Foro Mundial de la Bicicleta* abgehalten, 2017 war der Sitz in Mexiko-Stadt, rund 1200 Fahrradfahrer und Fahrradtouristen aus aller Welt nahmen teil. Dabei geht es vor allem darum, der Allgemeinheit vor Augen zu führen, dass dieses Transportmittel Umwelt- und Verkehrsprobleme lindern kann und außerdem touristische Perspektiven bietet.

In vielen größeren Städten Mexikos gibt es Fahrradverbände, so z.B. *Bicitekas* und *Paseo de Todos* in Mexiko-Stadt, die Gruppenausflüge in verschiedene Stadtteile organisieren. Die Mitradler erhalten auf diese Weise eine ganz neue Perspektive auf das mexikanische Leben der Gegenwart. Im Angebot sind auch Überlandfahrten in bis zu 200 km von der Hauptstadt entfernt liegende Städte, so z.B. nach Pachuca, Toluca, Puebla oder Cuernavaca. Falls Sie in anderen Städten mitradeln möchten, fragen Sie beim örtlichen Turismo nach. Die abwechslungsreichen Landschaften und der warmherzige Umgang unter den Radlern der Gruppe machen Mexiko zu einem faszinierenden Land, um in die Pedale zu treten.

Was die Infrastruktur betrifft, so war die COVID-19-Pandemie der Sache sogar zuträglich: Mehr Leute stiegen vom Bus aufs Fahrrad um, so dass das Netz an Radwegen (*ciclovías*) in einigen Städten (Mexiko-Stadt, Guadalajara, León, Toluca, Puebla u.a.) deutlich ausgebaut wurde – wenngleich nicht immer sach- und verkehrsgerecht. In größeren Städten gibt es meist auch Vermietstationen im Zentrum (s.o.). Immer häufiger sieht man in- und ausländische Fahrradfahrer in den Städten, aber auch auf Landstraßen und Autobahnen. Letztere verfügen allerdings kaum über eine entsprechende Infrastruktur, was motivierte Radler dennoch nicht davon abhält, ihre Touren zu planen. Fahrradverbände bevorzugen für Langstreckenfahrten vor allem drei Hauptrouten in Mexiko: Die *Ruta Transpeninsular* auf Baja California (Nordwesten Mexikos); die *Ruta Chichimeca*, welche zentrale Staaten wie San Luis Potosí, Zacatecas, Guanajuato, Querétaro und Hidalgo umfasst und in Mexiko-Stadt endet, sowie die *Ruta Transpeninsular del Sureste* durch die südöstlichen Staaten Campeche, Chiapas, Yucatán und Quintana Roo.

Die dabei genutzten Straßen sind eigentlich den motorisierten Fahrzeugen vorbehalten. Insofern hat das Fahrradfahren in Mexiko eher etwas mit dem persönlichen Wunsch nach Adrenalinausstoß zu tun als mit der Existenz dafür geeigneter Streckennetze. Anzumerken ist, dass auf den mautpflichtigen Autobahnen von Privatbetreibern das Fahrradfahren verboten ist, auf Landstraßen und **staatlichen Autobahnen** dagegen ist es erlaubt. Auf letzteren sieht man deshalb regelmäßig Fahrradfahrer, denn sie bieten genug Platz auf der Randspur und werden häufiger polizeilich überwacht.

Im Allgemeinen sollte man vorsichtig und defensiv fahren. Schlaglöcher oder nicht geschlossene Gullys können dem Radler zum Verhängnis werden, auch lassen die übrigen Verkehrsteilnehmer nicht immer die notwendige Rücksicht walten. Darüber hinaus sind bei Langstreckenfahrten einige grundlegende Vorkehrungen zu treffen: Immer den Helm aufsetzen, ausreichend Wasser mitnehmen – oft ist man stundenlang der heißen Sonne ausgesetzt –, vor Einbruch der Nacht am besten das nächstgelegene Dorf aufsuchen und (beim Rathaus) eine Erlaubnis zum Zelten an einem sicheren Platz einholen. Gute Fahrt!

Links:
- http://bicitekas.org
- www.wikiloc.com/trails/cycling/mexico
- www.ecobici.cdmx.gob.mx
- Chiapas: z.B. bei Jaguar Adventours, www.adventours.mx
- Stadtführung Mérida, Yucatán: http://www.merida.gob.mx/biciruta
- https://paseodetodosdf.wordpress.com
- https://es.wikiloc.com/rutas/cicloturismo/mexico

David Bañuelos, Autor dieses Exkurses (Üb. H.G.), hat einen Master in Fahrradtourismus. Er spricht Spanisch, Englisch und Deutsch. Für Fragen rund ums Fahrradfahren in Mexiko steht er Ihnen gerne zur Verfügung: bagdbanuelos@gmail.com

Fahrrad Eine (für Touristen nicht wirklich lohnende) Option ist die Anmietung eines **Fahrrads** an einer der vielen Stationen von **Ecobici** (www.ecobici.cdmx.gob.mx), man muss eine (recht hohe) Kaution hinterlegen, die wird 5 Tage nach Ablauf des Mietvertrags zurücküberwiesen, die Mietzeit beträgt jeweils 45 Minuten (in denen man natürlich nicht weit kommt), danach ist erneut zu zahlen. Falls Sie das alles nicht abschreckt: fahren Sie äußerst vorsichtig!

„Hoy no circula" Wer in Mexiko-Stadt einen **Mietwagen** fährt (nicht zu empfehlen!),
Mietwagen muss wissen, dass jedes Auto einmal in der Woche nicht fahren darf („hoy no circula"). Diese Regelung existiert seit 1989 und soll die Abgasverschmutzung verringern. Ausschlaggebend ist die jeweilige Endziffer des Nummernschildes. Endziffern auf „0" bzw. „00" dürfen täglich fahren. Die Regelungen gelten auch für Fahrzeuge, die in anderen Bundesstaaten zugelassen sind – diese dürfen darüber hinaus wochentags zwischen 5 und 11 Uhr überhaupt nicht in der Hauptstadt fahren. Mit Polizeikontrollen ist zu rechnen! Den detaillierten Kalender zu den Fahrverboten findet man hier: www.hoy-no-circula.com.mx/calendario. Fragen Sie auch Ihren Autovermieter.

Sicherheit Arbeitslosigkeit und Armut sind, wie in allen Großstädten der Welt, ein günstiger Nährboden für Diebstahl, Überfälle und Express-Entführungen. Am Abend erstirbt das Straßen- und Geschäftsleben rasch, dann die Metro bzw. offizielle Taxis oder Uber bzw. Didi benutzen, statt zu Fuß zu gehen. Keine Wertsachen unnötig herumtragen – die gehören in den Hotel-Safe. Unbelebte Straßen meiden. Vorsicht auch dort, wo sich Menschen drängen (Metro, Plaza Garibaldi u.a.), hier sind

Radfahren auf dem Paseo de la Reforma, am Sonntagvormittag für Autos gesperrt. Mit Statue El Ángel

Taschenschlitzer am Werk! Sollte es tatsächlich zu einem Überfall kommen, Geldbörse sofort rausgeben, um Gewalttätigkeiten zu vermeiden. Es gibt Überwachungskameras im gesamten Innenstadtbereich.

Die **Touristenpolizei,** erkennbar an ihren blau-beigen Uniformen, ist am Zócalo, in der Zona Rosa, entlang der Reforma, in Coyacán, San Ángel sowie am Flughafen präsent. Die Nummer für Notfälle ist **911**, für touristische Notfälle im Straßenverkehr sind die **Ángeles Verdes** zuständig, **Hotline 078.** Meiden sollte man auf jeden Fall die Randzonen der Stadt im angrenzenden Bundesstaat Mexiko.

Öffnungs-zeiten

Die meisten Geschäfte öffnen erst gegen 10 Uhr, sind dann aber durchgehend bis 20 Uhr geöffnet. Banken i.d.R. Mo–Fr von 9–16 Uhr, manche öffnen auch Samstagvormittag, Wechselstuben *(Casas de Cambio)* sind sonntags geschlossen. Behörden haben in der Regel nur vormittags Sprechstunde. Die Kultur (staatliche Museen) hat am **Montag Ruhetag**!

Touristisches Minimal-programm

Centro Histórico, Anthropologisches Museum (Mo. geschl.) und **Teotihuacán** (eine etwas anstrengende Tagestour, es lohnt sich aber!). Mexiko-Stadt ist – nach London – weltweit die Stadt mit den meisten Museen, treffen Sie eine Auswahl. Die wichtigsten fährt der Turibus an (s.u.).

Stadttouren: Turibus und Tranviá

Es empfiehlt sich, einen Tag lang mit dem doppelstöckigen **Turibus** zu touren. Angeboten werden vier Hauptrouten, die auch kombinierbar sind (160 Ps bzw. 180 Ps an Wochenenden u. Feiertagen; Audioguías auch auf Deutsch). Angefahren werden die wichtigsten Sehenswürdigkeiten, unterwegs kann man nach Belieben an allen Haltestellen ein- und aussteigen (Museen besuchen usw.). Zeitig losfahren, denn Sie werden sehen: die 12 Stunden von 9–21 Uhr reichen längst nicht aus! Pläne mit Verkaufs- und Haltestellen auf www.turibus.com.mx/cdmx. Wer plant, oben unter freiem Himmel zu sitzen, sollte – je nach Jahreszeit – Vorsorge gegen Wind, Kälte oder Sonne treffen. Das Unternehmen hat auch verschiedene Sondertouren im Angebot (siehe Homepage).

Eine weitere Alternative ist der **Tranvía turístico** (so auf **F**) im Retro-Straßenbahnlook (Tel. 5556584027) mit drei verschiedenen Routen: Coyoacán, Centro und Colonia Condesa (80 Ps, ca. 45 Minuten).

Sehenswertes rund um den Zócalo

Zócalo [F3]   Lassen Sie sich nicht von Katastrophenmeldungen abschrecken. Bei schönem Wetter und außerhalb der Stoßzeiten ist ein Spaziergang im historischen Zentrum eine wahre Lust!

Die *Plaza de la Constitución*, kurz **Zócalo** genannt (Metro 2, *Zócalo*, in der Metro-Station ein Modell von *Tenochtitlán* u.a.) ist Amerikas ältester und größter Stadtplatz (220 x 240 m) und ein **Symbol mexikanischer Identität,** denn hier liegt schon seit Aztekenzeiten das Machtzentrum des Landes. Ob Militärparaden oder Demonstrationen, politische Kundgebungen, Conchero-Tänzer, Verkaufsstände oder das große Unabhängigkeitsfest am Vorabend des 16. September: Es ist einfach immer was los! Bei Restaurationsarbeiten im Jahr 2017 wurde der am 16. September 1843 gelegte Grundstein eines Zócalo-Projekts des damaligen Präsidenten Santa Anna entdeckt – und wieder zugeschüttet (es bleibt eine Gedenktafel). Ein schönes Foto von oben lässt sich von der Dachterrasse vom *Hotel Majestic* schießen (Westseite des Zócalo, 6. Stock; Sie sollten etwas konsumieren).

Die Muscheltänzer

Ob auf dem Zócalo in Mexiko-Stadt, vor der Basilika der Jungfrau von Guadalupe oder zwischen den Pyramiden zur Tagundnachtgleiche, der Reisende hat genügend Gelegenheit, einmal die **Concheros** tanzen zu sehen. Um von vornehin einer falschen Idee vorzubeugen: Trotz ihrer Anlehnung an prähispanische Kulturen sind sie in der Regel ebenso Mestizen wie die meisten anderen Mexikaner auch, selbst wenn sie sich gerne als Nachfahren der Azteken, als **Mexica,** bezeichnen und Namen auf **Náhuatl,** der alten Azteken-Sprache, angenommen haben. Die jungen Leute, die mit kaum mehr Kleidung als ihren Federkronen und den rasselnden Muschelbändern (Concha = Muschel, daher der Name „Concheros") um die Fußgelenke prähispanische Tänze aufführen, kommen zumeist aus urbanem Umfeld und sind Teil einer starken Bewegung, die Kultur und Traditionen Tenochtitláns, des untergegangenen Azteken-Reiches, wiederbeleben möchte, wobei sie sich die alte Sprache erst mühsam aneignen müssen. „Zurück zu den Wurzeln", lautet ihre Devise, und gerne erzählen oder veröffentlichen sie interessante Versionen zu Geschichte und Bräuchen des alten Mexiko. Allerdings haftet ihnen dabei ein gewisser Hang zur Verklärung an: Aus heutiger Sicht Unangenehmes im Leben der alten Völker wird ausgeklammert oder geleugnet, so z.B. die Menschenopfer.

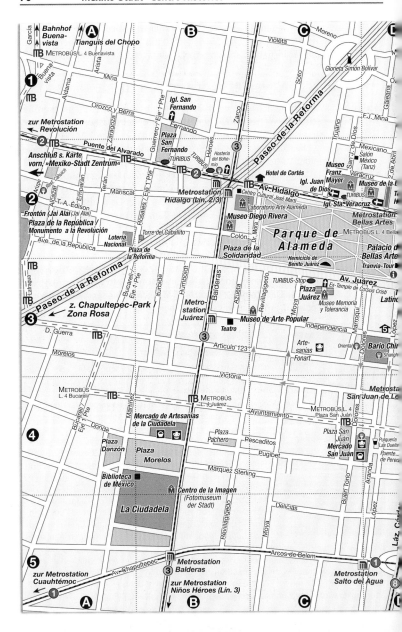

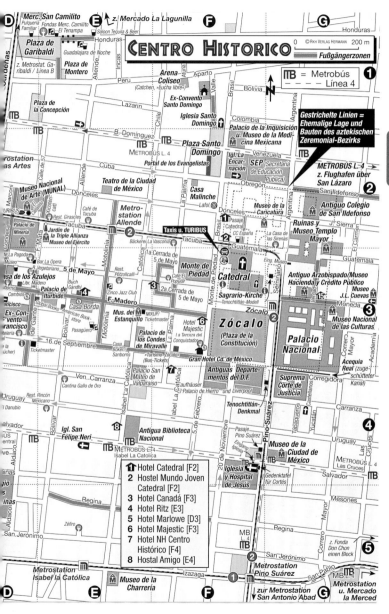

Centro Historico

© RKH VERLAG HERMANN 200 m
Fußgängerzonen

ITB = Metrobús
– – – – Línea 4

Gestrichelte Linien = Ehemalige Lage und Bauten des aztekischen Zeremonial-Bezirks

METROBÚS L.-4 z. Flughafen über San Lázaro

1 Hotel Catedral [F2]
2 Hostel Mundo Joven Catedral [F2]
3 Hotel Canadá [F3]
4 Hotel Ritz [E3]
5 Hotel Marlowe [D3]
6 Hotel Majestic [F3]
7 Hotel NH Centro Histórico [F4]
8 Hostal Amigo [E4]

Kathedrale [F3] Die alles dominierende **Cate-dral Metropolitana** (tägl. 9–17.30 Uhr, bei wichtigen Gottes-diensten keine Besichtigung möglich) ist nach Grundfläche die größte des Kontinents. Ver-schiedene Baustile vereinigen sich in ihr: Renaissance, Barock, Churriguerismus u.a. Baube-ginn war 1573, endlich fertig-gestellt wurde sie aber erst 1813 – deshalb die Mixtur un-terschiedlicher Stile. Die Turm-spitzen haben die Form von Kir-

Die Kathedrale an der Nordseite des Zócalo

chenglocken. Sehenswert im Innern ist der goldene *Altar del Perdón* (Gnadenaltar, 1737) mit einem schwarzen Christus am Kreuz, das kunst-voll geschnitzte Chorgestühl (Eintritt), die zwei Orgeln und natürlich das Glanzstück der Kirche, der **Altar de los Reyes** (Hlg. Drei Könige, 1718–35) dessen *Retablo* (Altaraufsatz) ganz mit Gold und Skulpturen überladen ist. Im vorderen Teil des Hauptschiffs sieht man in der Mitte das **Foucaultsche Fadenpendel** herabhängen, mit dem die Erdrota-tion nachgewiesen werden kann. Leider sackte der Bau ständig tiefer in den weichen Untergrund ein, so dass aufwändige Rettungsaktionen notwendig wurden, um den drohenden Einsturz zu verhindern.

Das riesige Mural „Mexiko im Lauf der Jahrhunderte"

Gleich östlich davon steht die **Sagrario Metropolitana** (Sakristei-Kirche, 18. Jh.) mit einer prächtigen churrigueresken Hauptfassade.

Palacio Nacional [G3]
Die ganze Ostseite des Platzes wird von dem Komplex aus dunkelrotem *tezontle* (1692 neu gebaut) eingenommen, einst stand hier der Palast von Moctezuma II., später regierten alle 62 Vizekönige von eben diesem Ort aus, heute birgt er die Amtsräume des mexikanischen Präsidenten – eine erstaunliche Kontinuität! Touristische Attraktion sind die **Wandgemälde Diego Riveras** (s. S. 84) in den oberen Arkadengängen (beim Eintritt wird ein Ausweis mit Foto verlangt, Taschen sind abzugeben, es können Bilderklärungen erstanden werden). Gleich an der Aufgangstreppe zum 1. Stock prunkt das überwältigende Geschichtsepos **„Mexiko im Laufe der Jahrhunderte"** *(México a través de los siglos)* mit unzähligen Details und Persönlichkeiten aus sämtlichen Epochen. Einen Eindruck von dem großen Markt in Tlatelolco und seiner Fülle an Waren erhält man beim Anblick des Gemäldes **„Das große Tenochtitlán"** *(La gran Tenochtitlán),* düster und unheilschwanger ist **„Die Ankunft des Cortés in Veracruz 1519"**, und auf dem Fresko **„Die Kultur der Totonaken"** sieht man unter anderem die *Voladores* fliegen. Weitere Murales zeigen typische Beschäftigungen der früheren Hochkulturen, wie Papierherstellung, Maisanbau u.a. mehr. Im 2. Innenhofes des Palastes ist eine schöne **Gartenanlage** mit vielen Kakteen- und Agavenarten. Geöffnet Di–So 10–18 Uhr.

Kunst und Museen rund um den Zócalo
Weitere Murales von Rivera, Siqueiros und Orozco sind zu sehen im **Antiguo Colegio de San Ildefonso** [G2], ehemaliges Jesuiten-Kolleg von 1588 (Calle Justo Sierra/Ecke Argentina, Mi–So 10–17.30 Uhr, Eintritt 50 Ps, Di 10–20 Uhr, Eintritt frei), ein Schmuckstück kolonialer Architektur, heute Museum und Kulturzentrum.

Noch mehr exzellente Beispiele mexikanischer Malkunst findet man in Gebäuden der Öffentlichen Verwaltung, so z.B. Rivera im Erziehungsministerium **Secretaría de Educación Pública** (SEP, F2), Ecke Obregón/Argentina (Mo–Fr 9–18 Uhr, nur noch mit Führung zugänglich) sowie Orozco im 1. Stock des Justizpalastes **Suprema Corte de Justicia** [G4], Pino Suárez, Südseite des Palacio Nacional (vormittags) – vor diesem auch ein kleines Denkmal der Stadtgründung Tenochtitláns. Werke von Tamayo und Rivera befinden sich im **Museo de la Secretaría de Hacienda y Crédito Público** (G3, Museum des Finanzamts, Calle Moneda, zw. Palacio und Templo Mayor, Di–So 10–17 Uhr, Eintritt frei), das Gebäude war einst der Bischofspalast. Gemälde und Skulpturen auch im **Museo José Luis Cuevas** (G3, gegenüber der Nordost-Ecke des Palacio, Academía 13, Di–So 9.30–17.30 Uhr, Eintritt 30 Ps). Das **Museo de la Caricatura** [F2], nördlich der Kathedrale in der Donceles 99 (tägl. 10–18 Uhr, freiwilliger Eintrittsbeitrag; kann z.Z. nicht vollständig besichtigt werden, da in Restaurierung) präsentiert mexikanische Karikaturen, u.a. Werke des berühmten Skelettzeichners **Posada** (s.u.). Sehenswert ist auch das **Museo del Estanquillo** [E3], Madero/Ecke Isabel la Católica (Di geschl., 10–18 Uhr, Eintritt frei, www.museodelestanquillo.cdmx.gob.mx), mit zahllosen Dokumenten, Gemälden und Stichen (u.a. von José Guadalupe Posada), Karikaturen und historischen Fotos. Beim Schlendern werden Sie auf weitere Kolonialpaläste und Museen stoßen.

Templo Mayor [G2/3]

Wie die Inselstadt der Azteken einst aussah, zeigt das kupferne **Modell von Tenochtitlán** (Fußgängerzone *Seminario* östlich der Sakristeikirche), das Wasserbecken stellt den Texcoco-See dar. Im zentralen Zeremonialbezirk *(teocalli)* stand einst die monumentale Hauptpyramide, der **Templo Mayor.** Dessen Fundamente wurden 1978 bei Grabungen für die Metro entdeckt, zusammen mit weiteren

sensationellen Funden. Ganze Häuserblocks mussten abgerissen werden, um den Komplex freizulegen.

Nach Besichtigung der Anlage sollte man das dazugehörende und sehr informative **Museo del Templo Mayor** besuchen (Di–So 9–17 Uhr, 80 Ps, der Eintritt ist für Zeremonialbezirk und Museum, ein *audioguía* gibt Erklärungen auf Englisch; auf der Homepage www.templomayor .inah.gob.mx kann man auch Faltblätter mit Infos auf Englisch runterladen). Es zeigt viele Objekte und Details zur Geschichte und Kultur der Azteken sowie die Originale zweier bedeutender Funde der Zone:

Modell der Templo Mayor-Pyramide mit ihren Überbauungen

Eine 8 t schwere ◀ Steinscheibe (Durchmesser 3,20 m) mit der aztekischen Mondgöttin **Coyolxauhqui** („Die sich mit Klapperschlangen an den Wangen schmückt"), die der Legende nach von ihrem Bruder, dem Sonnen- und Kriegsgott **Huitzilopochtli** geviertelt wurde, sowie eine weitere archäologische Sensation aus dem Jahr 2006, ein rechteckiger Monolith mit dem Abbild der Erdgöttin **Tlaltecuhtli,** der noch mehr, nämlich 12 t wog. Unter der monströs aussehenden Aztekengöttin mit ihren überlangen Finger- und Fußkrallen lagen jede Menge Opfergaben, wie Jadehalsketten, Masken, Meerestiere und Opfermesser.

Stadtgeschichte

Ein sehr schöner Stadtpalast ist das **Museo de la Ciudad de México** (G4, Ecke Pino Suárez/El Salvador, drei Straßen südlich des Zócalo, Di–So 10–18 Uhr, Eintritt 35 Ps); in der südwestlichen Gebäudeecke wurde ein steinerner Quetzalcóatl mit eingebaut, der aus einem der Tempel von Tenochtitlán stammt. Zu sehen sind Zeugnisse aus vielen Jahrhunderten Stadtgeschichte. Zweifelsohne sticht in dieser der Eroberer **Hernán Cortés** besonders heraus, er selbst gründete 1524 das **Hospital de Jesús Nazareno** (diagonal gegenüber dem Museum). In der dazugehörenden Kirche ruhen – nach siebenmaligem Umbetten – in der kahlen Mauer links des Hauptaltars seine Gebeine. Im Gewölbe der dramatische Mural **„Apocalypse"** von Orozco.

Plaza Santo Domingo [F2]

Drei Straßen leicht nordwestlich der Kathedrale liegt die **Plaza Santo Domingo** mit altspanischem Flair. Fast wünscht man sich eine höhere Analphabetenquote zurück, es war so nett, dabei zuzuhören, wie die **escribanos** auf ihren Olivettis und Remingtons die Korrespondenz der Kunden klapperten (von 1821 bis Anfang dieses Jahrhunderts). Heute kann man sich lediglich von einigen Besitzern elektrischer Schreibmaschinen Formulare ausfüllen lassen, die übrigen Stände widmen sich dem Schnelldruck. An der Nordostecke urteilte einst das gefürchtete **Inquisitionstribunal,** im Nachfolgegebäude, dem *Palacio de la Escuela de Medicina,* ist nun das interessante **Museo de la Medicina** untergebracht (tägl. 9–18 Uhr, Eintritt frei, https://pem.facmed.unam.mx), wo es u.a. eine Apotheke aus dem 19. Jh. zu bestaunen gibt. Wir hoffen übrigens, dass Sie sich nicht „el cansancio de los viajeros" einfangen, denn die Ermattung der Reisenden wurde in früheren Jahrhunderten als echte Krankheit klassifiziert. Weitere geschichtsträchtige Kolonialgebäude umrahmen den Platz.

Monte de Piedad [F3]

Dieses **Pfandleihhaus** von 1836 (Monte de Piedad 7, westlich gegenüber der Kathedrale, Mo–Fr 8.30–17.30, Sa bis 13 Uhr) ist das größte und älteste ganz Lateinamerikas, heute nur noch für Goldschmuck

zuständig. Alles andere lässt sich in den zahlreichen Zweigstellen ver-
pfänden bzw. erstehen, die über die ganze Stadt verteilt sind. Ob der
„Gipfel der Barmherzigkeit" seinen Namen zu Recht trägt, sei dahin-
gestellt, sicher ist, dass sich mit den Geldnöten des „Kleinen Mannes"
reichlich Geld verdienen lässt. Wie Pilze schießen die Pfandleihhäuser
landesweit aus dem Boden – als Barometer der Wirtschaftslage
Mexikos verheißen sie nichts Gutes.

Vom Zócalo zum Alameda-Park

**Kolonial-
paläste**

Rund um die beiden verkehrsreichen Hauptgeschäftsstraßen **5 de
Mayo** und **Francisco Madero** westlich des Zócalo gibt es einiges zu
sehen. Architekturfreunde biegen von der Madero gleich erst mal
links in die Isabel la Católica, dort steht rechts der **Palacio Miravalle**
(Nr. 30, E3), errichtet um 1680 von der gleichnamigen Grafenfamilie,
einer der Höhepunkte der Kolonialarchitektur (im Innern ein Restaurant, auch ein Verkaufsstand des Turibus). Etwas weiter unten, Ecke
16 de Septiembre/Católica, befindet sich das **Edificio Böker** mit
Rundbogenfenstern, einst das Eisenwarenkaufhaus von Heinrich
Böker & Co aus Remscheid, eröffnet 1900, heute eine Filiale der
Sanborns-Kette. Zurück zur Calle Madero.

Der Banamex gehört der **Palacio** von **Agustín de Iturbide** (E3,
Madero 17, hier sehenswerte Kunst- und Geschichtsausstellungen,
tägl. 10–19 Uhr, Führungen auf Sp. um 12, 14 und 16 Uhr, Eintritt frei),
welcher als Offizier das spanische Kolonialregime stürzte und 1822 als
Kaiser von Mexiko auf den Thron stieg. Doch schon 1823 wurde das
nun unabhängige Land Republik, und der Kaiser – dem das Volk eben
noch zugejubelt hatte – standrechtlich erschossen.

Ein wahres Juwel ist die **Casa de los Azulejos** (D3, Madero 4), sie
ist sowohl außen als auch innen vollständig mit blau-weißen Puebla-
Kacheln verfließt. Der Bau im spanisch-maurischen Mudejar-Stil
wurde 1596 erbaut und ist heute die bekannteste Filiale der San-
bornskette. 1914 trafen sich die Revolutionäre **Zapata** und **Pancho
Villa** hier zum Frühstück. Das Treppenhaus schmückt Orozcos me-
taphysisches Mural „Omniciencia".

Gegenüber der Casa de los Azulejos liegt das tief eingesunkene
Ex-Convento San Franciso, ältestes Franziskanerkloster des Landes,
Baubeginn war 1524, nur drei Jahre nach dem Fall Tenochtitláns.

Nördlich der Casa de los Azulejos befindet sich an der Ecke Alarcón/
Tacuba der **Palacio de Correos** (D2, Hauptpost). Der ist zwar nicht
kolonial, sondern ein Neo-Renaissance-Gebäude von 1902–08, sein
Jugendstil-Inneres ist aber trotzdem einen Blick wert.

**Torre Latino-
americana** [D3]

Der 181 m hohe, erdbebensichere und kantige Torre Latinoamericana
an der Straßenecke Alarcón/Madero bietet Sicht über das endlose

Betonmeer der Stadt. Fahren Sie dazu mit dem Aufzug zur Aussichtsplattform zum 43./44. Stock (tägl. 9–22 Uhr, 110 Ps, Armband behalten, man darf am selben Tag mehrmals hoch). Besonders beeindruckend bei Anbruch der Dämmerung, wenn die Lichter der Stadt aufflammen. Das Restaurant im 41. Stock ist weniger empfehlenswert. Das höchste Bauwerk der Stadt war der Turm allerdings nur bis 1972, danach hielt der **Torre Reforma** am Ostrand des Chapultepec-Parks mit seinen 246 Metern diesen Rekord (Paseo de la Reforma 483), in den oberen fünf Stockwerken ist Publikumsverkehr (Einkaufszentrum u.a.), das oberste dient als Aussichtsturm. Doch die Konkurrenz schlief nicht: Der **Torre Mitikah** (Real de Mayorazgo 130, Benito Juárez, innen Wohnungen, Büroräume, Fitnessstudios, Kliniken und Arztpraxen sowie Einkaufszentren) ragt seit 2021 stolze 276 Meter hoch in die Luft.

„Süßes Inferno" [D3]
Lust auf Süßes? Werfen Sie einen Blick in die **Pastelería Ideal** (16 de Septiembre 18), der größten von Mexiko. Die Tortenschau ist im 2. Stockwerk, von buntem Disney-Gebäck bis hin zu mehrstöckigen Hochzeitstorten ist hier alles dabei.

Kunst und Kultur rund um den Alameda Park [C2]

Der **Parque de Alameda** (Metrostation *Hidalgo* oder *Bellas Artes*) ist zwar immer gut besucht, taugt aber heute nur noch begrenzt als Sauerstoffspender. Einst ein beliebter Flanierplatz der städtischen Oberschicht, inspirierte er Diego Rivera zu seinem monumentalen Meisterwerk (15 x 4,8 m groß) **„Traum eines Sonntagnachmittags im Alameda Park"**, auf dem er als kleiner Junge von der **„Calavera**

Über dem Alameda-Park der Palacio de Bellas Artes, rechts der Torre Latinoamericana

Mexikos Beitrag zur modernen Malerei

Berühmtheit in der ganzen Welt erlangte Mexikos **Muralismo** (Wandmalerei), eine ganz eigene und originelle Kunstform. Der Sieg der Mexikanischen Revolution war der Ausgangspunkt für diese farbenprächtigen, sozialkritischen Gemälde, die ab den 1920er Jahren gleichsam wie offene Geschichtsbücher die Wände vieler öffentlicher und teils auch privater Gebäude schmückten. Seine Wurzeln liegen u.a. in den mesoamerikanischen Kulturen (Wandbilder von Teotihuacán, Cacaxtla, Bonampak).

„Die Ankunft des Cortés in Veracruz" von Diego Rivera

Der Muralismo machte die indigene Bevölkerung des Landes zum Thema und befreite sie somit von ihrer jahrhundertelangen Ausrenzung aus der Kunst. Als volkspädagogische Bildsprache sollten die überlebensgroßen Darstellungen der damals noch zu rund 80% analphabetischen Bevölkerung Geschichtsbewusstsein und Identität vermitteln. Wie das im Einzelnen zu geschehen habe, darin waren sich die drei berühmtesten Vertreter der Disziplin – auch die „Großen Drei" genannt – durchaus uneins: **Diego Rivera** (1886–1957) begeisterte sich ganz besonders für die prähispanischen Kulturen (s. das Gemälde „Kultur der Totonaken" im Palacio Nacional von Mexiko-Stadt), seine üppigen, detailreichen Szenen verherrlichen ihre Lebensweise und die Sehnsucht nach einer gerechten und friedlichen Gesellschaft schwingt immer mit. **José Clemente Orozco** (1883–1949) malte eher expressionistisch und in die Zukunft gewandte Motive, und **David Álfaro Siqueiros** (1896–1974) geriet alles gigantischer und auch provozierender als den anderen.

Weltbekannt ist auch Riveras Frau, **Frida Kahlo** ▶ (1907–1954), und das nicht erst seit dem Hollywood-Film „Frida" (2002, mit Salma Hayek in der Hauptrolle). Aus ihren Selbstportraits spricht das blanke Leid, denn die gebrechliche Künstlerin litt seit ihrem 18. Lebensjahr an den Folgen eines tragischen Verkehrsunfalls. Doch gleichzeitig sprühte sie vor Lebenslust und Leidenschaft und wurde aufgrund ihres eigenwilligen Boheme-Lebens zu einer Ikone der Frauenbewegung.

In Opposition zur offiziellen mexikanischen Wandmalerei stand **Rufino Tamayo** (1899–1990), dessen abstrakte Bilder ihn zum – umstrittenen – Vorreiter der neueren mexikanischen Malerei machen. **Juan O'Gorman** (1905–1982) gestaltete Wände mit Mosaik-Allegorien aus, bekanntestes Beispiel ist der große Kubus der Zentralbibliothek der Universität UNAM. Wichtigste Maler der Gegenwart sind **Raúl Anguiano**

Frida Kahlo, Selbstbildnis

(1915–2006), **José Luis Cuevas** (1934–2017) und **Francisco Toledo** (1940–2019), letzterer lebte in Oaxaca und förderte dort das Kulturleben sowie junge Künstler. Da der „Maestro" in einfacher Kleidung und mit zerzausten Haaren durch die Straßen Oaxacas zu schlendern pflegte, wurde er von kulturell weniger versierten Polizisten schon gelegentlich mal für einen Vagabunden gehalten - im Übrigen das Motiv eines seiner bekannten Gemälde.

„Traum eines Sonntagnachmittags im Alameda Park" von Diego Rivera

Catrina", der Skelett-Dame, persönlich an der Hand genommen wird (nach einem Stich von José Guadalupe Posada, 1852–1913, dem Schöpfer unzähliger Skelette und Totenköpfe). Mit von der Ausflugspartie sind weitere mexikanische Berühmtheiten. Nachdem das Gebäude mit der Originalwand beim Erdbeben 1985 schwer beschädigt wurde, baute man ein Extra-Museum für das gerettete Mural, das **Museo Mural Diego Rivera** (B2, Colón 7, Di–So 10–18 Uhr, Eintritt 35 Ps, https://inba.gob.mx/recinto/46/museo-mural-diego-rivera). Zu sehen sind außerdem Fotos und andere Zeugnisse aus Riveras Leben.

Nördlich des Parks befindet sich das sehenswerte **Museo Franz Mayer** (C2, Hidalgo 45, Di–Fr 10–17, Sa–So 11–18 Uhr, Eintritt 75 Ps, Di frei, https://franzmayer.org.mx), Nachlass des Mannheimer Auswanderers Franz Mayer (1882–1975), in Mexiko schlicht „Don Pancho" genannt. Gesammelt hat er Kunst aus allen Epochen und Kontinenten: Skulpturen, Gemälde, Keramiken, Stilmöbel u.a. Das Museum beherbergt wechselnde Ausstellungen verschiedener Künste und Stilrichtungen. An der östlichen Parkecke (Hidalgo 39) kann man Original-Holzschnitte des eben schon erwähnten *José Guadalupe Posada* und viele andere Lithographien und Graphiken im **Museo de la Estampa** (D2, „Museum der Kupferstiche") bewundern. Wem dann immer noch nach Kunst zumute ist, der sollte noch ins **Museo Nacional de Arte** (MUNAL) schauen (D2, Calle Tacuba 8, Di–So 11–17 Uhr, Eintritt 80 Ps, www.munal.mx/en). Der imposante neoklassizistische Bau birgt in seinem Innern eine Gesamtübersicht mexikanischer Malkunst aus allen Epochen, besonders schön sind die Landschaftsbilder von José María Velascos (1840–1912).

Ein **TIPP** ist das **Museo de Arte Popular** (MAP) südwestlich des Parks (C3, Calle Revillagigedo 11, Di–So 10–18 Uhr, Mi bis 21 Uhr, 60 Ps, www.map.cdmx.gob.mx) mit seinem umfangreichen und teils hochwertigem Angebot an Kunsthandwerk aus ganz Mexiko; im Erdgeschoss der Verkaufsraum, oben die Ausstellung. Wer dann noch kann, besucht auch das **Museo Memoria y Tolerancia** gleich um die Ecke (Juárez 8, Di–So 10–19 Uhr, Eintritt 125 Ps, www.myt.org.mx)

mit Exponaten, Fotos und Dokumenten zu Verbrechen der Mensch-heitsgeschichte weltweit … eindrucksvoll!

Palacio de Bellas Artes
[D2/3]

Der „Palast der Schönen Künste" und das zugehörige Museum (Ostseite des Alameda-Parks, Di–So 11–17 Uhr, 70 Ps) im neoklassizistischen Stil ist dabei, in den weichen Grund einzusinken. Dennoch bleibt er das kulturelle Herz der Stadt, geboten werden Konzerte, Opern, Tanzauf-führungen u.v.m. (Programm auf https://palacio.inba.gob.mx). Die Obergeschosse bieten sich an, um die Stilrichtungen der **drei großen Muralisten Rivera, Siqueiros** und **Orozco** miteinander zu verglei-chen, denn hier hinterließen sie allesamt einige ihrer berühmtesten Werke, so z.B. Riveras *Carnaval de la vida mexicana* von 1936 mit kost-umbristischen Szenen des mexikanischen Lebens, inspiriert vom Karneval in Huejotzingo, Puebla. Auch **Rufino Tamayo** ist mit zwei Wandgemälden vertreten.

Ein Muss ist das **Ballet Folklórico de México,** das hier sein Stamm-haus hat und jeweils mittwochs und sonntags sein packendes Feuer-werk mexikanischer Tänze darbietet (Programm und mehr: www.ballet folkloricodemexico.com.mx). Vor der Vorstellung blickt man auf den herrlichen Bühnevorhang aus ca. einer Million farbiger Glasplättchen, die die beiden Vulkane Popocatépetl und Iztaccíhuatl nachbilden.

Kunsthand-werk

Im **Mercado de Artesanías La Ciudadela** (B4, von der Westecke des Alameda-Parks 5 Blocks südlich auf der Calle Balderas, oder Metro-station *Balderas* und dann einen Block nach Norden gehen, Mo–Sa 10–19, So 10–18 Uhr, http://laciudadela.com.mx, ❻ La Ciudadela Ofi-cial) bekommt man einen guten Eindruck vom landesweiten Angebot an Kunsthandwerk. Im hinteren Bereich haben einige Huicholes ihre Werkstätten und erstellen die bunten Bilder aus Perlen und Leucht-garn, für die sie bekannt sind.

Tänzerinnen des Ballets Folklórico de México

Westlicher Innenstadtbereich

Die Hauptverkehrsader **Paseo de la Reforma** – benannt nach den Reformgesetzen des Präsidenten Benito Juárez (s.S. 204) – verbindet den Alameda-Park mit dem Chapultepec-Park. Die achtspurige Hauptverkehrsader ist ein Tummelplatz architektonischer Fantasien mit kühnen, himmelwärts ragenden Stahl- und Glaskonstruktionen (der futuristisch anmutenden Börsenturm ist nur eine von vielen), 5-Sterne-Hotels, Banken, Airlinebüros und exklusiven Läden. Zwischendrin gibt es immer wieder *Glorietas* (Rondells), die an Historisches erinnern, so das Denkmal des letzten Aztekenherrschers **Cuauhté-moc** und das 36 m hohe **Monumento a la Independencia** mit einem goldenen Engel auf der Spitze – **El Ángel** (Foto s.S. 73) ist regelmäßiger Treffpunkt für Demonstranten, aber auch für Fußballfans bei wichtigen Spielen –, dann geht hier die Post so richtig ab!

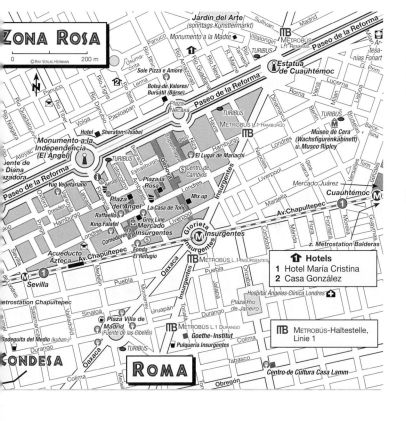

Revolutions-Monument bei Nacht

Von der Reforma, die übrigens sonntagmorgens autofrei gehalten wird, führt die Calle Ramírez in Richtung Norden zur Plaza de la República. Dort steht das gigantische, über 60 m hohe **Monumento a la Revolución,** der mexikanischen Revolution von 1910 gewidmet (für 90 Ps darf man das gesamte Bauwerk besichtigen, nur Aussichtsturm 120 Ps. Mo–Do 12–20 Uhr, Fr/Sa 12–21 Uhr, So 11–20 Uhr).

Angeschlossen ist das subterrane **Museo Nacional de la Revolución** (Di–Fr 9–17 Uhr, Sa/So 9–19 Uhr, Eintritt 34 Ps, www.cultura.cdmx.gob.mx/recintos/mnr).

Die Zona Rosa Die „Rosa Zone" im Westen (Metro 1, Insurgentes; ebenso: Metrobus Línea 1) hat nichts mit einem Rotlichtbezirk zu tun, sondern ist ein relativ teures und touristisches Flanier-, Restaurant- und Einkaufsviertel. Sehr empfehlenswert ist ein Bummel von der Reforma durch die begrünte Fußgängerstraße **Génova** bis zur *Glorieta Insurgentes* mit zahllosen kleinen Läden, Cafés, Boutiquen, Restaurants und einigen Straßenhändlern. Das **Museo de Cera** (Londres 4–10, zw. Berlin und Bruselas, tägl. 11–19 Uhr, 150 Ps, bzw. 260 Ps für Cera und Ripley zusammen) zeigt berühmte Persönlichkeiten in Wachs, gleich nebenan liegt das **Museo Ripley** (selbe Zeiten und Preise) mit jeder Menge Kuriositäten.

Am Abend bietet das Viertel reichlich Amüsement. Viele Nachtschwärmerlokale und Bars (auch viele Schwulen- und Lesbentreffs) reihen sich in den Straßen Florencia und Londres. Das Restaurant *El Lugar de Mariachi* (Hamburgo 87, https://ellugardelmariachi.com) bietet mexikanische Folklore.

Colonia Roma und Colonia Condesa Südlich der Zona Rosa erstreckt sich die **Colonia Roma,** wo bevorzugt Künstler wohnen und arbeiten, in den Straßen Colima und Tabasco reihen sich prunkvolle Bürgerhäuser aus der Epoche des Porfiriats (1876–1911). In Tonalá 43 befindet sich die mexikanische Zentrale des Goethe-Instituts. In der Bibliothek (Mo–Fr) liegen auch deutschsprachige Zeitungen und Zeitschriften aus. Auch ein Blick in das Kulturzentrum **Casa Lamm** (Obregón 99, www.casalamm.com.mx) mit Buchladen, Galerie und elegantem Restaurant lohnt sich.

Ganz im Trend liegt seit einigen Jahren aber die westlich der Roma und südwestlich der Zona Rosa gelegene **Colonia Condesa,** eine Mixtur von altem und modernem Mexiko mit neckischen Läden, Künstlerkneipen, Bistros und jeder Menge guten Restaurants (s.u.). Der Name stammt von der Gräfin (Condesa) Miravalle, auf deren ehemaliger Pferderennbahn das Viertel entstanden ist.

Bosque de Chapultepec Anfahrt mit Metro 1, *Chapultepec.* „Ein Sonntagnachmittag im Chapultepec-Park" – das ist das Bild, das Diego Rivera zu malen vergaß! Wahrhaft folkloristisch geht es jedes Wochenende in der „grünen Lunge" der Stadt zu (Fläche über 10 qkm), Tausende strömen dorthin um Freiluftzerstreuung zu suchen. Da gibt es Schlangebeschwörer und Clowns, Zauberkünstler oder Fitness-Kurse und natürlich jede Menge Verkäufer. Am *Lago de Chapultepec* kann man sich ein Ruderboot mieten oder einer der Musikkapellen im Kulturforum *Casa del Lago* lauschen. Gleich westlich davon befindet sich der **Zoo** der Stadt (Di–So 9–16.30 Uhr, Eintritt frei) mit Tieren aus aller Welt.

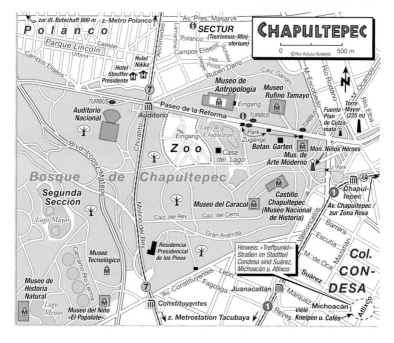

Auf dem höchsten Hügel des Parks hatten sich einst der Habsburger *Maximilian,* Kaiser von Mexiko 1863–67, und seine Frau *Carlota* (Charlotte von Belgien) ihre Sommerresidenz errichtet, und zwar in dem klassizistischen **Chapultepec-Schloss,** wo heute das **Museo Nacional de Historia** (Di–So 9–17 Uhr, Eintritt 85 Ps, www.mnh.inah.gob.mx) untergebracht ist. Unzählige Exponate und Erinnerungsstücke lassen hier die Vergangenheit des Landes wieder lebendig werden: Gemälde, Kutschen, Waffen, Zimmer von Carlota und anderen Berühmtheiten im Originalzustand. Auch Werke der großen Meister (O'Gorman, Orozco, Siqueiros) dürfen natürlich nicht fehlen. Im oberen Teil eine Gartenanlage und ein Observatorium. Von da oben hat man auch einen wunderbaren Rundblick auf die Stadt sowie die Skyline von Polanco und Paseo de la Reforma. Das **Museo del Caracol** (Di–So 9–16.15 Uhr, 85 Ps, www.caracol.inah.gob.mx) mit weiteren Szenen und Stationen mexikanischer Geschichte befindet sich innerhalb derselben Anlage, beim Aufstieg rechts. Unten muss man seine Taschen in Schließfächern lassen, vergessen Sie aber Ihr Geld und ggf. Ausweise nicht – die brauchen Sie oben!

Mehr von den großen Malern gibt's im **Museo de Arte Moderno** (Di–So 10.15–17.30 Uhr, Eintritt 80 Ps, https://mam.inba.gob.mx), hier auch Bilder von Rivera und Tamayo, sowie das berühmte *Las Dos Fridas* („Die zwei Fridas") von Frida Kahlo, außerdem ein Skulpturen-Garten und immer wieder sehr interessante Sonderausstellungen. Internationale Künstler (Dalí, Miró u.a.) und viele Skulpturen gehören zur Privat-Sammlung von Rufino Tamayo (1899–1990), Oaxacas berühmtesten Maler. Ausgestellt sind sie in einem monumentalen, lichtdurchfluteten Beton-Glas-Bau, dem **Museo Tamayo** (Di–So 10–18 Uhr, Eintritt 80 Ps, www.museotamayo.org). Unweit des Bosque de Chapultepec, am Paseo de la Reforma, liegt außerdem der futuristische Bau **Auditorio Nacional** (Metro-Station Auditorio Nacional, www.auditorio.com.mx/cartelera), Mexikos nationales Konzertgebäude, wo fast täglich nationale und internationale Künstler auftreten. Wer mit Kindern reist, sollte ein paar Stunden für das interaktive Kindermuseum **Papalote Museo del Niño** im Südwestteil des Parks einplanen (Di–Fr 10–18 Uhr, Sa/So 10–19 Uhr, 200 Ps, www.papalote.org.mx, Tickets am besten schon im Internet kaufen, der Andrang ist meist sehr groß).

Museo Nacional de Antropología

Die Hauptattraktion des Parks ist allerdings das **Anthropologische Museum** (Di–So 9–18 Uhr, Eintritt 85 Ps, www.mna.inah.gob.mx, Metro Auditorio oder Chapultepec, von da aus ca. 1,3 km Fußweg). Genug Zeit einplanen, mehrere Stunden sind angebracht (das Museumsrestaurant liegt im Erdgeschoss). Nicht nur in Bezug auf seine Architektur eines der schönsten und ungewöhnlichsten der Welt, es handelt sich schlichtweg um eine museale Schatztruhe!

Blick in Sala 7, hinten an der Wand der große „Kalenderstein", Piedra del Sol. Im Vordergrund die reliefierte Steinscheibe des Moctezuma I.

Schon vor dem Eingang wacht der Regengott Tlalóc, und im Innenhof symbolisiert ein 10 m hoher Wasservorhang (auch „el paraguas", Regenschirm genannt) den Lebensbaum. Die Säle im **Erdgeschoss** sind neben einer anthropologischen Einführung (1–3) jeweils einer bestimmten Region oder prähispanischen Kultur Mexikos gewidmet. Es bietet sich an, entweder auf alles einen kurzen Blick zu werfen oder diejenigen Gegenden auszuwählen, die man besucht hat oder noch besuchen wird. Manches ist im Museum wesentlich besser zu sehen als an den Originalplätzen, so z.B. die Nachbauten der Gräber 7 und 104 von Monte Albán. Und wer nicht weiter im Land herumreist, kann hier einiges nachholen: Ein 4,60 m hoher **Atlant von Tula** steht in der *Sala Tolteca,* ein ◀ **olmekischer Kolossalkopf** in der *Sala Costa del Golfo* und ein metergroßer **Chak Mool** hockt in seiner typischen Halbsitzstellung in der *Sala Maya*. Höhepunkt in der *Sala de Mexica* ist der **Piedra del Sol,** der aztekische „Kalenderstein" mit dreieinhalb Meter Durchmesser. Die ebenfalls in diesem Saal ausgestellte **Quetzalvogel-Federkrone von Moctezuma II.** (*Penacho de Moctezuma*) ist ein Replikat; das Original befindet sich im Weltmuseum Wien und ist seit Jahrzehnten Objekt von Auseinandersetzungen – Mexiko hätte sie natürlich gerne zurück.

Die Ethnologie-Säle im **Obergeschoss** widmen sich Bräuchen, Traditionen und der Gegenwart der heutigen Indígena-Völker Mexikos. Die Erklärungstafeln sind überwiegend auf Spanisch, von einem kostenpflichtigen

„Audio Guía" kann man sich die groben Zusammenhänge auf Englisch ins Ohr sagen lassen. Die Verkaufstelle im Foyer bietet viel Literatur, Fotos und schöne Replikate.

Polanco   Nordwestlich des Chapultepec-Parks erstreckt sich das Viertel Polanco. Hier wohnt traditionell der Geldadel, zwischen Läden und Restaurants der gehobenen Preisklasse, in den letzten Jahren schießen auch immer mehr Bürohochhäuser aus dem Boden. Selbst wenn man meint, finanziell hier nicht mithalten zu können, sollte man ruhig mal einen Blick in die zumeist nach Philosophen, Schriftstellern oder Staatsmännern benannten Straßenzüge werfen, das Viertel ist ein nicht unbedeutender Teil der Identität der Stadt.

Und was immer man davon hält, wenn Geldmagnaten Kultur stiften, das **Museo Soumaya** der *Fundación Carlos Slim* (reichster Mexikaner und dreizehntreichster Mensch der Welt, „Soumaya" hieß seine verstorbene Ehefrau) ist auf jeden Fall einen Besuch wert – und außerdem kostenlos. Es ist schwer, den bombastischen Prachtbau an der *Plaza Carso* (Blvd Cervantes Saavedra/Ecke Presa Falcón, tägl. 10.30–18.30 Uhr, nahestgelegene Haltestelle ist „Metro Polanco", Linie 7; zwei weitere, kleinere Zweigstellen in *Roma Norte* und *San Ángel*) mit Worten zu beschreiben, sehen Sie ihn sich einfach auf der Hompepage an: www.museosoumaya.org. Die auf sechs (treppenlose) Stockwerke verteilten Ausstellungsräume enthalten thematisch sehr Diverses, wie Gold-, Silber- und Elfenbeinarbeiten, europäische und neuspanische Meister der Moderne bis hin zum angehenden 20. Jh. – alles sehr kunstvoll exponiert. Selbst Kunstmuffel langweilen sich hier nicht, und ein halber Tag reicht nicht, um alles zu sehen.

Im Süden der Stadt

Die lange Durchgangsstraße **Insurgentes** durchquert die gesamte Stadt von Nord nach Süd. Wer Zeit hat und mehr als U-Bahn-Tunnel sehen will, nimmt z.B. an der *Glorieta de Insurgentes* den Metrobús „El Caminero" oder westlich des Alameda-Parks auf der *Insurgentes-Sur* einen Bus oder Pesero mit der Aufschrift „San Ángel" oder „Ciudad Universitaria". Im Süden der Stadt liegen zwei reizvolle Stadtteile: Coyocán und San Ángel, wobei ersterer mehr Flanierfläche und Besichtigungspunkte bietet und deshalb bei wenig Zeit vorzuziehen ist.

Coyoacán   Coyoacán („Ort der Kojoten", ca. 9 km südlich des Zócalo, Metro 3 bis *Viveros*, dann noch 2 km zu Fuß oder mit Taxi) war zur Zeit der Eroberung Mexikos eine kleine Siedlung am Westufer des Texcoco-Sees, von hier befehligte Cortés die Angriffe auf die Aztekenhauptstadt Tenochtitlán. Heute ist der Ort längst vom Stadtmoloch geschluckt, konnte jedoch sein koloniales Flair zumindest teilweise in die Jetztzeit hinüberretten. Geprägt ist er von hübschen Kolonialgebäuden mit blumenbestandenen Innenhöfen, stimmungsvollen Plätzen mit Cafés und Galerien, es tummeln sich Studenten, Künstler und Intellektuelle. Im 20. Jh. lebten hier verschiedene Berühmtheiten, so der Literaturnobelpreisträger Octavio Paz, aber auch Frida Kahlo, Diego Rivera und der russische Revolutionär Leo Trotzki.

Herzstück des Ortes sind die **Plaza Hidalgo** und der danebenliegende **Jardín Centenario,** ursprünglich ein Kloster-Atrium. Die Kojoten als Brunnenfiguren sind das Wahrzeichen Coyoacáns. Am Wochenende ist besonders viel los, dann bauen die (Althippie-)Händler ihre Stände auf (samstags), werden Bilder u.a. zum Verkauf angeboten (sonntags), und im **Bazar Artesanal Mexicano** (Westseite der Plaza) kann man Kunsthandwerk erstehen.

Die *Ruta Coyoacán* des **Tranvía turístico** im Straßenbahnlook (so auf ❻, Tel. 5556584027) startet täglich ab 10 Uhr im 30-Minuten-Takt vor der *Parroquia de San Juan Bautista* am Jardín del Centenario. Eine **Info-Stelle** des Turismo mit Karten und Kulturprogramm (Coyoacán hat mehrere Kulturzentren) befindet sich in der *Casa de Cortés* an der Nordseite der Plaza, heute Verwaltungssitz des Stadtteils. Das Haus wurde in Wirklichkeit erst im 18. Jh. erbaut – als Cortés schon längst gestorben war –, an der Stelle soll aber das ursprüngliche Quartier des Eroberers gestanden haben. Im kleinen Innenhof ein Brunnen, linkerhand ist in der *Sala de Cabildo* ein interessantes Wandgemälde über die Conquista. An der Ostseite des Platzes kann man in die **Cantina La Coyacana** einkehren (Gebäude der ehemaligen *Cantina la Guadalupana* von 1932, Higuera 2), heute mehr Restaurant als Cantina, gelegentlich schauen aber Mariachi-Gruppen vorbei.

Seiner einheimischen Dolmetscherin und Geliebten **Malinche** ließ Cortés die rötliche **Casa Colorada** bauen (Higuera 57, gleich bei der baumbestandenen *Plaza de la Conchita,* kein Publikumsverkehr). Mexikanische Volkskunst präsentiert das **Museo de las Culturas Populares** (Av. Hidalgo 289, Di–So 11–18 Uhr, http://museoculturas populares.gob.mx).

Höhepunkt für Kunstliebhaber ist aber der Besuch des **Museo Frida Kahlo** (Londres 247/Ecke Allende, Di, Do–So 10–18 Uhr, Mi ab 11 Uhr, Eintritt 250 Ps, am Wochenende 270 Ps, Fotoerlaubnis ohne Blitzlicht (kostet extra), www.museofridakahlo.org.mx, s.S. 84; Tickets vorher online erstehen: www.boletosfridakahlo.org, mit demselben Ticket kann man auch das *Museo Anahuacalli* (s.u.) besuchen). Es ist die berühmte „Casa Azul", Fridas Geburts- und Sterbehaus, deren indigoblauer Anstrich nach mexikanischem Volksglauben die bösen Geister abwehrt. Hier gibt es noch viele persönliche Erinnerungsstücke der leidgeprüften Malerin zu bestaunen, unter anderem ihre Trachtenkleider. Einige Malskizzen und Entwürfe sind noch da, doch keines ihrer großen Werke. Die Asche der 1954 verstorbenen Künstlerin befindet sich im Haus in einer Maya-Urne. Berühmt wurde sie erst nach ihrem Tod.

Ins Gebäude des heutigen **Museo León Trotsky** (Eingang Av. Churubusco 410, Di–So 10–17 Uhr, Eintritt 40 Ps, http://museocasa deleontrotsky.blogspot.mx) musste der russische Revolutionär nach eine Affäre mit der Frau seines Gastgebers Rivera, nämlich Frida, „flüchten". Er baute es festungsartig aus, doch vergebens: Am 20.08.1940 wurde er eben dort von Stalins Häschern mit einem Pickelschlag tödlich verwundet.

Für Liebhaber prähispanischer Kunst lohnt auch das 3 km südlich von Coyoacán auf einem Hügel erbaute **Museo Anahuacalli** (Calle del Museo 150, hin mit Taxi, Di–So 11–17.30 Uhr, 100 Ps). Hier ist die rund 50.000 Objekte umfassende Privatsammlung von Fridas Ehemann Diego Rivero in einem eigenwilligen Bau aus dunkelgrauem Lavagestein zu sehen.

San Ángel   Mit Bougainvilleas und anderen Pflanzen besäumte Pflasterstraßen machen San Ángel, 3 km westlich von Coyoacán (Anfahrt z.B. mit dem Metrobus von der Insurgentes, aussteigen bei der Station *Jardín La Bombilla*) zu einem pittoresken Stadtteil der Metropole. Drehpunkt ist die **Plaza San Jacinto,** dort auch jeden Samstag auf dem gut besuchten **Bazar del Sábado** (Patio-Haus Nr. 11 an der NW-Seite, Sa 10–19 Uhr), es gibt so ziemlich alles zwischen Kitsch und Kunst. Besuchen sollte man außerdem das schöne **Museo Casa Risco** an der Nordseite (Di–So 10–17 Uhr, Eintritt frei, www.museocasadelrisco.org.mx) aus

dem 18. Jh., mit zwei reizvollen Patios und einem sehenswerten kachel- und porzellanverzierten Brunnen. Die eintürmige **Iglesia San Jacinto** und ihr idyllischer Klostergarten säumen den Platz an der Westseite.

Kunstfreunde kommen auf ihre Kosten im **Museo de Arte Carillo Gil** (Av. Revolución 1608/Ecke Camino al Desierto de Los Leones, Di–So 10–18 Uhr, Eintritt 60 Ps, www.museodeartecarrillogil.com) mit Gemälden der „drei Großen" (Rivera, Orozco, Siqueiros).

Das ehemalige Atelier und Wohnhaus des Künstlerehepaars Rivera/Kahlo, das **Museo Casa Estudio Diego Rivera y Frida Kahlo** liegt in der Calle Altavista/Ecke Rivera, nordwestlich der Plaza (Di–So 11–17 Uhr, Eintritt 40 Ps). Auch hier Gemälde und persönliche Utensilien sowie Fotos der beiden. Entworfen wurden die zwei Kuben im Bauhausstil von einem weiteren Meister: Juan O'Gorman.

Genießen Sie zum Auffrischen einen Drink im erlesenen **Restaurante San Ángel Inn** direkt gegenüber, https://sanangelinn.com.

Ciudad Universitaria
Etwa 2 km südlich von San Ángel (Metro 3 bis Endstation *Universidad*) liegt in einem riesigen, parkähnlichen Gelände die wohl größte Universität der Welt, die **UNAM** (Universidad Autónoma de México). Rund 360.000 Schüler und Studenten zählt sie, die meisten Anwärter müssen draußen bleiben. Berühmt ist die fensterlose, blockförmige **Biblioteca Central,** deren Außenwände komplett mit einem Bildmosaik von Juan O'Gorman verblendet sind (s.S. 419). Der Muralist Siqueiros befasste sich mit der Fassade der **Rectoría** (Südseite). Das **Museo Universitario** zeigt zeitgenössische Kunst.

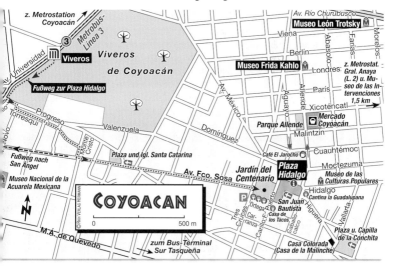

Xochimilco Die einen finden es kitschig, die anderen toll, fest steht, dass die Kanäle von **Xochimilco** (von der Metro-2-Endstation *Tasqueña* weiter mit *Tren Ligero* L1 bis zur Endstation *Embarcadero*) als letzter, kleiner Rest des einst so großen Texcoco-Sees einen ganz vagen Eindruck davon geben, wie die große Wasserstadt Tenochtitlán einst ausgesehen haben mag. Auf den *chinampas,* ihren „schwimmenden Gärten", bauten die Azteken landwirtschaftliche Produkte an. Mit der Zeit wuchsen diese mit Erde bedeckten Flöße am Seegrund fest und so entstand das Kanalsystem.

In den letzten Jahrzehnten haben Abwässer und Luftverschmutzung den See stark belastet, auch wird alle Art von Müll in ihm entsorgt. Ein Regierungsprogramm versucht, dem entgegenzusteuern. Während der winterlichen Trockenmonate sinkt der Wasserspiegel und die Kanäle werden schlammig, dann stinkt es auch.

Wer also auf einer *Margarita, Lupita* oder *Fernanda* durch die Chinampas fahren möchte – die meisten Kähne tragen Frauennamen –, sollte das in der Regenzeit tun. Besonders sonntags, wenn die Familien geschlossen zum Wasserpicknick eintreffen und die Mariachis- und Marimba-Kapellen auf weiteren Booten im Schaukel-Rhythmus aufspielen, nimmt das Ganze wahren Volksfest-Charakter an. Die offiziellen Preise sind auf Tafeln angeschlagen (z.Z. 500 Ps pro Boot/Std., egal ob groß oder klein, http://www.xochimilco.cdmx.gob.mx/costos), die lancheros versuchen aber immer wieder, mehr herauszuschlagen. Die verschiedenen Anlegestellen *(embarcaderos)* kann man hier einsehen: www.xochimilco.cdmx.gob.mx/los-embarcaderos.

Sehr sehenswert ist das **Museo Dolores Olmedo Patiño** (**F**, www.museodoloresolmedo.org.mx, ca. 2,5 km westlich von Xochimilco-Embarcadero). Es ist die bedeutendste Privatsammlung der Werke von Diego Rivera und Frida Kahlo, hier befindet sich unter anderem Fridas berühmtes Gemälde „La columna rota" – „Das zerbrochene Rückgrat". In der gepflegten Außenanlage laufen auch die haarlosen Aztekenhunde *itzcuintles* rum. Hinweis: Das Museum ist z.Z. wegen Umstrukturierung längerfristig geschlossen, auf **F** nachsehen, wann es wieder öffnet.

Nördlich des Zentrums

Plaza Garibaldi An der **Plaza Garibaldi** (fünf Straßenblocks nördlich des Palacio de Bellas Artes, Metro 8, *Garibaldi*) geht es lautstark zu, denn hier warten Dutzende Musikgruppen auf zahlendes Publikum. Da gibt es *Norteños* mit Akkordeon, *Veracruzanos* mit Harfen, Marimba-Spieler und allen voran Mexikos berühmte **Mariachis.** Wenn sie mit ihren Blas- und Zupfinstrumenten losschmettern, wird es so manchem Zuhörer warm ums Herz, einige singen dann auch lautstark mit. Besonders am Samstagabend, etwa ab 22 Uhr, wird die Stimmung so richtig angeheizt, doch Vorsicht – die ganze Gegend ist etwas unsicher, die dunklen Nebenstraßen meiden, zu späterer Stunde am besten ein Taxi bzw. Uber oder Didi rufen.

Liebhaber härterer Getränke probieren den **Pulque** (Kaktusmost), z.B. in *La Hermosa Hortensia* auf der Nordostseite des Platzes (Callejón de la Amargura 4) oder kehren in einer der umliegenden **Cantinas** ein, z.B. in *Guadalajara de Noche,* Honduras 9, einst Orte, wo sich rauhe Männer ausweinen konnten, heute dürfen dort auch Frauen den herzhaften Hausmannstrunk probieren.

Durch und durch Machos: Die Mariachis

Stramme Männer im Charro-Kostüm – schwarze Anzüge mit Silberknöpfen, spitze Stiefel und Riesen-Sombreros – sie sehen ebenso aus, wie man sich in Europa den Mexikaner schlechthin vorstellt. Wenn sie erst einmal unter Begleitung von Gitarren und Trompeten, manchmal auch mit Geige oder Harfe, zu singen beginnen, zeigt sich, dass der stolze Macho in seinem Innern einen sentimentalen Kern birgt. Da geht es um weibliche Schönheit, aber auch um Untreue und Verrat. Kein Wunder, wenn das Herzensleid dann und wann im Alkohol versenkt werden

muss … Doch auch schmetternder Patriotismus gehört zu ihrem Repertoire, Lieblingslieder des Publikums sind unter anderen „México lindo y querido" (Hübsches, geliebtes Mexiko) und „Guadalajara, Guadalajara", das die Schönheit der Hauptstadt von Jalisco besingt, des Bundesstaates also, wo die Mariachi-Musik im 19. Jahrhundert ihren Ursprung nahm. Hat man keine Gelegenheit, am 21. November um Mitternacht dem jährlichen **Mariachi-Konzert** auf der **Plaza Garibaldi** zu lauschen (Aufführungen auch in größeren Hotels), kann man sie nach Zeit oder Liederanzahl engagieren. Beliebt sind auch heute noch Mariachi-Ständchen für die Angebetete oder für Mama zum Muttertag – gerne auch um 3 Uhr morgens, sehr zu „Freude" der Nachbarn.

Die braune Schutzpatronin der Mexikaner

Wer um den **12. Dezember** auf Autobahnen und Straßen rund um Mexiko-Stadt unterwegs ist, den erwartet ein wahrhaft folkloristisches Verkehrschaos. Von weit her kommen die Pilger in zu leuchtenden Kapellen umgebauten Kleinlastern, in Radlergruppen oder zu Fuß, das Banner der an diesem Tag gefeierten **Virgen de Guadalupe** führt die Trupps an. Alles strömt zur Basilika am Tepeyac-Hügel, nach dem Vatikan das meistbesuchte religiöse Heiligtum der Christenheit. Doch auch an anderen Tagen zieht die wundertätige Schutzpatronin des Landes enorme Menschenmassen an (etwa 20.000 haben in der Basilika Platz), manche davon rutschen als Büßer auf den Knien bis zum Eingang. Über dem Altar hängt in einem schussfesten Glasschrein das Bildnis der Jungfrau. Im Jahre 1531 war sie dem bereits bekehrten Hirtenjungen Juan Diego erschienen – 2002 vom Papst Johannes Paul II. heiliggesprochen und somit der erste heilige Indígena –, auf eben diesem Tepeyac-Hügel, wo vorher die wichtige Azteken-Göttin Tonantzín verehrt wurde. Als Beweis zeigte er seinen Umhang voller Rosen, auf dem sich das Gesicht der Jungfrau im Strahlenkranz abzeichnete. Mit der braunhäutigen und ersten „einheimischen" Madonna Lateinamerikas, die immer ohne Sohn abgebildet ist, in dessen Namen ja die Eroberer kamen, konnte sich die Urbevölkerung identifizieren, deren Christianisierung ging nun wesentlich schneller voran. Legenden und Wundersagen begannen zu blühen, noch im Juni 1997 erschien die *Morena* einem fliegenden Händler in der Metro-Station Hidalgo (dort ein Altar). Ihr revolutionäres Potential entfaltete sie im Unabhängigkeitskampf: „Tod den Spaniern, es lebe die Jungfrau von Guadalupe" lautete der Schlachtruf der Rebellen. Sie wurde zur Generälin befördert, später sogar zur **Königin von Mexiko** (unter dem Diktator

Porfirio Díaz). Bis heute ist sie die **Beschützerin des kleinen Mannes,** ihr Bildnis ziert unzählige Geschäfte, Busse, Taxis und Wohnungen. Wenn dann am 11./12. Dezember auch zahlreiche Conchero-Tänzer vor der Basilika alte Azteken-tänze aufführen, so kann man sich fragen, ob sie sich damit nicht eher an Tonantzín als an Guadalupe wenden. Sicher ist, dass die Schutzpatronin auch heute noch mehr für Synkretismus steht als für reinen katholischen Glauben – was ihrer modernen Internetpräsenz keinen Abbruch tut: www.virgen deguadalupe.org.mx.

Ein Hausaltar der Jungfrau von Guadalupe

Tlatelolco

Im Stadtteil Tlatelolco, knapp 2 km nördlich des Zócalo, befindet sich die **Plaza de las Tres Culturas,** der „Platz der drei Kulturen" (hin mit Metro 3, *Tlatelolco,* von dort noch ein paar Blocks zu Fuß). Bauten dreier historischer Epochen stehen hier dicht beieinander: Grundmauern eines zerstörten Aztekentempels, ein ehemaliges spanisches Kloster und etwas morbider Apartment-Riegel des 20. Jahrhunderts – alles zusammen allerdings wenig beeindruckend. Die Bedeutung des Platzes liegt in den tragischen Ereignissen, die hier stattfanden: Eben da, wo die Spanier einst den **großen Markt der Azteken** bewunderten, schlugen sie diese endgültig im Jahre 1521. Jeden 13. August werden hier aztekische Tänze zum Gedenken an den Kampf um Tenochtitlán aufgeführt. Zu trauriger Berühmtheit gelangte der Platz auch am 2.10.1968, als bei einer Kundgebung gegen die Olympischen Spiele eine hohe Anzahl junger Demonstranten von einer Eliteeinheit aus Militär, Geheimpolizei und Präsidentengarde erschossen wurde – das größte Blutbad der mexikanischen Geschichte nach der Revolution. Mehr darüber im dortigen **Museo de Sitio de Tlatelolco** (Mi–So 11–17 Uhr) und auf https://tlatelolco.unam.mx.

Basílica de Guadalupe

Die Basilika der Schutzheiligen Mexikos liegt ca. 7 km nördlich vom Zócalo, hin mit Metro 3, bei *Deportivo 18 de Marzo* umsteigen in Metro 6 und an der nächsten Station, *La Villa Basílica,* aussteigen, dann noch etwa 200 m zu Fuß. Die gigantische Wallfahrtskirche wurde 1976 neu erbaut, da die alte von 1700 (gleich daneben) in den weichen Boden absank, heute beherbergt diese ein religiöses Museum. Rechts der Plaza die *Capilla del Pocito* (Brunnenkapelle) mit weiß-blau gekachelter Kuppel, ein wunderschönes Beispiel barocker Baukunst des 18. Jahrhunderts.

Die alte Basilika und rechts die Wallfahrtskirche

Adressen & Service Mexiko-Stadt

Turismo

Es gibt im Zentrum etliche
Módulos de Información Turística
(siehe i-Punkte auf den Karten),
unter anderem:
• zwei auf dem **Zócalo** (westlich
  und östlich der Kathedrale)
• beim **Palacio Bellas Artes**
  (Südostecke Alameda-Park)
• in der **Zona Rosa** bei *El Ángel*
• am Eingang des **Anthropologischen Museum** (Chapultepec-Park)
• in der **Colonia Condesa,**
  Av. Nuevo León 56
• in **Coyoacán** (Casa de Cortés)
• bei der **Basílica de Guadalupe**
• auf dem **Flughafen**
• in den vier großen **Busterminals.**

Lichter der Großstadt

Geöffnet sind sie Mo–So von 9–18 Uhr.
Information zur Sicherheit und weitere wichtige Nummern s.S. 73.

Post

Tacuba 1 [D2], gegenüber Palacio Bellas Artes

Webseiten

Die offizielle (mehrsprachige) Seite der städtischen Tourismus-Behörde beant-
wortet viele touristische Fragen zur Stadt:
https://www.turismo.cdmx.gob.mx
(mit weiterführenden Links und Stadtviertelplänen, auch auf Engl.)

Umfassende Infos von Wiki auf Deutsch:
http://wikitravel.org/de/Mexiko-Stadt

Weitere nützliche Webseiten
• Metro: www.metro.cdmx.gob.mx
• Metrobus: www.metrobus.cdmx.gob.mx
• Fahrverbote (Mietwagen):
  www.hoy-no-circula.com.mx/calendario
• Turibus: www.turibus.com.mx/cdmx; ❼ tranvía turístico
• Aktuelles Kulturprogramm und Ticketkauf: www.ticketmaster.com.mx
• Akt. Kulturprogramm auch auf www.inba.gob.mx und
• Kunst: www.artesdemexico.com
• Alle mexikanischen Kulturbereiche: sic.gob.mx (Sistema de Información
  Cultural).

Bitte schreiben oder mailen Sie (verlag@rkh-reisefuehrer.de), wenn sich
vor Ort Dinge verändert haben oder Sie Neues wissen. Besten Dank!

Unterkunft

Hotels in allen Preis- und Komfortklassen gibt es in Hülle und Fülle. Bei einem Kurzzeitaufenthalt logiert man am praktischsten im **Centro Histórico,** zwischen Alameda-Park und Zócalo oder nördlich vom diesem, so lassen sich viele Sehenswürdigkeiten zu Fuß erreichen. Luxus- und internationale Top-Hotels reihen sich entlang des **Paseo de la Reforma**. Gute Touristen-Hotels und auch kleinere Unterkünfte sind in der **Zona Rosa** zu finden. Schauen Sie hier schon mal nach: **http://mexico.city.hotelguide.net**. Meist lässt sich auch vorab von Europa aus über Buchungsportale wie www.booking.com, www.tripadvisor.de, www.hrs.de, www.expedia.de, www.momondo.de u.a. günstig ein Vertragshotel buchen. Preisbewusste können auf www.hostel world.com fündig werden. Der Hotelvermittlungsservice am Flughafen ist allerdings mit Vorsicht zu genießen, dort versucht man, Ihnen die teureren Optionen anzudrehen.

Hotels im Zentrum sind häufig umgebaute Kolonialgebäude, Zimmer vorher unbedingt ansehen. Straßenlärm lässt sich kaum vermeiden, in den oberen Stockwerken ist es meist ruhiger.

Für sparsam Reisende bietet sich das **Hostal Amigo** € an, Isabel la Católica 61 (E4, Metro-Station *Zócalo*), www.amigohostal.com. Neben der guten Lage besticht es durch freundliches Personal und gutes Frühstück, Gemeinschaftsbad.

Hostel Mundo Joven Catedral €, Guatemala 4 (F2, nordwestlich der Kathedrale, Metro-Station *Zócalo*), https://mundojovenhostels.com. Ein Klassiker für Backpacker aus aller Welt, sehr zentrale Lage, Tourenprogramm, Dachterrasse und alle üblichen Hostel-Services. Auch Privatzimmer mit Bad möglich.

Sehr zu empfehlen ist das **Hotel Marlowe** €€, Independencia 17 (D3, südl. vom Palacio de Bellas Artes), www.hotelmarlowe.com.mx. Restaurant, Sauna, kostenloser Parkplatz. Von den oberen Zimmern ein ausgezeichneter Blick auf das historische Zentrum.

Hotel Catedral €€€, Donceles 95 (F2, 3 Min. nördl. vom Zócalo in ruhiger Lage, Metro-Station Zócalo), www.hotelcatedral.com. Gut geführtes Touristenhotel, sehr saubere Zi., Rest., Bar, Reisebüro in der Lobby, Dachterrasse im 7. Stock mit Aussicht auf die Stadt, sehr gutes Frühstücksbüffet. **TIPP!**

Hotel Ritz €€€, Av. Madero 30 (E3, ca. 4 Gehminuten vom Zócalo in der Fußgängerstraße Madero, Metro-Station Allende), www.hotelritz.com.mx. Haus mit traditioneller Atmosphäre, relativ kleine, doch zufriedenstellende Zimmer auf sieben Stockwerken.

Hotel NH Centro Histórico €€€, Palma 42 (F4, Metrostation *Zócalo*), www. nh-hoteles.es/hotel/nh-mexico-city-centro-historico. (Ketten-)Stadthotel in schönem Retro-Design, ideale Lage. Alle Annehmlichkeiten dieser Klasse. **TIPP!**

Hotel Majestic Best Western €€€, Av. Madero 73 (F3, direkt an der Westseite des Zócalo, Metrostation *Zócalo*), http://hotelmajestic.com.mx. Koloniales Flair mit Talavera-Kacheln, geräumige und saubere, doch etwas hellhörige Zimmer, Zócalo-Blick von der Restaurant-Terrasse im obersten Stockwerk, ausgezeichnetes Frühstücksbüffet.

Zona Rosa   **Casa González,** €€, Zona Rosa, Río Sena 69, Tel. 5555143302, über www.
booking.com. Bei Travellern seit langem beliebt, familiengeführt, ruhige Lage,
diverse Zimmer.

Hotel María Cristina, €€, Zona Rosa, Río Lerma 32 (nördl. der Reforma),
https://hotelmariacristina.com.mx. Stilvolles Mittelklasse-Hotel im altspani-
schen Baustil mit vielen Annehmlichkeiten, Restaurant, Bar und Garten.

Essen & Trinken

Für Vorsichtige eignen sich zunächst einmal amerikanisierte Kettenrestaurants
wie **VIPS, Sanborns** (in der Casa de Azulejos, Madero 4, auf jeden Fall mal
vorbeischauen), **El Portón, La Vaca Negra, Taco Inn** usw. Frisch gepresste
Säfte, Früchte und gutes Frühstück mexikoweit auch bei **100% Natural.**
Ansonsten viele Restaurants im Centro Histórico zw. Zócalo und Torre Latinoamericana, vor allem in der Fußgängerstraße Madero, oder in der Zona Rosa.
Preiswert ist die *comida corrida*, ein Standard-Mittagsmenü mit mehreren Gerichten zur Auswahl. Mittagsessenszeit ist zwischen 14 u. 16 Uhr. Gut z.B. bei
L'ea, gleich hinter dem Museo de la Revolución (Calle Gómez Farías).

Rund um den   In der Calle Tacuba 28 (E2, nordwestlich des Zócalo) das traditionsreiche **Café de**
Zócalo   **Tacuba** in altmexikanischem Stil, gute Küche, natürlich nicht billig, www.cafe
detacuba.mx.

Berühmt ist auch **La Ópera Bar,** 5 de Mayo 10, denn hier schoss Pancho Villa
einst ein Loch in die Decke – was die Küchenqualität übrigens nicht schmälerte.
– Gleich daneben das populäre, große Café-Restaurant **La Pagoda.**

In der Madero 4 die oben erwähnte berühmte Sanborns-Filiale **La Casa de**
los Azulejos [D3].

Sehr gut ist das Schul-Restaurant **Zéfiro** der Universität Claustro Sor Juana,
San Jerónimo 24 [E5], Metro-Station *Isabel La Católica*, Di–Sa 13–17 Uhr, spezialisiert auf sehr eigenwillige Kreationen mexikanischer Gerichte, hier schon
mal das Menü auswählen: www.elclaustro.edu.mx/zefiro.

Zona Rosa   **La Casa de Toño,** ist eine Kette mit mexikanischer Küche guter Qualität, z.B.
in Londres 144, weitere Zweigstellen hier: https://lacasadetono.mx. – Italienische Küche: **La Lanterna,** Paseo de la Reforma 458 (Ecke Toledo). – Gute vegetarische Gerichte bei **Yug Vegetariano,** Varsovia 3.

Colonia   Auch hier viele Restaurants, z.B. das **Azul Condesa,** Nuevo León 68,
Condesa   www.azul.rest, mit preisgekrönter, aber noch erschwinglicher Küche (Gerichte
aus ganz Mexiko, Speisekarte wechselt). Eine weitere Zweigstelle im Zentrum
(**Azul Histórico,** Isabel La Católica 30). – Oder die **Fonda Garufa,** Michoacán
93, rustikaler Stil, internationale Küche. – Französisch: **Rojo Bistrot,** Amsterdam
71. – **Das Café La Gloria,** Suárez 41-D, ist bekannt für ausgezeichnete
Nachtische.

Polanco   **Im L'Entrecôte,** Emilio Castelar 121, unweit des Parque Lincoln, muss man
nicht lange überlegen, was man bestellt, es gibt nur ein Gericht: Rippensteak
mit Pommes, dazu hauseigener Rotwein – ausgezeichnet! **TIPP!** In den umliegenden Straßen gibt es weitere Spezialitätenrestaurants, z.B. japanisch bei
El Japonez Polanco, Emilio Castelar 135, oder griechisch in der **Ouzería**
Polanco, Julio Verne 95.

Coyacán Zum Kaffeetrinken bietet sich das beliebte, traditonelle Straßencafé **El Jarocho** in der Cuauhtémoc 134 an (auf der Allende zw. Museo Frida Kahlo und Plaza Hidalgo, www.cafeeljarocho.com.mx). – Sehr gepflegt in präkolumbischem Ambiente speist man im Restaurant **Los Danzantes,** Jardín del Centenario 12, www.losdanzantes.com; haben auch draußen Tische. Wenn *temporada de bichos* ist (Juni/Juli), stehen Insekten, Würmer und Baumwanzen auf dem Speiseplan.

Den Jardín säumen noch weitere Restaurants. Gleich neben letzterem ist **Entre Vero** mit guter Küche aus Uruguay und anderen Weltgegenden in witzig-modernem Ambiente. – Wem das alles zu teuer ist, der bestellt ein günstiges Mittagsmenü bei **La Vida** (Calle Caballocalco Nr. 6/Ecke Higuera, Südostecke der Plaza), hier reichlich Auswahl an Hauptgerichten, oder geht zur Essecke des Marktes von Coyoacán (Allende/Ecke Malintzin).

San Ángel Das Restaurante **San Ángel Inn** mit köstlichen Gerichten, Garten und Brunnen liegt in der Diego Rivera 50, https://sanangelinn.com. Einen Drink dort zu genießen lohnt sich allemal. – Ebenfalls sehr bekannt und exklusiv ist das Restaurant **El Cárdenal,** Av. La Paz 32, www.restauranteelcardenal.com (weitere Zweigstellen, u.a. im Centro Histórico, La Palma 23) – vielleicht für einen besonderen Anlass.

Unterhaltung

Das Unterhaltungsangebot dieser riesigen Stadt ist natürlich äußerst vielfältig, für Kultur, Musik, Theater, Kinos, Discos u.v.m. sehen Sie die aktuellen Programme auf den o.g. Webseiten ein (s.S. 100). Bei **Ticketmaster** können Sie auch gleich die Karten online bestellen. Verkaufsstellen auch in Buchläden (s.u.) oder im Musikgeschäft *Mix up,* Zona Rosa, Génova 76.

Getanzt – vor allem der kubanische danzón – wird jeden Samstagvormittag auf der **Plaza del Danzón** nördlich von *La Ciudadela* [A4]. – Nicht verpassen sollte man das **Ballet Folklórico de México** im Palacio Bellas Artes (Mi 20.30 Uhr, So 9.30 u. 20.30 Uhr, weitere Aufführungen im Auditorio Nacional oder im Castillo de Chapultepec, www.balletfolkloricodemexico.com.mx). – Im Centro Histórico gibt es jede Menge **Musikkneipen,** schlendern Sie durch die Calle Madero und ihre Nebenstraßen (Motolinía). – Nächtliche Unterhaltung aller Art bieten auch die **Zona Rosa,** die **Colonia Condesa** (Restaurants, Bars, Pubs) oder die **Plaza Garibaldi** (s.S. 97).

Wer auf der Plaza Garibaldi bei der stimmungsvollen Mariachi-Musik wehmütig geworden ist, lässt den Abend in einer der kantigen **Cantinas** oder **Pulquerías** ausklingen, entweder gleich bei der Plaza oder z.B. im **Gallo de Oro,** Carranza 35 (E4, südl. der Madero). Als der „Goldene Hahn" im Jahr 1874 eröffnete, durften nur Männer rein, heute müssen sie sich hier nicht mehr rettungslos volllaufen lassen, denn die Frauen sind auch dabei! – Eine weitere Alternative ist die **Pulquería Los Insurgentes** in der Zona Rosa (Insurgentes zw. Durango und Colima). Pulque ist ein traditioneller alkoholhaltiger Kaktusmost.

Sportliches

Fußball Spiele und Mannschaften s. auf https://fmf.mx

Charreadas Reiterkunststücke: Lienzo Charro Constituyentes, Av. Constiuyentes 500 (am südwestlichen Rand des Bosque de Chapultepec), Auskunft Whatsapp 5549867036, Saison ist zwischen Mitte Mai und Mitte Juni.

Lucha Libre   **Lucha Libre** (catchen) ist ein verrücktes Gladiatoren-Schauspiel. Die Catcher tragen Masken und Kostüme aus der Comic-Welt. Meist freitagabends in der Arena Colisea, Perú 73 (Metro 2 bis Allende, dann 5 Blocks nördl.) oder in der wesentlich größeren Arena México, Dr. Lavista 197, Col. Doctores (Metro Cuauhtémoc, Linie 1, http://cmll.com).

Feste

17. Januar: *Día de Antonio Abad*. Geschmückte Haustiere werden zum Segnungsfest in Kirchen gebracht: in die Kirche San Juan Bautista in Coyoacán, in die Kirche Santiago Tlatelolco am Platz der Drei Kulturen und in die Kirche San Fernando beim Alameda-Park.

März: *Festival del Centro Histórico:* dreiwöchiges Kulturprogramm mit vielen Veranstaltungen im historischen Zentrum.

März/April: Traditionelles Blumenfest auf den Kanälen von Xochimilco ab dem Freitag eine Woche vor Ostern.

13. August: Azteken-Tänze am Cuauhtémoc-Denkmal und auf dem Platz der drei Kulturen.

Abend des **15. September:** die Unabhängigkeit wird auf dem Zócalo gefeiert – brechend voll! Am Ende ein Feuerwerk. Am nächsten Morgen dann eine Militärparade.

1./2. November: Día de los Muertos – der ganze Zócalo ist geschmückt, Tanzaufführungen. Schön auch im Museo Dolores Olmedo Patiño (Xochimilco).

22. Nov.: großes Mariachi-Fest auf der Plaza Garibaldi.

12. Dezember: Tag der **Vírgen de Guadalupe**. Ab dem 11. zehntausende Pilger aus dem ganzen Land in und um die *Basílica de Guadalupe* (s.S. 98).

Einkaufen

Schon Cortés berichtete, dass in Tenochtitlán **in jeder Straße bestimmte Waren gehandelt** wurden. Dieses Prinzip hat sich bis heute im Zentrum erhalten (übrigens auch in den Zentren vieler anderer Städte). So findet man z.B. in der Madero westlich des Zócalo Juweliere, in der Calle Chile konzentrieren sich Läden für Hochzeitskleider, in der Donceles (zwischen Brasil und La Palma) reihen sich die letzten Buchantiquariate, in denen man mitunter sogar uralte deutsche Titel aufstöbern kann, und es gibt auch eine Straße für Musikinstrumente.

Darüber hinaus lässt sich in der Stadt so ziemlich alles finden, was das Land herstellt. Teurere Galerien in der **Zona Rosa.** Kunsthandwerkliche Produkte bieten die **FONART**-Läden, einer befindet sich direkt am Zócalo im Palacio Nacional, ein weiterer in der Galería Reforma, Paseo de la Reforma 116, und wer noch kurz vor Abflug ein Mitbringsel braucht, nimmt den am Flughafen am Flughafen. Größere Auswahl an Kunsthandwerk aber auf dem **Ciudadela**-Markt (B4, s.S. 86), hier kann man auch handeln. Straßenstände und Bazar gibt es jedes Wochenende in **Coyoacán** (s.S. 92) ein bekannter Samstags-Flohmarkt ist in **San Ángel** (s.S. 94) und ein **TIPP** ist der traditionsreiche Flohmarkt **Tianguis La Lagunilla** nordöstlich der Plaza Garibaldi am Sonntagvormittag.

Kunterbunt geht es auch in den zahlreichen **Markthallen** zu, wo es außer Obst und Gemüse noch viele andere Dinge zu kaufen gibt, so z.B. „Hexenutensilien" (Zauberwurzeln, Glücksbringer, Pülverchen u.v.m.). **Meiden** sollten

Gut sortiertes Tequila-Geschäft

Sie den berüchtigten Markt von **Tepito** (gleich nördlich von La Lagunilla), der für jede Art von krimineller Aktivität bekannt ist, häufig werden dem Kunden seine Einkäufe an der nächsten Ecke gleich wieder abgenommen.

Moderne Einkaufszentren mit Läden aller Art ziehen sich durch das gesamte Stadtgebiet.

Buchläden   Bekannt und gut sortiert ist die Kette **Libería Gandhi,** www.gandhi.com.mx. In Coyoacán, Miguel Ángel de Quevedo 128, setzt man sich zum Lesen zwischen andere Bücherwürmer ins Laden-Café. Zweigstellen auch im Zentrum, z.B. gegenüber des Palacio de Bellas Artes oder in der Madero 32 [E3]. Gut sortiert ist auch die **Librería El Sótano,** ebenfalls mit (landesweit) vielen Zweigstellen, www.elsotano.com. Zentrale ist in Coyoacán in der Quevedo 209, unweit der *Gandhi*. Weitere Filialen in der Juárez 20 (Zentrum) oder Insurgentes-Sur 214, unweit der Glorieta de Insurgentes.

Transport

Busterminal   **Vier** verschiedene **Busterminals** (Nord – Ost – Süd – West) bieten Fahrten in unterschiedliche Landesteile, s. Karte „Ciudad de Mexico", drei von ihnen kann man auf dieser Seite einsehen: http://mexicoautobuses.com/central-de-autobuses

TAPO   Der **TAPO** (Terminal de Autobuses de Pasajeros de Oriente; Metro 1 oder Metrobus 4, *San Lázaro,* http://mexicoautobuses.com/central-de-autobuses/la-tapo.html) deckt hauptsächlich den Osten und Süden ab (Puebla, Veracruz, Oaxaca, Chiapas, Yucatán; wichtigste Gesellschaften sind ADO, Cristóbal Colón, und AU; nach Puebla mit Estrella Roja).

TAS   Der **TAS** (Terminal de Autobuses del Sur; Metro 2, *Tasqueña,* http://mexico autobuses.com/central-de-autobuses/central-del-sur.html) bietet vor allem Fahrten nach Süden und Südwesten (Cuernavaca, Taxco, Pazifikküste u.a.) mit ADO, Cristóbal Colón, Estrella de Oro, Futura u.a.

TAP   Vom **TAP** (Terminal de Autobuses del Poniente, Metro 1, *Observatorio,* http://mexicoautobuses.com/central-de-autobuses/termianal-central-del-poniente-d-f.html) geht's nach Nordwesten (Toluca, Michoacán, Jalisco u.a.). Busgesellschaften: ETN, Elite u.a.

TAN

Vom **TAN** (Central del Norte, Metro 5, *Autobuses del Norte,* www.centraldeln-orte.com) steuert man mit Elite, ADO, UNO, Futura u.a. das ganze nördliche Mexiko (nördliche Kolonialstädte, nördl. Pazifikküste) bis hin zur USA an. Vom TAN geht's auch nach **Teotihuacán** und **Tula**.

Manche Ziele werden von mehreren Terminals angeboten. Einige Verbindungen kann man auf www.clickbus.com.mx oder www.miescape.mx/miescape nachsehen, ansonsten bei den einzelnen Busgesellschaften (über die Webseiten der Terminals), zu nördlich gelegenen Zielen z.B. auf www.odm.com.mx (Ómnibus de México). Von Terminals aus Sicherheitsgründen immer autorisierte bzw. Telefontaxis oder Uber bzw. Didi nehmen, auch wenn das teurer ist.

Flughafen

Der **Aeropuerto Internacional de la Ciudad de México Benito Juárez (AICM)** liegt im östlichen Stadtbereich und hat zwei Terminals: das Hauptterminal **T1** und das kleinere **T2**. An welchem Ihre Fluggesellschaft operiert (und vieles andere mehr) können Sie direkt auf der ausführlichen, zweisprachigen Homepage des Airport einsehen: www.aicm.com.mx. Zwischen beiden verkehrt alle 10 Minuten die Flughafenbahn **Air Train**. Zubringerbusse mehrerer Städte (Puebla, Cuernavaca, Querétaro u.a.) halten direkt im Eingangsbereich beider Terminals.

In den Terminals gibt es auch Verkaufsstellen sonstiger Bustickets (ADO u.a.), so dass Sie die Weiterfahrt gleich organisieren können. Vor allem im Terminal 1 viele **Wechselstuben** (die alte Regel, dass man an Flughäfen immer schlechtere Kurse bekommt, ist hier nicht unbedingt gültig, vergleichen lohnt sich, gehen Sie auch in den Gegenbereich im anderen Stockwerk, d.h. beim Ankommen in den Abflugbereich – da sind dann die Pesos günstiger im Ankauf – und beim Abflug in den Ankunftsbereich – da sind dann Dollar bzw. Euro günstiger im Ankauf). Neu ist der Flughafen **Aeropuerto Internacional Felipe Ángeles (AIFA),** 44 km nordöstlich außerhalb des Stadtzentrums, mit nationalen Flügen: https://vuelaaifa.mx

Mietwagen

Sind in dieser Stadt nur was für routinierte Fahrer, die nichts schreckt. Ansonsten sind jede Menge Irrfahrten sowie diverse Bekanntschaften mit Verkehrspolizisten vorprogrammiert. Wer's dennoch wagen will: Im Flughafen, vor allem im T1, finden Sie viele Anbieter dicht beieinander und können bequem Preise vergleichen.

Reisebüros und Touren

Empfehlenswert für Flüge und alle Reisefragen, auch z.B. Mietwagen- und Hotelreservierungen ist **Koch Overseas,** Benjamin Hill 123, Col. Condesa, Tel. 5555278384, http://kochoverseas.com.mx, persönliche Beratung auch auf Deutsch.

Im Zentrum: **Wayak,** C. Guatemala, Hostel Mundo Joven [F2], www.wayak.mx, hier auch Bustickets und Fahrplanauskunft.

Ein erfahrener **Touristenführer** in Mexiko-Stadt ist Francisco Grajales („Paco"), Englisch und Spanisch, Kontakt: tobi_df_15621@yahoo.com.

Interessante Stadttouren (Engl. o. Span.) auch hier: https://travelmexicocity.com.mx

Umgebungsziele von Mexiko-Stadt

Nicht nur in, sondern auch rund um die Hauptstadt gibt es einiges zu sehen: archäologische Stätten und Kolonialbauten, Naturschönheiten, Pilgerorte und Feste bieten sich als Ziele für ein- oder zweitägige Entdeckungsreisen an. Im Folgenden skizzieren wir kurz vier der meistbesuchten Ausflugsorte.

Teotihuacán – die Stadt der Sonne

Die riesige Pyramidenstätte (UNESCO-Weltkulturerbe, tägl. 9–17 Uhr, letzter Einlass 16.30 Uhr, Eintritt 85 Ps, Ticket bis zum Schluss aufbewahren, man braucht es u.U. noch mehrmals) liegt rund 50 km nordöstlich von Mexiko-Stadt und zählt zu den meistbesuchten Anlagen des Landes, besonders am Sonntag ist der Andrang groß. Mindestens ein halber wenn nicht ein ganzer Tag sollte für die Besichtigung eingeplant werden, früh losfahren. Als Ausrüstung sind gutes Schuhwerk, Kopfbedeckung und Sonnenschutz unbedingt zu empfehlen, auch Wasser ist von Nutzen, es sind weite Strecken zu gehen.

Hinweis: Weder Sonnen- noch Mondpyramide können z.Z. bestiegen werden, ebensowenig sind der Templo de Quetzalcóatl und der Quetzalpapalotl-Palast zugänglich.

Zur Anlage gehören zwei Museen (9–16.30 Uhr, Eintritt Eintritt im Ticketpreis inbegriffen): Das **Museo de la Cultura Teotihuacana** südlich der Sonnenpyramide (bei Puerta 5) nicht versäumen, es besitzt diverse Fundstücke, ein eindrucksvolles Modell der Gesamtanlage und einen kleinen Skulpturen- sowie Botanischen Garten. Gut auch für eine Pause (Café, Toiletten, Laden).

Die 66 m hohe Sonnenpyramide,
im Hintergrund die Mondpyramide

Das **Museo de los Murales Teotihuacanos** (Beatriz de la Fuente) liegt nordwestlich bei der Puerta 3 und zeigt eine Vielzahl eindrucksvoller Wandmalereien.

Höhepunkte des Rundgangs sind die **zwei imposant hohen Pyramiden** sowie der **Templo de Quetzalcóatl,** der direkt gegenüber des Haupteingangs im Bereich „La Ciudadela" liegt.

Der Ort, wo die Zeit begann

Das auf 2200 m Höhe in einem trockenen Hochtal gelegene Teotihuacán war das **bedeutendste Kulturzentrum** und die **größte Stadt** des alten Amerika mit geschätzt 200.000 Bewohnern zwischen 200 bis ca. 600 n.Chr. – viel größer auch als die spätere Aztekenhauptstadt Tenochtitlán. Als die Azteken um 1250 in **Anáhuac** – dem Hochtal von Mexiko – ankamen, war die Pyramidenstätte schon seit fünf Jahrhunderten verlassen und teilweise zerstört. Beeindruckt von den gewaltigen Dimensionen der Bauten nahmen sie wohl an, dass hier die Sonne selbst ihren Ursprung hatte. *Teo uacan,* tauften sie den Ort, was der spanische Missionar und Chronist Sahagún dann fälschlicherweise als *Teotihuacán* – „Heimat der Götter" interpretierte, weshalb die Stätte bis heute diesen Namen trägt. Die beiden größten Pyramiden nannten die Azteken nach Sonne und Mond, in der Annahme, dass sich an ihrer Stelle zwei Gottheiten durch Selbstopfer in diese Himmelskörper verwandelt hätten. Neben der 40 m breiten und 2 km langen Hauptachse – eine der längsten urbanen Achsen der Menschheitsgeschichte überhaupt – vermuteten sie fälschlicherweise Begräbnisstätten, weshalb diese bis heute als **Calzada de los Muertos,** „Straße der Toten", bekannt ist. Mit den Ausgrabungen und Rekonstruktionen begann man allerdings erst zu Beginn des 20. Jahrhunderts, vieles liegt weiterhin unerforscht im Umland. Heute sind gerade einmal 5% des 23 km² großen Areals erschlossen.

Unbekannte Kulturstifter

Nicht nur bei den Azteken konnten die Mythen um dieses Volk florieren, bis heute weiß man sehr wenig über die einstigen Bewohner der Stadt. Woher kamen sie? Welche Sprache sprachen sie? Was verursachte im 7. Jahrhundert den mysteriösen Niedergang des kosmopolitischen Zentrums, dessen Anziehungskraft enorm gewesen sein muss? Die Archäologen stehen hier noch vor einer echten Herausforderung. Jüngste Opferdepot-Funde belegen, dass zwischen 300 und 350 n.Chr. hier auch Abgesandte der Maya gelebt haben müssen, und im Jahr 378 griff Teotihuacán in Auseinandersetzungen innerhalb der Mayakultur ein. Beeinflusst haben die *teotihuacanos* auch andere mesoamerikanische Kulturen ihrer Zeit bis runter nach Guatemala, und spätere Völker beriefen sich auf ihr Erbe, allen voran die **Tolteken** von Tula (s.u.). Letztere übernahmen später von Teotihuacán Repräsentationen der „quetzalgefiederten Schlange" – ein Symbol der Dualität (Mischwesen) und der Elemente Wasser, Wind und Erde als Grundlage allen Lebens. So entstand **Quetzalcóatl,** der

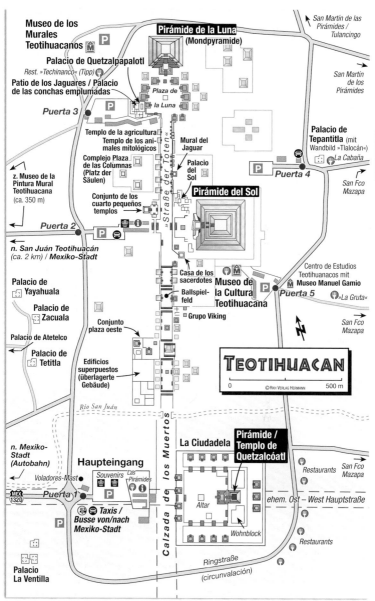

Museo de los Murales Teotihuacanos

Palacio de Quetzalpapalotl
Rest. »Techinanco« (Tipp)

Patio de los Jaguares / Palacio de las conchas emplumadas

Puerta 3

Pirámide de la Luna (Mondpyramide)

San Martín de las Pirámides / Tulancingo

San Martín de los Pirámides

Plaza de la Luna

Templo de la agricultura
Templo de los animales mitológicos

Complejo Plaza de las Columnas (Platz der Säulen)

z. Museo de la Pintura Mural Teotihuacana (ca. 350 m)

Mural del Jaguar

Palacio de Tepantitla (mit Wandbild »Tlalocán«)
La Cabaña

Palacio del Sol

Conjunto de los cuarto pequeños templos

Puerta 4

San Fco Mazapa

Puerta 2

Pirámide del Sol

n. San Juán Teotihuacán (ca. 2 km) / **Mexiko-Stadt**

Palacio de Yayahuala

Palacio de Zacuala

Palacio de Atetelco

Palacio de Tetitla

Casa de los sacerdotes

Ballspiel-feld

Museo de la Cultura Teotihuacana

Grupo Viking

Centro de Estudios Teotihuacanos mit Museo Manuel Gamio

Puerta 5

»La Gruta«

San Fco Mazapa

Conjunto plaza oeste

Edificios superpuestos (überlagerte Gebäude)

Río San Juán

»Straße der Toten«

TEOTIHUACAN

0   500 m

© RKH VERLAG HERMANN

n. Mexiko-Stadt (Autobahn)

Voladores-Mast

Haupteingang

Souvenirs Las Pirámides

Puerta 1

MEX 132D

Taxis / Busse von/nach Mexiko-Stadt

Palacio La Ventilla

Calzada de los Muertos

La Ciudadela

Altar

Wohnblock

Pirámide / Templo de Quetzalcóatl

Restaurants   San Fco Mazapa

ehem. Ost – West Hauptstraße

Restaurants

Ringstraße (circunvalación)

Hauptgott der Tolteken. In architektonischem Bereich verbreitete sich mit der Zeit das Hauptdekorationsprinzip von Teotihuacán, der **Tablero-Talud-Stil** (s. Glossar), über ganz Mexiko. Dieser zeichnet sich durch die abwechselnde Aufeinanderfolge einer Schrägwand *(talud)* und einer senkrechten Pyramidenmauer *(tablero)* aus, wodurch die Pyramidenflächen plastisch gegliedert und verschönt erscheinen.

Die Stadt damals
In Teotihuacán gibt es tausende Tempel und Gebäude, deren Funktionen größtenteils unbekannt sind. Zu sehen sind unter anderem mehrere ehemalige **Wohneinheiten** nördlich und südlich der Quetzalcóatl-Pyramide. Einst besaß die Stadt eigene Viertel für spezielle Berufsgruppen (Weber, Färber, Töpfer usw.), wobei den Kaufleuten eine besondere Bedeutung zukam, denn der **Fernhandel** war eine wichtige Domäne. Ausgeführt wurden vor allem Messer und Werkzeuge aus **Obsidian,** der Abbauort dieses schwarzen Vulkangesteins lag in der Nähe, was den Teotihuacanos eine wirtschaftliche Vormachtstellung in Mesoamerika einbrachte. Doch auch kunsthandwerklich waren die Bewohner sehr geschickt und innovativ, typisch sind z.B. ihre steinernen **Totenmasken,** Gliederpuppen aus Ton, aber auch große Steinplastiken, wie die über 3 m hohe **Wassergöttin Chalchiuhtlicue,** heute im Anthropologischen Museum von Mexiko-Stadt. Vorstellen muss man sich all die Gebäude und Pyramiden in bunter, künstlerisch ausgereifter Bemalung, vorzugsweise in Rottönen in Fresko-Technik.

La Ciudadela / Templo de Quetzalcóatl
Gegenüber des Haupteingangs **Puerta 1,** am Südende der Calzada de los Muertos, erstreckt sich **La Ciudadela.** In dem etwa 400 x 400 m großen Geviert gab es im östlichen Bereich Wohnblöcke, wahrscheinlich wohnten dort Regenten und Priester. Im Innenbereich

Templo de Quetzalcóatl

konnten sich zahllose Personen zu Zeremonien um den Altar in der Hofmitte versammeln.

Wichtigstes Gebäude ist der eher kleine **Templo de Quetzalcóatl** – einmalig wegen seiner vollplastischen Steinreliefs auf den Tablero-Mauern der Pyramidenplattformen, die abwechselnd die ◀ **„Gefiederte Schlange" Quetzalcóatl** und den brillengesichtigen Regengott **Tláloc** darstellen. Das aufgerissene Maul der Gefiederten Schlange zeigt mächtige Hauer und der Kopf wird von einem Federkranz umrahmt.

In den 1990er Jahren entdeckte man rund um die Quetzalcóatl-Pyramide viele Skelette, was als Beweis gilt, dass auch diese Kultur, im Gegensatz zu früheren Annahmen, zeremonielle Menschenopfer durchführte. 2003 stieß man tief unter der Pyramide auf einen über 100 Meter langen Tunnel mit mehreren Kammern, in den Folgejahren rollten Miniroboter dort ein – gefunden wurden zigtausende Objekte, Opfergaben, Edelsteine, menschliche und tierische Skelette u.a. Die Forscher vermuteten königliche Grabstätten am Tunnelende – was sich bislang allerdings nicht bestätigen ließ. Gefunden hat man Ende 2021 immerhin vier gut erhaltene Blumensträuße, die rund 1800 Jahre alt sind!

Pirámide del Sol

Wenn man nun die ansteigende und pfeilgerade **Calzada de los Muertos** hochgeht, erreicht man nach mehr als einem Kilometer rechterhand die **Pirámide del Sol** (Sonnenpyramide), ein gewaltiges Bauwerk von 66 m Höhe. Die Größe der Grundfläche von 225 x 222 m ist fast identisch mit der der Cheops-Pyramide in Ägypten, letztere ist allerdings mehr als doppelt so hoch. Baubeginn war etwa um Christi Geburt, und wie viele andere Pyramiden Mesoamerikas auch setzt sie sich aus verschiedenen Bauschichten bzw. Ummantelungen zusammen. Unter ihr wurde eine Höhle entdeckt, in der sich die Teotihuacanos wahrscheinlich einem überaus heiligen **Unterwelt-Kult** widmeten. Das astronomisch-mathematische Wissen der Erbauer beweist eine auffällige Konstellation von Fluchtlinien zu den Tagundnachtgleichen im März und September und zu den Sonnenwenden im Dezember und Juni. Angenommen wird, dass die Pyramide dem Gott **Tláloc** gewidmet war.

Palacio Tepantitla

Im östlich gelegenen **Palacio Tepantitla** (bei Tor 4) befindet sich das besterhaltene Wandgemälde der Anlage mit dem schönen Namen **„Paradies des Regengottes Tláloc"** (Tlalocán). Fresken von Ballspielern beweisen, dass das Spiel (s.S. 326) in Teotihuacán bekannt war, obwohl dort kein einziger spezieller Ballspielplatz gefunden wurde. Als Spielplätze benutzte man Teilabschnitte der „Straße der Toten".

Plaza de las Columnas

Auf der Calzada de los Muertos weiter hoch zur Mondpyramide liegt linkerhand der „Platz der Säulen", der **Complejo Plaza de las Columnas.** Hier stießen Archäologen schon früher auf Wandgemälde mit Maya-Ikonographie – vielleicht residierte hier ein Maya-Gesandter.

Pirámide de la Luna

Die **Pirámide de la Luna** (Mondpyramide) schließt im Norden die „Straße der Toten" ab. Nicht ganz so geübte Pyramidenerklimmer sollten diese vorziehen, denn sie ist „nur" etwa 45 m hoch, erreicht aber infolge des ansteigenden Geländes dieselbe Höhe wie die Sonnenpyramide (70 m). Einen Panoramablick hat man von beiden (beim Pyramidenklettern tut man sich übrigens leichter, wenn man schräg läuft statt gerade hoch). Von 1998 bis 2000 machten Archäologen hier sensationelle Funde, u.a. entdeckten sie eine Grabkammer mit Skeletten und kostbaren Grabbeilagen (Jade-Figurinen, Zeremonialmesser aus Obsidian u.v.m.), sowie 17 Totenschädel von Geopferten. 2015 begann man auch am Vorplatz *Plaza de la Luna* zu graben, und dieser hielt weitere Überraschungen bereit: Einst muss er einer Mondkraterlandschaft geähnelt haben, voller Löcher und Kanäle, gefunden wurden Flusssteine und unzählige grünfarbige Stelen; all das deutet auf einen Kult hin, der mit Wasser in Zusammenhang stand und auch mit **Chalchiuhtlicue,** der Göttin des Wassers und aller Gewässer.

Quetzal-papalotl-Palast

Am Südwestrand der Plaza de la Luna liegt der schöne **Quetzal-papalotl-Palast,** benannt nach dem Quetzal- bzw. Vogelschmetterling. Mehrere dieser mythischen Wesen funkeln mit dunklen Obsidian-Augen im Innenhof. Auf der Palast-Rückseite befindet sich der *Patio de los Jaguares* mit ihn umgebenden Räumen, deren Wände mit Malereien von gefiederten Jaguaren geschmückt sind.

Adressen & Service Teotihuacán

Webseiten

http://www.teotihuacan.inah.gob.mx,
http://arqueologiamexicana.mx/guia-teotihuacan (beide nur Spanisch)
https://rutopia.com/blog/guia-completa-para-visitar-teotihuacan (alle nur Span.)

Busanfahrt

Aus Sicherheitsgründen empfiehlt sich eine touristische Tour nach Teotihuacán, wie sie vielfach im Mexiko-Stadt angeboten werden. Auch *Turibus* (s.o.) hat Teotihuacán im Programm: www.turibus.com.mx/index.php?s=Tours1Dia. Der Preis von 965 Ps umfasst auch einen Besuch bei der Basilika de Guadalupe, einen Führer und ein Mittagsbüfett. Wer dennoch auf eigene Faust fahren will: Ab dem *Terminal Central del Norte* mit *Autobuses Teotihuacanos,* Sala 8, etwa alle 15 Minuten. Nach „Los Pirámides" fragen, damit man nicht zum abseits gelegenen Ort *San Juan de Teotihuacán* kommt, Fahrzeit ca. 50 Min., er fährt direkt zur Puerta 1 mit Stopps an den Toren 2 und 3.

Die Atlanten von Tula

Legenden-umwobene Tolteken

Im Jahre 1000 war Tula mit etwa 30.000 Menschen die **größte Stadt Mesoamerikas.** Bewohnt wurde sie von den einst aus dem Norden eingewanderten Tolteken, einem der bedeutendsten Kulturvölker Mesoamerikas. Als Erben und Erneuerer der untergegangenen Kultur von Teotihuacán entwickelten sie sich zu „Wissenden" und „Meister-

Atlanten von Tula

handwerkern" – *tolteca* auf aztekisch –, denn so wurden sie voller Hochachtung von den später herrschenden Azteken getauft. Wie sie sich selbst nannten, weiß niemand.

Ihr Hauptgott war **Quetzalcóatl,** die quetzalgefiederte Schlange, auch die Priesterkönige trugen seinen Namen. Der Legende nach soll einer dieser menschlichen Quetzalcóatls, *Ce Acatl Tolpiltzin Quetzalcóatl,* ein überzeugter Gegner von Menschenopfern gewesen sein. Sein bösartiger Gegenspieler *Tezcatlipoca* ("Rauchender Spiegel") schaffte es, ihn zu stürzen, woraufhin der Geschlagene in einem kleinen Boot in Richtung Osten wegfuhr, eben dahin, wo später die Spanier an Land gingen. Da die Rückkehr des vergöttlichten Priesters vorausgesagt worden war, kam es dann zu einem folgenschweren Missverständnis, nämlich zu der Ansicht, Cortés sei der wiederkehrende Quetzalcóatl! Diese Version wird heute allerdings von der Forschung bezweifelt, wahrscheinlich haben die Spanier die Geschichte selbst in Umlauf gebracht.

Die Blüte des Toltekenreiches währte kaum 200 Jahre: Im Jahre 1168 wurde es von Nomadenvölkern erobert, die Überlebenden flüchteten in andere Gebiete (Cholula, Colhuacán, Texcoco-See, Halbinsel Yucatán), wo ihr Einfluss in architektonischen Stilelementen nachweisbar ist. *Chichén Itzá* besticht dabei als besonders markantes Beispiel für maya-toltekische Architektursynthese.

Nicht nur die später herrschenden Azteken waren von den Mythen des Toltekenreiches stark beeinflusst, Vertreter indigenistischer Revivalgruppen und Esoteriker berufen sich bis heute auf toltekische Traditionen.

Besichtigung Die Besichtigung der Überreste der einst so bedeutenden – heute im Staat Hidalgo gelegenen – Stadt (tägl. 10–17 Uhr, 85 Ps) ist wenig spektakulär. Inmitten einer weitläufigen Agaven- und Kakteenlandschaft befindet sich der eher kleine Zeremonialbezirk – vieles muss noch ausgegraben werden – mit einem kleinen Museum am Eingang. Als kennzeichnend für diese Kultur werden die **Atlanten** angesehen, überlebensgroße Kriegerstatuen, die einst das Tempeldach auf der **Morgenstern-Pyramide** trugen – heute ist nicht ein Steinchen von ihm übrig! Vier dieser 4,60 m hohen Kolosse stehen nun in militärischer Steife einsam in der Gegend herum (der linke ist übrigens ein Replikat, das Original befindet sich im Anthropologischen Museum von Mexiko-Stadt) und müssen sich auf ihre symbolische Funktion beschränken: Mit ihren Federkronen stellen sie die "Gefiederte Schlange",

Quetzalcóatl, als Morgenstern dar. Weitere Atlanten findet man nur noch in Chichén Itzá auf Yucatán.

Zu sehen gibt es des Weiteren zwei **Ballspielplätze,** der südliche zählt zu den größten Zentralmexikos. Zwischen den Resten des abgebrannten **Palacio Quemado** kann man unter anderem zwei **Chak Mools** bewundern, das sind Tempelwächter der ganz besonderen Art: Die menschenähnlichen Wesen liegen mit angezogenen Beinen und seitlich gewendetem Kopf auf dem Rücken, auf ihrer freien Bauchoberfläche konnten Opfer niedergelegt werden. Schleichende Jaguare und Kojoten sowie herzenverschlingende Adler verzierten einst den gesamten Pyramidensockel, heute sind nur noch einige dieser Reliefs erhalten. Nicht verpassen sollte man die **Schlangenwand Coatepantli** an der Nordseite der Pyramide, wo sich auf 40 m Länge Klapperschlangen tummeln, die Totenköpfe verschlingen (Quetzalcóatl-Symbolik).

Nevado de Toluca

Der 4660 m hohe Vulkan, auf *Náhuatl Xinantécatl* – nackter Herr – liegt in der **Área de Protección de Flora y Fauna** (Di–So 8–15 Uhr geöffnet, ca. 80 km südwestlich von Mexiko-Stadt). Ausgebrochen ist er schon seit mehr als 3000 Jahren nicht, doch zählt er zu den aktiven Vulkanen Mexikos. Berühmt ist er wegen der zwei Kraterseen (*Lago del Sol* und *Lago de la Luna*), die man in seinem Innern besuchen kann, früher konnte man direkt mit dem Wagen in den Krater fahren, heute muss man die letzten 500 m zu Fuß hochsteigen. Wer zeitig kommt, kann von oben bis ungefähr 12 Uhr eine wunderbare Aussicht auf die weiter östlich liegenden Vulkane Popocatépetl und Ixtaccihuatl genießen (doch zwischen November und März gibt es Schnee und es wird sehr kalt!).

Tepotzotlán

Das charmante Kolonialstädtchen Tepotzotlán (nicht zu verwechseln mit Tepoztlán bei Cuernavaca) liegt ca. 35 km nördlich von Mexiko-Stadt und bietet sich als Zwischenstopp bei einer Fahrt nach Tula oder Querétaro an (Anfahrt vom Terminal del Norte). Direkt im Zentrum steht der **Ex-Colegio de San Francisco Javier** (16. Jh.), wo die Jesuiten bis zu ihrer Vertreibung im Jahre 1767 Ordensnovizen und Kinder der spanisch-mexikanischen Oberschicht unterrichteten. Der weitläufige Kloster-Komplex beherbergt das **Museo Nacional del Virreinato** (Museum des Vizekönigreichs, Di–So 9–16.45 Uhr, 85 Ps, https://virreinato.inah.gob.mx), Mexikos vollständigste Sammlung kolonialer Kunstschätze. Gezeigt werden Gemälde, Möbelstücke, Reliquien u.v.a.m. Auch eine hauseigene Klosterküche ist vorhanden. Die eintürmige, churriguereske Klosterkirche *San Francisco Javier* ist im Innern äußerst prunkvoll.

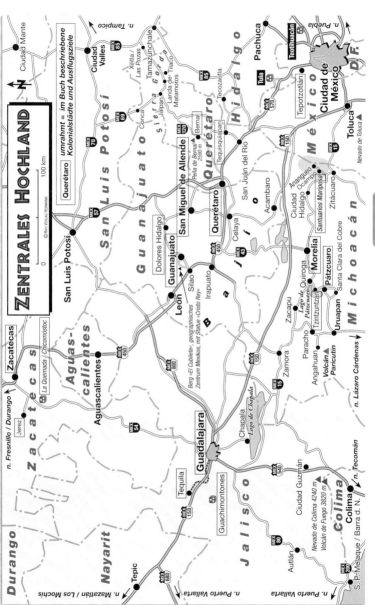

2 Kolonialstädte im Hochland von Mexiko

Schönstes koloniales Mexiko

Im Hochland rund um Mexiko-Stadt hat der einstige Reichtum der spanischen Eroberer zu einer wohl einmaligen Dichte von geschichts-trächtigen Kolonialstädten geführt, deren Zentren größtenteils zum UNESCO-Weltkulturerbe zählen. Gemeinsam ist ihnen die Lage in gemäßigten Klimazonen, die allerdings die Spanne von frühlings-haft-warm (am tiefsten liegen Cuernavaca, Guadalajara und Taxco mit 1500, 1600 und 1650 Metern) bis nächtlich kalt (Zacatecas auf 2500 m, die anderen um die 2000 m) umfasst. Alle zeugen sie vom übereifrigen Missionsgeist der mit der *Conquista* untrennbar ver-bundenen Mönchsorden, allen voran der Franziskaner, aber auch der Dominikaner, Augustiner und Jesuiten, die zwischen den ebenso sehenswerten weltlichen Regierungs- und Bürgerpalästen unzählige Klöster, Kathedralen und Kirchen hinterließen. Finanziert wurden diese architektonischen Perlen oftmals mit Geldern, die aus den rei-chen Silbervorkommen des Landes herrührten – die Gier danach kostete Abertausenden Indígenas das Leben. Immer wieder treffen wir auch auf die Spuren der mexikanischen Unabhängigkeitshelden, sie erwiesen sich als würdige Namensgeber für Straßen, Plätze, Städte und sogar ganze Staaten (Morelos und Hidalgo). Die malerischen Stadtkerne mit ihrer verspielten Architektur, den versteckten Plätzen und schmucken Caféhäusern und Restaurants laden zu ausgiebigen Entdeckungsgängen ein. Tauchen Sie ein in das bunte Treiben, ge-nießen Sie die angenehme Atmosphäre und vergessen Sie zumindest ab und zu – so ganz mexikanisch – die Uhrzeit.

Fußgänger-zone in Querétaro

Nördlich und nordwestlich von Mexiko-Stadt

Querétaro

Bewegte Vergangenheit

Querétaro ist Hauptstadt des gleichnamigen Bundesstaates und wohl eine der geschichtsträchtigsten des Landes: Schon bald nach ihrer Gründung 1531 mutierte sie zum wichtigen Durchgangsort zwischen den nördlich gelegenen Silberzentren und Mexiko-Stadt; zweimal, 1847 und 1917, war sie sogar Mexikos provisorische Hauptstadt, und am 15. September 1810 begann hier der Unabhängigkeitskampf gegen die spanische Krone. Doch damit nicht genug: In Querétaro wurde der von Napoleon III. als mexikanischer Kaiser eingesetzte Maximilian von Habsburg 1867 standrechtlich erschossen – das bedeutete das Ende der militärischen Kontrolle Europas über Mexiko.

Geschäftige Gegenwart

Die schnellwachsende Industriestadt (offiziell rund zwei Millionen Einwohner, inoffiziell mehr) hat viele ausländischen Firmen angezogen und gilt als eine der saubersten und sichersten Städte Mexikos. Auf die Erhaltung und Restaurierung des historischen Stadtkerns (UNESCO-Weltkulturerbe) wird sehr geachtet, so dass man diesen teilweise lärmfrei in hübschen Fußgängerzonen durchschlendern kann, vorbei an Galerien, Restaurants und Kunsthandwerksläden. Die warmen Orange-Töne der Fassaden werden nachts angestrahlt und kurios anzusehen sind die in Quaderform getrimmten und mit ihren Ästen zusammengewachsen Lorbeerbäume wie z.B. auf dem Platz *Jardín Guerrero* oder auf der *Plaza de la Independencia*. Wahrzeichen von Querétaro ist aber der nach antikem Vorbild gebaute, 1280 m lange **Aquädukt** (Calzada de los Arcos) im Osten der Stadt, der diese heute aber nicht mehr mit Trinkwasser versorgt. Der Legende nach hatte der reiche *Marqués de la Villa del Villar del Águilar* einer hübschen Nonne versprochen, ihr jeden denkbaren Wunsch zu erfüllen. Als diese nach Wasser verlangte, ließ er die 74 Bogenbrücken errichten.

Unabhängigkeitshelden

Die Helden beim Kampf um die Unabhängigkeit hießen **Ignacio de Allende** und **Padre Miguel Hidalgo y Costilla,** letzterer forderte in Dolores Hidalgo mit seinem berühmten *Grito de Dolores* („Schmerzensschrei") das Ende der spanischen Herrschaft. Auch heute noch gibt es am Abend des 15. September ein großes Fest und jeder kann um 23 Uhr auf dem Zócalo aller mexikanischen Städte lauthals mitschreien (gesetzlicher Feiertag ist der 16. September). **Padre José María Morelos y Pavón** übernahm nach der Hinrichtung der ersteren die Führung, bevor er selbst erschossen wurde.

Auch eine Frau, Doña Josefa Ortíz de Domínguez, **La Corregidora** genannt, ist eine wichtige Figur der Unabhängigkeit, denn sie spielte eine aktive Rolle bei der Vorbereitung und konnte – selbst schon gefangen – Padre Hidalgo noch vor seiner drohenden Verhaftung warnen.

Orte der Geschichte

Die **Plaza de la Independencia** *(Plaza de Armas)* lädt zwischen Bänken, Bäumen und Cafés zum Ausruhen ein. Weiter geht's dann

zur Besichtigung des **Palacio del Gobierno Federal** auf der Nordseite des Platzes, nach seiner einstigen Bewohnerin auch **Casa de la Corregidora** genannt.

Im **Gran Teatro de la República** (Mitte 19. Jh., Di–So 9–18 Uhr, bei Drucklegung geschlossen) wurde 1867 Kaiser Maximilian zum Tode verurteilt, 1917 die bis heute nur wenig veränderte mexikanische Verfassung verkündet und 1929 die Vorgängerpartei der jahrzehntelang alleinherrschenden PRI gegründet. Bei so vielen historischen Höhepunkten lohnt es sich doch, mal einen Blick hineinzuwerfen.

Hingerichtet wurden Maximilian und zwei seiner Generäle dann auf dem **Cerro de las Campanas** westlich außerhalb der Stadt, heute eine nette Parkanlage mit Gedächtniskapelle und einem kleinen Museum zu Aufstieg und Fall des mexikanischen Kaiserreichs unter dem Habsburger (Di–So 9–17 Uhr, Eintrittskarten am Parkeingang erstehen, oben ist keine Kasse). Seinen Namen hat der Hügel übrigens von den stark eisenhaltigen Steinen, die ihn einst übersäten, heute aber nur noch vereinzelt zu finden sind. Klopft man darauf, klingt das wie Glockengeläute (campanas = Glocken). Ganz oben thront Benito Juárez, überdimensional groß, natürlich viel höher als das Denkmal von Maximilian!

Aristokratenpaläste

Der schönste und berühmteste Aristokratenpalast der Stadt ist **La Casa de la Marquesa** (Madero 41) ▶, heute ein Hotel der gehobenen Preisklasse, errichtet durch die Frau des reichen *Marqués de la Villa del Villar del Águilar,* dem Erbauer des Aquädukts (s.o.), 12 Jahre nach seinem Tod 1756. Lassen Sie sich an der Rezeption als Erinnerung an die fantasievolle hispano-arabische Mudéjar-Atmosphäre einen Hausprospekt geben.

Weitere Musterbeispiele kolonialer Baukunst aus dem 18. Jh. sind die **Casa del Marqués de Ecala** (Westseite der Plaza de la Independencia) mit Meisterstücken der Steinmetzkunst, unter anderem ein steinerner Fenstervorhang, sowie das **Hotel Mesón de Santa Rosa** (Südostecke dieser Plaza, https://elmesondesantarosa.com).

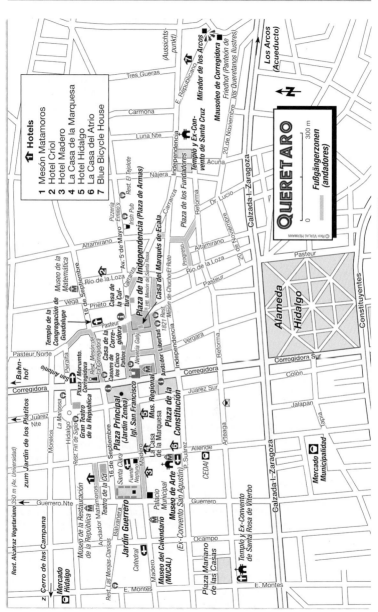

Hotels
1 Mesón Matamoros
2 Hotel Criol
3 Hotel Madero
4 La Casa de la Marquesa
5 Hotel Hidalgo
6 La Casa del Atrio
7 Blue Bicycle House

QUERETARO

0 ─────── 300 m

Fußgängerzonen
(andadores)

© RKH VERLAG HERRMANN

Los Arcos
(Acueducto)

Mausoleo de Corregidora
Friedhof (Panteón de
los Querétanos Ilustres)

Mirador de los Arcos

(Aussichts-
punkt)

Templo y Ex-Con-
vento de Santa Cruz

Plaza de los Fundadores

Plaza de la Independencia (Plaza de Armas)

Casa del Marqués de Ecala

Museo de la
Matemática

Templo de la
Congregación
de Guadalupe

Casa de la
Cultura

Casa de la
Corregidora

Casa de los Cinco Patios

Plaza de la
Constitución

Plaza Principal
(Jardín Zenea)

Igl. San Francisco

Mus. Regional

La Casa
de la Marquesa

Gran Teatro
de la República

Museo de la Restauración
de la República

Teatro de la Cú...

Santa Clara

Fuente
Neptuno

Jardín Guerrero

Palacio
Municipal

Museo de Arte
(Ex-Convento San Agustín)

Museo del Calendario
(MUCAL)

Catedral

Templo y Ex-Convento
de Santa Rosa de Viterbo

Plaza Mariano
de las Casas

Alameda
Hidalgo

Mercado
Municipalidad

Mercado
Hidalgo

Cerro de las Campana

Rest. Alcatraz Vegetariano

Rest. Alcatraz Vegetariano 350 m (Av. Universidad)
zum Jardín de los Platitos

CEDAI

Bahnhof

Ex-Conventos   Hauptorientierungspunkt im Zentrum ist die beherrschende **Iglesia San Francisco** (Corregidora/Ecke 5 de Mayo) mit ihrer kachelgedeckten Turmkuppel mit angeschlossenem Franziskanerkloster *Ex-Convento de San Francisco,* in dem heute das **Museo Regional** mit Exponaten zu Archäologie und Kolonialgeschichte des Bundesstaates untergebracht ist (Di–So 9–18 Uhr, 85 Ps). In frühere Zeiten versetzt fühlt man sich beim Anblick der zwei Arkadengeschosse, die einen fantasievollen Brunnen in ihrer Mitte einrahmen.

Nicht verpassen sollte man auch das **Ex-Convento de San Agustín** (Barockstil, 18. Jh., heute **Museo de Arte,** Kunstmuseum, Di–So 10–18 Uhr, Eintritt frei) mit dem Klosterpatio und seinen mit menschlichen Büsten geschmückten Arkadenpfeilern. Im Obergeschoss halten ausdrucksstarke Figuren ihre Hände hochgestreckt, als ob sie das Gebälk tragen wollten, während auf der fliesengedeckten Kuppel der benachbarten Kirche die Engel musizieren.

Es gibt noch etliche weitere Museen in der Stadt. Besuchenswert ist das **Museo del Calendario** (MUCAL) in der Madero 91, Di–So 10–18 Uhr, Eintritt 40 Ps, www.mucal.mx. In einem renoviertem Herrenhaus alles über historische weltliche und religiöse Kalendersysteme, auch die der Maya und Atzekten, mit einer lauschigen Garten-Cafetería. **TIPP!**

Das **Convento de la Cruz** (C. Independencia/Luna Nte) diente sogar vorübergehend als Kaserne der kaiserlichen Truppen Maximilians – heute walten hier wieder die Franziskanermönche. Im Klostergarten wachsen Bäume, die Dornen in Form eines Kreuzes bilden.

Für Kunstliebhaber lohnt sich ein Besuch im neu eröffneten **Museo de Arte Contemporáneo Querétaro** (**❻**), kurz: **MACQ,** Manuel Acuña esq. Reforma S/N, Barrio de la Cruz, http://macq.mx, Di–So 10–18 Uhr, Führungen 12 u. 16 Uhr, Eintritt frei).

Adressen & Service Querétaro

Turismo   Die Hauptverwaltungsstelle mit umfangreichem Material befindet sich in der C. Pasteur Nte 4. Weitere Info-Filialen im Zentrumsbereich, z.B. Corregidora 14. Querétaro bietet ein reichhaltiges kulturelles Angebot, fragen Sie nach aktuellen Veranstaltungen.

Webseiten   www.visitmexico.com/en/queretaro
https://queretaro.travel
www.de-paseo.com/queretaro (hier Veranstaltungskalender auf Spanisch)

Stadttouren   **Paseo en Tranvía** (1 oder 2 Std., drei verschiedene Routen): Die straßenbahnähnlichen Tranvías fahren täglich am *Jardín Zenea* ab (Corregidora/Ecke 16 de Septiembre), alle Details auf www.queretarolindo.com. Auf dieser Seite kann man sich auch über die Route des **Querebús** (weitere Touren) informieren. Es sind auch geführte Erkundigungen zu Fuß möglich, deutsch- oder englischsprachige Führungen müssen mit einem Tag Vorlauf bestellt werden.

Nett gemacht ist die dramatisierte **Fußgängertour** *Leyendas de Querétaro* (Fr, Sa, So, Treffpunkt Restaurant *Mesón de Chucho el Roto* an der Plaza de Armas um 20.15 Uhr; auf span., engl. Nur für größere Gruppen). Infos: PromoTur Querétaro (**Ⓕ**), Allende Norte 4, www.promoturqueretaro.com.mx (bieten weitere Touren, auch Ausflüge ins Umland). **Geführte Fahrradtouren:** http://biketourqueretaro.com, ab 400 Ps/Pers.

Unterkunft
Budget-Traveller gehen ins **Blue Bicycle House** €, Ejército Republicano 15, https://bluebicyclehouse.com, auch Betten in Gemeinschaftsraum, oder ins **Mesón Matamoros** € (**Ⓕ**), Andador Matamoros 8; schlicht, doch sauber und günstig gelegen. – Sehr zentral und nicht zu teuer auch das **Hotel Hidalgo** €€, Madero 11 Pte, großer renovierter Kolonialbau mit Innenhof, www.hotelhidalgo. com.mx; Restaurant, freundlich, Parkplatz. – Das gute **Hotel Madero** €€, Andador Madero 69, https://hotelmaderoqueretaro.com, Parkplatz, liegt preislich in der mittleren Klasse. – **La Casa del Atrio** €€€, Allende 15, http://lacasadelatrio.com, ist ebenfalls ein Kolonialbau im Zentrum, geräumig und stilvoll mit den Annehmlichkeiten seiner Preisklasse (Spa). – Aristokratisch: **La Casa de la Marquesa** €€€, Madero 41, https://casadelamarquesa.com (Beschreibung s.o.), Sonntagsbüffet, das Preis-Leistungs-Verhältnis ist allerdings nicht immer angemessen (Service). Glaubt man den Besitzern, so wird das **Hotel Criol** €€, besonders von Europäern sehr geschätzt, moderner und preisgekrönter Bau mit viel Liebe zum architektonischen Detail. Bibliothek, kleiner Pool, sehr ruhig, zentral gelegen, Río de la Loza 6, https://hotelcriolqueretaro.com-hotel.com (in 6 Sprachen).

Spezialitäten
In Querétaro findet man dieselben Gerichte wie anderswo auch, aber eben mit ganz eigenen Rezepten, *enchiladas* sind also nicht dasselbe wie *enchiladas queretanas,* das behaupten zumindest die Einheimischen. Die lokale Variante der *tostadas* heißt *tostadas de arriero* – Maultiertreiber-Tostadas, und Hühnchen ist nicht einfach Hühnchen, sondern *el pollo del hortelano* (Gemüsegärtner-Hühnchen). Eine Besonderheit ist auch *garbanzo amarillo de Tolimán,* mit Petersilie, Safran und Zimt gewürzte Kichererbsen. Mutige probieren einen *taco de escamoles,* der ist mit Ameiseneiern gefüllt. Nicht zu vergessen natürlich, dass die Gegend auf Süßigkeiten, Wein und Käse spezialisiert ist, wovon es reichlich Auswahl gibt.

Essen & Trinken
Cafés und Restaurants finden sich reichhaltig in den Fußgängerstraßen *(andadores),* an der Plaza Independencia und an der Plaza Corregidora (hier zum Beispiel das **Mesón de La Corregidora** mit Außentischen und Live-Musik). Trotz der vielen Besucher lässt sich angemessene Qualität in mittlerer Preislage finden, der Service ist meist freundlich, die Portionen sind tendenziell klein. Typische Gerichte der Region probiert man in **Las Monjas Clarisas,** Montes 22 (s. Stadtplan links), hier wird auch die „Scheiße der Füchsin" *(caca de zorra)* noch zum Genuss – es handelt sich um eine Suppe mit zarten Maiskörnern und Chili-Schoten. Sa/So wird von 8–13 Uhr ein gut gedecktes Frühstücksbüffet offeriert. – Das Restaurant **El Meson de Chucho El Roto** (C. Pasteur, Südseite Plaza de Armas, www.chuchoelroto.com.mx), trägt den Namen eines berüchtigten Banditen um den 19. Jahrhundert, eine Art Robin Hood, der seine Raubtümer an die Armen verteilte. Dieser hatte sich in Querétaro versteckt, bevor er dort gefangengenommen und bald darauf zu Tode geprügelt wurde. Zu essen gibt's traditionelle, aber auch internationale Küche, wenngleich etwas überteuert, Sa/So Frühstücksbüffet. – Im danebenliegenden **Restaurant 1810** (Jahr des Ausbruchs des Unabhängigkeitskampfes, Andador

Libertad 62, Plaza de Armas) gibt's ein variationsreiches Menü (sogar Schnecken), mit ab und zu Live-Musik. – Vegetarisch im **Alcatraz Vegetariano,** Av. Universidad 21 (nördl. der Karte, s. Pfeil, So geschl.). – In der gleichen Straße Richtung Calle Corregidora, Peralta 7, das traditionsreiche **Restaurante La Mariposa,** 1950er Jahre-Ambiente, gut zum Frühstücken! – Tradition hat auch die **Nevería Galy,** Andador 5 de Mayo 8, hier die berühmten *mantecados* (Eis aus geschlagenem Eigelb). Besonders lecker und deshalb auch teurer ist die *nieve de limón con vino tinto* (Zitroneneis mit Rotwein).

Unterhaltung   Gelegentlich Konzerte und Kapellen auf der *Plaza Principal* oder im *Jardín de los Platitos* (Juárez/Av. Universidad). Im *El Caserio Restaurante Bar* (❶, www. elcaserio.com.mx), Av. Constituyentes 101 Pte, häufig Live-Musik und Vorführungen verschiedener Art in einer der drei hauseigenen Bars, muss vorreserviert werden. Rund um die *Plaza de la Corregidora* am Wochenende viele Bars mit Musik. Für alles Weitere den Veranstaltungskalender einsehen.

Feste   Um den 20. März: Tagundnachtgleiche auf dem *Peña de Bernal* (siehe Umgebungsziele). – Mai: Wein- und Käsefestival in Tequisquiapan (siehe Umgebungsziele), mit jeder Menge Kostproben. – Karfreitag: Schweigeprozession im Zentrum von Querétaro. – Anfang August: Fest der Weinernte im Weingut *Finca Sala Vivé Freixenet* (Carr. San Juan del Rio – Cadereyta, Km 40,5, Ezequiel Montes, Eintritt). Die Trauben werden gesegnet und bei der Gelegenheit darf man sogar auf ihnen herumtrampeln. Ähnliche Veranstaltungen in anderen Weingütern in den Monaten Juli bis September. – 13.–15. Sept.: *Día de la Santa Cruz* (Conchero-Tänze), im Zentrum von Querétaro. – 01./02. November: Die Totentage werden in San Juan del Río sehr ausgiebig gefeiert. – Anfang Dezember: *Feria de Querétaro*, Ausstellungen und Veranstaltungen im Messegelände.

Einkaufen   Der Staat Querétaro produziert ein vielfältiges Angebot an Kunsthandwerk, besonders bekannt sind Korb- und Flechtwaren sowie Stoffpuppen in bunten Trachten, aber auch Einlegearbeiten mit Opal und Quarzen, die in der Gegend abgebaut werden. Viele Straßenverkäufer bieten ihre Waren an, größere Geschäfte sind die *Casa Queretana de las Artesanías,* Andador Libertad 52 (Plaza de Armas) oder *Artesanías Amantolli,* Andador 16 de Septiembre 38. Das *Centro de desarrollo artesanal indígena* (CEDAI, Allende Sur 20, Zentrum, 9–20 Uhr, Di geschlossen) ist Museum und Verkaufsort zugleich, allerdings teurer als anderswo.

Transport   Querétaros moderne **Central de Autobuses** liegt 5 km südöstlich der Stadt. Es sind drei zusammenhängende Terminals, die 1. Klasse mit Fernstrecken ist *Sala A,* die 2. Klasse ist *Sala B* und Lokalbusse *Sala C.* Sehr gute Verbindungen in nahezu alle Städte Zentralmexikos, zu Fernzielen und auch direkt zum Flughafen von Mexiko-Stadt. Von den Salas fahren Pendelbusse ins Zentrum, Linie 19. Die Transmetro-Busse sind schneller. Die Busse fahren bis zur *Alameda Hidalgo* südlich des Zentrums und von dort auch wieder zurück zum Terminal (Nr. 19, 36).

Umgebungsziele von Querétaro

TIPP!   Direkt an der Landstraße QRO 100, km 414, liegt rechter Hand (in Richtung Bernal) **Elotes y Gorditas Hermanos Padilla** (❶), dort sehr lecker zubereitete Maiskolben, agua de frutas u.a. Anders als anderswo!

San Sebastián Bernal ☙

Das malerische, kopfsteingepflasterte Dorf liegt 55 km nördöstlich von Querétaro und seine Hauptattraktion ist der weltweit drittgrößte Monolith mit Namen **Peña de Bernal,** es handelt sich um versteinerte Lava-Reste eines ehemaligen Vulkans. Seine Höhe beträgt rund 350 m – er darf auch bestiegen werden (feste Schuhe, Sonnenschutz und ausreichend Wasser sind dafür unabdinglich). Wer genug Fantasie hat, erkennt in dem Felsen allerlei Tierkonturen. Um den 20. März das große Fest der Tagundnachtgleiche, mit Umzügen, Musikgruppen und vielem mehr. Das Zentrum selbst lockt mit kleinen Geschäften, Restaurants und Hotels. Spezialität des Ortes sind Süßigkeiten aus verschiedenen Obstsorten, es gibt sogar ein kleines Süßwarenmuseum, die *Casa Museo del Dulce,* Juárez 2 (tägl. 10–17 Uhr).

Schöne Woll-Webwaren z.B. im Centro Artesanal „La Aurora", Jardín Principal 1, im hinteren Teil des Ladens riesige mechanische Webstühle, aus denen die gesamte Ladenproduktion stammt. Wenige Häuser weiter befindet sich *Ópalos La Guadalupana* mit schönen Schmuckstücken.

Essen und Übernachten kann man zum Beispiel im hübsch angelegten *Parador Vernal,* €€, Lázaro Cárdenas 1, http://paradorvernal.com.mx (die teureren Zimmer haben Peña-Blick). Mit eigenem kleinen Kakteengarten, von der Terrasse des Restaurants blickt man auf den Monolithen.

Cadereyta ☙

Unweit von Bernal liegt **Cadereyta** und dort der Botanische Garten **„Quinta Schmoll"** (Pilancón 1, tägl. 9–17 Uhr, Eintritt 50 Ps) der vor rund 100 Jahren von Deutschen angelegt wurde und heute von deren Nachkommen in vierter Generation gepflegt wird. Das Gewächshaus zur Zucht von Kakteen sowie afrikanischen Sukkulenten zählt zu den wichtigsten Lateinamerikas.

Tequisquiapan ☙

Tequisquiapan, 70 km östlich von Querétaro, ist ein weiteres *Pueblo Mágico* mit Kolonialcharakter der Gegend. Bekannt ist es für seine Wein- und Käseherstellung, der jedes Jahr im Mai bei einem Festival gehuldigt wird, der *Feria Nacional del Queso y el Vino.* Darüber hinaus bieten sich die mit Bougainvilleasträuchern gesäumten Straßen und der weitläufige Zócalo mit seinen Arkaden auch einfach zum Spazierengehen an. Einkaufen kann man im *Mercado de Artesanías,* Ezequiel Montes/ Salvador Michaus, direkt im Zentrum (tägl. 10–18 Uhr). In unmittelbarer Nähe besuchbare Opalminen, Touren vor Ort oder von Querétaro aus.

2

Stadtplanung und Architektur im kolonialen Mexiko

Die Spanier errichteten ihre Städte an strategisch günstig gelegenen Plätzen, wie z.B. an natürlichen Seehäfen, Flussfurten, alten Handelsstraßen oder in der Nähe von Bodenschätzen. In Mexiko gerne auch an Stellen schon vorhandener Siedlungen der Urbevölkerung oder auf den Fundamenten zerstörter religiöser Stätten, wobei die Pyramiden dann gleich als Steinbruch dienten. 1573 gab der spanische König Philipp II. einen Erlass heraus, nach dem der Grundriss aller Stadtneugründungen immer als

geometrisches Schachbrett angelegt sein sollte, mit sich rechtwinklig kreuzenden Straßen *(avenidas* und *calles)*; im Zentrum musste ein Raum für die *Plaza principal* (auch *Plaza de armas, Plaza mayor* oder Zócalo) freibleiben. Bis heute finden wir – von geländebedingten Ausnahmen abgesehen – in ganz Lateinamerika dieses Planungsprinzip wieder, wobei anzumerken ist, dass auch prähispanische Städte, wie z.B. Tenochtitlán, ähnlichen Ordnungskriterien gefolgt waren: Tempel, Markt und Herrscherpaläste lagen im Zentrum, eben da, wo heute eine Kirche oder Kathedrale sowie der Gouverneurspalast *(Palacio de Gobierno)* bzw. das Rathaus *(Ayuntamiento)* stehen und sich auf dem Zócalo das soziale Leben abspielt.

Eine kleine spanische Oberschicht konnte durch die Ausbeutung des Landes und seiner Bevölkerung, z.B. als Minen- oder Großgrundbesitzer, immense Reichtümer anhäufen, die ihr unter anderem zum Bau von Kolonialpalästen diente. Diese *Casas Virreynales* hatten im 16. Jahrhundert noch einen eher nüchternen und festungsartigen Charakter, wie z.B. der Palast von Cortés in Cuernavaca, später wurden sie dann im Renaissance-, Barock oder im überladenen *Churriguerismus*-Stil erbaut, im 19. Jh. auch im pompösen Klassizismus. Die Grundkonzeption blieb aber immer gleich: Es handelt sich um meist zweistöckige Patiohäuser mit einem oder mehreren Innenhöfen, welche ringsum von Säulen und Arkadengängen umgeben sind. In der Mitte des ersten Patios

steht gewöhnlich ein schmuckvoller Brunnen. Im Erdgeschoss lagen die Vorratskammern, die Werkstatt oder ein Laden, hier wohnte auch der *zaguán* (Torhüter), der darüber wachte, dass kein Unbefugter durch das große Portal aus wuchtigen, meist geschnitzten Holztoren hereinkam. Das übrige zahlreiche Gesinde des Hauses lebte in den hinteren Räumen um den zweiten Patio. Das Obergeschoss war den noblen Herrschaften vorbehalten, wobei der Salon sich manchmal über eine halbe Patio-Seite erstreckte und am prachtvollsten ausgestattet war. Auch eine kleine Hauskapelle war in der Regel vorhanden. Heute dienen diese Prachtbauten häufig als Hotels, Museen, Casa de la Cultura oder als sonstige öffentliche Einrichtungen.

Guanajuato

Eine malerische Kolonialstadt – Lieblingsstadt vieler Reisender –, rund 190.000 Einwohner, mit buntbemalten Kolonialhäusern und winkligen Straßen und Gassen, von Treppen, Durchgängen und lauschigen *plazuelas* (Plätzen) durchzogen, seit 1988 zu Recht als Weltkulturerbe geschützt. Entstanden ist dieses Gewirr rund um den trockengelegten Río Guanajuato entlang den Seiten einer langen Schlucht, durch die der Fluss einst floss. Die stellenweise untertunnelte Hauptdurchgangsstraße, die *Calle Hidalgo,* verläuft auf dem ehemaligen Flussbett, manchmal lassen die Lücken zwischen zwei Tunneln den Blick auf steil herabhängende Häuserfassaden frei.

Spazierengehen ist hier eine wahre Lust – vorausgesetzt man hat eine gute Kondition –, zumal die Autos nicht aus allen Teilen des Zentrums verbannt sind. Achten Sie darauf, niemanden beim Küssen zu stören, denn manche Gässchen, wie der *Callejón del Beso* (Kussgasse), sind so schmal, dass dies aus den Fenstern zweier gegenüberliegender Häuser problemlos möglich ist.

Die Silbermine La Valenciana Auf der Suche nach dem schnellen Glück stießen die Spanier schon bald auf die Gegend mit ihren reichen Silbervorkommen, bereits ab 1541 wurden die ersten Minen eröffnet. Doch keine war je so ergiebig wie **La Valenciana,** 1776 in Betrieb genommen und auch heute noch nicht stillgelegt. (Teile von ihr können besichtigt werden, Camino a Santa Ana, im Norden der Stadt, z.Z. Do–Di 10–18 Uhr).

Farbenbuntes Guanajuato. Links neben der orangefarbenen Basilika Universitätsgebäude

Wohlstand durch Silber

Guanajuato verdankt seine große Bedeutung und seinen Wohlstand den einst zwischen dem 16. und 19. Jahrhundert ergiebigsten Silberminen der Neuen Welt. Zusammen mit Zacatecas und Taxco zählt sie zu den drei Silberstädten Mexikos, in denen mit Silber finanziert wurde, was wir heute bewundern. Zu Beginn des 19. Jahrhunderts produzierte Mexiko zwei Drittel allen Silbers der Welt! Doch das Glück der einen war das Leid der anderen, nämlich der Mestizen und Indígenas, die unter äußerst harten und ungesunden Bedingungen für einen Hungerlohn in den Gruben arbeiten mussten und selten älter als 35 Jahre wurden. Nicht zuletzt vertiefte sich durch die Konzentration des Silberreichtums in nur wenigen Händen auch die Kluft zwischen Arm und Reich, was Humboldt veranlasste, vom „Land der Ungleichheit" zu sprechen. Heute sind viele Minen stillgelegt, dennoch steht Mexiko nach wie vor mit an erster Stelle bei der Weltsilberproduktion.

Helden des Unabhängigkeitskampfes

Das **Museo de la Alhóndiga de Granaditas** (C. 28 de Septiembre, Di–Sa 10–17.30 Uhr, So 10–14.30 Uhr, 65 Ps, Kamera extra), im 18 Jh. ein Mais- und Getreidespeicher, dann Festung der Spanier und später ein Gefängnis, ist heute eine Gedenkstätte für die Unabhängigkeitsführer *Miguel Hidalgo y Costilla, Ignacio Allende, Juan Aldama* und *Mariano Jiménez*. 1810 konnten die Aufständischen kurzzeitig die Stadt einnehmen, doch schon ein Jahr später hatten die Königstreuen alle vier Anführer der ersten Stunde hingerichtet. Zehn Jahre lang hingen ihre Köpfe zur Abschreckung in Käfigen an der Außenfassade des Gebäudes, erst zur Unterzeichnung der Unabhängigkeitsurkunde (1821) wurden sie abgenommen. Ein leichtes Schaudern wird einen wohl beim Anblick der Haken überkommen, an denen einst die Käfige hingen.

Im Innern des wuchtigen Baus gibt es Exponate aus der prähispanischen Zeit und Dokumente zur Stadtgeschichte, wobei der Unabhängigkeitsperiode natürlich besonders viel Raum zukommt. Den vier Märtyrern wurde im Erdgeschoss eigens eine Gedenkstätte mit ewiger Flamme gewidmet. Sicher hätten die Rebellen die Festung

nicht stürmen können, wäre ihnen nicht ein junger Minenarbeiter, *El Pípila* genannt, zu Hilfe gekommen, der am Holztor todesmutig einen Brandsatz anbrachte, was ihn das Leben kostete. Auch er wurde zum Volkshelden, und das **Monumento al Pípila** thront nun über der Stadt. Von hier oben ergibt sich ein schöner **Panoramablick** auf die Stadt. Auffahrt mit der Bergbahn *Funicular,* hinter dem Teatro Juárez, 70 Ps hin- und zurück.

Volksheld El Pípila – zum Schutz gegen Gewehrkugeln hat er sich eine Steinplatte auf den Rücken gebunden

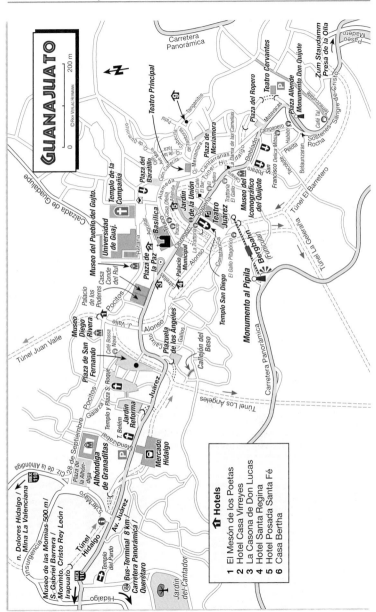

GUANAJUATO

0 — 200 m

© Rolf Verlag Heinmann

Carretera Panorámica

Teatro Cervantes
Zum Staudamm / Presa de la Olla
Paseo Madero
Plaza del Ropero
Plaza Allende
Monumento Don Quijote
Teatro Principal
Tanganitos
Café Tal
Sostenes Rocha
Plaza de Mexiamora
Plaza del Baratillo
Templo de la Compañía
Universidad de Guaj.
Museo del Pueblo del Gujto.
Basílica
Plaza de la Paz
Palacio Municipal
Jardín de la Unión
Museo del Iconográfico del Quijote
Teatro Juárez
Túnel El Barretero
Túnel La Galería
Casa Conde del Rul
Palacio de los Poderes
Museo Diego Rivera
Plaza de San Fernando
Túnel Juan Valle
Templo San Diego
Monumento al Pipila
Bergbahn (Funicular)
Plazuela de los Ángeles
Callejón del Beso
Carretera Panorámica
Túnel Los Ángeles
Jardín Reforma
Mercado Hidalgo
Alhóndiga de Granaditas
Plaza de la Alhón-diga
28 de Septiembre
Clz. de la Alhóndiga
Túnel Hidalgo
Av. Juárez
Bus-Terminal 8 km / Carretera Panorámica / Querétaro
Templo del Pardo
n. Dolores Hidalgo / Mina La Valenciana
Museo de las Momias·500 m / S. Gabriel Barrera / Monmto. Cristo Rey León / Irapuato
Insurgencia
5 de Mayo
Jardín del Cantador
Hidalgo

⚑ Hotels

1 El Mesón de los Poetas
2 Hotel Casa Virreyes
3 La Casona de Don Lucas
4 Hotel Santa Regina
5 Hotel Posada Santa Fé
6 Casa Bertha

2

Zweiter Aufschwung um 1900

Noch während des Porfiriats um 1900 kam es zu einem zweiten wirtschaftlichen Aufschwung der Stadt, viele Bauten stammen aus dieser Zeit. So ragt z.B. das neoklassizistische **Teatro Juárez** (C. Sopeña, 10–13.45 u. 17–19.45 Uhr, Mo geschl., 35 Ps) wie ein altgriechischer Prunkbau stolz in die Höhe, über jeder der sechs Säulen des Vorbaus grüßt eine Muse. Da wundert es nicht, dass der pompöse Bau 1903 vom Diktator Porfirio Díaz persönlich eingeweiht wurde. Das Innere im Art-nouveau-Stil mit Büsten diverser Komponisten und Dichter kann besichtigt werden. Sehen Sie den Programmanschlag durch.

Religiöse Architektur

Das Wahrzeichen der Stadt ist die gelb-rote Barockkirche **Basílica de Nuestra Señora de Guanajuato** an der Plaza de la Paz mit ihren unterschiedlichen Türmen und dem ausgefallenen Portal (17. Jh.). Die Statue der *Señora de Guanajuato,* ein Geschenk des spanischen Königs Philipp II., ruht auf einem silbernen Podest. Wenn es stimmt, dass die aus Zedernholz geschnitzte und juwelenbesetzte Madonna über 1300 Jahre alt ist – sie war bereits in Spanien etwa 800 Jahre alt –, handelt es sich um die älteste ganz Amerikas.

Aus dem 18. Jh. stammt der **Templo de la Compañía de Jesús,** C. del Sol 16, Jesuitentempel mit churrigeresker (spätbarocker) Fassade und bedeutenden Gemälden im Innern. In der dazugehörenden **Pinakotek** gibt es regelmäßig Ausstellungen, Konzerte und andere Veranstaltungen.

Kunstmuseen

Auch einige interessante Kunstmuseen hat die Stadt zu bieten. In der Calle Positos 47 steht das exzellente **Museo y Casa Diego Rivera** (Di–Sa 10–19 Uhr, So 10–15, 30 Ps), Geburtshaus des berühmten mexikanischen Muralisten (1886–1957), lebensecht dargestellt von Alfredo Molina und Salma Hayek als Ehefrau Frida Kahlo im Kinofilm „Frida" (2002). Die Sammlung enthält neben Privatobjekten auch einige Originale des Künstlers.

In der Cervantes-Stadt darf natürlich ein Don Quijote-Museum nicht fehlen, das **Museo Iconográfico del Quijote** (Doblado 1, südöstlich vom Teatro Juárez, Di–Sa 9.30–18.45 Uhr, So ab 12 Uhr, 30 Ps). Hier gibt es unzählige Kunstwerke zu sehen, die die tragisch-komische Romanfigur darstellen, darunter auch ein Aquarell von Dalí.

Mumien

Skurril und makaber ist das **Museo de las Momias** (Explanada del Panteón Municipal, nordwestlich außerhalb der Stadt, Mo–Do 9–18 Uhr, Fr–So 9–18.30 Uhr, 85 Ps, www.momiasdeguanajuato.gob.mx), da kann man sich beim Anblick von

Mumien-Parade

etwa 120 mumifizierten Leichen mal so richtig schauern. Diese wurden zwischen 1870 und 1958 auf dem örtlichen Friedhof ausgehoben, wobei sich herausstellte, dass sie infolge der trockenen und mineralsalzhaltigen Erde bestens konserviert waren. Die gruseligen Legenden, die sich um einzelne Mumien ranken (lebendig begraben, zu Tode geprügelt usw.) konnten bei wissenschaftlichen Untersuchungen allerdings nicht bestätigt werden.

„Callejonear" Beim Schlendern durch die Gassen *(callejonear)* wird man immer wieder auf kleine Plätze und Parkanlagen stoßen, die zum Ausruhen

Der Callejón del Beso (Kussgasse / s.S. 125)

und Erfrischen einladen. Treffpunkt für einheimische Müßiggänger, Touristen und Musiker ist der **Jardín de la Unión,** hier ist immer was los und man kann von einem der Gartenrestaurants und -cafés – wo man allerdings eher fürs Ambiente und nicht für die Qualität der Speisen zahlt – gemütlich das Treiben beobachten. Nett ist auch die **Plaza de San Roque,** wo jedes Jahr zum **Festival Cervantino** Aufführungen stattfinden (s. unten bei „Feste"). Auch in die **Universität,** ein weißer Koloss mit Stilelementen maurischer Architektur, kann man einen Blick werfen. Die mehr als 10.000 Studenten prägen natürlich das lockere Ambiente der Stadt mit. **TIPP:** Eine besondere Tradition haben in Guanajuato die **estudiantinas,** Studentenkapellen aus spanischer Tradition in mittelalterlicher Aufmachung, ihre nächtlichen Wanderungen heißen dann *callejoneadas,* da geht es von Gasse zu Gasse und von Kneipe zu Kneipe, und wer möchte, darf sich gegen einen Beitrag (ca. 130 Ps) anschließen (Treffpunkte s.u.).

Gartenanlage Sehr zu empfehlen ist ein Besuch in der **Ex-Hacienda San Gabriel de Barrera** aus dem 17. Jahrhundert, ca. 3 km außerhalb südwestlich der Stadt an der Carretera Guanajuato – Marfil, Km 2,5, El Cerrito, tägl. 9–18 Uhr, Eintritt 30 Ps, http://sic.gob.mx (Guanajuato, museos), Kamerabenutzung kostet extra). Das Gebäude kann besichtigt werden, einmalig ist die wunderschöne Gartenanlage dahinter mit 17 verschiedenen Stilrichtungen aus aller Welt. Selbst auf dem Kirchturm sprießt es noch! Die Kuppel des Museums wurde im August 2022 von einem Blitz zerstört.

Christusstatue Rund 25 km außerhalb, an der Straße nach Silao, steht auf dem Berg *El Cubilete* die 23 m hohe Christusstatue *Cristo Rey* (die höchste mit 36 Meter steht in Schwiebus/Polen, der Christus von Rio de Janeiro ist 30 m hoch). Sie zieht Pilger von weither an. El Cubilete wurde 1940 erbaut, liegt rund 2600 m hoch und bildet das geografische Zentrum Mexikos. Man hat eine schöne Aussicht auf die trockene Berglandschaft der Gegend.

Adressen & Service Guanajuato

Turismo

Offizielles Info-Kiosk am Jardín de la Unión, andere „Información Turística/ Tourist Information" sind Lockvögel der Geschäften.

Eine gebuchte **Stadttour** ist in Guanajuato nicht wirklich notwendig, viele Privatanbieter sind lediglich Touristennepp und zeigen einem, was man ohnehin selbst zu Fuß erkunden kann. Wer zu El Cubilete (s.o.) will, braucht allerdings einen fahrbaren Untersatz.

Es gibt auch einen **Tranvía Cultural,** Tel./whatsapp 4731195872, mit verschiedenen Angeboten (Webseite s.u.). Die einfache Stadtrundfahrt dauert 4–5 Std. und kostet 120 Ps. Muss vorhergehend reserviert werden. Auch auf Engl. möglich.

Webseiten und Touren

Weitere Tourangebote (Betreiber des Tranvía Cultural):
www.toursguanajuatoyguias.com. Es handelt sich um eine Vereinigung zertifizierter Touristenführer (Grupo Turístico Nueva España = GTNE).

Auch hier Infos und Touren: www.travelbymexico.com/guanajuato

Sonstige Info-Seiten:
www.zonaturistica.com/atractivos-turisticos-en/115/guanajuato.html
www.visitguanajuato.com.mx
www.travelbymexico.com/guanajuato

Unterkunft

Einfach und relativ günstig: **Casa Bertha** €€, de Tamboras 9, http://casa-bertha-hostel.mejor-hoteles-elbajio.com; Puste mitbringen für den steilen Aufstieg zum Hotel, belohnt wird man dann aber mit dem schönen Blick von der Terrasse. – **Hotel Santa Regina** €€, C. Alonso 26, Tel. 4737325228, www.hotelsantaregina.com, DZ/F 1200 Ps; renoviertes Kolonialhaus des Dichters Agustín Lanuza, zentral, nüchtern, sauber, angenehme Atmosphäre, kein Parkplatz. – **Hotel La Casona de Don Lucas** €€€, Plaza de la Paz 48, https://lacasonadedonlucas.com; stilvoll eingerichtetes Kolonialgebäude, zentral gelegen, Frühstücksbüffet im Preis inbegriffen. – **Hotel Casa Virreyes** €€, C. Aguilar 49–51 (gegenüber Basílica-Nordseite), www.hotelcasavirreyes.com, geräumige Zimmer, kein Parkplatz – **TIPP: El Mesón de los Poetas** €€, Positos 35/Ecke Valle, www.mesondelospoetas.com; Romantik-Hotel, jedes der 34 sehr schönen Zimmer ist einem Dichter gewidmet, z.T. mit Kochnische, Dachterrasse, „Suites Coloniales". – **Hotel Posada Santa Fé** €€€, Jardín de la Unión 12, www.posadasantafe.mx; gute Lage, viel Stil.

Spezialitäten

Die im geografischen Zentrum Mexikos gelegene Region vereint kulinarische Elemente des Nordens und des Südens. Spezialität sind die *empanadas de carnitas* (Fleischtaschen), mit Kichererbsen gefüllte Tamales *(tamales de garbanzo)* oder in Orangensaft geschmorte Henne *(gallina en naranja),* aber auch *enchiladas minera* (eingerollte gefüllte Tortillas mit Chilesoße) und *charamuscas rellenas,* eine süße Nachspeise. Ausgefallene Getränke sind Traubenschnaps *(aguardiente de uva)* oder *colonche de tunas,* Alkohol der Kaktusfrucht.

Essen & Trinken

In der Stadt ist reichlich Auswahl vorhanden, zur Hochsaison (Festival Cervantino, Oktober) findet man allerdings manchmal kaum noch ein freies Plätzchen und die Qualität des Service lässt infolge des Andrangs stark nach.

Die **Casa Ofelia,** C. del Truco 11, ist pittoresk eingerichtet und bietet mexikanische Küche zu angemessenen Preisen, ist immer gut besucht, deshalb muss man manchmal etwas auf einen Tisch warten. – Gleich nebenan das günstige

Truco 7, C. Truco 7; Bedienung, Musik, Essen und Ambiente sind sehr gut. Hier auch Zimmervermietung. – Auf Philosophen wartet der „Pythagoreische Hahn", **El Gallo Pitagórico,** italienisch und mediterran, Constancia 10, hinterm Teatro Juárez, Mo geschl. – Es gibt aber noch mehr italienische Restaurants: **La Trattoria de Elena** liegt direkt am Jardín de la Unión, von einem Balkon aus kann man alles überschauen; auch für Vegetarier geeignet, wie auch das **Delicia Mitsu** (Japanisch), Campanero 5 (im Stadtplan rechts unten). – Dort nahebei, libanesisch und mediterran: **Habibti Falafel,** Sostenes Rocha 21, ebenfalls für Vegetarier geeignet. – Nicht weit davon, südlich: Im kleinen **Café Tal,** Callejón Temezcuitate 4, kann man einen beso de chocolate bestellen, dunkle geschmolzene Schokolade, sehr lecker! – Klein, aber sehr fein ist die **Casa Mercedes,** hier ist jedes Gericht ein optisches Kunstwerk, leider etwas außerhalb des Zentrums, C. de Arriba 6, San Javier, in der Nähe der Mine La Valenciana.

Unterhaltung   Für Nachtschwärmer bietet die Studentenstadt ein reges Angebot an Kultur und Lokalen. Neben vielen Musikkneipen wetteifern auch drei Theater (Teatro Juárez, Teatro Cervantes und Teatro Principal) um Publikum. Bei schönem Wetter gibt es rund um den Jardín de la Unión jede Menge Straßenmusik. Treffpunkte für die (verschiedenen) abendlichen **estudiantinas** (s.o.) sind der Jardín de la Unión, das Atrium des Templo de San Diego (neben dem Teatro Juárez) oder die Alhóndiga, Frei bis So jeweils gegen 20 Uhr.

Feste   Kultureller Höhepunkt und in ganz Lateinamerika bekannt ist das alljährlich Mitte Oktober stattfindende und mehrwöchige **Festival Internacional Cervantino** (eine Huldigung an den spanischen Dichter Cervantes). Dann gibt es überall Musik, Tanz und Theater, die ganze Stadt verwandelt sich in eine einzige Schaubühne (an vielen Ecken allerdings auch in ein Saufgelage grölender Jugendlicher). Quartier und Tickets müssen für diesen Zeitraum schon lange vorher gebucht werden. Infos gibt's bei der Regierung: www.festivalcervantino. gob.mx, Tickets hier: www.ticketmaster.com.

Ende Juli findet jährlich in San Miguel de Allende und Guanajuato ein **Internationales Filmfestival** statt.

Für Sportsfreunde, Mitflieger und Schaulustige gibt es jedes Jahr im November das **Festival Internacional de Globo** im knapp 60 km entfernten **León,** Parque Metropolitano. Dabei handelt es sich um das wichtigste Heißluftballon-Festival ganz Lateinamerikas mit rund 300.000 internationalen Besuchern und über 200 Ballons im Himmel, manche mit sehr ausgefallenem Design, Näheres auf https://vivefig.mx.

Natürlich gibt es auch religiöse Feste: am 8. August die *Fiesta de la Señora de Guanajuato,* vom 18.–24. Juni *San Juan,* u.a.

Einkaufen   Guanajuato ist bekannt für seine Ton- und Keramikwaren, diese finden Sie u.a. in der staatlichen **Casa de Artesanías** am Jardín de la Unión und im **Mercado Hidalgo,** Juárez; letzterer ähnelt einer viktorianischen Bahnhofshalle (war ursprünglich auch als solche gedacht) und ist auf jeden Fall einen Besuch wert, Kunsthandwerk gibt's im Obergeschoss.

Transport   Die **Central de Autobuses** liegt ca. 8 km südwestlich außerhalb der Stadt an der Mex 110 D nach Silao. Busfahrkarten verkaufen auch einige Reisebüros im Zentrum.

San Miguel de Allende ✿

Straßenszene

In San Miguel de Allende stoßen wir, nach Querétaro und Guanajuato, nun schon zum dritten Mal auf den Unabhängigkeitskämpfer *Ignacio de Allende*. Hier kam er 1779 auf die Welt und die ehemalige Mission der Franziskaner, 1542 gegründet, wurde ihm zu Ehren unbenannt.

Einst ein wichtiger Knotenpunkt zwischen Mexiko-Stadt und den Silberminen des Nordens, ist San Miguel de Allende gegenwärtig ein Zentrum für Kunst und Tourismus, bereits im Jahre 1926 wurde es ganz unter Denkmalschutz gestellt. Die Die Einwohnerzahl beträgt 180.000 – fast 10% davon sind Ausländer. Das milde Klima auf 1900 m Höhe und das kleine, gut überschaubare Zentrum (fast alles ist zu Fuß erreichbar) machten es zum Anziehungspunkt für US-Amerikaner, viele haben die Stadt als Altersresidenz oder zumindest Winterquartier ausgewählt. Das trug sicher zu dem reichhaltigen Kulturleben bei: Galerien, Ausstellungen, Konzerte und sonstige Aufführungen gibt es an jeder Ecke und am laufenden Band. Am Zócalo pulsiert das Leben: es gibt Tanz und Musik. Doch die Nachteile liegen ebenfalls auf der Hand, denn die Stadt ist inzwischen eine der teuersten des Landes und dermaßen mit touristischen Angeboten überladen, dass man sich fragen kann, ob man überhaupt noch in Mexiko ist. Und wo Wohlstand zur Schau gestellt wird, fehlt es auch nicht an Bettlern. Dennoch ist es angenehm, durch das kopfsteingepflasterte Zentrum zu bummeln, in das ein oder andere stilvoll restaurierte Restaurant oder Café einzukehren und bei Interesse einige der zahlreichen Kirchen, Klöster und Kolonialpaläste zu besichtigen.

Ignacio de Allende

Das **Museo Ignacio de Allende** (Cuna de Allende 1, Di–So 10–17.45 Uhr) ist das Geburts- und Wohnhaus des Nationalhelden, es zeigt u.a. Dokumente aus der Zeit des Unabhängigkeitskampfes. An Allende erinnert auch das **Instituto Allende** (Calzada Ancha de San Antonio 22, So geschl.), wenngleich es lediglich seinen Namen entlehnte; der ehemalige Landsitz der überaus reichen Familie Canal stand ansonsten in keinem Zusammenhang zu ihm. Das Institut, über dessen Eingang die Familien-Schutzpatronin in *Virgen de Loreto* wacht, bietet ein breites Angebot an Kunst- und Sprachkursen (Spanisch für Ausländer) sowie Ausstellungen.

Ansichtskarten als Lehrmeister Wahrzeichen der Stadt ist die imposante **Parroquia de San Miguel Arcángel,** deren ungewöhnliche Fassade von einem Indígena-Architekten gegen Ende des 19. Jh. geschaffen wurde, als er die ursprünglich im 17. Jh. fertiggestellte Kolonialkirche nach eingehendem Studium von Bildern und Postkarten gotischer Kirchen und Kathedralen in Europa völlig umbaute. Das Resultat war diese heute

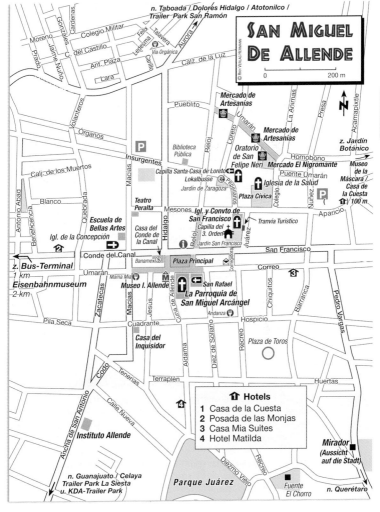

zu bewundernde eigenartige Mischung aus Neo-Gotik und mexikanischer Fantasie. Nebenan, mit dem Uhrenturm, die Kirche San Rafael.

Die Fassade der ehemaligen Klosterkirche **Iglesia de San Francisco** Ecke Juárez/Mesones strukturieren kunstvolle churriguereske Elemente und Pfeiler.

Kunst hinter Klostermauern Ein umgebautes Kloster ist das **Centro Cultural Ignacio Ramírez „El Nigromante"** (Escuela de Bellas Artes, Macías 75, https://elnigromante.inba.gob.mx), eine Kunstschule, an der einst so berühmte Persönlichkeiten wie David Álfaro

Parroquia de San Miguel Arcángel

Siqueiros, Rufino Tamayo, Diego Rivera und Pablo Neruda verkehrten und unterrichteten. Zweigeschossige Arkaden umrahmen den großen Innenhof und dessen schönen Brunnen. An den Wänden hinterließ unter anderem Siqueiros eines seiner *Murales* (Wandgemälde).

Museo de la Máscara Für Maskenliebhaber ein Muss! Hier hat ein amerikanisches Ehepaar in liebevoller Kleinarbeit traditionelle und authentische Masken aller Art – darunter viele Tanzmasken – aus ganz Mexiko zusammengetragen, Fotos und Details auf www.maskmuseumsma.com. Für einen Besuch ist vorher allerdings ein Termin auszumachen: info@casadelacuesta.com, Tel. 4151544324, Cuesta de San José 32, Colonia Azteca, Eintritt 100 Ps, ca. 15 Min. zu Fuß vom Zentrum, s. Stadtplan r.o.

Adressen & Service San Miguel de Allende

Turismo Plaza Principal 8, Mo–Fr 9–20 Uhr, Sa 10–20 Uhr, So bis 18 Uhr (in der Hochsaison gibt es weitere Filialen in der Stadt), http://visitsanmiguel.travel (mit aktuellem Veranstaltungskalender auf Spanisch und Englisch). Veranstaltungskalender San Miguel de Allende undQuerétaro: http://de-paseo.com/queretaro. Praktische Infos: www.hotelessanmigueldeallende.net

Stadttour Der **Tranvía Turístico** hat seine Haltestelle eine Straße vom Hauptplatz entfernt (Juárez 21) und fährt bis zu einem Aussichtspunkt, von wo aus man schöne Panoramafotos schießen kann.

Unterkunft	Großes Angebot, viele Hotels sind renovierte Kolonialhäuser, im Schnitt sind die Preise höher als anderswo, oft auch gleich in US$.

Zentral liegt die **Casa Mia Suites** €€€, Correo 61, dreieinhalb Cuadras östlich der Plaza Principal, Tel. 4151522757. – Die **Casa de la Cuesta** €€€ (dort ist auch das Múseo de la Máscara, Cuesta de San José 32, Colonia Azteca, ca. 15 Min. zu Fuß vom Zentrum, www.casadelacuesta.com) bietet 7 sehr stilvoll eingerichtete Zimmer in freundlichem Ambiente. – Exklusiv und teuer ist die **Hacienda de las Flores** €€€, Hospicio 16, www.haciendadelasflores.com, mit Gartenanlage und, Pool, liegt ebenfalls zentral. Autostellplatz kostet extra. Hunde nur, wenn sie gut erzogen sind!

Essen & Trinken Man hat die Qual der Wahl! Es bietet sich an, selbst auf Erkundungsgang zu gehen, und auszusuchen, was einem am meisten zusagt. Die meisten Restaurants sind nicht billig und auf Fast-food-Geschmack ausgerichtet. Nett sitzt man im **Restaurante Andanza** (Hospicio 42, im Hotel Belmond südwestlich der Parroquia), gediegenes Ambiente, mexikanisches Essen, Trinkgeld wird gleich mit aufgeschlagen. Vegetarisch kann man essen im **La Vía Orgánica,** Ledesma 2 (s. Stadtplan oben), mit zugehöriger Schulfarm für organischen Anbau, https://viaorganica.org.

Feste In San Miguel de Allende sind *Fiestas* fast an der Tagesordnung. Groß gefeiert wird natürlich der **Geburtstag von Allende** (21. Jan.), aber auch die Karwoche und die *Fiesta de San Antonio de Padua* (13. Juni) mit dem „Umzug der Verrückten" *(desfile de locos)*. Erste Augusthälfte: Musikfestival (Kammermusik), 29. September: Patronatsfest zu Ehren von San Miguel, dem Schutzheiligen der Stadt, mit musischen Darbietungen verschiedener Art, sowie eine Parade von riesigen Pappmaché-Puppen. In der 4. Novemberwoche: Jazzfest. Ab 16. Dezember diverse Weihnachtsfeste.

Transport Busterminal: Calzada de La Estación 90, Verlängerung der Canal, 1,4 km westlich der Plaza. Lokalbusse von der Ecke Loreto/Insurgentes.

Umgebungsziel Das kleine, koloniale Städtchen 🦋 **Dolores Hidalgo** liegt 40 km nördlich. Hier war es, wo Miguel Hidalgo 1810 seinen berühmten *Grito de Dolores* ausstieß und die Unabhängigkeit Mexikos von Spanien forderte. 1947 erhielt der Ort per Regierungsdekret den Beinamen „Wiege der mexikanischen Unabhängigkeit".

Zacatecas

Hinweis Informieren Sie sich vor der Fahrt über die aktuelle Sicherheitslage, in dem Bundesstaat machen sich verschiedene Kartelle die Vorherrschaft streitig und es kommt immer wieder zu Schießereien.

Nicht täuschen lassen sollte man sich von der ursprünglichen Wortbedeutung von „zacatecas" in der Náhuatl-Sprache: *zacatl* heißt Gras und *tecatl* Menschen. Menschen gibt es hier viele (etwa 250.000 Einwohner) und hat es, aufgrund der bewegten Geschichte der Stadt, schon bald nach ihrer Gründung im Jahre 1546 gegeben, als man hier die ersten, sehr ergiebigen Silberadern entdeckte. Doch von *zacatl,* Gras, ist in den äußerst kargen, flachen Bergzügen, die die

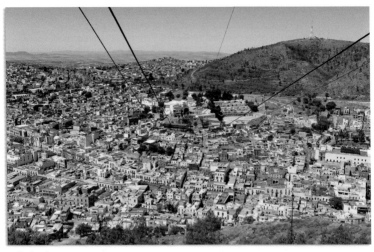

Seilbahn über Zacatecas

Stadtsenke umgeben, wenig zu sehen. Das tut Zacatecas' Ruf als einer der schönsten Städte Mexikos aber keinen Abbruch. Das **Centro Histórico** mit seinen stattlichen *Ex-Conventos,* Kirchen und Kolonialbauten und der dominierenden Kathedrale – ein Höhepunkt des mexikanischen Barocks aus zart rosarotem *tezontle*-Vulkanstein – wurde 1993 zum Weltkulturerbe erklärt. Ein kleines Paradies für Touristen tut sich auf, denn in dem kopfsteinholprigen Gassengewirr auf hügeligem Terrain findet man viel Sehenswertes und Kultur. Die touristischen Annehmlichkeiten muss man hier nicht, wie an so manch anderen Orten Mexikos, mit unzähligen Besuchern teilen, dafür liegt Zacatecas einfach zu weit ab vom Schuss. Nur wenn eine der großen Fiestas stattfindet, kann es voll werden, denn diese locken Schaulustige von nah und fern in die Hauptstadt des gleichnamigen Bundesstaates.

Besichtigung einer Silbermine

Die Berge um Zacatecas sind durchlöchert von Silberstollen, über Jahrhunderte gehörten sie zu den ergiebigsten der Welt und prägten die Stadtgeschichte. Noch heute stellt das Minengeschäft eine der wichtigsten Einnahmequellen der Stadt dar, spezielle Silberschmuck-Geschäfte sind allerdings spärlich. Ein Muss ist die Besichtigung der **Mina El Edén** südwestlich des Zentrums (tägl. 10–18 Uhr, 100 Ps, www.minaeleden.com.mx/movil/interna.php?id=1), wo seit 1583 nahezu „paradiesische" Mengen an Silber, Eisen, Zink, Blei und auch Gold herausgegraben wurden. Sie wurde erst 1960 stillgelegt, da Einsturzgefahr für die umliegenden Häuser bestand. Hinein fährt man mit einer Minenbahn, dann geht's zu Fuß weiter runter, wo tiefe Stollen, unterirdische Seen und alte Bergwerkstechnik warten (Jacke nicht vergessen, es ist empfindlich kalt dort unten). Man bekommt einen Eindruck

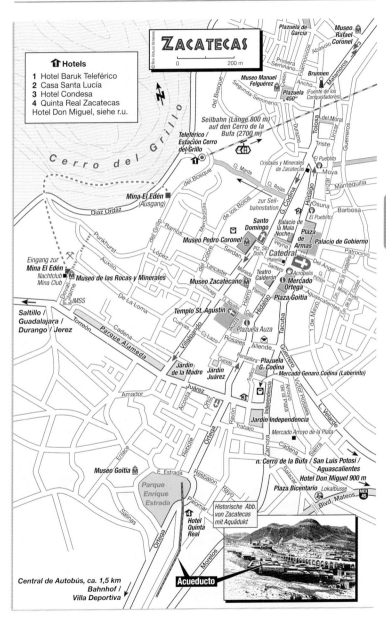

ZACATECAS

0 — 200 m

Hotels

1 Hotel Baruk Teleférico
2 Casa Santa Lucía
3 Hotel Condesa
4 Quinta Real Zacatecas
Hotel Don Miguel, siehe r.u.

Cerro del Grillo

Plazuela de Garcia

Museo Rafael Coronel

Museo Manuel Felguérez

Brunnen (Fuente de los Conquistadores)

Plazuela 450°

Seilbahn (Länge 800 m) auf den Cerro de la Bufa (2700 m)

Teleférico / Estación Cerro del Grillo

El Pueblito

Cristales y Minerales de Zacatecas

Mina El Edén (Ausgang)

Diaz Ordaz

zur Seilbahnstation

Santo Domingo

Palacio de la Mala Noche

Plaza de Armas

Palacio de Gobierno

Eingang zur Mina El Edén
Nachtclub Mina Club

Museo Pedro Coronel

Catedral

Museo de las Rocas y Minerales

Museo Zacatecano

Teatro Calderón

Saltillo / Guadalajara / Durango / Jerez

IMSS

Templo St. Agustín

Mercado Ortega

Plaza Goitia

Parque Alameda

Plazuela Auza

Jardín de la Madre

Jardín Juárez

Plazuela G. Codina

Mercado Genaro Codina (Laberinto)

Museo Goitia

Jardín Independencia

Mercado Arroyo de la Plata

n. Cerro de la Bufa / San Luis Potosí / Aguascalientes

Hotel Don Miguel 900 m

Plaza Bicentenario Lokalbusse

MEX 45

Parque Enrique Estrada

Hotel Quinta Real

Historische Abb. von Zacatecas mit Aquädukt

Central de Autobús, ca. 1,5 km
Bahnhof / Villa Deportiva

Acueducto

davon, wie hart und gefährlich die Arbeit in den Minen – für einen Hungerlohn – war. Tödliche Unfälle waren keine Seltenheit. Bei der Mine befindet sich das **Museo de las Rocas y Minerales,** s.u.

Auf dem Cerro de la Bufa
Am Minen-Ausgang liegt ein Stück weiter nordwestlich die Talstation des **Teleférico,** eine Seilbahn, die über die Dächer von Zacatecas schwebt und Sie auf den *Cerro de la Bufa* bringt (tägl. von 10–18 Uhr, 100 Ps). Dort oben, auf 2700 m Höhe mit weiter Aussicht, steht auch die hübsche Kapelle der Stadtpatronin, die *Capilla de la Virgen de Patrocinio,* gleich daneben das 2014 umfassend renovierte *Museo de la Toma de Zacatecas* (tägl. 11–17 Uhr, 12 Ps). Dieses dokumentiert einen wichtigen geschichtlichen Höhepunkt der Stadt, und zwar den Sieg der Revolutionstruppe „Division del Norte" unter der Führung des legendären **Francisco „Pancho" Villa** über die Truppen des Diktators Huerta am 23.06.1914. Zwei der Reiterstandbilder zeigen Villa und Madero, das Schild „Tirolesa" weist zur Bufa Zipline (840 m Länge).

Sakral- architektur
Zacatecas war ein wichtiger Außenposten für die geistige Eroberung des riesigen Nordmexikos. Bereits im 16. Jahrhundert begannen die verschiedenen Orden mit dem Bau prächtiger Kirchen und Klöster, von denen aus dann die Christianisierung des Nordens vorangetrieben wurde. Davon zeugen unter anderem der **Templo de San Agustín** (Plazuela Auza, Di–So 10–17 Uhr, Sa 21 Uhr wird ein Video zur Geschichte des Gebäudes an die Hauptfassade projiziert, „Videomapping" genannt), der 1782 fertiggestellt wurde. Besichtigt werden kann der restaurierte Innenhof des Klosters. Das platereske (filigran verzierte) Portal der Nordseite (Callejón Agustín) zeigt in einem schönen Relief die Bekehrung des Heiligen Augustinus.

Die Kathedrale ziert üppige barocke Steinmetzkunst

Der ursprünglich von Jesuiten gegründete **Templo de Santo Domingo** (Plazuela de Santo Domingo, tägl. 9–17 Uhr) wurde nach deren Ausweisung 1767 von den Dominikanern übernommen. Das Innere birgt acht prächtige Seitenaltäre, deren retablo-Schnitzwerk vollständig mit Blattgold überzogen ist und Santo Domingo zur reichsten Kirche von Zacatecas macht.

Die **Kathedrale** (die Schutzpatronin *Nuestra Señora del Patrocinio* zeigt sich über dem Eingang der Südseite) ist der bedeutendste Sakralbau der Stadt und als ein Musterbeispiel des mexikanischen Barocks, des *Churriguerismus,* sei sie die **schönste ganz Mexikos,** so heißt es. Fertiggestellt wurde das Meisterwerk indigener Steinmetzkunst im Jahr 1752. An der Fassade die Statuen der 12 Apostel, zwischen ihnen (in der Mitte oben) steht Christus, über ihm schwebt Gott-Vater. Das runde Fenster über dem Eingang symbolisiert eine Dornenkrone. Das Innere ist allerdings ziemlich karg, viel Wertvolles soll während der Revolution gestohlen worden sein.

Museen Zacatecas gehört zu den mexikanischen Städten mit den meisten Museen, hier nur eine Auswahl: Das **Museo Rafael Coronel** (C. Abasolo, im Stadtplan rechts oben, tägl. 10–17 Uhr, Mi geschl., 30 Ps) war einst ein Kloster – und zwar das älteste der Stadt: die Franziskaner ließen es um 1567 erbauen. Im Innern birgt es Masken aus ganz Mexiko, von spaßig über grotesk bis furchterregend, sowie Marionetten aus aller Welt. Ein Besuch lohnt sich hier ebenso wie im **Museo Zacatecano** (Hierro 301, Frei–So 10–17 Uhr, Di geschl., 30 Ps), ausnahmsweise mal kein Sakralbau, sondern die ehemalige Münze *(Casa de la Moneda).* Es ist der Volkskunst der **Huicholes** gewidmet, einer Indígena-Gruppe, die abgeschieden in der Sierra Madre lebt und für ihre jährliche Wanderung in die Peyote-Kaktusgebiete bekannt ist (s.S. 54). Präsentiert werden Trachten, Fotos und ihre kunsthandwerklichen Arbeiten, wie Perlenarbeiten und leuchtende Garnbilder, die Peyote-Visionen entsprungen zu sein scheinen.

Im **Museo Pedro Coronel** (Plaza Santa Domingo, ehem. Jesuiten-Colegium, tägl. 11–17 Uhr, Mo geschl., 30 Ps) ist das Vermächtnis des gleichnamigen Künstlers und Kunstsammlers ausgestellt: Sammelstücke aus aller Welt, auch einige Originale von Dalí, Picasso, Goya und anderen weltberühmten Malern. Für Kunstfreunde ein Muss!

Zeitgenössische Künstler aus Zacatecas kann man im **Museo Francisco Goitia** beim südlichen *Parque Enrique Estrada,* auch Parque Sierra Alicia genannt (tägl. 10–16 Uhr, Mo geschl., 30 Ps) bewundern. An der gegenüberliegenden Parkseite endet der **Acueducto del Cubo** mit seinen insgesamt 39 Bögen, der allerdings seit 1910 die Stadt nicht mehr mit Wasser versorgt.

Das **Museo de las Rocas y Minerales,** Antonio Dovalí Jaime bei der Mina El Edén, zeigt Edel- und Halbedelsteine aus der ganzen Welt (tägl. 10–18 Uhr, 100 Ps).

Adressen & Service Zacatecas

Turismo   Módulos de Información siehe „i"-Punkte im Stadtplan (Mercado Ortega, Av. Hidalgo). Nach anstehenden Veranstaltungen fragen, an Wochenenden finden fast immer kostenlose klassische Konzerte statt. An der Explanada Cerro de la Bufa auch ein Büro mit Tourangeboten. Einen nächtlichen Rundgang, bei dem die Legenden der Stadt theatralisch dargestellt werden (auf Spanisch) bietet der Touranbieter in der Hidalgo 613.

Webseiten   www.zacatecastravel.com (Seite der Secretaría de Turismo)
www.visitmexico.com/es/destinos-principales/zacatecas/zacatecas

Unterkunft   Günstig ist das **Hotel Condesa** €, nahe dem Jardín Independencia, Av. Juárez 102, www.hotelcondesazac.mx. Diverse Zimmeroptionen, Restaurant. – Direkt im Zentrum gibt es mehrere Hotels an der Hidalgo, z.B. gleich an der Plaza de Armas die **Casa Santa Lucía** €€, Hidalgo 717, www.hotelcasasantalucia.com. Die 25 Zimmer in dem Kolonialgebäude sind geräumig und sauber, an der Wand hängen Ölgemälde, von der netten Dachterrasse Blick auf den Cerro de la Bufa. Leider etwas hellhörig. – Schön, aber abgelegen vom Zentrum, ist das **Hotel Baruk Teleférico y Minas** €€, Periférico Díaz Ordaz 602 (bei der Seilbahn-Talstation, die Seilbahn fährt „fast" quer über dem Kaffeetisch), www.hotelesbaruk.com, Gartenanlage, Aussicht über die Stadt. – Top ist das Ketten- und Viersternehotel **Quinta Real Zacatecas** €€€ am Parque Estrada im Süden, www.quintareal.com, gebaut in Bereichen der ehemaligen Stierkampfarena San Pedro, vom Restaurant Blick in die Arena, im Hintergrund erhebt sich der Aquädukt. Wirklich mal was ganz Besonderes.

Essen & Trinken   Große Auswahl für jeden Geschmack. Die Weine der Gegend – *tinto, rosado, blanco* – zählen zu den besten Mexikos. Zum Frühstück oder Kaffeetrinken trifft man sich im gut besuchten **Café Acrópolis** (südl. der Kathedrale, Ecke Hidalgo).
Gute mexikanische Küche bekommt man z.B. bei **La Fonda de mi Tierra,** San Marcos 206. Typisch zacatekanisch kann man im bunt dekorierten **El Pueblito** (Hidalgo 802) essen, so z.B. *itacate minero*, ein (meist scharfes) Fleisch-Bohnen-Gemisch, das die Minenarbeiter gerne in ihre Tacos gaben.

Unterhaltung   Wie in Guanajuato gibt es hier *callejoneadas,* die Musikbande zieht ausgelassen durch Straßen und Kneipen. Los geht's meist am Samstagabend von der Plaza Goitia. Dort auch am Do und So-Abend Live-Musik mit der *Banda del Estado*.
Für Disco-Tänzer dröhnt in der Mine El Edén in 320 m Tiefe der *La Mina Club* (Bar: Do–Fr 16–23, Disko Sa 21–02 Uhr), www.minaeleden.com.mx/english/movil/minaclub/index.php, Calle Dovali Jaime, Eintritt.

Feste   In der Karwoche ein großes **Kulturfestival** mit Theater, Tänzen und einer hervorragenden Stimmung, vieles spielt sich auf der Straße ab und ist kostenlos.
In der zweiten Junihälfte wird bei der **Cabalgata Turística Revolucionaria "Toma de Zacatecas"** der Weg der berühmten *División del Norte* bei der Besetzung der Stadt nachgeritten (s.o.).
Farbenprächtige Trachten, Musik und Umzüge ab dem letzten Freitag im August, drei Tage lang **(Fiesta La Morisma).**

Im September, vom 6.–21., wird in der großen **Feria de Zacatecas** schon wieder getanzt. Höhepunkt ist die Prozession am 8., bei der die Stadtpatronin *Nuestra Señora del Patricinio* auf den Cerro de la Bufa hinaufgetragen wird.

Einkaufen   Der *Mercado Genaro Codina* (oder *Laberinto*) bietet eine große Auswahl an Agrarprodukten und Lebensmitteln. Quarzliebhaber sollten bei *Cristales y Minerales de Zacatecas,* Codina 764 (beim Zusammentreffen der Straßen Codina und Hidalgo), vorbeischauen, hier auch Ausgefalleneres und mit etwas Glück gediegenes Silber.

Transport   *Central de Autobuses Roberto D. Herrera* (ETN, Turstar u.a.), Jesús Reyes Heroles, ca. 2,5 km südlich bei der Mex 45 (mit Hotel *La Central*). *Autobuses Estrella Blanca* (Elite, Futura, Chihuahuenses u.a.) hat ein eigenes Terminal: Lomas de la Isabelica, ebenfalls bei der Reyes Heroles. Lokal- und Umgebungsbusse fahren von der Plaza Plaza Bicentario ab (Stadtplan r.u.)

Umgebungsziele von Zacatecas

Jerez 🐾   Das hübsche Kolonialstädtchen, 57 km südwestlich von Zacatecas, wurde 1569 von Spaniern (natürlich aus Jerez in Spanien) als Bastion zwischen Guadalajara und Zacatecas gegründet, denn die Strecke war ein wichtiger, oft überfallener Handelsweg. Wenn nicht gerade ganze Busse mit Touristenströmen einfallen, ist es hier wie ausgestorben. „Exportiert" werden vor allem Migrationswillige, überall hängen Schilder, auf denen (echte und falsche) Anwälte ihre diesbezüglichen Leistungen anpreisen. Charme hat das *Pueblo Mágico* jedenfalls, ein Rundgang zwischen den schmiedeeisernen Fenstern und Toren lohnt sich, und der *Kiosko* am Hauptplatz **Jardín Rafael Páez** ist mit seiner kunstvollen Mudejar-Holzdecke etwas so Besonderes, dass hier sogar Hochzeiten stattfinden. Zu sehen gibt's des Weiteren verschiedene religiöse Gebäude und das *Teatro Hinojosa,* das *Edificio de la Torre* aus rosanem Sandstein und – last but not least – das *Portal Humboldt,* eine einstige Streichholzfabrik, die zu Ehren des Forschers umbenannt wurde. Nicht übersehen sollte man ein Schild, das an die Kürze des Lebens erinnert und mahnt, bei all der Hast und Eile in der *Nevería El Paraiso* (San Luis, gleich beim Haupt-platz) einen Halt einzulegen, denn die hat Tradition und bietet wirklich leckeres Eis!

La Quemada   Diese archäologische Stätte (56 km südlich von Zacatecas) mit beeindruckenden, monumentalen Rundsäulen aus der Zeit 300 bis 1200 n.Chr. wurde einst in Brand gesetzt, daher der Name. Wer sie bewohnte, weiß man bis heute nicht, manche sehen in ihr das legendäre *Chicomostoc* (Ort der sieben Höhlen), von wo die Azteken der Legende nach ins Zentrum von Mexiko aufbrachen. Der Komplex ist umfangreich, es geht auch viel bergauf, feste Schuhe anziehen und auf jeden Fall Wasser mitnehmen. Hin am besten mit einer Tour.

Guadalajara

Guadalajara (Großraum ca. 5 Mio. Ew.), die Hauptstadt Jaliscos, ist eine von Mexikos größten Metropolen und eine der drei Städte mit einem U-Bahn-System (hier: *tren ligero*). Eine pulsierende Handels- und Industriemetropole, Höhenlage 1600 m, was ein angenehmes, mildes Klima bedeutet. Die Bewohner nennt man *tapatíos,* abgeleitet von Náhuatl *tlapatiotl,* das war in prähispanischen Zeiten das Zahlungsmittel Kakaobohne.

Die Region verkörpert gleich mehrere der wichtigsten Mexiko-Klischees: **Mariachis, Tequila** und **Charreadas.** Die Mariachi-Musik mit Geigen, Gitarren und Trompeten (ursprünglich Harfe) ist hier im 19. Jh. entstanden, über Ursprung und Bedeutung ihres Namens herrscht weiterhin Unklarheit. Gekleidet sind die Musiker in der schwarzen *Charro-Tracht,* das sind Reiter (ursprünglich Viehtreiber), die bei den traditionellen *Charreadas* Reitkunststücke vorführen.

Farbenfrohe Jalisco-Tracht, die Männer als charros

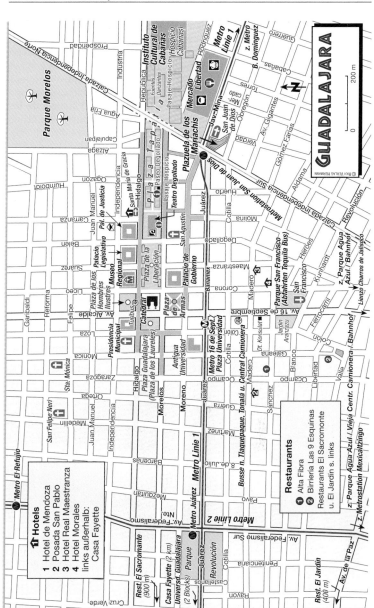

GUADALAJARA

0 200 m

Hotels
1 Hotel de Mendoza
2 Posada San Pablo
3 Hotel Real Maestranza
4 Hotel Morales
links außerhalb:
Casa Fayette

Restaurants
1 Alta Fibra
2 Birriería Las 9 Esquinas
Restaurants El Sacromonte
u. El Jardín s. links

Parque Morelos

Instituto Cultural de Cabañas

Hospicio/Hospicio Cabañas

Mercado Libertad

Plazuela de los Mariachis

Teatro Degollado

Palacio de Justicia

Palacio Legislativo

Museo Regional

Plaza de los Hombres Ilustres

Plaza de la Liberación

Palacio de Gobierno

Presidencia Municipal

Catedral

Plaza de Armas

Antigua Universidad

Plaza Guadalajara (Plaza de los Laureles)

Und der Tequila verdankt seinen Namen der 60 km entfernten Kleinstadt **Tequila,** wo er seit dem 17. Jh. gebrannt wird (vielleicht verhält es sich aber auch umgekehrt, nämlich dass die Stadt ihren Namen dem Getränk verdankt). Dort gibt es ringsherum endlose Agaven-Plantagen, das Ausgangsprodukt der berühmten Spirituose, von der es heute rund 800 verschiedene Marken gibt. Zu sehen und zu hören bekommt man die Mariachis auf der **Plazuela de los Mariachis** (bei der Kirche und Metro-Station San Juan de Dios), richtig los geht's erst spät am Abend. Die Gegend ist nicht die sicherste, weshalb man die Gruppen vielleicht auch einfach in einem Restaurant oder im Hotel genießen sollte.

Zentrum mit vielen Plätzen
Einigermaßen lärmfrei flaniert man im historischen Zentrum, es ist wuchtiger und unübersichtlicher als die Zentren anderer Kolonialstädte, einen zentralen Zócalo gibt es nicht. Die **Kathedrale** aus dem 17. Jh. mit ihren gelb gekachelten Zwillingstürmen musste infolge von Erdbeben mehrmals umgebaut werden, umgeben ist sie kleeblattförmig von gleich vier Plätzen:

Östlich der Kathedrale
Hier erstreckt sich die **Plaza de la Liberación** mit der Statue des Befreiers Miguel Hidalgo, die riesige mexikanische Flagge wird zweimal täglich gehisst. Am Ende der Plaza steht das neoklassizistische **Teatro Degollado** (im Innern überlebensgroße Murales von Suárez und Gálvez), hinter dem die langgezogene **Plaza Tapatía** beginnt, die gewissermaßen das Herzstück der Stadt bildet. An deren Ende

Nächtliche Kathedrale

dann das **Instituto Cultural de Cabañas** (Di–So 11–17 Uhr, 80 Ps), Anfang des 19. Jh. ein Armen- und Waisenhaus *(Hospicio Cabañas),* heute das Kulturzentrum der Stadt, ein verschachtelter Bau mit 23 Innenhöfen (UNESCO-Weltkulturerbe). Hier das Hauptwerk des Muralisten *José Clemente Orozco* (1883–1949), gemalt zwischen 1937–39, es sind mehrere Wandbilder, insgesamt eine faszinierende Version der mexikanischen und menschlichen Entwicklungs- geschichte und außerdem die Illustration des Zusammenpralls der europäischen mit der indigenen Welt. Vorsicht: Stiert man zu lange zur Kuppel hoch (dort das berühmte Fresco *Hombre del Fuego* – Mensch in Flammen –) bekommt man Genickstarre! An der Südflanke der Plaza Tapatía die **Plazuela de los Mariachis** (s.o.) sowie der **Mercado Libertad**, ein mehrstöckiger Bau mit gewaltigem Waren- angebot. Bekannt ist die Gegend vor allem für ihre Lederwaren, aber auch für Gold- und Silberschmuckarbeiten.

Südlich der Kathedrale   befindet sich die **Plaza de Armas,** rund um den kunstvollen Musik- pavillon im Art-Nouveau-Stil (Di-, Do- und So-Abend finden Blas- orchesterkonzerte statt), endlich auch ein paar Bäume zwischen all den Steinen, und Bänke zum Sitzen. An der Ostseite der Plaza der barocke **Palacio de Gobierno,** der Benito Juárez 1858 für kurze Zeit als Regierungspalast diente, in dessen Innern weitere Wandgemälde von Orozco, unter anderem die berühmte Darstellung des Padre Hidalgo mit erhoben-geballter Faust, in der anderen Hand die Fackel – unter ihm wütet der Unabhängigkeitskrieg.

Westlich der Kathedrale   Die **Plaza Guadalajara** (oder **Plaza de los Laureles)** liegt westlich der Kathedrale, der Name stammt von den Lorbeerbäumen, die dort stehen, an deren Nordseite die **Presidencia Municipal,** ebenfalls mit Murales.

Nördlich der Kathedrale   Es schließt sich die **Plaza de los Hombres Ilustres** an, hier befinden sich 12 Bronzebüsten verdienter und berühmter Männer aus Jalisco. An der Ostseite der Plaza das sehenswerte **Museo Regional** (tägl. außer Mo 9–16 Uhr, 85 Ps), ein ehemaliges Jesuitenkolleg, das archäologische und ethnographische Objekte ausstellt – eine *Charro*- Abteilung darf natürlich nicht fehlen.

Messegelände   Guadalajara hat ein bedeutendes Messegelände, dort finden das ganze Jahr über Ausstellungen und Kongresse statt. Ringsum natür- lich Hotelketten und internationales Publikum. Am bekanntesten ist die internationale Buchmesse, die wichtigste ganz Iberoamerikas, jedes Jahr zieht sie Ende Nov./Anfang Dez. zigtausende Besucher an. Zwischen Zentrum und Messegelände verkehren die Buslinien 59 und 59A (auch T04-B).

Vorstädte von Guadalajara

Tlaquepaque Liegt 7 km südöstlich des Zentrums, Besucher kommen wegen dem großen Angebot an Kunsthandwerk, es gibt Ton-, Keramik-, Holz-, Kupfer-, Pappmaché- und Glasarbeiten und anderes, natürlich auch viel Kitsch. Sehr touristisch, aber doch nett zum Schlendern. Im Zentrum jede Menge Restaurants, ebenso das kleine *Museo Regional de la Cerámica y los Artes Populares* (Independencia 237, Di–So 10–18 Uhr). Die *Fiesta de Tlaquepaque* findet von Mitte Juni bis einschließlich erster Juliwoche statt. Hin mit dem Tren Ligero TL-3 (Guadalajara Centro, https://lineatres.jalisco.gob.mx). In Tlaquepaque verkehrt auch ein *Tranvía Turístico* (drei Haltestellen direkt im Zentrum).

Tonalá Liegt 14 km südöstlich von Guadalajara bzw. 6 km östlich von Tlaquepaque (von dort problemlos mit dem Bus zu erreichen), ebenfalls ein Handwerkerzentrum, vor allem auf Keramikwaren spezialisiert. Hier ist es weniger touristisch, Do und So ist *tianguis* (Straßenmarkt), wo auch die Anwohner einkaufen. In der Calle Constitución 110 das *Museo de la Cerámica* mit Schaustücken aus ganz Mexiko (Di–So 10–18 Uhr). Groß gefeiert wird hier die Karwoche.

Zapopan In dieser etwa 8 km nordwestlich von Guadalajara gelegenen Vorstadt befindet sich die **Basílica de la Virgen de Zapopan** aus dem 16. Jh.; Papst Johannes Paul II. stattete der Patrona von Guadalajara 1979 einen Besuch ab. Am 13. Juni wandert sie in Prozessionen von Kirche zu Kirche und am 12. Oktober wird sie mit einem riesigen, volksfestartigen Umzug mit abertausenden Teilnehmern (Musikgruppen, Tänzer usw.) von Guadalajaras Kathedrale nach Zapopan zurückgebracht. Rechts der Basílica das kleine *Museo Huichol* mit Ausstellungs- und Verkaufsstücken dieser Volksgruppe: leuchtend bunter Stickbilder aus Wollfäden oder Perlen, beeindruckende Zeugnisse ihrer mythischen Welt darstellend. Hin mit dem Tren Ligero TL-3 von Guadalajara Centro, https://lineatres.jalisco.gob.mx.

Adressen & Service Guadalajara

Turismo Plaza Tapatía, Paseo Hospicio, Tel. 800-3632200, tägl. 10–19 Uhr; weitere Infostellen am Paseo Degollado 105 und in der Juárez 90, Mo–Fr 9–20, Sa/So 10–19 Uhr.

Webseiten https://visitjalisco.com.mx
Ein Blog zu Tlaquepaque: https://blog.vivaaerobus.com/tlaquepaque-jalisco

Touranbieter *Tapatío Tours*, Av. Hidalgo, http://tapatiotour.com.mx, betreibt die Stadtrundfahrten mit dem **Turibus,** einschließlich Tlaquepaque, Tonalá und Zapopan, Abfahrt von der *Retonda de los Jaliscenses Ilustres.*
GDL-Tours mit Sitz in Tlaquepaque, www.gdltours.com, fährt u.a. auch nach Tequila und zu den Rundpyramiden Guachimontones (s.u.).

Unterkunft	Neu, zentral, modernes Gebäude, aufmerksamer Service und gutes Restaurant mit Frühstückbüffet (wo man auch willkommen ist, wenn man nicht dort logiert): **Hotel Real Maestranza** €, Madero 161, www.realmaestranzahotel.com. – Gute Mittelklasse, Tourenvermittlung, kleiner Pool auf dem Dach: **Hotel Morales Historical & Colonial** €€, Av. Ramón Corona 243, https://hotelmorales.com.mx. – Zentrale Lage gleich beim Theater, stilvoll eingerichtetes Kolonialgebäude, guter Service (Frühstücksbüffet, Parkplatz, Pool), deshalb die erste Wahl vieler Reisender: **Hotel de Mendoza** €€€, Carranza 16, http://demendoza.com.mx. – Exklusiv: **Casa Fayette** €€€, Lerdo de Tejada 2308 (Westrand des Zentrums), www.casafayette.com. Im Retro-Stil mit allem Drum und Dran dieser Preisklasse.

Essen & Trinken Im Zentrumsbereich jede Menge Restaurants, man hat die Qual der Wahl.

Die **Birriería Las 9 Esquinas,** Galeana 379 (südlich der Plaza de Armas), www.las9esquinas.com, ist ein Traditionshaus, spezialisiert auf das typischste der Gerichte Jaliscos: die *Birria,* ein Ragout aus im Wasserdampf gegartem Schaf- oder Ziegenfleisch, pikant gewürzt, aber nicht scharf. – Die Kette **Tortas Toño** (www.tortastono.com.mx, mehrere Zweigstellen in Zapopan, in Guadalajara: Tierra de Fuego 3160-2, nordwestl. des Zentrums, tägl. außer Di 9–16.30 Uhr) serviert eine weitere Spezialität der Gegend, die *tortas ahogadas* (Brötchen, die in einer Tomaten-Chili-Soße „ertrunken" sind). – Mexikanische Küche alten Stils (nicht billig) findet man bei **El Sacromonte,** Moreno 1398 (ab 13 Uhr, westlich, s. Stadtplan). – Vegetarisch im **Alta Fibra,** Sánchez 370-B, oder in **El Jardín,** Av. de la Paz 1558 (westlich), bekannt für sein gut sortiertes Büffet, hier hat man nicht nur auf dem Teller Grünes, es grünt auch ringsherum. – Bodenständig und billig isst man im großen **Mercado Libertad.**

Unterhaltung	Guadalajaras Kulturleben wird ergänzt durch ein breites Amüsement-Angebot (Musikkneipen, Diskotheken, Bars u.a.), wie man es von einer Großstadt erwarten darf. Das Nachtleben spielt sich u.a. südlich der Plaza de la Liberación und entlang der Av. Luis Vallarta (westliche Verlängerung der Juárez) ab. Aktuelle Veranstaltungen beim Turismo erfragen. Nicht verpassen sollte man das **Ballet Folclórico de la Universidad de Guadalajara,** das regelmäßig (meist sonntags) im Teatro Degollado auftritt. Auch der Besuch einer der für die Gegend typischen *Charreadas* (Reitkunststücke) ist in Erwägung zu ziehen: Sie finden i.d.R. am Wochenende in der *Lienzo Charros de Jalisco* an der Südostecke des Parque Agua Azul statt..
Feste	Mitte Juni/Anfang Juli: Fiesta de Tlaquepaque (s.o.). – Erste Septemberwoche: *Mariachi-Festival* rund um das Teatro Degollado. – Oktober: Einen ganzen Monat lang die *fiestas de octubre* mit Umzügen, Charreadas, Musik, Kultur, Höhepunkt ist der 12. Oktober, der Tag der *Virgen de Zapopan* (s.o.).
Einkaufen	Kunsthandwerk (und auch viel Kitsch) im *Mercado Libertad.* Qualitativ Besseres in der *Casa de las Artesanías de Jalisco* (❻) im Parque Agua Azul (Calzada Gallo 20, Rincón de La Agua Azul, Mo–Sa 9–17 Uhr, Zweigstellen auch in Tlaquepaque, Tonalá und Ajijic). Darüber hinaus lohnt sich ein Einkaufsausflug nach Tlaquepaque.
Transport	Die *Nueva Central Camionera* liegt 8 km südöstlich außerhalb bei Tlaquepaque, sie besteht aus 7 verschiedenen Hallen, die jeweils bestimmte Busgesellschaften gruppieren. Von hier fahren 1. Klasse-Busse (ETN, Elite, Futura, Primera Plus, Omnibus de México u.a.), bedient wird hauptsächlich der Norden und Westen des Landes.

Umgebungsziele von Guadalajara

Tequila 🌿 In die Hauptstadt des berühmten mexikanischen Getränks (60 km nordwestlich von Guadalajara) gelangt man samstags mit dem *Tequila Express,* ein Privatzug mit touristischem Komplettangebot, auch Mariachis (http://tequilaexpress.mx, Tel. 800-5039720, je nach Tourtyp zw. 700 und 2200 Ps), oder wesentlich günstiger (240 Ps) in Eigenregie mit dem Tequila Plus von der *Antigua Central Camionera,* www.tequilaplus.com.

Vor Ort natürlich jede Menge Schnapsläden, das kleine **Museo Nacional de Tequila** (Corona 34, Mo–Fr 9–18, Sa/So 10–17 Uhr) und zahlreiche Brennereien, die man besichtigen kann (Infos gibt's am Turismo an der Plaza). Die größten sind *Sauza* und *Cuervo.*

Lago de Chapala 🌿 Mexikos größter See liegt ca. 50 km südöstlich von Guadalajara. Es handelt sich um ein beliebtes Ausflugsziel der *tapatios* mit See-Hotels und Fischrestaurants. Zum Baden ist er infolge von Umweltproblemen, wuchernde Wasserhyazinthen und sinkendem Wasserspiegel allerdings ungeeignet. Für den ausländischen Reisenden interessanter ist sicher der Nachbarort **Ajijic** mit seiner kolonialen Atmosphäre, Pflasterstraßen, jeder Menge (teuren) Boutiquen und auch etlichen Restaurants. Hier leben Angehörige der reichen mexikanischen Oberschicht, Künstler sowie viele US-amerikanische Pensionäre

Guachimontones Rund 65 km westlich von Guadalajara (ca. 1 Std. Fahrzeit) befindet sich eine außergewöhnliche archäologische Stätte: **Guachimontones** (UNESCO-Weltkulturerbe). Hierbei handelt es sich um **konzentrisch**

Rundpyramide von Guachimontones

angelegte Rundpyramiden, weltweit einzigartig in ihrer Art (weitere Rundgebilde in Mexiko gibt es lediglich in Tzintzuntzan/Michoacán, Cuicuilco/Estado de México, Uxmal/Yucatán und Xochitécatl/Tlaxcala). Die Anlage zählt zu der *Teuchitlán-Kultur* (Blütezeit um 200 n.Chr.), die um das Jahr 900 recht plötzlich kollabierte, wahrscheinlich infolge des Aufstiegs der postklassischen Purépecha im benachbarten Michoacán. Leider teilen die Pyramiden das Schicksal vieler anderer, etwas abgelegener archäologischer Stätten: es wird nur wenig in deren Erforschung und Erhaltung investiert. Hin kommt man am besten mit einer Tour (s.o. bei Turismo) oder als Selbstfahrer. Geöffnet Di–Sa 11–17, So bis 14 Uhr, 50 Ps.

Westlich von Mexiko-Stadt

Morelia

Morelia, die Hauptstadt von Michoacán (rund 850.000 Ew., 1541 gegründet), kann mit einigen historischen Superlativen auftrumpfen: Sie ist Bischofssitz, hat den zweitältesten Priester-Colegio und das älteste Konservatorium Lateinamerikas. Benannt – oder besser gesagt umbenannt – wurde das einstige Valladolid nach dem dort gebürtigen ◄ **José María Morelos y Pavón** (1765–1815), einem Priester, der nach der Hinrichtung von Hidalgo, Allende, Aldama und Jiménez 1811 die Unabhängigkeitsbewegung anführte (s.S. 117). Auch er musste seine Ideale, die Loslösung von Spanien und eine Verbesserung der schlimmen Lage der unterdrückten Landbevölkerung, mit dem Leben bezahlen: die Königstreuen richteten ihn in Mexiko-Stadt hin.

Morelias *Centro Histórico* zählt zum Weltkulturerbe. Zu sehen gibt es Dutzende Stadtpaläste, Kirchen und Klöster, die meisten aus dem 18. Jahrhundert, in Sandsteinarchitektur. Die wuchtigen Gebäude muten allerdings aristokratisch an und geben der Stadt eine gewisse Schwere, die lockere Verspieltheit anderer Kolonialstädte fehlt hier.

Kathedrale   Imposant ist die **Kathedrale** aus rosa-bräunlichem Sandstein, in nüchternem Frühbarockstil erbaut. Die nächtliche Beleuchtung macht sie noch majestätischer (samstags wird sie abends zunächst mit einer Lichtshow versehen, anschließend, um 21.30 Uhr, gibt es Historisches als Licht-/Tonvorführung, *videomapping* genannt). Beachtenswert sind die Rundfenster und die mit blauweißen Kacheln *(azulejos)* verkleideten Kuppeln. Das Innere wurde im 19. Jh. überwiegend neoklassizistisch umgestaltet, die große Orgel mit über 4600 Pfeifen stammt aus dem schwäbischen Ludwigsburg.

Profanes in ehemaligen Sakralbauten

Weitere Kolonialbauten sind gegenwärtig Sitz von öffentlichen und privaten Institutionen, wie z.B. der ehemalige Bischofspalast aus dem Jahr 1770 nördlich der Kathedrale, heute der **Palacio de Gobierno** mit sehr sehenswerten Wandgemälden des Pátzcuaro-Künstlers Alfredo Zalce im Obergeschoss, die geschichtliche Themen und den Freiheitskampf Mexikos darstellen.

Nördlich davon liegt an der Morelos Nte der ehemalige *Convento del Carmen,* heute die **Casa de la Cultura** mit ihrem Veranstaltungsprogramm.

Nordwestlich der Plaza de Armas befindet sich der **Palacio Clavijero** (Di–So 10–18 Uhr), benannt nach dem bedeutenden Jesuiten-Lehrer. In der angeschlossenen ehemaligen Klosterkirche *Templo de Compañia* befindet eine außergewöhnliche, heute öffentliche Bibliothek mit uralten Klosterbüchern – nicht versäumen! Außerdem findet man in dem großen Areal den **Mercado de Dulces y Artesanías,** ein Markt für einheimische Süßigkeiten, wo man allerlei Ausgefallenes probieren kann, wie z.B. *queso de tuna* (Fruchtcreme aus Kaktusfrüchten).

Blick über Morelia – imposant ist die
Kathedrale mit der Plaza de Armas (links)

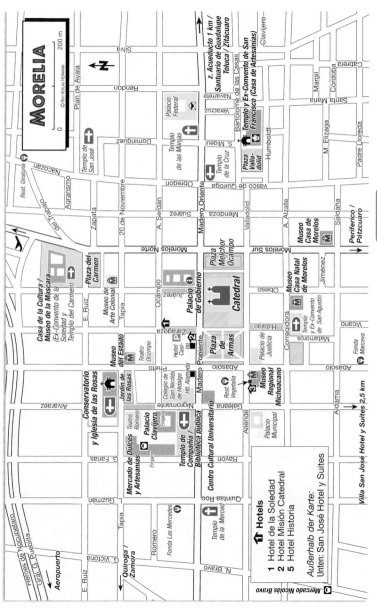

MORELIA

© REISE VERLAG HERMANN

0   200 m

z. Acueducto 1 km /
Santuario de Guadalupe
Toluca / Zitácuaro

Palacio Federal

Templo de San José

Templo de las Monjas

Templo de la Cruz

Templo y Ex-Convento de San Francisco (Casa de Artesanías)

Plaza Valladolid

Rest. Giralmuz

Vasco de Quiroga

Museo Casa de Morelos

Periférico / Pátzcuaro

Casa de la Cultura / Museo de la Máscara (Ex-Convento de la Soledad y Templo del Carmen)

Plaza del Carmen

Museo de Arte Colonial

Plaza Melchor Ocampo

Palacio de Gobierno

Catedral

Museo Casa Natal de Morelos

Templo y Ex-Convento de San Agustín

Museo del Estado

Teatro Ocampo

Hotel Casino

Plaza de Armas

Palacio de Justicia

Conservatorio y Iglesia de las Rosas

Jardín de las Rosas

Colegio de San Nicolás de Hidalgo

Htl. Allende

Rest. Vegetalia

Museo Regional Michoacano

Fonda Marceva

Teatro Romero

Palacio Clavijero

Templo de Compañía / Biblioteca pública

Centro Cultural Universitario

Palacio Municipal

Mercado de Dulces y Artesanías

Fonda Las Mercedes

Templo de la Merced

Aeropuerto

🏨 Hotels

1 Hotel de la Soledad
2 Hotel Misión Catedral
5 Hotel Historia

Außerhalb der Karte:
Unten: San José Hotel y Suites

Villa San José Hotel y Suites 2,5 km

🖪 Mercado Nicolás Bravo

*Die zur Biblio-
thek umge-
baute Kirche
La Compañía
(Palacio
Clavijero)*

Nördlich vom Palacio Clavijero, Ecke Tapia/Prieto, ist im Gebäude des einstigen Dominikaner-Nonnenklosters *Santa Rosa de Lima* von 1590 die älteste Musikhochschule Amerikas, das **Conservatorio e Iglesia de las Rosas,** untergebracht. Gegenwärtig ist ihr Stolz ein berühmter Kinderchor.

Auch einige Banken haben sich in (nicht sakrales) koloniales Ambiente eingenistet.

Museen In einem schönen Barockbau von 1705, in dem Kaiser Maximilian bei seinem Besuch in Morelia wohnte, ist heute das **Museo Regional Michoacano** mit archäologischen Exponaten (Südwestecke Plaza de Armas, Allende 305, Di–So 9–17 Uhr, 65 Ps). Interessante ethnologische Ausstellungsstücke sowie eine Mineralien- und pharmazeutische Sammlung besitzt das **Museo del Estado** (Prieto 176, Mo–Fr 10–15 u. 16–20, Sa/So 10–18 Uhr freier Eintritt). Dem Stadthelden gewidmet ist das **Museo Casa Natal de Morelos** (Corregidora 113, tägl. 9–19 Uhr, freier Eintritt) mit historischen und persönlichen Erinnerungsstücken rund um den Unabhängigkeitskampf. Hier wurde Morelos geboren, eine „ewige Flamme" bewahrt sein Andenken. Erzählen tut der Freiheitsheld seine Geschichte allerdings selbst: als Morelos-Roboter. Nicht weit davon entfernt befindet sich das **Museo Casa de Morelos,** das mit zahlreichen Exponaten umfänglich über das Leben des Nationalhelden berichtet (auch auf Englisch; Morelos Sur 323, Di–So 9–17 Uhr, 65 Ps).

Wanderausstellungen, Musik und kulturelle Veranstaltungen auch im **Centro Cultural Universitario,** Madero Pte 350, westlich der Plaza de Armas.

Aquädukt   Etwa 1 km stadtauswärts in Richtung Osten beginnt in der Nähe des hübschen Brunnens *Fuente de las Tarascas* (Brunnen der Tarasken-Frauen) der 1,7 km lange **Aquädukt,** der die Stadt bis 1921 mit Trinkwasser versorgte. Frisch Verliebte sollten ein paar Schritte weiter den romantischen **Callejón del Romance** aufsuchen (zwischen Calle Luis Moya und Av. Madero), hier einige unter Baudenkmalschutz stehende Gebäude und Brunnen – man braucht keine Farbbrille mehr, um die Welt in rosa zu sehen!

Adressen & Service Morelia

Turismo   Juárez 178, im Palacio de Gobierno.

Webseiten   https://experienciamorelia.mx, https://michoacan.travel/en

Sehr umfassend ist die Webseite www.visitmichoacan.com.mx, hier auch Informationen zu aktuellen Events und kostenlose Michoacán-Führer (Span. u. Engl.) zum Runterladen.

Stadtrund- Eine Stadtrundfahrt mit der nostalgisch-straßenbahnähnlichen **Tranvías**
besichtigung **Kuanari** (**Ⓕ**) bietet einen guten Überblick (tägl. von 10.30–21 Uhr, Infostand direkt an der Westflanke der Kathedrale).

Nächtliche Fahrradtouren: Ein Rundfahrt der etwas anderen Art: Die Organisation *Bicivilizate Michoacán* (**Ⓕ**) organisiert jeden Mittwoch eine nächtliche Fahrradtour (Treffpunkt 20.30 Uhr, Plaza Morelos) und vermietet für diesen Zweck auch Fahrräder, auf Facebook.

Unterkunft   Das kleine **Hotel Historia** € liegt zentral in der Allende 329, www.hotelhistoria.com.mx. Sauberes, angenehmes Kolonialhaus mit Aussichtsterrasse, aber viele Stufen zu steigen. – **Hotel Misión Catedral** €€, Zaragoza 37. Zählt zur Kette Hoteles Misión, www.hotelesmision.com.mx, zentral an der Plaza gegenüber der Kathedrale, überdachter Patio mit Arkadengängen, schönes Restaurant (Zimmer zur Straße vermeiden). – Ebenfalls zentral gelegen und mit Aussichtsterrasse: Das **Villa San José Hotel y Suites** €€, Patzimba 77, Col. Vista Bella, www.villasanjose.com.mx, liegt südlich außerhalb gegenüber vom Zoo. Man blickt aber auf die Stadt von einem Hügel aus und entschädigt wird man allenfalls mit der schönen Gartenanlage und dem Schwimmbecken. – Luxuriös im Zentrum: **Hotel de la Soledad** €€€, Zaragoza 90, www.hoteldelasoledad.com. Stilvolles Kolonialhaus mit schönem Patio (und Kutschen), gutes Restaurant.

Spezialitäten   Die *Sopa tarasca* ist eine leckere Bohnencremesuppe, die mit Käse garniert wird. *Gazpachos morelianos* sind fein geschnittene Obstscheiben, mit Zwiebeln, Essig, Käse und zermahlenem Chili zubereitet, darüber wird Zitronen- und Orangensaft geträufelt, und – falls der Kunde das wünscht – noch ein Spritzer scharfe Soße. *Corundas* heißen die Tamales der Region, die hier anders zubereitet werden als anderswo, und *uchepos* ist die Variante aus ganz zartem Mais, oft süßlich, garniert mit Schlagrahm und Tomatensoße.

Essen & Trinken   Unter den Portales ist immer was los, dort gibt es etliche Restaurants, aber der Verkehr ist laut. In ruhigeren Hinterhöfen und gediegenem Umfeld kann man in einigen Hotels essen, z.B. im **LU Cocina Mexicana** (*Hotel Casino,* Portal

Hidalgo 229) – teuer, aber gut! Gutes Feedback hat die **Fonda Marceva,** Abasolo 455, dort Spezialitäten der *Tierra Caliente.* Vegetarische und vegane Optionen im **Tierra Mona,** Aquiles Serdán 789 (ca. 13–17 Uhr), die Portionen sind nicht zu reichlich, aber sehr schmackhaft. Ortsansässige schwärmen von den *Corundas, Uchepos* und frischen Tortillas bei **Corundas Toña** (ca. 3,5 km südöstlich der Kathedrale am Blvd García de León 423, tägl. 9–16 Uhr), den etwas weiteren Weg muss man in Kauf nehmen, denn alles ist ja so lecker!

Unterhaltung Rock-Fans sollten die **Viva-Rock-Bar,** Abasolo 322 (Obergeschoss) versuchen, hier Live-Musik bis spät in die Nacht hinein.

Einkaufen Werfen Sie einen Blick in die **Casa de Artesanías** im **Ex-Convento de San Francisco** (Plaza Valladolid, tägl. 11–17 Uhr). Hier ein guter Überblick über die Volkskunst Michoacáns (vor allem bekannt für die schön bemalten Holzarbeiten), allerdings nicht billig. Einkaufen dann besser auf dem Vorplatz.

Transport Morelias *Central Camionera* TAM für diverse Linien und Klassen liegt nordwestlich ein paar Kilometer außerhalb beim Estadio Morelos, www.tam-sa. com.mx, hier auch der Luxus-Busterminal von ETN, http://etn.com.mx.

Pátzcuaro 🍃

Tzacapuansucutinpátzcuaro („Ort der Steine") heißt das beschauliche Pátzcuaro (etwa 98.000 Ew.) mit dörflich-kolonialem Charme auf *Purépecha,* der Sprache des hier ansässigen Volkes, was die Spanier dann verständlicherweise auf Pátzcuaro abkürzten. Die Spanier nannten die Purépecha *Tarasken,* was heute als abwertend empfunden wird. Pátzcuaro liegt in einer anmutig-grünen Hügellandschaft am **Lago Pátzcuaro** auf 2100 m Höhe – es kann ziemlich kalt werden!

Die mit einer Morelos-Statue gekrönte Insel Janítzio im Pátzcuaro-See

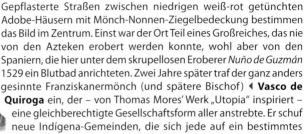

Gepflasterte Straßen zwischen niedrigen weiß-rot getünchten Adobe-Häusern mit Mönch-Nonnen-Ziegelbedeckung bestimmen das Bild im Zentrum. Einst war der Ort Teil eines Großreiches, das nie von den Azteken erobert werden konnte, wohl aber von den Spaniern, die hier unter dem skrupellosen Eroberer *Nuño de Guzmán* 1529 ein Blutbad anrichteten. Zwei Jahre später traf der ganz anders gesinnte Franziskanermönch (und spätere Bischof) ◄ **Vasco de Quiroga** ein, der – von Thomas Mores' Werk „Utopia" inspiriert – eine gleichberechtigte Gesellschaftsform aller anstrebte. Er schuf neue Indígena-Gemeinden, die sich jede auf ein bestimmtes Handwerk spezialisierten. Noch heute wird er als *Tata Vasco,* „Vater der Purépecha", hoch verehrt. Geblieben ist auch die facettenreiche Handwerkskunst rund um den Pátzcuaro-See. Als Materialien kommen Kupfer, Holz und Ton zum Einsatz, hergestellt werden Keramiken, Masken, Lackarbeiten, Stickereien u.v.a. mehr.

Berühmt in ganz Mexiko ist die **Danza de los Viejitos,** ein satirischer Masken-Tanz Michoacáns, bei dem (sehr gelenkige) Greise mit Gehstock herumhumpeln. Verspottet werden sollten damit wohl ursprünglich die spanischen Eroberer.

Stadtrundgang Im Zentrum gibt es zwei schöne Plätze, die **Plaza Vasco de Quiroga** mit einem Brunnen und der Statue des Wohltäters, allseitig von Portales umrahmt. Am Portal Allende (Westseite) ist noch das Haus des Sohnes des letzten Purépecha-Fürsten, der **Palacio Huitziméngari,** zu sehen.

Die kleinere **Plaza Gertrudis Bocanegra** ist der gleichnamigen Unabhängigkeitsheldin gewidmet, die 1818 in der Stadt hingerichtet wurde. An der Nordseite dieses Platzes befindet sich die **Biblioteca Pública** (Mo–Fr 9–19, Sa 9–14 Uhr), das eindrucksvolle Wandbild von Juan O'Gorman (1942) zeigt detaillierte Einzelszenen zur Geschichte Michoacáns.

In der **Basílica de Nuestra Señora de la Salud** von 1554, Plaza de la Basílica, befindet sich die Figur der wundertätigen Schutzheiligen der Stadt in einem Glaskasten beim Hauptaltar, die aus Maisstengeln und Orchideensaft modelliert wurde. Beim Westeingang liegt Vasco de Quiroga begraben.

Das **Museo de Artes e Industrias Populares** südlich der Basílica (Di–So 9–17 Uhr, 65 Ps) mit vielen ethnologischen und kunsthandwerklichen Exponaten dokumentiert auf anschauliche Weise die unterschiedlichen Ausprägungen des Handwerks der 50 Purépecha-Völker. Das Gebäude beherbergte ab 1540 das *Colegio de San Nicolás Obispo,* eine der ältesten Bildungsinstitutionen Lateinamerikas. Viel Kunsthandwerk auch in der sehenswerten **Casa de los Once Patios** (tägl. 9–19 Uhr, C. Altas Torres, südöstlich vom Plaza Vasco de Quiroga), einem ehemaligen Frauenkloster der Dominikanerinnen.

Nähere Umgebung

Tzintzuntzán
Pyramidenreste in **Tzintzuntzán** („Ort der Kolibris"), einem 17 Kilometer entfernten Dörfchen an der Ostseite des Sees, erinnern noch an seine große Vergangenheit als Purépecha-Hauptstadt. Die Stätte ist archäologisch durchaus etwas Besonderes, denn die *yácatas* – so heißen die Gebilde – sind rund! Mit Museo de Sitio. Außerdem ein Franziskanerkloster mit uralten Olivenbäumen im großen Klostergarten, ein sehr lohnender Kunsthandwerksmarkt und zu Ostern eine Prozession mit Auspeitschungen.

Isla Janítzio
Die **Isla Janítzio** im Lago Pátzcuaro gehört zwar bei einem Pátzcuaro-Besuch zwangsweise mit zum Programm, sie ist aber inzwischen eng mit Souvenirläden zugebaut. Kraxelt man allerdings bis zur knapp 40 m hohen **Morelos-Statue** hinauf (erst den Berg und dann die Spiraltreppe), hat man einen schönen Blick über den See. Höhepunkt des Jahres in Janitzio ist die **Noche de Muertos** (1./2. Nov.), dann brennen Hunderte von Kerzen auf der Insel und geschmückte Boote überqueren den See. Sehr festliche und (noch) nicht so überlaufene Totentage auch in *Ihuatzio* oder *Cucuchucho* (am südöstlichen Seeufer).

Adressen & Service Pátzcuaro

Turismo
Portal Hidalgo 1, an der Westseite der Plaza

Unterkunft
Es gibt Hotels in allen Kategorien. Hier nur zwei Beispiele: In einem alten Kolonialhaus untergebracht und hübsch dekoriert ist das **Hotel Los Escudos** €€, Portal Hidalgo 74, Tel. 4343421290. Wohl das beste in dieser Preisklasse. – Gehobener das **Hotel Mansión Iturbide** €€, Plaza Quiroga, Portal Morelos 59, www.mansioniturbe.com. Sehr schönes Ambiente, so richtig zum verwöhnen lassen, Abendunterhaltung.

Spezialitäten
Lokale Spezialitäten sind die *Sopa tarasca* (Tomaten-Tortilla-Suppe) und Fische – die kleinen, sardinenartigen *charales* werden mit „Haut und Haar" verzehrt! Lecker auch die Brathähnchen „estilo Pátzcuaro" *(pollo placero)* mit Orange, Zitrone und Chili, besonders gut sind sie bei *Pollos y Borrego al pastor Don Alfredo* (Libramiento Zaragoza/Obregón, beim Kreisverkehr etwas außerhalb des Zentrums).

Essen & Trinken
Gehobenere Restaurants finden sich um die Plaza Quiroga, z.B. das gute Restaurant des **Hotels Los Escudos.** Im **Restaurante Doña Paca,** Portal Morelos 59, lässt es sich auch gut frühstücken und es gibt vegetarische Optionen. Einen schönen Blick auf Dächer und See hat man von **El Mirador,** Arciga 6, unweit der Plaza.

Feste
Semana Santa (Karfreitags-Prozession), Totentage (s. Exkurs), Anfang Dezember die zweiwöchige *Fiesta de Nuestra Señora de la Salud* mit Umzügen und traditionellen Tänzen, in der Weihnachtszeit *Posadas und Pastorelas Indígenas* (Vorweihnachtsfeiern), u.a. Einige Hotels (Plaza Quiroga: *Hotel Mansión Iturbide*) bieten am Freitag- bzw. Samstagabend traditionelle Tänze. Zumindest die *Danza de los Viejitos* sollte man einmal gesehen haben!

El día de los muertos

Das Fest der Toten

An den **Totentagen** (1./2. Nov.) überlagern sich prähispanische und christliche Praktiken. Der Glaube mesoamerikanischer Völker an ein Fortleben nach dem Tode und an Seelenwanderung traf hier auf die christliche Vorstellung vom Übergang zum ewigen Leben. Getrauert wird nicht, denn man erwartet den Besuch der ins Jenseits eingegangenen Verwandten und Freunde. Besonders ausgiebig sind die Feiern auf der Insel **Janitzio** im Lago Pátzcuaro (Michoacán) oder in **Villa de Etla** (bei Oaxaca, hier am 1. Nov. eine *muerteada* mit fantasievollen Verkleidungen). Im Dörfchen **Huaquechula** (Puebla) ist es Brauch, dass die Angehörigen der während des Jahres Verstorbenen einen teuren Altar aufstellen und sämtliche Besucher bewirten (seit einigen Jahren leider ganze Busladungen mit Neugierigen, die Gastgeber kommen kaum noch nach mit dem Servieren). Doch auch in anderen Gegenden gedenkt man seiner Toten mit **blumengeschmückten Opfertischen,** auf denen sich Vieles befindet, was diese zu Lebzeiten liebten (es heißt, sie kämen in der Nacht um davon zu essen). Die gelb-orangen Totenblumen *Cempasúchil* werden in Riesenmengen verstreut und verarbeitet, überall duftet es nach Weihrauch. Manche Friedhöfe gleichen dann einem Rummel- und Picknickplatz, denn dort speist und plaudert man fröhlich; die verstorbenen Angehörigen werden im Flackerlicht hunderter Kerzen empfangen. Als Zeichen des lockeren Umgangs der Mexikaner mit dem Tod gibt es schon Wochen vorher **zuckerne Totenköpfe** zu kaufen, auf die man sich den eigenen Namen eingravieren lässt, und von allen Ecken und Enden grinsen die Skelette des Zeichners **José Guadalupe Posada** (1852–1913).

Altar mit Blumen und Früchten

Einkaufen   kann man hier bestens, viele Läden verkaufen die regionale *arte popular*. Manches ist preiswerter im überdachten *Mercado Bocanegra*. Der *Mercado de Artesanías de Madera* (Av. Las Américas) ist auf Holzarbeiten spezialisiert, viel Auswahl auch in der *Casa de los Once Patios* (s.o.).

Transport   Der Busterminal befindet sich südwestlich des Zentrums an der Mex 120

Uruapan und der Volcán Paricutín

Ein Kirchturm ragt aus der Lava hervor   62 km westlich von Pátzcuaro liegt Uruapan inmitten üppiger Vegetation. Die Stadt selbst bietet wenig Sehenswertes, ein Spaziergang durch den großen **Parque Nacional Barranca del Cupatitzio** mit seiner subtropischen Vegetation und den Wasserfällen, knapp 1 km westlich des Zócalo, lohnt sich allerdings (www.uruapanvirtual.com). Uruapan ist Ausgangspunkt zum **Volcán Paricutín,** nochmals etwa 30 km westlich. Dieser wuchs im Februar 1943 den auf den Feldern arbeitenden Bauern buchstäblich unter den Füßen aus der Erde, heute ist er mehrere Hundert Meter hoch, die Dörfer *Parangaricutiro* und *Paricutín* mussten infolge des Lavaflusses evakuiert werden. Menschenleben forderte der Neuankömmling allerdings nicht. Aus der kilometerweiten schwarzen Lavamasse ragt nur noch der obere Teil der Kirche *San Juan de Parangaricutiro* hervor, gespenstisch und einmalig zugleich!

Unterkunft   Absteigen kann man z.B. im **Hotel Mi Solar** €€, Delgado 10, www.hotelmisolar.com.

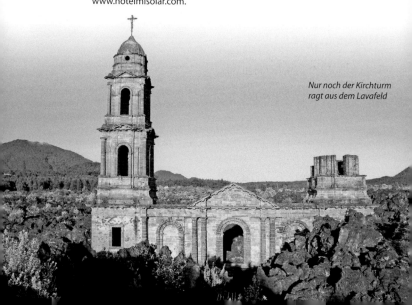

Nur noch der Kirchturm ragt aus dem Lavafeld

Santuarios de la Mariposa Monarca

Das Biosphärenreservat der Monarch-Schmetterlinge (Exkurs s.S. 36) umfasst Teile der Bundesstaaten Michoacán und México. Zwischen November und März sind einige Winterquartiere der **Mariposa Monarca** ffür Besucher zugänglich. Warme Kleidung und bequeme Schuhe mitbringen, der Weg führt durch den rund 3000 m hoch gelegenen Kiefern-Eichen-Wald. In Michoacán können u.a. die Santuarios **El Rosario** (bei dem Ort Ocampo) und **Sierra Chincua** (10 km von dem hübschen ♻ **Angangueo** und 29 km von ♻ **Tlalpujahua** entfernt) besucht werden, wobei Sierra Chincua empfehlenswerter ist, da nicht ganz so überlaufen.

Wer im Bundesstaat Mexiko bleiben will, übernachtet am besten in dem ebenfalls sehr hübschen, an einem See gelegenen ♻ **Valle de Bravo** und besucht von dort aus den Santuario *Piedra Herrada*.

Südlich und südöstlich von Mexiko-Stadt

Puebla

Mexikos Autostadt

In und um die geschichtsträchtige Stadt Puebla mit rund 1,7 Millionen Einwohnern (Zensus 2020) auf 2174 m Höhe gibt es Mexikos größte Konzentration an deutschen Firmen – allen voran das Volkswagen-Werk, aus dem im Jahre 2003 der letzte Ur-Käfer und 2019 der letzte „Beetle" rollte. Ende 2016 hat die Volkswagen-Tochter Audi rund 50 km nordöstlich von Puebla die Produktion des Luxuswagens Q5 aufgenommen, in ihrem Sog erhöhte sich auch die Zahl der kleineren deutschen Automobilzulieferer.

Umgeben von Vulkanen

Umgeben wird Puebla von gleich vier Vulkanen: im Westen ragen **Popocatépetl** (5500 m) und **Iztaccíhuatl** (5286 m) auf, im Norden **La Malinche** (4420 m) und im Osten, im Grenzgebiet zwischen Puebla und Veracruz und nur bei ganz klaren Wetterverhältnissen zu sehen, der **Pico de Orizaba,** mit 5610 Metern der höchste Vulkan

Blick auf den Popocatépetl und Itzaccíhuatl von Puebla aus

Mexikos. *Don Goyo*, wie der Popocatépetl gerne genannt wird, war in den letzten Jahren immer wieder aktiv und schafft es deshalb regelmäßig in die internationalen Nachrichten. Bis heute opfern ihm Anwohner der Vulkanhänge allerlei Gaben: Kerzen, Essen, Zigaretten, ja selbst „maßgeschneiderte" Anzüge – vielleicht ist es ja deshalb bis jetzt nicht zu einer schlimmeren Katastrophe gekommen.

Talavera-Kacheln

Im Zentrum flanieren kann man zwar nur bei Autolärm und -abgasen, dennoch ist der historische Stadtkern im **Poblano-Stil** (eine Variante des mexikanischen Barocks; *poblano* ist das Adjektiv zu Puebla) nicht ohne Reiz, er zählt zum UNESCO-Weltkulturerbe. Die bunt glasierten **Talavera-Kacheln,** nach dem spanischen Ort *Talavera de la Reina* in Toledo benannt, kamen mit den Eroberern und verschmolzen hier mit einheimischen und orientalischen Designs zu einer ganz eigenen Kunstform – die Haus- und Kirchenfassaden sind damit verziert.

Sehenswertes

Engel als Architekten …

Am **Zócalo** pulsiert das Leben, ringsherum gibt es regelmäßig kulturelle Veranstaltungen wie Ausstellungen oder Konzerte, und nach Eintritt der Nacht wird er festlich ausgeleuchtet.

Den Beinamen „Puebla de los Ángeles" erhielt die Stadt schon bald nach ihrer Gründung, denn dem Bischof des benachbarten Tlaxcala zeigten die Engel im Traum den Grundriss der zukünftigen Stadt. Daraufhin verlegte er seinen Sitz in den nur wenige Jahre vorher

Kathedrale – Altar de los Reyes

(1531) von Franziskanern gegründeten Ort. Die Engel schmücken heute als Figuren die schmiedeeiserne Umzäunung des großen Vorhofs der **Kathedrale** (Bauzeit 1575–1649), nach der von Mexiko-Stadt die zweitgrößte des Landes, doch viel harmonischer als jene. Die große kachelbedeckte Kuppel wird überragt von den mit 74 Metern höchsten Glockentürmen Mexikos. Im Innern der neoklassizistische, freistehende Hauptaltar (1819) des Architekten *Manuel Tolsá* sowie der prunkvolle **Altar de los Reyes** mit Mariengemälden. Die alte Holzorgel von 1719 ist nicht mehr in Betrieb, dafür hat die neue dann gleich 3336 Pfeifen.

Der südlich angrenzende ehemalige Bischofpalast birgt heute die **Casa de la Cultura** (5 Ote 3), hier viele Veranstaltungen und die berühmte **Biblioteca**

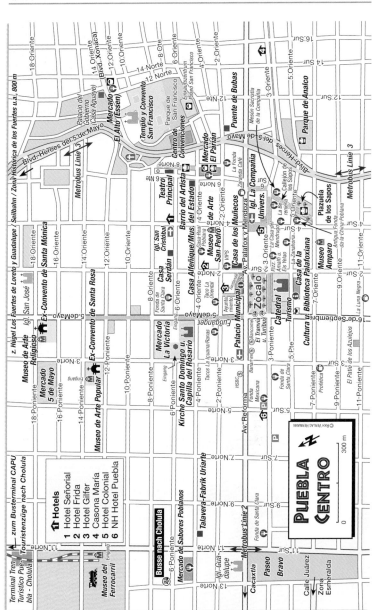

PUEBLA CENTRO

0   300 m

© Rick Verlag Hermann

Hotels
1 Hotel Señorial
2 Hotel Frida
3 Hotel Glifer
4 Casona María
5 Hotel Colonial
6 NH Hotel Puebla

*Die prachtvolle
Kuppel der
Capilla del
Rosario*

Palafoxianana (Di–So 10–18 Uhr, 40 Ps). Sie war einst die Privatbibliothek des Bischofs *Juan de Palafox y Mendoza* (17. Jh.) und umfasst über 50.000 Bände – darin schmökern dürfen allerdings nur Auserwählte.

... und ein achtes Weltwunder

Ein Schatz religiöser Baukunst ist die zwischen 1680 und 1720 erbaute **Capilla del Rosario** in der **Kirche Santo Domingo** (Fußgängerzone 5 de Mayo/Ecke 4 Pte, Capilla Di–Fr 11–13.30 u. 15–18 Uhr, Sa/So 15–17.30 Uhr, die Kirche ist länger auf). Die Poblaner bezeichnen sie auch gerne als „8. Weltwunder". Das vollständig vergoldete Stuckdelirium ist ein weiteres Vorzeigestück des mexikanischen Ultrabarocks.

Ein National-gericht wird geboren

Das **Museo de Arte Popular** im **Ex-Convento de Santa Rosa** (Ecke 3 Nte 1210, Di–Do 10–17, Fr–So 10–18 Uhr, Eintritt 42 Ps), zeigt Sehenswertes der Urbevölkerung und zur Geschichte der sieben Regionen des Bundesstaates. In der noch komplett historisch einge-

richteten, gekachelten Klosterküche soll einst ratlos die Dominikanerin *Andrea de la Asunción* gestanden haben, denn was kocht man, wenn der Vizekönig zu Besuch kommt? Das war im Jahre 1690, heute steht das, was die Nonne schließlich zusammenrührte, in vielen Varianten auf den Speisekarten ganz Mexikos: der **Mole** (die Puebla-Ausführung heißt *Mole Poblano*), eine dickflüssige, dunkle Soße, in der von Chile, Erdnüssen, Sesam, Mandeln bis zu Schokolade und Kakao so ziemlich alles drin ist, was ihr damals gerade in die Hände geriet.

Puppen und Sahnetorte im Poblano-Stil

Zwei Gebäude mit der typischen Ziegel- und Kachelarchitektur Pueblas stechen besonders hervor: Da ist zum einen die **Casa de los Muñecos** (2 Nte 2, tägl. 10–18 Uhr) mit zehn skurrilen männlichen Figuren an der Hausfassade (18. Jh.). Was die allegorischen Darstellungen mit indigenen und spanischen Stilelementen bedeuten, darüber gibt es verschiedene Versionen.

Das andere ist die **Casa del Alfenique** (4 Ote 414, Di–So 10–18 Uhr, 42 Ps), Pueblas berühmtes „Mandelkuchen-" oder „Zuckerbäckerhaus", erbaut 1790 (*alfenique* ist eine Dessert-Masse aus Mandeln, Zucker und Eiweiß). Seine reichlich aufgetragene weiße Stuckdekoration erinnert tatsächlich an eine Sahnetorte. Heute ist hier das **Museo del Estado** untergebracht, zu sehen gibt's Kutschen, Möbel, Gemälde u.a., besonders aber eine noch vollständig eingerichtete Original-Küche im Poblano-Stil. Das Gebäude wurde beim Erdbeben am 19. September 2017 stark beschädigt, ist aber inzwischen weitgehend restauriert.

Wer nach so viel Kachligem nun endlich mal wissen will, wie die Talaveras gemacht werden, dem empfiehlt sich ein Besuch in der noch handwerklichen **Talavera-Fabrik Uriarte** (4 Pte 911, www.uriartetalavera.com.mx), heute die größte Talavera-Produktionsstätte weltweit. Im hübschen und natürlich kachelgeschmückten Innenhof gibt es einen Laden (tägl. 10–18 Uhr). Bei den auch englischsprachigen Führungen (Mo–Fr zwischen 10 und 15 Uhr, 50 Ps) bekommt man den Produktionsprozess in allen seinen Etappen zu sehen und erklärt.

Häuserfronten mit bunt glasierten Talavera-Kacheln

TIPP: Museo Amparo

2 Sur 708 (10–18 Uhr, Di geschl., 35 Ps, z.Z. Eintritt frei, http://museo amparo.com), Lieblingsmuseum der meisten Puebla-Besucher. Ebenfalls in Kolonialgebäuden untergebracht, aber sehr modern gestaltet (mehrsprachiges Erklärungssystem mittels Kopfhörer) präsentiert es Archäologisches, Möbel, Kunst und interessante Dinge aus den unterschiedlichsten Epochen der mexikanischen Geschichte sowie wechselnde Sonderausstellungen. Einen schönen Blick auf das historische Zentrum hat man vom Dach-Café.

Museo Internacional del Barroco

Dieses Museum liegt weit südwestlich außerhalb, woanders hätte der Prachtbau des preisgekrönten japanischen Architekten Toyo Ito wohl auch nicht hingepasst (Reserva Territorial Atlixcáyotl 2501, Di–So, 10–19 Uhr, 85 Ps). Kurzweilig angelegte Ausstellungsräume, selbst Museumsmuffel kommen hier auf ihre Kosten. Es geht keinesfalls nur um den mexikanischen Barock, der Puebla-Raum mit seiner Miniaturnachbildung der Altstadt ist aber besonders gut gelungen.

Puebla als heldenhafte Stadt

Nicht unerwähnt bleiben darf, dass Puebla als zweiten Beinamen und Auszeichnung „La Heróica" (die Heldenhafte) trägt, denn hier wurde am **5. Mai 1862** unter dem General Ignacio de Zaragoza das französische Invasionsheer geschlagen (s.S. 44). An die Schlacht erinnert noch ein Denkmal auf dem Hügel **Los Fuertes de Loreto y Guadalupe** mit schönem Blick über die Stadt (s. Stadtplan oben). Dort auch mehrere Museen (Mo geschlossen), ein Planetarium sowie ein Park mit Miniaturnachbildungen einiger Bauten. Prestigeobjekt des ehemaligen Gouverneurs Rafael Moreno Valle war die **Seilbahn,** die teuerste ganz Mexikos, doch ihre Strecke beträgt lediglich 688 m. Schön ist der Panoramablick über Stadt und Vulkane natürlich trotzdem (Zugang von der Calzada de los Fuertes).

Los Secretos de Puebla

Puente de Bubas, 2 Ote/Blvd 5 de Mayo (Di–So 10–16 Uhr, 27 Ps). Im 17. Jh. war hier der Stadtrand, über die Brücke erreichte man ein Hospiz, in dem die Syphilis *(bubas)* behandelt wurde. Zu besichtigen ist ein unterirdischer Gang mit allerlei Ausstellungsstücken. Nur ein Bruchteil des in der Kolonialzeit errichteten Tunnelsystems konnte bisher freigelegt werden. Vermutet wird, dass die Kirche hier einst ihre Reichtümer hortete, später diente es militärischen Zwecken.

Mit demselben Ticket hat man Zugang zum längeren (und eindrucksvolleren) Tunnelarm **Pasaje 5 de Mayo,** der Eingang befindet sich am Blvd. 5 de Mayo Oriente 208, Zona Histórica de Los Fuertes). Durch diesen Tunnel erhielten die mexikanischen Truppen bei der Schlacht am 5. Mai 1862 Waffen- und Lebensmittelnachschub. Der Rundgang wird durch Schlachtgeschrei akkustisch untermalt..

Weitere Attraktionen

Touristische Errungenschaften neueren Datums sind der **Parque Paseo de Gigantes** (Villa 4, Las Fuentes de Puebla, tägl. 6–21 Uhr, Eintritt frei), für den das ehemalige Fabrikgelände der *Constancia Mexicana,* erste mechanisierte Textilfabrik des Landes (von 1835 bis 1991 in Betrieb) adaptiert wurde. In zwei durch eine Brücke verbundenen Parkhälften Miniaturnachbildungen berühmter Gebäude aus aller Welt. Sehr nett, nur der Fluss stinkt. Hier auch mehrere Museen, u.a. ein **Marionetten-museum** (Di–So 10–18 Uhr, 40 Ps) und die interaktive **Casa de la Música de Viena** (bei Drucklegung geschlossen). Taxi nehmen, ist außerhalb des Zentrums. Im **Parque Ecológico,** 24 Sur, ein Park zum Sport treiben und Spazierengehen, kann man das didaktisierte Vogelhaus *ArboTerra* (**❺**, https://arboterra.com.mx) besuchen (tägl. außer Di 10–17 Uhr, Eintritt 209 Ps). Das **Riesenrad** *Estrella de Puebla* (80 m Höhe) im modernen Einkaufskonglomerat *Angelópolis* im Südwesten der Stadt (bei Drucklegung nicht in Betrieb) gehörte zu den Prestigeprojekten des ehemaligen Gouverneurs Moreno Valle, ebenso ein Touristenzug zwischen Puebla und Cholula, der 2022 eingestellt wurde, weil er nicht rentabel war.

Vulkan besteigung Sportliche und ehrgeizige Naturen möchten sicher einen der umliegenden Vulkane besteigen: Der **Popo** ist schon seit einigen Jahren Sperrgebiet, auf seiner Homepage www.cenapred.unam.mx sind Bilder der letzten Ausbrüche zu sehen. Für den **Iztaccíhuatl** oder den **Pico de Orizaba** muss man gute Kondition mitbringen und sich vorher einige Tage an die Höhe anpassen. Am ehesten zu schaffen ist der Aufstieg auf die **Malinche.** Professionelle Führungen (auch auf Englisch): www.3summitsadventure.com, Handy/Whatsapp: Span. (+52)-2221546794, Engl. (+52)-2226781690. Am besten schon vor der Abreise kontaktieren, um sich kleidungsmäßig je nach Vulkan und Jahreszeit entsprechend eindecken zu können.

Adressen & Service Puebla

Turismo Municipal Direkt am Zócalo, Palafox y Mendoza, tägl. 9–20 Uhr. Bei Problemen setzt man Sie hier auch mit der Touristenpolizei (Zentrale in der 12 Ote 1216) in Verbindung

Webseiten/App www.visitmexico.com/en/puebla
www.visitpuebla.mx/en (mit Stadtplan zum Runterladen)
www.corazondepuebla.com.mx
www.trip.com/travel-guide/destination/puebla-1445951

Stadttouren Rundfahrten mit dem **Turibus,** Abfahrt tägl. ca. alle 40 Min. vom Zócalo (Westseite), www.turibus.com.mx/puebla, Tel. 800 2808887.

Innerhalb des Turismo am Zócalo auch Stände privater **Touranbieter,** *Tiptours* z.B. bietet eine große Auswahl an Zielen in der Stadt und ins Umland: https://tiptours.mx.

Leyendas de Puebla: Bei einem nächtlichen Spaziergang durch das historische Zentrum (Treffpunkt am Eingang des Palacio Municipal, http://puebla legendaria.com, Res. über Whatsapp 2222650024, – auf Spanisch (Englisch nur bei Voranmeldung für größere Gruppen) erzählen die Führer einige der unzähligen und teils sehr gruseligen Legenden der Stadt.

Unterkunft   Die Auswahl hat sich infolge der Pandemie leider reduziert. Günstig und zentral: **Hotel Frida** €, 2 Nte 206, http://fridahotelunico.com. Kolonialhaus nah am Zócalo, kleine, saubere Zimmer, jene in den oberen Stockwerken meiden, denn da staut sich die Hitze. – Ebenfalls zentral und sauber, mit Tiefgarage: **Gilfer Hotel** €, 2 Ote 11, www.gilferhotel.com.mx. – **Hotel Colonial** €€, 4 Sur 105, www.colonial.com.mx: Dauerbrenner wegen seines kolonialen Ambientes und der zentralen Lage in Fußgängerstraße. Dachterrasse mit tollem Blick auf die Vulkane, Restaurant. Parkgarage kostet extra, Zimmer vorher ansehen, die im 1. Stock sind schöner. – Wer nüchterne Hotelketten bevorzugt: **NH Hotel Puebla** €€, 5 Sur 105 (zwei Blocks westlich vom Zócalo), www.nh-hotels.com. Dachterrassen-Pool und sonstige Annehmlichkeiten. Die **Casona María** €€, 3 Ote. 1414, www.casonamaria.com, ist ebenfalls ein stilvolles Kolonialgebäude, 15 Min. zu Fuß vom Zentrum, im Boheme-Viertel Analco. Hotels ab 6 Poniente/Oriente nordwärts sind meist verdeckte Bordelle, Gegend allgemein besser meiden. Mehrere moderne Ketten-Hotels weit außerhalb des Zentrums.

Spezialitäten der Region   *Chiles en nogada* (Juli–Sept.), süß-salzig gefüllte Chile-Schoten (in der Regel nicht scharf) mit Walnuss-Soße und Granatapfelkernen (unbedingt probieren!) sowie *Mole Poblano* (s.S. 162) und *Camotes* (Süßkartoffeln als klebrige Süßigkeit). *Cemitas* sind große Brötchen mit Sesamkörnern, die mit vielerlei (u.a.

Chiles en nogada

mit Schweineschnitzel) belegt werden. *Cecina* ist mit Salz und Zitrone eingelegtes Fleisch (meist Rind), das unter der Sonne getrocknet wurde, die beste Qualität der Gegend kommt aus dem nahegelegenen **Atlixco** 🍃. *Chapulines* (im Herbst) sind getrocknete Heuschrecken und *Cuitlacoches* erlesene Mais-Schimmelpilze (Juni). Wohl bekomm's!

Essen & Trinken   Im Zentrum drängen sich jede Menge Restaurants für jeden Geschmack und Geldbeutel. Nicht zu teure, typisch poblanische Küche gibt es entlang der 6 Nte beim **Mercado El Parián**. Weitere Restaurants entlang der 3 Pte. Nachfolgend aufgeführte Restaurants finden Sie alle im Stadtplan und weitere empfehlenswerte dazu.

Comida Corrida ist ein drei- oder viergängiges günstiges Mittagsmenü, zu empfehlen ist **La Fonda,** 2 Ote 801 (gegenüber von Südseite El Parián) mit umfangreicher Menüauswahl und (normalerweise) schnellem Service. – Ein gutes und nicht überteuertes Frühstücks- (ab 8.30 Uhr) und Mittagsbüffet (ab 13.30 Uhr) bietet täglich die **Casa Real Poblana**, 4 Ote. 208. – Ebenfalls beliebt ist **La Berenjena**, 3 Ote 407 (Fußgängerstraße; weitere Zweigstellen in Cholula und dem Einkaufskomplex Angelópolis). Zu essen gibt's Salate, Pastas und vegetarische Pizzas (die beiden Hälften dürfen unterschiedlich belegt sein). Auch wenn das etwas laute und unruhige Ambiente nicht jedermanns Sache sein sollte – diese Pizzas sind es allemal wert! Dazu kann man ein Paulaner bestellen – **TIPP!** Stadtbekannte und teure Puebla-Küche in **La Fonda de Santa Clara** mit drei

Filialen im Zentrum: 3 Pte 307, 3 Pte 920, 6 Ote 12. Die Gerichte optisch auf www.fondadesantaclara.com. – Gediegen, im Innenhof eines Kolonialhauses: **La Casa del Mendrugo,** 4 Sur 304, www.casadelmendrugo.com, regionale und iberische Küche, Musikprogramm, in den zwei Obergeschossen ein Museum mit prähispanischen und Puebla-Ausstellungsstücken aus der Kolonialzeit.

Für Taco-Freunde: **La Oriental,** z.B. 2 Ote 8, ist eine in Puebla weit verbreitete Kette, Vorsicht, die **Tacos Árabes** (mit Weizenmehltortillas) können süchtig machen! Wer vorher schon mal in die KarteKarte reinschauen möchte, hier ist sie: www.antiguataquerialaoriental.com. – **Vegetarisch** in **La Zanahoria,** 5 Ote 206, hier auch ein reichlich gedecktes vegetarisches Büffet.

Verschiedene Kaffee-Zubereitungen im **Italian Coffee** (viele Filialen rund ums Zentrum). Oder man setzt sich zum Lesen oder Plaudern in ungezwungener Atmosphäre in das **Zaranda Café,** Palafox 412-A. Sehr gutes hausgemachtes Eis gibt's übrigens bei **Yelao,** 3 Ote 207, hier kann man auch essen. Oder gleich nebenan, bei dem ausgezeichneten Italiener Amalfi, 207-B – **TIPP!**

Eine große Auswahl regionaler Gerichte, aber auch Fisch und Meeresfrüchte sowie Süßes, gibt es im **Mercado de Sabores** (4 Pte, zwischen 11 und 13 Nte, tägl. 9–19 Uhr); Service und Qualität können sich allerdings von Stand zu Stand sehr unterscheiden.

Gute deutsche Küche im **Restaurant Rancho Tío Horst** (Do–So), allerdings abgelegen und nicht leicht zu finden: Privada Revolución 45, Sanctorum, Cuautlancingo (Nähe des VW-Werks), auf Facebook, Tel. 2224403222.

Unterhaltung   Für Kulturelles ist die *Casa de La Cultura* (5 Ote 3) zuständig, Sa/So-Vormittag meist Folkloretänze. Auch das „Haus der Lektüre" *Profética* mit Café und Buchladen, 3 Sur 701, bietet häufig ein kulturelles Abendprogramm: www.profetica.com.mx. Diverse Musik-Cafés im *Barrio del Artista* (8 Nte und 6 Ote, dort auch das *Teatro Principal*). Mariachi-Gruppen im *Mercado El Alto* (12 Nte und 14 Ote, beim Templo y Convento San Francisco). Discos und Bars auch in der Avenida Juárez. Ansonsten ist rund um den Zócalo (fast) immer irgendwas los.

Feste   Am **5. Mai** (Schlacht von Puebla) militärähnliche Umzüge. Zur **Karnevalszeit** tanzen die *Huehues*, das sind Maskentänzer mit kunstvollen Umhängen und Federbausch, auch Männer in Frauenkleidern und viele Teufel sind dabei – in der auf den Eröffnungstag folgenden Dienstagnacht werden letztere aber bei der *Quema del Diablo* verbrannt! Besonders ausgeprägt ist diese Tradition im Stadtviertel *Xonaca,* unweit des Mariachi-Marktes El Alto. Facebook und Youtube: Huehues de Puebla, Carnaval.

Einkaufen   Am und rund um den **Mercado El Parián** (6 Nte zw. 2 u. 4 Ote): Keramik, **Kunsthandwerk** und Kitsch. Beim Kauf von Talavera auf die Signierung achten.

Huehues – Maskentänzer zur Karnevalszeit

Sonntags findet man allerlei modernes Kunsthandwerk auf dem *Mercado Analco* (5 Ote, jenseits des Blvd 5 de Mayo), Antiquitäten- und Flohmarkt am Wochenende im Callejón *Los Sapos* zw. 5 u. 7 Ote, auch die 3 Ote (zwischen 4 und 6 Sur) verwandelt sich Sa/So in einen gut besuchten Markt.

Puebla-typische Süßigkeiten: Bis zum Beginn der Pandemie machte die Fußgängerzone 6 Ote (zwischen 2 Nte und Fußgängerzone 5 de Mayo) ihrem Namen „Calle de los Dulces" alle Ehre, nun leider nur noch vereinzelt, die bunt dekorierten Geschäfte verkaufen (stark überzuckerte) Süßigkeiten. Moderne Geschäfte, Restaurants und Cafés im geschichtsträchtigen **Einkaufszentrum Paseo San Francisco** mit anschließender Parkanlage, jenseits des Blvd 5 de Mayo auf Höhe der 2 bzw. 4 Ote.

Transport

Busterminal **CAPU,** www.capu.com.mx, Blvd Nte. Hier ist alles unter einem Dach, Fahrten in alle Himmelsrichtungen.

Flughafenbusse nach Mexiko-Stadt **(AICM)** vom weit außerhalb im Westteil der Stadt liegenden **Estrella Roja**-Busterminal *Paseo Destino Terrapuerto,* www.estrella roja.com.mx. Es gibt auch vereinzelte Fahrten vom bzw. zum Terminal CAPU, doch dauern diese länger, da sie den *Paseo Destino* auch noch anfahren. Für Fahrten zum neuen Flughafen **AIFA** nördlich von Mexiko-Stadt bislang nur jeweils eine Fahrt täglich vom CAPU oder Paseo Destino aus, ebenfalls mit Estrella Roja.

Der **Aeropuerto Hermanos Serdán** ist Pueblas eigener (kleiner) Flughafen, er liegt ca. 45 Min. Fahrzeit außerhalb in Huejotzingo. Nur nationale und einige USA-Flüge. Direktfahrten sowohl von/nach Paseo Destino als auch von/nach CAPU.

Umgebungsziele von Puebla

Cholula 🐌

Cholula: Ein Heim für die Götter

Ein Muss der Gegend um Puebla ist **Cholula,** heute in zwei Gemeinden unterteilt: *San Pedro Cholula* (hier der große Zócalo und der Convento de San Gabriel, rund 140.000 Ew.) und *San Andrés Cholula* (dort Teile der Tepanapa-Pyramide und das Museo Regional, rund 150.000 Ew.). Die Stadt wurde bereits im Jahre 5 v.Chr. gegründet (erste große Blüte im 5. Jh. n.Chr.) und bis zum heutigen Tage ununterbrochen bewohnt. *Cholollan* – „Ort derer, die geflohen sind" – taufte man ihn, nachdem im 12. Jh. Toltekengruppen dort Unterschlupf suchten und ihn bald darauf zu einem überaus bedeutenden Zentrum für Handel und religiösen Kult machten. Gerne wird erzählt, Cholula habe so viele Kirchen, dass man jeden Tag in eine andere gehen könne. Wissenschaftler zählten allerdings „nur" knappe 50 davon. Wie dem auch sei, Religion hat hier eine lange Tradition. Die große **Tepanapa-Pyramide** (tägl. 9–18 Uhr, 85 Ps; der Tunnel ist weiterhin geschlossen, da er nicht COVID-gerecht gelüftet werden kann) weihten die Tolteken Quetzalcóatl. Heute ist sie die an Volumen **größte Pyramide der Welt** (430 m Seitenlänge, 65 m Höhe). Überwachsen war sie allerdings schon, als Cortés dort ankam und mit seinen Leuten – wie sollte es anders sein – ein riesiges Blutbad

Mais – eine Gabe der Götter

Im Bundesstaat Puebla soll die „Wiege der amerikanischen Zivilisation" liegen, denn hier hat man in Höhlen bei Tehuacán die ältesten Spuren von Maiskulturen gefunden. Seit 7000 Jahren wird dieser Grundbestandteil der mexikanischen Küche nun schon angebaut und verarbeitet – ein wesentlicher Schritt für den Übergang zur sesshaften Lebensweise und zu den späteren Hochkulturen! Kein Wunder also, wenn bei den prähispanischen Völkern die Pflanze als heilig galt. Zahlreiche Gottheiten waren ihr geweiht, z.B. *Centeotl* oder *Cipe-Tótec* bei den Azteken, Gott *E* und *Gucamátz* bei den Maya. Laut dem Schöpfungsmythos der Maya, niedergeschrieben im Buch *Popol Vuh*, wurden die ersten Menschen sogar ganz aus Maismasse geschaffen. Auch heute werden anlässlich der Maisaussaat und -ernte noch vielerorts rituelle Feste gefeiert und das mexikanische Spanisch kennt unterschiedliche Wörter für die verschiedenen Reife- und Verarbeitungsphasen der Pflanze. Ohne Mais in einer seiner vielfältigen Zubereitungs-

2

formen ist kaum ein typisches mexikanisches Gericht denkbar, und schon gleich gar nicht ohne die **Tortilla,** dem Brot und essbarem Besteck und Teller der Mexikaner. Tortillas sind Begleiter, Unter- oder Einlage sowie Hülle zahlreicher Gerichte, allen voran der berühmten **Tacos,** aber auch der *Enchiladas, Quesadillas, Chilaquiles, Tostadas* u.v.m. (s. im Anhang „Die mexikanische Speisekarte"). In vielen Dörfern kann man heute noch sehen, wie die Frauen vor dem steinernen Mahlstein *metate* knien und die Körner zerdrücken.

Gabe von Mais für die Aussaat (Cód. Florentino)

Seit Urzeiten: knien vor dem metate, dem Mahlstein

Als Maisproduzent wird Mexiko allerdings bei weitem von den USA, China und Brasilien überholt, von ersteren muss es sogar importieren, um den eigenen Bedarf decken zu können. Zu fragen ist, ob die überall aus dem Boden schießenden Fast-food-Restaurants die ureigene mexikanische Maisküche jemals ganz verdrängen werden – unsere Prognose lautet „nein", denn ein Taco ist mindestens genauso schnell zubereitet und gegessen wie ein Hamburger.

*Blick auf
Cholula
mit der
Pyramiden-
kirche Nuestra
Señora de los
Remedios*

anrichtete. Als Zeichen des Triumphs ließ er die Kapelle **Nuestra
Señora de los Remedios** auf der Spitze errichten, bei klaren Wetterverhältnissen hat man von dort oben – es handelt sich nicht mehr
um die Original-Kirche – einen wunderschönen Blick auf die Vulkane
Popocatépetl und Iztaccíhuatl.

Zu den wenigen rekonstruierten Pyramidenteilen an der Westseite
gelangt man durch einen langen Tunnel. Beim *Patio de los Altares*
lässt sich an der nördlich gelegenen Stele dasselbe Phänomen er-
zeugen wie in Chichén Itzá: Wer auf den Strahlen eines spitzen Win-
kels (45°, Scheitelpunkt an der Stele) in die Hände klatscht, bekommt
als Echo den Ruf des Quetzalvogels zu hören.

Gegenüber vom Pyramideneingang befindet sich ein kleines
Museo de Sitio mit einer Nachbildung der Gesamtpyramide und
Replikaten mehrerer großer großer Wandfresken, zu den Originalen
in der Pyramide hat man keinen Zugang. Es empfiehlt sich, mit dem
Museum zu beginnen, bevor man in den Tunnel geht, so wird einem
beim Rundgang manches klarer. Die geplante Umwandlung der
Stätte in eine Art Vergnügungspark konnte von Bürgerinitiativen ab-
gewendet werden. Gebaut wurde trotzdem, deshalb heute Betonwüste und Ladenketten um den Eingangsbereich. Der Touristenzug
nach Puebla bzw. dessen Bahnhof wurde aufgegeben (s.o.) und liegt
nun als sog. „Weißer Elefant" vor der Stätte.

Im Zuge der touristischen Großprojekte 2014-17 entstand auch
das **Museo Regional de Cholula** (14 Pte, direkt nördlich hinter der
Pyramide, Di–So 10–18 Uhr, 40 Ps). Auf dem riesigen Gelände (ehemalige Psychiatrie) hat man fast Mühe, die 8 Ausstellungsräume zu
finden; zu sehen gibt's Gemischtes, u.a. prähispanische Geschichte
Cholulas, Kunsthandwerk und Trachten der Region sowie eine ani-
mierte Nachbildung der Vulkane.

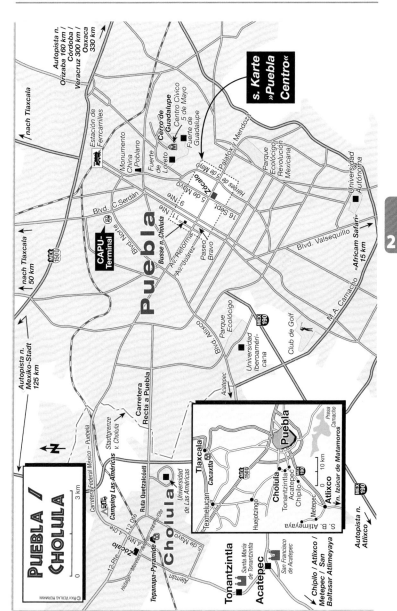

PUEBLA / CHOLULA

0   3 km

s. Karte »**Puebla Centro**«

Nett ist Cholulas **Zócalo** mit seinem Arkadengang, dem längsten ganz Mexikos. Darunter wie üblich Cafés und Restaurants. Schräg gegenüber liegt die **Capilla Real** mit ihren 49 Kuppeln. Sie ist der Großen Moschee in Córdoba nachempfunden und gehört zum Komplex des Franziskanerklosters **Convento de San Gabriel,** das auch heute noch von Franziskanermönchen verwaltet wird. Außen ein weit ausgedehnter Vorhof, hier wurden einst die Massen bekehrt, im Innern ein wahrer Säulenwald; sonst eher nüchterne Ausstattung. Die Öffnungszeiten sind leider sehr unregelmäßig und jeden Tag anders, zw. 11 u. 15 Uhr ist aber praktisch täglich geöffnet (außer Mo).

Ein anschauliches Beispiel der Zivilarchitektur des 16. Jh. bietet das Museum **Casa del Caballero Águila** (4 Ote 1, tägl. 9–15 Uhr, Eintritt frei).

Adressen & Service Cholula

Unterkunft   In *San Pedro Cholula:* Sauber, angenehm: **Hotel Santa Rosa** €€, Portal Guerrero 5, Restaurant ist direkt unter den Arkaden. Gleich nebenan, Nr. 11, die **Casa Calli** €, https://hotelcalliquetzalcoatl.com, schlichter, aber dafür mit Pool. – **Hotel Real de Naturales** €, 6 Ote 7 (ein Block nordöstlich des Zócalo), www.hotel realdenaturales.com. Stilvoll, angenehme Atmosphäre, Parkplatz, gutes Preis-Leistungsverhältnis. – **La Quinta Luna** €€€, 3 Sur 702, www.laquinta luna.com, ist ein sehr hübsches Kolonialgebäude mit romantischer Gartenanlage, angenehmen Zimmern und gutem Restaurant. Auch die Massagen dort sind empfehlenswert, man muss sie vorreservieren.

In *San Andrés Cholula* (das ist das „zweite Cholula" südöstlich der Pyramide, nicht verwechseln mit dem – in Gehweite liegenden –größeren *San Pedro Cholula*): **Villas Arqueológicas** €€€, 2 Pte. 601, http://villas-arqueologicas. puebla-todos-los-hoteles.com. Schöne Gartenanlage, 40 Zimmer, Pool.

Essen & Trinken   *San Pedro:* Restaurants rund um den Zócalo und die Pyramide. Das **CusCusCus** (**❺** Cus cus cus Cholula), 6 Nte 601, mediterrane Küche, besticht durch die einladende Einrichtung und die *brochetas de jamón serrano* (Schinkenröllchen). Geheimtipp: Vor Sonnenuntergang einen Platz ganz oben auf der kleinen Terrasse einnehmen, der Blick auf Pyramide und Vulkane ist einfach traumhaft! – Sehr leckere vegetarische Pizzas bei **La Berenjena**, 8 Nte 1006. – Angenehm im (Botanischen) Garten frühstücken kann man im **Jardín Etnobotánico,** 2 Sur 1700, San Andrés Cholula. Auf den Gehwegen bieten fliegende Händler zur Saison überall *Chapulines,* geröstete Heuschrecken, an.

San Andrés: In der Hauptstraße Miguel Hidalgo reiht sich ein Restaurant ans andere, leckere Sandwichs und Backwaren bei **Harina y Sal,** 5 de Mayo 205 / Ecke Hidalgo.

Unterhaltung   Cholula hat ein reges Nachtleben, jede Menge Tanzclubs, Bars und anderes. Versuchen Sie mal das **Jazzatlán,** 2 Ote 406, auf Facebook.

Feste   In der Nacht des 31. Augusts beginnt die **Feria de Cholula** mit einer Fackelprozession hoch auf die Pyramidenkapelle. Zwei Wochen lang Tanz, Musik und unzählige Verkaufsstände. Am **21. März** gibt es rund um die Pyramide Tänze zur Tagundnachtgleiche und zum „Tanken kosmischer Energien"; in der Nacht ein Lichtspektakel.

Tonantzintla, Acatepec und Huejotzingo

Santa María de Tonantzintla und San Francisco Acatepec

Selbst wenn man meint, schon genug Kirchen gesehen zu haben, sollte man diese nicht verpassen: **Santa María de Tonantzintla,** 4 km südlich von Cholula, ist einmalig! In ihrem Innern blicken unzählige bunte Stuckgesichter von den Wänden, dazwischen Engel, Blumen, Früchte und anderes mehr. Die wohl eigenwilligste Ausprägung der indigen-churriguereskken Kunst überhaupt.

Die Kirche von **San Francisco Acatepec** liegt nur 1,5 km weiter südlich und besticht durch ihre wunderschöne Barockfassade, ganz mit Talavera-Kacheln verkleidet.

Franziskanerkloster in Huejotzingo

Etwa 16 km nordwestlich von Cholula liegt das schon in vorspanischer Zeit bedeutende Städtchen Huejotzingo. Sein noch gut erhaltenes **Franziskanerkloster San Miguel Huejotzingo** (Di–So 10–17 Uhr) ist eine der 14 Missionsstationen am Fuße des Popocatépetl aus dem 16. Jh. und seit 1994 UNESCO-Weltkulturerbe. Wandelt man in dem alten Säulengang und blickt in die kargen Klosterzellen, fühlt man sich in frühere Zeiten versetzt. Im Kloster auch das **Museo de la Evangelización** (Sa/So geschl.). Die anliegende Klosterkirche wurde bei dem Erdbeben vom 19.09.2017 stark beschädigt und konnte noch nicht wieder restauriert werden, auch Teile des Klosters bleiben unzugänglich (Stand: Okt. 22).

Jardín Botánico „Helia Bravo Hollis"

Im Südosten des Staates Puebla, in Zapotitlán de Salinas bei Tehuacán, befindet sich der einmalige **Jardín Botánico „Helia Bravo Hollis"** (tägl. 9–18 Uhr, auf ➏), nach der ersten Biologin Mexikos (1901–2001) benannt, die ihr Leben dem Studium der Kakteen widmete. Er umfasst 53 Kakteenarten, einige davon endemisch und vom Aussterben bedroht (Kakteen-Exkurs s.S. 34). Die beeindruckende Fauna endet keinesfalls an den Grenzen des Botanischen Gartens, sondern erstreckt sich in mehrere Himmelsrichtungen bis zum Horizont.

Cuetzalan ❦

Ein wirklich lohnendes Ziel ist **Cuetzalan** (ein *Pueblo Mágico*, das dieses Prädikat zu recht verdient; Namensbedeutung in etwa: „Ort der schönen Federn"). Es liegt abseits der üblichen Reiserouten in der *Sierra Norte* des Bundesstaates Puebla, von Puebla aus rund 3 h Autofahrt in Richtung Nordosten. Hier taucht man in eine ganz andere Welt ein und sollte deshalb mindestens eine Übernachtung einplanen. Das abgeschiedene, malerische Kolonialstädtchen mit seinen ziegelgedeckten Häusern und verwinkelten Straßen – allesamt mit Bruchsteinen belegt – liegt in ca. 1000 m Höhe (Nebelwaldzone, viel Regen) und ist ein Zentrum der **Náhua- und Totonaken-Indígenas**. Sonntags herrscht buntes Treiben auf dem Marktplatz. Doch schon

Der Zócalo von Cuetzalan

ein paar Schritte weiter öffnet sich der Blick auf die endlosen Ketten der *Sierra Madre Oriental*, die zu Erkundungsausflügen einladen. Zu besichtigen gibt es **Wasserfälle** und **Höhlen**, aber auch einen Botanischen Garten (u.a. mit Orchideen) und – auf keinen Fall auslassen – die **Nischenpyramiden von Yohualichan** (Náhuatl = Haus der Nacht, Di–Sa 10–17 Uhr, 65 Ps). Dabei handelt es sich um ein Zeremonialzentrum der Totonaken-Kultur aus dem 1. Jahrtausend n.Chr., einmalig in seiner Art, denn nur in der rund 60 km entfernten größeren Stätte **El Tajín** (Veracruz) gibt es eine weitere, jüngere Nischenpyramide. Bislang ist nicht eindeutig geklärt, was die Nischen zu bedeuten haben, vermutet wird aber, dass sie in Anlehnung an das weitverzweigte Höhlensystem der Gegend Eingänge symbolisieren, die für den Übergang in die Unterwelt stehen.

In der Gegend zwischen Cuetzalan und Papantla wird die Tradition der **Voladores de Papantla** gepflegt, an den Wochenenden „fliegen" sie direkt im Zentrum, vor der *Parroquia de San Francisco de Asís*.

Zu hoffen bleibt, dass der Tourismus langfristig ein Gegengewicht bilden kann zu den Megaprojekten mehrerer Großunternehmen (auch „Todesprojekte" genannt), die die natürlichen Ressourcen dieser reizvollen Region ausbeuten wollen und dieser dabei beträchtlichen Schaden zufügen könnten. Ein Schritt dorthin könnte sein, dass Cuetzalan am 3. Dezember 2021 in Madrid anlässlich der Generalversammlung der UNWTO (UN-World Tourism Organization) zu einem der weltweit „Best Tourism Villages" gekürt wurde.

Einen schönen visuellen Überblick erhält man auf der Webseite http://turismoencuetzalan.com (auf Spanisch), hier auch Touranbieter und der aktuelle Wetterbericht. Seite der Stadtverwaltung: www.cuetzalan.gob.mx/turismo. Beide Seiten leider nur auf Spanisch.

Adressen & Service Cuetzalan

Turismo   Es befindet sich an der Außenseite des Regierungspalasts am Hauptplatz, tägl. 9–16 Uhr, dort ein Plan der Umgebung und eine Liste mit zertifizierten Touristenführern. Für Autofahrer: Ein Info-Modul befindet sich direkt an der Mex 575 (Libramiento 43), vor der Ortseinfahrt. Touren kann man auch am Eingang des *Mercado de Artesanías Matachiuj* (Alvarado 33) buchen oder über die obigen Homepages. Für die Gegend um Zacapoaxtla (ebenso Sierra Norte de Puebla): *Experiencias Tierra Nuestra* (**❻**).

Unterkunft   Das **Hotel Taselotzin** €, Yoloxochitl s/n, Barrio Zacatipan (ca. 15 Min. zu Fuß bergauf vom Zentrum), Tel. 2333310480, http://taselotzin.mex.tl, wird von einer Indígena-Frauenkooperative geführt. Einfach gehaltene, aber sehr saubere Zimmer inmitten einer schönen Gartenanlage. Kein TV, aber WiFi. Restaurant, Naturmedizin. – **El Encuentro** €, Av. Hidalgo 34, Tel. 2333310027 und 800-5609401, www.grupoelencuentro.com.mx. Netter Innenhof, kein Restaurant. Verschiedene Preise und Standards, Zimmer im 1. Stock sind schöner (Aussicht). Weitere Optionen auf den obigen Homepages.

Essen & Trinken   Spezialitäten der Region sind *tlayoyos* (mit Avocadoblättern zubereitete Maisfladen), *setas* bzw. *hongos* (Kulturpilze in verschiedenen Zubereitungsformen, wer's scharf mag, sollte sie in Chipotle-Soße probieren), *tamales de frijol* (*Tamales* mit Bohnen) und *cecina* (dünne, gegrillte Trockenfleischscheiben). Und nicht zu vergessen: Der Kräuterschnaps *Yolixpa* mit mindestens 23 verschiedenen Kräutern – einst „nur" ein begehrtes medizinisches Hausmittel und ein Digestif, heute auch in mehreren touristischen Geschmacksvarianten.

Die wenigen Restaurants findet man in dem kleinen Ort leicht selbst; zu empfehlen ist **El Portal** (überdachte Außenterrasse mit Blick), direkt am Hauptplatz. Einige Restaurants befinden sich im Inneren von Hotels (z.B. Mesón Yohualichan oder Posada Cuetzalan).

Feria   Viele Tänze, prähispanische und aus der Kolonialzeit, sieht man bei der *Feria del Café y del Huipil* am **4. Oktober,** rechtzeitig das Hotel vorbuchen! Gefeiert wird nicht nur der Schutzheilige Franziskus, sondern auch die Kaffeeernte, die Gegend ist ein wichtiges Kaffeeanbaugebiet.

Voladores de Papantla   Zwischen Cuetzalan und Papantla bei Poza Rica (Staat Veracruz) sind die „Voladores de Papantla" beheimatet, die „Fliegenden Menschen", die sich von einem hohen Mast zu Boden schweben lassen. Mehr darüber s.S. 59.

Cantona

Archäologisch Interessierte sollten auf Ihrem Weg von Puebla nach Cuetzalan einen Abstecher zu dem noch wenig bekannten **Cantona** einlegen (Caltonac = Haus der Sonne, Di–So 10–17 Uhr, 85 Ps). Die Stätte ist etwas Besonderes, handelt es sich doch um einen ca. 12 qkm großen Stadtkomplex, der zwischen dem 6. und 10. Jh. n.Chr. bewohnt war. In der Blütezeit sollen dort bis zu 100.000 Menschen gelebt haben, welchem Volk sie angehörten, weiß man bis heute nicht. Sicher ist, dass sie Handel mit dem begehrten harten **Obsidian**

(Messer, Werkzeuge) trieben, das in der Nähe abgebaut wurde. Bisher wurden **24 Ballspielplätze** freigelegt (mehr als in irgendeiner anderen Stätte), gepflasterte Wege führen durch die ehemaligen Wohnkomplexe, insgesamt soll es mehr als 500 Straßen gegeben haben. Und oben ragt die Akropolis, wo die religiöse und politische Elite waltete. (Anfahrt über die Autobahn Puebla – Perote, dann noch rund 7 km Landstraße.)

Tlaxcala de Xicohténcatl

Wer etwas Zeit mitbringt, sollte auch den kleinen Nachbarstaat **Tlaxcala** besuchen, dessen gleichnamige Hauptstadt nur 30 km nördlich von Puebla liegt. Das Zentrum besticht durch seine rotorange gestrichenen Kolonialhäuser, der Zócalo strahlt eine entspannte Atmosphäre aus und besitzt ein paar nette Restaurants direkt unter den Arkaden. Die Kathedrale aus der ersten Hälfte des 16. Jahrhunderts gehört zum UNESCO-Weltkulturerbe. **Absolut sehenswert** sind auch die **Wandgemälde im Palacio de Gobierno,** auf denen der *Maler Desiderio Hernández Xochiteotzin* die bewegte Geschichte der Tlaxcalteken erzählt (Führungen auch auf Engl.) – auch wenn ihm nachgesagt wird, dabei ziemlich geflunkert zu haben. Sicher ist: Als Erzfeinde der Azteken hatten sich die Tlaxcalteken 1519 mit Hernán Cortés verbündet und trugen so maßgeblich zum Erfolg

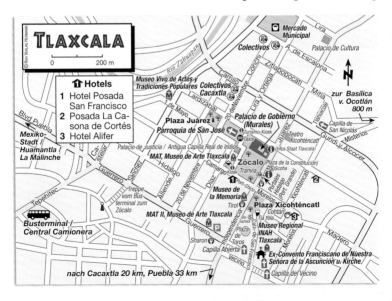

Wandgemälde im Palacio de Gobierno

seines Eroberungszuges bei. Zum Dank erhielten sie ihren eigenen Staat und durften ihre Nachnamen behalten. Im Februar/März findet der ausgelassene **Karneval** statt, seit 2013 offiziell bei der Landesregierung eingetragenes Kulturerbe des Staates.

Adressen & Service Tlaxcala

Turismo　Juárez 18/Ecke Lardizábal (um die Ecke des Regierungspalasts), Mo–Fr 8–14 u. 15–17 Uhr, die städtische Infostelle ist am Portal Hidalgo 5, tägl. 9–17 Uhr. Fragen Sie nach Info-Material und Tipps zu Touranbietern, es gibt **Haciendas** und archäologische Stätten zu besichtigen. Der *Tranvía turístico* fährt einige Nahziele an, Abfahrt von der Parroquia San José westl. des Zócalo, Infos: www.xochitltours.tlax.org.

Webseiten/App　http://turismotlaxcala.com

Ausflüge　Zwischen Mitte Juni und Anfang August Touren in die Wälder von **Nanacamilpa,** Naturreservat der Glühwürmchen *(luciérnagas)*, die sich hier vermehren: Ein natürlich bestens beleuchtetes Naturschauspiel (durch den Wald muss man allerdings ohne Taschenlampe gehen)! Verschiedene Pakete finden Sie hier: http://turismo tlaxcala.com/luciernagas/paquetes-agencias-luciernagas-tlaxcala.php).

Günstiger ist, selbst anzufahren (Autobahn Arco Norte, Ausfahrt Sanctorum) und direkt bei einem Anbieter vorzubuchen, wobei wir *Santuario de las Luciérnagas – Rancho la Soledad* (❻) empfehlen, Libertad Nr. 6, Nanacamilpa. Schöner ist es unter der Woche, denn dann kommen nicht so viele Besucher.

Unterkunft　Nicht das billigste, aber mit Abstand „das beste" vor Ort: **Hotel Posada San Francisco** €€ (Gebäude aus dem 16. Jh.), Plaza de la Constitución 17, www. hotelsanfranciscotlaxcala.com. Direkt am Zócalo, Schwimmbecken und alle sonstigen Annehmlichkeiten der Preisklasse.

Umgebungsziel Tlaxcala: Cacaxtla

Rund 20 km südwestlich von Tlaxcala liegt das einst bedeutende Zeremonialzentrum **Cacaxtla** (tägl. 10–18 Uhr, 85 Ps, Ticket gilt auch für Xochitécatl), wahrscheinlich aus dem 7./8. Jh. (Olmeca-Xicalanca-Kultur). Den „Gran Basamiento", ein ca. 150 x 40 m großer Komplex mit Plattformen, Säulengängen, Treppen, Patios und Altären, überspannt als Wetterschutz eine riesige Dachkonstruktion. Diese dient auch dazu, die gut erhaltenen **Wandmalereien** – die Hauptattraktion von Cacaxtla – vor Sonneneinstrahlung zu schützen. Die überwiegend rot-, blau- und ockerfarbenen Fresken weisen Stilelemente der Teotihuacán- und der Mayakultur auf. Wenn möglich ein Fernglas mitnehmen, da man nicht so nah herangelassen wird. Auf einem der benachbarten Hügel liegt **Xochitécatl,** Zeremonialzentrum der präklassischen Periode, u.a. mit einer Rundpyramide *(Edificio del Espiral)* im westlichen Bereich der Anlage.

Cuernavaca – Stadt des ewigen Frühlings

Durch die 1500-Meter-Höhenlage herrscht in Cuernavaca (ca. 400.000 Ew.) ganzjährig ein sonniges, frühlingshaftes Klima. Nicht nur der Aztekenherrscher Moctezuma wusste das dereinst zu schätzen, auch Cortés und Kaiser Maximilian residierten hier, heute sind es Smog-Flüchtige aus Mexiko-Stadt, US-amerikanische Pensionäre sowie Künstler und Prominente. Blumenschmuck gehört zum Straßenbild, doch kann man nur im unmittelbaren Zentrum – in zumeist engen und autoverstopften Straßen – spazieren gehen, die umliegenden Viertel sind von Schluchten durchzogen. Infolge der üppigen Vegetation ist auch die urbane Insekten- und Vogelwelt ausfernd, mitunter kreischen sogar Papageienschwärme von den Bäumen.

Fußballstar als Bürgermeister und Gouverneur Zwischen 2016 und 2018 wurde die Stadt von einem ehemaligen Fußballstar regiert: **Cuauhtémoc Blanco** schoss bis 2014 für die mexikanische Nationalmannschaft Tore, unter anderem bei der Weltmeisterschaft in Südafrika (2010), bevor er recht plötzlich in die Politik umsattelte – auch das gegen gute Bezahlung. Seit 2018 ist er gewählter Gouverneur des Bundesstaates Morelos.

Verwaltungssitz von Cortés Direkt am Hauptplatz, dem **Jardín de los Héroes,** gegenüber des *Palacio de Gobierno* (dort Wandgemälde) ragt der festungsartige **Palacio de Cortés** auf (◀ s. Foto links, bei Drucklegung wegen Renovierung geschlossen). Cortés hatte so ganz nach Erobererart die aztekische Siedlung *Cuauhnáhuac* mitsamt der Stadtpyramide in Brand gesetzt und dann wie als Symbol des Triumphes diesen dickbemauerten Palast errichtet. Von hier aus verwaltete er seine ausgedehnten Ländereien. Heute ist darin das **Museo Regional de Cuauhnáhuac**

untergebracht, das die Stadtgeschichte von der prähispanischen Zeit bis zur Mexikanischen Revolution 1910 dokumentiert. Den Außengang im 2. Stock ziert ein eindrucksvolles Wandgemälde von *Diego Rivera* mit historischen Motiven.

Kathedrale   Eine der ältesten Kathedralen Mexikos (Baubeginn 1529) ist die trutzige **Catedral de la Asunción** (Himmelfahrt-Kathedrale) mit ihrem großen Vorhof. Im Innern einige außergewöhnliche Fresken mit fernöstlichen Motiven.

Kaiserliche Sommerresidenz   Ganz in der Nähe, an der Morelos, liegt der **Jardín Borda** (Di–So 10–17.30 Uhr), eine schön restaurierte Gartenanlage mit Blumen, Brunnen und Ententeich, angelegt 1783 von Taxcos Silberkönig *José de la Borda*. Ein idealer Ort für die ersten Mangobäume Neuspaniens! Das kaiserliche Ehepaar Maximilian und Charlotte hatten hier eine Sommerresidenz. Heute ist der Park auch ein Kulturzentrum mit kleinen Ausstellungsräumen und Veranstaltungskalender. Und es gibt immer noch Mangobäume.

Empfehlenswertes Museum   Hinter der Kathedrale dann die wirklich sehenswerte Kunstsammlung des Amerikaners Brady (Eingang Nezahualcóyotl 4), der seine Wahlheimat in Cuernavaca hatte. Das **Museo Robert Brady** (Di–So 10–18 Uhr, Eintritt 60 Ps, https://museorobertbrady.com/) ist sein (noch vollständig eingerichtetes) ehemaliges Wohnhaus – er wohnte sehr angenehm inmitten prähispanischer Objekte, Kunstgegenständen aus aller Welt sowie Gemälden von Frida Kahlo, Diego Rivera, Tamayo u.a.

Adressen & Service Cuernavaca

Turismo   Hauptstelle: Calle Hidalgo 5, tägl. 9–18 Uhr. Weitere Módulos zu Touristenandrangzeiten im Zentrumsbereich. Der Cuernabus bietet Stadtrundfahrten und startet direkt vorm Palacio de Cortés, https://exploramorelos.com/cuernabus. Ausflüge in die Umgebung bietet *Pullmann de Morelos* an, www.centroturisticocuernavaca.mx/destinos.html

Webseiten   www.morelosturistico.com

Unterkunft   Vorteil der Stadt: Viele Hotels haben schöne, bunt blühende Gartenanlagen. Die Preise sind allerdings relativ hoch, die Leistungen nicht immer angemessen, kaum Angebote im mittleren Bereich.

Eine Ausnahme bildet das **Hotel Laam** €, Av. Morelos 239, www.hotel laam.com. Ein sauberer und freundlicher Neubau, Garten, Pool, DZ (mit leichtem Frühstück). – Budget: **Hotel Colonial** €€, Aragón y León 19, https://hotelcolonialcuerna.wixsite.com/hotelcolonial. – Ein **TIPP** ist das schöne **Hotel Boutique & Spa La Casa Azul** €€€, gepflegt und mit Pool, Arista 17, www.hotelcasaazul.com.mx. – Am Stadtrand kann man sich auch im **Hotel Hacienda de Cortés** €€€ (Plaza Kennedy 90, Col. Atlacomulco Jiutepec, www.hotel haciendadecortes.com.mx) einmieten, den Zuckerrohr-Gutshof soll Cortés im Jahre 1530 persönlich gegründet haben. Schöne Parkanlage, Restaurant, Spa, die üblichen Dienstleistungen dieser Preisklasse. Wegen des Lärms kein Zimmer zur Straße hin nehmen.

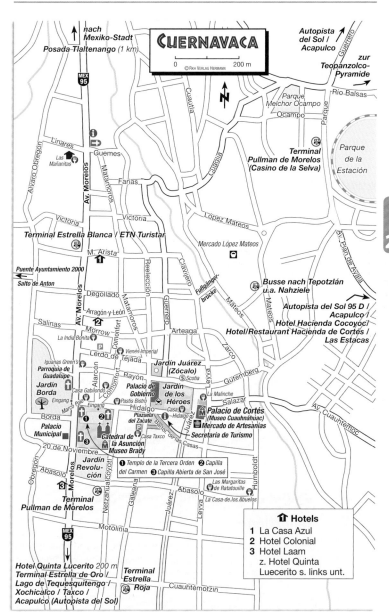

Hotels
1 La Casa Azul
2 Hotel Colonial
3 Hotel Laam
z. Hotel Quinta
Luecerito s. links unt.

Essen & Trinken Preiswert und gut ist das Mittagsmenü im Restaurant des **Hotels Quinta Lucerito,** Morelos 221, nette Gartenanlage, auch zum Frühstücken geeignet. Gut (mexikanisch) isst man in der **Casa Gabilondo,** Comonfort 5. – Französisch-mexikanisch in **Le Pastis Bistro,** Hidalgo 20, französischer Besitzer, die Küche ist also authentisch, ausgezeichneter Service; schmackhaft-libanesisch bei AReZ, Juárez 63, und gut international in stilvollem Kolonialambiente mit Terrasse in der **Casa Hidalgo,** Hidalgo 6. – Außerhalb des Zentrums lohnt sich das **Restaurante Madrigal** (❼, Sonora 115, Col. Vista Hermosa, tägl. außer Mo ab 8 Uhr morgens), Gartenambiente, mexikanische und internationale Küche, stilvolle Präsentation der Gerichte, nicht ganz billig. – Sehr gut auch das Restaurant des Hotels **Gusto** (Mo geschl.), 16 de Septiembre 44, Stadtviertel Acapantzingo (südöstlich des Zentrums), in gepflegter Gartenanlage, die Gerichte sind nicht nur ein Augenschmaus, ❼ Gusto Cuernavaca.

Unterhaltung Rund um die *Plazuela del Zacate* (Hidalgo/Galeana) sowie gegenüber des Eingangs der Kathedrale und im Gässchen Comonfort viele Bars und andere lautstarke Einrichtungen für nächtliches Anstoßen auf den ewigen Frühling.

Feste Zur *Karnevalszeit,* aber auch zu anderen Anlässen, tummeln sich **Chinelos** (Náhuatl: die gut ihre Füße und Hüften bewegen können) auf den Straßen, das sind bunt gekleidet Maskentänzer, deren Tradition mehr als 200 Jahre zurückreicht. Begleitet werden sie von vielen ausgelassenen Mittänzern.

Wenige Fahrminuten entfernt (Landstraße nach Tepoztlán) liegt das Dörfchen **Ocotepec,** wo die *Totentage* (31. Okt.–2. Nov.) sehr ausgiebig gefeiert werden. Dann auf dem Friedhof und anderswo reichlich geschmückte Altäre, Besucher sollten eine Kerze mitbringen!

Einkaufen Ein (in letzter Zeit wenig überzeugender) Kunsthandwerksmarkt mit einigen Silbersachen befindet sich gleich südlich des Palacio Cortés, ein weiterer Markt ist gegenüber der Kathedrale.

Transport In Cuernavaca hat praktisch jede Busgesellschaft ihren eigenen Terminal, insgesamt gibt es mehr als 10! Die wichtigsten: **Pullman de Morelos,** Abasolo 12, Zentrum, www.pullman.mx; nach Mexiko-Stadt (Taxqueña im Süden und Flughafen), bieten auch touristische Tagestouren. – **ETN,** Av. Morelos 29 (Terminal Estrella Blanca), Zentrum, http://etn.com.mx; fährt in viele Landesteile, natürlich auch nach Mexiko-Stadt. – Mit **Estrella de Oro,** Av. Morelos Sur 812, Col. Las Palmas, www.estrelladeoro.com.mx, ist man in rund 4 Std. in Acapulco, mit **Autobuses Oro,** Blvd Cuauhnahuac Km 2,5, Jiutepec, www.autobusesoro.com.mx, in rund 3 Std. in Puebla.

Umgebungsziele von Cuernavaca

Tepoztlán ❧

Ein sehr beliebtes Ausflugsziel, 25 km nordöstlich von Cuernavaca, ist **Tepoztlán,** ein kopfsteinholpriges Bergstädtchen und Rückzugsgebiet für Künstler und großstadtmüde Hauptstädter, deshalb hier auch viel Alternatives und Esoterisches. Anfahrt mit Tepoztlán-Bussen vom Mercado López Mateos (halbe Stunde). Dort kann das ehemalige Franziskanerkloster **Ex-Convento Dominico Nuestra Señora de la**

Navidad besichtigt werden. Das **Museo Arqueológico Carlos Pellicer** (bei Drucklegung vorübergehend geschlossen) zeigt Stücke aus der kleinen, aber interessanten Privatsammlung prähispanischer Kunst des hier einst ansässigen Poeten. Am Wochenende findet im Zentrum ein großer Markt statt, der traditionelle **Tianguis de Tepoztlán,** im Angebot lokale Köstlichkeiten, auch organische Produkte und Kunsthandwerk für Schnäppchenjäger. Viel Puste und festes Schuhwerk braucht man für den Aufstieg zum **Tepozteco,** es geht ungefähr eine Stunde lang steil hoch. Oben dann eine kleine Pyramide, die *Tepoztécatl,* dem aztekischen Pulque- und Fruchtbarkeitsgott gewidmet (Mi–So 10–16 Uhr).

Unterkunft   Super Lage und Ambiente: **Posada Tepozteco** auf dem Hügel oberhalb des Städtchens, geräumige Zimmer, idyllische Gärten, Schwimmbecken, prähispanisches Temazcal-Bad (kostet extra), Tel. 01-739-3950010, http://www.posadadeltepozteco.com.mx. DZ ab 2750 Ps.

Restaurants   gibt es sehr viele im Zentrum, für alle Preis- und Geschmacksklassen. Zu empfehlen ist **Los Colorines,** Tepozteco 13, mexikanische Küche, bunt und lecker, auch Vegetarisches im Angebot; nicht überteuert.

Balnearios   Rings um Cuernavaca gibt es jede Menge **Schwimmbäder** *(balnearios)*. Besonders viele Spielereien, wie z.B. Riesenrutschen und Riesenwelle für Surfer, bietet der **Parque Acuático El Rollo** (Calle Ribera Del Rio Yautepec s/n, Gabriel Tepepa, Tlaquiltenango, tägl. 9–18 Uhr, Erw. 395 Ps, https://elrollo.com.mx/s/). Sportlichen Aktivitäten wie Reiten, Kajak fahren, Angeln oder Tauchen kann man im **Parque Natural y Balneario Las Estacas** nachgehen (Carretera Tlaltizapan Cuautla s/n, Tlaltizapán, tägl. 8–18 Uhr, Erw. 460 Ps, http://lasestacas.com), hier auch Übernachtungsmöglichkeiten.

Auf den Spuren von Emiliano Zapata   Der Revolutionsheld **Emiliano Zapata** operierte mit seinen Truppen von Morelos aus. Wer Zeit und einen Wagen hat, besucht sein Geburtshaus, das kleine *Museo Casa de Emiliano Zapata,* Ayuntamiento 33, am Ort Anenecuilco, Municipio Ayala (ca. 40 Min. Autofahrt von Cuernavaca, Mi–So 10.30–17 Uhr, kleiner Eintritt). Hier auch ein 30 Meter langes Mural mit dem Helden.

Templo de la Serpiente Emplumada

Xochicalco

Xochicalco (Náhuatl: „Ort des Blumenhauses", UNESCO-Weltkulturerbe) ist eine Ruinenstätte 38 km südöstlich von Cuernavaca. Blütezeit
war 650–900, wichtigste Gebäude sind der kunstvoll gemeißelte
Templo de la Serpiente Emplumada (Tempel der Gefiederten Schlange)
sowie das gut restaurierte *Observatorium,* das der Beobachtung der
Sterne und vor allem auch der Sonnenbewegungen diente – und auch
noch dient. Interessant ist darüber hinaus das ausgefeilte System zur
Speicherung von Regenwasser. Mit Museum. Tägl. 9–18 Uhr, 85 Ps.

Taxco 🌿

Taxco (100.000 Ew., auf Náhuatl „Ort des Ballspiels") ist nach Guanajuato und Zacatecas Mexikos dritte historische Silberstadt, baut jedoch heute das Edelmetall nicht mehr ab – die vielen Verkaufsgeschäf-
te decken sich in anderen Bundesstaaten ein. Wie San Miguel de
Allende lebt Taxco praktisch ausschließlich von der Touristenschwem-
me, authentisch mexikanisches Leben und Treiben sucht man besser
woanders (es sei denn, es gäbe gerade eine *Fiesta*). Aus diesem Grund
hat die Corona-Pandemie den Ort auch besonders hart getroffen,
viele mussten für immer schließen. Dazu kommt, dass Geschäfts-
betreiber und Handwerker Opfer von Schutzgelderpressungen sind,
Drogenkartelle tragen im Bundesstaat gnadenlose Revierkämpfe aus,
deshalb auch häufig Militärpräsenz vor Ort. Trotz allem hat sich der

Taxco auf Hügellage mit Kirche Santa Prisca

Tourismus nicht dauerhaft vertreiben lassen, die Wiederinbetrieb-
nahme der **Seilbahn** im April 2022 war ein untrügliches Zeichen: Taxco
ist schlichtweg einmalig! Die **komplett unter Denkmalschutz** stehende Kolonialstadt mit ihren steil ansteigenden, verwinkelten
Kopfsteingassen, Treppen, flachen Ziegeldächern, blumengeschmückten Balkons und lauschigen Plätzchen zählt zu den schönsten Mexikos.

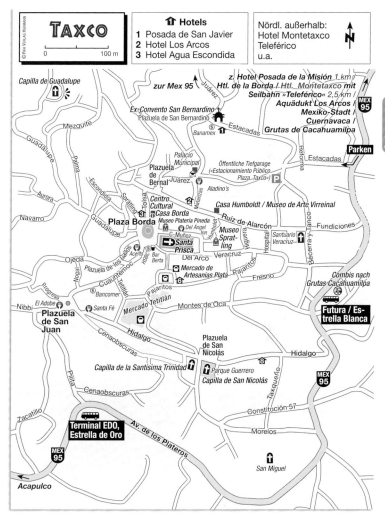

**Der Silber-
baron Borda**
Die meisten Sehenswürdigkeiten Taxcos sind zwangsläufig mit ihrer Silbergeschichte verbunden. Im Jahre 1743, als alle Minen der Stadt schon seit mehreren Jahrzehnten erschöpft waren, entdeckte *José*

*Im Zentrum:
Kirche Santa
Prisca*

de la Borda zufällig eine weitere Ader, worauf der Rausch aufs Neue begann und Borda zum „Silberbaron" aufstieg. Sein ehemaliges Wohnhaus, die **Casa Borda** (Mo geschl.) an der Nordseite der nach ihm benannten **Plaza Borda** (Zócalo) beherbergt heute das **Centro Cultural Taxco.** Von seinem Vermögen finanzierte er den *Jardín Borda* in Cuernavaca, viele prachtvolle Häuser und vor allem die **Iglesia Santa Prisca,** Wahrzeichen der Stadt (und übrigens mit ihren hohen Glockentürmen und der achteckigen, kachelverzierten Kuppel auch ein guter Wegweiser, wenn man sich in dem Gassengewirr verläuft). Das churrigureske Meisterwerk aus rötlichem Sandstein, 1751–58 erbaut, hat eine überreich geschmückte Fassade – über dem hohen Holzportal ist ein Relief, das die Taufe Christi zeigt –, und ist auch im Innern äußerst verschwenderisch ausgestattet: Gleich zwölf geschnitzte und goldüberzogene Altäre sowie mehrere ornamentbeladene Barock-Retabeln befinden sich längs des Hauptschiffes, die Pracht wird aber im Hauptaltar noch gesteigert. Die Gemälde sind Werke des berühmten zapotekischen Malers *Miguel Cabrera.*

**William
Spratling**
Als Bordas Minen nichts mehr hergaben, ging es wieder abwärts mit Taxco. Da tauchte 1930 der Amerikaner *William Spratling* auf (gest. 1967), der mit innovativen Ideen die alte lokale Silberschmiedekunst wieder aufleben ließ. Sehr erfolgreich, wie man sieht, denn der Touristenboom hält bis heute an, auch wenn man gegenwärtig kaum noch die exklusiven Einzelstücke findet, für die Taxcos Silberkünstler im Gefolge Spratlings einst Weltruhm erlangten. Das kleine **Museo Guillermo Spratling** (Delgado 1, Mo geschl., 65 Ps) zeigt vor allem seine Sammlung prähispanischer Kunstwerke. Arbeiten aus den Werkstätten des Schmuckdesigners Antonio Pineda kann man, neben anderen Schmuck-Gegenständen, im **Museo de la Platería Antonio Pineda,** Plaza Borda 1, bewundern (Di–Sa 9–18 Uhr, Eintritt frei).

**Weitere
Attraktionen**
Ein hübsch restauriertes Kolonialhaus ist die **Casa Humboldt,** Ruiz de Alarcón 12 (Di–So 10–18 Uhr), hier weilte der deutsche Forscher kurzzeitig im April 1803. Sie beherbergt heute in drei kleinen (und leider etwas verwahrlosten) Sälen das **Museo de Arte Virreinal.**

2

Grutas de Cacahuamilpa

Man muss es gesehen haben, um es zu glauben – Mexiko bietet einfach immer wieder Überraschungen: Während den einen ein Vulkan gleichsam unter dem Hintern hervorschießt (s. Uruapan), tut sich anderen ein abgrundtiefer Schacht auf, nur weil sie die Bodenfliesen renovieren wollten. Denn das geschah im Jahre 2014 in der Hotelbar der *Posada de la Misión* (s. Stadtplan r.o.) – zum Vorschein kam dabei eine 500 Jahre alte **Silbermine**! Die stammt aus vorindustriellen Zeiten und war einst mit der Hand gegraben worden. Dort schlummern noch etwas Silber und Quarz, ab- oder besser gesagt aufgebaut wird nun aber das touristische Potential. Besichtigung tägl. 9–18 Uhr, Cerro de la Misión 32. Taxco in Panoramasicht genießt man vom **Cerro del Atachi** nordwestlich außerhalb, auf dem eine monumentale Christusstatue steht. Anfahrt am besten mit einem Taxi. Einen Blick von höherer Warte garantiert auch der **Teleférico** (Seilbahn), der das Aquädukt *Los Arcos* am nördlichen Stadteingang mit dem Berg *Monte Taxco* verbindet (hin- und zurück 95 Ps).

Umgebungsziel von Taxco

Die **Grutas de Cacahuamilpa** sind ein ausgedehntes Tropfsteinhöhlensystem im gleichnamigen Nationalpark, 30 km nordwestlich (tägl. 10–17 Uhr, 80 Ps, Extras wie Pool, Hängebrücke u.a. kosten zusätzlich). In den bis zu 80 m hohen Sälen pflegten Kaiser Maximilian und Porfirio Díaz Staatsempfänge zu geben, auch zahlreiche Filme wurden dort gedreht. Manchmal im Sommer auch Konzerte (mex. Philharmoniker).

Adressen & Service Taxco

Turismo

Eine Touristen-Information ist direkt an der Plaza Borda, **Centro Cultural Taxco.** Der Hauptsitz ist nördlich außerhalb an der Av. de los Plateros (Mex 95). Da es viele selbsternannte Touristenführer in der Stadt gibt, wird darauf hingewiesen, dass die offiziellen Führer ein Hemd mit dem Logo der Stadt-verwaltung tragen und einen Ausweis besitzen (SECTUR).

Webseiten   Leider nur auf Spanisch: https://taxcodealarcon.org

Ein ausführlicher, privater Reiseblog (Englisch): www.boundlessroads.com/visit-taxco-complete-guide

Unterkunft   Taxco hat gut eingerichtete Hotels mit schönen Aussichten, manche allerdings überteuert. Akzeptable Budget-Unterkünfte sind kaum zu finden.

Posada de San Javier €€, Estacadas 32, https://hotelposadasanjaviertaxco.net. Nördlich vom Zentrum, sehr nett, Garten und Pool. – **Agua Escondida** €€, Plaza Borda 4, www.aguaescondida.com. Altes Kolonialgebäude, zentral ge-legen, schöne, saubere Zimmer, nette kleine Dachterrasse mit Cafetería und toller Aussicht. – Im **Hotel los Arcos** €€, Ruiz de Alarcón 4, www.hotellos arcosdetaxco.com, wohnt man ebenfalls in einem Kolonialgebäude (16. Jh)., direkt im Zentrum, Dachterrasse, Restaurant. – Weiter weg ist das **Hotel Montetaxco** €€, Alfredo Checa Curi s/n, Lomas De Taxco, www.montetaxco.mx, auf dem gleichnamigen Berg gelegen (hin geht's mit der Seilbahn). Hier wird Luxus großgeschrieben: Schwimmbecken, Tennisplatz, drei Restaurants, Nachtclub u.v.m. Geräumige Zimmer im mexikanischen Stil.

Essen & Trinken Zahlreiche Restaurants konzentrieren sich zwischen dem Zócalo und der Plazuela San Juan, und wie in vielen Touristenstädten ist das Preis-/Leistungs-verhältnis nicht immer angemessen. Gerne besucht wird **El Adobe,** Plazuela San Juan 13, gute Fleischgerichte (z.B. Steak in Orangensoße). – Wer sich an den tollen Aussichten des Ortes noch nicht sattgesehen hat, genießt mexika-nische oder internationale Küche auf der Terrasse von **Del Ángel Inn,** Celso Muñoz 4; die Vorspeise *Queso Cilantro* (Koreanderkäse) ist eine Probe wert. Besondere Spezialität der Gegend und wohl nicht jedermanns Sache sind die *jumiles,* proteinreiche Käfer, die in scharfer Soße serviert werden.

Unterhaltung Die Stadt allein ist schon ein Mittel gegen Langeweile. Wer noch mehr braucht: *Antros* (Musikkneipen) öffnen bei Anbruch der Dunkelheit überall in der Stadt, mal mit, mal ohne Live-Musik; da muss sich jeder selbst die passende Stilrichtung heraussuchen.

Feste   17.–20. Jan.: Patronatsfest von *Sta. Prisca,* Tiersegnungen in den Kirchen, Um-züge, Tänze und viel Musik und Feuerwerk. Die zweiwöchige *Feria de la Plata* mit ihrem Silberschmiedwettbewerb beginnt am 2. Dezembersonntag. Höhepunkt des Festkalenders ist die Karwoche mit spektakulären Prozessio-nen. Ende Nov./Anf. Dezember steigt die **Feria Nacional de la Plata** mit viel Musik, Tanz und natürlich Silber.

Einkaufen   Zahllose Platerías bieten ihre Silberwaren an, von exquisit bis Kitsch gibt es alles. Teure Markengeschäfte sind u.a. *Los Castillo Plateros* (Plazuela Bernal nördl. der Plaza Borda) oder *Pineda* (Plaza Borda, beim *Museo Pineda*). Im **Tiangis de Plata,** der sich über mehrere Straßenzüge erstreckt (Av. Plateros, **findet nur samstags statt**!), kann man handeln; ebenso im **Mercado de Artesanías Plata** (direkt hinter Sta. Prisca). Achten Sie aber immer auf den staatlichen 925-(Adler-) Stempel (*plateado* heißt „nur versilbert", *alpaca* ist fal-sches Silber).

Transport   Terminals von Estrella de Oro (hier auch ADO) oder Costa Line befinden sich an der Av. Plateros.

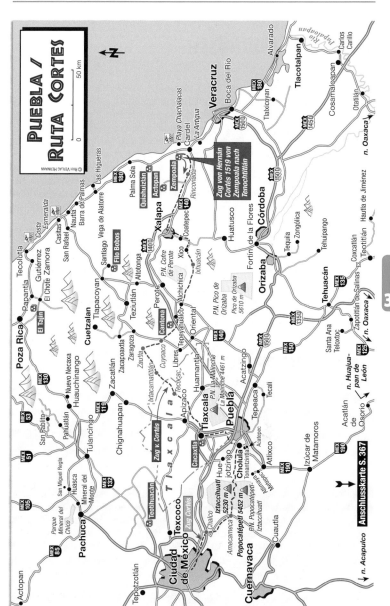

3 Die Golfküste

Weite Teile der Golfküstenstaaten Tamaulipas, Veracruz und Tabasco liegen im tropischen Tiefland mit dauerhaft schwülheißem Klima. Einst von dichtem Urwald überzogen und Brutstätte vielerlei Krankheiten, prägen heute Rinderweiden, endlose Felder mit Zuckerrohr und tropischen Früchten das Landschaftsbild und an den abfallenden Hängen der *Sierra Madre Oriental* wächst der beste Kaffee des Landes (rund um Córdoba und Xalapa). Unzählige Flüsse strömen von den Bergen, verzweigen sich und münden schließlich in den Ozean. Bei Orizaba ragt Mexikos höchster Vulkan, der **Pico de Orizaba** (oder *Citlaltépetl*, „Sternberg", 5610 m) mit seinem meist verschneiten Gipfel majestätisch in die Höhe. Zahlreiche kulturelle und archäologische Attraktionen warten auf Besucher, **Olmeken** und **Totonaken** haben bauliche und kulturelle Spuren hinterlassen. Dennoch steuert kaum ein ausländischer Tourist die Gegend an, ein Grund dafür mag wohl in den nicht allzu attraktiven Golfküsten-Stränden liegen. Die wenigen erschlossenen Badeorte bieten geringen Komfort, Bohrtürme und Raffinerien machen auch mancherorts das Baden gänzlich unmöglich, wie z.B. um Coatzacoalcos. Webseite des Staates Veracruz: www.veracruz.mx

Veracruz

Landung der Eroberer

Am 21. April 1519 gingen **Hernán Cortés** und seine Leute da an Land, wo heute die Hafenstadt Veracruz liegt (ca. 450.000 Ew.). Er selbst gründete kurz nach der Ankunft diese erste spanische Siedlung des amerikanischen Festlands (allerdings zunächst etwas weiter nördlich). Bald gewann er die von den Azteken unterworfenen *Totonaken* (s.S. 41) als Verbündete, deren damalige Hauptstadt *Zempoala* nicht weit entfernt lag. Von dort aus begann dann die blutige Eroberung der „Neuen Welt" …

Einfallstor Veracruz

Das wichtigste Tor für den nachfolgenden Zustrom blieb über Jahrhunderte der Hafen von Veracruz. Unmengen an Silber, Zedernholz, Kakao, Baumwolle, Zucker und vielen anderen Schätzen des Landes fuhren im Bauch der Überseeschiffe nach Osten, europäische Industrieprodukte, aber auch jede Menge Neueinwanderer und afrikanische Sklaven kamen zurück. Kein Wunder, dass dies Piraten anlockte, besonders im 17. Jahrhundert war man weder auf dem Wasser noch an Land vor ihnen sicher. Veracruz versuchte um 1750, sich durch eine Stadtmauer zu schützen. Von ihr steht heute allerdings

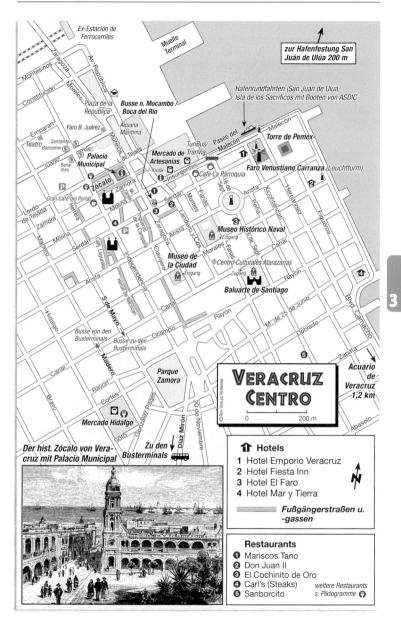

Ex-Estación de Ferrocarriles

Muelle Terminal

zur Hafenfestung San Juán de Ulúa 200 m

Hafenrundfahrten (San Juan de Ulúa, Isla de los Sacrificos mit Booten von ASDIC

Busse n. Mocambo / Boca del Rio

Zaragoza

Montesinos

Av. República

Morelos

Constitución

Plaza de la República

Faro B. Juárez

Aduana Maritima

Emparán

Teatro

Santander

Bancomer

HSBC

Palacio Municipal

Juárez

Bana-mex

Zócalo

Gran Café del Portal

Lerdo de Tejada

Zamora

Madero

Serdán

Molina

Arista

5 de Mayo

Hidalgo

Canal

Rayón

Bravo

Cortés

Paseo del Malecón

Malecón

Torre de Pemex

TuriBus / TranVía

Mercado de Artesanías

I-Kiosk

Insurgentes

Café La Párroquia

Faro Venustiano Carranza (Leuchtturm)

Arista

Peña

Xicohténcatl

Hernández

Figueroa

16 de Septiembre

Farías

Serdán

Lancero y Cos

Zaragoza

Arista

Clavijero

Independencia

Hrnz de Nácoran

Morelos-Farías

Museo Histórico Naval

Eingang

Museo de la Ciudad

Eingang

Centro Culturales Atarazanas

Zugang

Canal

Rayón

Baluarte de Santiago

M. de 25 de Junio

Doblado

Zapata

Blvd. Camacho

Abasolo

20 de Noviembre

Busse von den Busterminals

Busse zu den Busterminals

Ocampo

Parque Zamora

González Pagès

Díaz Mirón

Mercado Hidalgo

Soto

3

Acuario de Veracruz 1,2 km

VERACRUZ CENTRO

© RON VERLAG HERRMANN

0   200 m

Der hist. Zócalo von Veracruz mit Palacio Municipal

Zu den Busterminals

🏠 Hotels

1 Hotel Emporio Veracruz
2 Hotel Fiesta Inn
3 Hotel El Faro
4 Hotel Mar y Tierra

Fußgängerstraßen u. -gassen

Restaurants

1 Mariscos Tano
2 Don Juan II
3 El Cochinito de Oro
4 Carl's (Steaks)   *weitere Restaurants*
5 Sanborcito   *s. Piktogramme* 🍴

nur noch eine der Bastionen, der **Baluarte de Santiago** (Canal/16 de Sept., darin ein kleiner Schatz, die *Joyas del Pescador*, 1976 aus dem Meer gefischt; Di–So 9–17 Uhr, Eintritt 70 Ps).

Leuchtturm Venustiano Carranza

Geburt der Jarochos

Die Nachkommen der vielen Völker, die sich hier vermischten und immer wieder vermischten, sind die lebenslustigen **Jarochos,** ein ganz eigener mexikanischer Menschenschlag, bekannt für seine Frohnatur und Leichtlebigkeit. Muntere Tänze und fröhliche Musikgruppen mit Harfe und Gitarre, die am liebsten *Son jarocho* spielen, konnten da nicht ausbleiben. Ihren bekanntesten Hit kennen Sie bestimmt: „La Bamba".

Stadtzentrum

In Veracruz braucht man kein Unterhaltungsprogramm, das Zentrum allein ist schon ein wirksames Mittel für Kurzweile. Ob man nun am **Malecón,** der Strandpromenade, flaniert und die großen Seetanker und den Leuchtturm **Faro Venustiano Carranza** bestaunt, die Nase mal eben in den Fischmarkt steckt (Calle Montero) oder im gegenüberliegenden **Mercado de Artesanías** eine Miniatur-Segelyacht in der Flasche erwirbt – überall ist was los. Am lautesten geht's am **Zócalo** *(Plaza Constitución)* zu, da reiht sich ein Café ans andere, zwischendrin Verkäufer aller Art und natürlich jede Menge Musikgruppen. Auf keinen Fall fehlen darf dabei die **Marimba,** ein großes, xylophonartiges Instrument, das einst mit den afrikanischen Sklaven in die spanischen Kolonien kam. Am Abend ist dann der – aus Kuba stammende – **Danzón** angesagt, ein stilvoller, langsamer Formationstanz mit graziösen Paaren ganz in Weiß. Informieren Sie sich beim Turismo über Ort und Zeiten, da diese seit der Pandemie wechselnd sind. Bei Drucklegung Do/Fr 19–20, So 19.30–20.30 Uhr auf dem Zócalo. Ein weiterer möglicher Tanzplatz ist der *Parque Zamora,* 7 Straßen südöstlich des Zócalo an der Independencia.

San Juan de Ulúa

Die interessanteste Sehenswürdigkeit der Stadt ist die trutzige, aus Korallengestein erbaute Hafenfestung **San Juan de Ulúa** auf der Halbinsel Gallega, etwa 700 m nördlich des Malecón (Bootsabfahrten von dort, oder per Taxi „außenrum", Di–So 10–15 Uhr, Eintritt). Baubeginn war bereits 1528, denn von hier sollten die Piraten abgewehrt werden. Doch die Geschichte bescherte ihr noch viele weitere Aufgaben: Sie wurde ein berüchtigter Kerker (dunkle Steinverliese, die bei Flut unter Wasser standen), in den umliegenden Kanälen warteten hungrige Haie. Nur wenige kamen lebendig heraus, einer davon war der spätere Präsident *Benito Juárez*. Von 1823–25 verschanzten sich hier die Verteidiger des Vizekönigreiches „Neu-Spanien" und schossen Kanonenkugeln auf die bereits unabhängige Stadt. So war die damalige Insel nicht nur die erste (Cortés), sondern auch die letzte Bastion der spanischen Krone. Um 1914 diente San Juan de Ulúa sogar zeitweilig als Regierungssitz unter Venustiano Carranza. Anzumerken sei noch, dass gleich viermal ausländische Armeen die Stadt stürmten: 1837 die Franzosen, 1847 US-Amerikaner, 1861 Franzosen, Engländer und Spanier, 1914 nochmals die Amerikaner, denn eine Revolutions-regierung (unter Carranza) war nicht im Sinne der USA.

Museen

Einen Überblick über die Stadtgeschichte gibt das **Museo de la Ciudad** (Ecke Zaragoza/Morales, Di–So 9–16 Uhr), hier auch ein Saal zur Geschichte der schwarzen Sklaven im Bundesstaat, ein anderer dokumentiert die Karnevalstradition. Das **Museo Histórico Naval** (Arista, Di–So 10–17 Uhr, 45 Ps) zeigt Modellschiffe und sonstige Marine-Objekte für Liebhaber.

Aquarium

Im **Aquarium del Puerto de Veracruz** schwimmen einem Haifische und Riesenmantas in einem durchsichtigen Rundbecken direkt über den Kopf hinweg, man sieht aber auch Humboldt-Pinguine und an-deres Meeresgetier. Es liegt im Einkaufszentrum **Plaza Acuario,** direkt am Strand knapp 2 km außerhalb in Richtung Süden; tägl. 10–19 Uhr, Fr–So bis 19.30 Uhr, Eintritt 170 Ps, www.aquariumpuertode-veracruz.mx. Leider kaum Erklärungen. Wer sich zu den Haifischen hinabsenken lassen oder Pinguine streicheln will zahlt rund 500 Ps.

Parroquia-Cafés

Tradition (seit 1804) hat das **Gran Café de la Parroquia,** Gómez Farías, gegenüber des *Mercado de Artesanías,* www.laparroquia.com, mit seinen italienischen Espressomaschinen von 1926, die immer noch genutzt werden. Hier trifft sich halb Veracruz zum Essen, Plau-dern oder Spielen. Wer noch mehr Milchkaffee (Café lechero) möchte, klimpert mit dem Löffel. Gleich um die Ecke (beim Malecón) befindet sich **La Parroquia de Veracruz,** eine auch nicht ganz junge Nachahmung (seit 1926), auch die Kaffeemaschinen sind nicht ori-ginal, Essen und Trinken aber ebenso lecker (andere Karte), https://laparroquiadeveracruz.com.

Hafenfestung San Juan de Ulúa

Adressen & Service Veracruz

Turismo
Im Palacio Municipal (Zócalo, tägl. 9–21 Uhr), weitere Auskunftstellen an verschiedenen Punkten der Stadt nur zur Hochsaison.

Webseiten
www.zonaturistica.com/atractivos-turisticos-en/583/veracruz.html
www.disfrutaveracruz.mx, www.veracruz.mx

Stadttouren
Der **Turibus** bietet zwei Routen an: Historisches Zentrum und vom Zentrum an den südlich gelegenen Strandort **Boca del Río,** häufige Abfahrten vom *Mercado de Artesanías* (Malecón), https://www.turibus.com.mx/veracruz

Unterkunft
Viel Qualitätsauswahl gibt's um dem Zócalo nicht. Entlang der Insurgentes/Malecón reihen sich Mittel- und Oberklassehotels.

Low-Budget-Reisende gehen ins zentrale **Hotel El Faro** €, 16 de Septiembre 223. – Günstig und gut ist das renovierte **Hotel Mar y Tierra** €, Cap. De Fragata P. Sainz de Barranda, direkt am Malecón, Schwimmbecken mit Panoramablick im 6. Stock, Restaurant mit Frühstücksbüffet (kostet extra), genügend Parkplätze ums Haus, www.hotelmarytierra.com. – Das **Emporio Veracruz Hotel** €€, (Kette) mit Schwimmbecken und allem Service, der sich für ein 4-Sterne-Hotel gehört, bietet geräumige Zimmer, Blick aufs Meer und drei Restaurants. Paseo del Malecón 244, www.hotelsone.com/veracruz-hotels-mx/emporio-veracruz-hotel.es.html.– Ähnliche Preisklasse und Serviceleistungen: **Hotel Fiesta Inn Veracruz Malecón** €€, General Figueroa 56, www.fiestainn.com. Ansonsten in das kleine Touristenzentrum **Boca del Río** ausweichen, ca. 12 km strandsüdwärts, dort gibt es etliche Mehrsterne-Hotels; oder in die Hotelzone zwischen Veracruz und Boca del Río, z.B. ins **Hotel Villa Florida** €€, Meerblick, Pool, gutes Frühstücksbüffet. Man muss aber wissen, dass alles südlich des Zentrums Betonwüste ist, Fischerdorf-Ambiente sucht man vergebens, einziger Vorteil ist die Strandnähe.

Spezialitäten
Spezialitäten sind hier natürlich Meeresfrüchte und Fisch, z.B. *langosta loca* (verrückter Hummer) oder *filete a la veracruzana* (gegrilltes Fischfilet mit Zwiebeln, Knoblauch, Tomatensoße und Oliven).

Essen & Trinken
Etliche Restaurants liegen rund um Zócalo und Malecón. Mindestens einmal sollte man im **Gran Café de la Parroquia** (s.o.) gewesen sein, sonst war man nicht in Veracruz. Traditionelle Veracruz-Küche bei **Los Farolitos,** populäres Ambiente, günstiges, schmackhaftes Mittagsmenü, Av. Cristóbal Colón 506, ein weiteres in der Av. Jardines del Virginia 104 (Costera Richtung Mocambo, beide Adressen außerhalb des Stadtplans, www.losfarolitos.com). – Ein gutes Fischrestaurant ist **La Cevichería** im Hotel Emporio, Paseo del Malecón 244, das Ambiente ist allerdings sehr nüchtern.

Wer bis zum Vorort *Boca del Río* kommt: **El Bayo,** Blvd Ruiz Cortinez 3324 (weitere Zweigstellen im Hafenbereich von Veracruz), steht bei Liebhabern von Fisch und Meeresfrüchten hoch im Kurs, hier u.a. Shrimps-Töpfchen oder Tintenfisch mit Zwiebelgarnierung. Sehr empfehlenswert ist **Mamá Gallina,** Netzahualcóyotl 3185 (unweit der Miguel Alemán, in etwa auf Höhe des Aquariums), eine weitere Zweigstelle an der Ávila Camacho 72 (Hotelzone vor Playa Mocambo). Die „Hühnermama" ist das Inbild der Fürsorge, Huhn gibts hier aber nicht. Kenner sagen, dass sie noch nie so gute Hamburger gegessen haben, die Portionen sind sehr reichlich.

Feste   Der ausgelassenste **Karneval** ganz Mexikos mit Umzügen und buntem Treiben beginnt immer genau 40 Tage vor der Karwoche.

Transport   Busse 1. Klasse (CAVE) und 2. Klasse: knapp 3 km südl. vom Zócalo, Av. Lafragua 1117, an der Díaz Mirón.

Veracruz hat einen internationalen **Airport,** vom Zentrum 10 km südwestlich an der Mex 140. Alles über ihn auf www.asur.com.mx

Weitere Reiseziele im Staat Veracruz

Richtung Norden   In **La Antigua** (28 km nördlich von Veracruz), dem „alten Veracruz" von 1522–1580, dann wurde es an seinen jetzigen Standort verlagert, steht die kleine **Ermita del Rosario,** wohl die älteste Kirche Lateinamerikas. Wer den Superlativ prickelnd findet, schaut sich's an, zu sehen gibt's sonst nicht viel. In den von Baumwurzeln und Schlingpflanzen völlig überwachsenen Ruinen mit dem Namen **Casa de Cortés** (hinter dem Zócalo) hat Cortés nicht wirklich gewohnt, sie dienten wahrscheinlich Verwaltungszwecken oder als Lagerhalle.

Die Nischenpyramide von El Tajín

Rund 250 km nördlich von Veracruz liegt das präkolumbische Zeremonialzentrum **El Tajín,** entstanden um 200 v.Chr. in einer malerischen und vegetationsreichen Hügellandschaft. Am besten fährt man zeitig los, um nicht in die Mittagshitze zu geraten (Kopfbedeckung mitnehmen!). Geöffnet 9–18 Uhr, Eintritt 85 Ps. Im **Museum** beim Eingang u.a. eine Miniaturnachbildung der Anlage, die einen guten

Die Nischen-pyramide

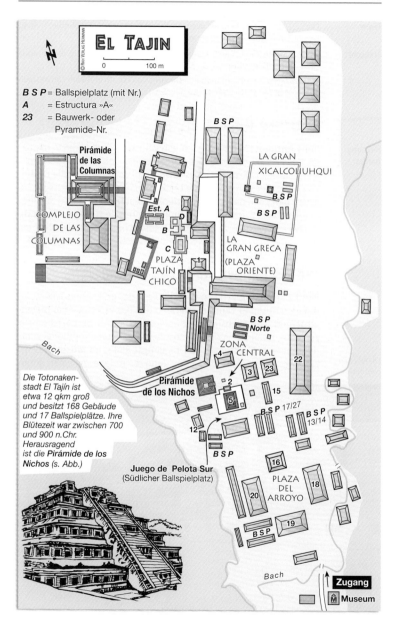

EL TAJIN

0   100 m

© REIF VERLAG HERRMANN

B S P = Ballspielplatz (mit Nr.)
A   = Estructura »A«
23   = Bauwerk- oder
   Pyramide-Nr.

Pirámide de las Columnas

COMPLEJO DE LAS COLUMNAS

Est. A

D

B

C

LA GRAN XICALCOLIUHQUI

B S P

B S P

LA GRAN GRECA (PLAZA ORIENTE)

PLAZA TAJÍN CHICO

1

Bach

*Die Totonaken-
stadt El Tajín ist
etwa 12 qkm groß
und besitzt 168 Gebäude
und 17 Ballspielplätze. Ihre
Blütezeit war zwischen 700
und 900 n.Chr.
Herausragend
ist die Pirámide de los
Nichos (s. Abb.)*

B S P
Norte

ZONA CENTRAL

4

Pirámide de los Nichos

2

3   23

22

5   15

B S P 17/27

B S P 13/14

12

B S P

Juego de Pelota Sur
(Südlicher Ballspielplatz)

16

PLAZA DEL ARROYO

18

20

19

B S P

Bach

Zugang

M Museum

Überblick verschafft. Auf etwa 12 qkm finden sich 168 Gebäude und gleich 17 Ballspielplätze (die aber noch nicht alle freigelegt sind). Ihre Blütezeit hatte die ehemals größte Stadt der Totonaken zwischen 700 und 900 n.Chr., um etwa 1200 wurde sie – wie fast alle Pyramiden-stätten – verlassen. Hauptattraktion ist die **Nischenpyramide,** sie war *Tajín,* dem Gott des Blitzes und *Huracán,* dem des Windes, gewidmet (davon abstammend „Hurrikan"). Auf sechs Etagen bzw. Plattformen gibt es insgesamt 364 fensterähnliche Nischen, was zu-sammen mit dem obenliegenden Tempel die 365 Tage eines Jahres ergibt. Einst war die Pyramide mit Stuck verziert und rot bemalt, die übrigen Gebäude strahlten ebenfalls in bunten Farbtönen. Nischen-pyramiden gibt es in ganz Amerika nur noch ein einziges Mal, nämlich in der 60 km südlich liegenden kleinen Stätte *Yohualichan* („Ort der Nacht"). Die dortigen stammen von denselben Baumeistern.

Um den 20./21. März (Tagundnachtgleiche) steigt jährlich die große **„Cumbre Tajín"** mit Tänzen, Ritualen, Musik und einem preis-gekrönten Lichtspektakel als Höhepunkt. Unterkunft vorzeitig reser-vieren, denn es könnte voll werden.

Wenige Übernachtungsmöglichkeiten kann man im nahegele-genen **Papantla** 🐾, z.B. im **Hotel Tajín** €, José de J. Nuñez 104, https://hoteltajin.mx, Pool, Restaurant.

Richtung Südosten

Auf dem Landweg nach Villahermosa sollte man zwei reizvolle Ziele nicht auslassen:

Tlacotalpan

Die malerische, in pastellfarben gestrichene Kolonialstadt mit den vielen Säulengängen (UNESCO-Weltkulturerbe), von Veracruz rund 100 km küstenabwärts und 15 km im Inland gelegen, hat immer wie-der Künstler und Filmemacher aus aller Welt angezogen. An den Ufern des breiten „Schmetterlingsflusses" gelegen, strahlt die „Perle des Papaloapans" tropisches Ambiente früherer Zeiten aus. Nicht nur der Quiosco in maurischem Stil auf dem Zócalo und die englische Turmuhr der *Parroquia de San Cristóbal* erinnern daran, dass hier einst jede Menge landwirtschaftliche Produkte aus dem Hinterland von den Zügen in Schiffe umgefrachtet wurden, um ihren Weg auf dem Ozean fortzusetzen. Leider wird der Ort regelmäßig von Über-schwemmungen heimgesucht, die letzte große im Jahr 2010. Dazu kommt, dass er in den letzten Jahren finanziell vernachlässigt wurde, was deutliche Spuren im Stadtbild hinterlassen hat. Einen Rundgang ist Tlacotalpan aber allemal wert. Wichtigstes Event ist die **Fiesta de la Candelaria** vom 31. Jan.–2. Febr. (der 2.2. ist der wichtigste und eigentliche Festtag). Dann wird die Madonna in einer prunkvollen Prozession in lichter- und blumengeschmückten Booten übers Was-ser gefahren und überall ist Musik und Tanz.

Catemaco

Der Ort liegt ungefähr 170 km von Veracruz entfernt zwischen sanften Vulkanhügeln eingebettet an dem gleichnamigen **See.** Bekannt ist er vor allem für seine vielen **Curanderos** und **Brujos,** Heiler und Zauberer der weißen und schwarzen Magie, die sich mit Heilpfanzen auskennen und diverse Rituale durchführen. Viele Wunder- und Esoterikmittel werden auf dem kleinen Markt angeboten – was natürlich kein Wunder ist, denn das magische Dienstleistungsgewerbe ist eine wichtige Einnahmequelle! An der Uferpromenade reihen sich Fischrestaurants und Souvenirstände, zahllose Lancheros bieten Bootsausflüge an. Diese führen zu einigen Seeinseln, zwei davon sind von ausgesetzten Affenpopulationen bevölkert, die einst unter der Aufsicht von Forschungsinstituten standen und sich selbst überlassen wurden, als das Geld ausging.

Geruhsame Tage inmitten von üppiger tropischer Vegetation und direkt am Seeufer kann man in der **Reserva Ecológica Nanciyaga** verbringen (Km 7 Carretera Catemaco – Coyame, Tel. 294-9430199, Whatsapp 2941292037, https://nanciyaga.com, ❻ reservananciyaga. Dort auch rustikale, ökologische *cabañas* ohne elektrisches Licht (Gemeinschaftsbäder, 2 Pers. ca. 1300 Ps) – tagsüber sieht man die freifliegenden roten Aras, die hier wieder angesiedelt werden, nachts sind die Brüllaffen auf den Bäumen zu hören –, ein gutes (natürlich Bio-) Restaurant und weitere Unternehmungsmöglichkeiten. Durch das Fleckchen Regenwald führt ein Lehrpfad, schwimmen kann man im Fluss, Boote zum Selbstrudern liegen am Seeufer.

Villahermosa

Villahermosa (350.000 Ew.), Hauptstadt des Staates Tabasco, bedeutet wörtlich übersetzt „wunderschöne Stadt", doch das sollte keinesfalls ernst genommen werden. Viele Menschen, viele Autos und vor allem das ständig schwülheiße Klima laden nicht zum längeren Verweilen ein. Vielleicht war ja der Ort im Gründungsjahr 1593 tatsächlich schön, denn unzählige Wasserstraßen (*Río Grijalva, Río Carrizal* und Nebenflüsse) fließen durch und um ihn herum. Als 1974 Erdöl in der Gegend entdeckt wurde, flutete jede Menge Geld in die Stadt. Von nun an wurde ständig gebaut, Villahermosa wuchs und wucherte in alle Richtungen. Präsident AMLO, der aus Tabasco stammt, lässt am Fluss eine Promenade errichten, die vor den regelmäßigen Überschwemmungen schützen und als Flaniermeile dienen soll.

Wer Zeit hat, dreht eine Runde in der **Zona de la Luz** am Río Grijalva, dem ältesten und inzwischen autofreien Viertel mit zahllosen Geschäften und besucht dann das **Museo Regional de Antropología**

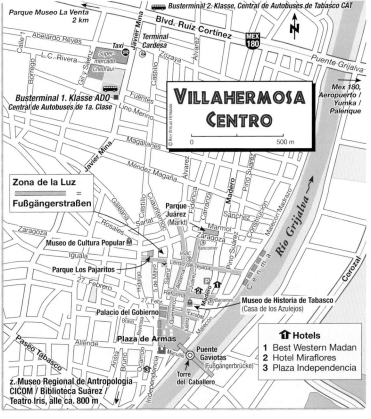

Carlos Pellicer ((Cámara 511, 1 km südl. der Plaza de Armas am Río Grijalva, Di–So 9–17 Uhr, Eintritt 32 Ps). Es gehört zu einem Zentrum, das über die Olmeken und Maya forscht, und ist durchaus sehenswert. Im Eingangsbereich wacht ein Olmekenkopf. Die Hauptattraktion von Villahermosa ist aber der La-Venta-Museumspark.

Parque Museo La Venta ein (gegenwärtig leider etwas vernachlässigtes) Freiluftmuseum, das der **Olmeken-Kultur** gewidmet ist (Blvd Adolfo Ruíz Cortínez, 2,5 km nordwestlich außerhalb des Zentrums, tägl. 8–17 Uhr, 53 Ps). Der angeschlossene Zoo mit teils gefährdeten Arten der Gegend ist montags geschlossen. Inmitten von tropischen Pflanzen, wie *Ceibas* (höchste Urwaldbäume und heiliger Baum der Maya), *Chicozapote* (liefert den Saft für Kaugummi), *Ramón* (Brotfruchtbaum), Tamarinden, Kakao, Bambus u.a. stehen 33 Skulpturen des ältesten der mexikanischen

Mexikos Mutterkultur

Die präklassische **Olmeken-Kultur** (auch: **La Venta-Kultur**) ist die älteste aller mexikanischen Kulturen, bereits zwischen 1200 und 500 v.Chr. etablierte sie sich am
südlichen Golf von Mexiko. Ihre Leistungen in Architektur, Kunst, Höhlenmalerei
und insbesondere Arithmetik (Kalender!) beeinflusste viele andere Völker, die Maya
übernahmen u.a. das olmekische Zahlenwissen. Bis heute weiß man relativ wenig
über die Olmeken, noch nicht einmal, wie das Volk wirklich hieß, denn „Olmeken",
was auf Náhuatl so viel wie „Leute aus der Gummiwaldregion" bedeutet, wurde es
erst später genannt. Sein ureigener Kunststil ist leicht an den ausgeprägten, mas-
siven Formen in Verbindung mit einfacher Linienführung zu erkennen. Besondere
Rätsel geben die 17 gefundenen Olmekenköpfe auf, denn ihre Gesichter tragen
asiatische und negroide Züge, ganz sicher aber nicht die von Menschen der Golf-
Region. Ob die Bildhauer sich da wohl bei dem wichtigsten Tier ihrer Mythologie,
dem Jaguar, inspirierten? Erst 2016 wurde ein 2500 Jahre altes olmekisches
Raubtier-Relief im Staat Morelos entdeckt, und die Funde sind sicher noch nicht
abgeschlossen. Offen bleibt aber weiterhin, wie die bis zu 3,40 m hohen und 6 bis
50 Tonnen schweren Kolosse von den Steinbrüchen der vulkanischen *Sierra de los
Tuxtlas* bis zu den Zeremonialzentren und späteren Fundorten **Tres Zapotes, San
Lorenzo** (in 60 km Entfernung) und **La Venta** (100 km) transportiert werden konnten. Originale Olmekenköpfe sind heute außer in Villahermosa hauptsächlich in
den Anthropologischen Museen von Xalapa und Mexiko-Stadt zu bestaunen. Nicht
verwechseln sollte man die Olmeken mit der *Olmeca-Xicalanca*-Kultur, die im 1.
Jahrtausend n.Chr. ihre Blüte hatte.

Olmekenkopf, La Venta

Völker, darunter drei der berühmten **Olmeken-Kolossalköpfe** aus Basalt – 3000 Jahre alte Originale! Der bekannte „Kopf des Kriegers" (*Cabeza del Guerrero*, Ausstellungsstück Nr. 26) ist 2,20 m hoch, hat einen verzierten Helm und ist der besterhaltene von allen (die Köpfe dürfen nicht direkt angeblitzt werden). Nachts auch eine Licht- und Tonvorführung (20, 21 u. 22 Uhr).

Adressen & Service Villahermosa

Turismo   ein Stand im Zentrum, Av. 27 de Febrero, in der hübschen *Casa de los Azulejos*; ein weiterer im ADO-Busterminal, tägl. 9–17 Uhr.

Webseiten   https://www.visitmexico.com/tabasco/villahermosa

Unterkunft   Im Zentrum, der Zona de La Luz, ist die Auswahl begrenzt: Das **Hotel Miraflores** €, Reforma 304 (Fußgängerstraße), www.hotelmiraflores.com; ist sauber und zentral, doch kein Zimmer tiefer als 5. Stock nehmen, da hauseigene Disko im Untergeschoss! – Alternative in der Nähe: **Hotel Best Western Madan** €, Madero 408, www.madan.com.mx. Schönes Kolonialhaus, gut geführt (kostenloses Parken im Parkhaus einer Parallelstraße), Zimmer nach hinten allerdings etwas laut. – Ruhig, aber immer noch in Gehweite zum Zentrum liegt das **Hotel Plaza Independencia** €, Independencia 123, https://hotel plazaindependencia.com, Parkplatz, Schwimmbecken, familiäres Ambiente, Restaurant mit Frühstücksbüffet. – Das **Courtyard by Marriott Villahermosa Tabasco** €€, Paseo de la Choca 107, über www.marriott.com, liegt auf der westlichen Stadtseite, beim Parque Tabasco 2000 (hier Kongresszentrum, Planetarium u.a.). Kettenhotel mit allem Drum und Dran, eine Oase des Rückzugs vor der schwülen Hitze, gutes Restaurant.

Essen & Trinken   Im Zentrum vereinzelte Restaurants, *Taquerías* und *Neverías* (Wassereis). Frisches aus dem Meer steht fast überall auf den Karten. Eine lokale Spezialität ist Kakaowein. Zum Frühstück *Tamal Chipilín* (Chipilín ist eine Pflanze der Gegend).

Transport   *Central de Autobuses* (1. Klasse): Av. Mina 297/Ecke Merino.

Umgebungsziel Hacienda La Luz

Interessant ist die „Schokotour" ins rund 50 km entfernte **Comalcalco** (in Richtung Golf von Mexiko) zur **Hacienda La Luz** (Blvd Leandro Rovirosa Wade 232, http://haciendalaluz.mx, Führungen Di–So um 9, 11, 13 und 15 Uhr, 350 Ps, keine Fabrikbesichtigung Sa nachm. u. So). Die kaufte der deutsche Einwanderer Otto Wolter Hayer vor knapp 100 Jahren, um die Schokoladenherstellung zu modernisieren. Auf den umliegenden Feldern wächst der Kakao, verwaltet wird die Anlage von Wolters Nachfahren. Nur 5 km weiter auch die kleine Maya-Stätte *Comalcalco*.

4

Von Mexiko-Stadt nach Oaxaca und Chiapas

Die Bundesstaaten Oaxaca und Chiapas zählen zu den Reisehöhepunkten Mexikos, bieten sie doch nicht nur überaus vielfältige Landschaften – von kargen Kakteenfeldern, hohen Gebirgszügen bis hin zu feuchtheißen Regenwäldern und Küsten –, sondern auch einige der eindrucksvollsten prähispanischen Stätten. Zudem haben beide Staaten den höchsten indigenen Bevölkerungsanteil Mexikos. Viel Sehens- und Wissenswertes erwartet den Besucher, auch viel Traditionelles.

Doch nicht alles ist Schönheit und Harmonie – die regelmäßigen Demonstrationen in Oaxaca sprechen Bände: Krasse Armut, hohe Mütter- und Säuglingssterblichkeit, Ausbeutung und Unterdrückung bleiben weiterhin eine schmerzliche Realität, auch zählen die Analphabetenquoten beider Staaten landesweit immer noch zu den höchsten (2020: 11,8% der Bevölkerung über 15 Jahre in Oaxaca, 13,7,8% in Chiapas, der nationale Durchschnitt beträgt 4,6%). Besonders in **Chiapas** liegt das bebaubare Land in den Händen nur weniger mestizischer Großgrundbesitzer, einer von vielen Missständen, den die Zapatisten seit 1994 anprangern und an dem sich bis heute kaum etwas geändert hat. Beunruhigend ist auch der Zustand des Regenwalds: Abholzung, Brandrodung und Besiedelungsdruck lassen ihn weiterhin schrumpfen – in den letzten 70 Jahren sind rund 80% seiner ursprünglichen Fläche verschwunden. Gegenwärtig ist Chiapas der Staat mit den meisten Schutzgebieten, knapp ein Fünftel seiner Fläche steht unter Naturschutz. Holzraubbau und illegaler Tierhandel wurden damit etwas eingedämmt, doch keinesfalls eliminiert. Ökotouristische Projekte nehmen zu – für manche Anbieter lediglich ein werbewirksamer Aufhänger –, doch leider mangelt es an einer gezielten staatlichen Planung und Förderung solcher Projekte.

Oaxaca: Zapoteken und Mixteken

Oaxaca (sprich: Oa-haka) ist eine meist frühlingshaft warme Stadt, so richtig zum Ausspannen und Genießen, aber auch mit vielen Möglichkeiten für tolle Unternehmungen! Das Ambiente ist kolonial und bunt, das Zentrum der 260.000-Einwohner-Stadt zählt zum Weltkulturerbe. Blumengeschmückte Innenhöfe sind kleine Oasen der Ruhe, viele Restaurants verführen zum Probieren der eigenwilligen Regionalküche. Der Agavenwurm ist hier zu Hause – bevor er mitsamt des Mezcal-Schnapses im Magen des Besuchers landet. In

Oaxaca scheint vieles etwas üppiger geraten zu sein als anderswo: die Bergketten rund um das Hochtal, die Pastellfarben der stilvoll restaurierten Straßenzüge, das Überangebot an Kunst, Kultur und Kunsthandwerk, die Feste und Tänze mit ihren leuchtenden Trachten, das lebhafte Treiben auf dem Zócalo und nicht zuletzt die Vielzahl an indigenen Völkern und Sprachen im Hinterland, mit prägender Wirkung auch auf das Stadtbild. Höhepunkt der Festlichkeiten ist die alljährlich an den zwei auf den 16. Juli folgenden Montagen (in den Tagen dazwischen ist aber auch immer was los) auf dem *Cerro de Fortín* stattfindende **Guelaguetza** mit Tanzgruppen aus den 7 Regionen Oaxacas. Die Stadt ist dann Monate im Voraus schon ausgebucht. Sicher ein beeindruckendes Erlebnis, aber zu überlegen gilt, ob man sich wirklich in diese Massen stürzen will, oder Oaxaca doch lieber an ruhigeren Tagen genießt. Dasselbe gilt für die Oster- und Weihnachtswoche.

Nicht zu verschweigen ist, dass der Zócalo regelmäßig Schauplatz politischer Auseinandersetzungen ist, manchmal kampieren dort wochenlang Demonstranten. Mitunter blockieren sie auch wichtige Zugangsstraßen der Stadt. Versuchen Sie, sich über die aktuelle Lage zu informieren, was zugegebenermaßen nicht ganz einfach ist, am ehesten noch auf Spanisch, z.B. auf ❶ Oaxaca vial. Straßenblockaden sind mit Kosten und Arbeitsausfall für die Beteiligten verbunden, weshalb sie zum Glück meist nicht lange andauern.

Bunte Gebäude und gepflasterte Straßen in Oaxaca

Historisches

In vorspanischen Zeiten lag *Huaxyacac* („Nase der Kalebasse" – so hieß der Ort vor der spanischen Verballhornung) im Schnittpunkt wichtiger Handelswege. Nach seiner Einnahme durch die Spanier 1521 bemühten sich hier besonders die Dominikaner um die Christianisierung der angestammten Bevölkerung.

Wichtigste Einnahmequelle ist heutzutage der **Tourismus.** Die verschlafene Agrarregion war seit der Kolonialzeit kein Schauplatz von besonderen geschichtlichen Höhepunkten, das wird aber dadurch wettgemacht, dass zwei der berühmtesten mexikanischen Staatsmänner in der Stadt bzw. ihrer Umgebung geboren wurden: Während man dem einen, Diktator **Porfirio Díaz** (1830–1915), allerdings kaum huldigt, führte doch die enorme Ungerechtigkeit und Ausbeutung unter seiner Führung letztendlich zur Revolution, verehrt man den zweiten dafür um so mehr: **Benito Juárez** (1806–1872). Er war Zapoteke und der bedeutendste Reformpolitiker Mexikos, unter seiner Regierung kam es zur Verstaatlichung des immensen Kirchenvermögens, wurden Klöster geschlossen, Haciendas aufgelöst sowie die Schulpflicht und die Zivilehe eingeführt. Zusammen mit seinen Liberalen bekämpfte er die

Benito-Juárez-Mural im ehem. Palacio de Gobierno, Zócalo

🏠 Hotels

1 Posada Don Mario [B1]
2 Casa Ángel Hostel [B1]
3 Las Golondrinas [B2]
4 Hotel Casa del Sótano [B2]
5 Hotel Quinta Real [C2]
6 Hotel Casa Antigua [B2]
7 Hotel Aurora [C5]
r.o. außerhalb [siehe D1]:
B&B Hotel Las Mariposas

❶ Restaurants/Cafés

1 **Rincón Oaxaqueño**
2 R. La Casa del Tío Güero
3 **Manolo Nieves**
4 **El Escapulario**
5 R. **Zandunga** u. La Biznaga
6 R. Los Danzantes
7 La Chopería
8 **Mercado Gourmet**
   Alhóndiga Reforma
9 Café Coffee Beans & Bar
10 Café-R. La Antigua
11 R. Hostería de Alcalá
12 **Mini Taj**
13 **La Azucena Zapoteca**
14 R. El Catedral
15 **R. El Mesón Oaxaqueño**
16 Cafetería del Jardín
17 R. Alameda
18 Café-Rest. Alex
19 Fondas

🎵 Musikkneipen/Bars

Bar Fandango B2
Bar Son Cubano B3
Café Central A4
Candela s. D3
Casa del Mezcal C5
Freebar B3
La Cucaracha B3
Salsa en Vivo C3

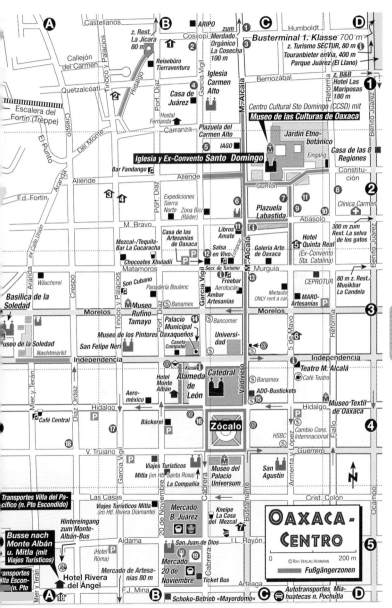

OAXACA-CENTRO

0   200 m

© RKH VERLAG HERMANN   **Fußgängerzonen**

Konservativen und die französischen Besatzer, was 1867 mit der Erschießung von Kaiser Maximilian und dem Rückzug der Franzosen endete. Mit Juárez kann sich sogar das einfache Volk identifizieren, denn Lesen und Schreiben hatte der einst mittellose Indiojunge erst mit 13 Jahren erlernt. Sein Denkmal thront überlebensgroß am Ortsausgang von Oaxaca.

Die Corona-Pandemie hat den Tourismussektor Oaxacas sehr stark getroffen. Die Guelaguetza fiel zwei Jahre lang aus, viele Läden und Restaurants mussten schließen, auch einige Museen und kulturelle Einrichtungen. Manche davon vorübergehend mit noch ungewisser Zukunft, andere öffneten nach Monaten wieder. Einige Einrichtungen haben weiterhin verkürzte Öffnungszeiten. Die Stadt erlangt aber nach und nach ihr früheres Flair zurück, es gibt auch schon wieder neue Betriebe, die sich aber erst noch bewähren müssen.

Am Zócalo [C4]   Der von hohen Lorbeerbäumen beschattete **Zócalo** ist autofrei; hier flaniert alles, was in Oaxaca Beine hat und nicht gerade in einem der zahlreichen Restaurants und Cafés unter den *Portales* sitzt. Einen Blick werfen sollte man in den **Palacio de Gobierno** an der Zócalo-Südseite (leider häufig wegen Demonstrationen nicht zugänglich). Im Innenhof. Im Innenhof gibt es Murales, u.a. mit einem Großportrait von Juárez und seiner Frau, neben ihnen steht der wohl meistzitierte Ausspruch des Reformpolitikers: *„El respeto al derecho ajeno es la paz"* – „Die Rechte anderer respektieren ist Frieden". Mehr über den Nationalhelden erfährt man beim Besuch der **Casa de Juárez** (B1, García Vigil 609, ❼ museocasajuarez, Di–Do 10–15 Uhr, 65 Ps), wo er einige Jahre seiner Jugend verbrachte und Erinnerungsstücke aufbewahrt sind.

*Iglesia
Santo Domingo*

Kirchen

An der Nordseite des Zócalo steht unübersehbar die wuchtige **Kathedrale,** von 1724 bis 1736 nach mehreren Erdbeben neu erbaut, mit wesentlich geschrumpften Türmen. Das Hauptportal ist an der Alameda de León und ihr Inneres beeindruckt durch wuchtige Pfeiler und Farben in Braun und Gold.

Auch die **Basilíca de Nuestra Señora de la Soledad** (A3, Ecke Morelos/Aranda) hat aufgrund der Erdbebengefahr sehr niedrige Türme. Für die *oaxaqueños* ist dies die wichtigste aller 27 Kirchen Oaxacas, beherbergt sie doch die Schutzheilige der Stadt.

Ein **Muss für den Besucher** ist aber die **Iglesia Santo Domingo** (1551–1666 von Dominikanern erbaut), eine der schönsten Barockkirchen Mexikos (C2, Ecke Alcalá/Gurrión). Die gewölbte Decke gleich hinter dem Eingang zeigt den Stammbaum des Hlg. Domingo de Guzmán in Form eines rankenden Weinstockes, an der Spitze der Rebe die Jungfrau Maria. Der goldüberzogene Hochaltar wurde in den 1950er Jahren nachgebaut, da das Original während der Unabhängigkeitswirren zerstört worden war. Das Kirchenschiff ist praktisch nahtlos mit barocken Stuckarbeiten verziert (17. Jh.). Stuck und Goldüberzug charakterisieren auch die 1731 südlich angebaute **Capilla de la Virgen del Rosario,** der Dekor in der Kuppeldecke ist geradezu fantastisch!

Museo de las Culturas de Oaxaca [C2]

Direkt neben der Kirche liegt das ehemalige **Kloster von Santo Domingo,** heute Sitz des **Museo de las Culturas de Oaxaca** (Di–Fr 10–15 Uhr, 85 Ps). Die 14 Säle bergen kostbare Kunstschätze und archäologische Funde aus allen geschichtlichen Epochen Oaxacas, alles sehr effektvoll präsentiert. Im Saal 3 befindet sich der **Original-Schatz aus Grab 7 von Monte Albán** – einmalig! Auch ein mit Türkissteinen überzogener Totenkopf ◀ von unschätzbarem Wert gehört zu den Fundstücken. Wer alles in Ruhe betrachten will, muss einiges an Zeit mitbringen. Schön ist allein schon die Gesamtanlage des Klosters mit ihrem Kreuzgang und dem Brunnen in der Mitte, der von sechs Säulen umstanden wird. Der einstige Klostergarten wurde in einen **Jardín Etnobotánico** (Mo–Sa 8–15.30 Uhr) mit zahlreichen Kakteen umgewandelt (mehr über Kakteen in Mexiko s.S. 34). Zum Museum gehört auch ein sehr gut bestückter Buch- und Andenkenladen.

Kunst –

An der **Hauptfußgängerstraße Alcalá** *(Andador turístico)* reihen sich Restaurants, Mode-Boutiquen, Geschäfte und die ein oder andere Galerie. Oaxaca hat eine große lokale Künstlergemeinde und zieht auch Freischaffende aus aller Welt an. Die expressiven Bilderwelten des berühmten Oaxaqueño-Dreigestirns **Rufino Tamayo** (1899–1990), **Rodolfo Morales** (1925–2001) und **Francisco Toledo** (1940–2019) genießen Weltruhm, zu sehen gibt's einige ihrer Original-Werke in der **Galería Arte de Oaxaca** C3, Murguía 105, Teil der

Kulturstiftung von R. Morales, www.artedeoaxaca.com.mx, ❻ Galería Arte de Oaxaca). Toledo wurde zum Schirmherren des künstlerischen Lebens der Stadt, er stiftete unter anderem das **Instituto de las Artes Gráficas de Oaxaca** (IAGO, C2, Alcalá 507, tägl. außer So 9.30–20 Uhr, https://www.iago.com.mx/) als Anlaufstelle für junge Künstler, der schön angelegte Innenhof ist einen Blick wert. Anfang 2003 gelang es ihm, den Einzug von McDonalds am Zócalo mit einer groß angelegten Unterschriftenaktion zu verhindern. McDonalds gibt's trotzdem – aber eben am Rand der Altstadt. Das **Museo de Arte Prehispánico Rufino Tamayo** (B3, Morelos 503, tägl. 10–14 u. 16–19 Uhr, 90 Ps) zeigt keine Bilder des zapotekischen Malers, sondern seine Privatsammlung an prähispanischen Objekten (bei Drucklegung vorübergehend geschlossen).

... und Kunsthandwerk In der Alcalá und Parallelstraße García Vigil gibt es jede Menge Anbieter von Kunsthandwerk, alles zwischen Kitsch und sehr originell. Wer zu handeln versteht, kauft aber günstiger auf den Märkten, z.B. auf dem **Mercado B. Juárez** (B5, Ecke Cabrera/Las Casas, um die Ecke die Essensmarkthalle *20 de Noviembre*) oder **Mercado de Artesanías** (s. B5, Ecke García/Zaragoza; für eine Übersicht der Handwerksprodukte der Region s.S. 224).

Einen guten Überblick über das Angebot des gesamten Bundesstaats präsentiert **ARIPO Casa ocho Regiones** (D2, Juárez 506, Mo–Fr 10–17, Sa/So 11–17 Uhr, eine weitere Stelle in der Calle García Vigil 809; ❻ ARIPO (Aripos sind Geschäfte von Regierungsinstitutionen), ebenso die **Casa de las Artesanías de Oaxaca** (B3, Matamoros 105, tägl. 9–22 Uhr), wo sich mehrere Organisationen aus den 8 Regionen des Bundesstaates zusammengeschlossen haben (auf ❻). Viel Auswahl hat auch die Frauen-Kooperative **MARO** (C3, 5 de Mayo 204 zw. Murguía und Morelos, tägl. 9–21, So ab 10 Uhr). Beim Schlendern wird man natürlich auf viele weitere Versuchungen stoßen. Das kleine **Museo Textil de Oaxaca** (D4, Hidalgo 917, www.museotextilde oaxaca.org, Mo–Do 11–18 Uhr, Eintritt frei) gibt einen Einblick in unterschiedliche Designs der Region, angeschlossen ist ein Laden mit schönen Sachen in allen Preisvarianten.

Adressen & Service Oaxaca

Turismo Die Secretaría de Turismo befindet sich in der Av. Juárez 703 neben dem Teatro Juárez, Parque El Llano [s. D1], tägl. 8–20 Uhr.

Zentraler liegt eine Zweigstelle in der Calle Matamoros 102 zw. García Vigil u. Alcalá [C3], 9–20 Uhr. Info-Kiosks *(Módulo de Información)* an der *Plazuela Labastida* [C2], an der Nordwestecke der Kathedrale [B3] sowie Büros im *Museo de los Pintores* (dort schräg gegenüber, Independencia 607, C2), tägl. 10–20 Uhr, im *Teatro Macedonio Alcalá,* Independencia 900 [C3]. Außerdem eine Infostelle im Busterminal 1. Klasse. Zur Hochsaison sind die Módulos i.d.R. besetzt, in der Nebensaison nicht immer.

Kakao und Schokolade

Das Schokoladenhaus **Mayordomo** hat 1956 in Oaxaca-Stadt als kleiner Familienbetrieb angefangen; heute gibt es neben der Zentrale mit den ratternden Schokoladenmaschinen (B5, Ecke Mina/20 de Septiembre) landesweit viele weitere Verkaufsstellen in anderen Städten inner- und außerhalb des Staates. Natürlich darf man auch ein bisschen von der groben Blockschokolade naschen, bevor man die Auswahl trifft. Im prähispanischen Mexiko dienten die getrockneten Kakaobohnen als Zahlungsmittel – das Geld wuchs also buchstäblich auf den Bäumen. *Xocoatl,* der belebende Kakaotrunk der Maya und Azteken, hatte bei diesen eine kultische Bedeutung und kam erst mit den Spaniern nach Europa.

Zu Beginn des 19. Jahrhunderts entwickelte der Holländer Van Houten ein Verfahren zum Entziehen des Fettanteils der Kakaomasse, wodurch das leicht lösliche Kakaopulver gewonnen wurde. Bald begann man auch in der Schweiz mit der industriellen Fertigung von Schokolade durch Raffination, die Seelentröster-Tafeln waren geboren! Ob der Schokolade Oaxacas tatsächlich, wie in einem der Werke von Gabriel García Márquez nachzulesen ist, aphrodisiatische Wirkungen innewohnt, testet am besten jeder für sich.

Wer exotische Schokoladenfüllungen liebt, geht direkt zu **Xhuladii Chocolates** (B3, García Vigil 406, auf Facebook) wo selbst einzelne Pralinen in neckische Bastschächtelchen verpackt werden – gefüllt sind sie mit Kaffeebohnen, Mezcal, Mole oder Kaktusfrucht, aber auch Heuschrecken (*chapulines*) und Flugameisen (*chicatanas*) sind im Sortiment. Und wer als Schokolade-Fan Yucatán bereist, sollte in Valladolid das dortige schöne Choco Story Museum besuchen, www.chocotorymexico.com.

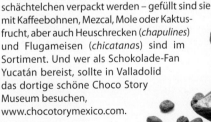

*Kakaoschote,
getrocknete Bohnen und
daraus gemahlenes Pulver*

Beim Turismo auch die spanisch-englische Druckausgabe von *Oaxaca mío* (Webseite s.u.) mit viel Informativem und Adressen.

Webseiten   Englisch: www.oaxaca-travel.com · www.oaxaca-mio.com · www.oaxaca.com
Spanisch: www.oaxaca.travel · www.viveoaxaca.org

Unterkunft   Als eine der meistbesuchten Städte Mexikos besitzt Oaxaca zahllose Hotels aller Preiskategorien, die etwas hübscheren liegen hauptsächlich (aber nicht ausschließlich) in der Nordhälfte des Centro.

Budget, alle mit den üblichen Traveller-Services: Ein **TIPP: Casa Ángel Hostel** € [B1] (Mehrbetträume), Tinoco y Palacios 610, www.casaangelhostel.com. – Familiär, freundlich, vielbesucht: **Posada Don Mario** €€ [B1], Cosijopí 219, www.posadadonmario.com; jahresvariable Preise, mit Frühstück.

Ein Dauerbrenner unter den günstigeren Hotels ist das **Hotel Aurora** €€ [C5], Bustamente 212, www.hotelauroraoaxaca.com. Renoviertes Kolonialgebäude, geräumige Zimmer, nicht weit zum Zócalo und zu den Markthallen. Allerdings manchmal etwas laut. – Zur preiswerten Preisklasse zählt auch das **B&B Hotel Las Mariposas** €€ [s. D1], Pino Suárez 517, www.hotellasmariposas.com. Die teils fensterlosen Zimmer sind sauber, allerdings nichts Besonderes. Sehr nett ist dagegen die blumenbesäumte Hotelanlage, freundlicher Service. – **Las Golondrinas** €€ [B2], Tinoco y Palacios 411, http://lasgolondrinasoaxaca.com, ist ein älteres, ebenerdiges Kolonialhaus mit verschachtelten kleinen Patios mit tropischen Pflanzen; die Zimmer sind sauber und geschmackvoll einge-richtet, auch ein kleiner Fernseh- und Leseraum, freundliches Personal, oft belegt. – Das **Hotel Casa del Sotano** €€ [B2], Tinoco y Palacios 414, www.hoteldelsotano.com.mx, gehört ebenfalls zu den „Dauerbrennern". Sehr idyl-lisches, auf mehreren Ebenen gebautes Hotel an einem Hang, Steingarten mit Flüsschen, Restaurant, es bestechen die Dachterrassen mit Rundum-Stadtblick. – Klein aber fein, ebenfalls mit Restaurant und Dachterrasse, das **Hotel Casa Antigua** €€ [B2], 5 de Mayo 206, www.hotelcasaantigua.com. – Wer damit nicht zufrieden ist, geht ein paar Meter weiter nördlich zum **Hotel Quinta Real** €€€ [C2], 5 de Mayo 300, Tel. 8007180151, www.quintareal.com. Das Nonplusultra, was Oaxaca im Zentrum zu bieten hat, koloniales Kloster-Ambiente, Pool, ausgezeichnetes Essen.

Ein neuartiges Konzept: Das **Hotel con Corazón Oaxaca** €€€, División Oriente 129 (über die Morelos, 400 m westl. der Basilica de la Soledad, A3), leitet einen Teil seiner Gewinne an gemeinnützige Zwecke weiter, mehr auf www.hotel concorazon.com/oaxaca.

Spezialitäten   Oaxaca wird auch das **„Land der sieben Moles"** genannt, denn die sämige Soßenkreation (s. Puebla) gibt es dort in besonders vielen Mixturen und un-terschiedlichen Farben: rot, schwarz, grün, gelb und bunt. Auch Wildkräuter, Kaktusblätter, Insekten und Larven sind Bestandteil der regionalen Küche. **Chapulines** – getrocknete Heuschrecken – kann man zur Saison im Markt probieren, ebenso **Chicatanas,** geröstete Flugameisen. Typisch für die Gegend sind auch die **tlayudas oaxaqueñas,** knackig gebratene Riesentortillas mit diversen Auflagen (Bohnen, Oaxaca-Käse u.a., natürlich darf die *salsa picante* nicht fehlen), es gibt sie in allen Märkten. Dazu kann man *agua de horchata* aus fein gemahlenem Reis und Milch trinken, oder *champurrado,* Maismasse mit Kakao – oder doch besser einen **Mezcal** (Agavenschnaps mit Wurm), des-sen Hauptproduzent der Bundesstaat Oaxaca ist.

Zum Brennen von Mezcal werden Agavenstücke mit einer Steinwalze zerkleinert

Essen & Trinken Oaxaca ist ein Schlemmerparadies, aber natürlich gibt es auch jede Menge Touristennepp. Neueröffnungen, Besitzerwechsel und Schließungen sind an der Tagesordnung. McDonalds kam nicht (s.o.), doch andere Ketten haben sich in der Fußgängerzone eingenistet. Empfehlungen und Tipps s. im Stadtplan.

Gleich vorweg: Wer regionale Küche zu moderaten Preisen probieren möchte, sollte dem **Mercado 20 de Noviembre** (B5, 20 de Noviembre/Arteaga) eine Chance geben, dieser Markt ist auf Essen spezialisiert und hat außerdem eine besondere Abteilung für *Carnes asadas* (Grillfleisch), öffnet tägl. um 7 Uhr, populäres Ambiente. Eine andere Option ist der 2016 eingerichtete touristische *Mercado Gourmet* **Alhóndiga Reforma** (D2, Reforma 406, 8–23.30 Uhr).

Rund um den Zócalo sitzt man nett, doch der ständige Touristenansturm hat die Qualität von Service und Essen stark geschmälert. Hier trinkt man also lediglich einen Kaffee und bestaunt das Treiben.

Relativ preiswerte Büffets bietet **El Mesón Oaxacaqueño** (C4, Nordost-Ecke des Zócalo auf der Hidalgo). – Ein traumhaftes, doch entsprechend teures Frühstücksbüffet offeriert eines der schönsten Kolonialhotels Mexikos, das **Quinta Real** (C2, 5 de Mayo 300). – Bei **Zandunga** (B2, García Vigil 512, ab 14 Uhr, So geschl.) probiert man Spezialitäten des Isthmus, ausgezeichnete Suppen und Salate, aber auch viel Scharfes. – Das **El Escapulario,** García Vigil 617, Mi–Mo 12–23 Uhr, Di geschl.), serviert traditionelle Gerichte aus Oaxaca, nicht ganz billig, aber erlesen. – Außerhalb des Zentrums, nördlich (Domínguez 513, tägl. 7–16 Uhr): **Itanoni,** das ganz besondere Mais-Erlebnis, alles organisch, nicht überteuert. Auch zum Frühstücken geeignet. Läuft gut, deshalb muss man manchmal etwas warten. – Mal wieder Lust auf was ganz anderes? Empfehlenswert ist der Inder Ramesh **Mini Taj** (Armenta y López 214, Plaza San Agustín), ist weder billig noch schnell, man sitzt auch nicht besonders bequem, aber das Essen ist lecker!

Ein reichlich gedecktes Mittagsmenü mit vegetarischen und veganen Optionen (haben aber auch Huhn oder Fisch) bekommt man im Buchladen-Kulturzentrum-Restaurant **La Jicara** (s. B1, Díaz 1105), ein bisschen zu laufen – gut für die Verdauung, ca. 13–15 Uhr, 120 Ps. – Vegetarisches findet man auch im netten **Mercado Orgánico La Cosecha** (mit Essecke), s. C1, Alcalá 706, Mi–So 9–17 Uhr. Veganer sollten das **CatCafé La selva de los gatos** (fb) probieren, D2, Mariano Abasolo 710, Fr–Mo 12–20 Uhr, wo auch Katzen ausdrücklich willkommen sind.

Die besten Croissants weit und breit und auch gutes Brot europäischer Art gibt es in der **Panadería Boulenc** (B3, Díaz 207, tägl. 8.30–23 Uhr), im Innenhof ein Café. Vorab schon mal reinschauen auf fb Boulenc.

Falls noch Platz im Magen ist, sollte man sich als Nachtisch auf jeden Fall ein Eis bei **Manolo Nieves** (C1, Alcalá 505, tägl. 10–22 Uhr, fb Nieves Manolo) gönnen. Der Familienbetrieb existiert seit 1857, arbeitet mit natürlichen Zutaten, und hat Geschmacksrichtungen im Angebot, die es eben nur in Oaxaca gibt: *hierbabuena con menta* (zwei Minzsorten), *hierba santa con leche de cabra* (Pfefferblätter mit Ziegenmilch), *albahaca con aceite de olivo* (Basilikum mit Olivenöl), *tamarindo con chapulines* (Tamarinde mit Heuschrecken) – wenn man lieber nicht so genau wissen will, was drin ist, wählt man *beso oaxaqueño* (Oaxaca-Kuss) – oder man greift gleich auf die Königin der Sorten zurück: *nieve de pétalos de rosa* (Rosenblütenblättereis)!

Unterhaltung   Um sich in Oaxaca zu langweilen, braucht es schon ein ganz besonderes Talent, denn geboten wird einiges. Auf dem Zócalo gibt's immer was zu sehen, abends dort auch Marimba-Musik, regelmäßig spielen *Bandas* oder andere Musiker auf.

Sehr sehens- und erlebenswert sind die farbenprächtigen Guelaguetza-Tänze, die das *Ballet Folklórico del Estado* zur Musik einer Live-Banda in der alten Klosterkapelle im **Hotel Quinta Real** aufführt (C2, freitagabends 19 Uhr, der Eintrittspreis ist inkl. opulentem Büffet) – unser **TIPP.** Weniger professionell, aber um einiges günstiger, sind die Guelaguetza-Tänze im **Hotel Monte Albán** (B4, Alameda de León, westlich der Kathedrale, tägl. 20.30 Uhr, doch nur wenn mindest. 20 Pers.). Ansonsten viele Musikkneipen, siehe Stadtplan, wo das Nachtleben aber kaum vor 22 Uhr beginnt.

Feste   Eigentlich braucht der Besucher Oaxacas gar keine Festtermine, es ist ohnehin immer was los. Aber es gibt sie doch: Am bekanntesten und spektakulärsten ist die **Guelaguetza** an den zwei auf den 16. Juli folgenden Montagen auf dem *Cerro del Fortín* (schöner Stadtblick!) in einem eigens dafür gebauten Amphitheater. Zu sehen bekommt man **Tänze aus den 7 Regionen Oaxacas** in wunderschönen, farbenprächtigen Trachten. Ab 18 Uhr wird die Legende der letzten zapotekischen Prinzessin vorgetanzt: Donají musste sterben, weil sie sich in ihren Feind verliebte.

Am Samstag vor dem ersten Fest-Montag ein großer Umzug aller Tanz- und Musikgruppen. Eintrittskarten: zur Saison Verkaufsstände im Zentrum oder direkt beim Guelaguetza-Stadion, elektronisch bei www.ticketmaster.com.mx, Informationen auch auf Webseiten, z.B. www.oaxaca-mio.com (s.o.) oder bei Touranbietern, z.B. bei *Turismo El Convento de Oaxaca* (s.o.). Der Andrang auf Karten und Hotelzimmer ist zu dieser Zeit sehr groß!

Weitere Feste   Karwoche

16. Juli: *Virgen del Carmen* (eine Woche lang Fiesta)

31. August: Tiersegnungen, Kirche La Merced

1./2. Nov.: Totentage, besonders buntes Treiben auf dem Friedhof von **Xoxocotlán** (ein Dorf westlich außerhalb) und in **Villa de Etla** (nördlich von Oaxaca an der Mex 190), hier die traditionelle *muerteada* mit fantasievollen Verkleidungen

18. Dez.: *Fiesta de la Soledad,* eine Woche lang

16.–24. Dez.: Weihnachtsfestlichkeiten, am **23. Dez.** ist auf dem Zócalo *Noche de Rábanos,* dann heißt es: Wer kann das schönste Kunstwerk aus Rettichen schnitzen? Die Teilnehmer des Wettbewerbs reisen aus der ganzen Gegend an.

Einkaufen   Das Angebot an Web- und Tonwaren ist riesig, auch Gold- und Silberschmuck. Originell sind die **Alebrijes,** bunt bemalte Fantasietiere und -monster (s.u.). Viele Läden (mit Festpreisen) gibt es in der **Fußgängerzone M. Alcalá** und in der **García Vigil.** Handeln kann man im **Mercado B. Juárez** (B5, zwei Straßenblocks südl. des Zócalo) oder im **Mercado de Artesanías** (s. B5, Ecke García/Zaragoza). *AMBAR* (B3, 5 de Mayo 408, interior 2A) bietet Ware aus Chiapas, darunter Bernstein, der hier garantiert echt ist. Weitere Einkaufsmöglichkeiten s.o., bei „Kunsthandwerk" und u. bei „Herstellerdörfer".

*Alebrijes –
bunt bemalte
Fantasietiere*

Spanischkurse   Für *Spanischkurse* empfiehlt sich das **Instituto Cultural Oaxaca,** Juárez 909/Ecke Blvd Niños Heroes de Chapultepec (Mex 190), Tel. 9515153403, www.icomexico.com.mx; angenehmes Ambiente, Prüfungszentrum der DELE-Prüfung (Instituto Cervantes) in Oaxaca.

Transport   Busse 1. Klasse (Fernziele): Niños Héroes de Chapultepec 1036, 1,6 km nordöstlich des Zentrums. Hier die Linien ADO, UNO, Cristóbal Colón, Autobuses Unidos. Ausnahmsweise mal ein Busterminal, der – bei leichtem Gepäck –

sogar zu Fuß zu erreichen ist. Bustickets (ADO, OCC, AU und Sur) bei *Punto de venta ADO* an der Zócalo-Nordostecke, Alcalá/Hidalgo [C4] (dass es schräg gegenüber bei „Gelato – Nieves & Helados" italienisches Eis gibt, muss sicher nicht extra erwähnt werden …).

2. Klasse (nur für Nahziele aufsuchen): an der V. Trujano, neben dem großen Markt *Central de Abastos,* ca. einen Kilometer südwestlich vom Zócoalo. **Shuttle-Busse an die Pazifikküste** fahren von der Galeana 322 (A5, *Transportes Villa del Pacífico*) bzw. Galeana 420 (A5, *Transportes Villa Escondida*) ab, 6–7 Std. Fahrzeit nach **Puerto Escondido**; ist schneller und billiger als die großen Busse, die eine längere Strecke fahren. Nach **Pochutla** s. C5.

Mietwagen   Günstig und gut: *Only-rent-a-car,* 5 de Mayo 215A [C3], Tel. 9512261517, www.onlyrentacar.com. – Am Flughafen *Hertz, Budget* und *Europcar,* www.europcar.com.mx, Matamoros 101 [C3]. – *Los Tres Reyes* (**F**), Carretera Federal 103, San Agustín de las Juntas, Richtung Flughafen), Tel. 9516386546, tägl. 8–20 Uhr; die Firma unterhält weitere Zweigstellen in Puerto Escondido und Huatulco, so dass das Auto an jedem dieser Orte angemietet bzw. zurückgegeben werden kann.

Touranbieter   gibt es an jeder Ecke, viele sind ihren Preis leider nicht wert. Manche arbeiten im Verbund, man reserviert bei einem, fährt dann aber mit einem anderen. Hin- und Rückfahrt nach Monte Albán (ohne Führung) vom *Hotel Rivera del Ángel,* Calle Mina 518 [A5] aus (s.u.). Gute Dienstleistungen bietet *Turismo El Convento de Oaxaca,* 5 de Mayo 300 [C2], im Innern des Hotels Quinta Real. Es gibt verschiedene Angebote: Eilige steuern viele Orte an einem Tag an, sausen aber überall nur durch; es empfiehlt sich eine Tour mit weniger Zielen, aber jeweils längerer Aufenthaltszeit; die Führer sprechen Spanisch und Englisch; sehr empfohlen wird Moíses). Infos und Reservierungen vor Ort oder über https://oaxacatours.mx, Tel. 9515133188, 9515165791, **F** Oaxaca Tours. – Land & Leute-Touren von 1–3 Tagen in verschiedene Ecken des Staates bietet *Tierraventura,* www.tierraventura.com, schweiz./dt. Leitung, im Voraus über die Website, über info@tierraventura.com oder Whatsapp +52 9512409584 buchen. – Positive Rückmeldungen haben wir auch zu den Touren von *En Vía,* Juárez 909 [s. D1], Tel. 9515152424, www.envia.org, einer NPO, die soziale Projekte mit Mikrokrediten finanziert.

Marktfrauen

Umgebungsziele von Oaxaca

Die Umgebung hat Reizvolles zu bieten, es empfiehlt sich, die wichtigsten Ziele (Tule, Mitla, Hierve el Agua, Teotitlán del Valle, Tlacolula) entweder mit einer Tour (s. Infoteil) anzufahren oder einen Wagen zu mieten. Dann fährt man am besten zunächst den entferntesten Ort an (Mitla oder Hierve el Agua, beim Rausfahren aus Oaxaca der „Mex 190" oder „Istmo"-Beschilderung folgen) und sieht, wieviel Zeit bei der Rückfahrt noch für weitere Besichtigungen bleibt. Die Hauptattraktion **Monte Albán** (10 km westlich von Oax.) sollte man an einem anderen Tag besuchen und sich zeitig auf den Weg machen (Mittagshitze!). Busse fahren vom Innenhof des Hotels *Rivera del Ángel* (A5) stündl. zw. 8.30 u. 13.30 Uhr, späteste Rückfahrt um 16 Uhr. Zum besseren Verständnis der Stätte empfiehlt es sich, zuvor das *Museo de las Culturas de Oaxaca* (C2, s.o.) zu besuchen.

Zapoteken und Mixteken

Maisgott

Jeder hat schon von den Maya und Azteken gehört, doch nur wenige wissen, dass es noch weitere bedeutende Hochkulturen im antiken Mexiko gab. Die Geschichte Oaxacas ist untrennbar mit den **Zapoteken** verbunden, deren klassische Vorfahren um 250–750 n.Chr. ihre Blütezeit hatten. Sie waren die Herrscher von Monte Albán, Mitla und Zaachila und unterhielten enge Beziehungen zu Teotihuacán und den Maya-Städten im Süden, bevor sie gegen 800 von den Mixteken überlagert wurden. Zapotekisch sind die fantasievollen **Terrakotta-Figurengefäße,** die mit menschlichen Gesichtszügen jeweils eine bestimmte Gottheit repräsentieren. Noch bessere Kunsthandwerker waren aber die **Mixteken,** ihre Werke – Goldschmiedearbeiten, polychrome Keramiken – zählen zu den schönsten Mexikos! Da beide Völker einen ausgeprägten **Totenkult** pflegten, konnten viele dieser Schätze bei Graböffnungen geborgen werden. Das berühmteste Beispiel sind die Funde aus dem **Grab 7 von Monte Albán.**

Ihr Talent bewiesen die Mixteken auch in den papierenen, bunten und figurenreichen **Códices mixteca,** rund tausend Jahre Geschichte wurden auf ihnen festgehalten (berühmt ist der *Codex Nuttall*)! Zapoteken und Mixteken verbündeten sich im 15. Jahrhundert gegen **die Azteken, den gemeinsamen Feind** – doch vergebens, sie wurden unterworfen und tributpflichtig. Aber erst nach der spanischen Eroberung erstarben die letzten mixtekischen Fürstentümer, seitdem leben die Nachkommen in Verarmung. Daran konnte auch der **Zapoteke Benito Juárez** als erster indigener Präsident Mexikos (1858–72) nichts Grundlegendes ändern. Eine kleine Machtenklave haben sich allerdings die Zapoteken-Frauen in der Gegend von **Juchitán** (Isthmus von Tehuantepec) erhalten, die nicht nur um einiges dicker, sondern auch größer als ihre Ehemänner sind und in der Regionalpolitik ein Wörtchen mitzureden haben. Das einstige **Matriarchat** ist hier noch spürbar.

Mixtekischer Schmuck

Abb. aus dem Mixteken-Códex Fejerváry-Mayer, im Zentrum der Feuergott

Monte Albán

Geöffnet tägl. 8–17 Uhr, Eintritt 85 Ps, seit 1987 UNESCO-Weltkultur-erbe.

Monte Albán ist die größte und schönste aller archäologische Stätten Oaxacas. Gegründet wurde es bereits ca. 500 v.Chr. von den Olmeken, später prägten es auch die Maya mit. Doch erst zwischen 250 und 750 n.Chr. erreichte es unter den „Menschen der Wolken" – wie die **Zapoteken** sich nannten – seine höchste kulturelle Blüte. Diese machten es zu einem religiösen und urbanen Zentrum mit über 250.000 Bewohnern und erbauten bzw. erweiterten die wichtigsten der heute noch bestehenden Bauten. Von dem auf einem planierten Bergrücken liegenden Zeremonialzentrum auf 1950 m Höhe aus kontrollierten sie nicht nur das Tal von Oaxaca (1540 m), sondern bald auch das ganze südwestliche Mexiko, alle Bewohner ihres Einzugsbereiches waren tributpflichtig. Nachdem die Zapoteken die Stätte um 750 aus unbekannten Gründen verlassen hatten und sich anderswo ansiedelten, übernahmen die **Mixteken** den bereits im Verfall begriffenen Ort und bestatteten dort ihre Toten.

Rundgang Erste Station sollte das **Museo de Monte Albán** (gleich am Eingang) sein, es zeigt Fundstücke der Stätte wie Reliefplatten, Stelen, Graburnen u.a. mehr. Auch ein kleiner Buchladen mit deutschsprachigen Titeln ist vorhanden.

4

Ansicht vom historischen Monte Albán; im Hintergrund die Plataforma Sur

Die insgesamt mehr als 20 Baukomplexe und Pyramiden der riesigen Anlage gruppieren sich um die **Gran Plaza,** den großen Hauptplatz (vom Edificio E des Complejo VG läßt sich morgens ein schönes Panoramafoto mit Rückenlicht machen).

Rundgang (s. Pfeile in der Karte): Am besten besichtigt man zunächst den **Ballspielplatz** und die Bauten an der Ostseite mit dem Edificio J, geht von dort aus hoch zur **Plataforma Sur,** dann entlang der Plaza-Westseite zur **Plataforma Norte,** wo man über Treppenstufen zu den nördlichen Bauwerken gelangt.

Besonderheiten

Der **Juego de Pelota** (ca. 100 v.Chr.) hat eine Doppel-T-Form und besitzt – anders als die meisten Ballspielplätze Mexikos – keine seitlichen Zielringe, sondern eine Steinmarke in der Mitte des Feldes (s.S. 326).

Der **Edificio P** ist durch einen unterirdischen Wasserkanal mit dem *Adoratorio* (Altar) verbunden und weist außerdem ein kleines Loch in der Mitte der Treppe auf, was astronomische Beobachtungen des Sonnenstandes ermöglichte.

Als **Observatorium** diente auch der **Edificio J,** dessen Grundriss die Form einer Pfeilspitze hat. Auf seinem Flachdach stand einst ein Tempel. Nur bedeutende Personen durften ihn betreten und dort die außerordentlich wichtige Himmelskunde betreiben.

Interessante Relieftafeln befinden sich am Sockel der **Plataforma Sur.** Von oben hat man einen wunderbaren Panoramablick.

Bis heute rätselt man über die Bedeutung der berühmten ◀ **„Danzantes"** und der dazugehörigen Hieroglyphen, die zu den ältesten ganz Amerikas zählen (**Patio de los Danzantes** und **Edificio L**). Die Steintafeln zeigen sehr eigenartige, wohl olmekisch beeinflusste Wesen mit geschlossenen Augen und Ohrpflöcken, manche tragen

Monte Albán, in der Mitte der im Boden vertiefte Adoratorio, im Hintergrund die Plataforma Sur

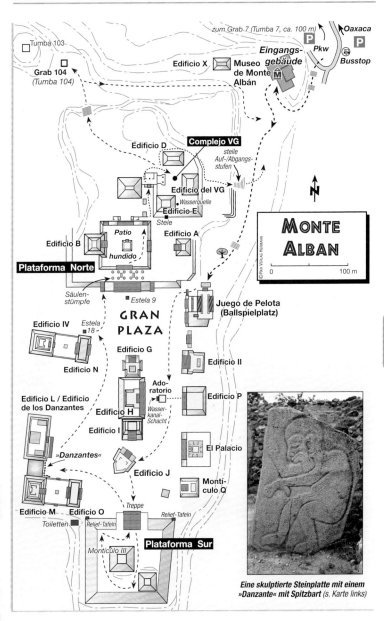

Eine skulptierte Steinplatte mit einem »Danzante« mit Spitzbart (s. Karte links)

sogar Bärte. Einigen sind die Genitalien abgeschnitten. Wegen ihrer geschmeidigen Bewegungen verfiel man auf den Namen „Tänzer".

Die **Plataforma Norte** ist der vielschichtigste architektonische Komplex von Monte Albán mit zahlreichen unterschiedlichen Bauten und verzweigt-verflochtenen Zugängen. Die dicken Säulenstümpfe gleich nach der Aufgangstreppe trugen sicher einmal eine Dachkonstruktion. Im Zentrum des **Patio hundido** (eingesenkter Hof) steht ein Altar. Es wird vermutet, dass die nördliche Plattform als Residenz der Herrscher diente, während auf der südlichen das religiöse Zentrum der Stätte lag. Sehr schön ist die kleine Hofgruppe des **Complejo VG** restauriert. Vom vorderen **Edificio E** haben Sie nochmals eine Panoramasicht über die *Gran Plaza*.

Folgen Sie entweder den Pfeilen der Karte zum (geschlossenen) Grab 104 – ein Nachbau samt Funden befindet sich im Anthropologischen Museum in Mexiko-Stadt – und dann zurück zum Eingang oder gleich direkt dorthin über die steile Abgangstreppe östlich des Complejo VG.

Wie an anderen Stätten auch, kann man hier diverse Klangeffekte ausprobieren, ein Truthahn und ein Jaguar sind zu hören, wenn man an bestimmten Stellen in die Hände klatscht.

Blick auf den Edificio J, im Hintergrund die Plataforma Norte

Der Baumriese von Tule

Toritos – selbstgebastelte Stiere mit Feuerwerk

El Árbol de Tule

Der gigantische Zypressenbaum *(ahuehuete)* steht im Dorf **Santa María del Tule,** ca. 12 km von Oaxaca entfernt, auf der Strecke nach Mitla. Schon die Zapoteken der Monte Albán-Zeit liefen um ihn herum, denn der beeindruckende Baumriese ist ca. 2000 Jahre alt. Bei seiner Beschreibung darf mit Zahlen nicht gespart werden: Höhe 42 m, Umfang 58 m, Durchmesser 14 m; 30 Personen sind notwendig, um ihn mit Händen zu umspannen. Der verwachsene Stamm und die Äste haben Fantasiefiguren gebildet. Auch Bäume können feiern: der Festtag des Árbol de Tule ist jährlich am zweiten Montag im Oktober. Bei diesem pyrotechnischen Festival blitzt und kracht es gewaltig, denn die jungen Männer rennen mit *toritos* auf den Schultern herum, das sind Gestelle, an denen gleich mehrere Ladungen Feuerwerkskörper befestigt sind.

Mitla – der Ort der Toten 🌿

Im Örtchen Mitla, 45 km östlich von Oaxaca, muss man zunächst an Souvenir- und Mezcal-Läden vorbei, bevor man die **Kirche San Pablo** erreicht, die 1590 von den Spaniern auf den Ruinen und mit den Steinen eines zerstörten Tempels errichtet wurde. Direkt gegenüber liegt der Eingang zur zweitwichtigsten archäologischen Stätte Oaxacas (Mi–Sa 10–15, So 11–13 Uhr, Eintritt 85 Ps). Ihr Name leitet sich von dem aztekischen Wort *mictlán* („Ort der Toten") ab, denn die Azteken hatten das Gebiet 1494 erobert. Erbaut wurde das Zeremonialzentrum jedoch ca. 100 n.Chr. von den Zapoteken, ab dem 10 Jh. übernahmen und verfeinerten es die Mixteken. Bis heute herrscht Uneinigkeit

darüber, wer von den beiden Völkern mit dem ganz und gar einmaligen Dekor der ◀ geometrischen Steinmosaike in vielen Variationen die Wände verschönte. Die Präzision der Linienführung lässt die Waagschale aber eher zu Gunsten der Mixteken ausschlagen, denn auch deren Códices sind so präzise gezeichnet.

Schönster Bau der **Grupo de las Columnas** (die hier beschriebene Hauptstätte, weitere vier liegen in der Nähe, sind aber weniger sehenswert) ist der über 40 m breite **Palacio de las Columnas,** eine der formvollendetsten Palast-Fassaden ganz Mexikos – man stelle sich nur vor, welchen Eindruck das von der Sonne erzeugte Licht- und Schattenspiel erst gemacht haben muss, als die Mosaik-Felder noch bunt bemalt waren! Die sechs mächtigen Rundsäulen im Innern des Bauwerks trugen einst

ein Dach. Durch einen niedrigen Gang gelangt man in einen hinteren Innenhof, zum **Patio de Mosaicos,** dessen Wände gleichfalls mit Steinornamenten verblendet sind. Die Wände des anschließenden nördlichen Nebenraums zieren im unteren Bereich sog. ◀ „laufende Hunde", ein Puzzle aus zahllosen vorbehauenen kleinen Steinchen. Dieses Mosaik ist heute ein beliebtes Design-Motiv für Kunst und Kunsthandwerk in Oaxaca.

Im naheliegenden **Patio Sur** befinden sich zwei unterirdische Gräber, die man im Kriechgang erkunden kann. Bei ihrer Freilegung durch Archäologen 1901 waren sie allerdings schon längst von Grabräubern ausgehoben worden.

2009 fanden US-Archäologen bei einem nahegelegenen Hügel Knochenreste von 21 Personen, die auf das Jahr 500 n.Chr. datiert werden, dazu einen kompletten Jaguar aus Stein, Tongefäße und andere Utensilien. Der Ort trägt den Namen „La Fortaleza" und wird den Zapoteken zugeschrieben (derzeit aber kein Publikumsverkehr).

Wasserbecken (oben) und „versteinerter Wasserfall" von Hierve el Agua

Hierve el Agua

Eine mautpflichtige Schnellstraße soll Oaxaca mit dem Isthmus verbinden, ihre Fertigstellung wird jedoch seit Jahren verschoben. Die Strecke von Mitla bis zum Dorf Albarradas ist aber bereits freigegeben, so dass man heute in rund 30 Minuten von Mitla nach Hierve el Agua (tägl. 9–18 Uhr) gelangen kann (von Albarradas noch 5 km Pistenstrecke und Maut). Die Schnelligkeit hat ihren Preis: Nur wer die alte Landstraße nimmt, kann sich zur Erntezeit an den Agavenherzen für die Mezcal-Brennereien erfreuen, die stapelweise am Wegrand lagern. Doch unabhängig von kurzem oder langem Anfahrtsweg, wird man in Hierve el Agua allemal belohnt. Die mineralhaltigen Wasserbecken (22–25 °C) wurden schon von den alten Zapoteken genutzt, sie hatten ca. 500 v.Chr. ein 6 km langes Kanalsystem bis ins Tal gebaut. Wo es blubbert, speien *ojos de agua* kleine Wasserfontänen in die Höhe. In einigen Becken darf man auch baden. Besonders beeindruckend sind die zwei versteinerten Wasserfälle, die sich strahlend weiß aus den endlosen braungrünen Bergketten hervorheben (den Rundweg bis auf die obere Plattform des abseits liegenden Wasserfalls weitergehen, um den anderen zu sehen). Gutes Schuhwerk ist notwendig, denn es geht auf glattem Gestein bergauf und bergab. In der Hochsaison sollte der Ort aber besser gemieden werden, denn dann wird er zum Picknickrevier für Großfamilien, die Becken voller Schwimmreifen, Müll breitet sich aus – die ansonsten so tolle Stimmung ist dahin!

Kunsthandwerk: Herstellerdörfer

Die Hersteller des breitgefächerten Angebots an Kunsthandwerk in Oaxacas Straßen kommen zumeist aus der Umgebung (s. Karte Oaxaca-Umgebungsziele). Manche Dörfer haben sich auf ein bestimmtes Produkt spezialisiert, hier ein grober Überblick:

San Bartolo Coyotepec

San Bartolo Coyotepec (15 km südlich von Oaxaca) ist für seine schwarzen Tonwaren bekannt *(barros negros),* die von wenigen Familienbetrieben hergestellt werden. Außerdem züchtet dort das kleine Unternehmen *Tlapanochestli* **Cochenille-Läuse,** aus denen der rote Karmin-Farbstoff gewonnen wird (Carretera Oaxaca – Puerto Ángel Km 10,5, am Südrand des Ortes, Mo–Fr 9–14, Sa 9–13 Uhr, 50 Ps/Pers. Besucht man mit einer Tour bzw. es ist vorher zu reservieren über: ❶ Tlapanochestli Grana Cochinilla, oder Tel. 9515510053, Handy/Whatsapp 9512047433).

Herstellung schwarzer Keramik in Coyotepec

Ocotlán de Morelos

Die Mex 175 weiterfahrend erreicht man bald **Ocotlán de Morelos** mit einem großen Markt am Freitag, Töpfereien, einem ehemaligen Dominikanerkloster sowie der kleinen Schokoladenfabrik Ramos in der Aldama 11. In der sehenswerten Kunststiftung des Malers *Rodolfo Morales* (México 105, schräg gegenüber des Parks) auch einige Werke des Meisters.

Santa María Atzompa

In **Santa María Atzompa** (ca. 10 km nördlich von Oaxaca) sind die Töpferwaren alle grün.

Die fantasievollen **Alebrijes,** bunt bemalte Fabel-Figuren aus leichtem Holz, meist Tiere und Monster, wurden Mitte 1936 von Pedro Linares López in Mexiko-Stadt erfunden, er lag krank im Bett und sah in seinen Fieberträumen seltsame Tiere vor sich aufziehen: einen Esel mit Schmetterlingsflügeln, einen Hahn mit Stierhörnern …

Arrazola

In **Arrazola** (ca. 10 km südlich) wurden sie Realität. An der Plaza die Hersteller-Kooperative mit Verkaufsladen, man kann die Fertigung aber auch in einem Familienbetrieb beobachten.

San Martín Tilcajete

Streitig gemacht wird dem Dorf sein Ruf als Hauptsitz der Alebrijes von **San Martín Tilcajete** (an der der Mex 175 zwischen Coyotepec und Ocotlán), auch hier jede Menge Werkstätten, die die Figuren aus Kopalholz schnitzen und am Ende kunstvoll bemalen. Manche der Arbeiten sind echte Kunstwerke und kosten natürlich auch entsprechend.

Santo Tomás Jalieza

Im Nachbarort **Santo Tomás Jalieza** kommen die *telares* (Webstühle) nie zur Ruhe; es entstehen Decken, Ponchos und Teppiche in allen nur denkbaren Farben und Muster, die Frauen lassen sich gerne bei der Arbeit zusehen.

Teotitlán del Valle

Noch bekannter für Webarbeiten, aber auch überlaufener, ist **Teotitlán del Valle** ca. 25 km östlich von Oaxaca an der Mex 190, 🅖 Teotitlán del Valle). Hier (und in umliegenden Dörfern) wird noch, wie in prähispanischen Zeiten, mit Cochenilleschildläusen *(grana cochinilla)* und anderen natürlichen Farbstoffen gefärbt. Der Aufwand hat seinen Preis, erwarten Sie bei handgefärbten Waren keine Billigangebote. Einen Einblick in eine Werkstatt und verschiedene Färbeprozesse (auch auf Engl.) erhält man z.B. bei *Taller ROme* (🅕), Handy/Whatsapp 9511735161, Besuch möglichst vorher anmelden. Ebenso: *El Tono de la Cochinilla*, Juárez 198, Handy/Whatsapp 9512600529. Beim Mercado de Artesanías von Teotitlán del Valle gibt es das kleine Museo Comunitario (10–18 Uhr, Mo geschl.), das die örtliche Webereigeschichte dokumentiert.

Öko-Tourismus in der Sierra Juárez

Mehrere ökotouristische Projekte sind in der Sierra Juárez nordöstlich der Landeshauptstadt angesiedelt. Die landschaftlich sehr reizvolle Gegend eignet sich für Wanderungen, Naturbeobachtung, Abenteuersport u.a. Tourangebote gibt's zum Beispiel in Oaxaca bei *Expediciones Sierra Norte,* Bravo 210 [B2], Tel. 9515148271, www.sierranorte.org.mx (Zusammenschluss von acht Dörfern).

Capulálpam de Méndez 🧭

Als Ausgangspunkt für Ausflüge wird auch gerne **Capulálpam de Méndez** gewählt, zapotekische Ortschaft mit Pflastersteinen, Ziegeldächern und touristischer Infrastruktur, hier kann man eine *Cabaña* anmieten und das Umland zu Fuß, zu Pferd oder mit dem Fahrrad erkunden.

Infos: www.ecoturismoenoaxaca.com/capulalpamdemendez.html

Chiapas: Das Tor zur Welt der Maya-Völker

In Chiapas wird das Reisen leicht zum Abenteuer. Auf den Serpentinenstraßen im Gebirge kommt man nur langsam voran, bei Unwetter sind sie auch schnell mal völlig unpassierbar. Der natürliche Reichtum des Staates ist extrem ungleich verteilt, die Einnahmen aus den riesigen Bananen- Kakao- und Kaffeeplantagen, aus den Edelsteinminen, Erdöllagerstätten und dem Holzraubbau des Regenwaldes fließen in nur wenige Hände. In mächtigen Staudämmen wird hydroelektrischer Strom erzeugt, viel mehr als Chiapas selbst verbrauchen kann, doch manche Indígena-Dörfer sind immer noch nicht ans Stromnetz angeschlossen. Indigene Traditionen und die Maya-Kultur haben sich in den unzugänglichen Bergregionen besonders gut erhalten. Knochenharte Arbeit und Armut sind das Los der meisten Indígenas. Im restlichen Mexiko wird der Bundesstaat oftmals nur beschämt als unterentwickelt und rückständig betrachtet, doch für den ausländischen Besucher birgt er viel Sehens- und Wissenswertes, betritt man doch mit dem Hochland von Chiapas endgültig das Tor zur Welt der Maya-Völker.

Übrigens: Papiere immer griffbereit halten, das Militär führt regelmäßig **Straßenkontrollen** durch. Sehr häufig kommt es auch zu **Straßensperren** (besonders zwischen San Cristóbal und Palenque), die von Dorfbewohnern als politisches Druckmittel eingesetzt werden. Informieren Sie sich über die Lage, z.B. über https://alertachiapas.com > bloqueos

Webseiten   https://visitchiapas.com/en

www.turismochiapas.gob.mx
(Regierungsseite, ganz unten Info-Hefte und Stadtpläne zum Runterladen)

www.chiapasmio.com

Trajes de Chiapas

Im Bann der Maismenschen: Die Maya

Geschichtlicher Abriss Die Maya sind ein einzigartiges und faszinierendes Volk, das schon ganze Generationen an Forschern in seinen Bann zog. Wie bei anderen mesoamerikanischen Hochkulturen wird auch der Ablauf der Mayazeit in drei große Perioden eingeteilt: **Vor-** bzw. **Präklassik, Klassik** sowie **Post-** oder **Nachklassik.** Das „Goldene Zeitalter" der Maya-Kultur ist die Klassische Periode mit Gründung und Aufstieg der Stadtstaaten Palenque, Piedras Negras (heute Guatemala), Yaxchilán, Bonampak, Tikal (Guatemala), Calakmul, Copán (Honduras), u.a.

Die Entwicklung einer Hieroglyphenschrift war schon am Ende der Präklassik abgeschlossen, auch das Rechen- und Zahlensystem und die damit verbundene kalendarische Zeitbestimmung. Die Fixierung von Daten und Ereignissen wurde jedoch in der Postklassik nicht weitergeführt.

Hier ein (unvollständiges) Zeit- und Ereignisschema der 4000-jährigen Maya-Geschichte. Je nach Quellen können die Zeiträume leicht variieren.

Präklassik (ca. 3300 v.Chr. bis ca. 200 n.Chr.)

3114	Beginn der Maya-Zeitrechnung
um 2000	erste dauerhafte Siedlungen
1100	erste Besiedlung von Copán (Honduras)
900–400 vC	Durchgehende Besiedlung der Maya-Region (Mayab)
um 200 nC	Bildung von Königreichen, Entwicklung der Architektur

Klassik (ca. 200 n.Chr. bis 909)

300	Blütezeit von Tikal (Guatemala) und Cobá
um 500	Gründung von Chichén Itzá
um 600	Gründ. Mayapáns; Höhepunkt v. Palenque u. Calakmul; Beginn Puuc-Region
681	Schild-Jaguar wird König von Yaxchilán
683	Tod von König Pacal von Palenque
867	Früheste Inschriften-Datierung in Chichén Itzá
zw. 750 u. 900	Aufgabe von Palenque, Tikal, Calakmul (810) und anderen Stadtstaaten aus unbekannten Gründen
um 900	Blütezeit der Maya-Stätten im nördlichen Tiefland (Puuc-Stätten)
909	letztes Datum der „Langen Zählung" (s. Glossar) auf einer Stele in Toniná

Stele in Copán (Honduras)

4

Kernland der klassischen Maya war das Tiefland von Chiapas, Campeche und El Petén (Guatemala); **Tikal** (El Petén) und **Calakmul** (Campeche) waren die beiden verfeindeten Supermachtblöcke dieser Periode. Wie man heute weiß, führten auch die Maya Kriege zur Erweiterung ihres Machteinflusses. Im 9. Jahrhundert kam es dann zum rätselhaften Niedergang der Metropolen, fast alle Städte wurden von ihren Bewohnern verlassen (s.S. 264). Nach der Jahrtausendwende begann noch einmal eine Maya-Renaissance auf der **Halbinsel Yucatán** (Postklassik), die vielbesuchten Stätten *Uxmal, Chichén Itzá* u.a. gehören zu dieser Epoche. Endgültig vernichtet wurden diese Mayareiche erst von den spanischen Konquistadoren.

Postklassik (910 bis 1517)

um 1000	Zug der Tolteken vom Hochland nach Yucatán (Chichén Itzá)
1200	Aufgabe von Chichén Itzá und der Stätten der Puuc-Region
um 1250	Gründung von Mayapán
1450	Untergang von Mayapán, Zersplitterung von Yucatán in Kleinstaaten
1492	Kolumbus entdeckt Amerika

Kolonialzeit (1517–1821)

1517	Beginn der Eroberung Mexikos (1521 Fall von Tenochtitlán)
ab 1540	Beginn der Eroberung Yucatáns durch Montejo d.J.
1562	Verbrennung der Maya-Códices durch Bischof Diego de Landa in Maní
1697	Letztes unabhängiges Maya-Reich wird unterworfen (Itzáes, Petén-See, Guatemala)

Unabhängigkeit (ab 1821)

1847–1933	Kastenkrieg (Maya-Aufstand auf Yucatán)
1869	Chamula-Rebellion (San Cristóbal de las Casas)
1911	Tzotziles und Tseltales-Aufstand

Zapatisten in Chiapas (ab 1994)

1.1. 1994	Bewaffnter Zapatisten-Aufstand in Chiapas, der mit Militärgewalt niedergeschlagen wird. Es folgen jahrelange Verhandlungen mit verschiedenen Regierungen, doch alle Entwürfe für ein Indígena-Autonomiegesetz scheitern. Die Medienstimme der Zapatisten, der **Subcomandante Marcos,** wird als *Rafael Sebastián Guillén* aus Tampico (Tamaulipas) identifiziert. Seine *Comunicados* erregen weltweit Aufsehen (s.S. 242)

WELT DER MAYA – MAYASTÄTTEN IN VIER LÄNDERN

0 © RKH VERLAG HERMANN 100 km

Río Bec = Maya-Regionen mit spezifischen Baustilen

Chiapas = mexikanische Bundesstaaten

❶ Chac II
❷ Xlapak

Von Menschen und Göttern

Der Weltenbaum

Wie bei anderen mesoamerikanischen Hochkulturen auch, durchdrang bei den Maya die Religion alle Lebensbereiche. Menschen und Götter lebten in einer **engen Schicksalsgemeinschaft,** Opfer wurden dargebracht – auch Menschenopfer und Selbstkasteiung –, um die kosmische Ordnung nicht aus dem Gleichgewicht zu bringen. Im *Popol Vuh,* im „Buch des Rates" sind die Maya-Vorstellungen zur **zyklischen Schöpfung und Zerstörung der Welt** festgehalten, und es wird erzählt, wie die Götter den ersten Menschen aus **Maismasse** schufen. Das mehrschichtige **Maya-Universum** bestand aus **Oberwelt** (das Weltall), **Mittelwelt** (die Erde, eine im Urmeer zwischen Himmel und Unterwelt schwimmende Schildkröte) und **Unterwelt** *(xibalba).* ◀ Der **Weltenbaum** *(wacah chan),* durch den **heiligen Ceiba-Baum** oder eine Maispflanze versinnbildlicht, verband die drei kosmischen Ebenen.

Die mit unzähligen Themen und Objekten assoziierten Gottheiten leben in der Ober- und Unterwelt, auf der Erde können sie nur in menschlicher Gestalt auftreten, weshalb die **Maya-Herrscher** sich **als irdische Manifestation der Götter** verstanden. Einige der bekanntesten sind: der Regen-, Wasser- und Fruchtbarkeitsgott

◀ **Chaak,** an seiner Rüsselnase zu erkennen; der hakennasige Himmels- und Schöpfergott **Itzamná,** der Maisgott **E,** die Mond- und Fruchtbarkeitsgöttin **Ix Chel** (sitzt in der Mondsichel) und der Todesgott **Ak Puch,** erkennbar an seinem Totenschädel. Die Tolteken brachten die quetzalgefiederte Schlange **Quetzalcóatl** zu den Maya, dort **Kukulkán** genannt. Der rücklings liegende Tempelwächter **Chak Mool** (nicht zu verwechseln mit „Chaak") ist in Teilen des mexikanischen Hochlandes anzutreffen.

Kleine Götterkunde (v.l.): oben der Regengott Chaak mit seiner Rüsselnase, darunter Mond- und Fruchtbarkeitsgöttin Ix Chel, Maisgott, Himmels- und Schöpfergott, Itzamná, Todesgott Ak Puch

Schrift, Zahlensystem und Kalender als hervorragende kulturelle Leistungen

Aufbauend auf dem Wissensvermächtnis früherer Zivilisationen, besonders auf dem der Olmeken, entwickelten die Maya die Schrift, das Zahlensystem und den Kalender weiter, wobei sie es zu erstaunlichen Leistungen brachten. Kein Buchstaben-Alphabet, sondern eine **Mischung von ideographischen und phonetischen Zeichen** liegt ihrer Schrift zugrunde, die heute zu über 90% entschlüsselt ist. Nur die Priester konnten die komplizierten Glyphen lesen und interpretieren. Festgehalten wurden vor allem Herrscherdynastien sowie geschichtliche und mythologische Ereignisse. Damit „beschrieben" wurden **Stelen,** Wände, Türsturze usw., ebenso faltbare Rindenbastbücher, **códices** genannt, von denen leider nur noch drei erhalten sind (*Codex Dresdensis*, Dresden; *C. Peresianus*, Paris, *C. Tro-Cortesianus*, Madrid). Bekannt ist auch der **Chilam Balam** („Bücher des Jaguarpriesters"), ein Sammelname für über 10 Maya-Handschriften mit Berichten zu Mythen, Prophezeiungen, zur Astronomie u.a.

Das **Zahlen- und Rechensystem** der Maya enthält **nur drei Zeichen:** einen Punkt für die „1", einen waagrechten Balken für die „5" und eine ovale Muschel für die „0". Damit konnte jede beliebige Zahl dargestellt werden. Zahlen größer als 19 wurden in Kolumnen vertikal übereinander geordnet, dieses Verfahren ermöglichte auch Addition, Multiplikation und Division. Ausgehend von den 10 Fingern und 10 Zehen des Menschen lag ihrer Rechenmethode das **Vigesimalsystem** (20 – 400 – 8000 usw.) zugrunde, im Gegensatz zu unserem Dezimalsystem mit zehn Ziffern. Eine zweite Art der Zahlendarstellung erfolgte durch sog. **Kopfzahlen,** bildliche Darstellungen menschlicher Köpfe in Variationen.

Zahlen als Köpfe, Striche und Punkte

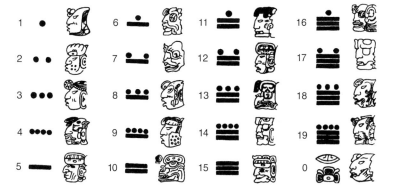

Bereits im 5. Jh. v.Chr. hatten die Zapoteken von **Monte Albán** den ersten **Kalender** geschaffen, die Maya entwickelten ihn auf geniale Weise weiter. Es heißt, **keine andere Kultur der Erde habe jemals ein genaueres und längerwährendes Kalendersystem hervorgebracht.** Die Darstellung des komplizierten Systems füllt dicke Fachbücher, es kann hier nur ganz kurz angerissen werden: Genaugenommen kannten die Maya **zwei Kalendersysteme,** den 365 Tage umfassenden **Sonnenkalender Haab** (mit 18 Monaten zu je 20 Tagen plus 5 als unheilbringend geltende Extra-Tage) und den – wichtigeren – ◀ **Ritualkalender Tzolkin** von nur 260 Tagen. Beide Kalender waren wie Zahnräder ineinander verschränkt, nur alle 52 Sonnenjahre (= **Kalenderrunde**) fiel der Beginn eines Jahres bei beiden Kalendern zusammen. Der Tag, der solch einen **52-Jahres-Zyklus** einleitete, galt als besonders geeignet für neue (Bau-)Projekte. Die Messung von ununterbrochenen (länger als 52 Jahre dauernden) Zeitstrecken erfolgte mit Zähleinheiten des Sonnenkalenders: kin (Tage), uinic (Monate) und tun (Jahre). 20 tun war ein katun (7200 Tage), 20 katun ein baktun (144.000 Tage) und 20 baktun ein pictun (2.880.000 Tage bzw. 8000 Haab-Jahre) usw., jeweils im Vigesimalsystem x 20. Damit war es möglich, gradlinig unendlich viele Jahre, vorwärts- oder rückwärtsgerichtet, taggenau zu bestimmen, die seit dem **Nullpunkt** des mayanischen Kalenders am **11. August 3114 v.Chr.** vergangen sind bzw. noch kommen werden. Von dieser Erkenntnis machten die Maya reichlich Gebrauch, unzählige Ereignisse wurden genau datiert, Bahnverläufe von Sternen präzise vorbestimmt, **Sonnen- und Mondfinsternisse** lange vorher vorausgesagt. Spektakulär ist z.B. auch heute noch das Schattenspiel der „herabwindenden Schlange" in Chichén Itzá, alljährlich zur Tagundnachtgleiche im März und September. Der 13. Baktun-Zyklus ihrer Zeitzählung ging am 21. Dezember 2012 zu Ende. Die Vorhersagen des Weltuntergangs für diesen Tag sind bekanntlich nicht eingetroffen – stammten sie doch auch nicht von den alten Maya, sondern von westlichen Untergangspropheten. Für die Maya begann nach dem Ende des 13. Zyklus schlichtweg der vierzehnte.

Die Kalenderglyphen der „Leidener Platte" zeigen die Schreibweise der Daten der „Langen Zählung" (Initialserie): Ganz oben die Einführungsglyphe, darunter: 8 baktun, 14 katun, 3 tun, 1 uinal, 12 kin, 1 eb = 583881 = 16. September 320 n.Chr. – Ganz unten die Namens- und Emblemglyphe

Brasero ceremonial (Räuchergefäß) aus Mayapán, Gott Chaak darstellend, Postklassik

Kunst und Stadtanlagen der Maya

Die Maya waren hervorragende Künstler, ihr wichtigstes Werkmaterial für **Skulpturen** war der **Stuck** (Gemisch aus gebranntem Kalkstein oder Muschelschalen), aber auch **Stein** oder **Ton** wussten sie zu bearbeiten. Aus letzterem stellten sie darüber hinaus hochentwickelte **Gebrauchskeramik** oder dekorative Objekte her (ohne Töpferscheibe!). **Schmuck** wurde aus dem wertvollen grünen **Jade,** Muscheln oder Federn – am kostbarsten war die Quetzalfeder – gefertigt, Goldschmiedekunst betrieben sie nicht. Berühmt sind die mit Jadeplättchen belegten **Totenmasken.** Meister waren sie auch in der **Malerei,** die in vielen Farben meist Menschen, Götter oder Tiere darstellte, heute z.B. an den berühmten Fresken von *Bonampak* noch zu bewundern.

Die großen **Maya-Städte** waren primär als **Zeremonialzentren** gebaut, nur das Herrschergeschlecht sowie Adlige und Priester durften sich darin aufhalten, während das einfache Volk in einräumigen Hütten mit Palmwedeldach lebte, ebenso wie sie auch heute noch anzutreffen sind *(chozas)*.

Merkmale der Maya-Zeremonialstadt sind fast immer: **Pyramiden** (meist mit einer Hauptpyramide im Zentrum), mehrräumige **Paläste** mit dem typischen, nach oben hin spitz zulaufenden ◄ **Maya-Bogen** und dem **Kragstein-Gewölbe,** ein oder mehrere **Ballspielplätze, Temazcal-Schwitzbäder** (zur Dampferzeugung wurde Wasser über zuvor erhitzte Steine gegossen), mit Zahlen und Glyphen bemeißelte **Stelen** und die lediglich auf der Halbinsel Yucatán anzutreffenden **Cenotes,** ganzjährig wasserführende Becken als Trinkwasser-Reservoir und zum Erfrischen, aber teilweise auch als heilige Opferstätten, in die (lebende) Menschen und wertvolle Dinge versenkt wurden (s.S. 277).

Maya-„Bogen"

Die Zahl der Maya-Stätten wurde noch 2017 auf rund 70.000 geschätzt, doch immer wieder kommt es zu Neuentdeckungen. Anfang 2018 konnte mit modernsten Lasertechniken eine *Megalópolis* im Urwald von Guatemala (Petén) aufgespürt werden, schätzungsweise einst von Millionen Menschen bewohnt und rund 60.000 Gebäude umfassend. 2020 wurden weitere rund 500 präklassische Stätten im Süden und Südosten Mexikos ausgemacht, darunter die Monumentalanlage *Aguada Fénix* (im heutigen Tabasco) die nun zeigt, dass die Maya schon vor 3000 Jahren große Zeremonialzentren bauten. Aber auch an längst bekannten und hundertmal durchgrabenen Stätten gibt es gelegentlich noch Sensationen: In Xunantunich (Belize) fand man 2016 die noch unberührte Grabkammer eines Herrschers,

Mayastadt Becán

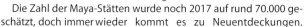

4

einschließlich sämtlicher Grabbeigaben, und im selben Jahr wurde in Palenque (Chiapas) ein Kanalsystem unter der Grabkammer von König Pacal entdeckt, welches ihm vermutlich den Weg in die Unterwelt ebnen sollte. Anzunehmen ist, dass infolge weiterer Funde und Forschungen die Geschichte der Maya in den nächsten Jahren weiter- oder womöglich auch völlig umgeschrieben werden muss.

Ceiba-Bäume

Die Ceiba (Ya'axché) ist der heilige Baum der Maya, viele Legenden ranken sich um ihn. Als Weltenbaum verkörpert er die Verbindungsachse zwischen Erde und Kosmos, wobei seine Wurzeln bis in die Unterwelt *xibalba* runterreichen. Sein Blütenstand diente den Bauern zur Prognose von Niederschlagsmengen, und noch heute wird der Ceiba-Saft zu medizinischen Zwecken verwendet. Ausgewachsene Bäume können bis zu 70 m hoch werden, zu erkennen sind sie an ihren erst in der Krone waagrecht wegwachsenden dicken Ästen.

Maya-Forscher

Archäologisch wiederentdeckt wurde die Maya-Kultur u.a. durch den Amerikaner ◀ **John L. Stephens** und den Briten **Frederick Catherwood** (zw. 1839 und 1842). Weitere Maya-Forscher waren der Brite **Alfred P. Maudslay**, der Franzose **Désiré Charnay** sowie der Deutsch-Österreicher **Teobert Maler** (1842–1917), der im Gefolge von Kaiser Maximilian nach Mexiko kam und wohl die meisten Maya-Stätten entdeckte. Im 20./21. Jahrhundert vervielfacht sich die Zahl der Maya-Forscher, bedeutende Entdeckungen hat jüngst ein internationales Forscherteam um den Japaner **Takeshi Inomata** (University of Arizona) gemacht. Der Deutsche **Nikolai Grube** wurde bekannt durch Arbeiten zur Entschlüsselung des Schriftsystems der Maya.

Maya-Seiten im **Internet:** www.mesoweb.com, www.famsi.org, u.a.

Die Maya-Königreiche und ihre Herrscher sind untergegangen, aber die Völker der Maya und ihre Kultur gibt es weiterhin. Die mythischen Denkweisen und Glaubensvorstellungen ihrer archaischen Vorfahren leben vielfach – wenngleich in synkretistischer Form – noch fort, vital und real bis zum Tag Ihrer Reise!

Tuxtla Gutiérrez

In der Hauptstadt von Chiapas, Tuxtla Gutiérrez (knapp 600.000 Ew.), ist es laut, hektisch und fast durchgehend schwülheiß (Höhenlage

500 m). In der Regel dient sie nur als Zwischenstopp auf dem Weg zu den attraktiven Umgebungszielen. Sehenswert ist allerdings der nach seinem Gründer benannte **Parque Zoológico Miguel Álvarez del Toro** (**ZooMat,** 5 km südöstlich des Zentrums, Di–So 8.30–16 Uhr, Eintritt 30 Ps, nächtliche Touren 120 Ps, www.zoomat.chiapas.gob.mx, mindestens 3 Std. einplanen, angenehm schattige Wege). Dort leben und tummeln sich auf ca. 140 ha bewaldeter Fläche viele der noch sehr zahlreichen einheimischen Tierarten in weitläufigen Gehegen. Spektakulär ist eine Brüllaffenkolonie, die sich frei im Zoogelände bewegt und erheblichen Lärm macht. Auch das Vogelhaus ist mehr als einen Blick wert. Unwahrscheinlich ist, dass Sie noch mal irgendwo anders einen Quetzal zu sehen bekommen (leider hinter Gittern und nicht gut zu fotografieren) – der einst heilige Vogel der Maya mit den langen bunten Schwanzfedern steht heute kurz vor dem Aussterben.

Wo sich im Zentrum die beiden Straßenhauptachsen (Central Ote, Sur, Pte, Nte), schneiden, liegt die große **Plaza Cívica** mit Regierungsbauten und der Kathedrale San Marcos. Ein Kilometer nordöstlich erstreckt sich der **Parque Madero,** u.a. mit dem **Museo Regional de Chiapas** (Di–So 9–18 Uhr, 70 Ps), das prähispanische Kunstschätze zeigt, darunter die berühmte **Stele 2** (s.S. 236) und eine Steintafel mit dem Abbild des Palenque-Königs Kan-Xul II. Weitere Museum-Details über http://sic.gob.mx

Im **Parque de la Marimba,** acht Straßenblocks westlich der **Plaza Cívica**, steigt abends (tägl. ab 18 Uhr, unter Covid-Auflagen nur Do) das Stimmungsbarometer, wenn jung und alt das Tanzbein schwingt. Die melodische, xylophonähnliche und bis zu 3 m lange Marimba kam einst in einer Vorform mit den afrikanischen Sklaven in die spanischen Kolonien und ist heute Nationalinstrument von Chiapas und Guatemala. Mehr Wissenswertes darüber im dortigen **Museo de la Marimba** (Av. Central / 9a Poniente-Norte 123, Di–So 10–21 Uhr, Eintritt 10 Ps). Innen ein *Módulo Turístico.*

Adressen & Service Tuxtla Gutiérrez

Turismo Blvd Andrés Serra Rojas 1090, Edificio Torre Chiapas, Nivel 05, Tel. 800-2803500, Di–So 9–15 Uhr. Weitere Informationsstellen an der Mautstelle *(caseta poniente),* am Busterminal OCC, am Zoo (Di–So 9–16 Uhr) und am Flughafen (tägl. 9–20 Uhr).

Webseiten www.visitmexico.com/chiapas/tuxtla-gutierrez
http://www.turismochiapas.gob.mx
https://alma-de-chiapas.com/en/visit-tuxtla-gutierrez

Übernachten am besten im Umfeld des Parque de la Marimba. **TIPP: Hotel del Carmen** €, 2a Sur Pte 826, https://www.hoteldelcarmen.net, zentral, sauber, freundlich, Preis einschl. Frühstück. Jedes Zimmer trägt den Namen einer mexikanischen Region. Das **Real Avenida Hotel** €, Central Pte 1230, zwei Straßen westlich des Parque de la Marimba, http://realavenida.com.mx, ist ein modernes Mittelklassehotel mit vielen Annehmlichkeiten und freundlichem Service.

Transport   Der **1. Klasse-Busterminal** (OCC) liegt knapp 3 km nordwestlich des Zentrums bei der 5 Nte Pte. Colectivos nach San Cristóbal fahren vom Terminal der Linie **OMNIBUS,** 9 Av. Sur Ote/Ecke 13 Calle Ote Sur (Taxi nehmen, fragen Sie nach der Central Camionera de los Ancianos), im Gegensatz zu anderen Colectivos bekommt man bei OMNIBUS namentliche Tickets und Gepäckbelege.

Flughafen   Liegt 35 km außerhalb bei Chiapa de Corzo und wird von mehreren nationalen Fluglinien bedient. Ein Taxi kostet zw. 350 u. 400 Ps.

Touranbieter   Mehrere im Umfeld des Parque de la Marimba, die ein- oder mehrtägige Touren zu verschiedenen Sehenswürdigkeiten des Bundesstaates anbieten.

Umgebungsziele von Tuxtla Gutiérrez

Chiapa de Corzo 🌀

Dass diese verschlafene und etwas staubige Kleinstadt einst die erste Hauptstadt von Chiapas war (1528), kann man wirklich nicht ahnen. Doch mehr noch: In ihrer Nähe entdeckte man Spuren einer über 3500 Jahre alten postolmekischen Regionalkultur und eine **Maya-Stele, auf der das früheste archäologische Datum ganz Amerikas** eingraviert ist: der *9. Dezember 36 v.Chr.* (zu sehen im Museo Regional in Tuxtla Gutiérrez). Offenbar zählt Chiapa de Corzo zu den ältesten permanent bewohnten Orten Mesoamerikas!

Hübsch ist die **Fuente Colonial** auf dem Zócalo („La Pila", 1562), ein achteckiger, kapellenähnlicher Bau im hispano-arabischen Stil, deren Kuppel mit den spitzen Türmchen die spanische Krone symbolisieren soll. Wenn es die Zeit erlaubt: besuchen Sie das Centro Cultural im Ex-Convento Santo Domingo mit dem **Museo de la Laca** (Lackmuseum), einen Straßenblock vom Zócalo Richtung Fluss, Av.

Parachicos-Tänzer mit Holzmaske bei der Fiesta San Sebastián

Vicente López (Mo–Fr 8–18 Uhr, Eintritt 45 Ps). Zu sehen sind mit floralen Motiven bemalte und lackierte schöne Gebrauchsgegenstände, Masken und Wandgemälde.

Alljährlich vom 15.–23. Januar findet die große **Fiesta San Sebastián** statt, eine der schönsten ganz Mexikos, denn die Blumenkleider der Tänzerinnen sind hier besonders farbenprächtig. Am 21. Januar kommt es dann sogar zur „Seeschlacht" zwischen „Indianern" und „Konquistadoren", die mit einem laut knallenden Feuerwerk endet.

Der eigentliche Grund hierherzukommen, ist der **Sumidero-Canyon.** Es gibt mehrere Bootsablegestellen *(embarcaderos).* Gegenwärtig legen Touranieter meist

Chicoasén

↑ Río Grijalva
Staudamm-Mauer
Osumacinta

Presa Chicoasén
(Staudamm-See)

Sumidero-Nationalpark

Bochil / Simojovel ↗

Isla de la Soledad

Manos Que Imploran
Cañón de Muñiz

El Guardian del Cañón

El Jardín
Árbol de Navidad

El Cordón de Plata
Cueva de Colores

Mirador Los Chiapas

Mirador El Tepehuaje
Cueva del Silencio
El Escudo

Mirador La Coyota

Cabalito de Mar

Mirador la Ceiba

Berlin

Oaxaca u. Chicoasén-Staudamm

Puente Belisario Domínguez

Río Grijalva

Ixtapa

MEX 195

alte Straße nach San Cristóbal de las Casas

Wasserfall El Chorreadero

MEX 190

Chiapa de Corzo-Abzweigung / Parada

Tuxtla Gutiérrez

MEX 190

PEMEX

MEX 1900

Chiapa de Corzo

Autopista n. San Cristóbal de las Casas (Maut)

Embarcadero Cahuaré
Embarcadero Chiapa de Corzo

← Río Grijalva

z. Flughafen v. Tuxtla Gutiérrez,
Ángel Albino Corzo (ca. 15 km)

SUMIDERO-CANYON

0 — ca. 5 km

N

Blick in den Canyon vom Mirador Los Chiapas

vom nördlich gelegenen *embarcadero Chicoasén* (neben dem gleichnamigen Wasserkraftwerk) ab, die etwa vierstündige Bootsfahrt endet
am *embarcadero* im Zentrum.

Turismo   Calle 5 de Febrero s/n, Local 2, Plaza Santo Domingo.

Übernachten Zum Übernachten kann man das **Hotel La Ceiba** €€, Av. Domínguez Ruiz 300,
www.laceibahotel.com, mit kleinem Pool (Wasser ist allerdings kalt) und
Restaurant in Erwägung ziehen.

Restaurant   Im stilvollen Restaurant **Jardines de Chiapa,** Madero 395, unweit vom
Embarcadero, lässt es sich nach der Tour ganz gut essen. Etwas teuer, aber
man sitzt nett, umfangreiche Speisekarte, Büffet, natürlich auch Fisch

Cañón del Sumidero

Ein tektonischer Riss zwischen dem Tiefland und der Sierra verursachte
diese tiefe Schlucht des **Río Grijalva,** an deren Ende der **Chicoasén-
Staudamm** mit einem Kraftwerk liegt. Die Felswände des Canyons ragen teilweise **über 1000 m hoch.** Flora und Fauna sind artenreich,
Schildkröten, Affen, Flusskrokodile und Wasservögel gehören dazu.

Hochgeschwindigkeitsboote legen täglich etwa von 8 bis 16 Uhr
ab (Fahrtdauer je nach Tour 3-4,5 Stunden). Jacke nicht vergessen,
denn der Fahrtwind weht frisch, aber auch Sonnenschutz auf Haut
und Kopf (Hut festbinden)! Ein Fernglas kann nützlich sein. Die Kulisse
ist durchaus beeindruckend, ob man viele Tiere zu Gesicht bekommt,
hängt jedoch vom Glück ab. Der Motorlärm ist nicht gerade hilfreich
bei der Pirsch. Manche Besucher berichten von ganzen Krokodils-
kolonien, die in der Sonne dösen, die Bootsfahrer kennen die einschlägigen Stellen. Die wie versteinert wirkenden Flussreiher werden sicher
am Ufer stehen. Leider wird uns regelmäßig von gewaltig großen
Müllinseln und schwimmendem Plastikabfall berichtet, der von
Nebenflüssen eingespült wird. Von Zeit zu Zeit gibt es aufwändige
Entfernungsaktionen, doch bald darauf staut sich neuer Müll.

Am oberen Schluchtrand verläuft eine **Panoramastraße,** die man
ab Tuxtla Gutiérrez entlangfahren kann, sie führt zu eindrucksvollen
Aussichtspunkten, den schönsten Blick hat man vom *Mirador Los
Chiapas* (Cafetería). Die dortige Schluchtkante erlangte traurige Berühmtheit, als sich hier 1527 etwa 2000 Chiapa-Maya gemeinsam in
den Tod stürzten, um der Versklavung durch die Spanier zu entgehen,
nachdem diese vorher ihren Stammesführer verbrannt hatten.

Am bequemsten ist der Besuch von Tuxtla aus. Die Touranbieter rund
um den Parque de la Marimba bieten alle mehr oder weniger dasselbe,
vergleichen Sie die Preise, man holt Sie vom Hotel ab. Englischsprachige Führungen müssen vorhergehend bestellt werden. Angeboten werden drei verschiedene Tourvarianten: Panoramastraße
(2,5 Std.), Bootsfahrt im Cañón (4,5 Std.), oder beides zusammen als

Ganztagstour für ca. 500–600 Ps, je nach Anbieter, Abfahrt 9.30 Uhr. Wir empfehlen sehr die Ganztagstour!

TIPP: *Transporte Panorámico Cañón del Sumidero* hat langjährige Erfahrung, anmelden per Handy/Whatsapp 9611663740 (hat kein Lokal), nur Spanisch.

San Cristóbal de las Casas 🦋

San Cristóbal de las Casas (2100 m, ca. 210.000 Ew.) birgt drei verschiedene Welten: Bewohnt werden die pittoresken Kolonialhäuser der Stadt zumeist von *Ladinos,* Nachfahren von Europäern und Mestizen. Die friedliche Atmosphäre lässt kaum erahnen, dass der Ort Schauplatz einer bewegten und oftmals blutigen Vergangenheit war. Die *Indígenas* – als geschichtliche Gegenspieler der Ladinos – gehören fest zum Straßenbild, doch sind die meisten nur Besucher. Frühmorgens treffen sie aus den umliegenden Dörfern ein, verkaufen auf dem großen Mercado Municipal (s.u.) ihre landwirtschaftlichen Produkte oder bieten an mehreren Plätzen der Stadt eine breite Auswahl an Kunsthandwerk an. Der nie abreißende Touristenstrom als Haupteinnahmequelle von San Cristóbal ließ eine gut ausgebaute Infrastruktur an Hotels, Gaststätten, Läden, Reisebüros, Kursen aller Art und weiteren touristischen Angeboten entstehen. Die ansässigen Ausländer machen es möglich, dass man hier „schmaust wie zu Haus".

Blick auf den Zócalo und die Kathedrale   Es gibt drei lange Fußgängerstraßen mit zahllosen Geschäften, die frequentierteste ist die **Real de Guadalupe,** „Flower Power" ist hier

4

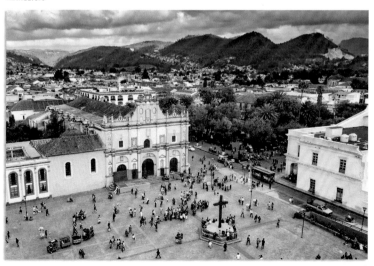

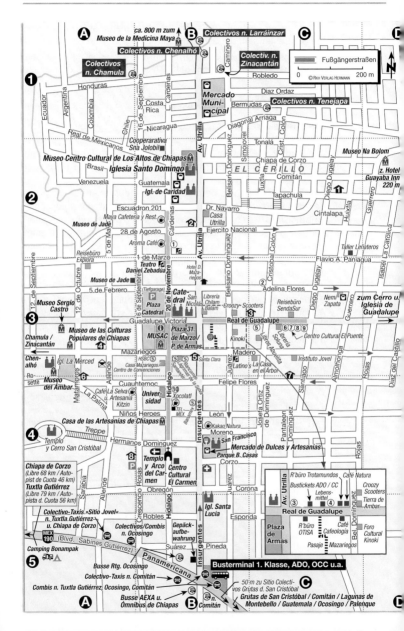

```
SAN
CRISTOBAL
DE LAS
CASAS
```

🏨 Hotels

1 Posada del Abuelito [C2]
2 Casa Mexicana [B2]
3 Hotel Casa Margarita [C3]
4 Puerta Vieja Hostel [A3]
5 Hotel Santa Clara [B3]
6 Casa Índigo [A4]
7 Parador Margarita [C4]
8 Hotel San Marcos [A4]
~ *Hotel Guayaba Inn siehe D2*

① **Restaurants**
🍴 **Cafés**
🎵 **Musikbars/Rest.**

① **Al sazón que me toquen** [B2]
2 **Rst. Belil** [B3]
3 **Rst. Oh la la** [s. Kasten C5]
4 **TierrAdentro** [s. Kasten C5]
5 **La Lupe Cocina de Maíz** [B3]
6 **Pizzería El Punto** [C3]
7 **La Casa del Pan Papalotl** [C3]
8 **Pachamama** [C3]
9 **Bar Panoptico** [C3]
10 **Rst. Bancook** [B4]

noch angesagt. Die **Hidalgo** bzw. die **20 de Noviembre** (Mittelklassetourismus) ziehen sich von Süd nach Nord einen Straßenblock westlich der Hauptdurchgangstraße **Insurgentes/Utrilla.**

Genießen Sie das besondere Ambiente der Stadt und nutzen Sie einige der zahlreichen Ausflugsmöglichkeiten. Übrigens: Zwischen Dezember und Februar wird es nachts äußerst kalt, Heizungen sind nicht üblich, man muss dann unter einer ganzen Ladung Decken schlafen. Vorsicht mit den rutschigen, teils sehr schrägen Ausfahrten auf den ohnehin sehr schmalen Bürgersteigen!

Sehenswertes

Rund um den Zócalo [B3]

Offiziell heißt er „Plaza 31 de Marzo", denn an diesem Datum wurde 1528 die Stadt gegründet. Sitzbänke und das Café im Quiosco laden zum Ausruhen ein. An der Westseite befindet sich der ehemalige Palacio Municipal (Rathaus), jetzt das sehenswerte **Stadtmuseum MUSAC** (Di–So 10–17 Uhr, 🚩 Musac Palacio Municipal), an der Nordseite unübersehbar die kürzlich renovierte **Kathedrale** Nuestra Señora de la Asunción (Baubeginn 1528). Weißer Stuckdekor und Heiligenfiguren verzieren die Eingänge an der Westseite, innen ist sie eher karg. Interessant ist das filigrane Schnitzwerk der Kanzel, die von einem Atlanten gestützt wird.

Das Kolonialhaus des Eroberers und Stadtgründers **Mazariegos** (heute: Hotel Santa Clara), befindet sich an der Südostecke der Plaza, Ecke Insurgentes/Madero.

Kirche Santo Domingo [B2]

Die **Dominikanerkirche Santo Domingo** in der Av. Utrilla ist das schönste Gotteshaus der Stadt. Sie steht auf einem baumbestandenen Plateau, Baubeginn war 1550. Ein ehemaliges Kloster, das **Ex-Convento de Sto. Domingo,** schließt sich an (s.u.).

Der Kampf um den eigenständigen Wert der Indígena-Kulturen

Der spanische Dominikanermönch ◀ **Bartolomé de las Casas** (1474–1566) war der erste, der den eigenständigen Wert der indigenen Kulturen der neuentdeckten Welt erkannte. Vehement klagte er in seinen Werken Ausbeutung und Völkermord an den Ureinwohnern an: „Wieviel Schaden, wieviele Schwierigkeiten, Zerwürfnisse und Verwüstungen ganzer Königreiche gab es hier. Wieviele Seelen sind in Westindien über die Jahre qualvoll zugrunde gegangen – und wie ungerechtfertigt. Wieviele unverzeihliche Sünden sind begangen worden …", schreit er förmlich aufs Papier. Bereits nach seinen Aufenthalten auf der Insel Hispaniola zwischen 1502 und 1515 (heute Haiti und Dominikanische Republik) setzte er sich bei der spanischen Krone für die Rechte der Indígenas ein, worauf ihm 1516 der Amtstitel **„Defensor universal de los Indios"** (Universeller Verteidiger der Indígenas) verliehen wurde. Doch mit seinen Schriften schaffte er sich auch viele Feinde, zweimal, 1539 und 1547, wurde er in Spanien wegen Hochverrats angeklagt, konnte sich aber jedes Mal aus der Schlinge ziehen. Seinen Bischofssitz in San Cristóbal musste er nach nur drei Jahren (1544–1547) wegen allzu indiofreundlichem Vorgehen wieder aufgeben und Mexiko endgültig verlassen. Nach seinem Tod durften seine Werke noch jahrhundertelang nicht gedruckt und verbreitet werden. Erst 1848 wurde „San Cristóbal de los Llanos" zu Ehren seines ersten Bischofs in „de las Casas" umbenannt. Mehr als 400 Jahre später trat **Samuel Ruiz García** in die Fußstapfen seines berühmten Vorgängers. Während seiner 40-jährigen Amtszeit als Bischof in San Cristóbal (1960–2000) verurteilte und bekämpfte er unermüdlich die Ausbeutung der Indígenas, ab 1994 fungierte er als Mittler zwischen der mexikanischen Regierung und den Zapatisten.

In einem zapatistischen Dorf

Die **Zapatisten** erschienen am **1. Januar 1994** im Rampenlicht der Welt-öffentlichkeit, als bewaffnete und mit Sturmmasken vermummte Männer die Rathäuser mehrerer Orte der Region angriffen und besetzten. Wie einst der legen-däre Revolutionsheld *Emiliano Zapata* fordert das *Ejército Zapatista de Liberación Nacional, EZLN* (Zapatistisches Heer der nationalen Befreiung) soziale Gerechtigkeit, aber auch kulturelle Autonomie für die Indígenas. Bald hatten die Regierungs-truppen die besetzten Rathäuser zurückerobert. Es begann ein Waffenstillstand, der jedoch immer wieder von blutigen Zwischenfällen unterbrochen wurde. So starben allein am 22.12.1997 bei dem Ort *Acteal* 45 Personen in einem Massaker (die meisten Frauen und Kinder), beschuldigt werden paramilitärische Gruppen. Bis heute sind sie straffrei geblieben.

Die langwierigen Verhandlungen zwischen dem damaligen Präsidenten Carlos Salinas de Gortari und den Zapatisten führten zu keiner Einigung, auch nicht unter seinem Nachfolger Vicente Fox (2000–2006) konnte sein großspuriges Wahlver-sprechen, den Konflikt „in nur 15 Minuten" zu lösen, nicht einhalten. Dass die Aufständischen nicht einfach eliminiert wurden, liegt sicher auch daran, dass ihr Anführer, der später als *Rafael Sebastián Guillén* aus Tampico (Tamaulipas) identifi-zierte **Subcomandante Marcos,** einen geschickten Medienkrieg in die Wege leitete und mit seinen *Comunicados* und literarischen Anklagen weltweit Aufsehen erregte.

Ein großer Zapatistenzug konnte im Jahr 2001 unbehelligt durch halb Mexiko ziehen und Kundgebungen veranstalten. Immerhin wurden im Dezember desselben Jahres Besitz- und Autonomierechte der Indígenas in der Verfassung verankert. Im Jahre 2003 wurde das *Instituto Nacional de Lenguas Indígenas* (INALI) gegründet, das ihre Sprachen schützen soll. 2018 entstand das Instituto *Instituto Nacional de los Pueblos Indígenas* (INPI, 2018) aus einer Vorgängerinstitution. Betraut ist es mit Verwaltungs- und Fördermaßnahmen für Indígena- und afroamerikanische Gemeinden.

In Chiapas verlor die Bewegung unter anderem deshalb Sympathien, weil infolge der Auseinandersetzungen die Touristen ausblieben, was für viele, die von der Branche direkt oder indirekt leben, erhebliche finanzielle Einbußen mit sich brachte. In den letzten Jahren ist es in der Presse still geworden um die Aufständischen, auch hat sich der Subcomandante 2014 selbst ausge-löscht, indem er sich in *Subcomandante Insur-gente Galeano* umtaufte. Es gibt sie aber noch: Die **Municipios Autónomos Rebeldes Zapa-tistas** (MAREZ) umfassen einige Gebiete im Hinterland, die, jenseits der offiziellen politi-schen Organe, von zapatistischen Basisgrup-pen selbstverwaltet werden, untergliedert in *caracoles* (Schnecken). Dort empfangen die Zapatisten weiterhin Besuche von nationalen und internationalen Sympathisanten und Hel-fern. Armut und strukturelle Benachteiligung bestehen jedenfalls weiterhin und geben im-mer wieder Anlass zu erbitterten Auseinan-dersetzungen.

„Denk nicht, sprich nicht –
so sind wir alle glücklich …"
Graffiti in San Cristóbal de las Casas

4

Barocke Fassade der Kirche Santo Domingo

Die Hauptfassade der Kirche auf der Ostseite ist überreich im floralen Chiapaneco-Barockstil verziert, mehrere sog. salomonische Säulen winden sich spiralig geschwungen an ihr hoch, dazwischen Heiligenfiguren. Rechts und links der Figur über dem Fenster der habsburgerische doppelköpfige Adler, das Wappen von Kaiser Karl V. (ab 1530), zuvor ab 1516 als Karl I. König von Spanien. Im Innern glänzen zwischen Heiligenbildnissen Unmengen an Blattgold.

Rund um den Kirchen- und Klosterkomplex werden auf einem bunten, dichtgedrängten **Tagesmarkt** Textilien, Kunsthandwerk, Lederwaren u.a. mehr verkauft. Im Angebot sind auch immer noch Zapatisten-Souvenirs (Aufständische als Wollpüppchen), der Aufstand war zeitweise ein echter „Kassenschlager".

Museo Centro Cultural de Los Altos Chiapas Versäumen Sie nicht, das der Kirche angeschlossene *Museo Centro Cultural de Los Altos Chiapas* im schön renovierten Ex-Convento de Santo Domingo de Guzmán zu besuchen. Es zeigt neben archäologischen und religiösen Exponaten aus der Zeit der spanischen Eroberung von Chiapas auch die Entwicklung des Maisanbaus, Schaubilder zu diversen Themen, bunte Holzmasken und vor allem wunderschöne Trachten und Webkunst-Erzeugnisse der Hochlandbewohner (Di–So 10–15 Uhr). **TIPP!**

Sna Jolobil Die Web-Cooperative *Sna Jolobil* (Tzotzil „Haus des Webens") vereinigt über 800 Weber verschiedener ethnischer Herkunft. Ziel ist es, die überlieferten Web- und Färbetechniken sowie die Vielfalt der Vorlagen und Stile zu bewahren. Im Ex-Convento de Santo Domingo gibt es im Erdgeschoss eine Verkaufstelle (**F** Arte Textil de Sna Jolobil). Manche Designs der *huipiles,* Blusen, Kleider Decken und anderer Webwaren verlangen monatelange Arbeit und sind natürlich entsprechend teuer.

Webkunst und Trachten

Seit Jahrhunderten ist es die Aufgabe der Indígena-Frauen Mexikos, kunstfertige Webwaren herzustellen. Mancherorts sieht man sie an ihren Gürtelwebgeräten arbeiten, die vorne an einem Baum festgebunden und wie ein Gürtel um die Hüfte gespannt werden. In der Maya-Welt soll sich sogar die Mond- und Fruchtbarkeitsgöttin *Ix chel* höchstpersönlich als Lehrmeisterin der Webkunst betätigt haben. An den verschiedenen Trachten lässt sich genau erkennen, welcher Ethnie und welchem Dorf die jeweiligen Träger zugehören. Verordnet wurde diese distinktive Bekleidung allerdings z.T. während der Kolonialzeit zwecks besserer Kontrolle der einzelnen Gemeinden. Zusammen mit der eigenen Sprache ist die Webkunst heute ein wichtiges Identitäts-symbol, das vor allem von den Frauen gepflegt wird. Die Symbolik der einzelnen **Webmuster ▶** und Ornamente geht auf die Maya-Kosmologie zurück und ist eine Wissenschaft für sich. Oft handelt es sich um Sinn-bilder für den Kreislauf des Lebens (Fruchtbarkeitssymbole).

Bedenken sollte man den Ausspruch der guatemaltekischen Friedens-preisnobelträgerin *Rigoberta Menchú*, die sagte: „Was uns am meisten weh tut, uns anderen, den Indígenas, ist, dass sie unsere Tracht schön finden, aber die Person, die sie trägt, gleichfalls nichts ist".

Sergio Castro ist Agraringenieur, Veterinär und ein ausgezeichneter Trachtenkenner. Seit rund 50 Jahren arbeitet er in den Dorfgemein-schaften um San Cristóbal und hat sich im Laufe der Zeit eine einmalige **Sammlung von Originaltrachten** zugelegt (mehr als 1000), die zu-sammen mit anderen Gegenständen in seinem Privatmuseum ausge-stellt sind. Es befindet sich in der Guadalupe Victoria 38 (kein Schild an der Tür!). Don Sergio führt täglich gegen 7 Uhr abends, auch auf Englisch, man muss sich aber vorher telefonisch anmelden (Tel. 9676784289, www.yokchij.org/the-collection.html).

Indígena-Frauen beim traditionellen Weben mit einem Gürtelwebgerät

Marktfrauen

Mercado Municipal [B1]

Geht man von der Kirche Santo Domingo die Av. Utrilla weiter hoch, erreicht man den **Mercado Municipal.** Dort findet sich so ziemlich alles, was die Gegend produziert, unzählige Obst- und Gemüsesorten (manche sind in Europa unbekannt), Kleidung, Tonwaren, Kleinvieh und vieles mehr – das Gewirr ist schier unüberschaubar. Wer allzu unbekümmert fotografiert, dem fliegt schon mal was Überreifes entgegen.

Weitere Museen zur Maya-Kultur

Internationale Anerkennung erlangten der dänische Archäologe *Frans Blom* (1893–1963) und seine schweizerische Frau *Gertrude Duby-Blom* (1901–1993), die ihr Lebenswerk insbesondere dem Volk der **Lacandonen** widmeten. Duby-Blom hinterließ ein fotografisches Archiv von unschätzbarem historischen Wert, einige der ca. 50.000 Fotos schmücken, zusammen mit anderen Kunstwerken und archäologischen Fundstücken, das **„Haus des Jaguars", Na Bolom** (D2, Vicente Guerrero 33). Das einstige Wohnhaus des Ehepaares ist heute ein Maya-Studien-Zentrum mit Museum und gut bestückter Bibliothek. Auch wenn in letzter Zeit bemängelt wird, dass Na Bolom sich auf seinem Ruf ausruhe und etwas verstaubt wirke … dieser Besuch gehört einfach zu jedem San Cristóbal-Aufenthalt! Tägl. 10–20 Uhr, Eintritt 60 Ps, mit Führung 70 Ps, Führungen Mo–Sa um 11.30 u. 16.30 Uhr, englischsprachige Führungen zu denselben Zeiten, eine halbe Stunde vorher bestellen. Es werden auch mehrtägige Touren in die *Selva Lacandona* angeboten, sowie Tagestouren in die umliegenden Dörfer. Mehr Details und Fotos auf www.nabolom.org, 🅕 Na Bolom).

Bernstein und Jade

Das Hochland von Chiapas ist der einzige Produzent von Bernstein **(Ámbar)** des lateinamerikanischen Festlandes. Die in Chiapas gewonnene Variante des Harzderivats ist die härteste der Welt, existiert in mehreren Farben und ist deshalb wertvoller als andere. Jedes Jahr findet in der letzten Juli- und ersten Augustwoche die **Expo Ambar** im *Centro de Convenciones* in der Casa Mazariegos [B3] statt, wo Besucher direkt bei den aus den Dörfern angereisten Herstellern einkaufen können. Straßenhändler verkaufen häufig „garantiert echte" Fälschungen aus Plastik oder Glas, manchmal sogar mit eingelegten Insekten. Zünden Sie Ihre teure Bernsteinkette an oder legen Sie sie in Alkohol: Duftet sie beim Brennen würzig nach Harz bzw. löst sich danach auf, so ist sie tatsächlich echt gewesen! Für Leute, die ihren Schmuck behalten wollen, gibt es auch schonendere Methoden: Den Bernstein eine Weile kräftig reiben, dann entfaltet er ebenfalls Harzgeruch; oder ihn unter Neonlicht halten, wenn er nichts durchscheinen lässt, ist er echt.

San Cristóbals **Museo del Ámbar** befindet sich im Ex-Convento La Merced nahe der Diego de Mazariegos (A3, Di–So 10–14 u. 16–19 Uhr, 40 Ps). Hier viel Wissenswertes und reizvolle Unikate mit Insekteneinschlüssen.

Museo Meso-americano del Jade [A2]

Dieses „Museum" (16 de Septiembre 16, 35 Ps, www.eljade.com) verdient seinen Namen nicht wirklich. Es handelt sich um ein Verkaufsgeschäft mit zwei kleinen Ausstellungsräumen. Der Jade-Stein war bei den mesoamerikanischen Kulturen besonders wertvoll, um ihn rankten sich mythische Rituale. Schmuck, Masken und andere Objekte aus Jade wurden hohen Persönlichkeiten mit ins Jenseits gegeben. Das Museum zeigt einige Nachbildungen solcher Grabbeigaben.

Orquídeas Moxviquil (OM)

Seit 1994 widmet sich Cisco, ein freundlicher US-Amerikaner, dem Schutz regionaler Orchideen. Oft sammelte er sie auf, wenn sie bei Brandrodungen einfach weggeworfen oder als Müll verbrannt werden sollen. Als sein Privatgrundstück irgendwann vor lauter Orchideen aus allen Nähten platzte, schaffte er es mittels Geld- und Grundstücksspenden, den etwas außerhalb gelegenen botanischen Garten anzulegen (Periférico Nte, 4, www.orquideaschiapas.com, Mo–Sa 9–17, So 10–16 Uhr). Um die 430 Arten sprießen dort, viele blühen allerdings nur eine kurze Zeit im Jahr. Ein unterstützenswertes Projekt, statten Sie ihm einen Besuch ab.

Museo de la Medicina Maya

(s. B1, Ecke Gonzales Blanco u. Quintana Roo; Taxi nehmen, der Weg dorthin ist nicht schön, Mo–Fr 9–17 Uhr). Träger ist eine Organisation von traditionellen Heilern der Tseltales und Tzotziles. Die überlieferte Maya-Medizin mit Naturheilmitteln und magischen Praktiken wird dargestellt, es gibt auch einen Heilkräuter-Garten und eine *Casa de Curación* für Sofortbehandlung. Tiefere Einblicke darf man hier aber nicht erwarten. Gegenwärtig etwas vernachlässigt. Unser (ganz subjektiver) Ratschlag: Es gibt Besseres zu tun in San Cristóbal.

Adressen & Service San Cristóbal de las Casas

Turismo

Eine Infostelle des staatlichen Turismo befindet sich direkt am Zócalo, tägl. 9–19 Uhr; städtische Informationsstellen sind im Mercado de Dulces y Artesanías, Insurgentes 24, sowie im Teatro Zebadúa, 1ro de Marzo 2. Das Materialangebot ist leider spärlich. Zum Glück gibt es anderweitig genug Informationen.

Webseiten

www.pueblosmexico.com.mx (> San Cristobal de las Casas)
www.turismochiapas.gob.mx
https://chiapas.turista.com.mx/en
www.mundochiapas.com/turismo (hauptsächlich Dienstleister)
www.chiapasmio.com (hauptsächlich Dienstleister)
www.offpathtravels.com/san-cristobal-de-las-casas (persönl. Blog, Engl.)

Unterkunft

Überangebot an stilvollen Kolonialhotels mit schönen Patios an allen Ecken und Enden der Stadt, alle Preis- und Serviceklassen. Hinweis: In sehr billigen (und manchmal auch nicht so billigen) Hotels die Betten nach Bettwanzen absuchen. Die gibt es in S.C. immer wieder und sie können äußerst lästig sein, vor allem, weil man die Larven u.U. mit nach Hause nimmt.

Budget: reise ab 150 Ps pro Kopf und Übernachtung im Dormitoro bzw. um 350 Ps für ein DZ. Buchungen auch über Hostel-, Google- und Hotelportale, z.B. www.hostelworld.com. – **Puerta Vieja Hostel** €, Diego de Mazariegos 23 [A3], www.puertaviejahostel.com, Tipp. – **Posada del Abuelito** €, ein bisschen abgelegen in der Tapachula 18 [C2], https://posadadelabuelito.com.

Rustikal, noch im günstigen Bereich und zentral gelegen ist das **Hotel Casa Índigo** €, Matamoros 8 [A4], https://hotelcasaindigo.mxhotel.site/en; Zimmer im Obergeschoss verlangen. – In derselben Preisklasse (allerdings ohne Frühstück) das **Hotel Casa Margarita** €, Real de Guadalupe 34 [C3], www.hotelcasamargarita.mx, renoviert, ist manchmal etwas laut (Lärm von der Straße) – trotzdem ein Dauerbrenner, denn die Lage ist ausgezeichnet, der Patio angenehm, ganztägiger Tee- und Kaffeeservice (gratis), freundliches Personal.

Das **Hotel San Marcos** €€, Crescencio Rosas 21 [A4], https://hotelsanmarcos.mx, am Rand der Altstadt (aber noch gut zu Fuß zu erreichen) erlaubt – im Gegensatz zu vielen anderen zentral gelegeneren Hotels – einen ruhigeren Schlaf, stilvoll eingerichtet, geräumige Zimmer, Restaurant und außerdem Parkplatz 50 m. – Gut auch der **Parador Margarita** €€, (nicht zu verwechseln mit Casa Margarita), José Felipe Flores 39 [C4] (keine Homepage). Sehr sauber, Parkplatz, Restaurant, Garten (allerdings kein Pool), Heizung – ganz wichtig in den kalten Monaten!

Casa Mexicana €, 28 de Agosto 1 [B2], www.hotelcasamexicana.com. Zentral gelegen, Haus zweier Künstler, sehr hübscher Blumenpatio, alle Annehmlichkeiten (nur kein Pool, dafür aber Heizung!), gutes Restaurant. Zimmer vorher ansehen, manche sind recht klein. – Das Gebäude in der Insurgentes Nr. 1 [B3] ließ 1532 der Stadtgründer Diego de Mazariegos erbauen. Heute beherbergt es das **Hotel Santa Clara** €€, www.hotelsantaclara.mx. Gehobene Mittelklasse, Restaurant, Bar, Gartenanlage, Pool. – Das **Hotel Guayaba Inn** €€, Comitán 55 [siehe D2], www.guayabainn.com, verbindet stilvolles Kolonialambiente mit freundlichem Service.

Essen & Trinken Unzählige Restaurants für jegliche kulinarische Präferenzen. Wie in allen Touristenzentren bedeutet nette Aufmachung nicht immer schon guter Service. Manche Restaurants stellen auch gleich das Trinkgeld mit in Rechnung. Bei kaltem Wetter sollte man eine *sopa de flor de calabaza* (Kürbisblütensuppe) probieren, bei warmem Wetter ein gesundes *„agua de chía",* ein erfrischendes Getränk mit Fruchtsamen. Neben den nachfolgend im Stadtplan verzeichneten Restaurants sind dort noch weitere aufgeführt. Unter der folgenden Seite können Sie vorab schon mal einige Karten einsehen: https://carta.menu/restaurants/search/city/san-cristobal-de-las-casas.

Sehr günstig isst man im **Mercado de Dulces y Artesanías,** Insurgentes [B4]. – Gleich vornweg: Ein besonderer **TIPP** – auch bei Ortsansässigen beliebt – ist das Kulturzentrum-Restaurant: **Foro Cultural Kinoki,** Dóminguez 25A [C4], Obergeschoss (schöner Blick, wenn man einen Platz auf einem der Balkone ergattert). Hier Ausstellungen, Filmverleih – und eine ausgezeichnete Küche. – Chiapanekische Gerichte aus regionalen Zutaten serviert das **Restaurante Belil,** Adelina Flores 20/Ecke Colón [C3], ebenfalls zu empfehlen. – Ein alteingesessenes vegetarisches Restaurant mit zapatistischem Flair, vor allem bei Ausländern beliebt: **TierrAdentro,** Real de Guadalupe 24 [B3]. – **Al sazón que me toquen,** 20 de Noviembre 8 [B2], tägl. 7–23 Uhr; folkloristische Einrichtung, mexikanische Küche, familiäres Ambiente, Preise angemessen, Spielmöglichkeit für Kinder, www.alsazonquemetoquen.com. – Ein Spur touristischer wird's bei **La Lupe Cocina de Maíz,** Real de Guadalupe 23 [C3], sehr hübsch mexikanisch eingerichtet, freundlicher Service, gute mexikanische Küche, Live-Musik. – **La Casa del Pan Papalotl,** Real de Guadalupe 55, mit viel Brot, Kaffee und veganem Büffet und Menü.

Intern. Küche Die italienische Küche fehlt nirgendwo, besonders zu empfehlen – eigentlich schon obligatorisch – ist in San Cristóbal die Holzofenpizza bei **Pizzería El Punto,** Real de Guadalupe 64 [C3], angenehmes Ambiente. – Auch das kleine **Pachamama,** Real de Guadalupe 63, kommt gut an, hier Pizzas und Pastas, aber auch argentinische Gerichte, sowie vegetarische Hamburger. – Ein Thailänder ist **Bangcook,** Cuauhtémoc 6 [B4]. – Bei Fleischeslust: **El Argentino,** Real de Guadalupe 13D/Ecke [B3], jedoch teuer.

Nachtisch Das **Oh la la,** Andador del Carmen 6, ab 8.30 Uhr, ist eine echte Versuchung (mit französischem Einschlag), sehr leckere Kuchen, nur der Service lässt manchmal zu wünschen übrig. – Oder gleich zum Gläschen übergehen, und zwar im **Panoptico,** Real de Guadalupe 66 [C3], nicht überlaufen, abends mit Musikeinlage. Auch für den kleinen Hunger geeignet (Tapas und andere Snacks). Das **Café Cafeología,** Real de Guadalupe 13 (s. Kasten C5), ist nur was für ganz besondere Kaffeekenner und ziemlich teuer.

Unterhaltung Mehrere Kulturzentren bieten mitunter Musik, Tanz oder Kino an, z.B. das **Centro Cultural El Carmen,** Hermanos Dóminguez (B4, gegenüber der Kirche El Carmen). Gelegentlich Konzerte auf dem Zócalo. Abends Livemusik in vielen Restaurants und Musikkneipen, z.B. **Cocodrilo Restaurante café-bar** (**🅕**) vom Hotel Santa Clara (Insurgentes 1, B3, auf Facebook) oder im **Latino's Café Restaurante Club** (**🅕**, B3, Ecke Madero/Juárez). Im Winter versiegt das Nachtleben wegen der nächtlichen Kälte relativ früh.

TIPP: Sehen Sie den Veranstaltungskalender des **Teatro Daniel Zebadúa** ein (B3, 1ro de Marzo/Ecke 20 de Noviembre, auf Facebook). Hier ist immer was geboten, in Saisonzeiten mehrmals die Woche das Schauspiel **Palenque Rojo,** die mythische Geschichte des Kriegs zwischen den mächtigen Maya-Stadtstaaten Toniná und Palenque – alles in Maya, verlangen Sie ein Programmblatt in der von Ihnen gewünschten Sprache. Ein sehr sehenswertes und farbenprächtiges Spektakel mit Tänzen und Kostümen der antiken Maya.

Feste Durchs Jahr hindurch zahlreiche Fiestas. Erlebenswert sind die Feste der Schutzheiligen in den Dörfern, z.B. in Chamula (24. Juni), sowie der dortige Karneval (s.u.). In San Cristóbal wird der 31. März, der Tag der Stadtgründung, ausgiebig gefeiert, ebenso die Karwoche, anschließend dann eine Woche lang Frühlingsfest. April: *Festival Internacional de la Marimba.* 17.–25. Juli: großes Patronatsfest von San Cristóbal. Ende Juli/Anfang August die mehrwöchige *Feria del Ámbar* (Bernstein-Verkauf) und *Festival de Jazz.* 14. September: Beitritt Chiapas' zu Mexiko (1824). Letzte Oktoberwoche: *Festival Cervantino Barroco.* Zudem der Unabhängigkeitstag (15./16. Sept.) sowie die ebenfalls in ganz Mexiko gefeierten Totentage und weihnachtlichen Posadas.

Einkaufen Ein unüberschaubares Sortiment an Webwaren (vieles stammt aus Guatemala), Schmuck u.a. mehr wird in den Geschäften und auf den Märkten der Stadt angeboten. Läden kommen und gehen, deshalb empfehlen wir hier lediglich ein paar Alteingesessene. Viele Artesaníaláden gibt es in der Avenida *Utrilla* und der *Real de Guadalupe* – dort werden Sie immer fündig werden. Außergewöhnliches und Qualitätsware findet man in Galerien.

Bernstein: **Taller y Joyería Lágrimas de la Selva,** Plaza 31 de Marzo 1-B (B3, und in der Hidalgo). Bietet eine Echtheitsgarantie, schöne Designs sowie freundliches und geduldiges Personal. Ein weiterer Laden mit interessanten Stücken: **Tierra de Ambar,** Real de Guadalupe 28A [C5].

Neben der o.g. Web-Kooperative **Sna Jolobil** (Ex-Convento de Santa Domingo) hier eine weitere: **Cooperativa Jolom Mayaetik** (❼), Calzada de la Escuela 25, etwas außerhalb am Stadtrand (Straße nach Chamula), dafür aber bessere Qualität als auf den Märkten. Vom Budget auch was für die Dörfer zurückhalten, die Sie besuchen werden …

Bücher Buchhandlungen in San Cristóbal sind auf Touristen eingestellt und führen viel Anthropologisches, Bücher auf Englisch, mitunter auch Reiseführer und Karten. Alteingesessen: **Librería Chilam Balam,** Utrilla 3 [B3]. – **Librería La Cosecha,** Doctor Navarro 7 [B2].

Spanisch lernen Instituto de Lenguas Jovel (❼), Madero 45 [C3], Tel. 9676784069, www.institutojovel.com

Transport Der Hauptterminal für Fernziele liegt am südlichen Ende der Insurgentes (an der Panamericana, B5). Tickets kann man aber auch im Zentrum kaufen, bei **Ticketbus,** Real de Guadalupe 16 [C5], Tel. 9676788503, auch Kreditkartenzahlung möglich. Kleinbusse zu den umliegenden Dörfern fahren von Markt-Nähe ab, s. Stadtplan. Einen **Flughafen** gibt es nicht mehr, der nächste ist in Tuxtla Gutiérrez, OCC-Zubringerbusse vom/zum 1. Klasse-Busterminal. Nach **Palenque** fahren 1. Klasse-Busse aus Sicherheitsgründen nur noch den längeren Weg über Villahermosa (8,5 h). Colectivos über Ocosingo, evtl. Straßenzoll wegen Blockaden von Dorfbewohnern!

Mietwagen **Óptima,** Diego De Mazariegos 39, interior 1 (im Innern des Gebäudekomplexes des Hotels Diego de Mazariegos, B3), Tel. 9676745409, 9677064743,

tägl. 9–14 u. 16–19 Uhr, So bis 13 Uhr. Anmerkung: Wegen möglicher Straßenblockaden, Militärkontrollen, aber auch Überfallgefahr empfiehlt es sich nicht,
ländliche Gebiete des Staates allein aufzusuchen, buchen Sie besser eine Tour.

Touranbieter Großes Angebot, die Preise unterscheiden sich nur minimal, viele Anbieter
reichen Sie einfach gegen Kommission an die eigentlichen Tourbetreiber weiter. Die meisten Touren bieten lediglich Transport ohne Führung, z.B. **Viajes-
Hoteles,** Real de Guadalupe 34 (C3, im Hotel Casa Margarita), Tel. 6780957,
http://tourshotel.com.mx, oder die Kette **OTISA,** Real de Guadalupe 3 [C5],
Tel. 9676781933, www.otisatravel.com. Auch Unterkünfte können meist
Ausflüge vermitteln.

Wer lieber etwas mehr für Qualität bezahlt: **Voy a Chiapas** (engl./span.),
Insurgentes 33, https://voyachiapas.com, Whatsapp 9673127384, Tel.
9671464061, bietet ein breites Spektrum an Kurz- oder Mehrtagestouren.

Gute Erfahrungen haben wir auch mit **Escudo Jaguar Tours** (❻, Felipe Flores
3, Seitenstraße des Andador Hidalgo, https://selvajaguar.com.mx, Whatsapp
9672293116) gemacht, der Anbieter arbeitet im Verbund und kann Ihnen deshalb maßgeschneiderte Touren zusammenstellen.

Für Touren in die umliegenden Dörfer sind auf jeden Fall die auf Seite 252 genannten **unabhängigen Führer** empfehlenswerter; faire Preise.

Man kann auch Reit- oder Mountainbike-Touren buchen, letztere z.B. bei **Jaguar
Adventours,** Venustiano Carranza 26-A, Tel. 9671142964, www.adventours.mx.

Mieten von **Fahrrädern** gleichfalls bei Jaguar Adventours und von Motorrad/
Scootern sowie Bikes in der Belisario Domínguez 7-A bei **Croozy Scooters** (s.
Stadtplan), auf ❻. Nett sind die (inzwischen rund um die Welt üblichen) **Free
Walking Tours** durch die Stadt, bei denen man von freundlichen jungen Leuten
viele Infos und Tipps erhält: www.freewalkingsancristobal.com (auch auf ❻).

Fußgängerzone Calle Hidalgo und Arco Torre del Carmen im Hintergrund

Touren in die umliegenden Dörfer

In Chiapas leben viele unterschiedliche Maya-Ethnien, die sich in Sprache, Sitten und Trachten unterscheiden. Zusammen zählen die *Tojolabales, Mames, Chuj, Zoques, Choles, Lacandones, Tseltales, Tzotziles* und weiteren Gruppen mehr als eine Million Menschen, im Hochland dominieren die Tseltales und Tzotziles. Um wenigstens ein bisschen über ihre Denkart und religiösen Vorstellungen zu erfahren, sollte man sich einem einheimischen Führer anschließen, denn die Indígenas der Gegend haben sich hier, länger als anderswo in Mexiko, den spanischen Eroberern widersetzt. Immer wieder kam es in der Vergangenheit zu bewaffneten Aufständen der Bewohner und sie wehren sich auch heute noch gegen die Bevormundung der Mestizen-Gesellschaft. Mit anderen Worten: Man ist Fremden gegenüber relativ misstrauisch, gibt den „Eindringlingen" wenig von sich preis, wenngleich die Souvenirverkäufer durchaus aufdringlich sein können.

Vorsicht beim Fotografieren, das kommt manchmal gar nicht gut an oder ist sogar verboten – vor allem in Chamula wurden Touristen, die sich nicht daran hielten, auch schon mal verprügelt! Immer vorher um Erlaubnis fragen (*„¿me permite tomar una foto?"*), gelegentlich möchten die „Fotomodelle" dafür bezahlt werden.

Touren in die Dörfer werden in der Stadt an jeder Ecke angeboten, viele reichen dann die Kunden lediglich gegen Kommission an andere Organisatoren weiter, geboten wird letztendlich wenig mehr als die Fahrt. Vorzuziehen sind **unabhängige Führer** die gute Beziehungen zu den Dörfern haben, hier vor allem:

Alex and Raul Tours (César führt auf Engl./ Raúl auf Span.), Treffpunkt ist jeden Morgen zwischen um 9.30 Uhr am großen Kreuz vor der Kathedrale. Vorab-Infos unter https://alexyraultours.wordpress.com, ❶ Alex y Raúl Tours, Whatsapp 9671900881 oder 9671189567, deren reguläre Touren dauern zwischen 4 und 5 Stunden und kosten rund 300 Ps. Besucht werden die Dörfer *San Juan Chamula* und *Zinacantán*, dabei erfährt man viel Interessantes über politische Struktur und religiöse Bräuche der Dorfgemeinden und besucht auch die örtlichen Kirchen und das eine oder andere Haus eines *Mayordomo* (Träger eines religiösen und sozialen Amtes auf Zeit) oder einer Großfamilie. Als Mayordomo in Chamula erwählt zu werden ist eine hohe Auszeichnung. Man erkennt Mayordomos an ihren schwarzen Umhängen und den hohen Sandalen, unter dem Arm haben sie einen Stab geklemmt. Zu den Diensten an der Allgemeinheit, sog. *cargos*, gehört auch die Mitfinanzierung von Festen und Feierlichkeiten, was sie natürlich sehr beliebt macht.

Alles in allem ein außergewöhnliches Erlebnis. Sonntagmorgens wird in beiden Orten Markt abgehalten, noch eindrucksvoller sind die Touren aber zu Festtagen, wenn zahlose Menschen aus dem

*Mayordomos
in Chamula*

Umland zusammenströmen. In allen Dörfern feiert man ausgiebig den Karneval, darüber hinaus sind die Feste der Dorfheiligen von großer Bedeutung.

San Juan Chamula

San Juan Chamula (12 km nordwestlich, ca. 80.000 Ew.) ist kein normales Dorf, sondern das religiöse Zentrum der im Umland lebenden Tzotziles. Rund um den Hauptplatz von Chamula stehen große, mit Pinienzweigen geschmückte Kreuze, ihre Ähnlichkeit mit dem christlichen Kreuz ist allerdings rein zufällig: Sie versinnbildlichen den *wacah chan,* den kreuzförmigen Weltenbaum der Maya und sind damit prähispanischen Ursprungs. Man könnte denken, dass das gemeinsame Symbol die Christianisierung der Gegend erleichtert hätte, doch die alten überkommenen Rituale sind ganz leicht hinter einer dünnen Schicht an äußerlichem Katholizismus zu erkennen. Das kommt besonders prägnant in Chamulas **Kirche** aus dem 17. Jahrhundert zum Ausdruck, die als Hauptattraktion des Ortes zahlreiche Touristen anzieht. Bevor man den türkisfarbenen Eingangsbogen durchschreitet, muss man sich im „Turismo" (Gebäude mit der Uhr, direkt am Platz) eine Eintrittskarte besorgen und sich belehren lassen, dass **Fotografieren im Innern der Kirche absolut verboten** ist!

Aber auch ohne Erinnerungsfotos werden Sie die Wunderwelt, die Sie nun betreten, so schnell nicht vergessen. Da ist keine Orgel, keine Kanzel und kein Beichtstuhl, ja nicht einmal Sitzbänke gibt es. Hunderte Kerzen und Kerzengläser auf dem mit Piniennadeln bestreuten Boden verbreiten eine mystische Stimmung, Indígenas knien vor Heiligenfiguren aus Holz (der Ortsheilige San Juan steht ganz vorne). Doch sind es wirklich Heilige oder eher die alten Erd- und tierischen Schutzgeister der Maya? Man bringt ihnen Opfergaben in Form von Weihrauch *(copal)* und hochprozentigem Posh-Schnaps, da werden Hühner für Beschwörungsrituale geschlachtet oder Heilungszeremonien mit Eiern durchgeführt, und zu all dem ist Coca Cola zu trinken (Rülpsen lässt die bösen Geister entweichen) – es handelt sich schlichtweg um lebendigen Synkretismus!

Angemerkt sei, dass San Juan Chamula weltweit die Statistiken des **Cola-Konsums** anführt (ca. 2,5 Liter tägl. pro Person). Nicht von ungefähr haben die Zapatisten alle kohlensäurehaltige Getränke in den von ihnen kontrollierten Dörfern verboten.

Religiöse Auseinandersetzungen

Seit Mitte der 1970er Jahre kommt es auch immer wieder zu gewalttätigen Auseinandersetzungen mit Abtrünnigen der Gemeinschaft: Wer zum Protestantismus übertritt, huldigt den Heiligen nicht mehr und zahlt nicht mehr in die Posh-Kasse ein. Man schneidet solchen Leuten also die Wasser- oder Stromzufuhr ab oder zündet ihnen das Haus an. Kollektive Lynchjustiz ist ebenfalls keine Seltenheit. Schlimmer noch: Seit einigen Jahren hat die Gemeinde ihr eigenes Drogenkartell, **el Cartel de San Juan Chamula,** das erste (und bisher einizige) Indígena-Kartell, das sich allen „branchenüblichen" kriminellen Tätigkeiten widmet (besonders auch der Entführung und Erpressung von illegalen Migranten, die Chiapas durchqueren) und das gesamte Hochland von Chiapas kontrolliert. Andere, andernorts sehr mächtige Kartelle wurden in der Gegend zurückgedrängt und überall Gewalt gesät, selbst in San Cristóbal. Als Tourist werden Sie davon aber kaum etwas merken.

Feste

Am Tag des Ortsheiligen **San Juan,** dem 24. Juni, wird der durchschnittliche Cola-Konsum um ein Vielfaches überschritten. Ebenfalls sehr wichtig sind die **Karnevalsfeiern,** und in Chamula sind sie ganz besonders spektakulär! Ein alter Maya-Glauben fließt hier mit ein, nach dem es am Ende eines jeden 360 Tage dauernden Sonnenjahres noch fünf „verlorene" Tage gibt, die Unheil bringen. Musikgruppen spielen auf, Wettläufe werden veranstaltet und der rituelle (Alkohol-)Rausch als Bestandteil des traditionellen Glaubens darf natürlich auch nicht fehlen. Das große Reinigungsritual findet am Faschingsdienstag statt, der Höhepunkt ist ein Lauf über glühende Holzscheite! Wieder Vorsicht mit dem Fotografieren!

Weitere Feste (mit schönen Trachten) sind: 16.–22. Jan., San Sebastián; die Karwoche; 17.–19. März: San José; 22.–25. Juni: San Juan Bautista (Ortsheiligenfest); 28.–30. Aug.: Santa Rosa; 19.–21. Sept.: San Mateo; u.a.

Zinacantán

Der „Platz der Fledermaus", wie das Tzotzil-Dorf (12 km westlich von S.C.) in Übersetzung heißt, widmet sich der Blumenzucht, und das sehr erfolgreich. In ihren blitzsauberen blauen, blau-lila oder rosanen Trachten sind die Zinancantecos leicht von den Chamulas zu unterscheiden. Im Ort kann man auf einem kleinen Textilmarkt den Frauen beim Weben zusehen, die Trachten und Tzotziles-Gebrauchsgegenstände im **Museo Sna Isotzlebetik** (hinter der Kirche) bewundern und einen Blick in die Kirche werfen (vorher ein *boleto* beim Turismo schräg gegenüber erstehen). Diese ist nicht so geheimnisvoll wie die in Chamula, ungewöhnlich wirkt aber ihre schwarze Ausmalung. Fotografieren in und rund um die Kirche ist verboten.

Feste   18.–20. Jan.: *San Sebastián* (Ortsheiliger); Karwoche; 24. Juni: *San Juan*, 8.–11. Aug.: *San Lorenzo*; u.a.

Umgebungsziele von San Cristóbal

El Arcotete   **El Arcotete** (tägl. 8–18 Uhr, Colectivos fahren von der Ecke Remesal/Nicolás Ruíz (die östliche Fortsetzung der Adelina Flores, C3) ist ein kleiner ökotouristischer Park, 4 km nordwestlich von San Cristóbal (Carretera a Tenejapa), der von einer Kooperative geleitet wird und ausschließlich saubere Energien verwendet. Es gibt eine Höhle und einen Fluss zum Baden sowie diverse Abenteuersportarten. Bei all der spektakulären Natur, die es in Chiapas ohnehin gibt, ist dieser Besuch aber kein Muss.

Reserva Ecológica Huitepec   Für Liebhaber von Flora und Fauna lohnt sich die **Reserva Ecológica Huitepec** (Di–So 9–15 Uhr), 3,5 km von San Cristóbal (Carretera a Chamula oder Zinacantán), in der die NRO „Pronatura" sich dem Studium und Schutz verschiedener Pflanzen und Vögel widmet.

Lagunas de Montebello   Der Nationalpark Lagunas de Montebello liegt ca. 55 km östlich vom Ort **Comitán** 🕭 entfernt, nahe der Grenze zu Guatemala. Es handelt sich um einen Gebirgsregenwald mit vielen Tier- und Pflanzenarten (endemische Schmetterlinge, Koniferen, Eichen, Farne u.a.) sowie 52 kleineren und größeren Seen. Diese entstanden durch Verkarstungsprozesse und schimmern bei Sonnenschein in allen nur möglichen Farben, von dunkelgrün, türkis und blau bis hin zu kupferfarben und schwarz. Besonders sehenswert sind die *Laguna Bosque Azul* und die *Laguna La Cañada*. Auch eine Maya-Stätte, **Ruinas de Chinkultic,** liegt innerhalb des Geländes, wo einst die Gottheiten des Wassers und des Sonnenlichts verehrt wurden, die hier so wunderbar zusammenspielen. Vor Ort fand man eine runde, reliefierte Steinscheibe, die als „Ballspielmarker von Chinkultic" berühmt wurde (zu sehen im Archäologischen Museum von Mexiko-Stadt).

Ein wunderschönes Gebiet, das leider zunehmend vermarktet wird (wobei der Müll nicht ausbleibt). Es empfiehlt sich, nur bei schönem Wetter zu fahren, bei Nebel oder Regen hat man nicht so viel von den Seen. Auch sollte man nicht zu spät dort ankommen, um genug Zeit für Rundgänge, Bootsfahrten oder Reitausflüge zu haben, in manchen der Seen darf man schwimmen. Beim Wandern möglichst nicht zu weit von den Hauptpfaden entfernen!

Fährt man am Parkeingang noch 9 km auf der Hauptstraße weiter, gelangt man zur **Lagune Tziscao,** der größten von allen; hier das gleichnamige ökotouristische Projekt. Es bietet einfache Unterkunftsmöglichkeiten, Restaurant und Ausflüge (Pferd, Kajak, Fahrrad, Wandern), mehr darüber auf www.ecotziscao.com.

Wer es mondäner liebt, auf den wartet zwischen dem Ort *La Trinitaria* und dem Parkeingang – bei Km 22 rechts abbiegen – die **Ex-Hacienda Parador Museo Santa María** €€, https://parador-santa-maria.30hotel.com, ein stilvolles, komfortables Hotel mit Gartenanlage und Einrichtungsgegenständen aus dem 18. und 19. Jh., sehr gutes Restaurant, auch für Tagesgäste.

Maya-Stätte Toniná

Auf der 220 km langen und sehr kurvenreiche Strecke zwischen San Cristóbal und (Mex 199) kommt es immer wieder zu Blockaden und auch Überfällen, weshalb sämtiche 1. Klasse-Busse den längeren Weg über Villahermosa vorziehen (8,5 h). Möchte man zu der ungewöhnliche Maya-Stätte **Toniná** (tseltal: „Haus aus Stein") gelangen, muss man von San Cristóbal mit einem Colectivo (Abfahrten unweit

des ADO-Busterminals) rund 90 km bis zur Kleinstadt **Ocosingo** fahren, die Pyramiden liegen 13 km östlich. Täglich geöffnet von 8–17 Uhr, 75 Ps, Museum Mo geschl.

Hauptbauwerk ist die festungsartige **Tempelpyramide** bzw. **Akropolis** an der Gran Plaza, mit 70 Metern Höhe und sieben Plattformen zählt sie zu den höchsten Maya-Strukturen. Toniná hatte seine Blütezeit zwischen dem 6. und 10. Jh., im Jahr 730 besiegte es das benachbarte Palenque und überdauerte es schließlich noch um rund 100 Jahre. Die hier 1992 freigelegte spektakuläre Stuckwand, genannt **El mural de los cuarto eras o soles** („Mural der vier Zeitalter oder Sonnen") befindet sich im archäologischen Museum von Tuxtla Gutiérrez.

Blick von den Toniná-Ruinen

Palenque ♻

Wer von San Cristóbal kommt, erlebt auf der mehr als achtstündigen Fahrt einen drastischen Vegetationswandel: von dichten Kiefern-wäldern hin zu Zuckerrohr- und Bananenplantagen, typisch für das schwülheiße Klima, das in den Tieflagen vorherrscht. Das Dorf Santo Domingo de Palenque war 1980 noch ein unscheinbares Kaff von 5000 Einwohnern, ehe es zur Touristenstadt boomte (heute ca. 130.000 Ew.). Das „Facelifting" der vergangenen Jahre hat immerhin den Zócalo zu einem angenehmen Ort gemacht, an dem man abends musikalische Unterhaltung geboten bekommt.

Zwischen ADO-Busterminal bei der schönen Skulptur ◀ **Cabeza Maya** am Ortseingang und dem Zócalo ver-läuft die Hauptstraße **Av. Juárez** (oder Av. Central), ge-säumt von zahllosen Artesanías-, Schuh- und Mode-geschäften, Tourveranstaltern, (Burger-)Restaurants und Hotels. Die einst kleinen, flachen Gebäude an der Straße mutierten zu zwei- und dreistöckigen Beton-klötzen dicht an dicht. Zu sehen gibt's ansonsten rein gar nichts, zum Glück, denn seine Energien muss man sich in der feuchtheißen Schwüle für die vielen Besichtigungs-Möglichkeiten der näheren und weiteren Umgebung aufsparen.

Umgebungsziele von Palenque aus sind die Palenque-Ruinen (8 km), die Wasserfälle **Cascadas Agua Azul** (64 km), die **Cascada Misol Há** (20 km), die **Cascadas Roberto Barrios** (38 km) sowie die Maya-Stätten **Bonampak** (147 km) und **Yaxchilán** (166 km plus 18 km Bootsfahrt.) Nähere Beschreibungen s.u.

Zwischen Palenque und den gleichnamigen Ruinen liegt an der Zufahrtsstraße (Km 2,6), der **Aluxes Ecoparque** (tägl. 9–17 Uhr, https://aluxes.org, Eintritt 150 Ps). In dem sehr schön angelegten Park widmet man sich dem Schutz der einheimischen Flora und Fauna. Ziel ist es, bedrohte Arten zu erhalten und wieder in ihren na-türlichen Lebensraum einzugliedern. Tages- und Nachttouren wer-den angeboten, ebenso Rundgänge für Frühaufsteher, die das mor-gendliche Erwachen der Tierwelt in der urwaldartigen Vegetation erleben möchten. Auch bei der Fütterung der Krokodile und Manaties (Rundschwanzseekühe) darf man helfen. Eine Nichtregierungsorgani-sation, die es lohnt, zu unterstützen.

Adressen & Service Palenque

Turismo   Juárez/Ecke Abasolo (1 Pte Nte), an der sog. „Plaza de Artesanías" (div. Läden), Mo–Sa 9–21 Uhr, So 9–13 Uhr. Zwei weitere Info-Kioske auf dem Zócalo; Infos, Karten, Hotelprospekte.

Webseiten   https://www.visitmexico.com/en/chiapas

Unterkunft Man hat die Wahl: Im trubeligen Zentrum, im etwas abgelegenen, aber dafür ruhigen Waldbezirk „La Cañada" am westlichen Ortsrand mit eher Mittelklasse-Hotels oder in den Unterkünften entlang der Straße zu den Palenque-Ruinen.

Nahe den Busterminals: **Posada Nacha'n-Ka'an** € (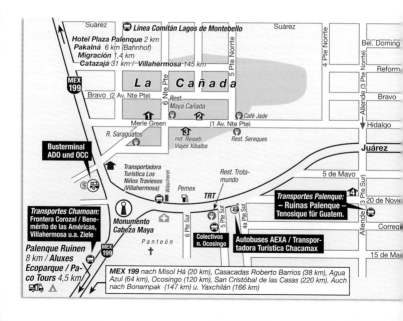), Av. 20 de Noviembre 25, Tel. 9163454737, sehr einfach (nur Ventilator), auch Betten in Gemeinschaftsräumen. – **Posada Kin** €€ (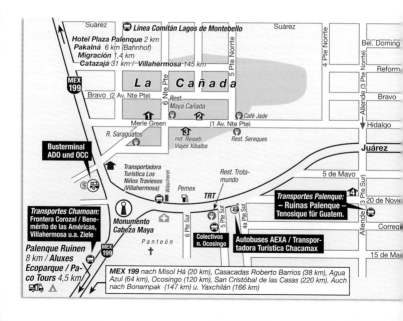), Abasolo 1, Tel. 9163451714. Zufriedenstellende Nutzer-Bewertungen. – Neues, modernes Hotel: **Hotel Maya Rue** €, Aldama 36 (zw. Juárez und 5 de Mayo), www.hotelmayaruepalenque.com.

In „La Cañada" gibt es mehrere Unterkünfte: **Hotel Museo Xibalba** €, Merle Green 9, https://museo-xibalba.30hotel.com, Restaurant, Reisebüro. – Schräg gegenüber, gleiche Besitzer: **Hotel Chablis** €€, www.hotelchablis.com, Pool. – **Hotel Maya Tulipanes** €€, Cañada 6, www.mayatulipanes.com. Restaurant, Pool, Touranbieter, Nachbildungen von Maya-Stelen im Innern.

Wer Natur erleben will, nächtigt an der 7 km langen, hotelgesäumten Straße zu den Ruinen, z.B. im **Chan-Kah Resort Village** €€€, Km 3,0 (das mit den Maya-Torbögen), www.chan-kah.com.mx. Großflächige Anlage mit viel Vegetation und verstreut liegenden Cabañas, Pools. Das **Hotel Villas Kin Ha** €, km 2,7, www.hotelvillaskinha.com, wurde 2017 von einem Feuer teilweise zerstört und konnte noch nicht wieder umfassend renoviert werden (Stand 2022). Vorteil: Schöne Parkanlage, Pools, gutes Restaurant (!) – zu einem günstigen Preis, Wifi im Eingangsbereich, aber nicht in allen Zimmern. Die freifliegenden roten Aras aus dem unmittelbar benachbarten Aluxes Ecoparque (s.o., zu Fuß erreichbar) sind regelmäßige Gäste.

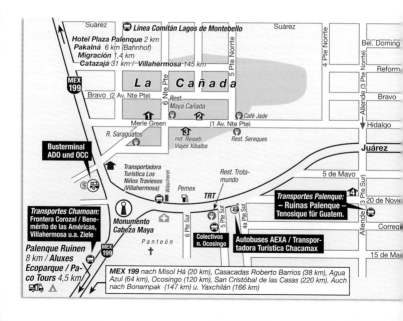

Es gibt an der Straße noch weitere, auch preiswertere Alternativen. Doch ab der Kontrollstelle (Km 4,4) muss man täglich den Eintrittspreis (derzeit 85 Ps) in den Palenque-Nationalpark erneut bezahlen, so dass man sich besser keine Unterkunft hinter diesem Punkt sucht. **El Panchán** €, Km 4,5, links vor der Zahlstelle in den Nationalpark. Große Anlage inmitten tropischer Vegetation, Cabañas und auch einfache Zimmer, mehrere Restaurants, abendliche Events, nicht übeteuert, „kultig" mit verschiedenen Betreibern, z.B. *Cabañas Chatos* €, Tel. 9163413308, oder *Jungle Palace* €, Handy/Whatsapp 9161002960; auf 🚍 El Panchán.

Anspruchsvolle genießen den tropischen Garten, den Pool, das Frühstücksbüffet und sonstige Annehmlichkeiten der Kette **Hotel Misión Palenque** €€, Rancho San Martín de Porres (Ostrand Palenques), www.hotelesmision.com.mx.

Essen & Trinken Insgesamt wenig Auswahl. Am Zócalo befindet sich das Restaurante **Maya.** Bei **Las Tinajas,** 20 de Noviembre 41, sind die Portionen groß und schmackhaft. Die **Pizzeria Monte Verde,** km 1,5 Carretera a las Ruinas, Holzofen, hausgemachte Nudeln, ist gut. Aromatischer Kaffee (auch aus biologischem Anbau) und nette Atmosphäre im **Café de Yara,** Ecke Hidalgo/Abasolo, auch gut zum Frühstücken (tägl. 8–22 Uhr).

Transport Der ADO/CC-Busterminal (1. Klasse) liegt gleich beim Cabeza Maya. Die Linie AEXA (Juárez 182, www.autobusesaexa.com.mx) fährt nur Ziele im Staat Chiapas an (keine Fahrten nach San Cristóbal).

Mietwagen Wer einen Wagen mieten will, sollte das von Villahermosa aus tun, in Palenque keine Angebote.

Touranbieter   Überangebot! Viele öffnen und verschwinden schnell wieder. Etliche arbeiten im Verbundsystem (man bucht bei einem, fährt dann aber mit einem anderen), das hat den Vorteil, dass man u.U. eine flexible Patchwork-Tour ganz nach Wunsch erhalten kann. Die meisten liegen auf der Juárez oder in deren unmittelbarer Nähe. Alle bieten die Standard-Touren nach Agua Azul, Misol Há, Yaxchilán und Bonampak an, manche auch Tikal/Guatemala. Preise und Leistungen der Anbieter vergleichen lohnt! Hier eine Auswahl:

PACO Tours, Tel. 9161032075, auf Facebook pacotouryexpediciones; kompetenter Führer, Vogelkenner, Standardziele und Alternatives (Paco's Tour ist ein anderes Unternehmen).

Operadora Turística Chambajlum, Merle Green, La Cañada, www.otchambajlum.com

Kichan Bajlum, Juárez (zw. Aldama und Abasolo), http://kichanbajlum.mx/home

Escudo Jaguar (https://selvajaguar.com.mx) hat Touren von San Cristóbal u. von Palenque aus

Hinweis: Bei allen Touren in Chiapas, insbesondere nach Bonampak und Yaxchilán, sind der Pass und die Touristenkarte immer mitzuführen.

Sitio Arqueológico Palenque

Die **archäologische Stätte von Palenque** ist seit 1981 ein Nationalpark und UNESCO-Weltkulturerbe. Tägl. geöffnet 8.30–17 Uhr (letzter Einlass um 16 Uhr. Es werden nicht mehr als 2000 Pers./Tag eingelassen, seien Sie früh da, https://lugares.inah.gob.mx/en > Palenque. Eintritt 85 Ps, Führer extra). Anfahrt: ständiger Colectivo-Verkehr von Palenque aus, von der Calle Allende („Ruinas").

Palenque ist zwar weder die älteste noch die größte aller Maya-Stätten, sicher aber eine der schönsten. Besonders eindrucksvoll sind die Ruinen frühmorgens, wenn dichte Nebelschwaden über den Tempeln hängen und die Tiere im umliegenden Wald erwachen. Später wird es dann schwülheiß, Trinkwasser also nicht vergessen! Auch rutschfeste Schuhe und Sonnenhut sind von Nutzen. Am Eingang reihen sich Souvenir-Stände, verkaufen *Lacandones* Pfeile und Bögen und schweben manchmal Voladores von einem hohen Mast.

Für die Rückkehr in die Stadt müssen Sie nicht zum oberen Eingang zurückkehren, sondern können von der Nordgruppe aus durch tropischen Wald zur Straße runterwandern (und dann ins Museum), vorbei an Becken und kleinen Wasserfällen des Flüsschens Otulúm (s. Karte). Ein stimmungsvoller und empfehlenswerter Abschluss des Besuchs.

Das sehenswerte **Museo de Sitio de Palenque Alberto Ruz Lhuillier** (Di–Sa 8–16 Uhr) befindet sich unten an der Straße. Die Palenque-Eintrittskarte aufbewahren, sie gilt auch fürs Museum. Neben einem Modell von Palenque, Schautafeln und vielen kostbaren Objekten zeigt es eine **Nachbildung von Pacals Grab** aus dem „Tempel der Inschriften".

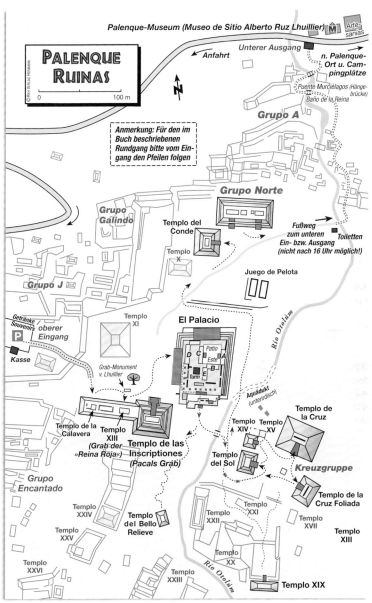

PALENQUE RUINAS

0   100 m

Anmerkung: Für den im Buch beschriebenen Rundgang bitte vom Eingang den Pfeilen folgen

Palenque-Museum (Museo de Sitio Alberto Ruz Lhuillier)

Artesanías

Unterer Ausgang

Anfahrt

n. Palenque-Ort u. Campingplätze

Puente Murciélagos (Hängebrücke)
Baño de la Reina

Grupo A

Grupo Norte

Grupo Galindo

Templo del Conde

Templo X

Fußweg zum unteren Ein- bzw. Ausgang (nicht nach 16 Uhr möglich!)

Toiletten

Juego de Pelota

Grupo J

Getränke Souvenirs oberer Eingang

Kasse

Templo XI

El Palacio

D C   Patio Este   A
        B
Turm   E

Río Otolúm

Grab-Monument v. Lhuillier

Aquädukt (unterirdisch)

Templo de la Cruz

Templo de la Calavera

Templo XIII (Grab der »Reina Roja«)

Templo de las Inscriptiones (Pacals Grab)

Templo XIV   Templo XV

Templo del Sol

Kreuzgruppe

Grupo Encantado

Templo XXIV

Templo del Bello Relieve

Templo XXII

Templo XXI

Templo de la Cruz Foliada

Templo XVII

Templo XXV

Templo XIII

Templo XXVI

Templo XXIII

Templo XX

Río Otolúm

Templo XIX

4

Die Pacal-Dynastie

Palenque stammt aus der Klassischen Periode (300 bis 900 n.Chr.) und erlebte seine **Blütezeit zwischen 650 und 750 n.Chr.** Hauptsächlich unter zwei Generationen der mächtigen **Pacal-Dynastie,** nämlich **Pacal dem Großen** (Regierungszeit 615–683) und seinem Sohn **Chan-Bahlum II.** (684–702) entstanden außergewöhnliche Bauten und Kunstwerke – Palenque wurde zur Großmacht. Dem hieroglyphischen Nachlass der beiden verdanken die Forscher die detailliertesten historischen Kenntnisse der Maya-Klassik überhaupt.

Auch zwei bedeutende Frauen gibt es in der Genealogie: **Kanal-Ikal** und Pacals Mutter **Zac-Kuk.** Einer der letzten Könige von Palenque war Pacals zweiter Sohn **Kan-Xul II.,** er wurde wahrscheinlich 711 vom Herrscher von *Toniná* besiegt und getötet. Als andere Maya-Zentren begannen sich aufzulösen, kollabierte auch Palenque, die letzte Datumsglyphe stammt aus dem Jahr 799. **Nach 810** war das einst so bedeutende politische und religiöse Zentrum von seinen Bewohnern **verlassen.**

Der Urwald verschlang alles, bis dann bereits gegen Ende des 18. Jahrhunderts erste Ausgrabungen begannen. Eine große archäologische Sensation war die **Entdeckung der Grabgruft Pacal des Großen 1949,** eine weitere die Öffnung des Grabes einer Frau

Pacal, König von Palenque

im Juni 1994, die wegen des roten Sarges **„Die rote Königin"** getauft wurde und bei der es sich möglicherweise um eine der beiden hochrangigen Priesterköniginnen der Dynastie handelt. Im Jahr 2016 fand man ein unterirdisches Kanalsystem unter der Gruft Pacals.

Tablero-Abbildung anlässlich der Inthronisation von Kan-Xul II., 2. Sohn von Pacal dem Großen: links Pacal, in der Mitte Kan-Xul II. (auf Sklaven sitzend) und rechts Kan-Xuls Mutter Apo-Hel

Foto unten: Blick über Palenque, v. links Templo del Sol, Templo XIV und XV, Templo de las Inscriptiones und rechts El Palacio mit Turm

4

Warum gaben die Maya ihre Städte auf?

In der Endphase des Klassikums gaben die Maya alle ihre großen Stadt-Staaten auf, das allerletzte in klassischem Stil geschriebene Datum wurde im Jahre 909 in *Toniná* in einen Stein gemeißelt. Nur ganz wenige kleine Zentren existierten weiter, und erst im Postklassikum entstanden in Yucatán noch einmal große Maya-Zentren (Chichén Itzá, Mayapán u.a.). Über die Gründe dieses Zusammenbruchs kann bis heute nur spekuliert werden. Erklärungsansätze sind z.B. die machtpolitische Destabilisierung und langandauernde Kriege, interne Streitereien der Führungsschichten, aber auch Aufstände der unterdrückten Volksmassen. Am wahrscheinlichsten gilt

heute die These einer **ökologischen Katastrophe,** hervorgerufen durch Klimaschwankungen. Lange Trockenperioden führten zu Hungersnöten in dem damals stark überbevölkerten Lebensraum der Maya und ein Massenexodus setzte ein, der in seinem Sog auch die kleineren Städte mit in den Abgrund riss. Die Übriggebliebenen waren später nicht mehr in der Lage, die alte Entwicklung wieder aufzugreifen und fortzuführen, weil es auch die Maya-Eliten und die Priesterschaft, die alleinigen Träger und Besitzer des Wissens, nicht mehr gab.

Herrscher-
gräber

Bald nach dem Eingang liegen rechterhand **Templo XIII** und **Templo de las Inscriptiones** (Tempel- bzw. „Pyramide der Inschriften"). Beide haben eine herausragende Bedeutung, entdeckte man in ihnen doch **Herrscher-Grabmäler,** nämlich das der „Roten Königin" und den Sarkophag von **Pacal dem Großen,** was zu der Einsicht führte, dass einige Maya-Pyramiden nicht – wie vormals angenommen – ausschließlich zu Kultzwecken gedient hatten. Das kleine tempelförmige Grabmal von *Alberto Ruz Lhuillier,* dem Entdecker der Gruft Pacals (1952), befindet sich schräg vor der Pyramide. Eine Besteigung der Pyramide und Besichtigung des Grabes tief unten in ihrem Bauch ist nicht mehr

Die „Pyramide der Inschriften", rechts von ihr die Pyramide XIII (Grab der „Reina Roja")

„El Palacio" mit dem dreistöckigem Turm

El Palacio

erlaubt bzw. nur noch mit einer Sondergenehmigung möglich, die man unter bestimmten Voraussetzungen im Museo der Sitio erhält das eine Grab-Nachbildung zeigt.

Der der Pyramide gegenüberliegende **Große Palast** ruht auf einer mächtigen Plattform. Erbaut wurde der Komplex von Pacal und seinen Söhnen von 615 bis 711, zur Vollendung erhielt er zuletzt einen dreistöckigen Turm – einzigartig in ganz Mesoamerika –, der als Sternwarte diente. Der Palast diente sowohl religiösen als auch weltlichen Zwecken. Die zahlreichen Reliefs auf den Pfeilern sind von meisterhafter Qualität. Eines der schönsten Kunstwerke Palenques befindet sich im rechten Innenhof an der Wand der **Casa E,** es handelt sich um eine ◀ ovale Tafel mit der Darstellung von **Pacals Inthronisation** im Jahr 615. Seine **Mutter Zac-Kuk** reicht ihm den königlichen Kopfputz und damit die Insignien zur Macht. Gut erkennbar ist Pacals fliehende Stirn und ein schielendes Auge, bei den Maya bekanntlich Attribute der Schönheit. 2018 fand man unter dem Palacio u.a. auch eine Stuckmaske aus der Alterszeit des Herrschers.

Die Kreuzgruppe

Typisch für den Baustil von Palenque sind die relativ breiten Eingänge und die steilen **Mansarddächer** der Tempel mit ihren gitterartigen **Dachkämmen** *(Cresterías),* die eine optische Erhöhung bewirken. Beides lässt sich gut beim **Templo del Sol** (Tempel der Sonne) und beim **Templo de la Cruz Foliada** (Tempel des Blattkreuzes) sehen, die zusammen mit dem **Templo de la Cruz** (Tempel des Kreuzes) die **Kreuzgruppe** bilden. Sie wurden zu Ehren Chan-Bahlums II. erbaut und zeichnen sich durch ein auffälliges Dreier-Prinzip aus: Jeder der drei Tempel hat drei Eingänge und im Innern drei Kammern.

Zwei weitere, kleinere Tempel gleich nördlich des Templo del Sol ließ Kan-Xul II. nach dem Tod seines Bruders Chan-Bahlum II. errichten.

Berühmtheit erlangten die künstlerisch hervorragenden **Stuck-Tableaus** im Innern der Tempel der Kreuzgruppe, mit Abbildungen von Herrschern, vor allem Chan-Bahlum II. und sein Vater Pacal sowie Szenen aus ihrer Regentschaft.

◀ Das **schönste aller Stuck-Bildnisse** befindet sich im südlich der Kreuzgruppe gelegenen Tempel **XIX:** Es zeigt in feinsten Details, in Farbe und überlebensgroß (3 m hoch) König Upakal K'inich, das Original befindet sich im Palenque-Museum. Spektakulär war 1999 außerdem die Freilegung eines steinernen Schreins mit Bildszenen dreier Würdenträger und zahlreicher Glyphen.

Tempel des Grafen

Vorbei an dem kleinen Ballspielplatz gelangt man in Richtung Norden zum **Templo del Conde,** der nach dem Grafen Friedrich von Waldeck benannt wurde. Dieser hatte sich zwischen 1832 und 1834 häuslich dort eingerichtet und sich der Malerei sowie der Verbreitung etwas wirrer Theorien über die Palast-Stadt Palenque gewidmet.

Daran an schließt sich die **Grupo Norte,** und ringsherum viele weitere, noch nicht freigelegte Strukturen, denn ausgegraben ist gegenwärtig nur ein Bruchteil der Gesamtanlage. Bei www.mesoweb.com erhält man Einsicht in die Arbeit der Palenque-Archäologen.

Über den schon erwähnten Fußweg entlang des Flüsschens (s. Karte) können Sie nun runterwandern zur Straße und zum Museum.

Umgebungsziele von Palenque

Cascadas Agua Azul

Zu recht nennt man Agua Azul („Blaues Wasser"), ca. 60 km von Palenque in Richtung San Cristóbal de las Casas, die **schönsten Wasserfälle Mexikos,** Eintritt ca. 50 Ps. Der *Río Yax* stürzt hier gleich über mehrere breite Felstreppen hinab. Die blau-türkise Färbung rührt von dem hohen Anteil an gelöstem Kalk. Besonders schön ist sie in der Trockenzeit, etwa von Dezember bis Mai, in Zeiten starken Regens ist das Wasser nur braun. Die Strömungen im Fluss sind sehr stark und gefährlich, schwimmen sollte man also nur an der mit Seilen markierten Stelle. Das kleine Naturreservat ist Gemeinschaftsbesitz von Tseltal-Indígenas (an gleich mehreren hintereinanderfolgenden Straßensperren ist eine Gebühr zu entrichten), es gibt etliche Palapa-Restaurants (Spezialität *mojarras fritas*, gebratene Flussfische, allerdings lassen Service und Qualität infolge des Massenansturms zu wünschen übrig) und eine Info-Stelle. Leider teilt Agua Azul das Schicksal so mancher mexikanischer Sehenswürdigkeiten: Es ist in der Saison völlig überlaufen und ein Heer an teilweise ausgespro-

Rio Usumacinta Guatemala

aufdringlichen Verkäufern vereitelt jegliche stille Versenkung in die Naturschönheit. Auch die Sauberkeit lässt zu wünschen übrig.

Cascada Misol Há
Die Abzweigung zu dem Wasserfall liegt ca. 20 km von Palenque entfernt. Inmitten tropischer Vegetation fällt er aus rund 40 m Höhe in einen tiefen Pool (am Ende der Trockenzeit, also im April/Mai, fließt das Wasser allerdings nur spärlich). Ein kleiner Pfad führt direkt hinter den donnernden Wasservorhang – doch Vorsicht, Rutschgefahr! Baden ist möglich, Restaurants und einfache Übernachtungsmöglichkeiten sind vorhanden. Am besten besucht man ihn im Rahmen einer Tour.

Cascada Roberto Barrios
Auf Zapatistengebiet gelegen (ca. 38 km südl. von Palenque, über die MEX 199/307) wurde dieses Naturidyll erst vor wenigen Jahren für den Tourismus freigegeben (tägl. 8–17 Uhr). Es handelt sich um fünf aufeinanderfolgende Wasserfälle, in den dazwischenliegenden Becken leuchtet das Wasser türkisblau oder grün. Wunderschön, doch man sollte sich sehr vorsichtig am und im Wasser bewegen, da Rutsch- und Stoßgefahr. Vor Ort ein einfaches Restaurant.

Entdeckungsfahrten in den Urwald
Von Palenque aus werden Tagestouren angeboten, die in der Regel die zwei Maya-Stätten Bonampak und Yaxchilán umfassen. Zweitages-Touren schließen auch die Übernachtung in einem von Lacandonen geführten Öko-Camp ein. Nehmen Sie ihren Pass mit, eventuell Militärkontrollen. Es empfiehlt sich gegenwärtig nicht, diese Ziele auf eigene Faust ohne Tour anzusteuern

Noch ein paar Tipps für den Urwaldtrip: Tragen Sie möglichst weite Kleidung, die auch Arme und Beine bedeckt, sowie halbhohe, leichte Schuhe, keine Sandalen. Eine Kopfbedeckung schützt gegen Sonnenstich und herabfallendes Kleingetier. Gegen juckende Stiche hilft *Andantol-Jalea* (in jeder Apotheke erhältlich), aber auch Limonensaft. Die Dämmerung ist in den Tropen sehr kurz und das nächtliche Waldkonzert unvergesslich. Halten Sie eine Taschenlampe bereit.

Wasserfälle von Agua Azul

Die Lacandonen

Die *Lacandones* oder „echten Menschen", wie sie sich selbst nennen, sind Maya und die kleinste Ethnie Mexikos (noch rund 1000 Menschen). Mit ihrem schulterlangen schwarzen Haar, den weichen Gesichtszügen und den weiß-wallenden Gewändern sind sie leicht zu erkennen. Ihre Vorfahren zogen sich vor den spanischen Konquistadoren in den Urwald zurück, wo sie noch einige Jahrhunderte unberührt von der westlichen Zivilisation ihre

Lacandonen-Kinder

Traditionen pflegen konnten. Das Verschwinden ihres Lebensraumes, der *Selva lacandona*, ist kaum noch aufzuhalten, Holzraubbau sowie der immense Bevölkerungsdruck aus dem Hochland und die damit verbundene Brandrodung reduzieren weiterhin den Tropenwald, von dem schon heute nur noch 20% seines einstigen Ausmaßes übriggeblieben sind. Nur noch sehr wenige praktizieren die alten Maya-Riten, trinken den aus Baumrinde gewonnenen *balché* oder opfern den Ahnengöttern in Yaxchilán. Zu sehen sind Lacandonen an den Eingängen der Ruinen von Yaxchilán, Bonampak oder Palenque, wo sie Imitationen ihrer früher eingesetzten Pfeile und Bögen verkaufen. Übernachten in einem von Lacandonen geführten Camp mit Tourmöglichkeiten z.B. auf http://lacandonescamp.com/campamento.html. Viel mehr zum Thema im **Museo Na Bolom** in San Cristóbal (s.S. 246).

Bonampak

Bonampak (tägl. 8–17 Uhr, z.Z. nur 150 Personen/Tag zugelassen, 85 Ps) war wahrscheinlich nur ein kleines, sekundäres Maya-Fürstentum. Entdeckt wurde es 1946, zahlreiche Strukturen sind bis heute nicht freigelegt. Die Anlage ist nicht allzu spektakulär, zwei Stelen (Nr. 1 stellt den Bonampak-König Chaan Muan dar) stehen auf dem großen Vorplatz zur Akropolis, die von Tempelbauten gekrönt wird. Wichtigstes Gebäude ist der etwa 17 m breite **Templo de las Pinturas** mit drei ausgemalten Räumen (Blitzlicht verboten). Die Gemälde gelten als **die künstlerisch schönsten Wandmalereien Mexikos.** Leider wurden die rund 1200 Jahre alten Fresken bei ihrer Freilegung – eine dicke Calcitschicht hatte sich im Laufe der Jahrhunderte darübergelegt und sie konserviert – teils beschädigt. 2017 konnte die Restauration der Malereien von Raum 3 allerdings vollständig abgeschlossen werden – dargestellt ist ein Ritual der Selbstkasteiung. Für den Besucher schöner anzusehen sind die Reproduktionen im Anthropologischen Museum in Mexiko-Stadt oder in Chetumal im Museo de la Cultura Maya.

Die Bildsequenzen in den drei nicht miteinander verbundenen kleinen Räumen zeigen eine Art episches Drama mit höfischem

*Das
Schlachten-
getümmel in
Raum 2
(Anthropolog.
Museum in
Mexiko Stadt)*

Leben, Schlachten, rituellen Opferhandlungen und Siegesfeiern. Rot-
und Türkistöne herrschen vor. Durch die Darstellungen wurde erstmals deutlich, dass die Maya keinesfalls so friedfertig waren, wie man
bis dahin angenommen hatte.

Yaxchilán

Yaxchilán ist eine großartige Maya-Stätte (tägl. 8–17 Uhr), bei der
weniger die Bauten an sich beeindrucken als die von Schreien der
Brüllaffen durchdrungene Urwald-Atmosphäre und das Gefühl, direkt
in die alte Maya-Welt abzutauchen. Erreichbar ist sie nur durch eine
ca. 40-minütige Bootsfahrt über den *Río Usumacinta* (oder per
Kleinflugzeug). Der Fluss, der heute Mexiko von Guatemala trennt,
verband einst Yaxchilán mit anderen großen Maya-Zentren.

Seine Blütezeit hatte dieser eigenständige Stadtstaat im 7. und 8.
Jahrhundert. Nach dem Niedergang Palenques 810 war er sogar das
bedeutendste Zentrum der Region, bis er aus unbekannten Gründen
aufgegeben wurde. Wiederentdeckt wurde die Stätte 1881, erforscht
erst ab 1970. Yaxchilán ist nicht der historische Name, *yax* bedeudet
in Maya „grün" *chilán* „Verstreutes", der Name soll von dem deutsch-
österreichischen Maya-Forscher *Teobert Maler* (1842–1917) stammen.
Die Studien des russischen Maya-Schriftforscher Yuri Walentino-
witsch, der in den 1950er Jahren die phonetischen Elemente der
Hieroglyphen erkannte, legten später nahe, dass der ursprüngliche
Name des Ortes „Das Große Haus der Schlange" war.

**Steinerne
Geschichts-
bücher**

Der kleine Ballspielplatz und die wichtigsten der etwa hundert Gebäude, *estructuras* genannt, liegen längs des Hauptplatzes und am
ansteigenden Hang. Sie stammen fast alle aus dem 6. bis 9. Jahrhundert.

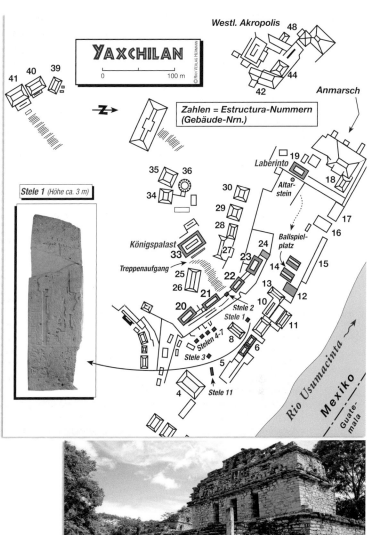

YAXCHILAN
0   100 m

Westl. Akropolis

Zahlen = Estructura-Nummern
(Gebäude-Nrn.)

Anmarsch

Laberinto

Altar-
stein

Ballspiel-
platz

Königspalast

Treppenaufgang

Stele 1 (Höhe ca. 3 m)

Stele 2

Stele 1

Stelen 4-7

Stele 3

Stele 11

Rio Usumacinta

Mexiko

Guate-
mala

*Tempel
in Yaxchilán*

Dintel 26 (v. Estructura 23, Jahr 726). Frau Xoc („Lady Fist-Fish") reicht ihrem Mann Schild-Jaguar einen Jaguar-Helm (Anthr. Museum Mexiko-Stadt)

Was Yaxchilán berühmt gemacht hat, sind seine charakteristischen, **feinst gearbeiteten Flachreliefs mit höchster Ausdruckskraft, die schönsten der gesamten Maya-Welt!** Sie befinden sich auf den Unterseiten von **Türsturzen** *(dinteles)* der diversen Tempel und auf Stelen *(estelas)*. Interessant ist die liegende, reliefierte *Estala 11*. Die Glyphen, Reliefbilder und Daten sprechen Bände – wenn man sie zu lesen weiß. Zusammen mit Palenque diente Yaxchilán als Hauptinformationsquelle zur Entschlüsselung der Geschichte der Tiefland-Maya.

Verewigt wurden historische, aber vor allem auch persönliche Ereignisse. Die „steinerne Bibliothek" enthält wohl die gesamte, sehr verwickelte Familien-Saga der **Balam-Dynastie,** die hier von 359 bis zu Beginn des 9. Jahrhunderts herrschte. Dieses **Jaguar-Geschlecht** (Balam = Jaguar) leitete seine Herkunft direkt von den Göttern ab, mit dem dutzendfachen Selbstdarstellungsprogramm versuchte es, seinen Herrschaftsanspruch zu untermauern. Besonders häufig abgebildet sind die Könige **Yaxun Balam IV.** *(Vogel-Jaguar)* und sein Vater **Itzam Balam I.** *(Schild-Jaguar I.).* Eine von Itzams Frauen hieß **Xoc,** als bedeutender Ritualpriesterin wurde ihr eigens der Tempel 23 gewidmet. **Die schönsten Reliefs** befinden sich auf den Dinteles der estructuras **20 und 21.**

Schild-Jaguar I.

Eines der Hauptbauwerke von Yaxchilán ist der mächtige **Palacio del Rey,** der Königspalast (estructura 33), den ein mächtiger Dachaufbau *(crestería)* krönt. Der Aufstieg über die steile Treppe ist mühsam. In einer Kammer befindet sich die kopflose Figur des Königs *Vogel-Jaguar,* auch heute bringen ihr die Lacandonen noch Opfergaben. Aus Glaubensgründen darf der Kopf (im Nebenraum) nicht wieder mit dem Rumpf zusammengefügt werden. Die Türsturze der

Palacio del Rey

drei Eingänge sind mit Szenen aus dem Leben *Vogel-Jaguars* geschmückt, und vor den Eingängen liegen als lange Stufe über eine Dutzend skulptierte Steine, die u.a. Ballspiel-Szenen der Herrscher Yaxchiláns zeigen – als menschliche Bälle dienen zu Kugeln zusammengeschnürte Gefangene …
(Ballspiel-Exkurs s.S. 326).

Selbstkasteiung

Zu vielen Anlässen, wie z.B. Beginn einer Regentschaft, Geburt eines Herrschersohnes oder bei der Weihe eines Tempels, führten die Maya Selbstopfer durch. Ziel war es, durch Schmerz und Erregung mit den Göttern in Verbindung zu treten oder sich gar selbst zu vergöttlichen. Die Männer durchstachen sich bei diesem Ritual die Penishaut, die Frauen die Zunge, manchmal wurden auch ganze Körperteile geopfert. Der Blutverlust versetzte sie in einen Trance-Zustand, der es ihnen ermöglichte, eine Visionsschlange zu sehen und Informationen aus dem Jenseits zu erhalten. Die Originale der schönsten Türsturze mit Selbstkasteiungsszenen befinden sich heute im Anthropologischen Museum in Mexiko-Stadt und im British Museum in London.

Abstecher nach Tikal/Guatemala

Ausgangspunkt/Zwischenstation ist Santa Elena bzw. empfehlenswerter die kleine Insel **Flores** im *Lago de Petén* (2500 Ew), die eine gute touristische Infrastruktur aufweist (Hotels, Touranbieter nach Tikal usw.; Fahrzeit für die 70 km nach Tikal über eine Stunde). Vorsicht – in Flores operiert ein Anbieter für Touren und Überlandfahrten mit wechselnden Firmennamen, der agressive Werbung betreibt, Sie dann aber einfach irgendwo sitzen lässt. Überprüfen Sie die Seriosität des von Ihnen gewählten Anbieters im Internet.

TIPP zum Übernachten: das **Casa Tikal** (2 km von Flores) des deutschen Architekten Dieter Richter, er hat Touren zu mehreren Maya-Stätten der Gegend im Programm. Dieter hat selbst bei archäoastronomischen Forschungen mitgearbeitet und führt jeden Besucher in Tikal ein. Kontakt über doecub@hotmail.com oder whatsapp 00502-58302060. Wer gern unabhängig wohnt und selbst kocht, kann bei ihm auch ein Häuschen mit voll eingerichteter Küche anmieten.

Flores ist auch ideal um Spanisch izu lernen – **Sprachschule Dos Mundos,** www.flores-spanish.com.

Unterkunft   Übernachten in Flores: Das **Hotel Isla de Flores** €€ (so auf **F**, Av. La Reforma, https://hotelisladeflores.com) bietet saubere Zimmer, guten Service, Restaurant und Pool. Am Abend unbedingt in die Sky Bar gehen, Unión 20; tolles Ambiente und von nirgend woanders sieht man den Sonnenuntergang von Petén so schön!

Tikal

Tikal ist eine einmalige Maya-Stätte, die nicht, wie sonst üblich, für den Besucherandrang von aller Vegetation befreit wurde, sondern mitten im gleichnamigen Nationalpark im Urwalddickicht eingebettet liegt. Es empfiehlt sich, sehr früh morgens loszufahren (Öffnungszeit 6–18 Uhr, Eintritt 150 Quetzales, ca. 20 US$, Eintritt außerhalb dieser Zeiten kostet 100 Quetzales extra und geht nur mit Führer, die sunrise/sunset-Eintritte müssen aber vorhergehend bei einer Bank bezahlt werden, informieren Sie sich auf ⓕ Tikal National Park / Parque Nacional Tikal, www.tikalpark.com).

Morgens vor Sonnenaufgang das Erwachen der Natur in der Stätte mitzuerleben ist auf jeden Fall ein ganz besonderes Erlebnis! Kilometerlange Fußstrecken sind zurückzulegen, die einzelnen Tempel und Pyramiden liegen weitläufig verstreut im Gelände, unterwegs wird man mit etwas Glück Tukane und Papageienschwärme auf den Bäumen sitzen sehen, das furcherregende Gegröle der Brüllaffen hören und von den zutraulichen *coaties,* auch *pizotes* genannt (Nasenbären), um Futter angebettelt werden. Entfernen Sie sich aber bitte nicht von den Hauptwegen (es gibt auch noch Jaguare). Mückenschutz unbedingt mitnehmen!

Direkt am Eingang liegen mehrere Restaurants und Hotels, z.B. das **Tikal Inn** €€ (https://tikalinn.com). Keines bietet ein faires Preis-Leistungsverhältnis. Der Vorteil besteht darin, schon bei Morgengrauen in der Anlage sein zu können.

Besiedelt war der Stadtstaat über 1000 Jahre lang, von etwa 700 v.Chr. bis 869 n.Chr. (Datum der letzten entzifferbaren Datumsglyphe). Seine höchste Blüte erreichte er zwischen 250 und 869 n.Chr., verbunden mit unaufhörlichen Eroberungszügen und Grenzausdehnungen.

Über 70.000 Einwohner sollen zeitweise dort auf einer Stadtfläche von über 60 qkm gelebt haben. Der große Rivale Tikals war das 100 km weiter nördlich, heute in Mexiko gelegene **Calakmul,** mit dem es jahrzehntelang im Krieg lag. Schließlich wurde Tikal ebenso wie alle anderen Tieflandzentren der Maya im 8. und 9. Jahrhundert aus unbekannten Gründen aufgegeben.

Wichtigste und schönste Gebäude sind die **Tempelpyramiden I und II** an der **Gran Plaza,** erbaut in tikaltypischer steiler Stufenarchitektur mit hohen Dachkämmen. Höchstes Bauwerk Tikals ist der **Tempel IV,** von dessen Spitze – mit 70 Metern das höchste in der gesamten Maya-Welt – man einen weiten Blick auf das endlos grüne Dschungelmeer hat, aus dem nur die Dachkämme der Tempel II und III herausragen.

5 Die Halbinsel Yucatán

Einführung

Auf der ausgedehnten Halbinsel Yucatán reist man ständig zwischen Gegenwart und Vergangenheit, nirgendwo sonst in Mexiko gibt es solch eine Konzentration an archäologischen Stätten, insbesondere der Maya-Kultur – viele sind noch kaum freigelegt, andere noch nicht einmal gefunden! Unser Reiseführer begleitet Sie zu den wichtigsten Anlagen, möchte Ihnen aber auch nahelegen, einige der kleineren zu besuchen, die im halbüberwachsenen Zustand und inmitten einer wilden Natur oft eine ganz besondere Atmosphäre ausstrahlen.

In den Bundesstaaten Yucatán und Quintana Roo zahlen Ausländer bei allen Stätten wesentlich mehr Eintritt als Einheimische. Beginnen Sie die Ruinenbesichtigungen möglichst sehr früh (Schutz vor Sonne und Ansturm der Massen) und nehmen Sie Kopfbedeckung, Sonnen- und Mückenschutzmittel sowie ausreichend Trinkwasser mit. Feste Schuhe mit rutschfesten Sohlen sind angebracht, auch wenn die meisten Pyramiden und Bauten heute nicht mehr bestiegen werden dürfen.

Doch Yucatán hat noch mehr zu bieten: Die weißen Palmenstrände der **„Riviera Maya"** sind hinlänglich aus Reiseprospekten bekannt und Naturliebhaber kommen in den nicht wenigen Nationalparks auf ihre Kosten. Die Halbinsel ist eine riesige Kalk- und Karsttafel und, bis auf ein paar Hügelchen, flach wie eine Tortilla. Weil sie sich nur ein paar Dutzend Meter über dem Meeresspiegel erhebt, ist das Klima, besonders im Inland, ganzjährig schwülheiß. Doch an der Karibikküste kann es mitunter nachts, zwischen Januar und März, auch mal kühler werden.

Yucatáns Bewohner, die **Maya,** die eine der bedeutendsten Hochkulturen der mesoamerikanischen Antike schufen, erinnern mit ihrer

Typisch yucatekisches ländliches Haus (choza) und Frau in traditioneller Kleidung

Voraussicht-
liche Strecken-
führung des
„Tren Maya",
der Ende 2023
in Betrieb
gehen soll

Physionomie – fliehende Stirn und erhöhte Nase – noch frappierend an ihre klassischen Vorfahren. Vielerorts wird noch das alte Yucateca-Maya gesprochen und weit verbreitet ist auch die traditionelle Tracht der Frauen, der weiße, kurzärmlige *huipil yucateco* mit seinen bunten floralen Stickereien.

Etwas Besonderes auf Yucatán ist nach wie vor der Anbau von *Sisalagaven* und *Chicozapote,* dem Baum, aus dessen Saft der Kaugummi *(chicle)* gewonnen wird – heute allerdings fast vollständig von künstlichen Industrieprodukten ersetzt. Eine intensivere Landwirtschaft vereitelt die Trockenheit bzw. Wasserknappheit. Wichtigste Einnahmequelle ist der internationale Tourismus, der besonders an der Karibik-Küste zu einer extremen Kommerzialisierung mit entsprechend überhöhten Preisen führte. Vorteil ist die damit verbundene erhöhte Sicherheitslage, die Touristenpolizei ist überall präsent.

Die drei Bundesstaaten der Halbinsel – **Yucatán, Campeche** und **Quintana Roo** – können bequem mit einem Mietwagen erkundet werden, die Straßen sind gut und es gibt wenig Verkehr.

Der **„Tren Maya",** ein die Halbinsel umrundender Touristenzug und Prestigeobjekt von Präsident AMLO, befindet sich bei Redaktionsschluss noch im Bau. Voraussichtliche Streckenführung siehe Karte oben.

> ❶ **Hinweis:** Sämtliche archäologische Stätten der Halbinsel öffnen täglich von 8 bis 17 Uhr, letzter Einlass ist in der Regel gegen 16 Uhr.

Stationen der Geschichte

Zwei schiff-
brüchige
Spanier

Acht Jahre bevor der Eroberer Cortés und seine Mannschaft 1519 an der Golfküste vor Anker gingen, waren bereits zwei schiffbrüchige Spanier an der Ostküste Yucatáns gestrandet. **Jerónimo de Aguilar** reihte sich später wieder in die spanischen Truppen ein, wo er, zusammen mit Cortés Beraterin und Geliebten **Malinche,** als Dolmetscher am Eroberungszug gegen die Azteken teilnahm. Malinche sprach das aztekische Náhuatl und Yucateca-Maya, Aguilar Maya und Spanisch, so dass die Kommunikation zwischen Cortés und Moctezuma zunächst über zwei Mittelsleute zustande kommen musste.

Cenote-Wasser als Lebensspender

Auf der knochentrockenen Yucatán-Kalksteinplatte waren Ansiedlungen nur in der Nähe von Wasserlöchern möglich, die deshalb einen gleichsam göttlichen Status erhielten. Auf dem porösen Untergrund konnten sich Flüsse lediglich unterirdisch bilden, und durch Jahrtausende hindurch spülten und wuschen diese Wasserläufe unzählige Grotten und Höhlen aus. Wo deren Decken einstürzten, entstanden Seen und tiefe Wasserlöcher, auf Yucatán **Cenotes** genannt. Über 2500 sind inzwischen auf der Halbinsel bekannt – 138 davon sogar an einem einzigen Ort, der den aussagekräftigen Namen **Cenotillo** trägt (Nähe Valladolid). Besonders viele konzentrieren sich auch entlang der Karibikküste (Tulúm).

Cenote Zací, Valladolid

Die Cenotes werden in vier Gruppen unterteilt: **offene** (meist von üppiger Vegetation umwachsen, mit einer Lagune verwechselbar), **halboffene** (von Felswänden umgeben, oben sieht man aber den freien Himmel), **geschlossene** (höhlenartig, bei manchen scheint ganz wenig Tageslicht, bei anderen aber auch gar keins durch) und **tiefliegend offene** (bis zu 25 m tief). Diese befinden sich inmitten steiler Felswände und sind sehr beliebt zum Schwimmen und Tauchen. Die Cenotes führen ganzjährig Wasser, vertrocknete oder versandete Cenotes heißen *actunes*. Ein künstliches Wasserreservoir, das mit Ton oder Steinen ausgekleidet ist, wird *chultún* genannt (Zisterne).

Die Cenotes faszinieren besonders Höhlentaucher, denn in der bizarren Unterwasserwelt liegen oft Zeugnisse und Relikte der Maya, in die sie Opfergaben warfen – auch menschliche, man wollte den rüsselnasigen Regen- und Wassergott *chaak* gnädig stimmen. Cenoten sind also von enormer archäologischer Bedeutung. 2018 wies eine Gruppe von Tauchforschern unter dem deutschen Wissenschaftler Robert Schmittner nach zahllosen und monatelangen Erkundungs-Tauchgängen nach, dass die beiden Cenoten-Systeme *Sac Actun* und *Dos Ojos* (nördlich von Tulúm, s.S. 352) durch ein gigantisches und bis zu 347 Kilometer langes Höhlenlabyrinth miteinander verbunden sind – das größte der Welt.

Viele Cenotes sind auf Yucatán beliebte Ausflugsziele und kosten dann Eintritt. Auf diesen Webseiten kann man sich die schönsten ansehen:

https://explorandocenotes.com.mx/yucatan

https://cenotesworld.com (Touren zu Cenotes von Cancún aus)

Die yucatekische Küche

Die Eigenständigkeit der Yucatán-Maya äußerst sich auch in ihren besonderen kulinarischen Traditionen. Sicher, die Grundbestandteile sind dieselben wie anderswo in Mexiko auch – Mais, Bohnen, Chile, Huhn usw. –, doch werden sie auf Yucatán nach ganz eigenwilligen Rezepten zubereitet und haben teilweise klangvolle Maya-Namen. Hier eine kleine Auswahl der yucatekischen Speisekarte:

panuchos de cazón mit Haifischfleisch gefüllte Tortillas

poc-chuc Schweinefleisch mit Zwiebeln und einer sauren Orangen- oder Zitronensoße

salbutes frittierte Tortilla mit Auflagen

ticin-xic mit *achiote* (das sind gekochte Samen des Orleanstrauches) gewürzter Fisch vom Grill

xni-pec sehr scharfe Soße

recado Paste aus Pomeranzensaft (Bitterorange), Gewürzen und *achiote*, wird als Zutat verwendet für:

cochinita pibil Spanferkel, das in Bananenblätter eingewickelt in einer Erdgrube geschmort und dann mit einer scharfen Soße serviert wird

pollo pibil dieselbe Zubereitung mit Hühnerfleisch

mukbil pollo satt gefüllter Tamal, speziell für den 1. November

Suppen

puchero Hühnereintopf mit verschiedenen Gemüsesorten und Kochbananen

sopa de lima schmackhafte Suppe mit Limettensaft, für heiße Tage

Frühstück

huevos motuleños auf einer frittierten Tortilla servierte gebratene Eier mit Schinken, Erbsen, Käsestückchen, Bananen u.a.

papadzules mit hartgekochten Eiern servierte Tortillas in einer Kürbissamensoße

Tamales heißen bei den Maya **muxubbak,** Avocados **on,** Chile **ic,** Tomaten **p'ac,** schwarze Bohnen **tzamna** und Tortillas **uah.** Den Rest lassen wir Sie selbst erkunden, wobei der Grundsatz gilt: Möglichst viel probieren, denn es gibt immer wieder Außergewöhnliches zu entdecken.

Der zweite Schiffbrüchige, **Gonzalo Guerrero,** wurde zum **allererster Urahn der mexikanischen Mestizen,** hatte er doch mit der Maya-Häuptlingstochter *Zazil Há* zwei Söhne. Später kämpfte er zusammen mit den Maya gegen das Vordringen der Spanier, wobei er 1536 fiel.

Diego de Landa: Inquisitor und Ethnograph

Ebenso hart wie das spanische Schwert traf das Kreuz. Ketzer und Inquisitionsgerichte richteten über „Ungläubige", unter anderem wurden bei dem schrecklichen *Auto de fé* („Glaubensakt") von Maní 1562 über 10.000 Maya zu Tode geschlagen oder zu Krüppeln gefoltert. Eine sehr widersprüchliche Rolle nahm in diesem Zusammenhang der Bischof ◀ **Diego de Landa** (1524–1579) ein. Einer-

seits war er ein fanatischer Bekehrer und Inquisitor, ließ foltern und die **Códices** der Maya verbrennen, womit jahrtausendealtes Wissen für immer verloren ging, andererseits bewunderte er ihre kulturellen Leistungen und verfasste detaillierte Aufzeichnungen zu vielen Aspekten des Maya-Lebens. Sein Hauptwerk *Relación de las Cosas de Yucatán* („Bericht über die Angelegenheiten von Yucatán", 1566), ist noch heute die wichtigste Quelle zu Geschichte, Geografie, Archäologie und Ethnologie der postklassischen Maya.

„Sprechende Kreuze" rufen zum „Krieg der Kasten"

Kastenkrieg-Gemälde, Museo del Fuerte, Bacalar

Der über 85 Jahre dauernde „Krieg der Kasten" (1847–1933) war die längste und erfolgreichste indigene Rebellion auf dem ganzen amerikanischen Kontinent und ein (letzter) Versuch der mexikanischen Maya, auf Yucatán einen eigenen, unabhängigen Staat zu etablieren. Alle einheimischen „Kasten" – während der Kolonialzeit war die Bevölkerung Mexikos in „Kasten" unterteilt worden – wurden zum Kampf gerufen, und schon

wenige Jahre nach Kriegsbeginn war ein Drittel der Bevölkerung Yucatáns ausgemerzt. *José María Barrera,* einer der Anführer der Aufständischen, wusste den Glauben seiner Landsleute an göttliche Zeichen auf geniale Weise auszunutzen: Drei in einen Baum geritzte Kreuze begannen, mit Hilfe eines Bauchredners, militärische Befehle zu „verkünden". Dies führte die **Cruzob-Maya** („Anhänger des Kreuzes") zum Sieg und 1850 wurde ein eigener Maya-Staat, im Gebiet des heutigen Quintana Roo, ausgerufen. Erst 1901 gelang es dann den Truppen der mexikanischen Zentralregierung nach vielen zermürbenden Guerillakämpfen die besetzten Gebiete zurückzuerobern. Doch endgültig gebannt war „die Macht des sprechenden Kreuzes" erst 1933, als die inzwischen stark dezimierten Cruzob-Maya mit der Zentralregierung einen Friedensvertrag unterschrieben.

Bundesstaat Campeche

Campeche

Campeche (283.000 Ew.) liegt am Golf von Mexiko und ist die Hauptstadt des gleichnamigen Bundesstaates. Etwas abseits des großen Touristen-Trecks gelegen, kann der 1999 in das Weltkulturerbe der UNESCO aufgenommene Ort mit einer Besonderheit aufwarten: Eine 2,5 km lange Stadtmauer umgürtete ihn einst, mit nicht weniger als

Restaurants
1. Marganzo
2. El Bastión
3. La Casa Vieja
4. La Parroquia
5. Luan
u. in der Calle 59

CAMPECHE

0 — 300 m
© RKH VERLAG HERMANN

⛨ Unterkünfte

1 Casa Balché Hotel	5 Hotel del Paseo
2 Hotel Campeche	6 Hotel López u. Café
3 Casa Don Gustavo	7 H177 Hotel
4 Hostal Viatger Inn	8 Holiday Inn Campeche (s.o. li.)

sieben meterdicken Verteidigungsbastionen *(baluartes)* und vier schwer gesicherten Stadttoren als einzigen Zugängen. Auf diese Weise schützten sich die Spanier vor den häufigen Piraten-Überfällen, denn die alte Maya-Siedlung war nach der Eroberung lange Zeit der einzige Hafen der Halbinsel, über den viele wertvolle Landesprodukte verschifft wurden.

Im 19. Jahrhundert verlor Campeche an Bedeutung, die Stadtmauer wurde bis auf wenige Teilstücke abgetragen. Der ehemalige Hafen ist längst verlandet, die Altstadt liegt nicht mehr direkt am Meer. Erhalten geblieben sind aber die Baluartes und die Stadttore *Puerta del Tierra* und *Puerta de Mar*. Sie umschließen den historischen Stadtkern, wo auch heute noch die *campechanos* bei fast permanenter Schwüle zwischen heiter-buntgestrichenen Häusern der Gemächlichkeit frönen.

Stadtrundfahrt   Der offene Touri-Bus *Tranvía de la Ciudad* im Stil einer historischen Straßenbahn fährt täglich ab 9 Uhr bis zur Mittagszeit und dann wieder ab dem späteren Nachmittag vom Parque Principal los, es müssen allerdings etliche Personen zusammenkommen, weshalb die Wartezeit bis zur Abfahrt u.U. lang ist. Dauer ca. 45 Minuten, 100 Ps (www.tranviascampeche.com), Erklärungen nur auf Spanisch, lautes Motorengeräusch, keine Fotostopps. Insgesamt 4 Routen, Tranvía *El Guapísimo* fährt zum Fuerte de San Miguel. Tranvía-Boletos und Infos im *Centro Cultural Casa Seis,* s.u.

Parque Principal   An dem umzäunten Platz, der abends malerisch ausgeleuchtet wird, steht die doppeltürmige **Catedral de la Concepción** mit Baubeginn 1540. Damit ist sie die älteste Kirche Yucatáns. An der Südwestecke, in einem ehemaligen herrschaftlichen Wohnhaus mit Originalmobiliar, befindet sich das **Centro Cultural Casa Seis** (tägl. 9–21 Uhr, 20 Ps. Die sehenswerte Räume um einen Arkaden-Innenhof zeigen die herrschaftlichen Wohnverhältnisse und den damaligen kolonialen Lebensstil in der 2. Hälfte des 18. Jahrhunderts).

Nächtliche Fiesta auf dem Zócalo von Campeche

Mittelpunkt des Platzes ist ein Quiosco mit der Información Turística. Süd- und Nordseiten begrenzen doppelstöckige Arkadenbauten, wobei im nördlichen, im rekonstruierten Regierungspalast **Centro Cultural El Palacio** sehenswerte Museumssäle die Stadtgeschichte zeigen. Interessant sind *Sala de Fortificaciones, Sala del Comercio* und *Sala de la Navegación,* Di–So 10–19 Uhr. Die Open-air-Attraktion ist aber die Lightshow **„Celebremos Campeche",** bei der mittels bunter Beamer- und Laserprojektionen („Videomapping") die Gebäudefront als Leinwand dient. Mit passender Musikunterlegung wird eine halbe Stunde lang die Geschichte Campeches sowie mexikotypische Themen, z.B. der Totenkult, dargestellt. (Do–So 19.30 Uhr, in der Feriensaison täglich).

In der verkehrsberuhigten **Calle 59** („Touristic Cultural Walk") konzentrieren sich etliche Restaurants und Geschäfte. Von dort lohnt ein Besuch von **Artesanías Tukulná** in der Calle 10 mit sehr schönem Kunsthandwerk (tägl. 9–21 Uhr).

Rundgang der Baluartes Wer die stechende Sonne nicht scheut, geht einmal rings entlang der ehemaligen Stadtmauer, beginnend am Parque Principal mit dem **Baluarte de la Soledad** mit dem **Museo de Arquitectura Maya** (MABS, Di–So 8–17 Uhr). Ausgestellt sind etwa 50 Stelen aller Arten und Größen, Türsturze, Hieroglyphentafeln und andere Funde der Ruinenstätten Campeches.

Vor der 1893 zerstörten und 1955 rekonstruierten **Puerta de Mar** mit ihrer Glocke machten die spanischen Galeonen fest, denn bis hierher reichte einst das Meer. Nebenan eine **Info-Stelle.**

Der **Baluarte San de Carlos** ist der älteste Festungsbau von allen. Er beherbergt das **Museo de la Ciudad** (Di–So 9–19.30 Uhr) mit einem interessanten Modell der Stadt während der Kolonialzeit. Auf dem Flachdach stehen noch alte Kanonen.

Zwischen dem kleinen **Baluarte de San Juán** und dem **Baluarte de San Francisco** liegt das längste Stück der erhaltenen (und begehbaren) Wehrmauer. Aufsteigen muss man an der **Puerta de Tierra** (tägl.

Entlang der Stadtmauer –
Plaza del Patrimonio (Calle 8/53)

9–18 Uhr, 60 Ps), auch hier ein kleines Museum, das unter anderem die berüchtigsten Piraten der damaligen Zeit vorstellt. Von Do bis So gibt es abends um 20 Uhr eine szenische „Licht- und Ton-Show" mit einem „echten Piratenangriff"! Die Baluartes *San Pedro* und *Santiago* sind weniger interessant.

Fuerte de San Miguel

Weiterer Museums-Tipp: Die ca. 4 km südlich an der Küstenstraße liegende große Festung **Fuerte de San Miguel** beherbergt das **Museo Arqueológico Fuerte de San Miguel** (Di–So 8–17 Uhr, 65 Ps). Präsentiert werden kostbare Maya-Schätze aus Edzná, Calakmul und anderen Orten, auch Figurinen von der Insel Jaina. Unter den vielen ◀ Jademasken ist am berühmtesten „die Botschafterin Campeches in der Welt", die *Máscara de Calakmul,* eine äußerst kunstvoll gearbeitete Jade-Maske aus dem 7. Jh. n.Chr., die immer wieder zu Ausstellungen rund um den Globus reist.

Von der höhergelegenen Festung ergibt sich eine schöne Aussicht auf die Stadt und abends kann man herrliche Sonnenuntergänge erleben. Anfahrt mit einem Taxi oder dem Touristenbus *Tranvía El Guapísimo* vom Parque Principal.

Adressen & Service Campeche

Turismo

Eine *Información Turística* im Quiosco im Parque Principal, eine andere im Anbau der Puerta de Mar. Weitere kleinere Infostellen an den Baluartes, am Busterminal und auf dem Flughafen.

Webseiten

www.travelbymexico.com/campeche

www.visitmexico.com.es (über destinos turísticos)

www.minube.com.mx/mapa/mexico/campeche
(hier auch einen Campeche-Führer zum Runterladen, auf Spanisch)

Unterkunft

Über www.hostelz.com sind mehrere günstige Hostels erreichbar, z.B. **Viatger Inn** €, Calle 51 (zw. 12 u. 14) Nr. 28, auch Dorms, Tel. 9818114500. – **H177 Hotel** €, C. 14 (zw. 59 u. 61) Nr. 177, www.h177hotel.com. Saubere Zimmer, gute Lage, Dachterrasse mit Aussicht. – **Hotel del Paseo** €, C. 8 (zw. C. 8 u. 10) Nr. 215, https://hoteldelpaseocampeche.com. Mittelklasse-Hotel in der Nähe vom Baluarte de San Carlos, Restaurant, Parkplatz. – € **Hotel Campeche,** direkt am Parque Principal, Westseite, Tel. 9818165183; nichts Besonderes, hier zählt allein die Lage, buchbar über viele Hotelplattformen. – **Hotel López** €€, C. 12 (zw. 61 u. 63) Nr. 189, www.hotellopezcampeche.com.mx. Ein „Dauerbrenner", empfehlenswert, sauber, Pool (nur frühstückt man besser woanders), Parkplatz. – **Casa Balché Hotel** €€, direkt am Parque Principal, Ecke Calles 8/10, Tel. 9818110087. Unübertroffene zentrale Lage, schick eingerichtet und ausgestattet, Blick über den Parque, nette Atmosphäre, buchbar über viele Hotelplattformen. – **Hotel Boutique Casa Don Gustavo** €€€, C. 59 (zw. 8 u. 10) Nr. 4, www.casadongustavo.com. Das Edel-Boutique-Hotel in der Fußgängerstraße Calle 59 ist nicht zu verfehlen, denn vor dem Eingang sitzt auf einer Bank als Skulptur vermutlich Don Gustavo. Edel nicht nur das kolonial-historische Ambiente, sondern auch die Preise, bis über 200 Euro/Zimmer.

– Das **Holiday Inn Campeche** €€€ liegt 3 km südwestlich außerhalb an der Straße nach Champotón mit dem Vorteil des hervorragenden Fischrestaurants *La Palapa del Tio Fito* direkt vor der Haustür am Meer. Bestens für Leute mit einem Wagen, über www.ihg.com.

Spezialitäten Spezialitäten sind *pan de cazón* (Tortillas mit Hundshai-Fleisch) oder *salpicón de venado* (geschnetzeltes Wild mit Orangensaft, Koriander, Radieschen u.a., wird kalt gegessen), als Vorspeise gibt's *sopa de lima* (Limettensuppe mit Huhn, Tortillastreifen und Gemüse) oder *caldo de pavo* (Truthahnbrühe), für den kleinen Hunger *panuchos* (frittierte Tortillas, belegt mit Truthahnstreifen und Zwiebeln). Zum Frühstück isst man *trancas de lechón,* mit Schweinefleich gefülltes Weißbrot.

Essen & Trinken Ein abendlicher Treffpunkt mit vielen Restauranttischen auf der Straße ist die **Calle 59,** ein **TIPP.** Hier kann man auswählen. Am Parque Principal: **El Bastión de Campeche** mit typisch mex. Küche (auch Fisch) zu erschwinglichen Preisen. – Touristen(-gruppen) zieht es oft ins **Restaurante Marganzo,** C. 8 Nr. 267, 7–22.45 Uhr. Nett eingerichtet, Bedienung in Campeche-Tracht, trotz des Ansturms immer noch gutes Essen.

Wer zu Unzeiten Hunger hat: **La Parroquia,** C. 55 Nr. 9, hat 24 h am Tag geöffnet, bietet ein akzeptables und günstiges Mittagsmenü *(comida corrida)*; die Decke ist vollgehängt mit *papeles picado,* Scherenschnittbildern. – Im beliebten **Chocol Ha,** C. 59 Nr. 30, www.chocolha.com.mx, sitzt man sehr nett (WiFi), dort Süßes für den Nachtisch, Spezialität sind diverse Kakao-Getränke. – Unschlagbar für eine tolle (abendliche) Aussicht von den oberen Freiluft-Arkaden auf den Parque Principal ist **La Casa Vieja del Río,** Aufgang gleich rechts neben dem Laden „Postres" (der sich mit einem McDonalds-Logo schmückt). Drinks und Menüs, 15–23 Uhr.

Hinweis Restaurants in Campeche schlagen 10% Service drauf, was z.T. auf den Karten nicht vermerkt ist.

Unterhaltung Das Nachtleben ist hier nicht so ausgeprägt wie an anderen Küstenorten. Am Parque Principal werden meist an den Wochenenden musikalische (Tanz-)Darbietungen geboten. Achten Sie auf die monatlichen Plakatanschläge „Cartelera Cultural" am Parque Principal oder erfragen Sie beim Turismo aktuelle Events. Am Malecón (s. Karte) gibt es die **Fuentes Marinas – Poesías del Mar,** Fontänenwasserspiele mit Musikuntermalung, wochentags (außer Di) um 20.30 Uhr, Sa 20 u. 21 Uhr, So 19.30 u. 20.30 Uhr.

Feste Mitte bis Ende Sept.: *Fiesta de San Román* zu Ehren eines schwarzen Christus. Auch der Karneval wird groß gefeiert in Campeche – mit einem zweiwöchigen Festkalender.

Transport 1. Klasse Busterminal (ADO, OCC u.a.): Av. Patricio Trueba de Regil 237, ca. 2,5 km südlich außerhalb. Fahrten in (fast) alle Himmelsrichtungen. Für Mérida gibt es die kürzere Route über die Mex 180 oder die längere (vom Busterminal 2. Klasse) über Hopelchén für Uxmal bzw. Santa Elena. Stadtbusse zum 1.- und 2.-Klasse-Terminal halten bei der Post, Av. 16 de Septiembre/Calle 53. Privattransporte nach Cancún und Playa del Carmen auch mit dem Touranbieter Balam Kin (s.o.)

Flughafen Der Flughafen von Campeche (Flüge hauptsächlich von und nach Mexiko-Stadt) liegt südöstlich des Zentrums, an der Av. López Portillo, nur 10 Min. Fahrzeit vom Zentrum entfernt.

Mietwagen Mehrere Anbieter am Flughafen (Hertz, Europcar u.a.) bzw. in großen Hotels.

Touranbieter Stadttour und Ausflüge zu den archäologischen Zielen der Umgebung z.B. über Tucán Tours, Calle 105-A Nr. 5, Col. Aviación, www.viajeseltucan.com.mx. In der C. 59 No. 3: **Kankabi' Ok Tours,** Tel. 9818112792, www.kankabiok.com.mx. Nach Edzná, Calakmul u.a.

Archäologische Stätten im Bundesstaat Campeche

Edzná: Geniale Architekten

Das bekannteste Umgebungsziel Campeches ist die sehr schöne Maya-Stätte **Edzná** (ca. 60 km südöstlich, tägl. 8–17 Uhr, 60 Ps). Die einstige Bedeutung der Stadt lässt sich nur noch erahnen. Besiedelt wurde sie bereits um ca. 600 v.Chr., endgültig verlassen erst um 1500. Wichtigstes Gebäude ist der **Edificio de los Cinco Pisos.** Die fünf übereinandergebauten Stockwerke bzw. Plattformen der 32 m hohen Stufenpyramide, deren Spitze ein Dachkamm krönt, bergen 27 Räume.

Sehenswert sind auch der **Ballspielplatz** an der Südseite der großen Plaza, die *Gran Acrópolis* und dort nahebei der kleine **Templo de los Mascarones** (Estructura 414) mit seinen kunstvollvoll gearbeiteten Stuckmasken. Ein ausgeklügeltes und flächendeckendes Kanalsystem (auf ca. 25 qkm Gelände!) sowie *chultunes* regelten die Wasserversorgung der Bewohner.

Edificio de los Cinco Pisos

5

La Ruta Río Bec

Die südlichsten Gebiete der Bundesstaaten Campeche und Quintana Roo an der Grenze zu Guatemala werden nach dem speziellen Maya-Baustil **Río Bec** benannt. Entlang der Mex 186, der **Ruta Río Bec,** weitab der üblichen Touristenrouten, gibt es eine **ungewöhnlich hohe Konzentration an Maya-Stätten** (über 45, größte ist Calakmul). Der Río Bec-Stil zeichnet sich durch kompakte, kantengerundete und nicht begehbare – weil zu steile – Türme bzw. Scheinpyramiden aus, meist in Doppelausführung.

Das Land um die archäologischen Stätten steht unter Naturschutz *(Reserva de la Biósfera Calakmul),* so dass bei einem Besuch auch die ursprüngliche Flora und Fauna erlebt werden kann. Zahllose Pflanzenarten, vielstimmiges Vogelgezwitscher, riesige Schmetterlinge u.a. Naturwunder runden das Río Bec-Erlebnis ab. Und falls es mal im Hinterland furchterregend brüllt, dann sind das sicher die harmlosen Brüllaffen.

Calakmul

Dies ist der Name eines etwa 25 qkm großen Areals, 60 km südlich der Mex 186 (tägl. 8–17 Uhr, dreimal Eintritt auf dem Gelände, insgesamt über 200 Ps). Es birgt um die 6000 Bauten und Strukturen sowie über 115 Stelen mit Inschriften (die meisten leider stark verwittert) – mehr als irgendwo sonst in *Mayab,* im Mayaland. 60.000–100.000 Menschen sollen in diesem einst mächtigsten und größten Maya-Machtzentrum gelebt haben. Wichtigster Gegner im Kampf um die Hegemonialherrschaft war Tikal im heutigen Guatemala, das den Erzfeind Calakmul schließlich im Jahr 695 endgültig besiegte – ein Schlüsselereignis in der Geschichte des Tieflands, denn es markierte den Anfang vom Ende: den Zerfall und letztendlich die Aufgabe aller Maya-Städte im Tiefland.

Calkmul ist seit 2002 UNESCO-Weltkulturerbe, trumpft aber seit 2014 noch mit einem weiteren Superlativ auf: Es ist Weltkultur- und Weltnaturerbe in einem, also eine gemischte Stätte (*Patrimonio Mixto*), die erste ihrer Art in Mexiko, die dritte in ganz Lateinamerika (nach Machu Picchu in Peru und Tikal in Guatemala).

Erwarten Sie aber trotz alledem kein zweites Palenque (Calakmul ist „noch" viel ruhiger) und auch kein zweites Tikal, sondern vielmehr lange Wege und je nach Jahreszeit auch jede Menge Moskitos (Vorsicht – giftige Schlangen). Auf der kilometerlangen Einfahrtsstraße zu den Pyramiden sollte man ganz langsam fahren, denn es gibt (mit etwas Glück) jede Menge Tiere zu sehen. Auch fünf der sechs in Mexiko existierenden Raubkatzenarten (Jaguar, Puma u.a.) kann man hier antreffen, sie sind aber sehr scheu und zeigen sich selten. Besorgniserregend ist das Megaprojekt des mexikanischen Präsidenten

Die mächtige Estructura II an der Gran Plaza

Obrador, einen Touristenzug, den *Tren Maya,* durch das Gebiet führen zu lassen, Biologen warnen vor irreparablen ökologischen und sozialen Schäden.

Viele Jahre Arbeit liegen hier noch vor den Archäologen. 2009 entdeckte man im Innern einer Pyramide ein Wandgemälde, das Details aus dem Alltag der einfachen Bevölkerung darstellt, also ausnahmsweise einmal nicht nur Herrscher und Krieger zeigt. Noch jüngerem Datums, nämlich von 2015, ist eine weitere sensationelle Entdeckung: Unter den Pyramiden gab es noch eine andere Maya-Welt, ein Höhlensystem, das sich über mehrere Kilometer erstreckt. Die Malereien, Knochen und sonstigen Funde vor Ort deuten auf ein unterirdisches Zeremonialzentrum hin. Ob Calakmul einmal *die* Touristenattraktion des südlichen Yucatáns wird, bleibt offen, gegenwärtig sind die Besucherzahlen jedenfalls am Steigen. Beim Rundgang ist der INAH-miniguía behilflich (im Besucherzentrum zu erstehen), im Gelände selbst gibt es Lage- und Erklärungstafeln.

Weitere Maya-Stätten

Weitere, kleinere Stätten entlang der Mex 186 (s. Klappenkarte hinten) bis Chetumal sind **Balamkú, Chicanná, Becán** und **Xpuhil** sowie die im Bundesstaat Quintana Roo gelegene **Río Bec, Dzibanché/Kinichná** und das sehenswerte **Kohunlich** (2 m hohe, frühklassische Stuckmasken ▶). In der reizvollen Anlage **Chicanná** lässt sich der **Chenes-Stil** bewundern. Dieser zeichnet sich vor allem durch Eingänge in Form von überdimensionalen Schlangen- oder Monsterrachen aus, die Portale zur Unterwelt symbolisieren. Alle sind tägl. von 8–17 Uhr geöffnet und kosten um die 60 Ps Eintritt, Kohunlich 70 Ps.

Unterkunft Wer frühmorgens an einer der Stätten sein möchte: Das **Hotel Puerta Calakmul** liegt am Beginn der Stichstraße nach Calakmul, aber auch unweit der kleineren Stätten an der Mex 186. 15 geräumige Palapa-Villas aus Naturmaterialien, mit Bad und Dschungel-Dekor inmitten des Waldes, gutes Restaurant, Tel. 9988922624, www.puertacalakmul.com.mx. DZ/F zw. 190 u. 210 US$, je nach Saison. Wesentlich günstiger ist eine Übernachtung in **Xpuhil** (auch: **Xpujil**), ein unscheinbarer Ort mit Geldautomaten, Tankstelle und Supermarkt, an dessen Rand in Gehweite die gleichnamige Maya-Stätte liegt. Hier einige wenige Hotels, wir empfehlen **Hotel Chaak Calakmul** an MEX 269, gleich bei der Gabelung MEX 186, Tel. 9831024305, DZ ca. 500 Ps, Parkmöglichkeit, bei Bedarf auch Privattransport nach Calakmul und zu anderen Stätten. Einfach, aber die Besitzer, Oscar und seine Familie, sind ausgesprochen freundlich und hilfsbereit; Oscar jr. betreut in fließendem Englisch.

Die anliegende und nicht zu verachtende **Pizzería La Pizzeta** gehört denselben Besitzern, deshalb hat jeder Neuankömmling dort erst mal ein Getränk frei.

Um als Selbstorganisierer in der Gegend mobil zu sein, sollte man auf jeden Fall einen Wagen mieten und den Tank immer voll halten, denn Tankstellen sind rar. Weitere Infos auf www.visitcalakmul.com. Der nächstgelegene Flughafen befindet sich in Chetumal.

Cenote Miguel Colorado

Wer über Escárcega muss, wo die MEX 261 und MEX 186 aufeinanderstoßen (es gibt ansonsten dort rein gar nichts zu sehen), sollte unbedingt ca. 30 km nördlich (Abzweigung von der MEX 261 nach Miguel Colorado) einen sehr lohnenden Abstecher zum **Cenote Miguel Colorado** einplanen. Der Durchmesser beträgt rund 250 m und die Steilwände sind 80 m hoch. Sein Wasser schimmert smaragdgrün und auf den umliegenden Ästen springen die Brüllaffen herum. Für Schwimmer sehr angenehm, das Wasser ist nicht kalt; man kann auch mit einem Kajak paddeln, den Cenote per Drahtseil überfliegen oder einen Rundgang durch das geschützte Gelände machen. 3–4 Stunden sind nicht zu viel. Eintritt 75 bzw. 150 Ps mit Ziplining. Hin mit einem Taxi oder Mototaxi.

Cenote Miguel Colorado

Unterkunft Wer in Escárcega übernachten will, dem empfiehlt sich das **Global Express Hotel,** MEX 186 km 152 (unweit des ADO-Terminals), Tel. 9828240424, auf Facebook. DZ ca. 800 Ps, modern, sauber, freundlich.

Interessantes zwischen Campeche und Mérida

Unterirdisches Hüteflechten in Becal

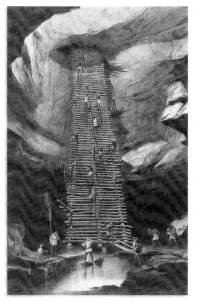

In **Hekelchacán,** nach 75 km auf der Mex 180, gibt es am Zócalo ein kleines Museum (Mo geschl.) mit den berühmten kleinen Tonfiguren, die die Maya der gleich vor der Küste liegenden **Insel Jaina** zur Totenbestattung verwendeten.

Ca. 30 km weiter liegt **Becal,** dort werden in feuchten Kalksteinhöhlen die weißen ◀ **Panamahüte** (auch *Jipijapa* genannt) aus Fasern der Guano-Palme geflochten.

Wer den südlichen Umweg über die Mex 261 nach Mérida nimmt (an dieser Strecke liegt die Ruinenstätte Uxmal), kann unterwegs noch weitere Erkundigungen machen. Unweit der verschlafenen Kleinstadt **Hopelchen** – in der Gegend leben deutschstämmige Mennoniten, die dort ihre Agrarprodukte vermarkten – gelangt man zu der (allerdings kaum besuchten) Mayastätte **Santa Rosa Xtampak,** ehemals ein städtisches Zentrum der Maya mit mehr als 10.000 Bewohnern, heute nur für absolut Maya-Begeisterte einen Besuch wert (tägl. 8–17 Uhr, Eintritt 45 Ps).

Ebenfalls auf dieser Route liegt ein noch wenig erforschtes Höhlensystem, die **Grutas de Xtacumbilxunán.** Besuchen kann man sie Di–So von 10–17 Uhr. Im Innern Stalakmiten und Stalaktiten (wie das bei Höhlen so üblich ist) und natürlich Wasser. Es ist jene Höhle, von der der Zeichner *Frederick Catherwood* im 19. Jh. eine berühmte Zeichnung ◀ anfertigte.

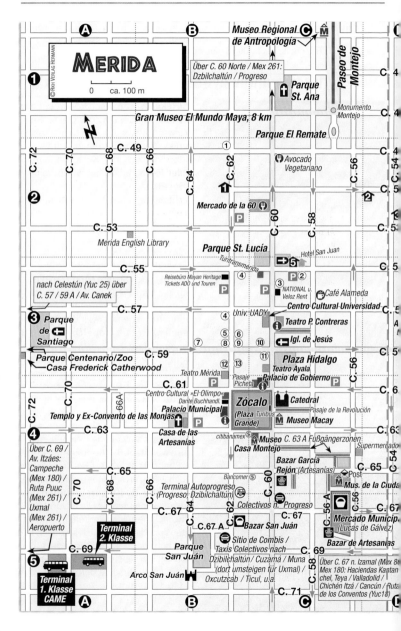

Museo Regional de Antropología

MERIDA

0   ca. 100 m

Über C. 60 Norte / Mex 261: Dzibilchaltún / Progreso

Parque St. Ana

Paseo de Montejo

Monumento Montejo

Gran Museo El Mundo Maya, 8 km

Parque El Remate

Avocado Vegetariano

Mercado de la 60

Merida English Library

Parque St. Lucía

Turitransmérida

Hotel San Juan

nach Celestún (Yuc 25) über C. 57 / 59 A / Av. Canek

Reisebüro Mayan Heritage Tickets ADO und Touren

NATIONAL u. Veloz Rent

Café Alameda

Centro Cultural Universidad

Parque de Santiago

Univ. UADY

Teatro P. Contreras

Igl. de Jesús

Parque Centenario/Zoo
Casa Frederick Catherwood

Plaza Hidalgo
Teatro Ayala

Teatro Mérida

Pasaje Picheta

Palacio de Gobierno

Centro Cultural »El Olimpo«
Dante Buchhandl.
Palacio Municipal

Zócalo
(Plaza Turibus Grande)

Catedral

Pasaje de la Revolución

Museo Macay

Templo y Ex-Convento de las Monjas

Casa de las Artesanías

citibanamex

Museo C. 63 A Fußgängerzonen
Casa Montejo

Supermercado

Über C. 69 / Av. Itzáes: Campeche (Mex 180) / Ruta Puuc (Mex 261) / Uxmal (Mex 261) / Aeropuerto

Bazar García Rejón (Artesanías)

Bancomer

Terminal Autoprogreso (Progreso, Dzibilchaltún)

Colectivos n. Progreso

Post

Mus. de la Ciuda

Mercado Municip (Lucas de Gálvez)

Bazar de Artesanías

Terminal 2. Klasse

Parque San Juán

Bazar San Juán

Sitio de Combis / Taxis Colectivos nach Dzibilchaltún / Cuzamá / Muna (dort umsteigen für Uxmal) / Oxcutzcab / Ticul, u.a.

Terminal 1. Klasse CAME

Arco San Juán

Über C. 67 n. Izamal (Mex 8) Mex 180: Haciendas Kantan chel, Teya / Valladolid / Chichén Itzá / Cancún / Ruta de los Conventos (Yuc18)

© ROH VERLAG HERMANN

C. 43

🏠 Hotels

1 Nómadas Hostel
2 Hotel del Peregrino
3 Hotel Julamis
4 Casa Ana B&B
5 Hotel Luz en Yucatán
6 Hotel Dolores Alba

① Restaurants

① Negrita cantina [B2]
② Pita Medit. Cuisine [C3]
③ El Nuevo Tucho [C3]
④ 2x La Chaya Maya [B3]
⑤ Bierhaus [B3]
⑥ El Marlín Azul [B3]
⑦ Pizza & Pasta [B3]
⑧ La Casta Diviana [B3]
⑨ Café La Habana [B3]
⑩ Amaro [C3]
⑪ La Fogatta [C3]
⑫ El Trapiche [B3]
⑬ Casa Maya [B3]

C. 52

C. 50

❷

*Estación
e Trenes*
(Bahnhof)

*de la Canción
a (zw. 50 u. 48)*

*de
ular
ndros*

**Parque de
Mejorada**

❸

C. 52

C. 50

*Colectivos
Valladolid*

❹

**Term.
Oriente**

**Terminal
Noreste**

*Celestún, Tizimín,
Lagartos,
kutzcab,
zamá,
mal u.a.)*

❺

C. 50

Bundesstaat Yucatán

Mérida

Bei Mérida, der Hauptstadt des Bundesstaates Yucatán (rund 900.000 Ew.), scheiden sich die Geister: Während die einen sich immer noch für die „stimmungsvolle Kolonialstadt" begeistern können, stören sich die anderen an den verstopften Straßen und der fast dauerhaft drückenden Hitze. Sicher ist: ihren Beinamen *Ciudad Blanca* – „weiße Stadt" verdient sie heute nicht mehr. Doch das reichhaltige kulturelle Angebot der Stadt und die interessanten Umgebungsziele können den Aufenthalt allemal zu einem Erlebnis machen.

Der Aufstieg Méridas

Bereits 1527 versuchte **Francisco de Montejo y León** („El Adelantado") Yucatán zu erobern – doch ohne Erfolg! Erst sein gleichnamiger Sohn („El Mozo" – der Jüngling) erreichte das koloniale Unterwerfungsziel und gründete am 6. Jan. 1542, auf den Resten einer alten Maya-Ansiedlung, die Stadt **Mérida.** Diese entwickelte sich bald zum militärischen, politischen und wirtschaftlichen Zentrum der gesamten Yucatán-Halbinsel.

5

*Willkommen in Mérida –
im Hintergrund die Kathedrale*

Im 17. und 18. Jahrhundert wurde die Stadtgrenze durch 7 Tor-bogen *(arcos)* markiert, von denen noch drei stehen. Nachdem der Sisal-Boom (s.S. 311), der im 19. Jh. viel Geld in die Stadt gespült hatte, ebenso plötzlich versiegte wie er begann, lebt Mérida heute von verarbeitender Industrie und Tourismus.

Orientierung   Méridas Einbahnstraßen verlaufen im Gitterraster, doch gibt es kaum Straßennamen. Adressen werden meist so geschrieben: Calle 61 x 60 y 58, d.h., ein Haus liegt in der Straße 61 zwischen (entre) den Calles 60 und 58. Hauptstraßen sind die Calles 59 und 60, der Zócalo wird von den Calles 63 und 61 sowie von 60 und 62 eingeschlossen. Die breite Prachtstraße im Norden der Stadt ist der Paseo de Montejo. Dort stehen große Villen aus der reichen Sisalzeit, befindet sich das Anthropologische Museum (Museo Cantón), gibt es teure Hotels und Restaurants. Das Innenstadt-Leben spielt sich hauptsächlich vom Zócalo nördlich entlang der Calle 60 ab, dort liegen die meisten Hotels, Restaurants, Geschäfte etc.

Stadttouren   Mérida kann man mit einem **Turibus** auf mehreren Routen besich-tigen, Haupthaltestelle *(parada)* ist an der Kathedrale. Häufige Ab-fahrtszeiten, Dauer der Rundtour etwa 1 Std. 45 Min., 120 Ps, weitere Details auf www.turibusmerida.com, Tel. 9999207636. Es warten auch Pferdekutscher auf Kundschaft. Außerdem startet morgens um 9.30 Uhr eine kostenlose span./engl. Führung vom Touristenbüro am Zócalo (Palacio Municipal). Fragen Sie dort nach.

Rund um den Zócalo [B/C4]

Der **Zócalo** *(Plaza de la Independencia* oder *Plaza Principal)* ist wie überall in Mexiko das Herz der Stadt. Hier kann man unter Lorbeer-bäumen spazierengehen oder man setzt sich auf einen der *confi-denciales,* S-förmige Steinbänke, die sich bestens für Gespräche von Angesicht zu Angesicht eignen.

An der Nordseite befindet sich an der Ecke mit Calle 60 der **Pala-cio de Gobierno,** ein Bau im neo-klassizistischen Stil. Im Treppen-aufgang ein ◀ Wandbild mit dem Motiv der Entstehung der Maya-Menschen aus Mais, im *Salón de Historia* im ersten Stock sehens-werte große Gemälde des loka-len Malers *Fernando Castro Pa-checo* zur leidvollen Geschichte Yucatáns. Im Hof *baños publicos.*

Kathedrale	Die mächtige **Catedral San Idefonso** (12–16 Uhr geschl.) an der Ostseite des Platzes ist die älteste Kathedrale auf dem nordamerikanischen Kontinent, erbaut zwischen 1561 und 1598. Das ist eine Rekordzeit bei Kathedralen. Der massige Baukörper, die strenge Geometrie und die schmucklose Frontfassade mit ihren drei Renaissance-Portalen erinnern an eine

Wehrkirche. Auch das Innere ist schlicht und wuchtig. Religiöse Kostbarkeit ist der **schwarze Cristo de las Ampollas** („Christus der Brandblasen") von 1645 ganz hinten links in einer Seitenkapelle. Während der Mexikanischen Revolution 1910–17 wurde die Kathedrale gestürmt

und die gesamte Einrichtung schwer beschädigt. Heute findet hier jeden Freitag- und Samstagabend um 21 Uhr das sogenannte ◄ **Videomapping** statt: Eine audiovisuelle Reise in bunten Bildern wird auf die Fassade projiziert, musikalisch begleitet von Méridas Stadtchor.

Gleich südlich anschließend das ehemalige Haus des Bischofs *Diego de Landa* (s.S. 279), heute beherbergt es das sehenswerte *Museo de Arte Contemporáneo Ateneo de Yucatán*, das **Museo Macay** (tägl. außer Di 10–18 Uhr, Eintritt frei) mit wechselnden Kunst- und Gemäldeausstellungen.

Museo Casa Montejo	Das **Museo Casa Montejo** an der Südseite des Zócalo ist die einstige Residenz des Stadtgründers Francisco de Montejo y León und heute eines von Citibanamex gesponsorten Museen in Mexiko. Ein Rundgang durch das herrschaftliche Wohnhaus mit seinen Einrichtungen lohnt (Di-Sa 10–19 Uhr, So 10–14 Uhr, gratis). Erbaut wurde das wohl älteste Gebäude der Stadt vermutlich zwischen 1543 und 1549. Beeindruckend ist an der Fassade vor allem das hohe, plantereske Portal mit einem kleinen Balkon. Der bärtige, vollplastische Kopf links darunter stellt Montejo dar. Des Weiteren sind oben links und rechts der Tür spanische Konquistadoren mit Hellebarden in Siegespose zu sehen: triumphierend stehen sie auf abgeschlagenen Köpfen besiegter Maya. Das Gebäude dient auch als Projektionsfläche für abendliches audiovisuelles Videomapping.
Palacio Municipal	An der Westseite begrenzt den Platz das Rathaus, der **Palacio Municipal.** Er wurde 1735 im spanisch-maurischen Stil mit doppelten Arkaden und einem Uhrenturm erbaut. Interessant sind zwei Murales links und rechts des Eingangs und weitere Wandgemälde in den oberen Stockwerken. Abends ist es Schauplatz regelmäßiger Vorführungen

Hängematten – *hamacas*

Hängematten findet man in praktisch allen tropischen Gegenden Mexikos, *hamacas* sind der Inbegriff für Muse und Entspannung bei drückender Schwüle. Das eigentliche Hängematten-Zentrum Mexikos ist Mérida, dort sucht man am besten ein spezielles Hängematten-Geschäft auf und lässt sich fachlich beraten. Als Material stehen Nylon (Vorteil: geringes Gewicht und pflegeleicht), Sisal (gibt es nur noch selten) oder Baumwolle *(algodón)* zur Auswahl. Das Knüpfmuster muss auf jeden Fall gleichmäßig sein. Je mehr Maschen geknüpft wurden, desto besser liegt man. Ausschlaggebend für den Liegekomfort ist die Breite der Hängematte, eine *doble* ist bequemer als eine *sencillo*. Ganz breite heißen *familiar, matrimonial* oder *hamaca de cuadro cajas*. Alle sollten sie recht lang sein. Wenn man sich ein wenig diagonal reinlegt, liegt man wesentlich bequemer.

Beliebte Hängematten-Läden in Mérida:
Hamacas el Aguacate, Calle 58 Nr. 604 x 73, 🅕 hamacas.elaguacate
Hammocks Rada, C. 60 Nr. 527-A x 65 u. 67, https://mayans.com/
La Poblana, C. 65 Nr. 492 x 58 u. 60, www.hamacaslapoblana.com

Yucatáns Troubadoure und Jarana-Tänzer

Ende des 19. Jahrhunderts entwickelte sich in Yucatán eine spezielle Form von Musik und Balladenliedern, die als **trova yucateca** bekannt wurde. Sie vereint spanische, karibische und mestizische Klänge mit Lyrik und Poesie und wird von Gitarrentrios oder Solisten vorgetragen. Dokumentiert ist die Geschichte der Trova im kleinen **Museo de la Canción Yucateca** in der Calle 57 zw. 50 u. 48 (s. D3, Di–Fr 9–17 Uhr, am Wochenende bis 15 Uhr; Infomaterial auch auf Englisch; mehr was für besonders Musikbegeisterte). Wer heute ein erfolgreicher Trova-Künstler werden möchte, muss erst einmal die „Feuerprobe" im **Parque de Santa Lucía** (B2, Calles 55/60,) bestehen, wo jeden Donnerstagabend vor dichtgedrängter Zuhörerschaft gesungen, musiziert und rezitiert wird. Beschlossen wird der Abend mit der **Jarana Yucateca,** ein „lustiger" und „fröhlicher" Tanz (so die Wortbedeutung von „Jarana"), der spanische und prähispanische Traditionen vereint. Sobald ein *Jaranero* das Wort „bomba" ruft, setzt die Musik aus und einer der Tänzer macht seiner Partnerin lauthals Komplimente. Kein Wunder, denn in ihrer schönen Tanztracht, dem *terno de gala,* sieht sie natürlich besonders hübsch aus. Doch auch er steht nicht nach: kurzärmliges *guayabera*-Hemd, *manta*-Hose und *jipijapa*-Hut – alles ganz in weiß – lassen ihn durchaus elegant wirken. Einziger Farbtupfer ist das *paliacate,* ein rotes Tüchlein, das aus einer Tasche lugt. Die Jarana zu beherrschen und gekonnt vorzuführen braucht viel Erfahrung, weshalb die Yucatecos schon von klein auf mit dem Üben beginnen. Es ist der Nationaltanz Yucatáns.

Tanzvor-führung vor dem Rathaus

(Details s.u.„Kulturprogramm"). Angeschlossen an den Palacio Muni-cipal ist das **Centro Cultural „El Olimpo"** (Programm beachten, es ist immer was los).

Vom Zócalo in Richtung Norden

An der kleinen **Plaza Hidalgo** (Calle 60/59, C3) ist immer was los. Diesen Platz umrahmen Cafés, Restaurants und Hotels, gelegentlich wird Marimba gespielt, Verkäufer sind unterwegs und manchmal bieten deutschstämmige Mennoniten ihren Käse an. In der gegen-überliegenden **Iglesia de Jesús** sind schöne Fresken zu sehen. Nur wenig weiter stößt man auf einen mächtigen Bau mit Außensäulen, es ist das **Teatro José Peón Contreras.** Das einstige *Colegio San Javier* wurde in neoklassizistischem Stil umgebaut, 1908 eröffnet und nach dem bedeutenden yucatekischen Dramaturg Contreras benannt. Kultur gibt es auch auf der anderen Straßenseite im Uni-Kulturzentrum, sehen Sie das Programm ein.

Paseo de Montejo und Anthropologi-sches Museum

Der Stadtgründer wurde mit der baumbestandenen Prachtstraße **Paseo de Montejo** [C1] geehrt – Méridas Antwort auf den Pariser Champs-Elysées. Respektable Herrschaftshäuser im französischen Stil zeugen vom einstigen Reichtum der Sisalbarone. Auch heute ist es eine teure Zone: große Hotels, Banken, Top-Restaurants und Luxus-geschäfte haben sich hier angesiedelt. Ein paar hundert Meter weiter oben steht in der Straßenmitte das halbkreisförmige **Monumento a la Patria,** das symbolhaft Episoden der mexikanischen Geschichte darstellt. Ein Prachtbau ist der „Palacio Cantón" aus dem beginnenden 20. Jahrhundert, der das **Museo Regional de Antropología** [C1] beherbergt (Nr. 485/Ecke C. 43, Di–So 8–17 Uhr), das vor allem Wanderausstellungen rund um Themen der prähispanischen Kulturen zeigt.

El Gran Museo del Mundo Maya

Das **El Gran Museo del Mundo Maya** (tägl. außer Di 8–17 Uhr, Eintritt 150 Ps, 9 km nördl. des Zentrums an der Straße nach Progreso, 60 Nte 299E, www.granmuseodelmundomaya.com.mx) ist nett für Laien, da es in Sälen mit teils interaktiven Objekten eine allgemeine Einführung (fast nur auf Spanisch) in die Maya-Welt liefert, enttäuscht aber Kenner, für die das Innere weder dem vielversprechenden Namen noch dem bombastischen Äußeren gerecht wird. Das gewaltige Gebäude besteht im Eingangsbereich aus einem riesigen Metall-Dom, der den heiligen Ceiba-Baum darstellt. Neben diversen Wanderausstellungen enthält das Museum vier Hauptabteilungen: *El Mayab Naturaleza y Cultura* geografisches Gesamtgebiet der Maya-Kultur), *Mayas de Hoy* (gegenwärtige Maya), *Mayas de Ayer* (Schicksal der Maya während der Kolonialzeit und nach der Unabhängigkeit Mexikos) sowie *Mayas Ancestrales* (Höhen und Tiefen der alten Hochkulturen).

Gezeigt werden aberhunderte Artefakte, Fotos, Schaubilder, Keramiken, Urnen, Stelen und Opfergaben, die einst in die Cenotes (s.S. 277) der Halbinsel geworfen wurden. Eine Zeitreise durch die Jahrtausende!

Weitere Museen

Das kleine **Museo de Arte Popular** [D3], Calle 50A Nr. 487 x C. 57 (Di–Sa 9.30–18.30 Uhr, So 9–14 Uhr) zeigt Trachten, Masken, Webwaren u.a. aus Yucatán und anderen Gegenden Mexikos.

Im **Museo de la Ciudad** [C4], Calle 56 Nr. 529 x 65 u. 65A (Di–Fr 9–18 Uhr, Sa/So bis 14 Uhr) sind Dokumente, Graphiken und weitere Exponate zur Stadtgeschichte ausgestellt.

Kulturprogramm

Mérida bietet allabendlich Folklore-Veranstaltungen, Open-air-Konzerte oder Musik- und Tanzdarbietungen. Aktuelle Programmhinweise bei Touri-Info-Stellen und auf den unten genannten Homepages. Mehr oder weniger regelmäßig finden die folgenden Aufführungen statt:

El Gran Museo del Mundo Maya

Montag, 21 Uhr: Musik und Tänze vor dem Palacio Municipal

Dienstag, 20.30 Uhr: Jung und alt schwingt das Tanzbein im Parque de Santiago (A3, Calle 57 x 70 u. 72)

Mittwoch 21 Uhr: *Noche de las Culturas*, Zócalo; um 20 Uhr kann man sich auch einer geführten Friedhofstour (kostenlos) anschließen (C. 66 diagonal x 90)

Donnerstag, 21 Uhr: Serenata Yucateca im Parque Santa Lucía (s.o.)

Freitag, 20 Uhr: Prähispanisches *Juego de Pelota* am Palacio Municipal/Zócalo

Samstag, 20 Uhr: *Noche Mexicana*. Mexikanische Musik und Tanz, Paseo de Montejo, Parque El Remate [C1] zw. Calles 47 u. 49

Sonntag, 9–21 Uhr: *Mérida en Domingo*, der wöchentliche Höhepunkt. Musik und *tianguis* (Markt) auf dem Zócalo und Parque Santa Lucía, Tänze vor dem Palacio Municipal. Die Calle 60 ist gesperrt und wird Fiesta-Piste.

Adressen & Service Mérida

Turismo
Hauptstelle ist im Palacio Municipal am Zócalo, Tel. 9420000 ext. 80119. Eine weitere Info-Stelle in der Avenida Paseo de Montejo x Avenida Colón (C. 56A, Tel. 9999204044), beide öffnen Mo–So 8–20 Uhr. Weitere *Módulos de Información Turística* am Flughafen und im Busterminal 1. Klasse.

Polizei
Die **Touristenpolizei** hat mehrere Kontaktstellen im Zentrum, u.a. im Parque Hidalgo und im Parque de Santa Lucía. Man erkennt sie an ihrer weiß-blauen Uniform, ihre *módulos* sind grün (tägl. 8–20 Uhr, Tel. 9999420060) und einige fahren in blauen Elektro-Mini-Cars durch die Straßen.

Mehr Infos, Notruf- und Kultur-Telefonnummern auf der Seite www.merida.gob.mx/municipio/sitiosphp/merida/php/orientacion.phpx

Webseiten
www.merida.gob.mx/capitalcultural (Seite der Stadtverwaltung), ziemlich komplett, unter dem Link „eventos" findet man den **aktuellen Veranstaltungskalender**

http://yucatantoday.com (mit vielen Infos für Besuche, Restaurants u.a.; auch als Printversion beim Turismo erhältlich)

www.yucatantoday.com

www.yucatanliving.com

Infos zu **archäologischen Stätten** (auch auf Deutsch): http://yucatan.travel/arqueologia

Sisal-Haciendas: s.u. www.haciendasenyucatan.com

Unterkunft
Günstigere Unterkünfte befinden sich i.d.R. in Zócalo-Nähe, oft handelt es sich um alte Kolonialgebäude (straßenseitige Zimmer sind laut), teure Hotels gibt es entlang des Paseo de Montejo nördlich des Zentrums. Saison ist von Weihnachten bis Ostern, dann ist vieles ausgebucht, in der Nebensaison kann man erhebliche Rabatte aushandeln. Besonders im schwülheißen Sommer ist eine Klimaanlage so gut wie unverzichtbar. Billigere Zimmer haben meist nur einen Ventilator.

Hinweis: Eine Konzentration an Unterkünften aller Preisklassen findet man um den zentral gelegenen Parque Santa Lucía. Auch für **Autofahrer** vorteilhaft, da es dort Parkplätze gibt.

5

Nómadas Hostel € (B2, C. 62/Ecke C. 51, Nr. 433, https://nomadashostel.mx. Diverse Zimmer mit Preisen s. Homepage, großer Pool, Gästeküche, Lockers etc. Touren nach Chichén Itzá, Uxmal, Cenotes u.a.

Hotel Julamis €€ (D2, C. 53 Nr. 475 x 52 u. 54, www.hoteljulamis.com). Sehr schönes kleines Hotel mit geschmackvoll eingerichteten Zimmern und mit inbegriffenem, hervorragendem Frühstück vom Besitzer Alex.

Casa Ana B&B €€ (D2, C. 52 Nr. 469, x 51 u. 53, www.casaana.com). Wenige Zimmer, Minimum 2 Nächte, gutes Preis-Leistungsverhältnis, kleiner Pool im tropischen Garten.

Hotel Dolores Alba €€ (C3, C. 55 Nr. 464 x 52 u. 54, Tel. 9999285650, www. doloresalba.com). Hotelneubau hinter dem kolonialen Altbau, 95 ruhige, schöne große Zi. mit Vent./AC auf 3 Geschossen um einen gepflegten Pool, sicheres Parken im Hof möglich (anmelden!). Die Besitzer betreiben außerdem das gleichnamige Hotel an den Chichén-Itzá-Ruinen, Reservierung für dort ist möglich.

Das Hotel del Peregrino €€€ (D2, C. 51 Nr. 488 x 56 u. 54, www.hoteldel peregrino.com) ist ein renoviertes, blitzsauberes Kolonialhaus in ruhiger Lage. Komfortable Zimmer, freundliche (engl.-sprachige) Eigentümer und vor allem ein herrliches Frühstück. – TIPP!

Hotel Luz en Yucatán €€€ (C3, Plaza Lucía, C. 55 Nr. 499 x 60 u. 58, www.luzen yucatan.com/es), ein bildschönes, stilvolles Gästehaus mit großzügigen Zimmern und voll eingerichteten Apartments, Garten, Pool, Ruhezonen, Gästküche (kein Restaurant), US-Betreiber; das Haus war einst Teil der Sta.-Lucía-Kirche. – Gleich nebenan das günstigere Hotel San Juan.

Groß- und Luxushotels am Paseo de Montejo, z.B. das **Hotel El Español Paseo de Montejo** €€€, www.elespanoldemontejo.com.mx, oder das **Fiesta Inn Mérida** €€€, www.fiestainn.com/es/web/fiesta-inn-merida

Außerhalb der Stadt kann man sich auch in ehemalige Sisal-Haciendas einmieten, die zu exklusiven Hotels (meist auch mit Gourmet-Restaurants) umgebaut wurden. Sehr schön ist die **Hacienda Santa Cruz** €€€, die man auch einfach nur besichtigen kann, www.haciendasantacruz.com.

Essen & Trinken　Méridas Gastronomieangebot ist äußerst vielfältig. Yucatekisches sollten Sie auf jeden Fall mal probieren (s.S. 278). In Mérida ist es üblich, ein Trinkgeld in Höhe von 15% direkt auf die Rechnung aufzuschlagen.

Sehr beliebt ist **La Chaya Maya,** Calle 62 Ecke 57 [B3], oder Calle 55 x 60 u. 62 [B3], authentische Yucateca-Küche, Tortillas werden frisch zubereitet, www. lachayamaya.com. – Eine kleine Adresse für Fischgerichte ist **El Marlin Azul,** Calle 62 Nr. 488 [B3], oder gleiche Straße Richtung Zócalo, auf der Ecke: **La Casta Diviana** [B3]. – **Restaurante Amaro,** Calle 59 Nr. 507 x 60 u. 62 [C3]. Schöner Innenhof, viele gute Gerichte, auch Ausgefallenes und Vegetarisches, u.a. *berenjena meshe* (Auberginen), *chaya* (Maya-Spinat) oder Avocado-Pizza. Gehoben.

Italienisch: Gute Holzofenpizzas bei **La Fogatta,** C. 59 Nr. 504 x 60 u. 62. – *Deutsch-Mexikanisch:* **Bierhaus,** C. 62 Nr. 487 x 57 u. 59 [B3], umfangreiche Bierkarte, Mi u. So Livemusik. – *Comida Regional/Yucateca:* **El Trapiche,** C. 62, x 59 u. 61 [B3], zocalonah und günstig. – Gleich gegenüber, in einem schönen Innenhof mit Kunstgalerie: **Casa Maya** [B3]. – *Mittelmeerküche* (israelischer Koch) im **Pita Mediterranean Cuisine,** C. 55 zw. 58 u. 60 [C3], der beste Hummus aller Zeiten!

TIPP: In **Eladios Bar,** mehrere Zweigstellen, eine in der Calle 59/Ecke C. 44 Nr. 425 (außerhalb des Stadtplans), tägl. 11.30–21 Uhr, www.eladios.com.mx, bekommt man zum Bier jede Menge *botanas regionales* gratis dazu, das sind ausgefallene Häppchen wie z.B. *papazules* (Tortillas mit Kürbiskernsoße) – allein davon kann man sich satt essen. Livemusik.

Für den späten Hunger geht man zum **Mercado de la 60,** C. 60 Nr. 461 [C2], ein *Mercado Gourmet* mit Nachtbetrieb (18–02.30 Uhr). Viele Stände, Musikgruppen, www.mercado60.com

Unterhaltung   Wem das obige städtische Kulturprogramm nicht zusagt, der muss trotzdem nicht verzweifeln: Zahllose Musikkneipen, Discos, Nightclubs, Bars und Kinos lassen keine Langeweile aufkommen. Zu finden sind sie u.a. entlang der Calle 60: **El Nuevo Tucho** (x 55 u. 57, C3) ist ein volkstümliches großes Restaurant mit Musik- und Unterhaltungshows. Live-Musik oft auch im (Außen-)Café des *Teatro José Peón Contreras,* schräg gegenüber. Das **Bierhaus** (s.o.) bietet Mi u. So Livemusik. Eine tolle Atmosphäre bietet das **Negrita cantina,** C. 62/Ecke 49 [B2], tägl. kubanische Live-Musik, schon ab 17 Uhr gerammelt voll (schließt um 22 Uhr)!

Feste   Das Festjahr beginnt in Mérida jeden 5. Januar mit dem Stadtgründungsfest **Mérida Fest,** dann gibt es ca. 20 Tage lang Veranstaltungen aller Art an mehreren Orten der Stadt. Weiter geht's von Gründonnerstag bis Aschermittwoch mit dem **Karneval.** Die größten Umzüge finden statt auf dem 13 km südlich des Zócalos liegenden Messegelände bzw. auf der *Plaza Carnaval* von **Xmatkuil.** Infos auf Flyern oder auf www.zonaturistica.com, www.yucatantoday.com u.a. Websites. Anfahrt am besten mit Taxi. Ein weiterer Höhepunkt sind die zwei Wochen, die auf den 27.09. folgen und mit Prozessionen, die u.a. dem *Cristo de las Ampollas* gewidmet sind.

Einkaufen   **Generell:** In Mérida lohnt das Vergleichen und Handeln sehr – dann erhält man häufig erstaunliche Rabatte!

Südöstlich des Zócalo um die Calles 65/67 und 54/56 [C5] befindet sich der bunte und erlebenswerte **Mercado Municipal El Grande,** hier wird von Mo–Sa alles angeboten, was man sich nur vorstellen kann! **Artesanías:** reichlich Auswahl im Touristenmarkt **Bazar García Rejón** (C. 60 x 65, C4). Die staatliche **Casa de las Artesanías** ist in der Calle 63 Nr. 503 x 64 u. 66 (B4, Ex-Convento de las Monjas, Mo–Sa 9–20, So bis 14 Uhr, Fixpreise!). Spezialist und Hersteller von *Guayabera-Hemden* ist **Guayaberas Jack,** C. 59 Nr. 507A x 60 u. 62 [C3], auf Facebook. Läden auch in der C. 62 x 57 u. 59. *Panama-Hüte,* die von Becal in Campeche kommen, führen Hut- und Bekleidungsgeschäfte.

Adressen für Hängematten siehe Exkurs oben.

Buchladen: **Librería Dante,** am Zócalo nördl. vom Palacio Municipal, eine Zweigstelle in der Calle 59 zw. 60 u. 62 [C3], www.libreriadante.com.mx/merida.html

Transport   Die Busterminals 1. Klasse (CAME) und 2. Klasse (TAME) liegen nebeneinander, etwa 1 km südwestlich vom Zócalo [A5], C. 70 x 69 u. 71 (bzw. TAME um die Ecke auf der 69). Unzählige Nah- und Fernziele. ADO u.a. Tickets sind auch in Reisebüros erhältlich, z.B. in der *Pasaje Picheta* an der Nordseite des Zócalo.

5

Nach **Chichén Itzá** (ca. 2 h) am besten mit **Oriente,** 2. Klasse, sie halten direkt vor dem Ruinen-Eingang, oder mit **ADO,** 1. Klasse, schneller, aber nur vier Fahrten pro Tag. Nach **Uxmal** entweder 2. Klasse direkt mit **ATS** oder **ADO** (etwa 5 Abfahrten am Tag) oder als Rundtour **„Ruta Puuc"** (außer Uxmal auch nach Labná, Xlapak, Sayil und Kabáh). Letzte Rückfahrt Uxmal – Mérida 14.30 Uhr. Bei diesen Zielen besser vorreservieren, die Nachfrage ist groß!

Nach **Izamal, Tizimin, Río Lagartos** u.a. vom *Terminal Noreste* [D5], Calle 67 x 50 u. 52. Nach **Celestún** vom *Terminal Oriente* [D4], Calle 50 x 65 u. 67 und auch vom Terminal Noreste.

Flughafen   Ca. 8 km südwestlich an der Mex 180, nur wenige internationale Flüge (in die USA), dafür ist Cancún besser. Für den Shuttle-Service von *Transporte Terrestre* ins Stadtzentrum einen Wertgutschein kaufen, sie bieten auch Abholservice vom Hotel zum Flughafen, Tel. 9999461529, www.transporteterrestrede merida.com/about.php.

Mietwagen   In Mérida lohnt es sich sehr, für Erkundigungen im Umland einen Wagen zu mieten, die Straßen sind gut. Es gibt über ein Dutzend Firmen in der Stadt, bessere Preise bei Reservierung übers Internet. Die größeren haben Zweigstellen am Flughafen, dort kann man gleich bei Ankunft vergleichen. Auch das Hotel Fiesta Americana (Paseo de Montejo) vereint mehrere unter einem Dach, z.B. Europcar/Hertz, Tel. 9999253548, www.europcar.com.mx, oder Executive (hat den Vorteil, dass sie an vielen Yucatán-Orten Zweigstellen betreiben), Tel. gebührenfrei 800-3007368, www.executive.com.mx. Im Zentrum weitere Anbieter, z.B. in der C. 60 x 55 u. 57. Hinweis: Die Super Carretera Mex 180 D nach Cancún kostet hohe Maut-Gebühren, ebenso die 305 D, die letzere mit Playa del Carmen verbindet!

Touranbieter   gibt es jede Menge, Angebote vielfach auch in Hotels aushängend. Alle Veranstalter bieten Touren in die nähere und weitere Umgebung. Eine Adresse unter vielen beim Parque St. Lucía: *Turitransmerida*, C. 55 Nr. 495-A, Tel. 9999281871, http://turitransmerida.com.mx; größeres Unternehmen, alle Nah- und mittleren Ziele.

Umgebungsziele von Mérida

Ein mehrtägiger Aufenthalt in Mérida lohnt sich, denn in der Umgebung gibt es vieles zu entdecken. Knapp 20 km nördlich der Stadt liegt die kleinere Stätte **Dzibilchaltún,** doch erstes Ziel und „Pflicht" eines jeden Mérida-Touristen ist das berühmte **Uxmal.** Viele weitere, nur teilweise freigelegte archäologische Anlagen können auf einer Rundtour besichtigt werden, die man **Ruta Puuc** getauft hat. Ideal kombinieren bzw. anschließend fortsetzen lässt sie sich mit der „Route der Klöster", der **Ruta de los Conventos.** Doch damit nicht genug: alte **Sisal-Haciendas** und der **Naturpark von Celestún** westlich von Mérida am Golf von Mexiko laden ebenfalls zu Erkundigungen ein. Wer nicht fest vorgebucht hat, mietet am besten einen Wagen und plant u.U. eine Übernachtung ein.

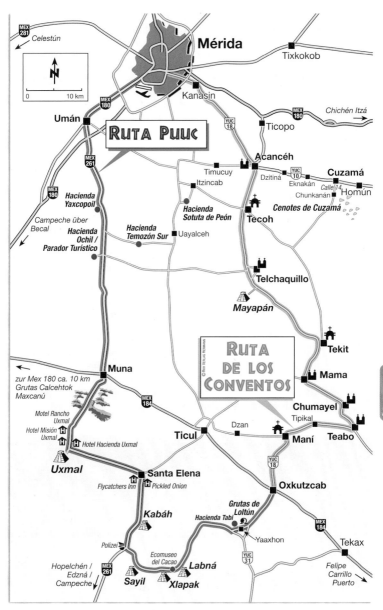

> **❶ Hinweis:** Zu beachten ist, dass bei den archäologischen Stätten neben der normalen INAH-Eintrittsgebühr (derzeit 85 Pesos) die Regierung des Staates Yucatán für die meist-besuchten archäologischen Stätten neben der normalen INAH-Eintrittsgebühr eine Sondergebühr verlangt, die für Ausländer bei Drucklegung – je nach Größe Bedeutung der Stätte – zwischen 86 und 338 Pesos liegt (die nachfolgenden Preisangaben umfassen diese Regierungssteuer bereits). Pyramiden-Besuche kommen in Yucatán also wesentlich teurer als anderswo. Selbstfahrer müssen sich auch auf Parkplatzgebühren einstellen bzw. dort, wo es nichts kostet, auf teils recht aufdringliche Autowächter.

Dzibilchaltún   Dzibilchaltún ist möglicherweise das älteste Maya-Zentrum in Nord-Yucatán, die Stätte war seit etwa 900 v.Chr. bis zur Ankunft der Spanier ununterbrochen bewohnt. Großartige Tempel oder Pyramiden bietet sie nicht, doch ist der Rundgang durchaus angenehm, im **Cenote Xlacah** kann man auch baden. Wichtigstes Bauwerk ist der **Templo de las Siete Muñecas,** dessen Eingänge und Fenster exakt auf den Ost-West-Einfall der Sonnenstrahlen der Tagundnachtgleiche im März und September ausgerichtet sind. An diesen Tagen „durchquert" die Sonne das Gebäude, und die Besucher strömen dann auch.

Geöffnet tägl. von 8–17 Uhr, das kleine **Museo** öffnet Di–So 9–16 Uhr, Eintritt 259 Ps, Anfahrt vom Busterminal Autoprogreso, C. 62 x 67 u. 65.

Uxmal

Uxmal (sprich „Usch-máll") liegt ca. 80 km südwestlich von Mérida (Fahrzeit etwas mehr als 1 Std.) und ist mit Chichén Itzá die bedeu-tendste aller Maya-Stätten Yucatáns. Tägl. 8–17 Uhr, Eintritt 461 Ps, Extragebühr für die abendliche „Licht- und Tonschau" (s.u.). Gutes Schuhwerk anziehen und für die lange Strecke eine Wasserflasche mitführen.

Die mächtige „Pyramide des Zauberers"

Besichtigungszeit ca. 2–3 Stunden, im Gelände gibt es Erklärungstafeln auf Spanisch, Englisch und Maya. Hinter der Kartenstelle liegt
rechts ein kleines **Museum** mit Uxmal-Funden und ein Restaurant,
auf der anderen Seite Geschäfte.

Unterkunft   Uxmal ist kein Ort, die auf der Karte verzeichneten Hotels sind hochpreisig,
günstige im 13 km entfernten Santa Elena (s.S. 308). Auf dem Gelände des
Hotels Hacienda Uxmal befindet sich das kleine *Museo del Chocolate* (täglich,
Eintritt, mehr darüber auf www.choco-storymexico.com) sowie ein touristisches Maya Planetario.

Licht- und   Allabendlich wird im Nonnen-Geviert (Cuadránglo de las Monjas) eine **„Luz
Tonschau**   **y Sonido"** Tonschau dargeboten. Dabei werden die Bauten von Scheinwerfern
abwechselnd farbig angestrahlt, dramaturgisch passend zur Erzählung und
zur Musik. Das Hörspiel schildert etwas langatmig die Entstehungsgeschichte
Uxmals, das Leben seiner Bewohner und Herrscher, die Kriegszüge und die
Anrufung *Chaaks* um Regen. Von Nov. bis März Beginn 19 Uhr, April bis Okt.
20 Uhr, Dauer 45 Minuten.

Harmonisches   Kennzeichnend für Uxmal sind neben Pyramiden sog. *Cuadránglos,*
Ganzes   große, rechteckige Plätze, um die Bauten gruppiert sind. Die (teils) rekonstruierten Gebäude sind überwiegend im **Puuc-Stil** errichtet.

Uxmals Architekturstil wirkt streng,
doch insgesamt harmonisch. Schon
der amerikanische Amateur-Archäo-
loge *John Lloyd Stephens,* der 1841 zusammen mit dem britischen Zeichner
Frederick Catherwood Uxmal besuchte, lobte dessen „Aura architektonischer Symmetrie und Großartigkeit".

Da das Grundwasser hier sehr tief
liegt, besaß Uxmal keine *Cenotes* (s.S.
277), sondern lediglich *Chultunes* (Zisternen). Die zentrale Bedeutung des
Wassers bzw. der Regenzeiten spie-
gelt sich in vielen Darstellungen des
rüsselnasigen **Regengottes Chaak** an
den Bauten wieder.

Puuc-Stil

Charakteristisch für den Puuc-Baustil (Blütezeit zw. 800 u. 1000 n.Chr.) sind schmuck-
lose, glatte untere Mauerflächen und überreich verzierte obere Bauteile (Friese, Gesimse, Türsturze). Als Wanddekor dienen
geometrische Ornamente (Dreiecke, Qua-
drate, Mäander-Bänder), zusammenge-
setzt aus zuvor präzis geschnittenen Ein-
zelsteinen. Beispielhaft ist das **Edifico
Norte** im Cuadrángulo de las Monjas (s.u.).
Ein weiteres Puuc-Charakteristikum sind
Masken des Regengottes Chaak.

Geschichtliches   Seine Blütezeit als dominierendes politisches, wirtschaftliches und
religiöses Zentrum der Region erlebte der Stadtstaat Uxmal zwischen
800 und 1000 n.Chr., zeitweilig gab es Allianzen mit **Chichén Itzá**
und **Mayapán** (s.S. 313). Alle größeren Bauten entstanden gegen
900 unter dem Regenten *Chan Chaak.* Die einstigen Bewohner der
Stätte verließen sie gegen 1200, zuvor waren aber die *Xiú,* eine aus
Zentralmexiko eingewanderte Toltekengruppe aufgetaucht und hatten den Kult des Wassergottes Tláloc (Chaak) und der „gefiederten
Schlange" Quetzalcóatl (Kukulkán) eingeführt. Die Xiú beherrschten

Uxmal und Mayapán bis in die Mitte des 15. Jahrhunderts. Danach lag Uxmal vergessen im Busch.

Über die dynastischen Verhältnisse der Stätte herrscht bis heute keine Gewissheit, ebensowenig über Sinn und Funktion der bestehenden Gebäude. Alle ihre Namen sind spätere Fantasiebezeichnungen. Die verwitterten Hieroglyphen auf Stelen und Steinplatten konnten bis jetzt nicht entziffert werden.

Pirámide del Adivino

Gleich hinterm Eingang erhebt sich unübersehbar Uxmals Wahrzeichen, die **„Pyramide des Zauberers"**. Mit ihrem ovalen Grundriss (85 x 50 m) ist sie ganz und gar einmalig in der Mayawelt. Der Name rührt von einer lokalen Legende, nach der die Pyramide von einem Zauberer in einer einzigen Nacht erbaut wurde. Nach fünf Überbauungen (8. bis 11. Jh.) betrug ihre Höhe schließlich 38 m – die dritthöchste Pyramide auf Yucatán. Der steile Neigungswinkel von etwa 60 Grad kommt auf einem Foto gut zur Geltung, wenn man die Treppe seitlich fotografiert. Besteigen darf man das Meisterwerk leider nicht.

Cuadrángulo de los Pájaros

Im Zentrum des direkt hinter der Pyramide liegenden, rekonstruierten Guacamaya-Hofs **„Viereck der Vögel"** steht eine Phallus-Säule – auch bei den Maya ein Symbol der Fruchtbarkeit. Blickt man auf die Pyramidentreppe, erkennt man an ihren Balustraden je sechs übers Eck gesetzte, großartige **Chaak-Masken.** Die Eingangsseite des oberen Chenes-Tempels ist in Form einer riesigen Maske gestaltet, das Portal stellt dabei den geöffneten Rachen dar. Nase und Augen befinden sich direkt darüber.

Die Westseite des Hofes durchbricht ein schönes Kragbogentor, die Friese rechts und links von ihm sind mit dicht aneinandergesetzten Halbsäulchen verblendet. Vorbild für dieses typische Stilelement der Puuc-Region waren wohl die zusammengebundenen Holzpfähle der Maya-Hütten.

Links des Tordurchgangs ein Anbau, dessen Fries mit Palmwedeln verziert ist. Die steinernen Vögel dort sind **Grünflügel-Aras** (Guacamayas), die dem Hof seinen Namen gaben. Der Längsgang des südlichen Anbaus mit den oben eingelassenen Rundhölzern ist ein perfektes Beispiel des Maya-Gewölbebogens.

Cuadrángulo de las Monjas

Das **„Nonnen-Geviert"** erhielt diesen Namen, weil es mit seinen vier langgestreckten Gebäuden auf drei unterschiedlichen Bauebenen einen spanischen Mönch an ein Nonnenkloster erinnerte. Gemäß der Maya-Zahlensymbolik und -mystik hat jeder der Flügelbauten eine andere ungerade Zahl an Türöffnungen (5, 7, 9 und 11).

Der mächtige, ca. 80 m breite Palast auf der Nordseite ist das Hauptgebäude **Edifico Norte.** Seine 11 Eingänge führen in 26 Räume. Als charakteristisches Beispiel des Puuc-Stils ist er unten schmucklos, der hohe Fries hingegen üppig dekoriert. Über dem

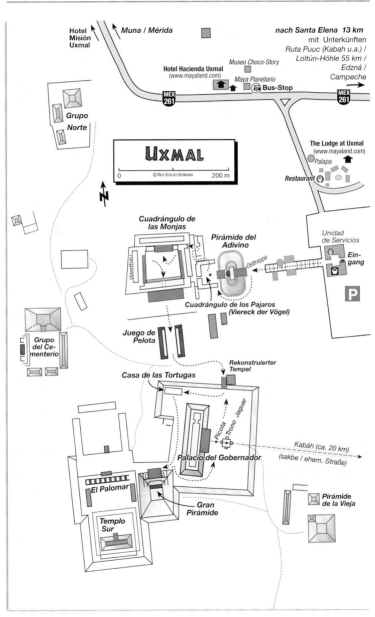

Hotel
Misión
Uxmal

Muna / Mérida

nach Santa Elena 13 km
mit Unterkünften
Ruta Puuc (Kabah u.a.) /
Loltún-Höhle 55 km /
Edzná /
Campeche

Museo Choco-Story

Hotel Hacienda Uxmal
(www.mayaland.com)

Maya Planetario

Bus-Stop

MEX 261

MEX 261

Grupo
Norte

UXMAL

0   © RKH VERLAG HERMANN   200 m

N

The Lodge at Uxmal
(www.mayaland.com)

Palapa

Restaurant

Cuadrángulo de
las Monjas

Pirámide del
Adivino

Osttreppe

Unidad
de Servicios

Ein-
gang

Westbau

P

Cuadrángulo de los Pajaros
(Viereck der Vögel)

Juego de
Pelota

Grupo
del Ce-
menterio

Rekonstruierter
Tempel

Casa de las Tortugas

Trono Jaguar

Picota

El Palomar

Kabáh (ca. 20 km)
(sakbe / ehem. Straße)

Palacio del Gobernador

Gran
Pirámide

Pirámide
de la Vieja

Templo
Sur

5

Nonnen-Viereck, Edificio Norte

5. Eingang die Skulptur eines doppelten Jaguarkopfes im Profil. Beeindruckend sind außerdem die vier (verbliebenen) Maskentürme mit übereinandergesetzten Chaak-Masken.

Der Fries des **Ostbaus** mit seinem Gittermuster ist der schönste der vier Gebäude. Die nach oben breiter werdenden acht horizontalen Stäbe stellen doppelköpfige Schlangen dar. Das linke und rechte Gebäudeeck zieren Chaak-Masken.

Sieben Stufen führen zu den sieben Eingängen des **Westbaus.** Sein Fries ist äußerst üppig mit teils beschädigten Mäandermotiven, Figuren und Chaak-Masken geschmückt. Über einigen Eingängen finden sich Nachbildungen von Maya-Hütten, wie über dem ganz rechts. Links davon die vollplastische Darstellung einer Klapperschlange mit aufgerissenem Rachen, aus dem ein ◀ menschlicher Kopf herausschaut: Es handelt sich um den Vogel-Schlangengott **Quetzalcóatl** bzw. **Kukulkán** (s.S. 320).

Der **Südbau** ist der niedrigste. Durch das schöne **Kragbogentor** geht es hinaus aus dem Nonnen-Geviert Richtung Ballspielplatz.

Casa de las Tortugas

Der einstige **Ballspielplatz** ist ziemlich verfallen und bei weitem nicht so eindrucksvoll wie der von Chichén Itzá. Hinter ihm nach links gehen und dann die Treppe hoch zu einer riesigen Plattform, auf der die **Casa de las Tortugas** und der „Gouverneurspalast" stehen. Den nüchternen Bau des „Schildkrötenhauses" zieren schön modellierte Schildkrötenplastiken am oberen Kranzgesims. Wahrscheinlich war es ein Tempel für den Wasserkult, Schildkröten spielten aber auch in den Maya-Schöpfungsmythen eine wichtige Rolle.

Palacio del Gobernador

Ein architektonisches Meisterwerk ist der „Palacio del Gobernador". Dieser längste Fassadenbau der Maya mit 100 m Länge diente als Versammlungshaus und Residenz. Die Skulptur über dem zentralen Eingang stellt den Regenten *Chan Chaak* dar, der dieses Machtsymbol erbauen ließ. Der Oberbau ist mit eindrucksvollen geometrischen

Palacio del Gobernador

Mäandermotiven und mit über 200 Chaak-Masken in auf- und absteigender Linie dekoriert. Die insgesamt 11 Eingänge führen in parallele Doppelräume, alle weisen das mayatypische Kraggewölbe auf. Der Palast wurde astronomisch genau auf die südlichste Deklination der Venus ausgerichtet. Außerdem führte auf dieser Linie eine über 20 km lange *sakbe,* eine „weiße Straße" (s.S. 364) direkt zum Torbogen von Kabáh (s.S. 308). Unter dem Palacio wurde 2014 eine weitere Struktur entdeckt, die darauf schließen lässt, dass Uxmal womöglich älter ist als bisher angenommen.

Picota und Trono del Jaguar

Vor dem Palast noch zwei interessante Details: **La Picota** ist eine monolithische Säule, die im 45-Grad-Winkel aus der Erde ragt. Einst war sie verstuckt und mit Hieroglyphen bemeißelt. Über ihre Bedeutung ist sich die Fachwelt uneins – war es ein Phallus-Symbol, ein Symbol der Zentralachse des Maya-Weltensystems oder ein Schandpfahl zum Auspeitschen?

Die Gran Pirámide ist besteigbar

Direkt davor befindet sich auf einer Altarplattform der **zweiköpfige Jaguar.** Man nimmt an, dass dieses Symbol königlicher Macht als Herrscherthron diente. Die zwei Köpfe stehen vermutlich für den Dualismus Gott und Mensch bzw. für die göttliche Herkunft der Herrscher.

Gran Pirámide   Hinter dem Palacio del Gobernador erhebt sich die imposant-steile und besteigbare **„Große Pyramide"** – mit 30 m Höhe nur wenig niedriger als die Pyramide des Zauberers. Restauriert ist lediglich ihre Nordseite. Von oben eröffnet sich ein weiter Rundblick über Uxmal und auf den zerfallenen Komplex des „Taubenhauses", **El Palomar.**

Kleinere Stätten der Ruta Puuc

Die Puuc-Route, benannt nach dem sanften Hügelland der **Sierra Puuc** südlich von Mérida, ist geradezu vollgepackt mit archäologischen Stätten. Die größte und berühmteste Anlage im Puuc-Stil ist Uxmal, kleinere sind *Kabáh, Sayil, Xlapak* und *Labná* (tägl. 8–17 Uhr, Eintritt jeweils um 65 Ps, Xlapak ist frei, Videokameras kosten eine Gebühr, gilt dann aber für alle vier Stätten). Diese Maya-Stätten mögen zwar alle irgendwie ähnlich sein, doch hat jede ihren eigenen Charakter.

Santa Elena   Von Uxmal erreicht man auf der Mex 261 nach 13 km Santa Elena mit Unterkünften wie €€ **Pickled Onion** (www.thepickledonion yucatan.com, mit Rest.). Santa Elena besitzt ein kleines Ortsmuseum auf einem Hügel. Es sind noch 9 km nach Kabáh.

Kabáh   Von Santa Elena sind es noch 9 km nach Kabáh. Der **„Palast der Masken"** besticht durch einen hohen Dachkamm und einer Fassade, die üppig mit Masken des Regengottes bedeckt ist. Über 250 solcher rüsselnasigen Chaaks mögen es einmal gewesen sein – yucatekischer Rekord!

Ein weiteres Schmuckstück Kabáhs befindet sich auf der anderen Straßenseite, nämlich der berühmte **Arco de Kabáh,** mit 6,50 m Höhe der größte aller Maya-Torbogen, auch seine Spannweite mit über 4 m dürfte wohl nirgends übertroffen werden. Hier wurde mit der Technik des Maya-Gewölbes ein eigenständiges architektonisches Element geschaffen. Eine über 20 km lange *sakbe*-Straße (s.S. 364) verband Kabah einst mit Uxmal.

Sayil   9 km weiter liegt **Sayil** („Ort der Ameisen"). Die Hauptsehenswürdigkeit ist ein breiter, dreistöckiger Terrassenbau von klassischer Schönheit, erbaut zw. 650 u. 900 n.Chr. Kennzeichnend für diesen Palast aus zart rötlichem Gestein ist die verschiedenartige architektonische Fassadengestaltung seiner Stockwerke – unten nüchtern, in der Mitte üppig verziert und oben wieder schlicht. Im Innern gibt es nahezu 100 Räume. Bemerkenswert ist eine wuchtige **Chaak-Maske** in der Mitte

El Palacio, Sayil

des zweiten Stockwerks oben im Fries, die von Darstellungen des **„Herabstürzenden Gottes"** *Ah Mucen-Cab* eingerahmt wird.

Ein Weg führt vom Palast etwa 200 m in den Wald hinein zur Tempelpyramide **„El Mirador"** mit einer überhohen, perforierten *crestería*. Nach weiteren ca. 60 m gelangt man zu einer seltsamen, in der Mayawelt wohl einmaligen Stele (Nr. 9): Der **Phallusgott** *yum kep* symbolisiert mit seinem übergroßem Penis die Fruchtbarkeit.

Xlapak

Etwa 6 km von Sayil entfernt erreicht man die kleinste Stätte der Ruta Puuc, *Xlapak*. Im trockenen Buschwald steht ein einzelner spätklassischer Tempel, dessen Fries üppig mit Chaak-Masken und Mäandern dekoriert ist. Sein hinterer Eckbereich ist stark eingefallen, doch dadurch wird im Querschnitt die Bautechnik des Maya-Gewölbes sichtbar. Über dem mittleren hinteren Eingang prangt eine hohe Doppelmaske mit aufgerissenen großen Sägemäulern – ein besonders prächtiges Beispiel der Steinmetzkunst der Maya.

Auf halber Strecke zwischen Xlapak und Labná lädt das **Ecomuseo del Cacao** zu einem Halt ein.

Der Torbogen von Labná

Nach 4 km erreicht man das ausgedehnte **Labná,** über 70 *chultunes* (Zisternen) wurden in der Umgebung entdeckt, was auf die einstige Größe und Bedeutung der Stadt schließen lässt. Die wichtigsten Bauwerke stammen aus der Zeit zwischen 750 und 1000, so auch der verschachtelte **„Große Palast"** mit zahllosen Anbauten, Seitenteilen, Vorsprüngen, Ein-, Durch- und Ausgängen – wohl einst der Wohnbereich der herrschenden Schicht. Am besten setzt man sich eine Weile in den Schatten eines Baumes und lässt die Anlage auf sich wirken. Über dem seitlichen Eingang des Baus *cuarto 18* schaut eine geradezu fantastisch geformte Maske herab: Die Nase biegt sich nach oben und das Maul ist mit kräftigen Sägezähnen bestückt. Rechts davon befindet sich auf der Gebäudekante eine weitere Besonderheit: Aus einem weit aufgerissenen Tierrachen – möglicherweise eines Krokodils – schaut ein menschlicher Kopf hervor, vermutlich der Schöpfergott Itzamná oder Kukulkán.

Arco de Labná

Die wichtigste Sehenswürdigkeit Labnás aber ist der berühmte Torbogen **Arco de Labná.** Diese architektonische Glanzleistung der Maya erreicht man, wenn man auf der dammartigen Maya-Straße *(sakbe)* und vorbei an zwei weiteren Tempeln in Richtung Süden schreitet. Das 6 m hohe Bauwerk ist der schönste Maya-Bogen überhaupt. Das Prinzip des „falschen Gewölbes" wurde bei ihm – ähnlich wie beim Bogen von Kabáh – als ein eigenständiges architektonisches Element angewendet. Der Arco war kein Triumphbogen, er verbindet lediglich zwei tieferliegende Patios.

Man blickt zunächst auf die Rückseite, doch die andere Seite des Torbogens ist noch vielfältiger und schöner gestaltet. Bis auf einige Restaurationsarbeiten an der Oberkante befindet sie sich noch genau in jenem Originalzustand, wie ihn 1844 der Brite *Frederick Catherwood* vorfand und zeichnete. Links neben dem Bogen ist eine Mauer, deren Durchgang reichlich mit Mosaiken, Ornamenten u.a. dekoriert ist – sie könnte jederzeit als Vorlage für ein modernes Stoff-Design dienen. Man sollte die Schönheit dieses Gesamt-Ensembles mit Pyramidentempel im Hintergrund, Torbogen und verzierter Mauer auf sich ein

„Unterwelt"
von Loltún

Zur Abwechslung kann man zwischen Labná und Oxkutzcab auch mal den Einstieg in Kalktiefen wagen und auf den Spuren von urzeitlichen Höhlenmenschen und Maya in die weitverzweigte, eindrucksvolle Unterwelt der **Grutas de Loltún** hinabsteigen (tägl. 9.30– 17 Uhr, letzter Einlass um 16 Uhr, Eintritt 146 Ps, Fotografieren mit Blitz ist erlaubt, der obligatorische Führer kostet extra – handeln Sie; www.inah.gob.mx/zonas/162-zona-arqueologica-de-loltun). Übersetzt bedeutet *loltún* „Steinblume", durchaus passend für die von Stalaktiten und Stalagmiten durchsetzten Felsformationen, die von einer effektvollen Beleuchtung auch noch besonders in Szene gesetzt

Sisal und Sisal-Haciendas

Seinen ehemaligen Reichtum verdankt Mérida und sein Umland der **Sisalagave,** aus deren schwertartigen Blättern *henequén* gewonnen wird, hanfartige Fasern, die sich bestens zu Säcken, Matten, Teppichen und Seilen verarbeiten lassen. Hauptexporthafen war die kleine Stadt **Sisal** nördlich von Mérida, die der weltweit begehrten Faser ihren Namen gab.

Henequén-Raspelmaschine aus dem 19. Jh.

Ab 1870 bis 1910 boomte der Export besonders – Yucatán hatte das Weltmonopol. Wie immer in solchen Fällen wurden die Besitzer der großen Haciendas sehr reich dabei, während die indigenen Tagelöhner in Armut hausten und sich totschufteten. Nach dem 2. Weltkrieg war es dann für alle vorbei: Der weltweite Siegeszug synthetischer Materialien wie Nylon oder Perlon führte zum unmittelbaren Kollaps des Sisalgeschäfts.

Einen guten Eindruck der Wohn- und Arbeitsbedingungen von Herren und Knechten gewinnt man in der ehemaligen **Hacienda Henequera Yaxcopoil,** ca. 20 km südwestlich von Mérida an der Mex 261 (Mo–Sa 8–18 Uhr, So 9–15 Uhr, Eintritt 100 Ps, auf ❺). Bereits im 17. Jh. für die Produktion von Sisal gegründet, diente sie nach ihrer Stilllegung im 20. Jh. mit ihrem herrlichen maurischen Torbogen und der weitläufigen Gartenanlage als Filmkulisse. Man kann alles besichtigen, die Sisal-Verarbeitungsmaschinen wurden einst von einem riesigen Dieselmotor aus Hannover angetrieben.

Interessant auch die Besichtigung der einige Kilometer südlich liegenden, schön restaurierten **Ex-Hacienda Ochil** (Mo–So 10–18 Uhr, auf ❺) mit Sisalagaven-Anbau, alter Fabrikanlage, kleinem Museum und Artesanías-Laden. Wer im dortigen Restaurant nichts konsumieren möchte (So üppiges Regional- u. Maya-Büfett), zahlt Eintritt. Es gibt aber noch viele andere Haciendas in der Gegend, hier kann man sie sich ansehen: www.haciendasenyucatan.com.

5

Hacienda Henequera Yaxcopoil

werden. Allein darf man nicht in die Höhlen, Führungen (auf Spanisch, wenn genügend Personen auch auf Englisch) tägl. um 9.30, 11, 12.30, 14, 15 u. 16 Uhr – vorausgesetzt es kommt eine Gruppe zusammen. Sehr rutschig! Nach den Grutas de Loltún geht es sofort weiter mit der „Kloster-Tour":

La Ruta de los Conventos
(auch: Ruta de la Cultura)

Südöstlich von Mérida liegen an der Yuc 18 wie Perlen an der Kette viele kleine Orte aneinandergereiht, die dem Besucher nicht nur Gelegenheit geben das dörflich-bäuerliche Yucatán kennenzulernen, sondern auch eine Serie an Kirchen und Klöstern, die fast ausnahmslos Gründungen der Franziskaner-Mönche aus dem 16. und 17. Jahrhundert sind. Viele der schlichten, einschiffigen Gotteshäuser wurden auf zerstörten Maya-Tempeln errichtet und glichen wegen der ständigen Aufstände eher Festungen. Typisch ist die *espadaña,* der dreieckige Glockengiebel, in dem in Durchbrüchen die Glocken hängen, Tonnendächer sowie die außerhalb angebauten „Indio-Kapellen" *(capillas abiertas),* denn ungetaufte Maya durften die Kirchen nicht betreten. Manche der Kirchen sind am frühen Nachmittag geschlossen.

Oxkutzcab und Maní

Erste Station ist **Oxkutzcab** („Butter, Tabak und Honig"), wo man außer in die Franz von Assisi geweihte Kirche auch mal in den gegenüberliegenden Markt schauen sollte. Sein breites Angebot an tropischen Früchten wird auf den umliegenden Plantagen angebaut.

Maní („Platz, wo alles passierte") ist der geschichtsträchtigste Ort der Gegend. In der einstigen Hauptstadt des Maya-Stadtstaates **Xiú** war es, wo *Diego de Landa* (s.S. 279) am 12. Juli 1562 ein schreckliches **Ketzergericht** inszenierte, Tausende zu Tode quälen und unschätzbar wertvolle Maya-Handschriften verbrennen ließ. Nur drei dieser *Códices* blieben übrig und werden heute in Dresden, Paris und Madrid aufbewahrt.

Die Kirche von Maní – „wo alles passierte …"

Die wuchtige Kirche bzw. das Kloster (1549 gegründet) besitzt links eine angebaute muschelförmige *capilla abierta*. Auch der Erzengel Michael, dem es geweiht ist, konnte nicht verhindern, dass unzählige Indígenas hier jahrelange Fronarbeit leisten mussten. Vorhanden ist außerdem noch das Haus von Diego de Landa und ein unterirdischer – sehr dunkler – *Cenote* an der Plaza de los Cedros, ca. 150 m von der Kirche. In der Karwoche finden in Maní eindrucksvolle religiöse Feiern statt.

Teabo, Chumayel, Mama, Tekit

Im 11 km weiter liegenden **Teabo** steht eine zackengeschmückte Kirche mit einem farbig bemalten, kostbaren Holzaltar. Westlich davon finden sich noch Reste eines alten Maya-Friedhofs. Bekannt ist Teabo außerdem für seine besonders schön bestickten *huipiles*.

Im 4 km entfernten **Chumayel** fand man ein umfangreiches und wichtiges Teilbuch des *Chilam Balam* (s.S. 231). Neben den Schriften Diego de Landas wurde dieser zu einer der wichtigsten Quellen für die Maya-Forschung.

In der Kirche der *Purísima Concepción* mit sechsfach durchbrochenem Glockengiebel steht rechts neben dem Altar unter einem hölzernen Torbogen ein Kreuz mit einem schwarzen Christus.

Die festungsartige *Iglesia La Asunción* im Örtchen **Mama** ist die wohl älteste Kirche der Ruta de los Conventos, sehr schön sind die bemalten hölzernen Seitenaltäre. Im Kirchgarten befindet sich ein hölzernes Wasserschöpfwerk (Noria-System).

Im benachbarten **Tekit** fand während des Kastenkrieges 1847 eine blutige Schlacht statt. Ein Ex-Convento, eine schöne Kirche und eine Kapelle sind zu besichtigen.

Mayapán

Mayapán, die Gran Plaza

Von der einstigen Größe und Bedeutung dieser Maya-Stadt (tägl. 8–17 Uhr, Eintritt 45 Ps) zeugen zahllose überwachsene Hügel und Bautenrelikte. Tatsächlich besetzte Mayapán einst das benachbarte

Chichén Itzá und wurde dann, vom 13.–15 Jh., zur dominierenden Stadt Yucatáns mit Handelsbeziehungen bis ins entfernte Honduras. Doch Herrscher kommen und gehen in der Geschichte: noch vor Ankunft der Spanier wurde die Metropole von anderen Mayagruppen erobert und zerstört.

Rekonstruiert sind einige Teile rund um die Gran Plaza. Beeindruckend ist die **Kukulkán-Pyramide** und das begehbare Caracol-Observatorio, beides kleinere und qualitätsmäßig schlechtere Kopien der berühmten Vorbilder in Chichén Itzá. Die Archäologen werden im einst von etwa 10.000–15.000 Menschen bewohnten Mayapán noch Arbeit für Jahrzehnte haben.

Telchaquillo, Tecoh und Acancéh

Nun erreicht man **Telchaquillo,** unter dessen Hauptplatz ein früher für die Maya wichtiger Cenote ergründet werden kann.

In einem ausgedehnten Agaven-Anbaugebiet mit zahlreichen Cenotes liegt **Tecoh,** der „Platz des Pumas". Auch das hiesige *Iglesia y Ex-Convento La Asunción* wurde auf einer Maya-Pyramide erbaut. Einen Blick wert sind die Tafeln hinter dem Altar im Chorraum und die Gemälde.

Die letzte Station, **Acancéh,** besitzt wie Mexiko-Stadt eine *Plaza de las Tres Culturas:* eine prähispanische Pyramide mit überdimensionalen Stuckmasken an den Seiten steht nahe der kolonialen Franziskanerkirche *Nuestra Señora de la Natividad* und einer weiteren Kirche der Moderne. Den wenige hundert Meter entfernten *Palacio de los Estucos* auf einer kleinen Stufenpyramide schmücken Reliefplatten mit ausgefallenen Tierfiguren

Abstecher Cenotes de Cuzamá

Cenotes-Fans sollten die *Cenotes de Cuzamá* nicht auslassen: Etwa 17 km südöstlich von Acancéh liegt an der YUC 10 das Dorf **Cuzamá** (s. Karte S. 301). An der Kirche biegt man rechts auf die Calle 14 ab. Etwa 2 km südlich erreicht man den Startplatz der von Pferden gezogenenen Loren, mit denen einst auf einer Schmalspur-Feldbahn Sisal transportiert wurde (mit Essensständen etc). Die „trucks" fassen 2 bis 6 Personen und man wird bei den Fahrabschnitten zwischen den drei Cenoten intensiv durchgeschüttelt! Der erste heißt *Chan Ucil,* der zweite *Chak-Zinik-Ché,* der dritte *Bolon-Chojol.* Alle drei liegen unterirdisch, und über steile Stufen, Treppen und auch Leitern geht es nach unten. Lassen Sie sich von den einmaligen Unterwelten überraschen! Und Badekleidung nicht vergessen, das Wasser ist kristallklar und relativ warm. Die Tour dauert insgesamt mit den Pausen in den Cenoten 2–3 Stunden. Kommen sich auf der einspurigen Strecke unterwegs zwei Karren entgegen hat einer Vorfahrt, der andere spannt das Pferd ab und nimmt seine Karre von den Gleisen. Bezahlt wird per Truck, geöffnet tägl. 8–16 Uhr.

Am Golf von Mexiko

Celestún

Am Golf von Mexiko, 92 km westlich von Mérida, liegt das ca. 100 qkm große Schutzgebiet **Reserva de la Biósfera Ría Celestún.** Die sumpfige Lagunen- und Mangrovenlandschaft ist Brut-, Lebens- und auch Überwinterungsgebiet für unzählige Wassertiere und Vögel, wie Reiher *(garzas),* Kormorane, Fregattvögel, Pelikane, Wasserschildkröten u.a. Zu tausenden siedeln aber vor allem *flamencos rosas,* **Flamingos,** die hier das niedrige, vor Ebbe und Flut geschützte Salzwasser vorfinden, das sie benötigen. Ihre Nahrung – kleine Krebse und Kieselalgen – bewirken die lachsrote Färbung des Gefieders.

Zum Gebiet der Flamingos kann man offizielle **Bootstouren** machen. Sie sollten die Touren wählen, die hinter der Brücke der Lagune starten (noch 1,7 km vor dem kleinen Fischerort Celestún), vom *Parador Turístico Celestún* (Cafetería, Laden, Parken). Festpreis pro Boot mit max. 6 Passagiere ca. 1600 Ps. Zusätzlich Eintritt ins Naturreservat. Man fährt zunächst die Lagune nach Norden hoch zu vielen Hunderten Flamingos (abhängig von der Jahreszeit, am besten sind die Monate März/April und Juni/Juli). Wird die Fluchtdistanz vom Bootsfahrer unterschritten, weichen die scheuen Flamingos zurück oder rennen mit raumgreifenden Schritten los und starten elegant in die Lüfte. Anschließend tuckert man entlang dichter Mangrovenwälder zum *Ojo de Agua,* ein glasklarer Süßwasserteich, in dem man schwimmen kann. Alles in allem ein beeindruckendes Erlebnis.

Touren von Privatanbietern, die vom Strand starten, haben einen wesentlich längeren Anfahrtsweg (bei dem man allerdings die Strand-Vogelkolonien beobachten kann) und sind nur zu empfehlen, wenn man seefest ist, denn bei stärkerem Seegang schlagen die Boote hart auf. Celestún hat einen breiten, muschelübersäten Strand, je nach Jahreszeit ist das Meer karibikblau oder algentrüb.

5

Rosarote Flamingos in blauer Lagune

Unterkunft   Im Ort gibt es einige Einfachunterkünfte, die meisten in der Calle 12 (die parallel zur Strandpiste Calle 14 verläuft), so z.B. das **Hotel San Julio** €, Calle 12 Nr. 93A, zw. Calle 9 und 11, Tel. 988-9162062; nichts Besonderes, aber direkt am Meer gelegen. – Komfortabel, nördlich: **Casa de Celeste Vida** €€€, 49-E Calle 12, Tel. 9162536, www.hotelcelestevida.com (mit Celstún-Infos). Ähnlich gut: www.playa55beachescape.com, u.a.

Essen   Entlang der Calle 12 auch etliche Fischrestaurants, Spezialität des Ortes sind die *cangrejos* (Krebse), probieren kann man sie z.B. bei **Chivirico** (Calle 12/Ecke 11) oder bei **La Playita** schräg gegenüber. Weitere Restaurants: **Los Pampanos** und **La Palapa** u.a.

Río Lagartos   Ähnliche Fauna-Lebensbedingungen wie Celestún bietet der im Nordwesten Yucatáns am Meer gelegene **Parque Natural Ría Lagartos** um den Fischerort **Río Lagartos.** Auch dort siedeln Flamingoschwärme. Ausflüge in ihr Habitat bietet der (englischsprachige) zertifizierte Führer *Diego Nuñez Martínez,* das Büro seines Familienunternehmens befindet sich im *Restaurant Las Palapas de la Torreja* beim Malecón (Calle 9) bzw. beim Leuchtturm, Tel. 9868620452, 9861008390, www.riolagartosnaturetours.com (engl.). Auch *José Ismael Navarro* ist ein guter Führer, Kontakt zu ihm über das Treffpunkt- und Info-Börse-Restaurant *Isla Contoy,* Calle 14 (am Meer), Tel. 9868620000. Wer bei der Tour nicht mit weißem Schlamm eingerieben werden will (angeblich ein Maya-Ritual), kann das auch einfach ablehnen.

Unterkunft   Übernachtungsmöglichkeiten und Restaurants sind vorhanden, z.B. bei der **Posada El Perico Marinero** € (Calle 9, Malecón nahe Calle 19) oder **Hotel Villa de Pescadores** €€ (Calle 14 Nr. 95, www.hotelvilladepescadores.com).

Interessant ist auch ein Ausflug ins westliche Fischerdorf **San Felipe** (10 km) und zu den **Salinas Las Coloradas** östlich (25 km).

Isla Holbox   Drittes Reiseziel am Golf von Mexiko ist die **Isla Holbox** (sprich *olbosch*) ganz im Nordosten der Halbinsel (Bundesstaat Quintana Roo). Die lattenschmale Insel war lange Zeit ein Traveller-Geheimtipp, inzwischen ein stark frequentiertes allgemeines Touristenziel mit entsprechend sehr hohem Preisniveau. Kein Autoverkehr, dafür knattern unzählige Quads/ATV durch die unasphaltierten Straßen. An den puderfeinen Sandstränden treten je nach Jahreszeit leider vielfach Braunalgenplagen auf (*sargazos,* s. Exkurs S. 332), die beim Verfaulen stark stinken. Möglich sind Bootstouren für Delfinsichtungen, Hochseefischen, Schnorcheln mit (harmlosen) Walhaien (Mai bis September), Paddeltouren. Außerdem Besuchsmöglichkeit der Süßwasserquelle *Yalahau.*

Unterkunft   Es gibt auf Holbox Dutzende Unterkünfte für jeden Anspruch und Geldbeutel. In der Nebensaison fallen die Preise. Buchung oft über eines der großen Hotel-Buchungsportale. Am oder nahe des Strandes teuer, etwas günstiger in einer der Unterkünfte im Zentrum, z.B. in der **Casa Lupita** €€, Calle Palomino am Zócalo, https://casalupitaholboxhotel.com. – Das **Hostel Tribu** €€ in der Calle Coldwell, www.tribuhostel.com, befindet sich eine Cuadra vom Strand. –

Perfekter Strand, Isla Holbox

Posada Yalekin €–€€, verlängerte C. Canane, eine halbe Cuadra vom Strand, dahinter die **Casa Bacelis**. – Gleichfalls strandnah: **Cabañas Casa Maya** €–€€, Ecke Sierra/Lázaro Cárdenas.

Essen & Trinken Essen ist nicht billig, da man sich der Kaufkraft der internationalen Touristen angepasst hat. Viele Hotels haben angeschlossene Restaurants. Nicht verpassen sollte man die Langustenpizza am Zócalo im **Restaurante Edelyn**. Als Nachtisch dann die *marquesitas* an den umliegenden Ständen probieren, eine Art getoastete Crêpes, gefüllt mit Karamel, Nutella oder Philadelphia-Frischkäse. Billig frühstücken oder Mittag essen (Säfte, gefüllte Maisfladen u.a.) kann man am Markt, einen halben Block vom Zócalo entfernt, geöffnet bis 14 Uhr. Seafood-Empfehlung: **Las Panchas,** C. Esmedregal, für Pizzen: **Roots,** C. Porfirio Díaz.

Den besten Blick auf den Sonnenuntergang hat man von **Punta Cocos,** ca. eine halbe Stunde Fußweg vom Zentrum. Aber Achtung: Die Moskitoattacken nach Sonnenuntergang sind legendär! Empfindliche sollten sich lieber einen der Golf Carts mieten und nach Verschwinden der Sonne selbst auch rasch verschwinden.

Umfassende Holbox-Infos bietet die Webseite www.holboxisland.com, eine Übersicht www.caribemexicano.travel/holbox/

Anfahrt Die Insel ist nur über Fähren vom Ort Chiquilá aus zu erreichen, 6–21.30 Uhr. Selbstfahrer müssen ihren Wagen dort stehen lassen (parken kostenpflichtig). Von Chiquilá aus Direktbusse von und nach Valladolid, Tizimín (dort von oder nach Mérida umsteigen) und Cancún. **Abfahrtzeiten vorab verifizieren!**

Zwischen Mérida und Karbikküste

Izamal ✿

Auf halbem Weg zwischen Mérida und Chichén Itzá führt eine Abzweigung nach Norden zum Städtchen **Izamal,** auch bekannt als *„La ciudad amarilla"* – die gelbe Stadt, wegen des ockergelben Anstriches der meisten Gebäude. Hier lag einst eine ausgedehnte und sehr bedeutende Zeremonialstätte der Maya, die umliegenden Hügel sind nichts anderes als überwachsene Pyramiden. Es war der Franziskanerorden, der dann direkt auf der (nur 12 Meter hohen Plattform) der „Pyramide des Regengottes" zwischen 1553 und 1562 den ausgedehnten **Convento de San Antonio de Padua** erbaute, heute die erste Sehenswürdigkeit der Stadt (innen kleines Museum). Das weitläufige Kloster-Atrium mit einer Statue von Papst Johannes II. wird von einem Säulengang mit 75 Arkaden umschlossen, es ist das zweitgrößte der Welt. Der Papst bekannte sich anlässlich seines Besuches 1993 zur moralischen Verpflichtung der katholischen Kirche gegenüber den indigenen Völkern Amerikas. Am Kreisverkehr auf der Kloster-Südseite die Statue des späteren Bischofs **Diego de Landa,** der hier auch seine Hand im Spiel hatte. Von der einstigen Maya-Zeremonialstätte zeugt noch die riesige (rekonstruierte) **Pyramide Kinich-Kakmó,** ein paar hundert Meter nördlich des Klosters. Empfehlenswert dazu ist eine ca. halbstündige Rundtour mit einer der Pferdekutschen *(calesas)* links des Klosters von der Calle 31/YUC 11. An dieser Straße befindet sich am Parque auch das **Centro Cultural** mit einem kleinen, sehenswerten Maya- und Yucatán-Museum mit Kunsthandwerk wie *alebrijes* und ◄ *catrinas.* Stadt-Infos auf www.izamal.info.

Restaurant   **TIPP: Kinich,** C. 27 Nr. 299, https://restaurantekinich.com.

Unterkunft   Fürs **Übernachten** eine spezielle Option: **Hacienda Hotel Santo Domingo** €€: Harald und Sonia verwandelten eine historische Hacienda, 1,5 km östlich vom Kloster (über Yuc 11/Calle 18) in eine Wohlfühloase mit diversen Zimmern, Pool und Restaurant. Alles darüber auf www.izamalhotel.com. Verlockendes Angebot, dort auch gleich seinen Alterssitz aufzuschlagen …

Kloster und und Denkmal von Diego de Landa

Chichén Itzá

Chichén Itzá, die berühmteste archäologische Stätte Yucatáns und UNESCO-Weltkulturerbe, kann man täglich von 8–17 Uhr besuchen, 571 Ps Eintritt, www.inah.gob.mx/zonas/146-zona-arqueologica-de-chichin-itza.

Das monumentale Empfangsgebäude ist „mit allem" ausgestattet: Info-Stelle, Läden usw., auch Geldwechselstelle, Bustickets und Gepäckaufbewahrung (beim Ticket-Schalter). Beim Restaurant ein Modell der Gesamtanlage. Im sehenswerten Museum viele Fundstücke, u.a. aus dem *Cenote Sagrado,* auch audiovisuelle Vorführungen. Im Gelände gibt es Erklärungstafeln auf Englisch. **Infolge der Besuchermassen ist das Besteigen der Pyramiden und das Begehen der allermeisten Strukturen nicht mehr möglich!**

Stellen Sie sich auf lange Fußmärsche unter heißer Sonne ein – Wasser mitnehmen (es gibt aber auch einige Getränkestände) und Mückenschutz nicht vergessen. Es empfiehlt sich, bei Öffnung der Stätte da zu sein, gegen 11 Uhr fluten die Tagestouristen aus Cancún das Gelände. Im Durchschnitt kommen täglich 10.000 Besucher, noch größerer Andrang herrscht an den Tagen der Tagundnachtgleiche (s.u.). Entsprechend hoch ist der Aufmarsch an Souvenirverkäufern.

Noches de Kukulkán Allabendlich findet bei der Kukulkán-Pyramide die Licht- und Tonshow **„Noches de Kukulkán"** statt (ähnlich wie in Uxmal). Bei diesem etwas theatralischem historischem Hörspiel werden Kukulkán-Pyramide und Nebenbauten von Scheinwerfern farbig angestrahlt, dramaturgisch passend zur Musikuntermalung. Hier kann man einen kleinen Eindruck erhalten und Tickets erstehen: https://nochesdekukulkan.com (510 Ps, sonntags 275 Ps, November–März Beginn 19 Uhr und 20 Uhr in den übrigen Monaten).

Geschichtlicher Abriss Chichén Itzá heißt soviel wie „Stadt der Itzá am Rande des Wassers", gemeint sind wohl die Cenotes, denn andere Gewässer gibt es in der Gegend nicht. Bis heute weiß man recht wenig über die Stadt, denn es wurden fast keine beschrifteten Stelen gefunden. Besiedelt wurde die Stätte im 5. Jahrhundert zunächst von den *Itzá-Maya,* die später aber weiterwanderten. Ob die um das Jahr 1000 Eingewanderten ebenfalls Itzá-Maya oder aber **Tolteken** aus dem Hochland waren, darüber sind sich die Forscher uneins. Einer Legende nach sind

Kukulkán-Motiv

Toltekengruppen unter ihrem Führer **Quetzalcóatl** im Jahr 987 von Tula (s. S. 112) nach Yucatán gewandert. Sicher ist auf jeden Fall der toltekische Einschlag der Stadt und die „Mutation" des obersten toltekischen Gottes **Quetzalcóatl** (nicht zu verwechseln mit den gleichnamigen menschlichen Tolteken-Herrschern), der bei den Maya-Völkern zu **Kukulkán** (*kukul* = Vogel, *kán* = Schlange) wurde. In Chichén Itzá verehrte man ihn ganz besonders: Nirgends sonst finden sich so viele Darstellungen von gefiederten Schlangen bzw. Schlangenköpfen, aus denen teilweise sogar ein menschlicher Kopf hervorschaut.

Niedergang und „Wiederentdeckung"

Noch zu Beginn des Postklassikums war Chichén Itzá der mächtigste Stadtstaat Yucatáns, gestützt auf einen nahezu 200 Jahre andauernden Dreibund mit den Herrschern von Uxmal und Mayapán, „Liga von Mayapán" genannt. Doch die vermeintlichen Verbündeten wurden der Großmacht letztendlich zum Verhängnis: Kurz nach 1200 besetzte Mayapán Chichén Itzá und bereiteten dem Glanz ein Ende. Um 1400 wurde die Stadt endgültig verlassen.

Die Spanier spielten kurzzeitig mit dem Gedanken, sie als Hauptstadt Yucatáns zu wählen, verwarfen dies aber bald wieder. So geriet der Ort mehr oder weniger in Vergessenheit. Im 19. Jahrhundert besuchten ihn die Maya-Pioniere *Stephens* und *Catherwood* (s. S. 234), der Deutsch-Österreicher *Teobert Maler* (1842–1917) und der Brite *Alfred Maudsley* fertigten erste Fotos an. Intensiv gegraben und geforscht wurde erst zu Beginn des 20. Jahrhunderts. Inzwischen weiß man, dass das gesamte Stadtgebiet zwischen 25 und 30 Quadratkilometer umfasste und damit viel größer war als ursprünglich angenommen.

Sensationsfund in der Höhle Balamkú – Höhle des Jaguargottes

2018 fand man in einer Höhle, etwa 2 km von der Kukulkán-Pyramdie entfernt und 24 Meter unter der Erde, in mehreren Kammern unzählige, äußerst gut erhaltene Objekte, u.a. mehr als 200 Tláloc-Räuchergefäße, die aus der Spätklassik stammen. Es wurde beschlossen, die Opfergaben an Ort und Stelle zu belassen und dort zu untersuchen. Die Forscher erhoffen sich von den Funden Aufschlüsse über die Ursachen des Untergangs des Stadtstaats, aber auch neue Kenntnisse über Lebensweise und Glauben der Maya. Vermutet wird, dass in dieser Unterwelt Rituale durchgeführt wurden, die die ausgebliebenen Regenfälle zurückbringen sollten.

Baustile aus verschiedenen Epochen

Zu besichtigen ist also nur ein Bruchteil des Areals, unterteilt ist es in die *Zona Norte*, *Zona Central* und *Zona Sur*, wobei letztere hier im Buch nicht beschrieben ist, da weniger spektakulär.

Viele Kulturen hinterließen in Chichén Itzá ihre Spuren und Baustile, auch Einflüsse von der Golfküste und von Oaxaca sind identifizierbar. Die ältesten Gebäude der *Zona Central* sind im rein mayanischen *Puuc-Stil* (s. S. 303) und auch *Chenes-Stil* errichtet, während bei den

Im Zentrum der
ZONA NORTE:
Kukulkán-
Pyramide

El Cenote Sagrado

N

CHICHEN ITZA

0   200 m
© RKH VERLAG HERMANN

Sakbe 1

n. Piste
ca. 1,5 km bis
Ortsbeginn

Templo del
Hombre Barbado

Tzompantli
(»Schädelgerüst«)

Juego de
Pelota
(Ballspiel-
platz)

Plataforma de Jaguares y
Águilas (»Plattf. der Jaguare u. Adler«)

Plataforma
de las Mesas

Plataforma
de Venus

Templo de
los Guerreros

Edificio Sur

Templo
de los Jaguares

Zugang zur
inner. Pyram.

ZONA

Unidad de Servicios
(Haupteingang)

P

Kukulkán-Pyramide

WC

NORTE

Columnata Norte

Columnata Oeste

Grupo u.
Plaza de las
Mil Columnas

Columnata Noreste

Ballspielplatz

Snacks /
Getränke

El Palacio de las Colum-
nas Esculpidas

Pyramide
El Osario

El Mercado

Baño de Vapor
(Schwitzbad)

Plataforma Venus

Casa de
los Metates

Plataforma Redonda

ZONA

Tempel

Neben-(Ost)Eingang

Casa del
Venado

Cenote
Xtoloc

Casa Colorada

CENTRAL

Mayaland Hotel
& Bungalows

Sakbe 5

El Caracol

Villas Arqueológicas
Chichén Itzá

La Iglesia

Templo de
los Tableros

Hotel
Hacienda
Chichén

1,2 km

La Casa de las
Monjas

Anexo
de las
Monjas

Templo
Akab D'zib

5

ZONA SUR

zum Hotel Dolores Alba
und Cenote Ik kil, 1,3 km

MEX
180

n. Valladolid (45 km)
Cancún

monumentalen Bauten der *Zona Norte* (Kukulkán-Pyramide, „Tempel der Krieger" u.a.) der *maya-toltekische* Hybridstil vorherrscht, also Elemente der früheren Tolteken-Hauptstadt Tula mit Formen und Stilen der Maya-Architektur. Dominierend in der Ikonographie der Stätte sind zahllose stilisierte Darstellungen der Gottheit Kukulkán.

Zona Norte: Kukulkán-Pyramide
Eindrucksvollstes Bauwerk und Wahrzeichen Chichén Itzás ist die **Kukulkán-Pyramide,** auch **El Castillo** genannt und Kukulkán geweiht. Der Gott wird durch zwei überdimensionale Schlangenköpfe symbolisiert, die die Nordtreppe bewachen. Begonnen wurde der Bau von den Maya vor dem Jahr 800 n.Chr., beendet erst zwischen dem 11. und 13. Jahrhundert von den Tolteken. 2007 wurde die Pyramide bei einer privat organisierten, weltweiten Abstimmung in die Liste der „Sieben Neuen Weltwunder" gewählt.

Astronomische Hintergründe
Schon der spanische Chronist *Diego de Landa* äußerte sich bewundernd über dieses architektonische Meisterwerk mit seinen vier Treppen, die über jeweils 91 Stufen über 9 Etagen bzw. Plattformen auf die Spitze hochführen. 4 x 91 plus die Sockelstufe des Hochtempels ergibt die Gesamtzahl 365, also die Anzahl der Tage eines Sonnenjahres. Die 9 Plattformen symbolisieren die 9 Ebenen der mayanischen Unterwelt, und berücksichtigt man, dass die 9 Ebenen durch die Treppe zweigeteilt werden, ergibt dies die Zahl 18 – der Maya-Kalender *haab* hatte 18 Monate (zu je 20 Tagen). Außerdem beträgt die Anzahl der zurückspringenden Dekor-Paneele auf einer Pyramidenseite 52, was den 52-Jahres-Zyklus der Maya-Zeitrechnung symbolisiert. Man sieht, dass nichts dem Zufall überlassen blieb, sondern alles astronomisch genau durchdacht war. Die Pyramide vereint perfekt Raum, Zahlen und Zeit!

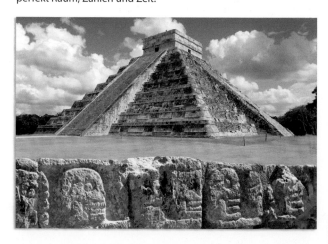

Kukulkán-Pyramide

Geheimnisse im Innern der Pyramide	In die darunterliegende Vorgängerpyramide – deren Entdeckung in den 1930er Jahren eine echte Sensation war – konnte man früher einsteigen, auch das ist heute untersagt. In ihrem ehemaligen Hochtempel befinden sich zwei Steinfiguren, ein **Chak Mool** und ein zinnoberroter **Jaguar** – das heilige Tier der Maya. Doch damit nicht genug: Ende 2016 entdeckten Forscher der UNAM-Universität (Mexiko-Stadt) mit modernen Methoden der Elektrotomographie auch noch einen dritten Baukörper, der unter dem zweiten liegt. Ob dieser nun wirklich von den allerersten Bewohnern stammt oder ob das Matrjoschka-Puppenspiel noch weiter geht, wird sich zeigen. Sicher ist: Ganz unten drunter liegt ein Cenote mit etwa 20–25 m Durchmesser, diesen hatte dasselbe Forscherteam schon 2014 entdeckt. Heute weiß man also, dass Chichén Itzá mehr als die ursprünglich bekannten zwei Cenotes hatte, weitere Funde stehen möglicherweise noch aus.

Chak-Mool

Ein Chak Mool ist eine halb rücklings liegende mysteriöse menschliche Skulptur mit seitlich abgewendetem Kopf, angezogenen Beinen und einer Schale oder einem Tablett auf dem Bauch, wo Kultgaben für die Götter niedergelegt wurden – oder aber die noch zuckenden Herzen menschlicher Ritualopfer. Originär stammen die Chak Mools aus dem mexikanischen Hochland (Tula, Tenochtitlán u.a.), doch bei keiner anderen Stätte kommen sie so gehäuft vor wie in Chichén Itzá.

Tagundnachtgleiche (Equinoccio)	Tausende reisen alljährlich zu den großen Festen um den 20./21. März und den 21./22. Sept. an, denn an diesen Tagen wirft die tiefstehende Sonne – infolge der Kanten der 9 Plattformen der Kukulkán-Pyramide – ab ca. 16.30 Uhr ein gewelltes Schattenband auf die Seitenbalustrade der nördlichen Aufgangstreppe der Kukulkán-Pyramide. Es entsteht der Eindruck, als würde sich eine Schlange von oben herabwinden. Der Effekt ist auch in den 5 Tagen vor und nach der Tagundnachtgleiche noch gut erkennbar – entdeckt wurde er erst 1972 von einem mexikanischen Archäologen.

Weitere Gebäude der Zona Norte

Templo de los Guerreros	Der „Tempel der Krieger" erinnert stark an Tula: In die vor der Aufgangstreppe stehenden rechteckigen Pfeiler sind toltekische Krieger gemeißelt, die wie eine in Reih' und Glied stehende Armee einst das Dach einer Halle trugen.

Den Eingang zum Pyramidentempel oben bewacht Chichén Itzás berühmter **Chak Mool** (von unten erst mit Abstand sichtbar). Die Innenwände des Tempels waren mit Wandmalereien verziert, bekannt ist das „Küstendorf", das mit Kriegern beladene Boote auf dem Meer zeigt (zu sehen im Museum). An den Außenmauern zwischen Chaak-Masken **Kukulkán,** aus dessen aufgerissenem Schlangenrachen ein menschlicher Kopf hervorschaut.

Grupo de las Mil Columnas

Südlich angrenzend erstreckt sich die große, baumbestandene **Plaza de las Mil Columnas** (es sind aber nur etwa 400 Säulen). Über den Kolonnaden trugen Holzbalken einst Dachkonstruktionen, so dass man sich hier riesige, luftige Säulenhallen vorzustellen hat – gewiss ein grandioser Anblick!

Plataforma de Venus

Auf dem Weg zum Cenote Sagrado passiert man auf dem Hauptplatz die **Venusplattform,** einen quadratischen Altarbau mit vier axialen Aufgangstreppen, deren Seitenwangen oben mit Schlangenköpfen enden. Das Bauwerk hat seinen Namen nach den Venus-Sternzeichen an den vier Ecken. Die Venus war für alle altmexikanischen Völker ein wichtiges mythologisches Element, sie bestimmte z.B. die Zeit der Kriegszüge. An der Ostseite der Plattform eine Skulptur Chak Mools.

Cenote Sagrado

Über die schnurgerade **Sakbe 1** gelangt man zum **Heiligen Cenote.** Der Durchmesser beträgt etwa 60 m, die Wassertiefe liegt bei 30 m. Durch die senkrechten Wände und den ca. 25 m tiefliegenden Wasserspiegel war er zum Ausschöpfen von Wasser ungeeignet und diente allein religiösen Zwecken. Zwischen 1904 und 1911 durchgeführte Ausbaggerungen und Tauchgänge förderten unzählige Opfergaben zutage (Silber, Gold, Jade u.v.m.), obendrein noch etwa drei Dutzend Schädel und Skelette beiderlei Geschlechts – es wurden also nicht nur „Jungfrauen" geopfert, wie die Touristenführer gerne behaupten.

Tzompantli

Auf dem Rückweg vom großen Cenote kommt man am Hauptplatz am **Tzompantli** (Náhuatl „Schädelgerüst") vorbei, eine große, T-förmige Plattform, auf der nach Quellen der spanischen Eroberer die abgeschlagenen Schädel besiegter Feinde sowie die Schädel von Menschenopfern zur Schau gestellt wurden. Der Fries zeigt in vier Reihen ca. 500 eingemeißelte Totenköpfe.

Plataforma de Jaguares y Águilas

Bevor man zum Jaguar-Tempel gelangt, passiert man südlich des Tzompantli die **Plataforma de Jaguares y Águilas,** ein militärisches Monument, das den gefürchteten Elite-Einheiten der toltekischen Adler- und Jaguartruppen gewidmet war. Auf den Reliefplatten sieht man, wie diese grausamen Krieger Menschenherzen verschlingen.

Templo de los Jaguares Der hochragende **Jaguar-Tempel** selbst ist gesperrt, zu sehen ist aber rechts zwischen den beiden Säulen ein gut erhaltener, steinerner Jaguar, der wohl als Zeremoniethron gedient haben dürfte. Blickt man am Tempel hoch, sind ca. 3 m von oben am Fries abwechselnd Jaguardarstellungen und Schilde zu erkennen.

Juego de Pelota Von den über ein Dutzend Ballspielplätzen Chichén Itzás ist der westlich des Jaguar-Tempels gelegene der monumentalste und schönste. Er ist gleichzeitig der größte, der je in Mesoamerika gebaut wurde

(168 m lang, 70 m breit, doppel-T-förmiger Grundriss). ◀ Die **Zielringe** sind mit den Reliefs zweier ineinander verschlungener Schlangen verziert. Bemerkenswert ist außerdem die Akustik des Platzes: Klatscht man laut in die Hände, schallt das Echo siebenfach wider. Zahlreiche Relief-Szenen an den Längswänden zeigen die Ballspieler in voller Montur. Die Darstellungen unter den Zielringen zeigen Enthauptungs-Szenen von Spielern, über deren Bedeutung die Maya-Forschung bis heute keine endgültige Klarheit erlangt hat.

Zur Zona Central Die Bauwerke der Zona Central stammen fast durchweg aus dem Klassikum (ca. 500–900 n.Chr.). Auf dem Weg von der Zona Norte aus gelangt man zunächst zur neunstufigen Pyramide **El Osario** im maya-toltekischen Stil, unter der man in einer Aushöhlung sieben Gräber mit Knochen und Opfergaben fand – vermutlich handelte es sich um Priester, deshalb auch der Name **Tumba del Gran Sacerdote** („Grab des Hohenpriesters"). Neben der südlichen Aufgangstreppe befindet sich ein rekonstruiertes Eckstück des ehemaligen Tempels der Pyramide mit schönen Chaak-Masken.

El Caracol Vorbei an der **Casa Colorada,** einem Tempel im Puuc-Stil (innen Reste roter Bemalung), gelangt man zum Hauptmonument der Zona Central, dem Observatorium **El Caracol** („Schnecke"). Es handelt sich um eines der interessantesten Gebäude Chichén Itzás und um einen der ganz wenigen Rundbauten in der Welt der Maya. Erbaut wurde er zwischen 900 und 1000 (maya und maya-toltekisch). Eine Wendeltreppe im Innern (heute nicht mehr betretbar) gab ihm seinen Namen.

5

Ballspielplatz mit Jaguar-Tempel

Das mesoamerikanische Ballspiel

Entwickelt hat sich das Spiel mit dem Kautschukball *(juego de pelota)* aller Wahrscheinlichkeit nach am Golf von Mexiko bei den Olmeken bzw. der **La Venta-Kultur,** denn dort wachsen die Bäume, aus denen Kautschuk gewonnen wird. Von da aus breitete es sich kulturübergreifend auf viele andere mesoamerikanische Zentren aus und wurde zu einem zentralen Bestandteil des gesellschaftlichen Lebens. Die bis dato älteste archäologische Spur fand man 1998 bei *Paso de la Amada* an der mexikanischen Pazifikküste, wo eine etwa 3400 Jahre alte Ballspielanlage freigelegt wurde. Die meisten Ballspielplätze an einem Ort – 24 Stück – wurden in *Cantona* (Puebla) und *El Tajín* (Veracruz) – 17 Stück – ausgegraben.

Das Spiel im Ballspielplatz von Chichén Itzá, ein Zielring ist oben sichtbar

Doch das Spiel war weder Freizeitspaß noch sportlicher Wettkampf, sondern hatte vielmehr eine religiös-kosmische Dimension, deshalb findet man die Anlagen immer in der Nähe oder im Innern von Zeremonialzentren. In mythischer Verklärung beschreibt bereits das Maya-Buch **Popol Vuh,** wie zwei Heldenbrüder nach ihrer Selbsttötung von einem Ballspielplatz aus den Weg in die Unterwelt antreten.

Ballspieler (Códex Magliabechiano)

Die Spielfelder wurden in I- oder Doppel-T-Form erbaut, ihre Frühformen bei Tolteken (Tula), Zapoteken (Monte Albán), Totonaken (El Tajín) und klassischen Maya hatten **schräge Böschungen** und Markierungssteine in Form von runden Scheiben. Zeitlich spätere Anlagen, z.B. bei Azteken, Mixteken und postklassischen Maya (Chichén Itzá) besaßen überwiegend senkrechte Prallmauern mit in der Mitte angebrachten steinernen Ringen, durch die der Ball gespielt werden musste.

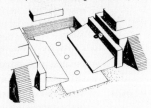

Ballspielplatz mit Markern (Copán)

Die **Spieler** trugen dick gepolsterte Schutzkleidung und mögen annähernd so ausgesehen haben wie Michelin-Männchen – der Ball war teuflisch hart und wog etliche Kilogramm. Der genaue **Spielverlauf** und die exakten Spielregeln sind unklar, wahrscheinlich gab es im Laufe der Jahrhunderte viele regional verschiedene Spielvarianten. Der Ball flog über eine Mittellinie zwischen den Mannschaften hin und her und durfte nur mit dem Ellbogen, dem Knie, der Hüfte oder dem Gesäß geschlagen werden. In einem Platz mit Prallwänden musste der Ball durch die Seitenringe geschossen werden, was dann den sofortigen Sieg bedeutete. Cortés und seine Eroberer waren zutiefst beeindruckt und nahmen Spieler mit nach Spanien, wo sie das Spiel vorführen mussten – Kautschuk war bis dahin in Europa unbekannt. Der spanische Mönch *Diego Durán* konnte noch in der 2. Hälfte des 16. Jahrhunderts aztekischen Ballspielen beiwohnen und Aufzeichnungen darüber verfassen. Ungeklärt blieb dennoch, ob es bei dem **Spiel einst auch um Kopf und Kragen** ging, d.h., ob die unterlegene oder gar die siegreiche Mannschaft den Göttern geopfert wurde, oder ob die gefundenen Opferreliefs lediglich als eine bildliche Umsetzung des religiösen Dramas der zwei Heldenbrüder aus dem Popol Vuh zu verstehen sind.

Von diesem Rundbau aus beobachteten die Maya durch schmale Fenster den Lauf und die Positionen der Gestirne, wobei sie die Fensterkanten als Visierlinien benutzten. Optische Instrumente besaßen sie keine, nur einfache Hilfsmittel zum Peilen und logisches Denkvermögen. Auf der Grundlage ihrer astronomischen Beobachtungen bestimmten sie dann die Zyklen ihrer beiden Kalendersysteme (s.S. 232) und konnten lange im Voraus Sonnen- und Mondfinsternisse berechnen.

Weitere Gebäude der Zona Central

La Casa de las Monjas

Das „Haus der Nonnen" ist das größte Bauwerk der Zona Central (Klassikum, Puuc- und Chenes-Stil) und erhielt seinen Namen wegen der vielen Räume im Innern, die die Spanier an Nonnengelasse erinnerten.

Links davon der freistehende Bau der „Kirche" (der Nonnen), **La Iglesia,** mit ihrer fast vollständig dekorierten oberen Fassade (Puuc-Stil, 7./8. Jh.). Über dem Eingang ragt die hakenförmige Nase des Regengottes Chaak hervor, darüber schlängelt sich eine wellenförmige Schlange, deren zwei Köpfe an den beiden Gebäudekanten herauslugen.

Der rechts angrenzende **Anexo de las Monjas** („Anbau des Nonnenhauses") besticht durch die komplett in Mosaiktechnik dekorierte Fassade – zweifelsohne die schönste und ästhetischste ganz Chichén Itzás!

Die etwa 1 km weiter südlich liegende (noch nicht

La Iglesia, historische Abbildung

fertig ausgegrabene) **Zona Sur** ist der älteste Teil Chichén Itzás, doch nur für absolute Maya-Fans zu empfehlen. Wer in Richtung Osteingang zurückgeht, sollte noch einen Blick in den **Cenote Xtoloc** werfen, der trotz seiner Kleinheit ein wichtiges Wasserdepot der Bewohner war und somit das Überleben symbolisierte.

Unterkunft Chichén Itzá

Es gibt drei (Touristen-)Hotels beim Osteingang von Chichén Itzá: **Hotels Villas Arqueológicas Chichén Itzá** €€, www.villasarqueologicaschichen.com; rund 100 m vom Osteingang entfernt, Gartenanlage, Pool, Restaurant. – **Mayaland Hotel & Bungalows** €€€, www.mayaland.com und Hacienda Chichén €€€, www.haciendachichen.com.

Alternative: Der kleine Ort Pisté liegt 2 km nordwestlich der Anlage, dort gibt es weitere Unterkünfte, z.B. das **Pirámide Inn** €€, Calle 15-A Nr. 30, www.piramideinn.com. Besser ist das **Hotel Chichén Itzá** €€€, Calle 15-A Nr. 45, www.mayaland.com/hotel-chichen-itza, mit Gartenanlage, Pool und Restaurant (in Pisté gibt es jede Menge Essenmöglichkeiten, ein großes Hacienda-Büffet-Restaurant ist Xaybe'H, Calle 15-A No. 42 (südl. Parallelstraße zur Hauptstraße Mex 180).

Das **Hotel Dolores Alba** € liegt an der östlichen Zufahrtsstraße Mex 180 zu den Ruinen, 2,5 km Osteingang (KM 122), Tel. 9999283163, www.doloresalba .com, Pool, Restaurant und vor allem einen kostenfreien Shuttle-Service zu den Pyramiden, so dass Sie unbesorgt an der nächtlichen Show teilnehmen können (ein weiteres Dolores Alba befindet sich in Mérida). Weitere Unterkünfte gibt es im etwa 40 km östlich entfernten Valladolid, s.u.

Richtung Valladolid / Cancún

Cenote Ik Kil   Genau gegenüber vom Hotel Dolores Alba führt eine kurze Stichstraße zu dem offenen und kreisrunden Cenoten **Ik Kil.** Schwimmen und plantschen in türkisem Wasser unter 25 m hohen Steilwänden und herabhängenden Lianen – spektakulär. Kann manchmal voll werden. Umkleideräume, Duschen, tägl. 9–17 Uhr, Eintritt. Mit Restaurant (es wird reichlich serviert) und Hotel.

Grutas de Balankanché   2 km östlich vom Hotel Dolores Alba liegen gleich an der Mex 180 die touristisch ausgebauten Tropfsteinhöhlen **Grutas de Balankanché** („Thron des Jaguars"). Den Zugangsweg säumt ein kleiner Botanischer Garten. Einst dienten sie als Wasser- und Kultstätte, verehrt wurde der Regengott Chaak und später der toltekische Wassergott Tlalóc. Höhlen galten bei den Maya als Eingänge in die Unterwelt *xibalba* und als Sitz von Göttern und Ahnen. Drei der sieben Kammern sind zugänglich, in der Hauptkammer formten Stalagmiten und Stalaktiten in tausenden von Jahren eine Säule, um die man eine Vielzahl von Opfergaben legte – die Archäologen beließen diese Dinge an Ort und Stelle.

Die Maya-Unterwelt ist jedoch nicht das Richtige für klaustrophobe Gemüter, zudem die pure Sauna! Am Eingang Schautafeln und Fotos, Café, Museum, kleiner Laden. Tägl. geöffnet von 9–17 Uhr, Eintritt ca. 100 Ps (man zahlt zweimal an verschiedenen Stellen). Die Besichtigung dauert rund 40 Minuten (mind. 6 Personen).

Valladolid ☙

Valladolid liegt 40 km östlich von Chichén Itzá und ist Ausgangspunkt für die Stätte **Ek Balam**. Die Stadt ist ein Verkehrsknotenpunkt und mit ihrem gemütlichen Parque Principal durchaus einen Stopp wert.

Sehenswertes   Das **Museo del Chocolate** in der Calle 40 zw. C. 37 u. 39 (gleich nach der Nordostecke der Plaza), tägl. 9–19.30 Uhr, **TIPP** (Video auf www.choco-storymexico.com). – Die ehemalige Klosteranlage **San Bernardino de Siena** von 1552 (etwas außerhalb, über die Calzada des los Frailes, abends Videomapping). – In der privaten **Casa de los Venados** kann man tausende Objekte der mexikanischen Volkskunst bewundern (Calle 40 Nr. 204 zw. C. 41 u. 43, www.casadelosvenados .com, Mo–Fr 8–16 Uhr, 100 Ps, Tour um 10 Uhr). – Besuchenswert ist auch das **Museo Ropa Étnica de México** (MUREM), das Trachten und

Cenote Xkekén

Textilien aus vielen Teilen Mexikos zeigt (5 Cuadras südl. der Plaza, Calle 49 Nr. 202A zw. C. 40 u. 42, www.murem.org). – Der offene **Cenote Zací** (Bild s.S. 277) liegt drei Cuadras östl. der Plaza, und bei der Ortschaft **Dzitnup,** 7 km westlich außerhalb, befinden sich die unterirdischen **Cenotes Samuláh** und **Xkekén,** wobei vor allem letzterer sehenswert ist – deshalb machen hier auch Touristenbusse Station. Sonnenlicht strahlt durch einen Deckendurchbruch und erzeugt eine geheimnisvolle Unterweltstimmung, in dem türkis-glasklaren Wasser kann man schwimmen. Tägl. 8–17 Uhr, Eintritt.

Turismo Im Palacio Municipal, Plaza-Südostecke (Ecke Calles 40/41), Tel. 01-985-8562551, ext. 114; 9–20 Uhr, So 9–13 Uhr, www.valladolid.com.mx.

Unterkunft **Hostel Candelaria** €, 3 Cuadras nordwstl. der Plaza, Calle 35 Nr. 201F/C. 44, www.hostelvalladolidyucatan.com. – **Casa Valladolid** €€, Calle 44 Nr. 146 zw. C. 35 u. 37 (2 Cuadras nordwstl. der Plaza), schönes „Hotel Boutique". – Direkt an der Plaza, Nordseite: **El Mesón del Marqués** €€€, alle Annehmlichkeiten, mit hinterem Parkplatz. Ansonsten um den Zócalo weitere, einfache Hotels.

Essen Gleich rechts vom Hotel Mesón del Marqués befindet sich eine Restaurant-Halle mit verschiedenen Küchen und Möglichkeiten. Um die Plaza weitere Restaurants mit regionalen Gerichten.

Ek Balam

Die sehr schön instandgesetzte, kompakte Anlage – eigentlich heißt sie *Tiquibalon,* „Strahlender Jaguar", Ek Balam war ein dortiger Herrscher – hat relativ wenige Besucher. 40 km nördlich von Valladolid (tägl. 8–17 Uhr, Eintritt 494 Ps, hin mit Taxi, einem Colectivo (v. Calle 44 zw. C. 35 u. 37) oder per Hoteltour; es verkehren keine Busse).

Umschlossen ist Ek Balam von einem ungewöhnlichen doppelten Ringwall. Die Hauptbauten mit zwei Plazas – darunter auch ein kleiner

Teil der grandiosen Stuckfassade an der Hauptpyramide

Ballspielplatz – liegen alle innerhalb des etwa 1 qkm großen Areals und datieren aus der klassischen Periode, der Blütezeit Ek Balams, bewohnt war der Ort aber schon früher.

Die Ringmauer besitzt vier Zugänge, von denen aus vier *sakbeob* („weiße Straßen", s.S. 364) in die verschiedenen Himmelsrichtungen führen, eine weitere *sakbe* findet sich am Eingang an der Südseite. Die Bauweise der Eingangs-Struktur mit ihren abgerundeten Ecken ist außergewöhnlich.

Hauptattraktion ist jedoch eine **Stuckfassade** mit grandiosem Dekor am Aufgang der voluminösen, über 150 m breiten und 30 m hohen Hauptpyramide „La Torre": Ihr Erhaltungszustand und der Detailreichtum der **spektakulären, vollplastischen Skulpturen** sind in der Welt der Maya einzigartig! Fantastisch ist außerdem die Ausgestaltung eines Portals als zähnebewehrter Schlangenrachen. Diesen *Chenes*-Stil findet man fast nur ganz im Süden Yucatáns (s. Ruta Río Bec) – wer brachte ihn hierher? Überhaupt gibt das ungewöhnliche Konglomerat von Baustilen in Ek Balam der Maya-Forschung Rätsel auf. Mit Spannung können wir darauf warten, ob ihre Lösung das derzeite Wissen über die Maya wieder einmal gründlich umwerfen wird.

Etwa 3 km von Ek Balam entfernt liegt der **Cenote X-Canché,** hier Möglichkeit zum Schwimmen und Schnorcheln.

Cenotillo

Valladolid (oder Pisté) ist ein guter Ausgangspunkt, um das Dörfchen Cenotillo („kleiner Cenote"), ca. 60 km nordwestlich von Valladolid (über Tubkás) an der Mex 11 zu besuchen. In und um den verschlafenen Ort gibt es sage und schreibe 138 Cenotes, manche davon allerdings auf Privatgrundstücken. Doch wer könnte es schon schaffen, sie allesamt zu besuchen? Wählen Sie die wichtigsten aus, sie heißen: Kaipech, Xayín, Xoch, Yook Chac und Ucil (im Dorf selbst). Der Ort ist touristisch nicht erschlossen, die Fahrer der Taximotos führen Sie aber gern.

Cenote Xux-Ha

Wer von Valladolid auf der Mex 180 Richtung Cobá/Tulúm fährt oder von dort kommt, sollte unbedingt auf der Strecke, ca. 14 km nach/vor Valladolid den an Straße befindlichen, unterirdischen **Cenote Xux-Ha** besuchen (tgl. 8–17 Uhr, Eintritt). Kaum Leute, ein unvergessliches, atemberaubendes Schwimmerlebnis in kristallblauem Wasser!

Bundesstaat Quintana Roo

Die Karibikküste

Die gesamte Karibikküste Mexikos liegt im Staat **Quintana Roo,** dem jüngsten des Landes, 1974 als 30. Bundesstaat geschaffen. Hauptstadt ist Chetumal, größte Stadt Cancún. 1511 fand hier die erste Begegnung zwischen Spaniern und Ureinwohnern statt, doch die Region war die letzte, die die Spanier in Mexiko eroberten.

Im Jahre 1974 war es auch, als der mexikanischen Staat beschloss, aus dem kleinen Fischerdorf *Cancún* ein gigantisches, internationales Ferienzentrum zu machen. Die Voraussetzungen waren perfekt: 240 Sonnentage im Jahr (es regnet in der Regel von Sept. bis einschließlich Nov.), 27 °C Durchschnittstemperatur, kilometerlange Traumstrände am türkisblauen Meer sowie Tauch- und Schnorchelparadiese garantieren „Karibik pur".

Mit dem Tourismusboom strömten Zigtausende mexikanische Arbeitskräfte in die Region, wurde die Küste immer mehr zugebaut und die Preise stiegen rasant. Besonders teuer ist es hier in der Hochsaison vom 15. Dez. bis 30. April und vom 15. Juli bis 15. Sept. Ein Trinkgeld von 10–18% wird meist gleich auf die Rechnung aufgeschlagen. Preisbewusst Reisende haben hier also ausgesprochen schlechte Karten, es sei denn, sie ergattern ein günstiges Pauschalangebot.

Per Flug einreisende Ausländer zahlen übrigens in diesem Staat eine Sondersteuer (VISITAX) von rund 10 Euro. Das kann man online erledigen (Beleg aufbewahren): www.visitax.gob.mx/sitio/

Sehenswerte Kolonialstädte darf man in Quintana Roo nicht erwarten, doch mangelt es keineswegs an Anreizen zu Erkundigungen jenseits der Hotelburgen.

5

Costa-Maya-Traumstrand bei Mahahual

> ❗ **Hinweis:** Seit 2015 werden an der gesamten Karibikküste (auch an anderen Teilen der Karibik sowie des Golfs von Mexiko bis hin zur Südküste der USA) immer wieder gigantische Mengen an Braunalgen (Sargassum, auf Spanisch *sargazo*) angeschwemmt. Über die Ursachen gibt es bis jetzt nur Hypothesen. Das ist ökologisch eine Katastrophe und beeinträchtigt natürlich auch die Badefreuden. Feste Saisonzeiten haben die Algen nicht, sie kommen und gehen und treten auch nicht überall gleichzeitig bzw. gleich stark auf. Sehen Sie vor Ihrer Fahrt die Sargassum-Ampel auf Facebook ein: *Red de Monitoreo del Sargazo Cancún,* oder suchen Sie die Webcam Ihres Urlaubsortes: www.webcamsdemexico.com.

Cancún

Cancún hat heute über 700.000 Einwohner und ist eines der größten Touristenzentren der Welt. In der Hochsaison landen täglich über 100 Maschinen, die Sonnenhungrige von überall hierher einfliegen, insbesondere aus den USA, Kanada und Europa. Mit dem originären Mexiko hat Cancúns Hotelzone natürlich rein gar nichts mehr zu tun.

Als eine am Computer entworfene Stadt besitzt **Cancún Centro** keinen zentralen Zócalo wie andere mexikanische Städte, im **Parque de Las Palapas** westlich der großen Nord-Süd Hauptachse Avenida Tulúm und drei Querstraßen südlich des zentralen Busterminals ist aber abends meist was los. Drumherum liegen zahlreiche Restaurants, Fußgängerstraßen, Hotels, Geschäfte u.a.m. An der Av. Tulúm kann man in die Busse und Colectivos zur Zona Hotelera zusteigen. Deren Schlagader ist der breite **Boulevard Kukulkán**, der nördlich in die Stadt Cancún hinein und südlich zum Airport führt.

Zona Hotelera Die Zona Hotelera ist eine ca. 20 km lange schmale Landzunge (ehemalige Insel) in Form einer „7". Gesäumt ist sie von kristallklarem Karibikwasser und weißen Stränden, an denen sich ein Luxushotel ans andere reiht. Zwischendrin findet man Shopping Malls, sog. **Plazas** (die größten sind *Plaza La Isla Shopping Village* und *Plaza Kukulkán*) und ein unüberschaubares Unterhaltungs- und Freizeitangebot, wie z.B. Vergnügungs- und Wasserparks **Parque Nizuc** („Wet'n Wild", Km 25), oder **Aquaworld,** Km 15,2, Bootsausflüge (Insel-Touren, aber auch „Dinner Cruises" und „Piratenpartys"), Diskotheken, Nightclubs, Folklore-Shows u.a. Beim zentralen und großen **Centro de Convenciones** gibt es außerdem einen Turm mit Drehrestaurant und ein archäologisches Museum.

Ende Febr./Anfang März fallen übrigens ganze Horden „brunftiger" US-Studenten zum „Spring-Break" in Cancún ein, dann wird es sehr laut, buchen Sie am besten zu einer anderen Zeit.

An den Ufern und im Wasser der westlich der Landzunge gelegenen **Lagune Nichupté** sollte man sich nicht aufhalten – es ist ein bekanntes **Krokodilhabitat** mit teilweise über 3 m langen Exemplaren. „Zwischenfälle" sind wiederholt schon vorgekommen.

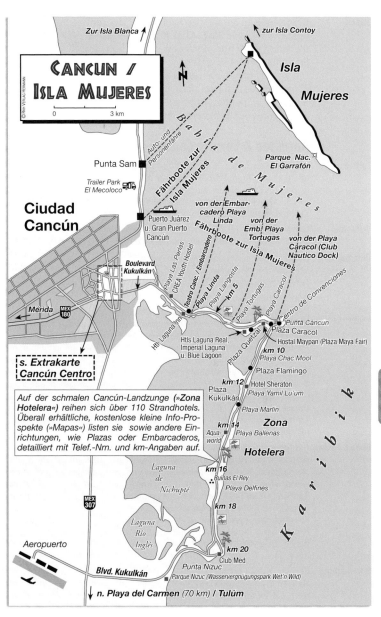

Auf der schmalen Cancún-Landzunge (»**Zona Hotelera**«) reihen sich über 110 Strandhotels. Überall erhältliche, kostenlose kleine Info-Prospekte (»Mapas«) listen sie sowie andere Einrichtungen, wie Plazas oder Embarcaderos, detailliert mit Telef.-Nrn. und km-Angaben auf.

CANCÚN / ISLA MUJERES
0   3 km

Zur Isla Blanca
zur Isla Contoy
Isla Mujeres
Bahía de Mujeres
Parque Nac. El Garrafón
Auto- und Personenfähre
Punta Sam
Trailer Park El Mecoloco
Ciudad Cancún
Fährboote zur Isla Mujeres
Puerto Juárez u. Gran Puerto Cancún
von der Embarcadero Playa Linda
von der Emb. Playa Tortugas
von der Playa Caracol (Club Náutico Dock)
Playa Las Perlas
CREA Youth Hostel
Boulevard Kukulkán
Fährboote zur Isla Mujeres
Teatro Canc.: Embarcadero
Playa Linda
Playa Langosta
Mérida   MEX 180
km 5
Playa Tortugas
Playa Caracol
Centro de Convenciones
Punta Cancún
Centro de Convenciones
Htl Laguna Inn
Plaza Caracol
Hostal Maypan (Plaza Maya Fair)
Htls. Laguna Real, Imperial Laguna u. Blue Lagoon
Plaza Quetzal
km 10
Playa Chac Mool
s. Extrakarte Cancún Centro
Plaza Flamingo
km 12
Hotel Sheraton
Plaza Kukulkán
Playa Yamil Lu'um
Playa Marlin
Zona
km 14
Aqua-world
Playa Ballenas
Hotelera
Laguna de Nichupté
km 16
Ruinas El Rey
Playa Delfines
MEX 307
km 18
Laguna Río Inglés
Karibik
Aeropuerto
km 20
Club Med
Punta Nizuc
Blvd. Kukulkán
Parque Nizuc (Wasservergnügungspark Wet'n Wild)
↓ n. Playa del Carmen (70 km) / Tulúm

5

Strände	Die Strände an der offenen Karibikseite, d.h. südlich des Centro de Convenciones wie **Playa Chac Mool, Yamil Lu'um, Playa Delfines** u.a. sind sehr schön, doch gibt es dort höhere Wellen (bei roten Strandflaggen ist es gefährlich, grün ist sicher, gelb wechselhaft). Um an die Strände der Hotels zu gelangen, muss durch die Hotels gegangen werden (was diese nicht gerne sehen). Attraktiv ist der Strand beim Sheraton-Hotel. Ruhiger – fast zu ruhig – ist das Wasser an der *Bahía de Mujeres* westlich des Centro de Convenciones.

Adressen & Service Cancún

Turismo	Av. Tulúm 5 (im Gebäude der Stadtverwaltung), Mo–Fr 9–17 Uhr. Die FONATUR (mexikanische Tourismusbehörde) ist an der Av. Cobá/Ecke Av. Nader. In Hotels, Reisebüros, Läden liegen bergeweise Werbe- und Touristenpublikationen aus, einschl. aktuelle Veranstaltungskalender. In Cancún sind Konsulate von D, A u. CH, Kontaktdaten über die Botschaftsseiten (s.S. 13).
Webseiten	gibt es über Cancún unzählige (google Cancún Webseiten), ergiebig ist z.B. www.cancun-map.com. Übersicht: www.caribemexicano.travel
Unterkunft	Für einen längeren Strandaufenthalt bucht man i.d.R. voraus. Wer nur kurz vor Ort ist, wird sich eher eines der „relativ" günstigen Hotels im Zentrum aussuchen. Hinweis: **Online-Buchungen** kommen meist günstiger als direkt vor Ort im Hotel. **Hotelsuche-Website:** www.cancunhotelsweb.net
	Das einfache **Hotel Alux** € liegt in kurzer Gehentfernung vom Busterminal entfernt in der Avenida Uxmal 21, www.hotelalux.com. – **Enigmatic Hotel** €–€€, Av. Carlos Nader Calle Mero 12, über www.nomadsexperience.com. Von einem Hostel aufgewertet in ein Boutique-Hotel in ruhiger Wohngegend, schöne Zimmer und auch Dormitorio, Restaurant, Bar Pool. – Das sechsstöckige **Hotel Suites Caribe International** €, Yaxchilán 36 (Ecke Sunyaxchén), www.hotel caribeinternacionalcancun.com, verfügt über große und relativ günstige Zimmer. – Genau gegenüber vom Busterminal liegt das Mittelklassehotel **Hotel Plaza Caribe** €€, Calle Pino, Mza 1, www.hotelplazacaribe.com. – Das **Hotel El Rey del Caribe** €€, Av. Uxmal 24, www.elreydelcaribe.com, ist ein gepflegtes Öko-Hotel, mit tropischem Garten, Pool u.a. Annehmlichkeiten.
Essen & Trinken	Günstig mexikanisch isst man im Zentrum bei den volkstümlichen Loncherías am und um den **Parque Las Palapas.** Dort nahebei und elegant **La Habichuela,** Margaritas 25, in einer Gartenanlage, Menü auf www.ahabichuela.com. Etwas weiter nördlich, zwischen den Rosas-Straßen Fleisch satt in der **La Parilla Cancún.** – Auch beim Traditionsflohmarkt **Mercado 28** (Xel-Há 28, westliche Sunyaxchén) gibt es etliche kleine Restaurants. Viele Restaurants in der südlichen Calle Tulipanes, mexikanisch-ausgelassen dort im **El Rinconcito de Puebla.** Im Bereich der östlichen Av. Uxmal/Ecke Av. Nader: Außergewöhnlich gut ist in der Av. Nader (Nr. 9) das **El Pescado Ciego** (Fischrestaurant, das Thunfischsteak ist ein Gedicht). Japanisch: **Sushi Go** ist eine Kette, **Yamamoto** in der Av. Uxmal.
Unterhaltung	*Cancún Centro:* Abendliche Treffs sind die Fußgängerstraßen westlich der Av. Tulúm und dem **Parque Las Palapas;** Restaurants, Nachtleben und was sonst noch das Touri-Herz begehrt konzentriert sich auch in Av. Yaxchilán gleich südlich der Av. Uxmal.

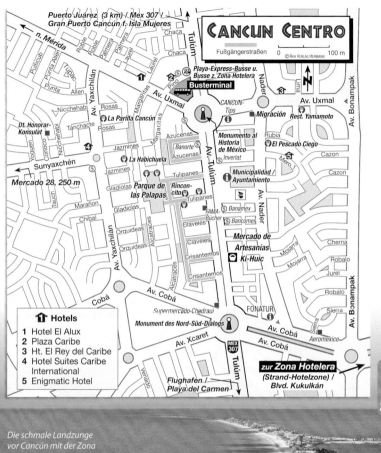

CANCUN CENTRO

Fußgängerstraßen   0   100 m
© Rich Verlag Hermann

Puerto Juárez (3 km) / Mex 307 /
Gran Puerto Cancún f. Isla Mujeres

n. Mérida

Playa-Express-Busse u.
Busse z. Zona Hotelera
Busterminal

CANCUN-Tips

Migración   Rest. Yamamoto

Monumento al
Historia
de México

El Pescado Ciego

Municipalidad /
Ayuntamiento

La Parilla Cancún

Dt. Honorar-Konsulat

La Habichuela

Mercado 28, 250 m

Parque de
las Palapas

Rincon-cito

FAMA-Bücher

Banamex
Bancomer

Mercado de
Artesanías
Ki-Huic

Supermercado-Chedraui

Monument des Nord-Süd-Dialogs

FONATUR

zur Zona Hotelera
(Strand-Hotelzone) /
Blvd. Kukulkán

Flughafen /
Playa del Carmen

Hotels
1 Hotel El Alux
2 Plaza Caribe
3 Ht. El Rey del Caribe
4 Hotel Suites Caribe International
5 Enigmatic Hotel

Die schmale Landzunge vor Cancún mit der Zona Hotelera

Zona Hotelera: Sehen Sie den Veranstaltungskalender des **Centro de Convenciones** ein: http://cancunicc.com. Vielerlei Aufführungen auch im **Teatro de Cancún** beim Embarcadero (Km 4), www.teatrodecancun.com.mx, Karten ggf. über Ihr Hotel. Ansonsten gibt es in der Hotel-Zone jede Menge Nachtclubs, Bars, Techno-Tempel und Discos. **TIPP:** die große *Coco Bongo* beim Centro de Convenciones, mit großer Abendshow, www.cocobongo.com.

Transport   Busterminal: Calle Pino im Dreieck der Straßengabelung Tulúm u. Uxmal. Ein moderner Terminal mit einem außerordentlich großen Angebot an Gesellschaften, Busklassen und Zielorten. Für Fernziele am besten vorab kaufen (z.B. bei www.clickbus.com.mx).

Außerhalb des Terminals, auf der anderen Seite der Calle Pino (Av. Tulúm), stehen die (weißen) Busse von **Playa Express,** die als Shuttle-Busse in kurzen Abständen die Riviera Maya bis Playa del Carmen entlangfahren, mit Stopps an allen größeren und kleineren Orten.

Flughafen   Der Airport liegt 19 km südlich des Zentrums, sehr gute, auch internationale Flugverbindungen (nach Deutschland mit Condor). Die meisten Hotels haben einen (kostenpflichtigen) Shuttle-Service, zwischen 8 u. 20 Uhr fahren auch Airport-Colectivos (Shared Shuttles) zur Hotelzone, dafür einen Wertschein erstehen. ADO-Busse verbinden den Flughafen mit dem Busterminal im Zentrum von Cancún.

Mietwagen   Zahlreiche Gesellschaften am Flughafen und im Zentrum. Bei Vorbuchung: achten Sie darauf, dass Sie den Wagen direkt am Flughafen übernehmen können. Übrigens: Die *Supercarretera* 180 D in Richtung Valladolid ist teuer (Maut/Cuota 328 Ps für 160 km, nach Mérida 518 Ps), auf der alten Mex 180 kommt man ebenfalls ans Ziel.

Isla Mujeres

Die kleine **Isla Mujeres** (etwa 7,5 km lang und weniger als 1 km breit) liegt ca. 10 km nordöstlich von Cancún. Ihren Namen „Insel der Frauen" erhielt sie von den Spaniern, die hier weibliche Tonstatuetten fanden. Die ursprünglich dort ansässigen Maya lebten vom Handel mit Meersalz. Später diente die Insel als Versteck für Piraten.

Längst ist die Zeit vorbei, als Isla Mujeres noch als Geheimtipp an der Karibik galt, tagtäglich schippern dutzende Fährboote von den *Embarcaderos* der Zona Hotelera in Cancún dorthin. Doch noch immer kann man in kleinen und familiären Hotels unterkommen und an den Stränden *Norte* und *Los Cocos* an der Nordwestspitze relaxen (an der offenen Karibikseite im Osten sollte man wegen gefährlicher Unterströmungen nicht baden). Es empfiehlt sich, die Insel außerhalb der Hauptferienzeiten zu besuchen, denn das ist auf jeden Fall geldbeutelschonender, auch die Bars haben dann ausgedehnte „Happy Hours" („dos por uno"), um Kundschaft anzuziehen.

Die wenigen Längs- und Querstraßen des Hauptortes („Flaniermeile" ist die Calle Hidalgo) hat man schon kurz nach Anlegen des Bootes erkundet. Dann heißt es: ab an den Strand, entweder zum

Hafen,
Isla Mujeres

Schwimmen, oder zum Schnorcheln bei **El Garrafón,** ein als „Natur-park" deklarierter Vergnügungspark an der Südspitze der Insel (www.garrafon.com, günstigste Eintrittsrate 89 US$ – alle Extras kos-ten zusätzlich). Man kann aber auch anderswo schnorcheln, Anbieter gibt es an allen Stränden. Schön ist es trotz des Massenauflaufs wei-terhin, es gibt tatsächlich noch allerhand Fische und sonstige Meeres-tiere zu sehen.

Die meisten Besucher mieten sich ein **Golf Cart,** um die Insel zu umrunden (man kann aber auch Mopeds, Fahrräder oder Autos mie-ten bzw. ein Taxi nehmen).

Zu sehen gibt's an der Westküste die Meeresbiologie-Station **Tortugranja** (tägl. 9–17 Uhr, Eintritt, http://islamujeres.gob.mx/tortu granja), eine Art Farm für gefährdete Meeresschildkröten-Arten, so-wie die Überreste der ehemaligen Piraten-Hacienda **Ruinas del Pirata Mundaca** aus dem frühen 19. Jh. (Inselmitte südlich der Lagu-ne). An der Südspitze ein verlassener **Leuchtturm** und eine sehr kleine **Maya-Ruine** (überteuerter Eintritt), zu erreichen sind sie über einen Fußweg entlang der Klippen. Des Weiteren können Sie das **MUSA-Unterwassermuseum** (in einem Glasbodenboot oder tau-chenderweise) besuchen, http://musamexico.org. Ein besonderes Erlebnis ist ein „Inselhopping"-Tagesausflug zur Isla Contoy.

Isla Contoy Auf der von der Isla Mujeres 12 km weiter nördlich gelegenen **Isla Contoy** gibt es nach einer Bootsfahrt tatsächlich noch echte Natur zu beobachten. Die Insel ist Naturschutzgebiet und vollständig mit Mangroven und sattgrünen Palmwäldern überzogen, bewohnt von

Flamingos, Prachtfregattvögeln, Pelikanen und über 100 anderen Wasservogelarten. Es gibt ein kleines Freiluftmuseum und einen Aussichtsturm. Unterwegs besteht die Möglichkeit, am Xlaches-Riff zu schnorcheln. Touren werden überall angeboten. Von Cancún aus z.B. mit *Kolumbus Tours,* www.kolumbustours.com/contoyale.html (Mi u. So auch auf Deutsch). Weitere auf Isla Mujeres ansässige Touranbieter auf www.islacontoy.org/tour_operator.html, Infos zu Contoy auf der Website des Vereins der Contoy-Freunde, www.islacontoy .org/deutsch.html

Adressen & Service Isla Mujeres

Turismo   Hauptstraße Calle Rueda Medina 130, zw. Morelos u. Madero

Webseiten   www.isla-mujeres.net
www.mexicancaribbean.com (Hotels, Touren u.a.)
www.caribemexicano.travel/isla-mujeres/

Fähre   Im Halbstundentakt vom Pier *Gran Puerto Cancún*, 3 km nördl. von Cancún. Zona Hotelera: von den Embarcaderos *Playa Linda, Playa Tortugas* und *Playa Caracol.*

Unterkunft   Zahlreiche kleine Hotels und Privatunterkünfte aller Preisklassen, teurer sind jene in Strandlage, günstiger sind Familienbetriebe, Preise je nach Saison. Gesamtübersicht z.B. auf www.hotelesenislamujeres.com

Hotel Sueño Maya €€, Av. Madero, gleich nach der Kreuzung mit der Guerrero, über http://sueno-maya.hotelesenislamujeres.com. Einfach und zweckmäßig. – **Hotel Francis Arlene** €€, Guerrero 7, unweit von Strand, Fähre und Busstation, über Buchungsportale.

Zwei gehobenere Hotels an der **Playa Norte: Cabañas María del Mar** €€€, Av. Lazo 1, http://cabanasmariadelmar.com, angenehmes Strandhotel, Zimmer mit oder ohne Meerblick. **Das Na Balam** €€€, C. Zazil Ha 118, über Buchungsportale, bietet Wellness-Service, Gartenanlage, Pool und ein gutes Restaurant.

Essen & Trinken Wo's gefällt und schmeckt. Es stehen Dutzende Restaurants zur Auswahl, von einfach bis gediegen. Die meisten findet man in den Straßen Hidalgo und Guerrero.

Schnorcheln und Tauchen   Alle Schnorchel-Anbieter bieten im Prinzip die gleichen Touren an. Die Schnorchelboote starten direkt neben dem Fähranleger, vergleichen Sie die Preise und handeln Sie. Auch Tauch-Touren gibt es überall, Ausrüstung kann man (auch ohne Tour) mieten. Einen guten Ruf hat *Sea Hawk Divers* an der Playa Norte, www.seahawkislamujeres.com, sie vermieten auch Zimmer. Wer nicht bei El Garrafón (s.o.) schnorcheln oder tauchen möchte, hat als Alternative das *Hotel Garrafón de Castilla Beach Club* am Km 6 der Carretera Punta Sur, mit abgegrenztem Schwimmbereich, Anfahrt per Taxi.

Riviera Maya

Gigantische All-inclusive-Mega-Resorts, Timesharing-Wohnblöcke und Vergnügungsparks reihen sich entlang des paradiesisch schönen Küstenabschnitts zwischen Cancún und Tulúm (125 km) – die Tourismusstrategen erfanden dafür den exklusiv klingenden Namen **„Riviera Maya"**. Die Preise sind so, wie der Name klingt und Trinkgeld wird meist gleich in die Restaurant-Rechnungen mit eingerechnet. Und dennoch: Die puderfeinen weißen Korallenstrände sind einfach traumhaft, Strand- und Wassersport-Liebhaber kommen hier auf ihre Kosten. Der Karibikküste vorgelagert ist das gewaltige **Mesoamerikanische Barriere-Riff,** das etwa 10 bis 40 km vor der Küste verläuft und sich über 1000 km bis nach Honduras erstreckt.

Auf der vierspurig ausgebauten Mex 307 sind alle Strandorte per Mietwagen oder mit den „Playa-Express"-Bussen schnell zu erreichen.

Webseiten   www.mexicancaribbean.com
www.caribemexicano.travel
www.sac-be.com
www.rivieramaya.com
www.locogringo.com (viele Insider-Tipps auf Englisch, auch Videos)
https://rivieramaya.mx

Zwischen Cancún und Playa del Carmen

Puerto Morelos

Das (ehemalige) Fischerdorf, 36 km südlich von Cancún, ist der älteste spanische Hafen an der Karibikküste. Touristisch ein ruhiges und auch relativ günstiges Eckchen. Den überschaubaren Zócalo säumen kleine Restaurants, Bars und ein paar Ladengeschäfte. Das etwa 600 m von der Küste vorgelagerte Korallenriff wird gerne von Tauchern aufgesucht. Der Sandstrand ist breit und schiebt sich flach in das ruhige, karibikgrüne Wasser. „Wahrzeichen" von Pto. Morelos ist der kleine „Schiefe Turm" („Faro inclinado") am Pier bei der Plaza. Nördlich von dieser gibt es viele kleinere und mittelgroße Touristen-Unterkünfte, oft belegt von Winterflüchtigen aus USA und Kanada. Vom/zum Airport Cancún und nach Playa del Carmen fahren Busse, von deren Haltestelle an der Mex 307 man mit einem Taxi zur 3 km entfernten Plaza gelangt.

Infos   www.inpuertomorelos.com • www.puerto-morelos.org
www.caribemexicano.travel/puerto-morelos/.
Anbieter für Tauchen und Schnorcheln am Riff, z.B. *OM Delfin,* Rafael E. Melgar, https://omdelfin.com. Familien können sich im „Krokodil-Streichelzoo" **Crococun Zoo** vergnügen (Carretera Cancún – Tulúm Km 31 bzw. 1,5 km nördlich von Puerto Morelos, tägl. 9–17 Uhr, http://crococunzoo.com.

*Stadtstrand von
Puerto Morelos*

Unterkünfte Hotels gibt es nahe der Plaza und nördlich davon in allen Kategorien. Hoch-
saisonpreise von November bis April. Zentral bei der Plaza und am Strand:
Hacienda Morelos €€€, Calle Melgar, www.haciendamorelos.com. Sicheres
parken, Pool. Gleich gegenüber der große **Chedraui-Supermarkt,** auch mit
Essensangeboten. – **Amar Inn** €€€, Lázaro Cárdenas, Lote 4, SM2, 600 m nördl.
der Plaza und 50 m vom Strand, www.amarinn.mx. Zimmer/AC mit Frühstück
und eigener kleiner Küche in bunten Häuschen in einer Gartenanlage, Rad-
verleih, kleiner Pool. – **Casa El Moro** €€, Rojo Gomez 17 SM2, nah beim Parque,
www.casaelmoro.com, diverse Zimmer, Parkplatz. – Schöne Apartments in
Plaza-Nähe: **Azul Mar** €€€, Javier Rojo Gómez 6, https://azulmarmorelos.com.
– Weitere Unterkunfts-Angebote auf www.puerto-morelos.org, www.caribe
mexicano.travel/puerto-morelos und Buchungsplattformen.

Essen & Trinken An der Plaza, Südwestecke: **Café de Amanzia** und andere nebenan. **El Cam-
panario,** Calle Isla Mujeres, grillt hervorragende Steaks. – Seafood: z.B. im **El
Merkadito,** von der Plaza-Ostseite die Rafael Melgar hochgehen. Etliche weitere Restaurants in der Gomez entlang der Westseite der Plaza. Der **Chedraui-
Supermarkt** gleich südlich der Plaza bietet diverse Gerichte.

Ruta de los Cenotes

Cenotes (s.S. 277) kann man von allen Orten der Halbinsel aus besuchen. Doch damit nicht genug: Direkt am südlichen Ortsausgang von
Puerto Morelos beginnt an einer Abzweigung der Mex 307 (Zubringer
zur Autobahn nach Mérida) die *Ruta de los Cenotes*, an dieser liegen
gleich mehrere davon. Einige wurden für den Tourismus mit Aben-
teuerflair ausgestattet und in teure Parks umgewandelt, so z.B. der
Cenote Boca del Puma, www.bocadelpuma.com.mx (viel Abenteuer,
doch der Cenote selbst ist nicht der schönste, teilweise auch sehr
lange Wartezeiten, um eingelassen zu werden, tägl. 10–18 Uhr (noch

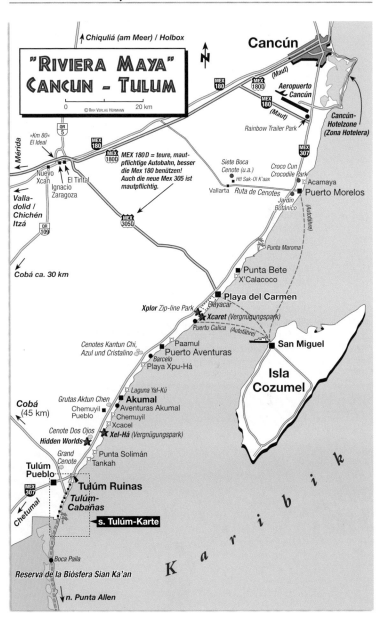

"RIVIERA MAYA"
CANCUN - TULUM

© RKH VERLAG HERMANN

0   20 km

Chiquilá (am Meer) / Holbox

Cancún

MEX 180   MEX 180D   (Maut)

Aeropuerto Cancún

Cancún-Hotelzone (Zona Hotelera)

Rainbow Trailer Park

»Km 80« El Ideal

Mérida

QR 5

MEX 180D

MEX 180

MEX 180D = teure, mautpflichtige Autobahn, besser die Mex 180 benützen! Auch die neue Mex 305 ist mautpflichtig.

Nuevo Xcán

El Tintal

Ignacio Zaragoza

Valladolid / Chichén Itzá

QR 109

MEX 305D

Siete Boca Cenote (u.a.)

Croco Cun Crocodile Park

Htl Sak-Ol K'aax

Vallarta   Ruta de Cenotes

Acamaya

Puerto Morelos

Jardín Botánico

(Autofähre)

Punta Maroma

Cobá ca. 30 km

Punta Bete
X'Calacoco

Xplor Zip-line Park

Playa del Carmen

Playacar

Xcaret (Vergnügungspark)

Puerto Calica   (Autofähre)

San Miguel

Cenotes Kantun Chi, Azul und Cristalino

Paamul

Puerto Aventuras

Barcelo

Playa Xpu-Há

Isla Cozumel

Cobá (45 km)

Laguna Yal-Kú

Grutas Aktun Chen

Akumal

Chemuyil Pueblo

Aventuras Akumal

Chemuyil

Xcacel

Cenote Dos Ojos

Hidden Worlds

Xel-Há (Vergnügungspark)

5

Grand Cenote

Punta Solimán

Tankah

Tulúm Pueblo

MEX 307

Tulúm Ruinas

Tulúm-Cabañas

s. Tulúm-Karte

Chetumal

Boca Paila

Reserva de la Biósfera Sian Ka'an

n. Punta Allen

K a r i b i k

unter 100 US$) oder der **Selvatica Zipline Park,** www.selvatica.
com.mx (um 150 US$), bei beiden kann man preislich unterschiedliche
Pakete erstehen. Wie der Name schon sagt, rauscht man hier über
eine (oder mehrere) „Ziplines" (tirolesa) durch das Blätterdach der
Bäume und direkt hinein ins erfrischende Cenote-Wasser. Zusätzlich
kann man auch noch Tauchen, Klettern u.v.m. Günstiger sind der
Cenote Verde Lucero und **Las Mojarras,** auch hier *tirolesas,*
Umkleidekabinen, Hängematten u.a. Wer eine geführt Tour bevorzugt,
kann sich auf dieser Webseite umsehen: https://cenotesworld.com.

Playa del Carmen

Das rummelige Playa del Carmen ist nach Cancún das zweitwichtigste
Touristenzentrum an der Riviera Maya. Trotz seiner Größe von gut
200.000 Einwohnern ist es (noch) eine überschaubare Ferienstadt.
Geboten wird so ziemlich alles, was das Touristenherz begehrt, dicht
an dicht: Zahllose Restaurants, Nachtleben, Wassersport-Aktivitäten,
Touren ins Hinterland oder auf die Insel Cozumel.

Playas Strände sind breit und langgestreckt, doch gibt es nur wenig
Palmenschatten. Das Meer ist ruhig, d.h. schwimmfreundlich, Tauchen
ist aber besser auf Cozumel (s.u.). Richtung Norden können lange
Strandspaziergänge unternommen werden.

Das Schachbrett-Straßennetz wird von der **Avenida Juárez** in
Nord und Süd geteilt. Hauptschlagader und Flaniermeile ist aber die
5. Avenida, auch kurz **Quinta** genannt. Hier und in den Seitenstraßen
gibt es zahllose Restaurants, Unterkünfte, Cafés, Läden, Bars etc, etc.

*Der breite
Strand von
Playa del
Carmen*

einige Hotels
1 Hacienda Paradise
2 The Green Village
3 Reina Roja Hotel
4 Hostal Playa
5 Hostal Rio Playa
6 Hostal Vive la Vida

PLAYA DEL CARMEN
© RKH VERLAG HERMANN
0   200 m

Playa Mamitas
Calle 28
Calle 26
»Little
Calle 24
Italy«
Calle 22
Calle 20 Norte
Anfahrt von der Mex 307 z. Parkhaus
Av. Constituyentes
Calle 18
Supermercado MEGA
Calle 16
Calle 14 BIS
Parkhaus Tendenza
Supermercado San Francisco
Calle-12-BIS
ADO Busterminal Alterna
Eingang
Calle 12
Calle 10 BIS
Rb. Viajero Mexico
Calle 10
Supermercado Wal Mart
Munici-palidad
Calle 8
Wal Mart
Calle 6
Calle 4
Colectivos n. Tulúm u. Cancún
Yucatek Divers
Calle 2
Playa Express
Parque Portal Maya
Imbiss-Stände
ADO Busterminal del Centro
Riviera Expr. Mayab
Av. Juárez
Policia Municipal
Av. Juárez
Centro de Salud Hosp.
Calle 1 Sur
Einkaufszentrum Plaza Paseo del Carmen
Taxis
Calle 3
Supermercado Chedraui
Hotelanlage Playacar
zur/von Mex 307
Av. Municipalizada
Aviario

Hotelanlage The Royal
Hotel Porto Real
C.16 BIS
C.12 BIS
R.-Büro Alltour-native
C.Corazon
El Faro
Taxis
Bar/Disco Fusión
Rb.Solatina Tours
»Quinta«
Riviera Expr.
Tourist Police
Portal Maya
Parque (Plaza,
Tickets für Cozumel-Fähre
Autoverm. Payless
Continental Plaza
Muelle (Fähr-anleger) n. Cozumel

Karibik

Neueröffnungen oder Schließungen sind an der Tagesordnung, und für klotzige Hotelneubauten oder Shopping-Komplexe werden nun teils ganze Blocks abgerissen. Wer vorhat in Playa zu urlauben, sollte sich vorab über die einschlägigen Buchungsportale oder über die oben genannten Websites was Passendes suchen. Man muss auch wissen, dass im Bereich der Quinta und in ihren nahen Parallelstraßen laut wummernde Party-Technomusik einem die Nachtruhe rauben können (Gehörschutz mitführen). Autofahrer haben im Zentrum Parkplatzprobleme (Parkhaus „Tendenza" s. Karte).

Adressen & Service Playa del Carmen

Turismo   Prospekte und touristische Broschüren liegen fast überall aus, ein Info-Kiosk und die Tourist Police befinden sich an der Nordwestecke des Parque am Beginn der Quinta.

Webseiten   www.playadelcarmen.com
www.everythingplayadelcarmen.com
www.caribemexicano.travel/playa-del-carmen/
Auf den oben erwähnten Webseiten zur Riviera Maya
gibt es auch Links zu Playa del Carmen.

Unterkunft   Playa besitzt zahllose Unterkünfte aller Preisklassen, viele haben europäisches oder US-amerikanisches Management. Faustregel: Je näher das Hotel an der Quinta Av. oder am Strand liegt, desto teurer. In der Hochsaison von Mitte Dezember bis nach Ostern steigen die Preise erheblich, sie sind fast immer in US-Dollar angegeben. Darauf achten, ob die Steuer inklusive ist oder nicht.

Budget-Unterkünfte/Hostels gibt es relativ wenige (s. Stadtplan), z.B. **Hostal Vive la Vida,** Hostal Río Playa (auf Facebook) oder **Hostal Playa,** C. 8/Ecke C. 25, Tel. 9848030145 (über div. Buchungsportale).

Frühmorgens am Pool

Autofahrer können die Hotels in und um die gut anzufahrende Calle 20 Norte probieren, sie hat Parkmöglichkeiten: **The Green Village** €€, Calle 20 Nte zw. Av. 15 u. 20, Tel. 984-1476040. – Hacienda Paradise €€, Av. 10 Nte. zw. C. 20 u 22. – **Reina Roja Hotel** €-€€€ (mit günstigen Hostel-Räumen), www.reina rojahotel.com, Calle 20 Nte 298. Umfassend weitere Angebote auf www. allplayadelcarmenhotels.com

Essen & Trinken Playa del Carmen quillt über von Restaurants aller Kategorien und Landesküchen, zahlreich sind Italiener vertreten, besonders in den Straßen von „Little Italy" nördlich der Av. Constituyentes. Entlang der Quinta ist es am teuersten, und wie an vielen Karibik-Strandorten steht auch in Playa del Carmen das Trinkgeld meist gleich mit auf der Rechnung.

In der Calle 38 (nördlich außerhalb des Stadtplans) zw. Av. 5 und dem Meer befindet sich **La Cueva del Chango,** www.lacuevadelchango.com; in der „Höhle des Affen" bewirtet Andrés Friederich seit vielen Jahren seine Gäste mit vorzüglichen Speisen aus frischen Zutaten. Romantisches Ambiente zwischen viel Grün. Auch leckeres Frühstück.

Unterhaltung Live-Musik aller Stilrichtungen, Qualitäten und Lautstärken in den Restaurants in der Quinta und Nebenstraßen sowie am Strand. Weitere Discos und Clubs in der Calle 12, ab der 10. Av. nach Osten, die Mega-Disco **Coco Bongo** ist nur eine unter vielen. **La Bodeguita del Medio** (Av. 5/Ecke C. 34, Franchise mit Zweigstellen in mehreren Städten, http://labodeguitadelmedio.com.mx), bietet Cuba-Feeling mit Live-Musik – und natürlich jeder Menge Mojitos. Das Nachtleben von Playa beginnt spät (gegen 22 Uhr) und endet früh (gegen 5 Uhr morgens).

Transport Busterminal 1. Klasse: **ADO Terminal Alterna,** Av. 20/Ecke C. 12 BIS. Kurzstrecken vom **ADO Terminal del Centro,** Ecke Juárez/Quinta. **Playa Express** fährt nach Cancún oder Tulúm (jw. 1 h Fahrzeit) von der Calle 2 Nte zw. Av. 20 u. 25. Playa besitzt nur einen kleinen Stadtflughafen ohne reguläre Verbindungen.

Zwischen Playa del Carmen und der Insel verkehren, mehr oder weniger im Stundentakt, Fährschiffe der Gesellschaften **UltraMar** (www.ultramarferry.com) und **Winjet** (www.winjet.mx). Aktuelle Zeiten und Preise sind dort einsehbar, Abfahrtszeiten und Tickets südlich der Plaza vor dem Pier. Distanz zur Insel 16 km, ca. 45 Min. Fahrzeit. **Transcaribe** fährt von der Mex 307, KM 282, Kreuzfahrthafen Puerto Calica nach Cozumel (https://transcaribe.net).

Mietwagen Mehrere Agenturen direkt im Zentrum: Hertz (5. Av.), Alamo (6 Nte/Ecke 5. Av.), Europcar (8 Nte). Bei der Fähre nach Cozumel: *Payless.* Lokale Anbieter sind günstiger als internationale.

Die neue (teure) Supercarretera 305 D verbindet Playa mit der 180 D, in rund 3 Stunden kann man in Mérida sein. Wundern Sie sich nicht über die Seile quer über die Fahrbahnen, das sind „Kletterbrücken", die verhindern sollen, dass die Affen überfahren werden.

Touranbieter Ein empfehlenswertes Reiseunternehmen unter der Leitung des Schweizers Manuel Heuer ist **Viajero,** Calle 10 BIS zw. Av. 15 u. 20, www.viajero-mexico.com, Tel. 9841062040; umfangreiches Angebot, gute Betreuung. Gutes Feedback auch von **Solatino Tours,** 5. Av. zw. Calles 4 u. 6, www.solatino.com.

5

Isla Cozumel

Cozumel liegt 16 km vor Playa del Carmen und ist mit 53 km Länge und 14 km Breite die größte mexikanische Insel. Gegen die Ostküste brandet der Atlantik, die Westküste ist windgeschützter und deshalb von teuren Hotelketten in Beschlag genommen. Alles in allem ist die Insel in erster Linie auf dollardicke (US-) und Kreuzfahrttouristen ausgerichtet. Ein Tagesausflug ist völlig ausreichend, es sei denn, man möchte tauchen, denn für **Taucher** ist Cozumel ein **absolutes El Dorado!**

Der einzige Ort auf der Insel ist **San Miguel de Cozumel.** Gleich nach dem Fähranleger geht es geradeaus in die **Av. Benito Juárez** zur **Plaza** mit umliegenden touristischen Läden (nicht vergessen: Die Einfuhr von Korallen in die EU ist verboten!). Wenn gerade ein Kreuzfahrtschiff anlegt, und das tun sie fast ständig, wird es sehr voll. Auf der Küstenstraße Av. Melgar verkehren keine Busse, man muss ein Taxi nehmen oder einen Wagen (s.u.) bzw. einen Motorroller mieten, letztere findet man an nahezu jeder Ecke – Preise vergleichen und handeln. Helm tragen! Für eine Inselrundfahrt braucht man ca. einen Tag (rund 80 km Strecke).

Geschichte Für die Küstenmaya war Cozumel ein bedeutendes Pilgerzentrum, verehrt wurde die Göttin *Ix Chel,* außerdem war es ein wichtiger Seehandelsstützpunkt. Mehr als 30 kleine Maya-Stätten wurden auf der Insel gefunden, alle verfallen und überwuchert.

1518 betrat **Juan Grijalva** als erster spanischer Eroberer die Insel. Wesentlich dramatischer verlief dann im folgenden Jahr das Eintreffen von **Hernán Cortés** mit seinen Mannen: Zurück ließen diese

Anleger auf der Insel Cozumel

zerstörte Kultstätten und die tödlichen Pocken. Bis 1600 waren praktisch alle Inselbewohner ausgestorben. Cortés stieß auf seinen 1511 hier gestrandeten Landsmann **Aguilar** (s.S. 276). Im 17. Jh. wurde Cozumel Stützpunkt und Schlupfloch berüchtigter **Karibik-Piraten** wie Henry Morgan, und während des Kastenkrieges im 19. Jh. diente die Insel als Zufluchtsort für Geflohene, die hier Chicle-Saft für den Kaugummi-Boom sammelten. Ab 1970 begann man mit dem Ausbau der Insel als Tourismus- und Tauchzentrum.

Sehenswertes Lohnend ist das **Museo de la Isla de Cozumel** (v. Melgar 321, zw. 4 u. 6 Nte, Di–So 9–17 Uhr, Eintritt, https://cozumelparks.com/museo-de-la-isla/. Es zeigt Exponate zur Historie der Insel, wie z.B. archäologische Funde und Naturgeschichtliches (Hurrikan 1988, Entstehung der Korallenriffe, u.a.).

Der **Discover Mexico Park Cozumel** liegt ca. 4 km südlich in der Verlängerungsstraße des internationalen Piers *(Muelle Internacional)*, neben dem Hotel La Ceiba. Inmitten tropischer Vegetation stehen über 60 naturgetreue Replikate prähispanischer Skulpturen, Stelen und Statuen sowie Gebäude aus ganz Mexiko. Tägl. 8–18 Uhr, Eintritt 49 US$. Nett, muss aber nicht unbedingt sein.

Eine gut erhaltene Maya-Stätte im inneren Bereich der Insel ist **San Gervasio** (tägl. 8–16 Uhr, 193 Ps, www.cozumelparks.com); hier huldigten die Maya ihrer Regenbogen-, Mond- und Fruchtbarkeitsgöttin *Ix Chel*. In dschungelartiger Umgebung stehen in sechs Gruppen etwa 20 relativ kleine und bescheidene Bauten.

Strände und Unterwasserwelt

Schwimm-strände Empfehlenswerte Schwimmstrände sind *Playa del Sol* oder *Playa San Francisco* (mit vorgelagertem Riff) an der Westküste. Schwimmen an der Ostküste ist – außer an wenigen geschützten Stellen wie *Playa Bonita* und *Playa Chen Río* – wegen starker Brandung und Felsen lebensgefährlich!

Wer beim Beobachten der Unterwasserwelt lieber trocken bleiben möchte, steigt in ein Glasboden-Boot (Abfahrt vom Muelle Internacional) – eine nicht wirklich prickelnde Angelegenheit – oder doch gleich ins Elektro-U-Boot „Atlantis" beim Hotel *Casa del Mar*, Rtg. Chankanaab, 105 US$/Pers.

Die am Pier/Muelle ebenfalls angebotenen **Schnorcheltouren** sind Touristennepp – man chauffiert Sie unweit des Hafens und Sie bekommen nicht wirklich viel zu sehen. Suchen Sie einen Anbieter, der Sie zum *Arrecife de Colombia* bringt, dort lohnt es sich mehr.

Parque Punta Sur Im **Parque Punta Sur** an der Südspitze (Mo–Sa 9–16 Uhr, 18 US$, als Paket mit Essen, Schnorcheln usw. mehr, www.cozumelparks.com) man zunächst die kleine Mayastätte *Tumba de Caracol*, erreicht dann den Leuchtturm *Faro Celarain* (Aussicht, kleines Museum) und kann sich schließlich am schönen Strand rekeln, am Riff schnorcheln oder in der Lagune Krokodile beobachten.

Tauchgründe an der Westküste

Einzigartige Tauchgründe bieten die vielen Unterwasserriffe an der Westküste (alle sind sie als Unter-wasser-Nationalparks geschützt), die Teile des gewaltigen *Arrecife Maya* sind, das sich von der Isla Mujeres bis runter nach Hondu-ras zieht. Das kristallklare Wasser erlaubt traumhafte Sichtweiten, die submarine Wunderwelt wimmelt von Riff-Fischen in allen nur erdenkli-chen Farben und es gibt baumhohe Koral lenwälder. Der Star unter den Riffen ist das **Palancar-Riff,** das in ca. 1,5 km Entfernung dem gleichnamigen und sehr schönen Strand vor-gelagert ist. Von dessen außergewöhnlichen Schönheit schwärmte bereits 1961 der Unterwasserforscher Jacques Cousteau. Rund 27 m unter der Wasseroberfläche beginnt es, südlichere Teile noch tiefer.

Parque Nacional Chankanaab

Der **Parque Nacional Chankanaab** liegt ca. 8 km südlich von San Miguel (Mo–Sa 8–16 Uhr, 26 US$, www.cozumelparks.com). Das Gelände umfasst einen tropischen Botanischen Garten, Replikate von Maya-Bauten, ein Tauchmuseum, Strandrestaurants und Dive-Shops. Taucher und Schnorchler kommen im felsigen Meer auf ihre Kosten, wo es gleich beim Ufereinstieg Unterwasserhöhlen zum Durchforschen gibt. Ein Boot fährt das weiter draußen liegende **Chankanaab-Riff** an. Der *Acuario natural* ist ein großes, ovales Wasserbecken, das durch einen unterirdischen Kanal mit dem Meer verbunden ist. Bunte Tropenfische schwimmen hier ein und aus.

Adressen & Service Cozumel

Turismo

Das Oficina de Turismo ist am Parque Benito Juárez, gleich bei der Anlegestelle der Fähre (ausgeschildert).

Webseiten

http://cozumel.travel (gute Seite mit vielen Infos, Hotel- und Tauchangebote) www.cozumel.net

Unterkunft

Budgetvorschlag: **Hotel Pepita** €, 15. Av. Sur 120 (gleich südl. Calle 1), www.hotelpepitacozumel.com. – **Mi Casa en Cozumel** €–€€€, 5a Av. Sur 707, http://micasaencozumel.com, freundlich, einige Treppen zu steigen, ein paar Minuten zu Fuß ins Zentrum, dafür ruhig. – **Hotel Vista del Mar** €€€, am Malecón Rafael Melgar 45 (zw. 5 u. 7 Sur), www.hotelvistadelmar.com.mx. – Außerhalb von San Miguel fast nur hochpreisige Strand- und Luxushotels, hier kann man fündig werden: http://cozumel.travel/hoteles.

Essen & Trinken	Viele Restaurants aller Kategorien (Fisch in allen Variationen). Wo Touristen einkehren, ist es kostspielig (auf *comida corrida* achten). Preisgünstig ist es bei den Markthallen-Restaurants in der Salas zw. den Avenidas 20 u. 25 (Mercado Municipal Benito Juárez). Ein **TIPP** wäre das bunte Fischrestaurant **La Perlita,** etwas versteckt in der Calle 10 Norte 499; es rühmt sich damit, dass hier auch die Einheimischen essen. Verlangen Sie immer den Fisch der Saison, die Gemüsebeilagen sind selbst angebaut.
Tauchen	Es gibt zahlreiche Anbieter. Empfohlen wird z.B. Deep Blue, www.deepbluecozumel.com
Transport	**Fähren:** Abfahrten normalerweise im Stundentakt ab 7 Uhr vom Hauptpier *(Muelle Turístico),* Tickets dort. Autofähren von/nach Puerto Morelos und Puerto Calica vom *Muelle Internacional,* ca. 4 km südl. von San Miguel (beim Hotel La Ceiba). Cozumel hat einen kleinen internationalen **Flughafen,** 2 km nördl. von San Miguel (es verkehren nur Taxis).
Mietwagen	Z.B. *Avis* am Flughafen und in derMelgar, direkt am Muelle Fiscal. Günstiger ist es, online vorzubuchen. Auf Pisten darf i.d.R. nicht gefahren werden.

Strände und Strandorte
zwischen Playa del Carmen und Tulúm

Die nachfolgenden Orte waren fast alle einmal Stützpunkte früherer seefahrender Maya. Wer keine Tour gebucht hat, mietet sich am besten einen Wagen (die Busse halten nur an der Mex 307, von dort teils beträchtliche Fußmärsche unter praller Sonne bis zum Strand). Es bietet sich an, eine Übernachtung in Tulúm einzulegen.

Xplor	Der sog. „Theme-" oder „Adventure Park" **Xplor** befindet sich 6 km südlich von Playa derl Carmen, noch vor Xcaret. Ziplining, Rafting, Tauchen, Jeep fahren etc. Infos auf www.xplor.travel. Alle Aktivitäten/ Pakete weit über 100 US$.
Xcaret	Wegen einer kleinen Maya-Ruine im Gelände nennt sich der ähnliche Park **Vergnügungspark Xcaret** (sprich „Schkaret) hochtrabend „Parque Eco-Arqueológico". Am Eingang ein nachgebauter *Arco de Labná* (s.S. 309), drinnen gibt's einen Strand, Lagunen, teils unterirdische Flüsse, einen Botanischen Garten, ein Aquarium für Meeresschildkröten, die Nachbildung einer Sisal-Hacienda, einen Aussichtsturm, diverse Vorführungen u.v.m. Zu dem ohnehin teuren Eintrittspreis über 100 US$ müssen alle Extras zusätzlich bezahlt werden. Eine Art Folklore-Wasser-Disney-Welt – aber wenigstens gut gemacht und nicht langweilig. Ein Highlight ist die allabendliche, mehrstündige Open-air-Folklore-Show „Xcaret México Espectacular", die mit einer Vorführung des legendären Ballspiels Mesoamerikas beginnt (Exkurs s.S. 326), danach geht es weiter mit Tänzen aus allen Landesteilen Mexikos.
Hinweis	Im gesamten Park dürfen nur Sonnenschutzmittel verwendet werden, die biologisch abbaubar sind.

5

Schnorcheln in Xcaret

Geöffnet tägl. ab 8.30 Uhr bis nach Mitternacht, alle weiteren Infos auf www.xcaret.com.mx. Hier auch Infos über die anderen Parks und thematische Touren, die von derselben Gesellschaft betrieben werden, wie z.B. X-Plor und X-Plor Fuego (Ziplines), Xavage (Rafting, u.a.).

Transport ab Playa del Carmen: mit ADO (5. Avenida), ca. 4 Fahrten täglich, Hin- und Rückfahrt am besten vorbuchen (denken Sie an die Abendshow). Von Cancún oder Tulúm fahren ebenfalls ADO-Busse nach Xcaret. Zubringerbusse auch von größeren Hotels, meist im Rahmen einer Tour. Nur wenig weiter südlich von Xcaret liegt **Puerto Calica,** ein Hafen für internationale Kreuzfahrtschiffe sowie Abfahrtskai für Autofähren zur Isla Cozumel.

Ferienanlagen **Puerto Aventuras** (21 km südlich von Playa del Carmen) und **Barcelo** (4 km weiter) sind Wohn- und Hotelresorts ohne weitere Sehenswürdigkeiten. Falls Sie an der Marina mit Delfinen und anderen Meeressäugern schwimmen wollen, machen Sie sich darauf gefasst, dass man Ihnen hinterher sehr teure Fotos aufdrängen wird. Unsere Zuschriften schwanken jedenfalls zwischen Begeisterung und absolutem Touristennepp.

Gleich hinter Barcelo führen ausgeschilderte Stichpisten nach Westen zu nahe beieinanderliegenden, offenen Cenoten: *Kantun Chi, Azul* und *Cristalino,* letzterer bietet sich zum Schwimmen und Schnorcheln an.

Playa Xpu-Há Einer der allerschönsten Strände der Riviera Maya war einst die **Playa Xpu-Há,** wenngleich es dort oft sehr windig ist. Auch heute noch schön, inzwischen aber ziemlich zugebaut und nicht wirklich sauber gehalten – was bei dem Massenansturm eigentlich notwendig wäre. Leider versucht man, aus dieser Schönheit noch den letzten Peso oder Dollar herauszupressen, alles ist überteuert, der Service eher schlecht, jede Kleinigkeit kostet – selbst für ein bisschen Schatten unter einer Palme wollen hier manche kassieren. Auch für den Zugang zum Strand muss man zahlen.

Vor Ort einige einfache (deshalb aber noch lange nicht billige) Hotels und viele Dauercamper, aber auch mehrere Resorts. Lage: 28 km südlich von Playa del Carmen (etwa 1 km nach dem *Xpu-Há Palace All inclusive Resort*).

Akumal

Die Hauptbucht von **Akumal** liegt ca. 37 km südlich von Playa del Carmen. Der „Platz der Schildkröte" – was *akumal* auf Maya heißt – ist eine große Hotel- und Clubanlage mit teuren Villen, Condos, Bungalows und Restaurants an vier schönen, langgezogenen Strandabschnitten. Die Bucht am Ende der Zufahrtsstraße säumt ein breiter weißer Sandstrand mit riffgeschütztem, sehr ruhigem Wasser, schattigen Palapas und einigen Palmen. Wer dort einkehren möchte, dem sei das **Lol-ha** zu empfehlen, mexikanische Hausmannskost, preisgünstig. Nördlich schließt sich die große *Half Moon Bay (Bahía Media Luna)* mit der traumhaften *Laguna Yal-Kú* an (tolles Schnorcheln, Ausrüstung mietbar). Südlich liegen *South Akumal* und *Aventuras Akumal,* gleichfalls teure Luxus-Anlagen. Unter dem Vorwand, die Natur zu schützen, versucht man hier allerdings, sogar das Meer zu „privatisieren", wer jenseits einiger Bojen mit Schildkröten schwimmen oder schnorcheln möchte (denn dafür ist Akumal bekannt), wird von Wächtern angehalten, dies mit einem teuren Führer zu tun, legal ist das aber nicht.

Unterkunft

Eine Strandunterkunft kann man sich hier raussuchen: www.i-akumal.com oder www.akumaltravel.com. Für Selbstfahrer sehr zu empfehlen ist das etwas landeinwärts gelegene **B&B Villa Moreno Ecoliving €€€**, Carretera Cancún – Tulúm Km 256, Tel. 9841314535, http://villamorenamexico.com/es; Bungalows, Pool, sehr gutes (italienisches) Fühstück. Oder im rustikalen Palapa-Restaurant **La Buena Vida,** North Beach Road Lt. 35, https://labuenavidarestaurant.com; mexikanisch und international, mit Pool und zwei Aussichts-Baumhäusern, sehr angenehm!

Strand von Xpu-Há

Aktún Chen Liegt 4 km südlich von Akumal und ist ein Naturpark (tägl. 9.30–17.30 Uhr) mit einem unterirdischen Fluss und einem Höhlensystem, von dem Teile begehbar sind. Eine eindrucksvolle Unterwelt aus Kalksteinformationen, Stalaktiten und Stalagmiten sowie ein Cenote, außerdem Ziplining. Auf www.aktun-chen.com stellt man seine gewünschten Aktivitäten zusammen, als Komplett-Paket über 100 US$.

Xel-Há Der große, private Vergnügungspark mit Nationalpark-Status **Xel-Há** (sprich „Schel-Há") liegt 15 km nördlich von Tulúm und wird wie Xcaret, zu dem er gehört, massenwirksam vermarktet. In fingerförmigen Lagunen tummeln sich in glasklarem Salz- und Süßwasser (Xel-Há bedeutet „kristallklares Wasser") vielfarbige Tropenfische, die bei so vielen Besuchern ziemlich zutraulich geworden sind. Es gibt auch unterirdische Quellen, Grotten und Höhlen (in einer befindet sich ein Maya-Altar) sowie einen hohen Wasserrutschen-Turm. Am besten frühmorgens eintreffen, denn später ist der Park meist hoffnungslos überlaufen. Täglich von 8.30–18 Uhr, Eintritt ohne Aktivitäten ca. 90 US$, Infos auf www.xelha.com. Vor und im Gelände diverse Services (Restaurants, Liegestühle, Duschen, Geldautomat u.a.), an der Kasse erhält man einen Übersichtsplan. Geworben wird mit einem „all inclusive" Eintrittspreis, dieser umfasst i.d.R. aber nur Essen und Trinken, nicht aber die meisten Extras, achten Sie also darauf, was in Ihrem Paketpreis enthalten ist. Zum Thema „Sonnenschutzmittel" siehe Xcaret. Anfahrt z.B. mit Linienbussen von ADO (s. Xcaret) oder eine Tour buchen, die dann auch den Transport mit einschließt

Sac Actun, größtes Unterwasser-Höhlensystem der Welt Seit Mitte der 1980er Jahre begannen Unterwasser-Archäologen einige Cenotes nördlich von Tulúm zu erforschen und nach und nach wurden vier große Höhlensysteme ausgemacht: Sac Actun, Nohoch Nah Chich, Actun Ha und Dos Ojos. Dann entdeckte man Verbindungen zwischen diesen Systemen: 2007 zwischen den beiden ersteren, 2011 auch mit Actun Ha. Das kleinere System wird jeweils von dem größeren aufgenommen und erhält dessen Namen, das neue Gesamtsystem hieß also weiterhin Sac Actun. 2018 fand man nun auch den Verbindungsweg zum Dos Ojos-System, womit das „neue Sac Actun" zum größten Unterwasser-Höhlensystem der Welt herangewachsen ist – 347 km lang und mit mehr als 200 Cenotes im Inneren. Leiter des Taucherteams war Robert Schmittner, der einst nach einem Tauchkurs in Mexiko beschlossen hatte, die Försterei in Deutschland aufzugeben und sich den Höhlenforschern anzuschließen. Mexiko hat bei der UNESCO beantragt, das System in die Liste der gemischten Welterbestätten aufzunehmen, ist es doch nicht nur als Naturerbe von ungeheurer Bedeutung, sondern auch als archäologische Stätte: Man fand Objekte der Maya, aber auch z.B. „Naia", das älteste und besterhaltene Skelett des ganzen Kontinents (rund 13.000 Jahre alt), das im dortigen **Cenote Hoyo Negro** ruhte.

Schnorcheln im Cenote Dos Ojos

Darüberhinaus Reste von Säbelzahntigern und anderen bereits ausgestorbenen Tierarten.

Dos Ojos Park   Ein Highlight für Schnorchler und (zertifizierte) Taucher ist der **Dos Ojos Park** („Zwei Augen"), nur wenige Kilometer südlich der Zufahrt zu Xel-Há (ausgeschildert). Eintritt mit Parken und Schwimmweste 350 Ps, mit Schnorchel und Führer 700 Ps. Dive-Shop ist vorhanden. Dos Ojos bietet fünf zugängliche Cenoten und ist Teil des vorbeschriebenen Sac-Actun-Systems mit kilometerlangen Grotten und unterirdischen Flüssen. Infos und sehr hohe Paket-Preise auf www.parquedosojos.mx.

Tulúm Pueblo und Cabañas

Die der Küste vorgelagerte Ortschaft **Tulúm Pueblo** (25.000 Ew.) ist keinesfalls attraktiv. Außer dem Busstopp beim **Crucero Ruinas** (s. Karte, oben) gibt es an der langen Hauptstraße Mex 307 bzw. Avenida Tulúm in Ortsmitte noch den (kleinen) **ADO-Terminal** mit Abfahrten nach Playa del Carmen, Cancún, Cóba, Chetumal und zu anderen Zielen (es gibt auch eine Direktverbindung nach Chichén Itzá, Fz weniger als 3 h). Wer nach Chiapas weiterreisen will: nach Palenque beträgt die Fz ca. 10,5 h. Tulúms kleiner Flughafen ist dem Militär vorbehalten.

Taxis stehen entlang der Mex 307 und beim Busterminal. Etwas weiter südlich ist auf der anderen Straßenseite der Standplatz für Colectivos nach Playa del Carmen (können auch beim Crucero gestoppt werden), und einen Straßenblock vorher stehen die Colectivos nach Cobá (gleiche Straßenseite wie der ADO-Terminal). Von der Ecke der Calle Venus Oriente/Orion Sur fahren Kleinbusse von „Servicio Colectivo Local" zu den Cabañas die Boca-Paila-Straße am Meer entlang.

Übernachten   Wer sparen möchte, übernachtet im Ort und fährt tagsüber zum Strand (gut 3 km). Etliche Ortsunterkünfte verleihen dazu Fahrräder. An der Küste entlang, der **„Zona Hotelera"**, ziehen sich zahllose Cabaña-Anlagen und Hotels mit durchweg hohem bis sehr hohem Preisniveau. Eine Übersicht bietet die Seite www.caribemexicano.travel/tulum/

Adressen & Service Tulúm

Turismo   Es gibt kein spezielles Turismo im Ort. Auskünfte beim Touristenzentrum der Tulúm-Ruinen („Crucero Ruinas")

Webseiten   www.caribemexicano.travel/tulum/

Unterkunft in Tulúm Pueblo   **Hostel Crucero** €€, an der Mex 307/Crucero Ruinas, www.crucerotulum.com und über www.booking.com; einfach, Traveller-Flair, auch Dorm-Betten, Restaurant. –**Hostal Oryx** €, Av. Tulúm 86 (südliche Mex 307 zw. Luna Nte u. Saturno Nte), www.oryxhostel.com. Cabañas u. Dorms in einer tropischen Gartenanlage, Pool, Frühstück, Räder. – **Hotel Posada Tulúm 06** €€€, Andromeda Ote zw. Satelite u. Gemini Sur, www.hotelitotulum.com. Klein, angenehm, Pool, Frühstück, mit Parkplatz. – **Posada Luna del Sur** €€€, Luna Sur 5, https://posadalunadelsur.com. Obere Mittelklasse, etwas überteuert.

Unterkünfte „Zona Hotelera"   Den gesamten Strand bzw. an der Boca Paila-Straße entlang (s. Karte) liegen zahllose Hotelanlagen und Cabañas, wobei „cabañas" hier – anders als anderswo – meist überteuerte Ferienhäuschen sind. Es ist schwer, Empfehlungen auszusprechen und aktuelle Preise zu nennen, häufig stimmt das Preis-Leistungs-Verhältnis nicht, soviel lässt sich fast immer sagen. Hauptsaison ist von Mitte Dezember bis Mitte Januar mit superteuren Preisen in der Weihnachts- und Neujahrswoche. Faustregel: je weiter man nach Süden kommt, desto teurer wird's. Einen guten Überblick kann man sich auf folgenden Seiten verschaffen: www.hotelstulum.com, www.tulumresorts.com sowie auf der erwähnten www.caribemexicano.travel/tulum/

Vom Straßendreieck Richtung Tulúm-Ruinen   **Cabañas Diamante K** (Km 2,5), €€€: Idyllisch am Meer gelegene Cabaña-Anlage mit zahlreichen schattenspendenden Palmen. Preise unterscheiden sich wesentlich, je nach Saison ab 200 US$, www.diamantek.com. – **Mezzanine** (Km 4,1), €€€: Schöne Anlage, noch teurer als das Diamante, ab 250.- US$, gutes Restaurant, Pool, Bar usw. www.mezzaninetulum.com. – **Cabañas Zazilkin** €€, nahe der Tulum-Ruinen und beim Leuchtturm gelegen, einfache Cabañas und Zimmer, ab 110.- US$, www.zzk.mx

Vom Straßendreieck nach Süden   An der Boca Paila-Straße liegen auf den ersten Kilometern nahe beieinander ein halbes Dutzend teure Cabaña-Anlagen, so z.B. **Punta Piedra,** www.posadapuntapiedra.com, **Piedra Escondida,** http://piedraescondida.com/en oder **La Posada del Sol,** www.laposadadelsol.com. Preise und aktuelle „special offers" auf ihren Homepages.

Noch weiter südlich, bei Km 4,5, liegt die **Posada Margherita,** schöne, massive Cabañas, italien. Leitung, sehr gutes Beach-Restaurant, freundlich, rollstuhlfahrergerecht, alles Öko-Technologie. Details auf www.posadamargherita.com

Weitere Resorts heißen *Playa-Azul, Coco Tulúm, Las Ranitas* u.v.m., ihre Namen und Lagen stehen auf der Karte.

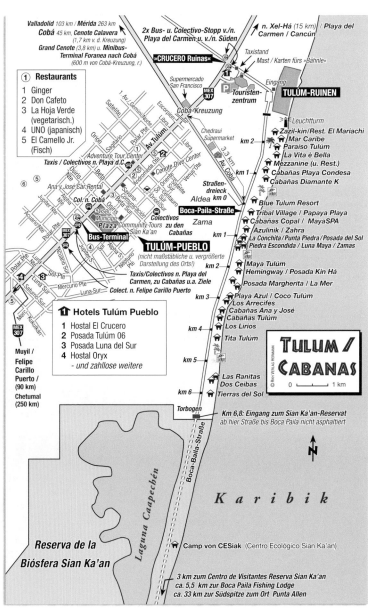

① Restaurants

1 Ginger
2 Don Cafeto
3 La Hoja Verde (vegetarisch.)
4 UNO (japanisch)
5 El Camello Jr. (Fisch)

🏠 Hotels Tulúm Pueblo

1 Hostal El Crucero
2 Posada Tulúm 06
3 Posada Luna del Sur
4 Hostal Oryx
 - und zahllose weitere

Valladolid 103 km / Mérida 263 km
Cobá 45 km, Cenote Calavera (1,7 km v. d. Kreuzung)
Grand Cenote (3,8 km) u. Minibus-Terminal Foranea nach Cobá (600 m von Cobá-Kreuzung, r.)

2x Bus- u. Colectivo-Stopp v./n. Playa del Carmen u. v./n. Süden

n. Xel-Há (15 km) / Playa del Carmen / Cancún

»CRUCERO Ruinas«

Taxistand

Mast / Karten fürs »Bähnle«

Supermercado San Francisco

Touristen-zentrum

Eingang

TULÚM-RUINEN

Cobá-Kreuzung

Leuchtturm

Chedraui Supermarket

Zazil-kin/Rest. El Mariachi
Mar Caribe
Paraiso Tulúm
La Vita è Bella
Mezzanine (u. Rest.)
Cábañas Playa Condesa
Cábañas Diamante K

Adventure Tour Center

Taxis / Colectivos n. Playa d.C.

Cenote-Dive-Center

Straßen-dreieck
Aldea   km 0

Boca-Paila-Straße

Zama

Blue Tulum Resort
Tribal Village / Papaya Playa
Cábañas Copal / MayaSPA
Azulinik / Zahra
La Conchita / Punta Piedra / Posada del Sol
Piedra Escondida / Luna Maya / Zamas

Ana y José Car Rental

Col. n. Cobá

Comunicación

Colectivos Community-Tours zu den Sian Ka'an Cabañas

Municipio

Plaza

Bus-Terminal

TULÚM-PUEBLO
(nicht maßstäbliche u. vergrößerte Darstellung des Orts!)

Taxis/Colectivos n. Playa del Carmen, zu Cabañas u.a. Ziele

Colect. n. Felipe Carillo Puerto

Maya Tulúm
Hemingway / Posada Kin Há

Posada Margherita / La Mer

km 3

Playa Azul / Coco Tulúm
Los Arrecifes
Cábañas Ana y José
Cábañas Tulúm
Los Lirios

km 4

Tita Tulúm

km 5

TULUM / CABAÑAS

© Ron VERLAG HERRMANN

0 ⊢——————⊣ 1 km

Muyil / Felipe Carillo Puerto / (90 km)
Chetumal (250 km)

Las Ranitas
Dos Ceibas
Tierras del Sol

Torbogen

Km 6,8: Eingang zum Sian Ka'an-Reservat
ab hier Straße bis Boca Paila nicht asphaltiert

N↑

Laguna Caapechén

Karibik

Reserva de la Biósfera Sian Ka'an

Boca-Baila-Straße

Camp von CESiak (Centro Ecológico Sian Ka'an)

3 km zum Centro de Visitantes Reserva Sian Ka'an
ca. 5,5 km zur Boca Paila Fishing Lodge
ca. 33 km zur Südspitze zum Ort Punta Allen

5

**Essen &
Trinken Tulúm
Pueblo**

Viele Restaurants reihen sich entlang der Hauptstraße Av. Tulúm und in den dahinterliegenden Straßen. Die meisten haben geschmacklich nicht allzu viel zu bieten, man weiß ja, dass der Gast i.d.R. nur einmal kommt. Auf fast alle Rechnungen wird 10% Trinkgeld automatisch draufgeschlagen.

Vegetarisch und vegan: **La Hoja Verde,** Beta Sur/Ecke Av. Tulúm, zentral, hat ein reichhaltiges und leckeres Angebot. – **Ginger,** Polar Pte. zw. Satelite u. Centauro: modern mexikanisch, gehoben, www.gingertulum.com. – **Don Cafeto,** an der Hauptstraße Av. Tulúm zw. Centauro u. Orion: reell, gut besucht, cocina mexicana (große Portionen/Frühstück), gutes Preis-Leistungsverhältnis. – Die alteingesessene **Pescadería El Camello Jr.,** Mex 307/Ecke Kukulcán, bietet – anders als Name und Logo erwarten lassen – keine Kamele, sondern reichlich servierte Fisch- und Meeresfrüchteteller sowie gute Cocktails. Gleich daneben noch zwei weitere Restaurants. – Lecker, billig, freundlicher Service und vor allem alles frisch im japanischen Kleinrestaurant **UNO,** C. Jupiter Sur.

**Sportliche
Aktivitäten
und Touren**

Das **Adventure Tour Center,** Av. Tulúm (neben Piola Pizza), www.adventure-tourcenter.com, bietet teure, aber gut organisierte Touren, u.a. zu den Ruinen von Cobá u. nach Sian Ka'an (s.S. 361). – Eine weitere Möglichkeit ist **Cenote Dive Center,** Andromeda Ote u. Centauro Sur, www.cenotedive.com. – Ein empfehlenswerter deutschsprachiger Anbieter von Playa del Carmen aus (s. dort) ist **Viajero.**

Bekannte Cenotes auf der Strecke zwischen Tulúm und Cobá sind der **Cenote Calavera,** der **Gran Cenote** (sehr gut geeignet zum Schwimmen, Tauchen und Schnorcheln), der **Aktun-Há,** auch **Cenote Car wash** genannt (weil die Einheimischen früher hier ihre Autos wuschen).

Ruinen mit Meerblick: Tulúm ✥

Die Maya-Stätte Tulúm, 55 km südlich von Playa del Carmen am Meer, ist eines der wichtigsten Kulturdenkmäler Mexikos überhaupt (8–17 Uhr, Eintritt ca. 100 Ps, Parkgebühr extra, über www.inah.gob.mx).

Wegen des sehr hohen Besucherandrangs sollte man möglichst sehr früh dort sein. Ein kleines „Bähnle" fährt vom Tulúm-Touristenzentrum zum Eingang der Ruinen, man kann die 700 m aber auch gut zu Fuß gehen. Im Touristenzentrum gibt es zahlreiche Souvenirshops und einen Mast für *Voladores* (s.S. 59), auch Führer bieten ihre Dienste an (kosten extra, lohnt sich nur, wenn man tiefer in die Geschichte der Stätte eintauchen will; vor den Bauten gibt es auch Erklärungstafeln). Im Gelände gibt es einen Strand zum Schwimmen, also Badesachen nicht vergessen. Ebenso wenig Sonnen- und Mückenschutz, es gibt kaum Schatten und – je nach Jahreszeit – sehr sehr viele Mücken. Aber auch jede Menge **Leguane** verschiedener Größen und Schattierungen. Die urzeitlich anmutenden Tiere sonnen sich bewegungslos auf Felsen oder dösen auf Baumstämmen – können aber, wenn es sein muss, auch schnell verschwinden.

Die Anlage beeindruckt vor allem durch ihre einmalige Lage direkt über dem türkisfarbenen Meer. Bauten, Land und Wasser verbinden sich zu harmonischer Schönheit. Eine über 4 m hohe und bis zu 6 m dicke massive Schutzmauer umschließt das Areal.

Tulúm war der östlichste Außenposten des yucatekischen Maya-gebiets und bei der Ankunft der Spanier eine der letzten noch intakten Maya-Städte an der Küste. Seine Blütezeit hatte das einst wichtige Handels- und Zeremonialzentrum in der Nachklassik von 1200–1400 n.Chr. Als Verbindungspunkt zwischen Binnen- und Seehandel war es Umschlagsplatz für *chicle* und wilden Honig, aber auch für viele andere Produkte. Bis nach Costa Rica und Panamá fuhren die Maya mit ihren seetüchtigen Booten, Leuchtfeuer entlang der Küste dienten ihnen nachts zur Orientierung. Auch das Castillo von Tulúm war einst so ein prähispanischer Leuchtturm. 1544 wurde Tulúm von den Spaniern erobert und von seinen Bewohnern aufgegeben.

5

Tulúm blickt auf eine lange und wichtige Geschichte zurück und liegt traumhaft schön am Strand.

Blick auf Tulúm von oben. Links der Steilabbruch mit Badestrand

Die Bauten   Die niedrigen, schwerfällig wirkenden Bauten stammen alle aus der nachklassischen Maya-Periode. Sie haben Flachdächer statt Maya-Kraggewölbe und es sind Stilelemente verschiedener Epochen und Herkunft auszumachen.

Wohnrecht in den Bauten hatte nur die herrschende Klasse sowie Händler und Seefahrer. Die übrige Bevölkerung lebte außerhalb in vergänglichen Behausungen.

Rundgang   Der Eingang durch die Mauer liegt nördlich (s. Karte). Folgen Sie den Nummern auf der Karte, es kann aber sein, dass mittlerweile noch weitere Wege und Strukturen abgesperrt sind. Vorbei am **Palacio de Halach Uinic,** dessen Säulen einst ein Dach trugen, geht es hoch zum **Templo del Viento,** der die wunderschöne kleine Bucht und den ehemaligen Hafen überragt. Seine Plattform mit ihren gerundeten Ecken wird mit dem mesoamerikanischen Windgott assoziiert.

Danach geht es südlich, wieder vorbei am Palacio de Halach Uinic und der **Casa de Columnas.** Linkerhand liegt, erhöht auf den Klippen, das Hauptbauwerk der Stätte, die „Burg" **El Castillo.**

El Castillo

Links vom Castillo sieht man in auffälliger Trapezbauweise den **Templo del Dios Descendente,** der Tempelbau des „Herabstürzenden Gottes". Die Stuckplastik der wichtigsten Gottheit Tulúms ist über dem Eingang zu sehen. Er ziert noch einige andere Kultbauten Tulúms (auch in Sayil und Cobá tritt er auf). Aus Oberarmen und Schultern wachsen ihm Flügel und er hat den Schwanz eines Vogels. Wahrscheinlich symbolisiert er den beginnenden neuen Tag, doch auch mit der Venus und den Bienen wird er in Verbindung gebracht.

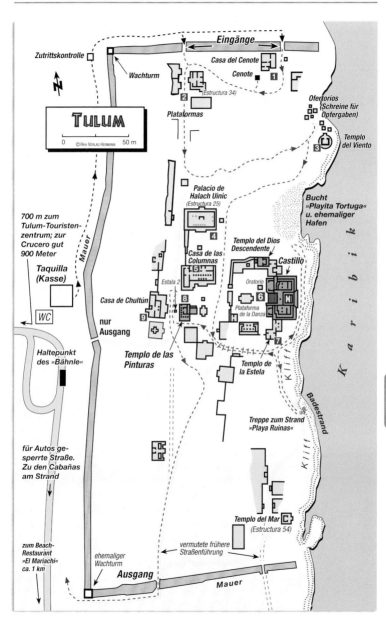

Tulúm

0   ⓒ RKH VERLAG HERMANN   50 m

Die Tempelpyramide **El Castillo** selbst ist das Resultat mehrerer Überbauungen von älteren Substrukturen. Am Kranzgesims in der mittleren Nische ganz oben ist gleichfalls ein „Herabstürzender Gott" zu sehen.

In der Mitte des Innenhofes befindet sich die mächtige *Plataforma de la Danza,* auf der vielleicht einmal rituelle Zeremonien durchgeführt wurden. Links ein kleiner würfelförmiger *Oratorio* (Tempel). Zu beiden Seiten der Tempeltreppe zwei weitere kleine Kulthäuschen wo Opfergaben niedergelegt wurden.

Aufstieg zum Kliff

Wenn Sie nun hoch- und hinter das Castillo gehen, haben Sie freie Aussicht aufs Meer und nördlich auf die herrliche kleine Sandbucht mit dem *Templo del Viento*. Von hier können Sie ein schönes Foto machen. Gleich südlich führt eine steile Treppenkonstruktion zu einem Badestrand runter – eine erfrischende Pause, wer mag.

Templo de las Pinturas

Der doppelstöckige „Tempel der Malereien" (Nr. 8 in der Karte) ist der wichtigste Tempelbau Tulúms mit den meisten dekorativen Elementen. Von den Eckkanten blickt der mayanische Himmelsgott *Itzamná* herab. Die Wandmalereien hinter den vier Säulen zeigen Götter, u.a. die Mond- und Fruchtbarkeitsgöttin *Ix Chel,* wie sie den kleinen Regengott *Chaak* auf ihren Händen trägt. Im Fries über den vier Säulen sind drei Nischen, in der mittleren die (beschädigte) Stuckplastik eines „Herabstürzenden Gottes", eine weitere über der Eingangsöffnung des Oberbaus.

Vor dem Tempel unter einem Palapa-Dächchen die ca. 1,25 m hohe **Stele Nr. 2** mit der Jahresangabe 1261 in Maya-Zahlenzeichen.

Gegenüber des Tempels liegt die **Casa de Chultún,** einst eine wichtige Wassersammelstelle.

Ganz im Süden des Areals liegt der **Templo del Mar,** der ebenfalls eine gute Aussicht bietet.

Blick auf den Templo del Dios Descendente (links) und den Castillo-Tempel (rechts)

Reserva de la Biósfera Sian Ka'an

Mit 5000 qkm ist Sian Ka'an („wo der Himmel geboren wurde") das größte und bedeutendste Küstenschutzgebiet Mexikos. Es liegt südlich von Tulúm (Anfahrt über die Boca Paila-Straße) und ist ein feuchtheißes und wegloses Sumpfland mit Seen, Lagunen, Schilf- und Mangrovengebieten sowie einer äußerst artenreichen Tierwelt. Es ist das Habitat von über 300 Vogelarten (darunter viele Kormorane und Jabirú-Störche), von Meeresschildkröten, Salzwasserkrokodilen, Schlangen, Affen u.v.a. mehr, selbst Jaguare sollen noch herumstreifen. Auch die ein oder andere überwachsene Maya-Stätte liegt im dichten Busch versteckt. Der Küste vorgelagert ist das Große Maya-Riff, das zweitgrößte der Welt. Hin kommt man am bequemsten mit einem Touranbieter (s.o.). Infos auf www.caribemexicano.travel/maya-kaan/s

Reiher mit an Bord

Archäologische Stätte Cobá

Die Maya-Bauten von Cobá liegen 45 km westlich von Tulúm. Sie können mit einer Tour hinfahren, einen Bus nehmen (ADO fährt in ca. 1 Std. vom Busterminal in Tulúm zur Terminal Zona Arqueológica de Cobá, es gibt aber nur wenige Fahrten täglich) oder aber ein Taxi anheuern. **Cobá Pueblo** ist ein kleines Straßendorf mit einigen Unterkünften (s. Karte) und Restaurants in dem niemand Halt machen würde, gäbe es nicht die Pyramiden. 5 km westlich liegen die zum Baden geeigneten, sehr schönen **Cenotes Tamcach-Ha** und **Choo-Ha.**

Am Eingang der Stätte (tägl. 8–17 Uhr, Eintritt 85 Ps) ragt ein Aussichtsturm hoch und man kann Räder zur Besichtigung mieten oder sich gleich ganz von einem Fahrradtaxi chauffieren lassen. Getränk nicht vergessen! Abertausende unausgegrabene Bauten warten in dem äußerst weitläufigen Gelände (70 qkm – eins der größten überhaupt bei den Maya!) auf ihre Freilegung, nur Weniges ist rekonstruiert. Über 50.000 Menschen sollen zeitweise hier gelebt haben (Blütezeit war 800–1000 n.Chr.), ein gut verzweigtes Straßennetz mit 45 *sakbeob* stand diesen zur Verfügung, doch auch fünf Seen, denn nur die ständige Wasserverfügbarkeit ermöglichte eine solche gewaltige Bau- und Siedlungsleistung. Bewohnt war der Ort noch bis ins späte 15. Jahrhundert – die Spanier entdeckten Cobá nie! Erst 1973 begannen die Ausgrabungen.

5

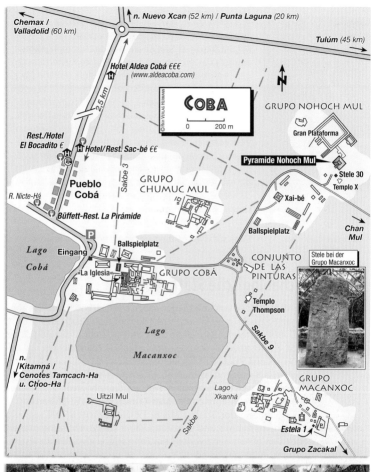

Chemax /
Valladolid (60 km)

n. Nuevo Xcan (52 km) / **Punta Laguna** (20 km)

Tulúm (45 km)

Hotel Aldea Cobá €€€
(www.aldeacoba.com)

COBA

© Reix Verlag Hermann

0　　200 m

GRUPO NOHOCH MUL

Gran Plataforma

Pyramide Nohoch Mul

◆ Stele 30
▽ Templo X

2,5 km

Rest./Hotel
El Bocadito €

Hotel/Rest. Sac-bé €€

R. Nicte-Há

Sakbe 3

**Pueblo
Cobá**

GRUPO
CHUMUC MUL

Xai-bé

Ballspielplatz

*Chan
Mul*

Büffett-Rest. La Pirámide

*Lago
Cobá*

P

Eingang

Ballspielplatz

»La Iglesia«

GRUPO COBÁ

CONJUNTO
DE LAS
PINTURAS

Stele bei der
Grupo Macanxoc

Templo
Thompson

*Lago

Macanxoc*

Sakbe 9

*n.
Kitamná /*
Cenotes Tamcach-Ha
u. Choo-Ha

Uitzil Mul

*Lago
Xkanhá*

GRUPO
MACANXOC

Sakbe

Estela 1

Grupo Zacakal

Ballspielplatz

Wichtigste Gebäudegruppen

Die nahezu 25 m hohe **Pyramide La Iglesia** – „die Kirche" (an der Stele 11 am Treppenaufgang legten die Maya Opfergaben ab, daher der Name) dominiert die **Cobá-Gruppe** (80 m hinter dem Eingang nach links gehen), die größte Konzentration von Bauwerken, Tempeln, Wohnbauten, Stelen u.a. Auch ein **Ballspielplatz** gehört dazu, der sich durch ungewöhnlich steile Böschungen mit eingesetzten Reliefs auszeichnet.

Vor der Gruppe **Conjunto de las Pinturas** teilt sich der Hauptweg: nach rechts gelangen Sie auf der *Sakbe 9* südlich zur **Grupo Macan-xoc** (1 km). Dort befinden sich zahlreiche monolithische Altäre und meterhohe skulptierte Stelen, am besten erhalten ist der **Retrato del Rey.** Er trägt einen Quetzal-Federbusch und in seinen Armen Zeremonialstäbe. Bedeutend und **einmalig in der Maya-Welt** ist die **Estela 1:** Ihre Oberfläche ist mit 313 Glyphen und vier wichtigen Datumsangaben versehen, darunter auch der derzeitige Maya-Kalenderzyklus aus 13 baktun, der nach 5128 Jahren – nämlich am 23. Dezember 2012 – zu Ende ging (Näheres s.S. 232).

Nun wieder zurück, quer durch den *Conjunto de las Pinturas,* an einem weiteren Ballspielplatz vorbei bis hin zur **Pyramide Xai-bé.** Mit ihren abgerundeten Kanten und einer in den Baukörper eingeschnittenen Aufgangstreppe stellt diese eine architektonische Ausnahmeerscheinung dar. Sicher ist es kein Zufall, dass sie sich an den Kreuzungspunkten mehrerer Sakbeob befindet.

Schließlich gelangt man zur **Grupo Nohoch Mul** mit der gleichnamigen Pyramide (auch: **Gran Pirámide**), mit 42 m die höchste der nördlichen Yucatán-Halbinsel – man darf sie (noch) besteigen. Die 6 Etagen sind stark zerfallen und kaum mehr als solche erkennbar.

Die 42 m hohe Pyramide Nohoch Mul

5

Von dem daraufgebauten Hochtempel aus (mit Skulpturen des „Herabstürzenden Gottes", mehr über ihn s. Tulúm) eine schöne Aussicht über das grüne Walddickicht mit der herausragenden Spitze der Iglesia-Pyramide und mit dem Macanxoc- und Cobá-See.

Weiße Sakbeob

Die Maya bauten unter beträchtlichem Aufwand dammartige und schnurgerade Straßen, die *sakbeob* (Singular *sakbe*). Sie verbanden innerörtliche Bereiche ihrer Zentren, aber auch weit auseinanderliegende Maya-Städte, die längste verlief zwischen Cobá und dem 100 km entfernten Yaxuná. Cobá hatte auch das dichteste Straßennetz (fast 50 sakbeob mit einer Gesamtlänge von mehr als 150 km). An der Güte der Konstruktion sollten sich heutige Straßenbauer ein Beispiel nehmen: Sie war äußerst solide und konnte über 1000 Jahre halten! „Weiße Straßen" deshalb, weil die Maya für die oberste Deckschicht flache, helle Kalksteine verwendeten. Doch dienten die Sakbeob nicht nur Zwecken der Fortbewegung, sondern verbanden auch symbolhaft die Menschen mit den Göttern, liefen sie doch direkt am Horizont in den Himmel hinein.

Chetumal

Chetumal, die Hauptstadt des Bundesstaates Quintana Roo, liegt an der riesigen *Bahía Chetumal* und an der Mündung des *Río Hondo*. Ganzjährig sehr heiß und schwül, es dient vor allem als Umsteige-punkt nach Belize/Guatemala, Mexikaner besuchen es auch, um sich in der steuerfreien *Zona Libre de Belice* mit Parfüm oder Kleidung ein-zudecken (http://zonalibredebelice.com). Die meisten Geschäfte, Hotels und Restaurants liegen am südlichen Ende der Hauptstraße Av. Héroes mit dem dortigen Uhrenturm.

Sehr sehenswert ist das **Museo de la Cultura Maya** (Ecke Héroes/Gandhi, Di–So 9–18/So 17 Uhr, ca. 110 Ps, auf Facebook) mit einer ein-drucksvollen (verkleinerten) Nachbildung des Raums 1 von **Bonam-pak** und seinen herrlich-bunten Wandmalereien. Die Strände in der unmittelbaren Umgebung sind steinig und nicht lohnend. Einen Aus-flug wert ist die **Lagune von Bacalar** (rund 40 km nördlich) mit Restau-rants, Unterkünften und Bademöglichkeiten (www.caribemexicano.travel/bacalar/). Wer keine Gelegenheit hatte oder haben wird einen Cenote zu besuchen, kann das dort nachholen: Der etwa 80 Meter tiefe **Cenote Azul** befindet sich in unmittelbarer Nähe des Örtchens Bacalar. Auch Bootsfahrten in die Lagune (mit Badepausen) bieten sich an.

Ruta Río Bec   Von Chetumal kann man als Selbstfahrer auf der Mex 186, der **Ruta Río Bec,** bis nach Escárcega fahren (ca. 275 km, ohne Abstecher). Auf der Strecke liegen viele schöne Maya-Stätten, wie **Kohunlich, Calakmul** u.a. Mehr über die Ruta Río Bec s.S. 286.

Adressen & Service Chetumal

Turismo
Das Turismo Municipal befindet sich in der Merino/Ecke 5 de Mayo (Nähe Uhrenturm), Info-Filialen auch im Busterminal, am Hafengelände (Terminal Marítima) sowie an der *Fuente del Pescador* (Blvd Bahía, östlich des Uhrenturms).

Webseite
www.caribemexicano.travel/chetumal/

Unterkunft
Wer nur auf der Durchreise ist: Gleich beim Busterminal liegt die einfache **Posada Costa Azul** €. Zentral (beim Museum) gelegen ist das **Hotel Xcalak** €, 16 de Sept./Ecke Gandhi, ebenfalls einfach, mit Restaurant. Weitere Restaurants befinden sich entlang der Héroes.

Transport
Die *Central Camionera* (ADO 1. Klasse) liegt ca. 3,5 km nördl. des Zentrums an der Insurgentes/Ecke Palermo. Von hier aus Fahrten in viele Landesteile, ein 1. Klasse-Bus nach **Belize** fährt jeden Morgen gegen 7 Uhr (Tickets an einem Sonderstand innerhalb des Terminals). Um nach **Guatemala** (Flores/Tikal) zu gelangen, muss man in Belize-City umsteigen. Von dort weiter mit Mundo Maya www.travelmundomaya.com

Einreisebestimmungen nach Belize und Guatemala
EU-Bürger und Schweizer brauchen für die Einreise nach Belize und Guatemala kein Visum. Wichtig ist, dass Sie bei der Ausreise aus Mexiko an der Grenze einen **Ausreisestempel** einholen, sonst Strafgebühr bei der Wiedereinreise. Wer seine Ein- bzw. Ausreisesteuer z.Z. ca. 18 US$ noch nicht bezahlt hat, muss das jetzt nachholen, in Flugtickets ist sie enthalten (den entsprechenden Beleg muss man dabei haben).

Der Grenzübergang liegt einige Kilometer außerhalb von Chetumal. An der Grenze ist der Wechsel von Peso und US-Dollar in Belize-Dollar möglich (1 US$ = 2 B$, fixiert). **Belize** verlangt bei der Ausreise über Land 20 US$ Gebühr (nach mehr als 72 h im Land, ansonsten 5 US$). **Guatemala:** Ein- und Ausreise sind kostenlos (doch wird trotzdem versucht, Gebühren zu verlangen).

Water Taxi
Etwa dreimal die Woche gibt es auch die Möglichkeit, mit einem Schnellboot von Chetumal zu den Belize-Inselchen **Caye Caulker** (2 h) oder **San Pedro** (1,5 h) zu fahren und von dort aus weiter nach Belize-City. Abfahrten, Preise und Tickets in Chetumal am Muelle Fiscal (Blvd Bahía), Tel. 9838321648, oder über die Homepage www.belizewatertaxi.com/book-now. Die Einreiseformalitäten werden bei der Abfahrt direkt am Pier (Muelle) erledigt, dort ist ein Büro der Migración.

Wer in Belize-City startet, findet das Büro des Water Taxi in der 111 North Front Street an der Marina, Tel. 011-501-223-2225.

Flughafen
Der **Flughafen** von Chetumal liegt westlich an der Calle Obregón, Flüge von und nach Mexiko-Stadt u.a. mit Volaris.

Der Leuchtturm von Chetumal

6 Badeorte am Pazifik

Seebäder am Pazifik

Die meisten großen Seebäder am Pazifik waren einst kleine Fischerdörfer. In den 1950er bis 70er Jahren wurden sie von Rucksackreisenden, aber auch von Filmemachern und Hollywood-Stars entdeckt, blieben noch eine Weile lang Geheimtips, um dann binnen weniger Jahrzehnte zu Touristenhochburgen heranzuwachsen. Statt romantischer Einsamkeit unter Palmen nun also Freizeit- und Vergnügungsangebote ohne Ende, üppig ausgestattete Hotels, Diskotheken, Wasser- und Funsport und vieles mehr. Das einheimische Leben und Treiben lässt sich aber auch in unmittelbarer Nähe der Glitzerkulisse beobachten. Die Küstenbewohner sind in der Regel lockerer und leichtlebiger als ihre Landsleute im Hochland. Gerne dösen sie stundenlang im Schaukelstuhl oder in der Hängematte vor ihrem Haus – wer wollte es ihnen bei der Hitze verdenken!

Unterkunft

Übernachtungspreise sind an allen Küstenorten saisonabhängig. Hauptsaison ist zwischen Mitte Dezember bis Ende April, besonders voll wird's zu Weihnachten und Ostern, aber auch in den Sommerferien im Juli/August.

Nachfolgend stellen wir einige der beliebtesten Reiseziele an der Pazifikküste vor, wo man übrigens nicht nur baden, sondern auch sehr beeindruckende Naturerentdeckungen machen kann. Ausgangspunkt sind die Strände des Bundesstaats Oaxaca im Süden, dann geht es über Acapulco (Guerrero) weiter nordwestlich nach Puerto Vallarta (Jalisco). Der Überblick endet in der Südhälfte der fernab gelegenen Halbinsel Baja California, die von Reisenden vor allem besucht wird, um Wale zu beobachten.

❶ Warnungen für Schwimmer

Bei aller Schönheit der tropischen Strände gilt es, sich einiger Gefahren bewusst zu sein, damit der Traum nicht zum Albtraum wird. Das Mittelmeer ist eine gemütliche Badewanne im Vergleich zu vielen Abschnitten des Pazifiks und stellenweise des Golfs von Mexiko, an denen sich sogar an seichten Küsten stellenweise starke **Unterströmungen** bilden können. Im Ernstfall ist oberste Regel, Ruhe zu bewahren und **nicht** gegen den Sog anzuschwimmen, sondern sich parallel zur Küste zu bewegen, bis man wieder landeinwärts getrieben wird. Bei starker Brandung **nicht** in der Nähe von **Felsen** baden, sonst wird man womöglich auf die Steine geschlagen. Vorsicht auch an Tagen mit **meterhohen Wellen,** diese können einem leicht das Genick brechen. Badeschuhe sind an **Fels- und Riffküsten** angesagt (messerscharfe Korallen u.a.). Populäre, jedoch gefährliche Strände sind i.d.R. überwacht, farbige Flaggen signalisieren die Gefahrenstufen. Sonnenschutzmittel mit hohem Lichtschutzfaktor verwenden, zum Schutz der Unterwasserwelt biologisch verträgliche. Helle Sandstrände verstärken die Sonnenstrahlung, ebenso die Wasseroberfläche. Doch damit nicht genug – Ärger lauert auch unter dem Sonnenschirm: mancherorts fallen ganze Horden an Sandflöhen über ihre Opfer her, dann bleibt nichts anderes übrig, als den Körper bedeckt zu halten.

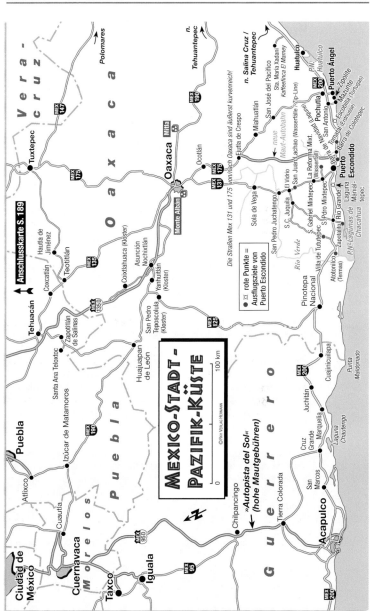

Huatulco

„Huatulco" so lautet die Zauberformel für ein Megaprojekt der mexikanischen Tourismusbehörde Fonatur im Bundesstaat Oaxaca.
Noch in den 1970er Jahren gab es hier nur ein Fischerdorf und jede
Menge Gestrüpp, das die Strände praktisch unzugänglich machte.
Dann stellte man das 35 km Küstenlänge und neun Buchten umfassende Gebiet weitgehend unter Naturschutz und begann mit dem
Bau von Hotels. Doch Betonburgen sind nicht erwünscht, sechs
Stockwerke gelten als Höchstgrenze. Bis heute wurden die drei
Hauptbuchten **Bahía Santa Cruz** (hier der Ort Santa Cruz Huatulco),
Bahía Chachué und **Bahía Tangolunda** mit umfassender touristischer Infrastruktur versehen, sowie das Städtchen **La Crucecita** (1,5
km vom Strand entfernt) als Touristenanlaufstelle ganz neu geschaffen. In weiteren Buchten gibt es vereinzelte Hotelkomplexe, manche
sind gegenwärtig nur per Boot oder über Pisten zu erreichen.

Doch der Erfolg ist bis jetzt hinter den Erwartungen zurückgeblieben, die großen Besucherströme ausgeblieben. Gründe dafür sind u.a.
die spärlichen Flugverbindungen und die Tatsache, dass schon seit
Jahren an einer *Supercarretera* zwischen Oaxaca und Puerto Escondido
gebaut wird – die einfach nicht fertig werden will. Vorerst kann man
jedenfalls an der schönen **Playa La Entrega** südlich der Bahía Santa
Cruz noch relativ ungestört Schnorcheln (Palapa-Restaurants).

Wegen der Größe der Gesamtregion und der Entfernungen zwischen den einzelnen Punkten und Buchten ist man zu Fuß relativ
eingeschränkt, entweder man bleibt in seiner Bucht oder man hat
ein Auto, evtl. eins mieten. Im kleinen Hafen **Santa Cruz Huatulco**
gibt es wenig zu sehen, die größten und teuersten Hotelanlagen
konzentrieren sich in **Tangolunda,** was auf zapotekisch „schöne Frau"
bedeutet. Genießen Sie also die Rundumversorgung in schöner
Umgebung, falls ein günstiges Pauschalangebot oder ein entsprechendes Budget Ihnen hier einen Aufenthalt ermöglichen. Die Strände in Tangolunda sind übrigens nur den Hotelgästen zugänglich.

Der Wirbelsturm **Agatha** hat Ende Mai 2022 erheblichen Schaden
an den Küsten des Staates Oaxaca angerichtet, u.a. wurden Zugangsstraßen und Unterkünfte zerstört. Nicht alles konnte unmittelbar
wieder aufgebaut werden.

Adressen & Service Huatulco

Turismo
Auf der Plaza Principal von La Crucecita ein Info-Kiosk, alles andere Reisewichtige, wie Internet, Geldautomaten, Geschäft und Restaurants findet man rund um die Plaza. In Santa Cruz ein Info-Kiosk am Blvd Santa Cruz gegenüber dem Mercado de Artesanías und in Tangolunda einer am Beginn der Hotelzone.

Webseiten
www.oaxaca-mio.com/huatulco

Aktuelles erfährt man bei https://todohuatulco.com

Unterkunft
Wer hierher kommt, hat i.d.R. ein Pauschalangebot gebucht. Doch auch individuell Reisende müssen nicht am Strand übernachten, Unterkünfte von Budget bis Mittelklasse sind vorhanden.

Günstig" ist in *La Crucecita* z.B. das **Hotel Azul Sirena** €€, Plaza/Gardenia, www.azulsirena.com.mx. Großes Hotel mit allen Annehmlichkeiten, Pool, Garten, Restaurant.

Vorschlag für die *Playa Chahué:* **Hotel Boutique Edén Costa** €€, www.eden costa.com. Gute Mittelklasse, Pool, Restaurant.

Exklusiv logieren an der *Bahía Tangolunda:* **Hotel Barcelo Huatulco** €€€, Paseo Benito Juárez, über www.barcelo.com/en-ww, mit allen nur denkbaren Freizeitangeboten.

Essen & Trinken
In größeren Hotels ist all das inbegriffen. Außerhalb des eigenen Hotels: Die Restaurants anderer Hotels aufsuchen, z.B. In Tangolunda das **Terracotta,** Gardenia 902 (im Hotel Mision de los Arcos). Es gibt aber auch einige günstigere Restaurants, in La Crucecita um den Zócalo, z.B. **El Patio,** Flamboyán 24, eine weitere Zweigstelle in Tangolunda.

Das Nachtleben ist in Huatulco nicht so intensiv wie anderswo, schauen Sie mal ins **Café Dublin Huatulco** (**🅕**), Macuitle 312 in La Crucecita, Irish Pub und Restaurant, Bücher-Tausch

Sport und Ausflüge
Jede Menge Anbieter für Extremsportarten, Rafting, Kajak, Mountainbiking, Klettertouren, Ausritte, Fischen (auch Hochseefischen), z.B. mit **Huatulco Expediciones** (**🅕** unter diesem Namen), Carretera Federal Mex 200, Km 256, Puente Tangolunda. 18-Loch-Golfplatz in Tangolunda. Eine weitere Alternative ist der Besuch des **Parque Eco-Arqueológico de Bocana Copalita** (östlich von Tangolunda, tägl. 8–17 Uhr), eine freigelegte und teils rekonstruierte Ruinenstätte aus dem 9.–10. Jh., inmitten von 87 ha Ökopark, auf **🅕**.

Transport
La Crucecita: **ADO** und Verbundgesellschaften: am Bvld Chahué an Nordende der Gardenia. Etwa 600 m weiter nordwestlich in der Av. Carpinteros ein weiterer Terminal, hier **Estrella Blanca, Turistar** und weitere, kleine Gesellschaften.

Shuttle-Busse nach Oaxaca fahren von der Calle Guamuchil, östlich der Plaza Prinzipal (*Huatulco 2000*).

Flughafen
Der internationale Flughafen liegt 13 km westlich an der Mex 200 in Richtung Puerto Ángel (wird angeflogen von Aeromexico, Viva-Aerobus, Volaris u.a.).

Mietwagen
Am Flugafen (Hertz, Europcar) und in größeren Hotels. **Los Tres Reyes** (**🅕**), Blvd Chahué, Manzana 1, Lote 20, Bahia de Santa Cruz, Tel. 9581005443. Die Firma unterhält weitere Zweigstellen in Puerto Escondido und Oaxaca-Stadt, so dass das Auto an jedem dieser drei Orte zurückgegeben werden kann.

Hippies, Hütten und Hängematten

Zwischen Huatulco und Puerto Escondido befindet sich die Kleinstadt **Pochutla** mit einem Busterminal für Langstreckenbusse und ein paar Banken, die ein „letztes Auftanken" für Strandtage ermöglichen (in Puerto Ángel, Zipolite und Mazunte gibt es keine Geldautomaten). Dazu von der Küstenstraße Mex 200 auf den letzten Zipfel der Mex 175 in Richtung Küste abbiegen bzw. einen *Colectivo,* ein Sammeltaxi, besteigen.

Nach 12 km erreicht man dann **Puerto Ángel** am Meer, ein kleines, in einer sichelförmigen Bucht gelegenes Fischerdorf. Nach 10 Minuten hat man alles gesehen. Wem solch eine geruhsame Ereignislosigkeit in romantischem Umfeld gerade gelegen kommt, findet leicht einige einfache Übernachtungsmöglichkeiten, z.B. **Hotel Cordelias** €€, Playa Panteón, www.hotelcordelias.com.mx, die Besitzer vermieten auch ein Ferienhäuschen.

Highlight vor Ort sind die Touren (Chepe führt auch auf Deutsch) unter und auf dem Wasser (Tauchen, Schnorcheln, Hochseefischen, Schwimmen mit Schildkröten und Fischen auf dem offenen Meer u.a.) mit **Excursiones Azul Profundo** (**G**), Playa del Panteón, Tel. 9581060420. Info-Stelle und Tourbeginn beim Hotel Cordelias (s.o.), selbe Besitzer.

Zipolite

Rucksacktraveller, Aussteiger und Hängengebliebene aus aller Welt treffen sich in **Zipolite,** 3 km westlich von Puerto Ángel (hin kommt

*Der lange
Strand von
Zipolite*

man mit einem Sammeltaxi). Auf zapotekisch bedeutet das „Strand der Toten", die **starke Brandung und tückische Unterströmungen** machen ihn zu einem der gefährlichsten des Landes! Für die geminderten Badefreuden wird man dann durch andere Dinge entschädigt – ganze Delfinschwärme und auch Wale können mitunter gesichtet werden. Beim Sonnenbad dürfen die Hüllen fallen (müssen aber nicht) – die Flower-Power-Zeit steht in Zipolite unter „Naturschutz".

Ende Mai 2022 wütete der **Wirbelsturm Agatha** an den Küsten Oaxacas, insbesondere der Strand von Zipolite war sehr stark betroffen (viele Hütten haben keine Bodenfundamente), er glich danach einem Trümmerfeld. Wenige Tage später verzehrte ein Feuer einige Gebäude, die noch stehengeblieben waren. Wer nach monatelanger Pandemie und entsprechenden Einbußen noch Rücklagen hatte, machte sich an den mühsamen Wiederaufbau, andere mussten für immer schließen.

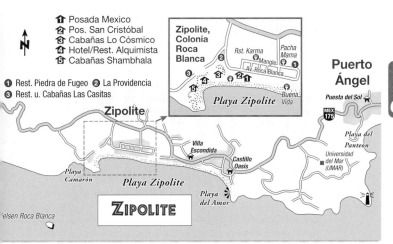

Im September 2022 legte der „nur" Sturm „Lester" noch einmal mit weiteren Überschwemmungen und Zerstörungen nach. Die nachfolgend erwähnten Einrichtungen funktionieren wieder normal.

Das Ambiente ist sehr relaxt, direkt am Strand jede Menge Billigunterkünfte (Hängematten, Cabañas). „Richtige Zimmer" mit eigenem Klo und Dusche vermieten **Posada San Cristóbal** €€, www.posada-sancristobalzipolite.com, Tel. 9585843020, WiFi, freundliche Besitzer. Auch das Essen im dazugehörigen Restaurant ist nicht zu verachten (probieren Sie das *filete de atún*). Wer bei **El Alquimista** €€€, noch westlicher gelegen, nicht nur isst, sondern auch wohnt, kann sich im Schwimmbecken abkühlen, im Spa erholen oder Yogakurse nehmen, https://hotelelalquimista.com, **F** El Alquimista Zipolite.

Den Strand säumen jede Menge easy-going-**Restaurants,** man kommt leicht ins Gespräch. Wer auf gutes Essen Wert legt ist in Zipolite, z.B. bei **El Alquimista** (s.o.), gut aufgehoben, tolle Atmosphäre, abends Kerzenlicht am Strand. Sehr beliebt ist das Restaurant **La Providencia Zipolite** (nördl. von Lo Cósmico, so auf **F**, www.laproviden ciazipolite.com). Sehr gute Fischgerichte gibt's bei **Piedra de Fuego** (nicht direkt am Strand, s. Karte), vegetarisch im El 3 de Diciembre (tägl. ab 18.30 Uhr, auf der Mex 175 Richtung Osten).

San Agustinillo

Etwa 3,5 km westlich erreicht man das nächste Dorf, **San Agustinillo,** gelegen in einer schönen, halbmondförmigen Bucht und mit relativ guter Infrastruktur. Einst lebte der Ort von der Schlachtung von Meeresschildkröten, heute vom Tourismus. Wer mit Familie und Kindern unterwegs ist, für den ist dieser Ort passender (ebenso Mazunte). Auch hier kann man Yoga machen, und zwar im sehr professionellen *Solstice Yoga Center,* Resort Cabañas Las 3 Marías, www.solstice-mexico.com.

Übernachten und essen z.B. bei **Un Sueño Cabañas del Pacífico,** €€€, hypersaubere und liebevoll ausgestattete, erhöht gebaute Rund-Cabañas mit eigenem Bad (überprüfen Sie aber, ob die Moskitonetze keine Löcher haben), Santa María Tonameca, 9581138749, www.un-sueno.com – oder bei **La Mora Posada Café** €, Av. Principal, http://la-moraposada.com, Gemeinschaftsterrasse mit Meerblick, wo es sich auch bestens frühstücken lässt.

Mazunte ⚜

Das 3 km weiter westlich gelegene **Mazunte** liegt in der Nachbarbucht, Schwimmen an der *Playa Mazunte* ist nicht so gefährlich wie in Zipolite. Auch hier jede Menge Einfachunterkünfte, das Ambiente ist familiär. „Ich bitte dich, Eier zu legen" lautet der Ortsname auf

Náhuatl, und das nicht ohne Grund: In den Sommermonaten kommen tausende von Golfina-Schildkrötenweibchen (auch: Olive-Ridley) eben zu diesem Zweck an die benachbarten Strände. Einst stellten die vom Aussterben bedrohten Tiere die Lebensgrundlage der Anwohner, heute sind diese zu Naturschützern geworden und widmen sich stattdessen dem Tourismus und der Herstellung von Naturkosmetik, der Laden *Cosméticos Naturales* (www.cosmeticosmazunte.com) befindet sich auf der Hauptstraße bei der Dorfausfahrt in Richtung San Antonio. Am Ortsbeginn das Schildkröten-Zentrum **Centro Mexicano de la Tortuga,** Führungen durch die Lebenswelt und Bassins (https://tortugasmazunte.org). Leider wirkt dieses so wichtige Projekt etwas vernachlässigt.

An Übernachtungsoptionen fehlt es nicht, einen Überblick bekommt man auf www.hotelesdemazunte.com. Wer gerne direkt am Strand wohnt, bezieht eine Cabaña in der **Posada del Arquitecto** €€, www.posadadelarquitecto.com, Playa El Rinconcito, rustikal, hier auch Yoga, Massagen, Strandbar (mind. 2 Nächte). „Richtige Zimmer" aus Stein und mit eigenem Bad gibt's in der **Posada Ziga** €€€, www.posadaziga.com, an der Hauptstraße hinter dem Fluss. Wer lieber etwas zurückgezogen wohnt mietet sich in **La Secreta Caprichosa** €€ ein, die auf einem Hügel liegt, https://lasecretamazunte.com, dt. Bezitzerin.

Ob die gelegentliche Präsenz von Skorpionen und (i.d.R. ungefährlichen) Taranteln in manchen Strandhütten zum ökologischen Flair gehört, oder man doch lieber ohne sie nächtigen möchte, muss jeder für sich selbst entscheiden, aus der tropischen Vegetation sind sie jedenfalls nicht wegzudenken.

Ess- und Trinkmöglichkeiten gibt es reichlich am Ort und rund um den Strand, häufig direkt an eine Unterkunft angeschlossen oder als Strandrestaurant. Zu empfehlen ist das günstige **Estrella Fugaz,** Calle Rinconcito, für alle 3 Mahlzeiten geeignet, da von 7–22 geöffnet.

Strand von Mazunte

Laguna Ventanilla

Etwa 2,5 km westlich von Mazunte liegt die Laguna Ventanilla mit dem Info-Zentrum der *Cooperativa Ecoturística La Ventanilla* (www. laventanilla.com.mx). Dort kann man eine Bootstour durch die weiter westlich gelegene Mangroven-Lagune buchen. Die Einnahmen kommen direkt den Bewohnern von La Ventanilla und ihrer ökologischen Arbeit zugute. Auf mangrovenbewachsenen Kanälen paddeln Führer durch üppige Flora und reiche Vogel- und Wassertierwelt und zu einer Palmeninsel mit Aufzuchtgehegen für *cocodrilos*. An der Av. Principal (neben dem Centro de Salud) von Mazunte ist ein Info-Kiosk, hier ebenfalls Tourangebote zur Lagune, allerdings von einer anderen Kooperative, die keinen Zugang zur Krokodil-Insel hat.

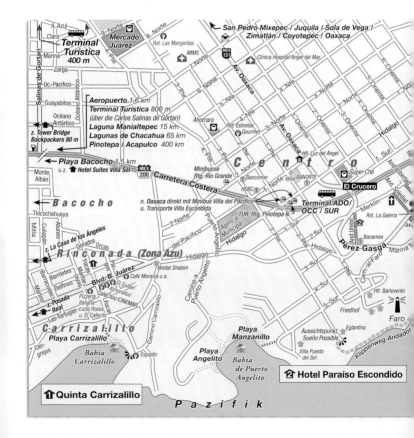

Puerto Escondido

Einst machte Puerto Escondido (ca. 45.000 Ew.) seinem Namen alle Ehre: In den 1970er Jahren war es wirklich ein „versteckter Hafen", der nur von Hippies und Surfern besucht wurde. Heute tummeln sich hier jede Menge Badefreudige aus dem In- und Ausland, doch ein wildwucherndes Hotelkonglomerat ist zum Glück nicht daraus geworden. Die touristische Infrastruktur ist gut ausgebaut und an unterschiedliche Geschmäcker und Brieftaschen ausgerichtet. Der Ort besticht vor allem durch sein reichhaltiges Angebot an Wassersport-Aktivitäten und beeindruckenden Möglichkeiten der Tierbeobachtung. Das **Klima** ist tropisch, beste Besuchszeit sind die Trockenmonate von Mitte Oktober bis Mitte Mai.

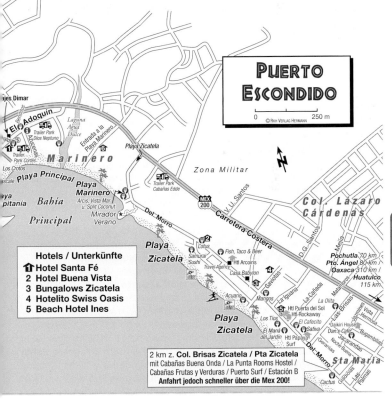

Hotels / Unterkünfte
1. Hotel Santa Fé
2. Hotel Buena Vista
3. Bungalows Zicatela
4. Hotelito Swiss Oasis
5. Beach Hotel Ines

2 km z. **Col. Brisas Zicatela / Pta Zicatela**
mit Cabañas Buena Onda / La Punta Rooms Hostel /
Cabañas Frutas y Verduras / Puerto Surf / Estación B
Anfahrt jedoch schneller über die Mex 200!

Blick auf den Strand von Puerto Escondido

Das oberhalb liegende alte Puerto Escondido ist uninteressant.

Die meist persönlich geführten, zahlreichen kleinen Hotels und Gästehäuser liegen entlang der von der Mex 200 zum Meer runterführenden **Avenida Pérez Gasga.** An deren Ende liegt die Fußgängerzone **El Adoquín** mit Restaurants und Geschäften. Baden in der Hauptbucht **Bahía Principal** (Playa Principal) empfehlen wir nicht, dafür sind Strand und Wasser hier einfach zu schmutzig. An der östlich anschließenden **Playa Marinero,** ebenfalls Teil der Hauptbucht, verkaufen die Fischer frühmorgens ihre Fänge. Berühmt ist die kilometerlange **Playa Zicatela** – über den Strand gut zu Fuß zu erreichen –, an der sich nette Strandhotels, Restaurants und Läden (Vermietung von Wassersportgeräten) konzentrieren. Den einen sind es zu viele Yuppies, die anderen finden es toll!

Zicatela ist auch heute noch ein Surfer-Paradies, jeden November wird ein internationaler Wettbewerb ausgetragen. Schwimmen, aber auch Anfänger-Surfen, kann hier jedoch lebensgefährlich sein. Die Brecher sind oft meterhoch und furchtbar stark, es gibt gefährliche Unterströmungen, beachten Sie die Gefahrenschilder!

Schwimmen und Schnorcheln ist diesbezüglich besser westlich der Hauptbucht, in der kleinen **Bahía Puerto Angelito** (entlang der Steilküste über den *andador panorámico* zu Fuß erreichbar, nur bei Ebbe nehmen) mit den Doppelstränden *Playa Manzanillo* (etwas ruhiger) und *Playa Angelito* (Anlegestelle für Boote), hier auch diverse Wassersportangebote. Allerdings werden Sie dort nicht alleine sein!

Ebensowenig in der nächsten, weiter westlich gelegenen **Bahía Carrizalillo** (in diese Bucht dürfen keine Boote). Das ist der schönste Badestrand Escondidos, klein und gemütlich, weißer Sand, auch nicht ganz ungefährlich, nahe der Klippen üben die Surfanfänger. Um ans

Meer zu gelangen, steigt man eine lange Treppe hinunter (und dann unter der prallen Sonne auch wieder rauf!). Das obere Viertel mit Unterkünften und Restaurants heißt *Rinconada*, in jüngster Zeit auch „zona azul" genannt, Inbegriff für die zunehmende Modernisierung und Kommerzialisierung des Bereichs

Der westlich noch weiter abgelegene und offene Strand **Playa Bacocho** ist wunderschön, weißer Sand, doch starker Wellengang – hier also nicht schwimmen! Es gibt einen Strandclub – jeden Mittwochabend um 19 Uhr (Nov.–Mai) kostenlose Filmvorführungen, außerdem ein *Campamento de Tortugas* (s.u.).

Puerto Escondido hat Corona-Lockdown, Hurricans und Stürme 2020-2022 relativ gut weggesteckt. Während des Lockdowns gehörte es zu den Orten, an denen man noch auf den „Putz hauen" konnte, was das nationale und internationale Publikum in seiner Struktur verändert hat: es ist jünger geworden und weniger kulturell orientiert. Das zieht Neues nach sich: mehr Flüge, mehr Airbnbs, eine bessere Zufahrtsstraße zur *Zona Azul*. Und: Zicatela hat einen neuen Markt (auf ❼ Mercado Zicatela), mit Angeboten, die auch Ausländern munden.

Umgebungsziele von Puerto Escondido

Schildkröten beobachten

Ein ganz besonderes Naturschauspiel lässt sich zwischen Oktober und März beobachten: Dann kommen die Schildkrötenweibchen (Oliv-Bastardschildkröte und die bedrohten Lederschildkröte und Carey) zu Tausenden aus dem Wasser gekrabbelt, um ihre Eier an mehreren Stränden der Umgebung abzulegen; jeweils 45 Tage später schlüpfen die Krötchen. In speziellen **Campamentos de tortugas** kann man mithelfen, diese in den Ozean zu lassen *(liberación de tortugas)*. Das ist notwendig, weil tierische und menschliche Wilderer aller Art am Strand lauern, und auch so erreichen nur rund 4% der Kleinen das Erwachsenenalter.

Villa de Tutuepec

Magisch, aber bislang nicht offiziell zum *Pueblo Mágico* ernannt, ist das Städtchen **Villa de Tututepec,** etwa 85 km nordwestlich von P.E. (s. Karte S. 367). Die Gemeinde vereint mehrere Ökosysteme mit den unterschiedlichsten Tier- und Planzenarten, auch eine Leguan- und eine Weißwedelhirschzüchtung sind zu besichtigen. Darüber hinaus gibt gibt es vier kleinere archäologische Stätten und eine noch sehr lebendige Mixteken-Kultur: Auf dem *Cerro del Pájaro* („Berg des Vogels") nahe des Ortsteils San Pedro Tututepec werden noch regelmäßig mixtekische Rituale durchgeführt. Auch Nachfahren ehemaliger afrikanischer Sklaven leben in der Gegend. Zu Festzeiten, z.B. zum *Día de la Candelaria* (2. Feb.) oder wenn am 29. Juni *San Pedro* (Ortsheiliger und Schutzpatron der Fischer und Seeleute) gefeiert wird, spielt man in schönen weißen Trachten zum Fandango auf.

6

Laguna de Manialtepec   Westlich von P.E. liegen an der Mex 200 zwei der Hauptziele der Touranbieter von Puerto Escondido: die kleinere **Laguna de Manialtepec** (18 km, Ornithologen-Paradies mit nächtlicher Phosphoreszenz, wenn der Mond nicht zu hell scheint) und der Nationalpark **Lagunas de Chacahua** (von dort weitere 50 km). Dort gibt es viele Wasserstraßen, Mangrovenwälder, tropische Wasservögel und Wildtiere (die man aber nicht alle zu Gesicht bekommt) sowie eine Krokodilzucht. Afromexikanische Bevölkerung.

Lagunas de Chacahua

Adressen & Service Puerto Escondido

Turismo   Infolge von politischen Auseinandersetzungen wurde der von **Gina Machorro** geführte Info-Kiosk des Turismo (am westlichen Ende der Fußgängerzone Gasga/Ecke Marina Nacional) vor etlichen Jahren von den Autoritäten fallen gelassen. Doch Gina machte einfach weiter – in mehreren Sprachen, ganz ohne Bezahlung – mit viel Erfolg! Aufsuchen kann man sie von Mo–Sa 10–13, Mo–Fr meist auch 16–18 Uhr, Handy/Whatsapp. 9545595518, ginainpuerto @yahoo.com, s. auch: https://ginainpuertoescondido.wordpress.com. Das offizielle Turismo stellt zu Saisonzeiten gelegentlich Info-Kioske an einigen Stränden auf.

Webseiten   www.oaxaca-mio.com/puertoescondido

www.oaxaca-travel.com

www.tomzap.com (hier viele praktische Informationen, auch Surf-, Tauch- und Sprachkurse, aufs Datum achten, nicht alles ist aktualisiert). Der neueste Trend besteht übrigens darin, Spanisch- und Surfunterricht im selben Haus anzubieten.

Ausführlicher privater Blog (auf Engl.):
https://oaxacatraveltips.com/things-to-do-in-puerto-escondido

Infos für Insider auf Engl.: Magazin *Viva Puerto,* www.vivapuerto.com

Vorabinfos Wellenverhältnisse für Surfer: www.stormsurf.com

Für ein Praktikum bei den Brutstätten der Meeresschildkröten:
www.praktikawelten.de/freiwilligenarbeit-mexiko > Projekte.

Ginas Info-Kiosk

Unterkunft Ein vielfältiges Bettenangebot gibt es in der Fußgängerzone (Gasga), ebenso entlang der Zicatela-Strandstraße *Del Morro* (hier überwiegend Mittelklasse-hotels). Alle Preise sind saisonabhängig mit nochmaligen Spitzen in der Oster- und Weihnachtszeit, Preise variieren auch je nach Zimmerausstattung, Größe oder Vorzügen wie Blick aufs Meer, Klimaanlage u.a.

Obere Gasga **Hotel Paraíso Escondido** €€, Calle Unión 10, www.hotelpe.com; das beste an der oberen Gasga, gut geführtes, Hotel im Kolonialstil, angenehme Zimmer mit (Balkon)-Aussicht aufs Meer, Pool. **TIPP!**

Playa Carrizalillo / Rinconada Hier gibt es einige günstige Hostals, deshalb viele junge Traveller aus aller Welt. Familiär: **Quinta Carrizalillo** €€, Focas 5 (nahe der Hauptstraße Juárez), https://quintacarrizalillo.com.mx; Vorteil: alle Zimmer sind mit einer komplet-ten Einbauküche (und entsprechenden Utensilien) ausgestattet, saubere, geräumige Zimmer, Terrasse, kleiner Pool.

Zicatela-Strand **Hotel Buena Vista** €, zurückgesetzt von der Calle del Morro, Ecke Hostel Chicantana, Tel. 9545821474 (keine Homepage); wie der Name sagt: schöne Sicht aufs Meer, einfache, aber sehr saubere Zimmer mit Kühlschrank und großem Balkon, drei Preisklassen.

Das **Hotelito Swiss Oasis** €€, Andador Gaviotas 1, www.swissoasis.com, wird von einem Paar aus der Schweiz geleitet; sehr sauberes kleines Hotel mit Wohlfühl-Ambiente, Pool, Hängematten, Gästeküche. **TIPP!**

Beach Hotel Ines €€, Del Morro, www.hotelines.com. Von Deutschen ge-managte schöne Anlage mit vier Gebäuden, tropischem Garten, 50 sehr diverse Zimmer, Pool, gepflegtes Restaurant.

Hotel Santa Fé €€€, https://hotelsantafe.com.mx. Top-Hotel hinter Palmen mit allen Annehmlichkeiten im Kolonial-Stil, Erwachsenen- und Kinderpool, schöne Terrasse für einen Drink, gutes Restaurant (s.u.), auch Suites und Bungalows.

Ein weiteres 3-Sterne-Hotel mit Restaurant und drei Schwimmbecken (eins für Kinder), um die sich mehrere Gebäude gruppieren: **Bungalows Zicatela** €€, Del Morro, www.bungalowszicatela.com

La Punta Zicatela Easy-going-Ambiente mit zahlreichen einfachen Palapa-Unterkünften, aus den Lautsprechern dröhnen die Oldies von anno dazumal.

Essen & Trinken *Hinweis: Nachfolgende Restaurants sind im Stadtplan verortet* ●

Eine erstaunliche Konzentration von Italienern am Ort (Auslöser war wohl 1992 die italienische Filmkomödie „Puerto Escondido"), einer davon ist **Non Solo Pizza,** Hidalgo 104 (beim ADO/OCC-Terminal), Di–Sa, doch Vorsicht – Sie werden immer wieder zurückkehren wollen und verpassen dann mög-licherweise andere Spezialitäten vor Ort.

Ein günstiges Mittagsmenü *(comida corrida)* bekommt man bei **Las Margaritas,** 8a Nte/zw. 3a Pte u. Oaxaca – ist auch fürs Frühstück empfeh-lenswert. – Wer zum Terminal Turística unterwegs ist (Karte links oben): Viel Andrang hat **Las Juquileñas Antojitos Regionales,** 10a Nte/4a Pte, familiäres Ambiente (kaum touristisch), mexikanische Speisekarte.

Ansonsten isst man in P.E. natürlich Fisch (z.B. *huachinango*) oder *mariscos* (Meeresfrüchte) in darauf spezialisierte Restaurants. Gourmet-Gerichte in **Rinconada:** *Cocina de Autor* **Almoraduz,** Juárez 12, www.almoraduz.com.mx,

6

ausgezeichnete Küche, Speisekarte je nach Jahreszeit (alles frisch), auch Optionen für Vegetarier, natürlich nicht billig. Der benachbarte **El Sultán** wird Kenner der Nahost-Küche nicht überzeugen, dann doch besser zur **Pizzería Italiana Luna Rossa,** Juárez 4 (rechts von El Cafecito), auch wenn diese bislang ihre vor-Covid-Standards noch nicht wieder zurückerobern konnte. Apropos **El Cafecito:** Wenn an sämtlichen Tischen der Restaurantzeile der Calle Juárez noch gähnende Leere herrscht, werden Sie hier dennoch anstehen müssen, um bei dem Andrang Einlass zu erhalten. El Cafecito hat Tradition und jede Menge Kuchen und ist auch zum Frühstücken gut (ein weiteres Cafecito ist in der Calle del Morro, Nähe Ecke La Cañada). **F** El Cafecito, Puerto Escondido (hier schon mal vorab die Karte einsehen).

Zahlreiche, z.T. rustikale Restaurants, säumen den *Zicatela-Strand:* ein Fischrestaurant mit gutem Ruf ist **La Olita,** Calle Las Brisas. – Täglich ab 17 Uhr serviert das **Lychee** (Alejandro Cárdenas Peralta, La Punta Zicatela, außerhalb des Stadtplans) schmackhaftes Thai-Food. – Ein ausgezeichnetes und nicht überteuertes Restaurant, auch mit guten vegetarischen und veganen Optionen besitzt das **Hotel Santa Fé** (s.o.), serviert reichlich, die vegetarischen Tamales probieren und keinesfalls die Erdbeerküchlein auslassen. Kulinarische Spitzenqualität kostet natürlich auch.

Unterhaltung

Für Partyfreunde und Nachtschwärmer bietet P.E. eine beachtliche Anzahl an Bars und Kneipen, viele mit Live-Musik. Ausgelassenes Ambiente an der Playa Zicatela, Party-Freunde gehen dort z.B. am *Blue Monday* zu **Cactus Restaurante & Bar** (**F**, zwischen Calles Las Brisas und Las Palmas) und evtl. auch noch ins **Xcaanda** (**F**), *Punta Zicatela.* Sehr beliebt ist die **Casa Babylon** (**F**), Calle del Morro, gleich neben Bungalows Zicatela. Zentrum: Mittwochs ist zu später Stunde das **Congo** in der Gasga angesagt.

Feste

Bekannt ist Puerto Escondido für die **Fiestas de Noviembre** mit dem *Festival Costeña de la Danza.* Im August und ab Mitte November Surfmeisterschaften und das internationale *Sport Fishing Tournament.* Am 18. Dez. eine große Prozession zu Ehren der **Virgen de la Soledad,** Schutzpatronin von Oaxaca und der Fischer. Anstehende sportliche Events u.a. findet man hier: www.zonaturistica.com/eventos/2022/oaxaca/puerto-escondido

Transport

Der *Terminal Turística Municipal* liegt in der Oberstadt, Av. Oaxaca/4a Sur, von hier fahren Turistar u. weitere Busgesellschaften der 1. und 2. Klasse hauptsächlich Ziele in Oaxaca sowie Acapulco und Mexiko-Stadt an.

ADO (mitsamt einiger Verbundgesellschaften) hat ein eigenes Terminal an der Mex 200, nördlich der Gasga bei „El Crucero".

Die **Shuttle**-Unternehmen *Transporte Villa Escondida* und *Villa del Pacífico* (beide auf Facebook) fahren mit Kleinbussen nach **Oaxaca** (Preis bei Drucklegung 230 Ps), derzeit die günstigste und schnellste Methode, nach Oaxaca zu gelangen (Fahrzeit 6–7 Std.), Abfahrt von der Hidalgo/Ecke 1a Pte. Ticketkauf und Abfahrt nach Oaxaca auch im *Hotel Luz del Ángel,* 1a Nte/Av. Oaxaca.

P.E. besitzt einen kleinen internationalen **Flughafen** an der Mex 200, nur wenig außerhalb in Richtung Acapulco. Tickets kann man auch in Reisebüros kaufen, z.B. bei *Viajes Dimar* (s.u.„Reisebüro"). Wird angeflogen von Aeromexico und mehreren Billiglinien wie *VivaAerobus* oder *Volaris.*

Mietwagen

Beim Reisebüro **Viajes Dimar** (s.u.) oder bei **Los Tres Reyes** (**F**), Tel. 9541677506, tägl. 8–20 Uhr, ein Büro ist am Flughafen, das andere an der Costera

113, Col. Santa María; die Firma unterhält weitere Zweigstellen in Huatulco und Oaxaca-Stadt, so dass das Auto an jedem dieser drei Orte zurückgegeben werden kann.

Touranbieter Wenn **Gina Machorro** (s.o. bei Turismo) grad mal nicht an ihrem Stand ist, führt sie selbst (auch auf Englisch), besonders ihre frühmorgendlichen Stadttouren sind äußerst beliebt. Sie hat aber auch gute Kontakte zu den *campamentos de tortuga,* wo man in den Wintermonaten, ungefähr bis Anfang Mai, immer wenn neue Krötchen geschlüpft sind, mithelfen kann, diese ins Wasser zu lassen; beeindruckend ist auch die Ankunft der „Schildkrötenmütter" zw. Oktober und März. Möglich ist das auch mit **Lalo Ecotours,** ebenso Ausflüge zu den Lagunen und anderen Naturschönheiten. Gründer Lalo ist ein begeisterter Ornithologe und kennt die Namen aller heimischen Vögel auf Englisch und Lateinisch; englischsprachige Touren führt sein Sohn Eve, www.lalo-ecotours.com, Gasga s/n, Tel. 9545821611, oder am Zicatela Strand: Calle del Morro, unweit von El Cafecito.

An den Stränden werden Bootsexkursionen zum Sichten von Delfinen, Schildkröten und Walen (zw. Nov. und März) angeboten. Wir empfehlen eine Tour mit einem etablierten Anbieter, auch wenn diese etwas teurer sein kann als die ad hoc-Angebote, die Sie sonst noch erhalten werden. Der Unterschied liegt in der Behandlung und der Qualität der Erklärungen, bei guten Anbietern auch auf Englisch. Billiganbieter karren sie einfach auf Meer hinaus. Zudem ist es wichtig, dass ihr Kapitän auf dem Meer Funkkontakt zu anderen Booten hat, so erfährt er sehr schnell, wo es gerade was zu sehen gibt. Ob am Tag Ihrer Tour „viel los ist" im Wasser, hängt allerdings weniger vom Anbieter ab, Natur ist Natur, es gibt gute und schlechte Tage (wir hattenGlück und sahen hunderte Delfine dreier verschiedener Arten). Gut geführte Touren, auch auf Englisch, organisiert z.B. **Omar's Dolphin Watching,** www.omarsportfishing .com, Tel. 9545594406, er wirbt an und startet von dem kleinen Strand in Puerto Angelito, und wie der Name seiner Website schon sagt, ist er auch fürs Hochseefischen zuständig.

Tauchen und Schnorcheln bei **Aventura Submarina – Moby Dick** (**F**), 4a Poniente / 8a Norte, Tel. 9545444862

Reisebüro Des Weiteren kann man Reitausflüge zu Wasserfällen oder Kajaktouren und vieles andere unternehmen. Mehr Angebote und auch Tickets z.B. über das erfahrene Allrounder-Reisebüro **Viajes Dimar,** Gasga 905B (s. Stadtplan), ein zweites Büro am Zicatela-Strand, Del Morro, www.dimartravel.com.

Blick auf den Playa Manzanillo, Puerto Escondido

6

Acapulco

Einst eine unbekannte Traumbucht, dann als Tummelplatz der US-Schickeria auch „Hollywood-Süd" genannt, schließlich ein weltweit bekannter Urlaubs-Resort – so lautet das Kurzportrait von Acapulco. Der Glanz der Bade- und Partystadt (über 800.000 Einwohner) im Staat Guerrero ist in den letzten Jahren allerdings verblasst. Das ehemals mondäne Ferienparadies am Pazifik mutierte zu einem Sorgenkind des Landes, was nicht nur an den Stürmen und Hurricans liegt, die die Stadt regemäßig heimsuchen (besonders schlimm war Paulina 1997), sondern vor allem an den blutigen Machtkämpfen mehrerer mexikanischer Drogenkartelle, die in der Gegend ausgetragen werden. Die US-Amerikaner sind nun weitgehend ausgeblieben. Doch von leeren Hotels oder Stränden kann keine Rede sein – es kommen weiterhin unzählige, vor allem nationale Besucher im Jahr. Zum Straßenbild gehören jetzt bewaffnete Sicherheitskräfte und Militärkontrollen. Mehr wird der Tourist in aller Regel von den Auseinandersetzungen nicht mitbekommen, umsichtiges Verhalten ist aber auf jeden Fall angesichts der Langfinger angesagt, die es in Acapulco gibt und immer schon gab. Eine englischsprachige Touristenpolizei (s.u.) steht für Notfälle bereit..

Die 12 km breite Bucht mit spektakulären Sonnenuntergängen und glitzernden Lichtern in der Nacht ist nach wie vor ein Anziehungspunkt, zumal heißes Wetter ganzjährig garantiert ist, die angenehmsten Monate (mit auszuhaltender Hitze) sind Dezember bis Mai.

Die große Bucht von Acapulco

n. Zihuatanejo

Mexiko-Stadt ↑ [MEX 95]

Mexiko-Stadt [MEX 95D]

Pie de la Cuesta

[MEX 200]

C e n t r o

Autopista del Sol
México – Acapulco

Costera Miguel Alemán

Bahía de
Acapulco

Península de
las Playas

Las Brisas

Carretera Escénica

[MEX 200]

Isla La Roqueta

Bucht von Acapulco

Puerto Marqués

Punta
Diamante

Laguna Tres
Palos

1	Hotel Pierre Marqués
2	Hotel Acapulco Princess
3	Vidafel Mayan Plaza

Playa
Diamante

Playa
Revolcadero

Aero-
puerto
Acapulco

La Isla
Acapulco (Einkaufszentrum)

0 _____ 5 km

Pie de la
Cuesta

Calz. Pie de la Cuesta

Aquiles Serdan

Cuauhtémoc

**Terminal Estrella
Blanca 2. Klasse**

ACAPULCO CENTRO

© TOM-VERLAG HERMANN

0 _____ 500 m

Parque
La Iguana

Guerrero

Mercado
Central de
Artesanías

5 de Mayo

Arevalo

100% Natural

La Mira

Escudero

Mina

Vel. de León

5 de Mayo

5 de Mayo

Muelle

Fuerte de
San Diego

Capitanía
de Puerto

Progreso

Galeana

Secretaría de
Turismo Municipal

I. de Tejada

Hornitos

Morelos

Palacio Municipal

Mi
Piaci

Costera Miguel Alemán

Parque
de la Reina

La Quebrada

Hidalgo

Zócalo

Sanborns

Palacio Federal de Acapulco

Jardín del Malecón

Terminal de
Cruceros

Busttickets Estrella Blanca

Bancomer

Azueta

Carranza

I. de Iglesias

100% Natural

Terminal
Marítima

Azueta

Valle

Juárez

Kiosk Acarey, Bootstouren

Plaza
La
Quebrada

La Quebrada

López Mateos

4 de Enero

El Amigo
Miguel

Capitanía de Puerto

B a h í a   d e

A c a p u l c o

6

La Pinzona

Malecón

Playa Tlacopanocha

**Felsen-
springer**

Inalámbrica

Boots-
Pier

La Costerea

Bootstouren
·Fiesta Bonanza·

Península de
las Playas

Playa Manzanillo

| **🏨 Hotels** |
| 1 Hotel Real del Centro |
| 2 Hotel Misión |
| 3 Hotel Angelita |
| 4 Hotel Asturias |
| **5 Hotel Etel Suites** |
| 6 Hotel La Torre Eiffel |

Der Sprung in die Tiefe, links die Zuschauerplattform

Hauptattraktion sind die **Clavadistas,** waghalsige Männer (seltener auch Frauen), die bei den Klippen von **La Quebrada** (Westseite der Península de las Playas) mehr als 30 Meter in die Tiefe springen – vorher wird natürlich die Schutzheilige um Beistand gebeten. Das Wasser an der Eintauchstelle in der engen Schlucht ist nur wenige Meter tief, es bedarf schon einiger Kunstfertigkeit, um dabei nicht zu Tode zu kommen. Seit 1934 gibt es diese Vorführungen schon, 2016 wurde La Quebrada zum Kulturerbe des Staates Guerrero erklärt. Täglich um 13, 19, 20, 21 u. 22 Uhr, vorher dort sein, es kann voll werden. Eintrittspreis inkl. Getränk 100 Ps. Der letzte ist ein Fackelsprung, https://acapulco.pro/la-quebrada.

Wichtiger Kolonialhafen

Zu Kolonialzeiten diente die geschützte Bahía de Acapulco als interkontinentaler Warenumschlagshafen. Spanische Galeonen transportierten von Ostasien und Südamerika kostbare Handelsgüter heran, wie Porzellan, Seide, Gewürze, ja selbst die Goldschätze Perus. Was nicht von Piraten abgefangen wurde, kam anschließend auf Eselsrücken in die Hauptstadt Mexikos oder bis zum Atlantik-Hafen Veracruz und wurde von da aus weiter ins Mutterland Spanien verschifft. Um die Stadt vor den britischen und holländischen Seeräubern zu schützen, wurde 1776 das fünfzackige **Fuerte de San Diego** gebaut (unweit des Zócalo am Muelle Fiscal). Heute befindet sich dort das sehenswerte, 2017 umgebaute **Museo Histórico de Acapulco** (Di–So 9–18 Uhr, 70 Ps), das die bewegte Stadtgeschichte dokumentiert, interessant auch der Ausstellungsraum *Acapulco Contemporáneo,* der das touristische Acapulco ab Mitte des 20. Jh. zeigt, darüber hinaus Wanderausstellungen. Fr, Sa/So gegen 20 Uhr **Videomapping** am Fuerte de San Diego (audiovisuelle Lightshow, Ton und Bild werden auf die Fassade projiziert).

Die drei Acapulcos

Die nette und ausnahmsweise einmal nicht schachbrettartig angelegte Altstadt trägt den Namen **Acapulco Tradicional.** Hier sind Hotels und Restaurants am preiswertesten und die Einheimischen bestimmen das Straßenbild. Das Leben geht seinen gemächlichen Gang. Gleich östlich des *Fuerte de San Diego* (s.o.) beginnt das touristische **Acapulco Dorado:** An der langen und autolärmigen **Costera Miguel Alemán** reiht sich zunächst Bar an Bar, hinter dem *Parque Papagayo* (s.u.) dann Hotelturm an Hotelturm. Dazwischen jede Menge (Luxus-)Läden, Touri-Shops, Nachtlokale u.a. mehr. Viele baden übrigens lieber im hoteleigenen Swimmingpool, die Strände dieser Zone – **Playa Hornitos, Playa Condesa** bis hin zur **Playa Icacos** – sind oftmals sehr bevölkert. Die starke Brandung kann einen schon wenige Schritte vom Ufer entfernt unter Wasser drücken, Vorsicht ist also angesagt. Dieselbe Küstenstraße Costera Alemán ändert nach der östlichen Buchtspitze **Las Brisas** ihren Namen in *Carretera Escénica* und gelangt zur kleinen Nebenbucht **Bahía Puerto Marqués.** Am gleichnamigen Ort ein Strand (fast) ohne Hotelburgen, dafür aber mit vielen (überteuerten) Fischlokalen und ambulanten Verkäufern. Hier lässt es sich auf jeden Fall besser schwimmen, doch Vorsicht vor Langfingern ist geboten. Hinter Puerto Marqués beginnt dann das dritte Acapulco, **Acapulco Diamante,** eine Steigerung von „Acapulco Dorado", denn umgeben von tropischen Gärten wurden dort ausschließlich superteure 5-Sterne-Hotels sowie Luxus-Ferienwohnungen gebaut, wobei der absolute Höhepunkt wohl das *Acapulco Princess* auf der Landspitze ist, das die Form einer abgeplatteten Azteken-Pyramide hat. Neueste Errungenschaft in Diamante ist **La Isla Acapulco,** das ist – anders als der Name vermuten lässt

Playa Hornitos

6

– keine Insel, sondern ein von Wasserarmen gesäumtes modernes Einkaufszentrum, www.laislaacapulco.com.mx.

Das Gegenteil von mondän ist der 12 km nordwestlich von Acapulco gelegene Ort **Pie de la Cuesta.** Hier ein schöner weißer Palmenstrand, Palapa-Restaurants, preiswerte Hotels oder Cabañas und vor allem weniger Rummel. Leider ist das Meer dort zu wild zum Baden.

Adressen & Service Acapulco

Turismo
Turismo Municipal: Hornitos 7 (Nähe Fuerte de San Diego). Turismo für den gesamten Staat Guerrero: La Costera 3221 (vor dem *Centro de Convenciones*). Weitere Info-Kioske zu Saisonzeiten, z.B. Malecón, Golfito, Walmart, Diana Cazadora und Asta Bandera (Flaggenmast).

Touristenpolizei Beige-hellblaue Uniform, ❼ Policia Turistica Acapulco, Tel. 7444828852

Webseiten
Umfassende Infos auf:
https://acapulco.pro
www.travelbymexico.com/acapulco
www.visitmexico.com/es/destinos-principales/guerrero/acapulco

Unterkunft
Man hat die Qual der Wahl. In den Straßen der Altstadt (Quebrada, Valle u.a.) gibt es einige günstige Hotels, doch qualitativ wenig zufriedenstellend. Recht gut ist das **Hotel Etel Suites** €€, ❼ Etel Suites, Cerro da la Pinzona 92, Tel. 7444822240, keine Online-Reservierung. Aussichtslage, etwas altmodische, aber saubere Zimmer und Apartments, Pool.

An der *Costera*: **One Acapulco Costera Hotel** €€, Costera Miguel Alemán 16, www.onehoteles.com/hoteles/one-acapulco-costera, Hochhausklotz mit 126 (für die Gegend) günstigen Zimmern bei der Playa Icacos, modern und komfortabel, Roof-Pool, Frühstück. In Gehweite viele Restaurants, Bars und Nachtleben. Gehobene Kategorie ist das **Princess Mundo Imperial** €€€€, Costera de las Palmas (zw. Puerto Márquez und Diamante), www.mundoimperial.com/princess, schon der Name kann ja kaum noch getoppt werden. Direkt am Strand, alle Annehmlichkeiten der Preisklasse, ausgedehntes Pool, drei Restaurants.

Essen & Trinken
Das Angebot ist unüberschaubar. Einfach und preiswerter in der Altstadt rund um den Zócalo und besonders in der **Calle Juárez.** Ein guter Italiener gleich beim Zócalo ist **Mi Piace** (Plaza Álvarez 6), familiäres Ambiente. Abends sind Fischkneipen mit Fangfrischem immer eine gute Idee, z.B. **El Amigo Miguel,** Costera Miguel Alemán, Col. Hornos, Nähe Bodega Aurrera (eine weitere Filiale in der Altstadt, Juárez 31/Ecke Azueta, die aber nicht so gut ist). Je mehr man sich dann der Luxushotelzone nähert, desto teurer wird's. Doch auch hier gibt's guten Fisch, z.B. bei **Don Camarón Playa Majahua,** Puerto Márquez (nicht überteuert!), auch vegetarische Optionen

Unterhaltung
Das Nachtleben beginnt spät, ist dann aber um so ausschweifender. Große Hotels haben hauseigene Discos und Nightclubs. Teuer ist alles. Die emblematische **Disco Baby'O** (Ecke Costera/Nelson, Do–So 23–7 Uhr) wurde im Sept. 21 nach Brandstiftung völlig zerstört, ist aber nicht unterzukriegen und läuft wieder; rund um El Rollo (s.u.) gibt es noch weitere Schuppen.

Acapulco bei Nacht

Die großen Hotels bieten meist einmal die Woche eine Show. Einen (immer aktualisierten) Überblick über Konzerte, Ballet u.a. bekommt man hier: www.ticketmaster.com.mx/search?q=acapulco.

Für Tagaktive: Der **Parque Papagayo** (Costera) ist ein Kinder- und Familienvergnügungspark mit kleinem Zoo, Rutschbahnen usw. Ein Kinderwasserpark mit Wasserrutschen, Delfinshow usw. ist **El Rollo,** an der Playa Icacos. 2017 wurde eine Gesetzesänderung gewählt, die den Fang von Delfinen und anderen Meeressäugern zu Showzwecken verbietet, die bereits eingesetzten Exemplare dürfen aber weitermachen, weshalb es solche Vorführungen noch eine Weile geben wird.

Schiffs- und Yachthafen
Einige Veranstalter bieten mehrstündige Bootstouren an, schön ist eine nächtliche Tour mit Sicht auf die glitzernde Skyline der Stadt. Abgelegt wird vom Malecón beim Zócalo, Auskunft z.B. bei *Yate Acarey* (**F**) oder *Yates Bonanza de Acapulco* (**F**).

Transport
Es gibt vier 1. Klasse-Busterminals, die größte liegt an der Nordseite des Parque Papagayo (Cuauhtémoc 1605, Touristar, ETN, ADO u.a.), eine weitere in Altstadtnähe in der Cuauhtémoc 103 (Costa Line, Futura u.a.). *Estrella de Oro Acapulco Diamante,* Boulevard de las Naciones 34, und *Estrella de Oro Acapulco Costera,* Ecke Cuauhtémoc/Massieu. Ticket-Verkaufsstellen auch in Reisebüros im Zentrum. Auf der Costera, vom Zentrum bis Puerto Márquez, verkehren gelb-weiße Colectivos, schnell und günstig.

Flughafen
Der Flughafen befindet sich 25 km östlich des Zentrums, hinter Acapulco Diamante. Die meisten Flüge gehen über Mexiko-Stadt.

6

Puerto Vallarta

Eines der bekanntesten Pazifik-Seebäder ist das im Bundesstaat Jalisco gelegene **Puerto Vallarta** (ca. 275.000 Ew.) – mit über 40 km Stränden! Praktisch über Nacht weltberühmt wurde der ehemals verschlafene Fischerort an der riesigen *Bahía de las Banderas,* als dort 1963 „Die Nacht des Leguans" mit Richard Burton und Ava Gardner gedreht wurde – auch Liz Taylor war mit von der Partie! In **Mismaloya** (15 km südlich von Viejo Vallarta) können heute noch die Filmkulissen besichtigt werden, die Statue des Traumpaares Burton/Taylor steht in der Av. Miramar (Nähe Markt), nicht weit davon auch die **Casa Kimberley** (Zaragoza 445), ehemalige Villa der beiden. In den folgenden Jahren kamen weitere Showbusiness-Berühmtheiten, und dann kamen noch viel mehr Menschen … Heute gibt es einen sehr intensiven nationalen und US-amerikanischen Pauschaltourismus, man hat hier das Mexiko ihrer Phantasie erschaffen. Englisch wurde zur zweiten Umgangssprache. Europäer zieht es selten hierher, obwohl der Ort nicht ohne Reiz ist.

Viejo Vallarta   Anders als die meisten Pazifik-Küstenstädte besitzt Puerto Vallarta eine charmante Altstadt, **Viejo Vallarta,** mit Pflasterstraßen und Ziegeldächern. Auf den Turm der **Parroquia Nuestra Señora de Guadalupe** sollte man einen Blick werfen, denn seine Spitze hat die Form einer Krone, angeblich eine Nachbildung der Krone von Kaiserin Carlota (s.S. 90). Die kleine **Isla Cuale** im *Río Cuale* ist mit tropischem Grün bewachsen und trennt die Altstadt in eine Nord- und Südhälfte. Am palmenbestandenen **Malecón,** der Uferpromenade, trifft man sich zum Spazierengehen und Essen oder versenkt sich in das Raunen und Rauschen des Ozeans. Die gegenüberliegende Seite der Stadt wird von den dschungelgrünen Ausläufern der Sierra Madre Occidental begrenzt.

Strände   Die großen und teilweise sehr extravaganten Hotelkomplexe konzentrieren sich nördlich in der *Zona Hotelera* und *Marina Vallarta* bzw. 15 km südlich außerhalb bei **Mismaloya.** In der Mismaloya-Bucht gibt es schöne, aber schwer zugängliche Strände. Noch weiter südlich liegt das Dorf **Boca de Tomatlán** mit dazugehörendem und nicht verbautem Strand, von hier aus (bzw. von Mismaloya oder vom *Muelle de los Muertos* in Viejo Vallarta) kann man morgens gegen 10 Uhr ein Wassertaxi (*„panga"*) zu den anders nicht erreichbaren Stränden *Las Ánimas, Quimixto* und *Yelapa* nehmen, dort dann nur einfache Palapa-Restaurants. Nördlich der Marina Vallarta bieten auch touristische Ausflugsboote dieselben Ziele an, natürlich wesentlich teurer. Ein wunderschöner Palmenstrand an der nordwestlichen Buchtspitze ist *Bucerías,* hinter der Riesen-Hotelanlage **Nuevo Vallarta** (bereits im Bundesstaat Nayarit gelegen, die Uhr eine Stunde zurückstellen).

Sehr empfehlen wir eine Schnorcheltour zum Naturschutzgebiet **Islas Marietas,** einschließlich der legendären **Playa Escondida** (nur bei ruhigem Wellengang möglich), hier feinster weißer Sandstrand und kristallgrünes Wasser. In dem ökologischen Reservat darf man max. 20 Minuten bleiben (also kein Badeaufenthalt). Unvergesslich! Von der Ankerstelle des Boots im Wasser muss man zur Insel schwimmen.

https://rinconesdemexico.com/3-atracciones-debes-ver-islas-marietas/
https://www.puertovallarta.net/what_to_do/marieta-islands/

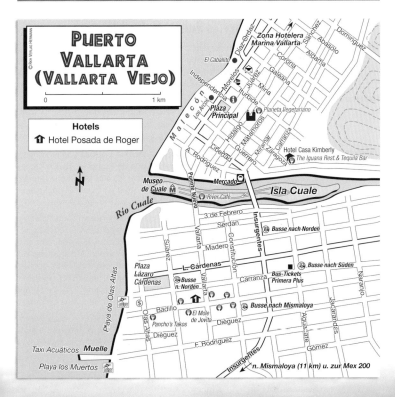

PUERTO VALLARTA (VALLARTA VIEJO)

0   1 km

Hotels

🏠 Hotel Posada de Roger

N

Zona Hotelera
Marina Vallarta

Díaz Ordaz · Sánchez · Abasolo · Aldama · Domínguez

El Caballito

Corona · Galeana

Independencia · Morelos · Juárez · Mina · Iturbide

Los Arcos

Malecón

Plaza Principal

Planeta Vegetariano

Hidalgo · Matamoros · Carranza

A. Rodríguez · Libertad · Guerrero · Miramar · Zaragoza

Hotel Casa Kimberly
The Iguana Rest.& Tequila Bar

Puente Nuevo

Mercado

Museo de Cuale Ⓜ

Isla Cuale

Río Cuale

River Café

3 de Febrero

Serdán

Busse nach Norden

Suárez · Vallarta · Madero · Constitución

Insurgentes

Plaza Lázaro Cárdenas

L. Cárdenas

Busse
n. Norden

Carranza

Busse nach Süden

Bus-Tickets
Primera Plus

Playa de Olas Altas

Olas Altas

$ Badillo

El Mole de Jovita

Pancho's Takos

Dieguez

Busse nach Mismaloya

Naranjo

Jacarandes

Aguacate

Gomez

Diéguez

E. Rodríguez

Taxi Acuáticos **Muelle**

Playa los Muertos

Insurgentes

n. Mismaloya (11 km) u. zur Mex 200

Bucht von Puerto Vallarta

6

Adressen & Service Puerto Vallarta

Turismo   Mehrere Info-Stellen in der Altstadt, die Hauptstelle befindet sich am Plaza Principal, Ecke Calle Independencia/Juárez. Weitere an der Plaza Lázaro Cárdenas, in der Calle Mina und am Parque Hidalgo (nördlich außerhalb des Stadtplans). Anlaufstelle bei Problemen: Tel. 3222222224.

Webseiten   http://visitpuertovallarta.com
(viele praktische Infos und aktueller Veranstaltungskalender)
www.puertovallarta.net (umfassend, gut, aber nicht alles ist aktuell)
www.virtualvallarta.com (Aktuelles auf Englisch)

Unterkunft   Hier hat man i.d.R. ein Pauschalangebot gebucht. Das Angebot ist überreichlich, Günstiges südlich des **Río Cuale: Hotel Posada de Roger** €€ (Basilio Badillo 237, www.hotelposadaderoger.com), zentral in der Altstadt, hat schöne Zimmer, Pool, Garten, Restaurant und sonstige Serviceleistungen (riecht allerdings sehr nach Desinfektionsmitteln). Teurere Mittelklasse entlang des Meeres.

Essen & Trinken   Wer nicht *all inclusive* gebucht hat, findet eine große Auswahl am Malecón, billiger ist es auf der Nordseite des Río Cuale. Auch auf dessen Südseite, besonders in der Calle Badillo (zw. Suárez u. Constitución) viele Restaurants und Cafés. Gute Regionalküche z.B. bei **Tintoque,** Blvd Francisco Medina Ascencio 3945 (etwas weiter weg im Einkaufszentrum Plaza Neptuno, Nähe Flughafen, ab 17 Uhr). **TIPP:** vegetarisch im **Planeta Vegetariano,** tägl. Büffet, verdiente Qualitätssiegel, www.planetavegetariano.com, Iturbide 270, Tacos bei **Pancho's Takos** in der Calle Badillo/Olas Altas (ab 18 Uhr). Internationales (Thai, indisch usw.) südlich des Río Cuale. .

Unterhaltung   Freiluftcafés und -restaurants auf der Isla Cuale (Puente Nuevo) und am Malecón. In der Südhälfte der Altstadt ausschweifendes Nightlife, jede Menge Bars, auch LGBT (zw. Insurgentes u. Vallarta). Fiesta Mexicana-Show, Mariachis und andere Vorführungen im **The Iguana Restaurante & Tequila Bar,** Zaragoza 445, https://casakimberly.com/the-iguana-restaurant-tequila-bar (Zentrum, im Hotel Casa Kimberly), auch gut zum Essen (Dresscode!). Kostenlose Konzerte auf der Plaza Principal, sonntags wird *Danzón* getanzt.

Sport und Öko-Touren   Alle Arten von Wassersport, Tauchen z.B. bei *Chico's Dive Shop* (**❻**), Díaz Ordaz 772 (Malecón).com; verschiedene Wasser- oder Land-Aktivitäten bei *Open Air Expeditions,* Guerrero 339, www.puertovallartatours.net, oder www.vallarta-adventures.com (online kontaktieren, Büros sind in der entfernt liegenden Marina). Bootstouren starten i.d.R. von der Marina Puerto Vallarta (hier auch eine Touri-Info-Stelle), ca. 10 km nördl. des Zentrums. Bei vielen Touren am Ende eine barra libre, d.h. ein Saufgelage auf dem Boot.

Professionelle, von Biologen geführte Walbeobachtungs-Touren (Dez.–März, vor allem Buckelwale) über www.vallartawhales.com. Des Weiteren Reiten, Golfen, Bungee, Segelkreuzfahrten, See- und Landtouren.

Ein sehr interessantes und auch unterstützenswertes, doch leider weit außerhalb (in Bucerías, Nayarit) gelegenes Projekt ist die Krokodilsfarm **Santuario de Cocodrilos El Cora**. Bei Interesse über **❻** oder telefonisch kontaktieren.

Feste   Ob Kino-, Wein-, Taco-, Vogel- oder Mariachifestival – es ist immer was los! *Fiestas de Mayo:* den ganzen Mai über Folklore, Konzerte, Feuerwerk usw. 1. Novemberwoche: *Pez vela*-Fischfangturniere (Segelfische), am 21.11. Mariachis

und Mariachi-Messen zu Ehren von *Santa Cecilia*.
Alles auf http://visitpuertovallarta.com/events.

Busterminal und intern. Flughafen
Carretera Puerto Vallarta – Tepic Km 9, zwischen altem und neuen Vallarta, in unmittelbarer Flughafennähe. Der internationale Flughafen liegt ebenda, an der Mex 200 zwischen den beiden Vallartas.

Mietwagen
Alle nur denkbaren Anbieter unterhalten hier Zweigstellen, man hat die Qual der Wahl. Am besten gleich am Flughafen anmieten.

Baja California Sur

Die Halbinsel Baja California ist 1300 km lang (also weitaus länger als der italienische „Stiefel") und zwischen 45 und 170 km breit. An der Westseite brandet der Pazifik, an der Ostseite dagegen liegen die ruhigeren Gewässer des **Golfo de California,** auch *Mar de Cortés* genannt, mit zahlreichen Inseln. Verwaltungspolitisch ist die Halbinsel in zwei Bundesstaaten unterteilt: Im Norden **Baja California** (Hauptstadt Mexicali an der US-Grenze) und im Süden **Baja California Sur** mit der Hauptstadt La Paz. Die Grenze zwischen den beiden Staaten ist gleichzeitig auch die Zeitgrenzlinie (Baja California Sur: die Uhr um eine Stunde zurückstellen, wenn man aus Mexiko-Stadt kommt).

Landesnatur/ Historisches
Gluthitze und Meer haben hier einzigartige, bizarre Landschaften geschaffen, ein Dorado herber Schönheit mit endlosen Kakteen- und Sukkulentenwäldern, knochentrockenen Flussläufen, grünen Palmoasen und einer canyonzerfurchten Bergkette, die sich wie ein Rückgrat durch die ganze Länge dieses ausgeglühten Landstriches zieht. Der Bundesstaat Baja California Sur hat wenig mehr als 700.000 Einw., er ist der dünnstbesiedelte Mexikos (10 Pers./km^2), weite Teile sind schlichtweg unbewohnbar.

6

Früh umsegelten die spanischen Eroberer die Küsten, doch das unzugängliche Landesinnere wurde erst ab Ende des 17. Jahrhunderts erschlossen. Allen voran von dem tiroler Jesuitenpater **Eusebio Kino** (Eusebius Franz Kühn, 1645–1711), dessen Name heute als Rotweinsorte *Padre Kino* verewigt ist (die nördliche Halbinsel ist Weinanbaugebiet).

Routen und Reisen

Auf den üblichen Reiserouten liegt die „Baja" nicht – dafür ist sie einfach zu weit abgelegen. Auch ist sie ein teures Pflaster, Preise sind häufig in US-Dollar angegeben, anders als auf dem Hauptland findet man kaum günstige Unterkünfte und Restaurants. Der Tourismus konzentriert sich auf die südliche Halbinsel und dort vor allem auf das künstlich angelegte Touristenzentrum **Cabo San Lucas,** östlich davon das kleinere **San José del Cabo,** beide zusammen werden „*Los Cabos*" genannt. Touristische Infrastruktur besitzen auch die Hauptstadt **La Paz** und 🐋 **Loreto**, die älteste Missionsgründung der Halbinsel. Jeder dieser vier Orte kann als Ausgangspunkt für Ausflüge in die Wasserwelt gewählt werden – denn diese ist der eigentliche Grund, Baja California zu besuchen.

Beste Reisezeit ist zwischen Dezember und März, nicht nur der Wale wegen, sondern auch weil in den restlichen Monaten die Hitze einfach unerträglich ist. Allerdings ist in diesen Reisemonaten das Wasser wesentlich kälter als im Sommer.

Maritime Fauna

Für den Meeresforscher Jacques-Yves Cousteau war der Golf von Kalifornien mit seinem Artenreichtum schlichtweg das „Aquarium der Welt", denn eine kalte, nährstoffreiche Tiefenströmung macht ihn zum fischreichsten Gewässer Mexikos. Delfine, Walhaie (größter Fisch der Welt – Planktonfresser), Meeresschildkröten, Pelikane, Seelöwen und viele andere Tierarten sind hier teils in großen Populationen vertreten, gelegentlich schauen auch Blauwale oder Buckelwale vorbei.

Doch die rauhe Pazifikseite steht dem nicht nach, auch hier leben unzählige Küsten- und Wassertiere. Attraktion Nr. 1 sind aber die **Grauwale** *(ballena gris),* die zwischen Dezember und März vor den Pazifikküsten schwimmen, denn dann bringen die Walkühe ihre Babys zur Welt. Beobachtet werden können sie mit etwas Glück auf offener See, vor allem aber in ihren Rückzugsgebieten **Bahía Magdalena, Laguna de San Ignacio** und im **Parque Natural de la Ballena**

Walbeobachtung aus nächster Nähe

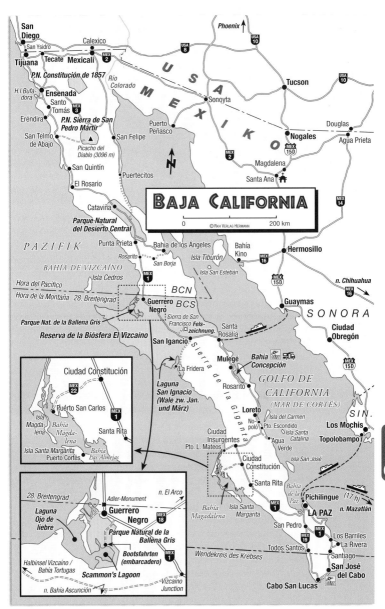

Kreuzfahrt-schiff in Bucht

Gris, denn dort sind Mütter und Kälbchen vor ihren Feinden, den Schwertwalen (Orcas), sicher. Wann genau die Wale eintreffen, wie viele kommen, wann sie wieder zurück nach Norden wandern und in welcher Bucht sie sich bevorzugt aufhalten, all das kann sich von Jahr zu Jahr etwas ändern – die Touranbieter wissen Bescheid.

Wagen mieten!

Wer die Baja besucht, tut das in der Regel „all inclusive" oder im Rahmen einer gebuchten Tour. Für unabhängig Reisende empfiehlt sich die Anmietung eines Wagens, doch sollte man die Hitze und die riesigen Distanzen nicht unterschätzen, immer genügend Vorräte und Wasser mitführen. Hauptschlagader der Baja California ist die **Carretera Transpeninsular Mex 1** von Tijuana bis Cabo San Lucas, insgesamt 1700 km lang. Natur pur, Verirren ist praktisch unmöglich, doch Steckenbleiben schon! Manchmal gibt es über hunderte Kilometer keine Tankstelle und auch Banken und Geldautomaten sind nur an größeren Orten vorhanden, deshalb genug Bargeld mitführen.

Los Cabos

Landschaftlich am schönsten ist die Südspitze, dort gibt es eindrucksvolle Felsformationen, versteckte Buchten und Korallenriffe. Das ist wohl der Grund, weshalb die touristische Infrastruktur hier am besten ausgebaut ist. **Cabo San Lucas** ist allerdings ein künstliches Mega-Resort, es dominiert „the american way of life". Unbedingt einen Bootsausflug wert ist allerdings die Kapspitze *Finisterra* mit dem berühmten Felsbogen **El Arco,** Abfahrten täglich von der Marina (s.u.). Dabei passiert man den nicht minder herrlichen Strand *Playa del Amor*. Weniger steril ist das 30 km östliche und kleinere **San José del Cabo** mit der baumbestanden *Plaza Mijares* im Zentrum. Als Übernachtungsort wohl vorzuziehen, auch wenn es ebenfalls teuer ist und hier – im Gegensatz zu San Lucas – eine gewisse Ereignislosigkeit vorherrscht. Die Altstadt liegt etwa 1 km nördlich der Küste, im Strandbereich reihen sich Kettenhotels. Strände, an denen man auch gut baden kann, liegen östlich der Hotelzone, bekannt ist die *Playa El Estero,* ein palmengesäumtes Flussmündungsgebiet am Meer.

Wer's ruhiger liebt: 11 km von San Lucas und 22 km von San José liegt zwischen beiden Orten in der kleinen Bucht **Bahía Santa María** der gleichnamige Badestrand; sehr schön, nicht so voll, geeignet zum Schnorcheln und für andere Wassersportarten.

La Paz

Gibt es grad einen günstigen Flug, bietet sich auch **La Paz** als Ausgangspunkt für Ausflüge an. Dafür dass sie die Hauptstadt ist, wirkt sie allerdings recht verschlafen, lediglich an der Hotelmeile am Malecón reihen sich einige Restaurants und sonstige Dienstleister (Touranbieter, Mietwagen u.a.). Bei genügend Zeit kann man das **Museo Regional de Antropología e Historia** besuchen (5 de Mayo/ Altamirano, tägl. 9–18 Uhr), das u.a. Objekte zur prähispanischen Geschichte der Halbinsel zeigt. Bootsausflüge werden angeboten zur nahegelegenen **Isla Espíritu Santo** mit ihren Seelöwen- und Robbenkolonien. Eine weitere Tour lädt zum Schwimmen mit Walhaien ein – auch das ein besonderes Erlebnis, wenn das Wasser nicht grad zu kalt ist. Ein bekannter und viel fotografierter Strand ist **Playa Balandra,** 20 km nördlich von La Paz in einer Bucht gelegen (Straße nach El Tecolote), türkisblaues Wasser, badefreudig.

Loreto 🐚

ist der älteste Ort auf Baja California, gegründet wurde er als Jesuitenmission im Jahre 1697. Hier gingen viele Missionare an Land, das kleine **Museo de las Misiones** neben der (renovierten) Mutterkirche aller Missionsfeldzüge, der **Misión Nuestra Señora de Loreto,** dokumentiert diesen prägenden Geschichtsabschnitt (Di–So 9–15 Uhr).

Playa El Coyote an der Bahía de Concepción

6

Später wurde Loreto die Hauptstadt der Baja, doch ein Hurrican zerstörte es 1829.

Der Küstenbereich und die davorliegenden Inseln wurden zu einem geschützten *Parque Martítimo* erklärt, darüber hinaus bietet das bergige Inland eindrucksvolle Ausflugsmöglichkeiten. Die touristische Infrastruktur ist gut ausgebaut, allerdings ebenfalls teuer. Die 75 km weiter nördliche liegende **Bahía de Concepción** ist mit ihren großartigen Stränden ein beliebter Treffpunkt und Standplatz für Overlander.

Adressen & Service Baja California Sur

Turismos Cabo San Lucas: Ein Modul an der Marina, gleich neben dem Touranbieter *Cabo Adventures,* ein weiteres in der Aurelio García (Nähe Auditorio Municipal).

La Paz: beim Quiosco del Malecón, sowie Belisario Domínguez/Ecke 16 de Septiembre

Loreto: Im Palacio Municipal, Erdgeschoss

Bei Fragen ist das Touristenminsterium in La Paz der beste Ansprechpartner, Tel. 6121240100, ⒻSecretaría de Turismo y Economía de Baja Californa Sur, https://setuesbcs.gob.mx, hier auch eine Liste der autorisierten Reisebüros, Touranbieter und Touristenführer.

Webseiten www.loscabosguide.com
http://visitaloscabos.travel
https://golapaz.com
www.vivalapaz.com
https://visitbajasur.travel

Flughäfen **Los Cabos:** Der *Aeropuerto Internacional de Los Cabos* liegt 11 km nördlich von San José del Cabo und wird von rund 15 mexikanischen und US-amerikanischen Fluggesellschaften angeflogen: www.aeropuertosgap.com.mx (hier eine Übersicht über alle Flughäfen am Nordpazifik in Mexiko).

La Paz: Der gleichfalls internationale wird von Billiglinien wie *Volaris* oder *VivaAerobus* angeflogen, 11 km südwestlich der Stadt..

Fähren Fährschiffe verbinden La Paz mit Mazatlán (ca. 17 h) und mit Topolobampo, 24 km südlich von Los Mochis (6 h). Aktuelle Fahrpläne und Tickets bei **Baja Ferries,** www.bajaferries.com.mx, Tel. 800-3377437. Abfahrten derzeit täglich, meist nachts.

Mietwagen	Anbieter finden sich auf allen Flughäfen, dort kann man am einfachsten vergleichen. Ansonsten auch in großen Hotels und in Zentrumsnähe, z.B. in Cabo San Lucas in der Lázaro Cárdenas (Budget), in La Paz am Blvd Constituyentes (Hertz) oder am Paseo Obregón.
Buslinien	Die wichtigsten Gesellschaften der Halbinsel sind *Autotransportes Águila* (www.autobusesaguila.com) und *ABC* (www.abc.com.mx/destinos.php), beide fahren alle wichtigen Ortschaften an. Der Busterminal von *Cabo San Lucas* liegt zentral an der Av. Hidalgo/Ecke Constituyentes, Abfahrten nach La Paz etwa stündlich. *San José del Cabo*: Valerio González 1/Ecke Magisterio. Der Busterminal von *La Paz* heißt **Terminal Turística** und befindet sich in der Obregón gegenüber des Quiosco der Strandpromenade.
Touranbieter	Überall zahlreiche Anbieter für Wassersport (Fischen, Schnorcheln, Tauchen), Bootstouren aufs offene Meer, Walbeobachtung und Touren ins Inland. Hier nur eine kleine Auswahl:
	EcobajaTours (❻): umfangreiches Angebot, auch englischsprachig, zur Saison Walbeobachtung. www.ecobajatours.com, info@ecobajatours.com, Tel. 61212 30000.
	Ein großes Angebot auch bei **Sea & Adventures** in La Paz, Topete 564 Int.E, 5 de Febrero/Ecke Navarro, Tel.4065227596, www.kayakbaja.com, info@kayakbaja.com. Frühzeitig buchen!
	Fahrten im Glasbodenboot zu *El Arco* starten in Cabo San Lucas vom Muelle A der Marina, mehrere Anbieter, es lohnt sich, Preise und Tourdauer zu vergleichen, Abfahrten stündl. zw. 9 und 17 Uhr, z.B. mit www.viator.com (Paseos en barco con fondo de cristal).
	In Loreto gibt es u.a. **Loreto Sea and Land Tours,** Ecke Madero/Hidalgo, Tel. 6131350680, www.toursloreto.com/es/loreto-tours-mar-y-tierra.
	Sehr professionelle Dienstleistungen bietet der deutschsprachige Spezialreiseveranstalter **Aventuras México Profundo,** http://mexicoprofundo.com .mx/de; neben diversen Baja-Reisen kann man auch eine mehrtägige Tour in den Kupfercanyon buchen (s.S. 399). Neben den regulären Angeboten sind auf Anfrage auch personalisierte Touren möglich. Deutsch spricht man auch bei www.magicmexicodmc.com/de.
Unterkunft	Hier lohnt sich ein Pauschalangebot. Es gibt viele große Resorts und Kettenhotels, kleine Hotels in mittleren Preisklassen sind kaum zu finden.
Cabo San Lucas	**Hotel Quinta del Sol** €€€, Av. Solmar (östlicher Stadtrand, am Beginn der Mex 1 gelegen), https://solmarresort.mx, ist eine sehr teure Kette mit picobello Zimmern, Pool, Restaurant usw.
	Ebenso exklusiv: **Tesoro Los Cabos** €€€, zentral gelegen bei der Marina, https://tesoroloscabos.com, sehr geräumige Zimmer, Restaurant, Bar, Terrasse mit Pool.
	Günstig für die Gegend (um die 1000 Ps) ist das **B&B: Hotel Posada Señor Mañana** €€, Obregón 1 (gleich bei der Plaza, ca. 20 Min. Fußweg vom Meer entfernt), https://senormanana.com. Traveller-Treff, einfach, doch freundliches Personal.
La Paz	Etliche Hotels am Malecón. Zu empfehlen ist z.B. die **Posada Luna Sol** €€, Topete 565, www.posadalunasol.com, in angenehmen Pastellfarben, Pool,

6

Terrasse mit Blick auf die Bucht. Die Besitzer offerieren auch Touren. Das **Seven Crown** €€€, beim Muelle Fiscal, https://hotelsevencrown.com, ist ein Kettenhotel: modern, kleiner Garten, Pool, Restaurant u. weitere Dienstleistungen.

Loreto   Auch in der 15.000-Seelen-Gemeinde ist es nicht billig. Hotels reihen sich entlang der Salvatierra oder in deren unmittelbarer Nähe. Noch erschwinglich ist das **Santa Fe Loreto** €€€, Salvatierra/Ecke Ebanista, www.hotelsantafeloreto.com; großzügige, saubere Zimmer, Restaurant, netter Garten mit Pool. – Gehoben ist **La Misión Loreto** €€€, Rosendo Robles (am Malecón), www.lamisionloreto.com, Top-Zimmer, Spa, mehrere Restaurants usw.

Essen & Trinken Fisch- und Meeresfrüchteliebhaber kommen auf der Baja natürlich auf ihre Kosten. Auch sollte man die Baja-Weine mal probiert haben.

Cabo San Lucas Rings um den Yachthafen jede Menge Restaurants, beliebt ist z.B. **Alexander's Restaurant,** Blvd Marina, Loc. 8, auch zum Frühstücken geeignet, ab 8 Uhr geöffnet. Sehr gutes Fischrestaurant auch **Mariscos Las Tres Islas,** Revolución zw. Leona Vicario u. Narciso Mendoza.

San José del Cabo Viele Restaurants in den Straßen Morelos – Hidalgo – Zaragoza – Doblado, gleich südlich der Plaza. Sehr mexikanisch: **Don Sánchez,** Blvd Mijares zw. Doblado und Coronado, man sitzt angenehm und isst gut (ab 17 Uhr, gehobene Preislage).

La Paz   Die Restaurants konzentrieren sich am Malecón. Versuchen Sie Fisch und Meeresfrüchte bei **Bismarckito** (Paseo Obregón zw. Constitución u. Hidalgo), wo man unterm Palmdach sitzt; Essen ist gut, relativ teuer. – **La Peregrina Restaurant,** 5 de Mayo 12, bietet internationale Fusion auf der Speisekarte. – Ein akzeptables chinesisches Restaurant (mit dazugehörendem etwas bizarrem und weniger empfehlenswerten Hotel) ist **Nuevo Pekin** (Paseo Obregón/Ecke Victoria). Vegetarier gehen zu **Capuchino Café** (Tejada/Mijares).

Loreto   Etliche Restaurants in und um die Calle Salvatierra, einen Block entfernt, in der Madero Norte/Benito Juárez: **Orlando's Restaurante,** mexikanisch, auch vegetarische und vegane Optionen, Service und Küche ok. Insgesamt aber wenig Auswahl und weit außerhalb des Ortes..

Hafen von Loreto

Mexikos Norden
Mit dem Zug durch die Sierra Tarahumara

Eine der spektakulärsten Eisenbahnfahrten der Welt führt quer durch die zerklüfteten Berge der **Sierra Tarahumara,** Teil der *Sierra Madre Occidental*. Auf der 650 km langen Strecke zwischen den Städten **Los Mochis** und **Chihuahua** wird ein Höhenunterschied von 2400 m bewältigt. Der Zug mit dem Namen **El Chepe** rumpelt durch die unterschiedlichsten Vegetationszonen, von subtropisch über gemäßigt bis hin zu semiaridem und kühlem Hochland, dabei geht es über 37 Brücken und durch 86 Tunnel.

Bereits 1881 wurde mit dem Bau begonnen, doch infolge etlicher Verzögerungen wurde die Bahnlinie erst 1961 ganz fertiggestellt. 1998 übernahm und modernisierte die private *Ferromex* die Züge, man kann mit dem *Chepe Express* (es gibt 3 Klassen) oder dem *Chepe Regional* fahren (mit jeweils anderem Fahrplan, letzterer ist langsamer, es gibt aber auch eine Touristenklasse), die Strecke zwischen Creel und Chihuahua wird nur vom Chepe Regional bedient (es gibt aber auch Bus-Optionen). Die beste Reisezeit ist im Oktober, dann ist alles saftig grün und die Regenzeit (Juni–Okt.) schon am Abflauen, oder zwischen März und Mai, dann ist es gemäßigt und trocken; im Winter wird es empfindlich kalt, an den höchsten Stellen der Strecke können die Temperaturen bis minus 20 °C runtergehen, die Schneelandschaft hat aber auch ihren Reiz, sofern man die richtige Kleidung dabei hat. Die Monate Juli/September sollte man besser meiden, denn oft kommt es infolge des Regens zu Erdrutschen und dann werden die Fahrten mitunter mehrere Wochen lang ausgesetzt.

Wir empfehlen, **in Los Mochis loszufahren** (statt in Creel), so kann man die schönste Teilstrecke – nämlich den steilen Aufstieg ins Gebirge – vormittags in aller Frische und bei Tageslicht genießen. Zu erwägen ist, an einem der Zwischenstopps auszusteigen. Für die Planung der Weiterfahrt nicht vergessen, dass der *Chepe* nicht täglich dieselbe Strecke fährt.

Abfahrt in Los Mochis

Viel gibt es zu Los Mochis, der drittgrößten Stadt im Bundesstaat Sinaloa, nicht zu sagen, außer dass sie aus einer Aneinanderreihung monotoner Ladenketten besteht. Touristen kommen nur hierher, um den Zug zu besteigen oder das Fährschiff rüber zur Baja California nach La Paz (vom Hafen Topolobampo) zu nehmen. Wer Zeit hat, sollte in den nett angelegten botanischen Garten gehen, Rosales Sur 750. Es bietet sich auch an, in **Topolabampo** einen Bootsausflug zu machen, dort sieht man mit hoher Wahrscheinlichkeit den in der Lagune fest ansässigen Delfinschwarm und diverse Meeresvögel. Empfehlenswerter Führer: Señor Rubén, Handy/WhatsApp 6688326036. Der rund 10 km entfernte Strand **Maviri** ist schön, außerhalb der Stoßzeiten nicht überlaufen, aber überteuerte Restaurants.

Wer sehr viel Zeit hat und den Aufwand für einen Privattransport nicht scheut (mit Bussen kaum zu erreichen), sollte sich die alte Minenstadt ☙ **Álamos** im benachbarten Bundesstaat Sonora anschauen, von Los Mochis rund 2,5 Std. Fahrzeit einfach. Im 17. Jh. von den Spaniern gegründet, wirkt die Kleinstadt heute wie aus der Zeit gefallen, denn im Gegensatz zu anderen historischen Orten sind weder Neustadt noch Industriegebiet um sie herum entstanden. Von ihrem einstigen Reichtum zeugen weiterhin die verspielte Kolonialarchitektur (Pflasterstraßen, Arkadengänge, Kiosko mit maurischen Stilelementen, kunstvolle Holz- und Schmiedearbeiten an Toren und Fenstern ...) sowie die blumengesäumten Villen. Geburtsstadt der Schauspielerin Maria Felix (kleines Museum), Kulisse etlicher Filme, Veranstaltungsort diverser Kulturfestivals. Einige stilvolle (aber natürlich teure) Hotels. Ein lohnenswertes Ziel!

Turismo   Gabriel Leyva 891 Norte, local 3, Mo–Fr 9–18 Uhr.

Unterkunft   Beim Buchen einer Fährüberfahrt bekommt man manchmal eine Hotelnacht gratis dazu – bei Baja Ferries nachfragen. **Hotel Las Fuentes** €, am Blvd Adolfo López Mateos 1251-A, www.lasfuenteshotel.com; ist nichts Besonderes, aber nicht so teuer. Zimmer in unterschiedlicher Qualität, ggf. wechseln. Restaurant. –Gehobener, mit Bar, Reisebüro u.a. im Haus: **Hotel Santa Anita** €€€, zentral in der Leyva E. Hidalgos, www.santaanitahotel.com, gutes Restaurant.

Zug El Chepe

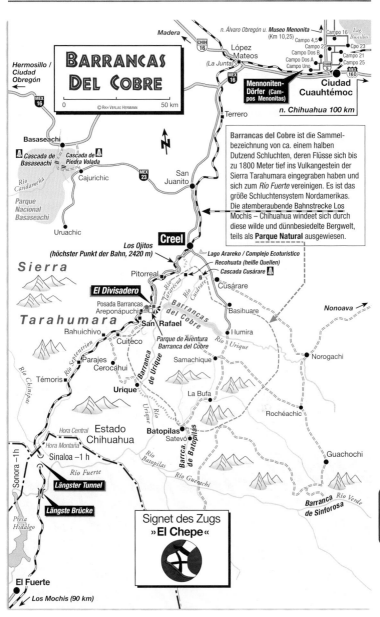

BARRANCAS DEL COBRE

Barrancas del Cobre ist die Sammelbezeichnung von ca. einem halben Dutzend Schluchten, deren Flüsse sich bis zu 1800 Meter tief ins Vulkangestein der Sierra Tarahumara eingegraben haben und sich zum *Río Fuerte* vereinigen. Es ist das größe Schluchtensystem Nordamerikas. Die atemberaubende Bahnstrecke Los Mochis – Chihuahua windet sich durch diese wilde und dünnbesiedelte Bergwelt, teils als **Parque Natural** ausgewiesen.

Signet des Zugs
»**El Chepe**«

Essen & Trinken In Los Mochis wird nur umgestiegen, ist also kein Schlemmerparadies. Es sei denn, man kehre im traditionsreichen **TIPP** Großraumrestaurant **El Panamá** ein, originelle Karte, guter Service, lecker; Leyva 690 (gleich um die Ecke fahren die Busse nach Topolobampo oder El Fuerte), https://panama.com.mx. Einen Versuch wert ist evtl. auch das **Restaurante España** (Mittelmeerküche und mexikanisch, Büffet), Obregón 525 Pte.

Flughafen Der Flughafen von Los Mochis liegt 18 km außerhalb an der Landstraße nach Topolobampo Richtung Meer. Angeflogen wird er von *Aeromexico, VivaAerobus* und *Volaris.*

Transport Der Busterminal für die Busse 1. Klasse liegt östlich außerhalb, Blv. Rosendo Castro und Av. Constitución 302 (ETN), Tel. 800-8000386. ETN oder Turistar steuern Fernziele bis nach Mexiko-Stadt an. Andere Gesellschaften haben unterschiedliche Terminals in der Stadt.

Bahnhof und Fahrkarten Der Bahnhof liegt ca. 5 km von der Plazuela 27 de Septiembre südöstlich außerhalb. Ein Zubringerbus zum Zug *Chepe Express* fährt vom Hotel Santa Anita, oder man nimmt ein Taxi oder einen Bus „Estación" vom Blvd Castro/Ecke Zaragoza, Abfahrten jeweils vor den Zugabfahrtzeiten.

Derzeit startet der **Chepe Express** Mo, Mi u. Fr um 8 Uhr. Auskunft und Tickets über die Homepage https://chepe.mx (auch Englisch), Tel. 800 1224373; auch manche Reisebüros und Hotels, wie z.B. das u.g. Santa Anita, können Tickets besorgen. Preise (einfach): Primera Clase 4820 Ps, Clase Ejecutiva 3374 Ps, Clase Turista 2598 Ps für die Gesamtstrecke bis **Creel.** Im Preis enthalten sind drei Aussteigeoptionen. Kauft man Hin- und Rückfahrt zusammen, wird es günstiger. Wichtig: Für Fahrten während der Hochsaison mindestens **vier Monate** im Voraus buchen, die Nachfrage ist sehr groß.

Die Strecke zwischen Los Mochis und El Fuerte (s.u.) ist flach und bietet keine besonderen Perspektiven. Anzudenken ist, mit dem Bus zu fahren (Azules del Noroeste, Tenochtitlán 399, 80 Ps, Fahrzeit knapp 2 Std.) und dann von dort am nächsten Tag den Chepe zu nehmen.

Panoramablick
über den Kupfercanyon

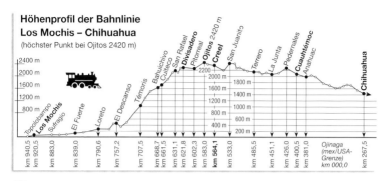

Höhenprofil der Bahnlinie Los Mochis – Chihuahua
(höchster Punkt bei Ojitos 2420 m)

Fähren   Tickets und Reservierungen für die Fähren nach La Paz zur Baja California (Abfahrt am 24 km südlich gelegenen Hafen Topolobampo) über die gebührenfreie Tel.-Nr. von **Baja Ferries,** 800-3377437, www.bajaferries.com.mx. Abfahrten derzeit tägl. (nachts!), Überfahrtszeit 6 Stunden.

Die Fahrt bis Creel

Zunächst geht es durch die tropische Küstenebene. Nach ungefähr 2 Stunden gelangt man zum ersten offiziellen Halt mit Aussteigemöglichkeit, dem geschichtsträchtigen Ort ☙ **El Fuerte**. Hier Kolonialarchitektur, man kann eine Flussfahrt machen, ansonsten ist aber wenig geboten, die spärlichen Restaurants sind überteuert. Die von der Welttourismusorganisation (UNWTO) 2022 verliehene Auszeichnung als einer der weltbesten Touristenorte ist unserer Meinung nach nicht gerechtfertigt, daran ändert auch nichts, dass Don Diego de la Vega - „El Zorro" – einst hier gelebt haben soll, historisches Vorbild vieler

7

Filme und Serien (z.B. *Die Maske des Zorro*). Bei der Weiterfahrt verwildert das Land und man überquert den *Río El Fuerte* auf der längsten Brücke der Strecke (499 m). Bald darauf geht's in den längsten Tunnel (1800 m), Gedanken an Science-Fiction-Filme drängen sich auf, doch gelangt man nicht in eine andere Zeit, sondern schon bald in den Bundesstaat Chihuahua.

Die Täler sind nun enger geworden, der nächste Höhepunkt besteht dann gleich aus **20 Tunneln** auf nur 14 km Strecke. Eine kurze Verschnaufpause am Bahnhof von *Témoris,* danach schraubt sich der Chepe hunderte Höhenmeter nach oben und rattert durch **weitere 16** Tunnel – in einem davon wendet der Zug um 180 Grad! Bei **Bahuichivo,** Bahnstation der ehemaligen Jesuitenmission **Cerocahui** in der **Barranca de Urique** (Touren von Creel aus möglich), befinden wir uns bereits auf 1600 m Höhe und statt Kakteen wachsen nun Kiefern an den Hängen. Hinter dem Bahnhof *Cuiteco* warten dann nochmals 9 Tunnel und 5 Brücken auf 15 km Fahrtlänge. Etwa 22 km weiter pustet der Zug 200 m lang über die elegante **Puente de la Laja,** und dann wieder rein in den Laja-Tunnel (460 m). Von *San Rafael* (kurzer Halt) sind es dann nur noch rund 10 km bis nach **El Divisadero,** wo sich drei Luxushotels die Logenplätze an der Abbruchkante gesichert haben (s.u.).

El Divisadero

El Divisadero markiert die Wasserscheide zwischen Pazifik und Atlantik, der „Ort" besteht hauptsächlich aus dem Bahnsteig und einigen *Tarahumara,* die Artesanías verkaufen.

Wer bleiben will: In der Nähe vom Divisadero gibt es ein paar abenteuerlich an die Schluchtkante gebaute Luxus-Hotels, z.B. das **Hotel Divisadero Barrancas** €€€, Fotos auf www.hoteldivisadero.com, oder, in derselben Preisklasse, das **Hotel Mansion Tarahumara** €€€, www.hotelmansiontarahumara.com.mx, und die **Posada Mirador Barrancas** €€€, www.hotelmirador.mx.

Ein Grund zum Verweilen im Herz des Kupfercanyons könnte der große Abenteuerpark **Parque de Aventura Barranquas del Cobre** sein, der in unmittelbarer Nähe von El Divisadero liegt. Hier können Schwindelfreie nach Herzenslust Klettern, über Hängebrücken schwanken, den Canyon an Drahtseilen überqueren u.v.m. Hauptattraktion ist die 1113 m lange Seilrutsche (*ziplining/tirolesa*) – eine der längsten der Welt – an der man den Canyon mit einer Geschwindigkeit bis zu 110 km/h auf rund 400 m Höhe gleichsam überfliegt. Weniger Mutige nehmen die Seilbahn, die während der rund 15 Min. dauernden Fahrt ebenfalls gewaltige Einblicke in die Tiefe eröffnet. Details auf www.parquebarrancas.com.

El Divisadero mit Souvenirverkauf

Der Kupfercanyon

Der Kupfercanyon *(Barrancas del Cobre)* hat seinen Namen vom kupferfarbenen Schluchtgestein *Piedra Cobriza,* er ist Teil des größten und zerklüftetsten Schluchtensystems ganz Nordamerikas (ca. 30.000 qkm), das u.a. die *Barranca de Urique* und die *Barranca de Batopilas* umfasst. Durchflossen wird er vom **Río Urique,** der sich hier 1200 m tief ins Vulkangestein eingegraben hat, andere Flüsse in weiteren Canyons des Systems liegen sogar bis zu 1800 m tief, unten gibt es tropische Vegetation! Der Blick in den weit aufgerissenen Schlund ist einmalig!

Creel 🌀

Noch ein Höhepunkt erwartet den Reisenden zwischen El Divisadero und Creel. Beim Streckenkilometer 583 liegt **Los Ojitos** (der Name bezieht sich nicht auf zwinkernde Äuglein sondern auf Wasserlöcher), mit 2420 m die höchste Stelle der Strecke. Wenig später rollt man in **Creel** ein (ca. 5000 Ew., 2350 m hoch), wo eine evtl. mehrtägige Unterbrechung eingeplant werden sollte. Das beschauliche Örtchen besitzt noch die Aura des einstigen Holzfällercamps: Männer mit Cowboyhüten und hochhackigen Stiefeln, Holzhäuschen und ringsherum Pinienwald und klare Bergluft – ein idealer Ausgangspunkt für Ausflüge und Spaziergänge in die schöne Umgebung. Die touristische Infrastruktur ist gut ausgebaut. Auch Creel wurde 2022 als „Best Tourism Villages by UNWTO" ausgezeichnet.

7

Creel mit Kirche und Souvenirangebot

Die Rarámuri-Läufer

Die **Tarahumara** sind ein Volk, das bis heute der modernen Zivilisation standhaft trotzt. In der unzugänglichen *Sierra Tarahumara* konnten sie zäh an altüberlieferten Gewohnheiten festhalten, viele leben noch als Halbnomaden und betreiben Wanderfeldbau (auch Marihuana und Schlafmohn werden angebaut). Trotz intensiver Bemühungen der Franziskaner und Jesuiten (ab 1610) haben sich ihre alten Naturgötter und Festlichkeiten (unter christlichem Deckmantel) eine erstaunliche Vitalität bewahrt, auch rituelle Gruppentrinkgelage und Einnahme des halluzinogenen Peyote-Kaktus gehören dazu. In oftmals schwindelerregender Höhe errichten sie Fels- und Höhlenwohnungen, hier verirrt sich so schnell kein Fremder hin! Bekannt ist ihre Ausdauer beim Laufen, Strecken über viele Kilometer legen sie ausdauernd ohne Anzeichen von Ermüdung zurück, in einfachen Sandalen oder barfuß! **Rarámuri,** „Fußläufer", nennen sie sich selbst, bei mehrtägigen traditionellen Wettrennen werden auch noch kleine Bälle so ganz nebenbei mitgekickt. Ab und zu nehmen sie auch an Marathonläufen teil – natürlich in ihrer traditionellen Kleidung, finden die Strecken aber immer zu kurz. Der norwegische Forscher Carl Lumholtz konnte noch Ende des 19. Jahrhunderts ihre phänomenale Krankheitsresistenz bestaunen, heute sterben viele nicht nur an Krankheiten, sondern auch an Hunger und Kälte.

Umgebungsziele von Creel

Diverse Hotels und Veranstalter bieten zahlreiche **Touren zu Fuß, Rad, Pferd oder Geländewagen an,** am eindrucksvollsten sind die ein- bis zweitägige Touren runter in die Canyons. Eine gute Kondition und festes Schuhwerk sollte man mitbringen, auch Kopfschutz und Sonnencreme nicht vergessen und wegen der möglichen Polizeikontrollen (Marihuana-Anbaugebiet) seine Dokumente dabeihaben.

Als kompetenter Tourenveranstalter, Camping-Ausrüster für Eigentouren, MTB- und Wagenmiete (Nissan-Pickup) sind **The 3 Amigos** zu empfehlen, López Mateos 46, Tel. 6354560546, www.amigotrails.com, bei 🅕 Amigo Trails & The 3 Amigos. Ein professioneller Führer für Tagestouren ist Omar Sosa, Handy und Whatsapp 6352934930, https://transporte-turistico-creel.negocio.site oder 🅕 https://www.facebook.com/TarahumaraTours1. Ebenso bieten die meisten Hotels Touren (allerdings nicht immer mit zertifiziertem Führer und Versicherung).

Nachfolgend eine Auflistung der gängigsten Ziele:

Complejo Ecoturístico Arareko

Wichtigstes Nahziel ist der **Complejo Ecoturístico Arareko** (ca. 7 km außerhalb, das Dörfchen *San Ignacio de Arareko* kann man auch ohne Tour allein zu Fuß erreichen). Hierbei handelt es sich um ein Projekt zur Unterstützung der **Tarahumara,** man besucht ein Waldgebiet mit Höhlenwohnungen (und Artesanías-Verkäufern), den Arareko-See, das Tal *Valle de los Hongos* (pilzförmige Felsformationen) sowie das wesentlich beeindruckendere *Valle de los Monjes* (ob man die bis an den Horizont reichenden Formationen nun als Mönche oder Phallus-Symbole interpretieren möchte, bleibt jedem selbst überlassen). Auf dem Weg liegt die *Missionskirche von San Ignacio* (1744, So gegen 11 Uhr Tarahumara-Gottesdienst). Wer mehr über die Tarahumara erfahren möchte, kann auch die *Casa de las Artesanías del Estado de*

Kunsthandwerk und Souvenirs in Arareko

7

Chihuahua y Museo besuchen (Vías del Ferrocarril 178, Mo–Sa 9–18, So 9–13 Uhr), dort Kunsthandwerk, Kulturobjekte, Fotos u.a. Tarahumara-Schnitzereien, Puppen, Flechtarbeiten etc. bekommt man aber auch auf der Straße überall angeboten.

Naturschönheiten

In den **warmen Quellen** bzw. in den zwei Becken von **Recohuata** (25 km südlich) lässt es sich herrlich baden. Dieser Ausflug gehört zum Standard-Tourenprogramm.

Wasserfall: Feucht geht's auch bei der etwa 30 m tief fallenden **Cascada Cusárare** beim gleichnamigen Dorf (ca. 22 km südl.) zu, allerdings nicht im Frühjahr, wenn das Wasser nur spärlich fließt. Der schöne Spaziergang am Fluss entlang, ungefähr eine Stunde Gehzeit, ist die Anstrengung aber allemal wert.

Einen ganzen Tag braucht man um zur **Cascada de Basaseachic** zu gelangen (ca. 150 km nordwestlich), mit 250 m Fallhöhe der zweithöchste Wasserfall Mexikos. Im umliegenden **Parque Nacional Cascada de Basaseachic** sind auf markierten Wegen schöne Wanderungen möglich.

Sehr beeindruckend ist die **tiefste Schlucht** der ganzen Sierra, die **Barranca de Urique.** Vom Dörfchen **Cerocahui,** wo es eine hübsche Jesuitenkirche von 1680 zu sehen gibt, sind es noch etliche, durchaus spektakuläre Fahrstunden (doch nur 55 km) bis ins subtropische **Urique** am Grund der Barranca.

Alte Silberstadt Batopilas 🌿

Einen nicht mehr zu steigernden Superlativ bildet aber die Fahrt von Creel von 2350 m Höhe runter zum alten Silberminenort **Batopilas** (500 m) – einfach berauschend! Ganz große Naturliebhaber und erfahrene Biker genießen die Strecke auf einem Mountainbike. Die Silbervorkommen des Städtchens standen einst denen in Guanajuato oder Zacatecas in nichts nach, ab 1632 wurden sie von den Spaniern

Cascada de Basaseachic (rechts)

abgebaut, später dann von der Batopilas Mining-Company (USA). Die wenigen Hotels bieten keine Online-Reservierung, z.B. das *Hotel Casa Real de Minas de Acanasaina* €€, Tel. 6144273097. Eine Ausnahme bildet die sehr teure *Copper Canyon Riverside Lodge* €€€ beim Fluss mit blaugekachelten Kuppeln, einst die Hacienda eines Silbermagnaten, sie wurde stilgemäß restauriert. Ihre nostalgische Einrichtung mit alten Möbeln, Gemälden, Fotografien und Kronleuchtern sind einen Besuch – oder Drink – wert, https://coppercanyonlodges.com, Tel. 6144273097.

Von Batopilas auch Direktbusse nach Chihuahua!

Adressen & Service Creel

Turismo   Kein offizielles Turismo. Infos z.B. bei den Touranbietern, in Hotels oder im Internet.

Webseiten   www.visitmexico.com/es/destinos-principales/chihuahua/creel

Unterkunft   Reichlich Auswahl aller Preisklassen, auf geheizte Zimmer achten!
Günstig und gut ist **La Troje de Adobe** € (**Ⓕ**), schöne Innenausstattung aus Holz, Francisco Villa 13, Auch erschwinglich das **Hotel Ecológico Temazcal** €€, Bakusuki, Tel. 6354560990, sauber, angenehmes Ambiente. – Mittlere Preisklasse: **Hotel María del Tío Molcas** €€, López Mateos 35, https://hotelmariadeltiomolcas.com-hotel.com, sauber, freundliches Personal, Frühstück im Preis enthalten, **TIPP!** – Vornehm ist das Kettenhotel **Best Western Lodge** €€€ (The Lodge at Creel), Adolfo López Mateo 61, www.thelodgeatcreel.com.mx. Serviceleistungen wie Spa und Restaurant, außen und innen Holz.

Essen & Trinken   Das meiste konzentriert sich in der Calle L. Mateos. Viel Zulauf hat **La Cabaña,** L. Mateos 36, oder gleich nebenan **Tío Molcas,** Nr. 35, letzteres hat moderate Preise.

Feste   Sehr beeindruckend sind die mehrtägigen **Osterzeremonien** der Tarahumara, in Cusárare, Norogachi, Guapalaina u.a. Orten. Wichtig auch der 12.12. und die Patronatstage der Dörfer. Touren werden angeboten, rechtzeitig vorausbuchen.

Busterminal   Ein „richtiges" Busterminal gibt es nicht, doch drei Buslinien bedienen den Ort – alle halten in Bahnhofsnähe. Dort auch Tickets nach Batopilas (und evtl. direkt weiter nach Chihuahua), oder, wegen der abenteuerlichen Strecke dorthin, vielleicht doch besser eine Tour nehmen.

Flughafen   Ein kleiner Flughafen ist schon lange im Bau und wird einfach nicht fertig.

Mennoniten rund um Ciudad Cuauhtémoc

Hinter Creel durchfährt der *Chepe Regional* den 1260 m langen Continental-Tunnel, danach eine Landschaft mit Nadelwäldern. Das letzte Streckenstück bis nach Chihuahua ist trocken und wenig spannend (eine billigere Alternative ist der Bus), interessant ist allerdings die Gegend um **Ciudad Cuauhtémoc** (rund 160.000 Ew.), denn dort leben holländisch- bzw. deutschstämmige **Mennoniten.** Ab 1920 wanderten sie von Kanada ein, da ihnen die Regierung unter Präsident Obregón Religionsfreiheit sowie wirtschaftliche, kommunal- und erziehungspolitische Selbstbestimmung zusicherte. Rund

7

um Cuauhtémoc erwarben etliche von ihnen – insgesamt gibt es in Mexiko über 80 Mennoniten-Kolonien – mehrere hunderttausend Hektar trockenen Steppenboden, den sie mit viel Fleiß und Können in fruchtbares Ackerland verwandelten (u.a. Apfelanbau). Besonders berühmt ist ihre Käseproduktion.

Die zumeist blonden und blauäugigen Menschen sind Fremden gegenüber scheu und heiraten – im Einklang mit ihrer konservativen Lebenseinstellung – streng unter sich, zumindest was die „Traditionalisten" betrifft. Deren Männer erkennt man leicht an ihren Latzhosen. In einigen Dörfern – mit so schönen Namen wie Schönwiese oder Gnadenthal – haben die Autos die Pferdekutschen noch nicht vollständig verdrängt. *Menno Simons* (1496–1561) hieß einer ihrer Führer (und Namensgeber), der vorgab, dass keine weltliche Macht, sondern ausschließlich Gottes Gebote als oberste Autorität anerkannt werden dürften. Und ebenso fest wie ihre Glaubensprinzipien haben sie bis heute ihre „Plautdietsche" Mundart bewahrt. Doch das moderne Leben erlaubt niemandem mehr, sich dauerhaft seinen Errungenschaften zu verschließen, die „Liberalen" unter ihnen (welche die moderne Technologie nicht scheuen) sind inzwischen weit in der Überzahl. In den letzten Jahren ist eine Abwanderung vereinzelter Mennonitengruppen nach Südamerika zu verzeichnen, was u.a. mit der verstärkten Drogenkriminalität im Staat Chihuahua zusammenhängt.

Besuch bei den Mennoniten

Geführte Touren von Creel oder Chihuahua aus steuern gegenwärtig leider nur noch den sog. Corredor Comercial Manitoba Carr. Cuauhtémoc – Álvaro Obregón (CHIH 5) an (wer möchte schon, dass ständig ganze Busladungen vorm Haus vorbeikommen, um zu gucken, wie man so lebt und aussieht), der den Eindruck vermittelt, in den USA zu sein. Interessant ist allemal das **Museo Menonita,** untergebracht in ei-

Mennoniten

nem typischen Mennoniten-Haus mit historischem Mobiliar und vielen Objekten, die ihre Wanderschaft durch mehrere Länder widerspiegeln. Am Ausgang ein kleiner Laden mit typischen Produkten, wo sie den Rhabarber für die Marmelade anbauen, bleibt ihr Geheimnis, die Pflanze ist im übrigen Mexiko völlig unbekannt. Mo–Sa 9–16.30 Uhr, 50 Ps bzw. 30 wenn man online reserviert: www.museomenonita.org. Des Weiteren führen die Touren zu einer Käserei und einer Bäckerei *(Casa de la Galleta)*, gegessen wird i.d.R. in der Pizzería *Los Arcos,* die aber einer amerikanischen Pizzakette gleicht und so gut wie nichts Mennonitisches auf der Karte führt. Mehr Details über den o.g. Corredor Comercial auf http://corredorcomercial.mx, mennonitische Buchhandlung: https://libreriaaleman.mx

Chihuahua

Typisch für Chihuahua (sprich: Tschi-wa-wa, ca. 800.000 Ew.), bzw. für ganz Nordmexiko, ist der Menschenschlag, der dieses steppenartige Trockengebiet mit den kahlen Bergen bewohnt. Die *Norteños* sind allgemein für ihre Direktheit bekannt (ganz im Unterschied zu den Bewohnern im Zentrum und Süden des Landes), die Männer tragen gerne Cowboyhüte und -stiefel, der Schnauzer darf natürlich auch nicht fehlen.

Sehenswertes Trotz der äußeren Unattraktivität der Stadt – sie ist farb- und gesichtslos und hat einen starken US-Einschlag – kann man sich z.B. beim Warten auf *Chepe Regional* oder Flugzeug die Zeit gut mit einigen Besichtigungen vertreiben.

Die Helden der Stadt heißen **Padre Miguel Hidalgo** und **Pancho Villa,** ersterer war Anführer des Unabhängigkeitskampfes und wurde 1911 im **Palacio de Gobierno** (Carranza/Aldama) standrechtlich erschossen. Der kleine *Altar de la Patria* erinnert an ihn, ebenso die eindrucksvollen Murales mit Episoden der Geschichte des Bundesstaates.

Gleich westlich davon liegt der **Palacio Federal** (Carranza/Juárez), hier die Zelle, in der er gefangengehalten wurde, und das Mini-Museum **Calabozo de Hidalgo** (10–17 Uhr, Di geschl., Eintritt. 50 Ps). Interessant ist auch das **Museo Histórico de la Revolución** ((Calle 10a y Mendez Nr. 3010, in Bahnhofsnähe, Di–Sa 9–13 u. 15–19, So 9–17 Uhr, Eintritt 10 Ps), hier schlug 1913 der legendäre Revolutionär Pancho Villa sein Hauptquartier auf. Zusammen mit seiner *División del Norte* konnte der steckbrieflich gesuchte Ex-Bandit nicht nur Chihuahua, sondern auch große Teile des Nordens unter seine Kontrolle bringen, bis er 1915 entscheidend geschlagen wurde. Der Sieg der Revolution war allerdings bereits besiegelt.

Zu sehen gibt es Räume im Original-Dekor und viele Dokumente, Fotos und Utensilien der Revolution, unter anderem auch der von Kugeln durchlöcherte schwarze Dodge, in dem er 1923 einem Attentat zum Opfer fiel. Sein Mausoleum steht im **Parque Revolución.** Ein schönes Gebäude im Jugendstil (1910) ist **Quinta Gameros,** das ein Kulturzentrum beherbergt (Paseo Bolívar 401/Calle 4).

Adressen & Service Chihuahua

Turismo *Módulos turísticos* gibt es im Palacio de Gobierno (Áldama) und in der Av. Inependencia/Ecke Victoria, Di–So 9–17 Uhr. Der Turibus im Straßenbahnlook heißt „El Tarahumara" und fährt mehrmals tägl. vom Atrium der Kathedrale ab, 100 Ps.

Nächtliches Lichtermeer in Chihuahua

Webseiten   www.zonaturistica.com/atractivos-turisticos-en/88/chihuahua.html
(auch Englisch)

www.chihuahuamexico.com/index.php (nur Spanisch)

Unterkunft   Kaum Optionen direkt im Zentrum. Das **Staybridge Suites Chihuahua** €€€,
Calle Paseo Vistas del Sol 6803, westlich außerhalb des Zentrums gelegen,
www.ihg.com/staybridge/hotels, ist ein moderner Hotelkomplex mit den üblichen Annehmlichkeiten, in dem viele Touranbieter Halt machen.

Etwas günstiger, auch außerhalb, die Hotelkette **City Express** €€, Periférico De
La Juventud 6108 Col. Desarrollo Comercial El Saucito, www.cityexpress.com.

Essen & Trinken Einige Restaurants rund um die Plaza de Armas, in den Straßen Victoria, Aldama
u.a. Frühstücks- und Tagesbüffett im **Gerónimo,** Aldama 1001. – Abends ab
18 Uhr einen schönen Blick auf die Stadt vom **Mandala Café,** Privada de José
Urquidi 905, östlich des Zentrums, bei verschiedenen Kaffeesorten und Snacks.

Touranbieter   Eine Tagestour zu den Mennoniten (nur Mo–Sa) kann man von Chihuahua aus
z.B. bei **Aventuras Norowa** buchen, C. Sabino Torres y Manuel García García,
Col. Deportistas, Tel. 6144175580, https://aventurasnorowa.com/destinations/
menonitas. Sie dauert ca. 6 Stunden, besucht wird der Corredor Comercial, das
Museo Menonita und ein Campo Menonita. Reservierungen auch über Mexico
Destinos, www.mexicodestinos.com/chihuahua, Tel. 8004440618.

Transport   Die Central de Autobuses befindet sich südöstlich, weit außerhalb. Dort mehrere Busgesellschaften, die Fernziele ansteuern.

Flug   Chihuahuas internationaler Aeropuerto liegt 14 km nordöstlich der Stadt.
Flüge mit *Aeromexico, VivaAerobus* oder *Volaris*.

Bahnhof   **Estación Chihuahua al Pacífico,** Calle Méndez/Calle 24a, ca. 1,5 km südöstlich
vom Zócalo. Es fährt nur der Zug Chepe Regional. Webseite (Spanisch):
https://chepe.mx/chepe-regional.

Anhang

Anhang

Autoren

Dorit Heike Gruhn studierte Übersetzung, Literatur und Erziehungswissenschaften. Sie lebt seit vielen Jahren in Puebla, wo sie als Dozentin an der Benemérita Universidad Autónoma de Puebla, Übersetzerin und natürlich Reise Know-How-Autorin tätig ist. Ihr mexikanischer Lieblingsstaat zum Reisen ist Oaxaca.

Helmut Hermann ist Verleger in der Verlagsgruppe Reise Know-How und Autor/Co-Autor diverser RKH-Reiseführer. Er besuchte Mexiko 1979 zum ersten Mal und seither immer wieder, insbesondere den Süden. Außerdem verlegt er noch die Lateinamerika-Reiseführer Peru, Bolivien und Brasilien.

Danksagungen

Folgenden Personen möchten wir ganz herzlich für Tipps und nützliche Hinweise danken:

Siegfried Böhm
Guadalupe Dovalí Palestino
Sandra Furthmüller
Raúl Cárdenas Medina
Judith Dadaniak
Julia Gessler
Stephan Großmann
Dr. Katharina Heine
Jean Hennequin
Manuel Heuer
Gina Machorro Espinosa
Matthias Otto
Heinz-Dietrich Richter
Blanca Rosa Pérez Juárez
Simone Rossini
Dina Schwerin
Bärbel Singer
Ulrike Sperr
Jacqueline Tiburcio Barwis
César F. Trejo
Alejandro Valdivieso Ocampo
Sandra Weiss

Literaturtipps

Zum Einstimmen auf die Reise hier eine kleine Literatur-Auswahl:

Klassiker des 20. Jahrhunderts

Rosario Castellanos: *Die neun Wächter*. Roman. Suhrkamp 1988. Üb. k.A.

Carlos Fuentes: *Die gläserne Grenze*. Roman. Fischer TB 2000. Üb. v. Ulrich Kunzmann.

derselbe: *Unheimliche Gesellschaft. Sechs phantastische Erzählungen.* Fischer TB 2008. Üb. v. Lisa Grüneisen.

Jorge Ibargüengoitia: *Zwei Verbrechen*. Roman. Rowohlt TB 1994. Üb. k.A.

Ángeles Mastretta: *Mexikanischer Tango*. Roman. Suhrkamp 2002. Üb. v. Monika López.

Fernando del Paso: *Palinurus von Mexiko*. Roman. Frankfurter Verlagsanstalt 1992. Üb. v. Susanne Lange.

Octavio Paz: *Das Labyrinth der Einsamkeit*. Essay. Suhrkamp 1998. Üb. v. Carl Heupel.

Elena Poniatowska: *Jesusa: Ein Leben allem zum Trotz*. Lamuv 1992. Üb. v. Karin Schnack.

Juan Rulfo: *Der Llano in Flammen*. Erzählungen. Fischer TB. 1990. Üb. v. Mariana Frenk.

Paco Ignacio Taibo II: *Vier Hände*. Unionsverlag 2004. Üb. v. Annette v. Schönfeld

Kurzgeschichten

Anja Oppenheim (Hg.): *Mexiko fürs Handgepäck: Geschichten und Berichte – Ein Kulturkompass.* Unionsverlag, Neuauflage 2014. Unterhaltsame Kurzgeschichten bekannter Autoren.

21. Jahrhundert

Das neue Jahrhundert hat mexikanischen Autoren noch wenig Gelegenheit gegeben, sich im dt. Sprachraum zu behaupten. Wer wohl einen bleibenden Eindruck hinterlassen wird? Versuchen könnte man: Vicente Alonso: *Die Tränen von San Lorenzo*. Unionsverlag 2017. Kriminalroman. Üb. v. Peter Kultzen.

Enrique Serna: *Liebe aus zweiter Hand*. Septime Verlag 2017. Üb. v. Dorit Heike Gruhn (Ko-Autorin dieses Reiseführers). Serna ist gegenwärtig einer der bekanntesten Schriftsteller in Mexiko. Dieser Band umfasst 11 Kurzgeschichten, allesamt vom Element des Grotesken geprägt.

Geheimnisvoller B. Traven

B. Traven († 1969). Neuauflagen mehrerer seiner Werke im Diogenes Verlag, z.B. *Die Rebellion der Gehenkten* (2016), Die Brücke im Dschungel (2016), Die *Baumwollpflücker* (2016), Land des Frühlings (2016), u.a.

Kurzgeschichten: *Meistererzählungen* (2001) oder *Nachtbesuch im Busch* (1967)

Frida Kahlo

Claire Berest: *Das Leben ist ein Fest. Ein Frida Kahlo-Roman.* Insel Taschenbuch 2022. Üb. aus dem Franz. v. Christiane Landgrebe.

Frida Kahlo: *Jetzt, wo Du mich verlässt, liebe ich dich mehr denn je. Briefe und andere Schriften.* Schirmer Graf 2019.

Geschichtliches und Völkerkunde

Hanns J. Prem: *Die Azteken: Geschichte, Kultur, Religion.* C.H. Beck, 5. Aufl. 2011. Einführung in die Welt der Azteken, guter, fachlich fundierter Überblick.

Schele/Freidel: *Die unbekannte Welt der Maya*, Orbis 1999. Standardwerk zur Maya-Forschung.

Nikolai Grube: *Das Rätsel der Königstädte*. Hirmer 2016. Grube von der Universität Bonn ist einer der wichtigsten Maya-Forscher weltweit.

Bernal Díaz de Castillo: *Die Eroberung von Mexiko*. Insel, Frankfurt/M., Neuauflage 2017. Chronik der Eroberung Mexikos aus der Sicht eines der Soldaten in Cortés' Truppe. Üb. von Anneliese Botond.

Paco Ignacio Taibo II: *Die Yaqui: Indigener Widerstand und ein vergessener Völkermord.* Assoziation A. 2017. Preisgekrönter hispanischer Autor, von Andreas Löhrer ins Deutsche übersetzt.

Klaus-Jörg Ruhl, Laura Ibarra García: *Kleine Geschichte Mexikos: Von der Frühzeit bis zur Gegenwart.* Beck'sche Reihe, 2007.

Geschichte in Romanform

Gary Jennings: *Der Azteke*. Fischer 2. Aufl. 2004. Ein spannender Wälzer, mit gewagten geschichtlichen Behauptungen. Üb. v. Werner Peterich.

Sachbuch

Jürgen Neubauer: *Mexiko: Ein Länderportrait*. Ch. Links Verlag, 3. Auflage 2017. Kurzweilig geschriebenes Buch über die unterschiedlichsten Facetten der Wahlheimat des Autors.

Jürgen Neubauer: *In Mexiko. Reise in ein magisches Land*. Verlag Twentysix, 3. Auflage 2018.

Magazin

Mexiko verstehen, Sympathie-Magazin. Viel Informatives, gut geschrieben. Online zu beziehen über www.sympathiemagazin.de

Bildband

Abenteuer Mexiko (Beyer/Friedrich); Stürtz Verlag, 2018, sehr schöne Bilder!

Sowie weitere Mexiko-Bildbände im Stürtz Verlag

Welt der Drogen

Ana Lilia Pérez: *Kokainmeere*. Pantheon-Verlag 2016, üb. v. Kathrin Behringer u. Birgit Weilguny.

Carmen Boullosa, Mike Wallace: *Es reicht! Der Fall Mexiko: Warum wir eine neue globale Drogenpolitik brauchen*. Verlag Antje Kunstmann, 2015 (Sachbuch). Üb. k.A.

Jennifer Clement: *Gebete für die Vermissten*. Suhrkamp 2014. Roman, üb. v. Nicalai von Schweder-Schreiner.

Ana Lilia Pérez: *Kokainmeere*. Pantheon-Verlag 2016, üb. v. Kathrin Behringer u. Birgit Weilguny.

Arturo Pérez-Reverte: *Königin des Südens*. Suhrkamp 2012. Thriller, üb. v. Angelica Ammar.

Don Winslow: *Das Kartell*. Droemer TB 2017. Roman, üb. v. Chris Hirte.

Don Winslow: *Tage der Toten*. Suhrkamp 2012. Roman, üb. v. Chris Hirte.

Kino

Seit den 1990er-Jahren haben sich einige mexikanische Regisseure in der internationalen Filmszene einen Namen gemacht, u.a. **Guillermo del Toro** (Cronos, Blade II, The Shape of Water), **Alfonso Cuarón** (Lust for Live, Gravity, Believe), **Carlos Carreras** (Die Versuchung des Padre Amaro, Das Paradies der Mörder) und **Alejandro González Iñárritú** (Amores Perros, Babel, Birdman). Bekannte mexikanische Schauspieler sind **Gael García, Diego Luna** und natürlich **Salma Hayek.** Eine sehr erfolgreiche US-Computeranimation ist der Film „Coco – Lebendiger als das Leben!" (2017), der in Mexiko spielt und den *Día de Muertos* zum Thema hat. 2018 bekam Alfonso Cuaróns Film „Roma", einem Schwarzweißdrama über eine mexikanische Familie und ihre Haushälterin, in Venedig einen „Goldenen Löwen". Im Jahr 2022 trat González Iñárritú mit *Bardo* in Venedig an, bekam allerdings keinen Preis.

Kultur-Doku TIPP

Das Leben der jüdischstämmigen Marianne Frenk-Westheim, die Anfang der 1930-er Jahre mit ihrer Familie nach Mexiko auswanderte und dort dann u.a. zur ersten Juan Rulfo-Übersetzerin ins Deutsche wurde, zeichnet das Video von Christiane Burkhard und Anne Huffschmid nach: *La emperatriz de México – Marianne Frenk-Westheim – Retrato de una cosmopolita* (2006). Im Alter von 105 Jahren gibt die liebenswürdige und noch völlig geistesgegenwärtige Dame Einblicke in Gesellschaft und Kultur vergangener Zeiten (Ton auf Deutsch). Video: https://vimeo.com/231771752

Zentralbibliothek der Universidad Nacional Autónoma de México (UNAM), vom mex. Künstler Juan O'Gorman gestaltet

Sprachführer

Aussprache

Einige sich vom Deutschen erheblich abweichende Ausspracheregeln:

c: vor „o", „a" oder „u" wie „k", vor „e" und „i" wie „ß"

casa: *kasa*, cerveza: *ßerwesa*

g: vor Konsonanten, „a", „o" oder „u" ungefähr wie das deutsche „g", vor „e" und „i" ungefähr wie der deutsche Rachenlaut „ch", bei „gui" wird das „u" nicht gesprochen

pago: *pago*, colegio: *colechio*, alguien: *algien*

h: vor „o" und „e" fast nicht hörbar, ansonsten nur leicht gehaucht

hola: *ola*

j: wie deutscher Rachenlaut „ch" gesprochen

tarjeta: *tarcheta*

ll: ungefähr wie das deutsche „j"

me llamo …: *me jamo*

ñ: wie „ni"

español: *espaniol*

que: wie „ke"

cheques: *chekes*

v: nicht wie „f", sondern wie „w" oder „b"

z: vor Vokalen stark gezischtes „s"

Akzente markieren die betonte Wortsilbe.

Zahlen

0 cero	22 veintidós
1 un(o)	30 treinta
2 dos	31 treinta y uno
3 tres	40 cuarenta
4 cuatro	50 cincuenta
5 cinco	60 sesenta
6 seis	70 setenta
7 siete	80 ochenta
8 ocho	90 noventa
9 nueve	100 cien(to)
10 diez	101 ciento uno
11 once	110 ciento diez
12 doce	200 doscientos
13 trece	300 trescientos
14 catorce	400 cuatrocientos
15 quince	500 quinientos
16 dieciséis	600 seiscientos
17 diecisiete	700 setecientos
18 dieciocho	800 ochocientos
19 diecinueve	900 novecientos
20 veinte	1000 mil
21 veintiuno	1 Mio. – un millón

Wochentage

Montag	*lunes*
Dienstag	*martes*
Mittwoch	*miércoles*
Donnerstag	*jueves*
Freitag	*viernes*
Samstag	*sábado*
Sonntag	*domingo*
Feiertag	*día festivo*
diese Woche	*esta semana*

Uhrzeit

wieviel Uhr ist es? – *qué hora es?*

es ist halb drei – *son las dos y media*

Viertel vor neun – *un cuarto para las nueve*

5 Minuten und 30 – *cinco minutos y treinta*

Sekunden – *segundos*

Elementare Wörter und Sätze deutsch/spanisch

Achtung/Vorsicht! – *¡cuidado! [kuidado]*, auch: *¡aguas!*

bitte – *por favor [fawor]*

danke, vielen Dank – *gracias, muchas gracias [grasias]*

das macht nichts – *no importa, no pasa nada, no se preocupe*

einverstanden – *de acuerdo [akuerdo]*

entschuldigung – *perdón/disculpe [diskulpe]*

Ferngespräch/Ortsgespräch – *llamada de larga distancia/llamada local [jamada/distansia/lokal]*

geradeaus – *(todo) derecho*

gestatten Sie (wenn jemand zur Seite gehen soll oder wenn man unaufgefordert den Raum verlässt) – *con permiso*

Hallo! – *¡Hola! [ola]*

ich – *yo*

ich heiße … – *me llamo … [jamo]*

ich möchte – *quiero [kiero]*

ich spreche kein Spanisch – *no hablo español [espaniol]*

ich suche (das Museum …) – *estoy buscando (el museo …) [buskando]*

ich versehe nicht – *no entiendo*

ja, nein – *sí, no*

kalt – *frío*

keine Ursache (bitte) – *de nada*

Kirche – *iglesia*

links – *(a la) izquierda*

mieten (Auto) – *rentar (coche) [cotche]*

Mit wem spreche ich? – *¿Con quién tengo el gusto?*

Post – *oficina de correos*

rechts – (a la) *derecha* (nicht verwechseln mit *derecho* – geradeaus)

sehr (schön) – *muy (bonito)*

Sie (höflich) – *Usted*

Spricht jemand Englisch? – *¿Hay alguien quien hable inglés?*

viel – *mucho [mutscho]*

wann? – *¿cuándo? [kuando]*

warm – *caliente [kaliente]*

warum? – *¿por qué? [ke]*

Was ist das? – *¿Qué es esto? [ke]*

wenig – *poco [poko]*

Wann öffnet/schließt …? – *¿A qué horas abre/cierra …? [ke/sierra]*

Wie bitte? – *Mande?*

Wie geht es Ihnen? Gut, danke – *¿Cómo está? (¿Qué tal?) Bien, gracias [komo/ke/grasias]*

Wie heißen Sie? – *¿Cómo se llama? [komo … jama]*

Wie heißt du? – *¿Cómo te llamas?*

Wo ist …? – *¿Dónde está …?*

Geld und Einkaufen

Bank – b*anco [banko]*

Barzahlung – *pago en efectivo*

Baumwolle – *algodón*

billig – *barato*

Das gefällt mir nicht, danke. – *No gracias, no me gusta.*

Das ist sehr teuer. – *Es muy caro [karo]*.

Das ist zu teuer. – *Es demasiado caro.*

Einschreiben – *correo registrado*

Geld – *dinero*

Geldwechselstelle – *casa de cambio [kasa de kambio]*

Haben Sie nichts Billigeres? – *No tiene Ud. algo más barato?*

Haben Sie Zeitschriften/Bücher auf Deutsch/ Englisch? – *¿Tiene revistas/libros en alemán/ inglés? [rewistas]*

Ich sehe mich nur um. – *Estoy mirando.*

MwSt – *IVA [IWA]*

Preis – *precio [presio]*

teuer – *caro [karo]*

Wie ist der Wechselkurs? – *Cuál es el tipo de cambio? [kual/kambio]*

Wieviel kostet das? – *Cuánto cuesta?/Cuánto vale esto? [kuanto kuesta]*

Zahlung mit Kreditkarte – *pago con tarjeta de crédito [tarcheta de kredito]*

Hotel/Übernachten

Handtuch – *toalla [toaja]*

Ein ruhiges Zimmer bitte. – *Un cuarto tranquilo por favor [fawor].*

Es gibt kein warmes Wasser – *No hay agua caliente [kaliente].*

Gepäck – *equipaje [ekipache]*

Gibt es einen Safe? – *¿Hay una caja de seguridad? [kacha]*

Ich möchte ein anderes Zimmer. – *Quisiera tener otro cuarto [kisiera/kuarto].*

Kann ich das Zimmer sehen? – *Puedo ver [wer] el cuarto?*

Klimaanlage/Ventilator – *aire acondicionado/ ventilador [akondisionado/wentilador]*

Parkplatz – *estacionamiento [estasionamiento]*

Toilettenpapier – *papel higiénico [hichieniko]*

Zimmer/Einzel-/Doppel- – *un cuarto [kuarto], una habitación/ -individual/ -doble*

zu laut – *demasiado ruidoso*

Krankheit, Notfall und Polizei

Apotheke – *farmacia [farmasia]*

Arzt – *médico/doctor [mediko/doktor]*

Dieb – *ratero*

Diebstahl – *robo*

Fieber – *fiebre*

Gesichtsmaske (Atemschutz) – *cubrebocas*

Hilfe! – *¡Socorro! [sokorro]*

Ich bin krank. – *Estoy enfermo/a.*

Ich brauche einen Arzt. – *Necesito a un medico.*

Ich brauche eine Rechnung für meine Versicherung. – *Necesito una factura para mi seguro [nesesito una faktura]*

Ich habe Durchfall. – *Tengo diarrea.*

Ich habe (meine Schecks/meine Kreditkarte) verloren. – *He perdido (mis cheques/mi tarjeta de crédito).*

Ich möchte den Diebstahl aufnehmen lassen. – *Quiero levantar un acta de robo [kiero/akta].*

Ich möchte eine Anzeige machen. – *Quiero hacer una denuncia [haser una denunsia].*

Können Sie mir helfen? – *¿Puede ayudarme?*

Krankenhaus – *hospital*

Krankenwagen – *ambulancia [ambulansia]*

Mein Auto hat eine Panne – *Se me descompuso el coche [deskompuso el kotche]. Tengo una avería.*

Mein … tut weh – *tengo un dolor en …, me duele el …*

Muss ich eine Strafe zahlen? – *¿Tengo que pagar una multa?*

Panne – *avería [awerija]*

Polizei – *policía [polisia]*

Rufen Sie die Polizei/einen Arzt! – *Llame a la policía/a un doctor!*

Schmerz – *dolor*

Überfall – *asalto*

Wo ist ein Doktor, der Englisch spricht? – *¿Dónde hay un médico que hable inglés?*

Wo ist eine Werkstatt? – *¿Dónde hay un taller mecánico? [tajer mekaniko]*

Zahnarzt – *dentista*

Elementare Wörter spanisch/deutsch

agua – Wasser
¡aguas! – Vorsicht!
aire acondicionado – Klimaanlage
algodón – Baumwolle
avería – Panne

baño – Toilette, Badezimmer
barato – billig
bueno – (so meldet man sich am Telefon), auch: gut

caja de seguridad – Safe
caliente – warm/heiß
caro – teuer
casa – Haus
casa de cambio – Wechselstube
coche/carro – Auto
con permiso – Lassen Sie mich bitte vorbei.
cuándo? – wann?
cuarto – Zimmer
cubrebocas – Gesichtsmaske (Atemschutz)
cuenta – Rechnung
¡cuidado! – Vorsicht!

de acuerdo – einverstanden
dentista – Zahnarzt
derecha – rechts
derecho – geradeaus (nicht zu verwechseln mit *derecha* – rechts)
descuento – Preisnachlass
dinero – Geld
disculpe – entschuldigen Sie
¿dónde? – wo?

equipaje – Gepäck
estacionamiento – Parkplatz
estampillas – Briefmarken
exposición – Ausstellung

farmacia – Apotheke
frío – kalt

gracias – danke

habitación – Zimmer

hola – hallo
hospital – Krankenhaus

iglesia – Kirche
I.V.A. – Mehrwertsteuer
izquierda – links

libro – Buch
llamada de larga distancia/local – Fern-/Ortsgespräch

maleta – Koffer
¿mande? – wie bitte?
médico – Arzt
mucho – viel
multa – Strafe (zu zahlen)

oficina de correos – Post

panna – Schlagsahne bei kalten Kaffees oder Frappés
pago en efectivo – Barzahlung
pago con tarjeta – Zahlung mit Karte
perdón – Entschuldigung
periódico – Zeitung
picante – scharf
poco – wenig
por favor – bitte
precio – Preis
propina – Trinkgeld

rentar/alquilar – mieten
revista – Zeitschrift
ruidoso – laut

sanitarios – Toiletten
sin – ohne
sin picante – nicht scharf

taller – Werkstatt
tarjeta de crédito – Kreditkarte
tarjeta Ladatel – Telefonkarte
timbres – Briefmarken
tipo de cambio – Wechselkurs
toalla – Handtuch
tranquilo – ruhig

Rund ums Essen und Trinken

Bedienung (Anrede) – *joven* (Mann, auch wenn er nicht mehr ganz jung ist)/*señorita* (Frau)

Bezahlen, bitte! – *¡La cuenta por favor!* [kuenta]

Bitte nicht scharf – *Sin picante, por favor* [pikante].

Die Speisekarte, bitte. – *La carta, por favor* [karta]

Gabel – *tenedor*

Glas – *vaso* [waso]

Ist das scharf? – *¿Es picante?* [pikante]

Messer – *cuchillo* [kutchijo]

Kellner/Kellnerin – *mesero/mesera*

Löffel – *cuchara* [kutchara]

Ohne Chile – *sin chile* [tchile]

Serviette – *servilleta* [serwijeta]

Tasse – *taza* [taßa]

Teller – *plato*

Toilette – *baños* [banios]/*sanitarios*

Trinkgeld – *propina*

Was empfehlen Sie heute? – *¿Qué recomienda hoy?* [ke rekomienda oi]

Wo ist die Toilette? – *¿Dónde están los baños?*

Begriffe auf der Speisekarte

a la plancha – gegrillt, geröstet

agua purificada – Trinkwasser

ahumado – geräuchert

al carbón – vom Holzkohlegriff

al horno – im Ofen gebacken

al mojo (de ajo) – in Tunke, bzw. Knoblauchsoße

al pastor – gegrillt am (senkrechten) Grill, Taco-Fleisch

al vapor – gedämpft

asado – gegrillt, kurzgebraten

aves – Geflügel

azúcar – Zucker

bebidas – Getränke

bistec – Rindfleisch

café con leche – Kaffee mit Milch

café de olla – Kaffee mit brauner Zuckermelasse (piloncillo), Zimt und Gewürzen

café solo – schwarzer Kaffee

caldo – Brühe

camarones – Garnelen, Shrimps

carnes – Fleischgerichte

cerveza clara/oscura – Bier hell/dunkel

desayuno – Frühstück

empanizado – paniert

entrada –Vorspeise

entremeses – Zwischengerichte, Snacks

guacamole – Avokadocreme

guisado – (Haupt-) Gericht

huevos – Eier

leche – Milch

licuado – Mixgetränk mit Früchten, Wasser oder Milch (Milk-Shake)

parrillada – Grillplatte mit diversen Fleisch- und Wurstsorten

pescado – Fisch

plátano macho – Kochbanane

pollo – Huhn

postre – Nachtisch

refresco –Erfrischungsgetränk (Cola, Limonade usw.)

relleno – gefüllt

sal – Salz

sopa – Suppe

sopa seca – „trockene Suppe", Zwischengang, in der Regel Reis oder Nudeln

té de hierbabuena – Pfefferminztee

té de manzanilla – Kamillentee

vaso – Glas

verduras – Gemüse

vino blanco/tinto – Wein (weiß/rot)

Die mexikanische Speisekarte

Nachfolgend die (unvollständige) alphabetische Auflistung mexikanischer Speisen und Getränke (je nach Region variieren Zubereitung und Zutaten). Sehr Schmackhaftes oder mal einen Versuch wert ist mit **TIPP** gekennzeichnet (logischerweise eine subjektive Empfehlung). Weitere lokale Gerichte und Zutaten sind bei den Reiseregionen aufgeführt (z.B. Yucatán).

Vor und nach dem Essen: *„buen provecho"* (guten Appetit bzw. wohl bekomm's), beim Anstoßen *„salud"* (Gesundheit).

A

aceitunas – Oliven

adobo – grüne oder braune Chili-Soße, mit Sesam und weiteren Zutaten, ähnelt dem Mole

agua de chía –Erfrischungsgetränk aus Chiasamen

agua de horchata – Erfrischungsgetränk mit fein gemahlenem Reis und mit Zimt und Zucker

agua de jamaica – dto. mit Hibiskusblüten

agua de piña – dto. mit Ananas

agua de tamarindo – mit Tamarindfrüchten

agua purificada – Trinkwasser

aguacate – Avocado

aguardiente – Zuckerrohrschnaps

aguas frescas – Erfrischungsgetränke aus eisgekühltem Wasser und Fruchtfleisch

ajo – Knoblauch

albondigas – Fleischklößchen

alcachofas – Artischocken

almejas – Muscheln

almendras – Mandeln

arroz – Reis

arroz a la mexicana – Reis als Beilage

arroz con leche – Milchreis (Nachtisch)

arroz, sopa de – Reisgericht

ate – Fruchtpaste bzw. kandierte Früchte

atole – mex. Maisstärke-Getränk mit diversen Zugaben (zerkleinerte Früchte)

atún – Thunfisch

avena – Haferflocken

azúcar – Zucker

Mexikanische Grill-Combo aus Rindfleisch, Huhn und Shrimps mit Saucen zum Dippen

B

bacalao – Kabeljau

birote – Weißbrot (nur im Norden Mexikos)

birria – Ragout aus Schafs- oder Ziegenfleisch (Jalisco und Michoacán)

bistec – Rindfleisch

bolillo – knusprige Weißbrötchen

botanas – pikante Snacks

budín – Gemüse-Gratin mit Käse überbacken

buñuelos – süße, ausgebackene Pfannkuchen

burritos – gefüllte Tortillas, im Norden Mexikos meist mit Bohnen und scharfer Soße

C

cabrito – Zicklein

cacahuate – Erdnuss

café americano, negro – schwarzer Kaffee

café con leche – Milchkaffee

café de olla – Kaffee mit Zimt und brauner Zuckermelasse *(piloncillo)* und Gewürzen, der in Tontöpfen zubereitet und aus Tonbechern getrunken wird. **TIPP**

café instantaneo – löslicher Kaffee (Nescafé)

cahuma – Riesenschildkrötenfleisch (darauf verzichten)

calabacita – Zucchini

calamar – Tintenfisch

caldo – Fleisch- oder Hühnerbrühe, Bouillon

camarones – Garnelen (Shrimps)

camote – Süßkartoffel (Batate), als Nachtisch (Puebla)

canela – Zimt

cangrejos – Krabben

carne – Fleisch

carne asada – gegrilltes oder kurzgebratenes Fleisch

carnero – Hammel

carnitas – kleine Fleischstücke

cazón – Hunds-Hai (Yucatán)

cebollas – Zwiebeln

cecina – dünne Trockenfleischscheiben (Rind), eingelegt in Zitronensaft und dann gegrillt

cerdo – Schweinefleisch

cerveza – Bier (*clara* – helles, *obscura* – dunkles)

ceviche – aromatischer (roher) Meeresfrüchte-Cocktail in Limettensaft gegart (Gesundheitsgefahren! Wenn, dann unbedingt nur frisch zubereiten!)

chalupas – kleinere Tortillas mit *salsa verde* oder *roja* und jeder Menge Fett und Zwiebeln; trotzdem: **TIPP**

champurrado – heiße Schokolade mit aufgelöster Mais-*masa*, gewürzt mit Zimt und Zucker

chapulines – getrocknete Heuschrecken

chayote – Kürbis

chelada – Bier mit frisch gepresstem Limettensaft und Salzrand am Glas, evtl. auch Chili-Soße (vorher fragen)

chícharos – Erbsen

chicharrón – knusprig ausgebackene, gewürzte Schweineschwarten

chicatanas – getrocknete Flugameisen (Oaxaca)

chilaquiles – schmackhafte Mischung aus zerschnitzelten Tortillas mit gratiniertem Käse, Sahne, Tomatensoße und Zwiebeln; gut zum Frühstück

chilatole – Maissuppe

chile – das in Mexiko am meisten verwendete Gewürz

chiles chipotles – rote Chilisorte

chiles en nogada – große, milde und gefüllte Chilischoten, mit Walnusssoße; **TIPP**

chiles rajas – grüne, bohnenähnliche Chilisorte

chiles rellenos – gefüllte Chiles

chimichangas – in Öl ausgebackene, knusprige *burritos*

chirimoya – wohlschmeckende Tropenfrucht (cremig-süß)

chocolate – Kakaogetränk

chorizo – würzige (Schweins)-Wurst, lufttrocknet oder geräuchert

chuleta – Kotelett

churros – Spritzgebäck in Öl ausgebacken

cilantro – Koriander

ciruela – Pflaume

cocada – Süßspeise aus Kokosraspeln (Dessert)

cochinillo – Spanferkel

cochinita pibil – zerkleinertes Schweinefleisch in Bananenblättern im Erdofen geschmort, traditionelles, bekanntestes Gericht Yucatáns; **TIPP**

coco – Kokos

coco loco – Kokosmilch mit Tequila, Rum oder Gin

col – Kohl

coliflor – Blumenkohl

colonche – Getränk aus fermentierten Kaktusfrüchten

conejo – Kaninchen

consome de pollo – Hühnerbrühe

cordero – Lamm

cordorniz – Wachteln

crema de coco – Punsch aus Rum, Kokosmilch und Orangensaft

crepas – Crêpes

cuitlacoche (huitlacoche) – Maiskolben-Pilz; für Maispilzsuppen, eine Spezialität und Delikatesse

D

dulce de leche – Süßspeise mit Milch

duraznos – Pfirsiche

E

ejotes – grüne Bohnen

elotes – gekochte Maiskolben (Straßenverkauf)

empanadas – gefüllte Tortillas oder kleine Pasteten, entweder frittiert und gebacken, Füllung süß oder pikant; dazu eine Soße

enchiladas – (*enchilar* = mit Chile), lecker gefüllte, eingerollte Tortillas mit Chile-Soße, Zwiebeln und weißem Krümmel-Käse obenauf (regional verschieden)

ensalada – Salat

entremeses – pikante Snacks

escamoles – gebratene Ameiseneier

espinaca – Spinat

esquite – lose, gekochte Maiskörner im Becher, gewürzt mit *limón, chile* oder

Mayonnaise

estofado – Eintopf

F

fajitas – Geschnetzeltes, mariniert (Hühnchen/Rind); **TIPP**

fideos – Fadennudeln

filete – Schnitzel (kein zartes Filetfleisch, nur beim Fisch!)

flan – Karamel-Pudding

flor de calabaza – Kürbisblüten

flor de jamaica – Hibiskusblüte, für Erfrischungsgetränke

fresas – Erdbeeren

frijoles – schwarze Bohnen

frijoles refritos – in Schweinschmalz gebratenes, trockenes („refrito") Bohnenmus; **TIPP**

G

gazpacho – kalte Gemüsesuppe

gelatina – (Wackel)-Pudding, „Götterspeise"

gorditas – dicke, gefüllte Tortillas in vielen Varianten

grillos – Grillen

guacamole – schmackhafte Avocadocreme mit Tomaten, mildem Chile, Zwiebeln, Koriander und einem Spritzer Limonensaft; **TIPP**

guajolote – (náh.) Truthahn

guayaba – Guave, birnenförmige Tropenfrucht

gusano – Agavenwurm (für Mezcal-Schnaps)

H

habas – Saubohnen

helado – Eiscreme

hierba buena – Pfefferminze

hígado – Leber

higos – Feigen

hongos – Pilze

horchata – Erfrischungsgetränk mit fein gemahlenem Reis und mit Zimt und Zucker

huachinango – Rotbarsch, Roter Schnapper („*a la veracruzana*"); **TIPP** *huarache* – „Latsche", „Schuh"; große, dick belegte Tortilla

huevo – Ei

huevo duro – Ei hartgekocht

huevo tibio – Ei wachsweich

huevos a la mexicana – Rühreier mit Chile, Zwiebeln, Tomaten und *frijoles refritos*; **TIPP**

huevos ahogados (poches) – Eier pochiert („verlorene Eier")

huevos estrellados – Spiegeleier

huevos motuleños – Tortilla mit Ei, Bohnenmus, Schinken, Erbsen und *salsa*; Yucatán

huevos rancheros – gebratene Eier auf warmen Tortillas mit Tomaten und Bohnenmus

huevos revueltos – Rühreier

J

jaiba – Krebs

jamón – Schinken

jamón serrano – geräucherter Schinken

jitomate – rote Tomate

jugo – Saft

jumiles – kleine Käfer zum Essen (Pazifikküste)

K

Kahlúa – Kaffee-Likör

L

langosta – Languste

leche – Milch

lechuga – Kopfsalat

legumbres – Hülsenfrüchte (Erbsen etc.)

lengua – Zunge

lentejas – Linsen

licuados – Mixgetränk mit Früchten, Wasser oder Milch

lima – Limette (klein und grün)

limón – Zitrone

lomo – Lende, Lendenbraten

M

machaca – Dörrfleisch

mamey (sapote) – Tropenfrucht mit rotem, weichem Fruchtfleisch

manchamanteles – „Flecken auf dem Tischtuch", ein Oaxaca-Mole

manteca – (ausgelassenes) Schweineschmalz

mantequilla – Butter

manzana – Apfel

manzanita – apfelsafthaltiges Getränk

Margarita – Mexikos berühmtester Tequila-Cocktail, gemixt aus klarem Tequila

mariscos – Meeresfrüchte und Fische

marlin – Fisch mit langem Kopfstachel

masa – frischer Maisteig für Tortillas

melón – Honigmelone

memelitas – kleine, belegte Tortillas (Oaxaca)

merengue – Schäumchen (Eier-) (Baiser)

Mezcal – Tequila der nicht aus der Gegend von Tequila stammt

michelada, wie *chelada*

miel – Honig

mixiote – Lamm-Eintopf

mojarra – Flussbarsch

mole – (náh., „Mischung"), Soßenmischung, die Chiles und andere Gewürzen enthält (s.a. „salsa")

mole poblano – „Puebla-Soße", berühmteste Soße Mexikos, dunkel, schwer und sämig; **TIPP**

mole verde – Kürbiskernsoße

morrón – Chilischote bzw. -Sorte

N

nachos – Tortillachips mit Käsesoße

naranja – Orange

naranja agria – Bitterorange (Pomeranze)

nieves („Schnee"), Wasser-Eis

nopales – entstachelte, flache Blätter des Feigenkaktuses (Opuntie), als Gemüse

nuez – Nuss

O

ostiones – Austern (Vorsicht, eher verzichten!)

P

paella – gekochter Safran-Reis mit allen möglichen Zutaten (Fleisch, Fisch)

paleta – Eis am Stiel

pan – Brot

pan de muerto – Allerheiligen-Brot, mit Knochen oder Totenköpfen verziert

pan dulce – süßes Brot

panuchos – frittierte Tortillas mit allerlei Zutaten belegt (die Yucatán-Variante der Tostadas, s.u.)

papadzules – Tacos mit hartgekochten Eiern, Tomaten- und Kürbissoße

papas – Kartoffeln

papas fritas – Pommes frites

pastel – Kuchen

pato – Ente

pavo – (span.) Truthahn

pechuga – Hühnchen-Brustfleisch

pepino – Gurke

pescado – Fisch

pescado blanco – weißer Fisch vom Pátzcuaro-See

pez vela – Segelfisch (wohlschmeckend)

pico de gallo – „Hahnenschnabel", würzige Beigabe aus Tomaten- und Zwiebelstückchen, Chilis und je nach Region oder Koch diversen weiteren Zutaten

piloncillo – eingedickte Zuckermelasse (z.B. für *café de olla*)

pintos – gefleckte Bohnen

piña – Ananas

piña colada – Ananascocktail mit Cocos und Rum

piñones – Pinienkerne

pipián – Kürbiskern

pipián verde – grüne Soße mit Kürbis-, Pinien und auch Sesamkörner; **TIPP!**

pistache – Pistazien

plátano – Kochbanane

plátano manzano – Apfelbanane

pollo – Huhn

ponche – heißes Getränk, mit oder ohne Alkohol, wird besonders zur Weihnachtszeit getrunken; es enthält Obst, Zimt, Zuckerrohr und *piloncillo* (s.o.).

pozole – deftig-kräftige Suppe bzw. ein Eintopf (grüner oder roter) mit Huhn- und Schweinefleisch, Chiles, Gewürzen und gequollenen ganzen Maiskörnern.

pulpo – Tintenfisch

pulque – weißer, fermentierter Agavenmost

quesadilla – zusammengeklappte Tortilla mit Käsefüllung (auch mit Kartoffeln u.a.); **TIPP!**

Q

queso – Käse

queso asadero – Ziegenkäse

queso Chihuahua – milder Käse (von den Mennoniten)

queso de bola relleno – gefüllter Käselaib (Yucatán)

queso de tuna – süße Fruchtcreme aus Kaktusfrüchten

queso fresco (blanco) – eine Art Feta-Käse, weiß und krümmelig

queso fundido – geschmolzener Käse

R

rábano – Rettich

raspados – geraspeltes Blockeis

refresco – Erfrischungsgetränk

res – Rind

róbalo – Seebarsch

romeritos – Kraut, gekocht in *mole* und Beilagen *(nopales)*

rompope – Likör mit Eiern

ron – Rum

S

sal – Salz

salbutes – frittierte Tortillas, belegt mit Truthahnfleisch, Zwiebeln, Avocadoscheiben und Tomaten (Yucatán); **TIPP!**

salchichas – Würstchen

salpicón de venado – geschnetzeltes Wild mit Orangensaft, Koriander, Radieschen u.a., wird kalt gegessen (Yucatán und Campeche)

salsa – Chile-Würzsoße, roh oder gekocht, frisch oder fertiggemischt in Fläschchen.

salsa de cacahuate – Erdnusssalsa

salsa mexicana – die klassische mex. Salsa, frisch angemacht aus Tomaten, *chiles serranos*, *cilantro* und Limettensaft, dazu Tortilla-Chips (Vorspeise); **TIPP!**

salsa verde – gleichfalls beliebt, aus grünen *tomatillos, chile* und *cilantro*

sandia – Wassermelone

sangría – Mischung aus Wein und Fruchtsäften (span.)

sapote oder *mamey* – Frucht des Sapote-Baums mit rostbrauner Haut und melonenähnlichem, süßen Fruchtfleisch (lachsfarben bis rot); **TIPP!**

Sidral – apfelsafthaltiges Getränk

sinchronizada – leichtgebratene Tortilla mit Schinken und Käse; **TIPP!**

sopa de arroz – keine Suppe, sondern ein Reisgericht!

sopa de elote – Maiscremesuppe

sopa de lima – Suppe mit Huhn, Tortillastreifen, Limettensaft, Gemüse und Gewürzen; Yucatán; **TIPP!**

sopa seca – „trockene Suppe", Gang zwischen Vor- und Hauptspeise

sopas – Suppen

T

taco – Mexikos Leib- und Magenspeise: eine belegte oder gerollte Tortilla mit diversen Belägen bzw. Füllungen, auch in knuspriger Form; **TIPP!**

taco papadzule – Taco mit hartgekochten Eiern, Tomaten- und Kürbissoße

tacos al pastor – Tacos mit Fleisch vom Dreh- bzw. Schabegrill („Döner"); **TIPP!**

tacos árabe – Tacos vom Drehgrill mit Mais- oder Weizentortilla, **TIPP!**

tamales – Mais-*masa* wird mit einer würzigen Paste (gehacktes Fleisch, Kräuter, Chile und Zwiebel) auf Mais- oder Bananenblätter gestrichen, eingewickelt, mit Blattstreifen verschnürt und in Dampf gegart; **TIPP!**

taquitos – kleine Tacos

té – Tee

té de hierba buena (auch *yerba buena*) – milder Pfefferminztee

té de manzanilla – Kamillentee

té negro – Schwarzer Tee

telera – längliches Weißbrötchen

tepache – gegorener Ananassaft mit braunem Zucker und Nelken

Tequila – Agavenschnaps (Markengetränk)

ternera – Kalb

tiburón – Haifisch

tlacoyos – ovale, dickere, schon vor dem Backen gefüllte Tortillas

tlayudas – knackig-große Tortillas, belegt mit allem Möglichen (Oaxaca)

tocino – durchwachsener Speck

tomatillo (tomates verdes) – grüne Tomate (ist aber keine unreife rote Tomate), für die *salsa verde*

toronja – Grapefruit

tortas – belegte Brötchen (mit Fleisch, Käse, Gemüse, Avocado); *t. ahogadas* – in Soße

tortilla – Fladen aus Maisteig, der kurz auf dem *comal* gebacken wird, Brot Mexikos

tostadas – frittierte bzw. knusprige Tortillas, dient als „Teller" für diverse Beläge

trancas de lechón – mit Schweinefleich gefülltes Weißbrot (Campeche)

truchas – Forellen

tuetano – Markknochen

tuna – essbare Frucht des Feigenkaktus (Opuntie)

U

uvas – Weintrauben

V

vaca – Kuh

verdura – Gemüse

vinagre – Essig

vino – Wein; *blanco* (weiß), *tinto* (rot), *seco* (trocken), *dulce* (süß)

X

Xtabentún – Anis-Honig-Likör aus Yucatán

Y

yerba buena – s. *hierba buena*

Z

zanahorias – Karotten

Mexikanisches Glossar

Hier finden Sie Begriffe (und auch Personen-
namen) die im Text enthalten sind oder denen Sie auf Ihrer Reise begegnen werden.
Mexikanische Volksgruppen und Kulturen,
wie z.B. Azteken und Maya, s. Abschnitt „Völker und Kulturen in Geschichte und Gegenwart" (s.S. 52). Speisen und Getränke s. „Die
mexikanische Speisekarte" im Anhang.

Abkürzungen:

arab. = arabisch;
náh. = náhuatl/aztekisch;
griech. = griechisch;
lat. = lateinisch;
span. = spanisch;
Gral. = General (z.B. bei Straßennamen).
Kursive Erklärungen verweisen auf andere
aufgeführte Begriffe

A

abarrotes
kleiner Lebensmittelladen, Gemischtwaren

abrazo
Umarmung zur Begrüßung u. Verabschiedung

adobe
(arab./span.) luftgetrocknete Lehmziegel, oft
mit Stroh vermischt, Hausbaustein (nicht zu
verwechseln mit der Chili-Soße Adobo)

adoratorio
Altar bzw. kleine niedrige Plattform für
religiöse Zeremonien

agave
(mex. *maguey; Agava americana, Agava
sisalana*); vielseitig auswertbare Amaryllis-
gewächse mit großen, fleischigen Blättern.
Aus dem Saft wird z.B. *pulque, Mezcal* und
Tequila hergestellt und aus den Blättern
Fasern *(henequén)* für Seile und Matten.

Aguilar
Jerónimo de; schiffbrüchiger Spanier (ver-
mutl. 1489–1531), der 1511 an die Ostküste
Yucatáns gespült wurde (zusammen mit
Gonzalo Guerrero), jahrelang unter den
Maya lebte und später Cortés bei seinem
Eroberungszug gegen die Azteken als
Dolmetscher diente

ajaw/ahau
(geschrieben ajaw), „göttlicher König",
Maya-Herrscher in der Klassischen Zeit

Akropolis
höherliegendes Zentrum eines Tempel-
bezirks (Haupttempel, Hauptpyramide, Herr-
schersitz) bzw. einer archäologischen Stätte

alameda
Stadtpark, Promenade, große Plaza (von
álamos – Pappeln, die es dort meist gab)

alcalde
(arab./span.) Hoheitsträger mit richterlichen Befugnissen (*alcalde mayor*,
Gemeindeoberhaupt, Bürgermeister)

Allende
y Unzaga, Ignacio de (1779–1811);
Unabhängigkeitsführer von 1810

amatl
(amate) prähispanisches Bastpapier, das
aus der Rinde zweier Ficus-Baumarten
gewonnen wird; einst für die *códices*
gebraucht

andador
Fußgängerweg bzw. -Zone

anexo
Anbau, Nebenraum (bei archäologischen
Tempeln)

anthropomorph
menschlich-tierische Darstellungsformen
und Objekte, z.B. bei den Olmeken ver-
menschlichte Jaguare

antro
Bar, Nachtclub

arrecife
Riff

arroyo
Trockenfluss, -bach

arte popular
„Gebrauchs"-kunst, Volkskunst

artesanías
Kunsthandwerk

arzobispal
erzbischöflich

Atlanten
(sing. Atlant, span. *atlantes*, auch
telamones), skulptierte männliche
Steinfiguren als Pfeiler oder als Träger
von Dächern bzw. Dachgebälk

audiencia
Oberste Verwaltungs- und Gerichtsbehörde Neu-Spaniens (1. *audiencia* 1528–30, 2. *audiencia* v. 1530–32), die Richter hießen *oidores*

autochthon
(griech.) alteingesessen, die Ur- bzw. indigene Bevölkerung

auto de fé
(auch *autodafé*), „Glaubensakt", Verkündung und Vollstreckung eines kirchlichen Urteils, z.B. das von Maní 1562

autopista
Autobahn

ayuntamiento
Rathaus

azulejos
farbig glasierte Tonfliesen, ursprünglich blau (azul), meist mit Ornamenten, vor allem in Puebla zu sehen, dort heißen sie *talaveras*

B

baktun
Zeitspanne beim Maya-Gemeinjahr *Haab*: 400 Jahre zu jeweils 360 Tagen

balam
maya, Jaguar (auch bolom, bahlum)

balneario
Schwimmplatz, Schwimmbad

barranca
tiefe Schlucht

barrio
Wohn/Stadtviertel

biósfera
Biosphäre (B.-Reservat, Öko-Park)

Blattkreuz
(auch Blätterkreuz), eine Maispflanze, deren abstehende Seitenarme behaarten Maiskolben ähneln und die an ihren Enden Menschenköpfe tragen die nach oben blicken. Auf ihrer Spitze thront der Himmelsvogel, und unten entsprießt sie der Maske des Erdmonsters. Im kosmologischen Modell der Maya versinnbildlicht das Blattkreuz die Mittelachse der Welt; s.a. *Weltenbaum*

bolero
Schuhputzer

boleto
Fahrschein, Eintrittskarte

bolom
maya, Jaguar (auch balam, bahlum)

bóveda
(span.) *Kraggewölbe*

Brasseur
französischer Pater und Maya-Forscher, übersetzte das *Popol Vuh* und veröffentlichte 1864 das Buch „Relación de las Cosas de Yucatán" von *Landa*

brujería
Zauberei, Magie

brujo
span. Zauberer, Hexer, Indígena-Schamane

C

caballero
span. „Reiter", heute als Anrede „Herr"

cabaña
einfache Hütte

cabildo
span., Stadt-/Gemeinde-/Versammlungsrat; Verwaltungsgebäude

cacique
(Kazike), indigener Herrscher, heute auch Ortsmächtiger (das Wort stammt von den Arawak auf den Antillen)

caleta
kleine Bucht

calle
Straße

callejón
enge oder kurze Gasse

calzada
Fahrdamm, Chaussee

camarín
Seitenkapelle einer Kirche

camino
Weg

camión
Bus

campesinos
indigene Landbewohner, Kleinbauern und Landarbeiter

cañada
(kleine) Schlucht, Senke

cantina
Bar, (Männer)-Kneipe

capilla abierta
vorn offene Kirche oder Kapelle (oft in Muschelform) zum Predigen zu einer großen Menge Indígenas (die als Ungetaufte nicht in die Kirche durften)

cardón
Säulenkaktus *(Cereus pringlei)*

Carranza
Venustiano (1859–1920); Revolutionsführer und mexikanischer Präsident ab 1914, wurde ermordet

carretera
Straße

casa de cambio
Wechselstube

casa de contratación
spanische Behörde, die seit 1503 den Handel mit den amerikanischen Kolonien überwachte und reglementierte

casa de huéspedes
kleines Gästehaus

Casas
Bartolomé de las (1474–1566); spanischer Priester, der sich für die Urbevölkerung einsetzte, 1544 Bischof von Chiapas. Hauptwerk: „Kurzer Bericht über die Verwüstung und Zerstörung der Indischen Länder" *(Brevísima relación de la destrucción de las Indias occidentales)*.

cascada
Wasserfall

casona
span., Herrenhaus, Mansión (Wohnsitz)

ceiba
(ceiba pentandra; maya *ya'axché)* Kapokbaum, höchster Urwald- und heiliger Baum der Maya, er symbolisiert den kreuzförmigen *Weltenbaum* der Maya

cempasúchil
gelb-orange Ringelblume *(Tagetes erecta,* engl. Marigold), wird als *flor de muertos* zum Schmücken der Totenaltäre im November verwendet

cenote
(maya *tz'onot)* ganzjährig wasserführendes Becken (Doline) bzw. Brunnen auf Yucatán

central camionera
Busterminal *(terminal de autobuses)*

cerrada
Sackgasse

cerro
Hügel, Bergspitze, Anhöhe, Verkleinerungsform *cerrito*

Chaak
Regengott der Maya in der postklassischen Epoche. Im Klassikum trägt er vielerlei Namenszusätze

Chak Mool
„Roter Jaguar", Name für ein halb rücklings liegendes menschliches Wesen mit seitlich gewendetem Kopf, angezogenen Beinen und einer Opferfläche vor dem Bauch. In weiten Teilen Mexikos verbreitet, bekannt ist der Chak Mool von Chichén Itzá (maya-toltekisch)

charreada
mexikanische Reiterspiele (Rodeo)

charro
mex. Rinderhirt zu Pferd, Cowboy

chava/o
Mädchen, Typ

Chenes
Maya-Bau- bzw. Architekturstil aus dem End-Klassikum, benannt nach der Region *ch'e'en* im Osten des heutigen Bundesstaates Campeche. Charakteristisch ist die Gestaltung von Portalen als große Rachen von Schlangen, Masken oder Monstern oder anthropomorphe Darstellungen (halb Mensch, halb Tier), die Eingänge zur Unterwelt symbolisieren. Wichtige Chenes-Stätten sind *Hochob, Dzibilnocac* und *Chicanná* (Struktur II)

chicanos
Mexikaner in den USA

chicle
eingekochter Saft des Zapotebaums *(Chico zapote)* zur Herstellung von Kaugummi *(zapote)*

chiclero
Chiclesammler

Chilam Balam
Sammelname für Maya-Handschriften („Bücher des Jaguarpriesters"). Die *chilam* (oder *chilanes,* „Wahrsager", „Dolmetscher") waren bei den Maya zuständig für Orakel und Weissagungen. Die einzelnen Handschriften (mehr als 10) enthalten auf über

1000 Seiten Berichte vom Schöpfungsmythos der Maya, Prophezeihungen, Legenden, ihr kosmologisches und astronomisches Wissen sowie Chroniken vergangener Zeiten. Diese Enzyklopädie wurde nach ihrer Übersetzung im 16. und 17. Jh. für die Maya-Forschung zu einer der wichtigsten Quellen.

chilangos
Bewohner von Mexiko-Stadt (geringschätziger Ausdruck)

chile
Chileschote (Chili)

chinampas
künstliche See-Inseln in (seichten) Binnenseen zur Landgewinnung und als Anbaubaufläche landwirtschaftlicher Produkte mit hohen Ernteerträgen durch gleichmäßige Befeuchtung von unten („Schwimmende Gärten", Reste in Xochimilco/Mexiko-Stadt)

choza
Maya-Hütte mit Wänden aus Palisadenhölzern (mit Lehm und Stuck verputzt), Grundriss oval oder rechtwinklig

chulel
tierischer Schutzgeist, Schutztier der Maya-Völker (*tonal* in Zentral- und Nordmexiko). Im Glauben vieler Indígena-Völker (Maya-Völker, Azteken, Mazateken u.a.) hat jeder Mensch ein ganz bestimmtes Tier als Beschützer.

chultún
(maya) Zisterne zum Sammeln von (Regen)Wasser im Kalkgestein von Yucatán

Churriguerismus
Sonderform der spätbarocken spanischen und hispanoamerikanischen Architektur, die auf den spanischen Architekten *José Benito de Churriguera* (1650–1723) zurückgeht. Anderer Name Ultrabarock. Den C. charakterisiert überladener, vielfältig gegliederter Fassadenschmuck mit sich nach unten verjüngenden Wandpfeilern, *estípites,* und ornamentierte Wand- und Deckenflächen. Der C. wurde in Mexikos am Ende des 18. Jahrhunderts durch den *Klassizismus* abgelöst

ciénaga
(sumpfige) Lagune

Ciudad
(Cd.) Stadt

claustro
Kreuzgang/Wandelgang mit Säulenreihen um einen viereckigen Klosterhof

cochenille
(Koschenille) getrocknete und zu Pulver zermahlene Schildläuse (Opuntien/Nopal-Schädlinge) zur (früheren) Herstellung des roten Farbstoffs Karmin

códices
(Sing. **codex**): ziehharmonikaartig gefaltete, bis zu 6,5 m lange Bilderhandschriften prähispanischer mesoamerikanischer Kulturen, hauptsächlich der Maya, Nahua (Azteken), Mixteken u.a. Das Papier wurde aus den Fasern der Feigenbaumrinde (Ficus cotinifolia) gefertigt und vor dem Beschreiben und Bemalen mit einer dünnen Kleisterschicht aus feinem Kalk versiegelt. Die Texte handeln von historischen, religiösen, mythologischen und astronomischen Themen. Von den ehemals zahllosen **Maya-Códices** sind nur noch drei erhalten und nach ihrem Aufbewahrungsort benannt: *Codex Dresdensis* (der ästhetisch schönste), *C. Peresianus* (Paris), *C. Tro-Cortesianus* (Madrid; mit 6,7 m der längste). Ein vierter, der *Codex Grolier* wurde erst 1971 in einer südmex. Höhle gefunden, ist aber nur ein Restfragment. Er befindet sich – wie auch Kopien der anderen – im Anthropologischen Museum in Mexiko-Stadt **Mixteken-Códices:** *Bodley, Nuttall, Becker* u.a. Nahua- bzw. **Azteken-Códices:** *Mendoza, Humboldt, Borgia, Borbonicus, Florentinus* u.a.

cofradía
dörfliche, indigene Bruderschaft, verbunden mit Gemeinschaftsdiensten und Ämtern (Oaxaca, Chiapas)

colectivo
Kollektiv-Taxi, Sammelkleinbus

colegio
Kolleg bzw. Collegium, kirchliche Schule, Bildungseinrichtung

colonia
(col.) Stadt-/Wohnviertel

comal
flacher, pfannenartiger Teller, auf dem

Tortillas zubereitet oder überm Feuer aufgewärmt werden

comedor
span. „Esssaal", preiswertes Restaurant

comida corrida
preiswertes Menü zum Festpreis (Tagessessen)

comida típica
orts-/landesübliches Essen

compadre
Gevatter, Familienpate, der Wahlverwandte einer Familie

comunidad
indigene Dorfgemeinschaft

conchero
(aztekische) Tänze mit Muschelketten (*concha* „Muschel")

conjunto
(archäologischer) Komplex

conquista
die spanische Eroberung des mexikanischen Hochlands von April 1519 bis 13.08.1521 (Zerstörung von Tenochtitlán). In Yucatán von 1527–1542. Der offizielle Gebrauch des Wortes wurde vom spanischen König Philipp II. 1573 verboten (aufgrund der anklagenden Berichte von *Bartolomé de las Casas*)

conquistador
Angehöriger der spanischen Eroberungstruppen, Söldnerführer

consejo
Verwaltungsrat

convento
Kloster

copal
(maya *pom*) Harzklumpen bestimmter Bäume (Zäsalpinien) zum Räuchern bei religiösen Zeremonien

corregidor
kolonialzeitlicher oberster Verwaltungsmann einer Stadt mit richterlichen Befugnissen

Cortés
Hernán (1485–1547); der Eroberer des Aztekenreichs und Mexikos

correos
Postamt

costumbre
Brauchtum, kulturelle Tradition

coyote
Schlepper, Fluchthelfer beim illegalen Grenzübertritt von Mexiko in die USA

crestería
durchbrochener Dachkamm auf Maya-Bauten

criollos
rein spanischstämmige Bewohner Mexikos bzw. Hispanoamerikas

cuadra
Häuser- bzw. Straßenblock

cubrebocas
Gesichtsmaske (Atemschutz)

Cuauhtémoc
„Herabstoßender Adler" (geb. 1496), letzter freier Aztekenherrscher (Nachfolger von *Cuitláhuac*), wurde in Tenochtitlán 1521 besiegt. Cortés nahm ihn 1525 auf seine Expedition nach Süden (Honduras) mit, wo er ihn unter dem Vorwurf des Verrats am 28.02.1525 beim Río Candelaria (Itzamkanac, heute Ausgrabungsstätte El Tigre) erhängen ließ.

cuesta
Bergabhang, Anhöhe

cueva
Höhle

cuota
Maut, gebührenpflichtige Autobahn

curandero
Naturheilpraktiker, Naturheiler

D

danzón
traditioneller Tanz von Veracruz (wird langsam getanzt)

delegación
Großer Stadtbezirk in Mexiko-Stadt mit vielen *colonias*

de lujo
de luxe, Luxus-Bus

de paso
durchkommender, nicht am Ort abfahrender Bus

Díaz
Porfirio (1830–1915); mexikanischer Diktator, seine harte Regierungszeit (1876–80 und 1884–1911) wird als *Porfiriat* bezeichnet

dintel
Türsturz (engl. *lintel*)

Don, Doña
Herr, Frau – höfliche Anrede

E

edificio
Gebäude

ejido
gemeinschaftliches (kommunales) Indígena-Land, kollektiv bewirtschaftet oder zur Selbstbewirtschaftung überlassen

embarcadero
Bootsablegestelle, Kai, Pier

encomendero
Lehnsherr, Inhaber einer *encomienda*

encomienda
(von span. *encomendar,* anvertrauen); die zwangsweise Heranziehung freier Einheimischer als Leibeigene spanischer Lehnsherren bzw. Landbesitzer (verdiente Konquistadoren wurden damit bedacht). Trat im 16. Jh. anstelle des auf offener Sklavenarbeit beruhenden *repartimiento*-Systems

enramada
einfache Palmhütte

ensenada
(kleine) Bucht

ermita
kleine Landkirche, Wallfahrtskapelle

estípites
sich nach unten verjüngende Pilaster (Pfeiler), Fassaden vorgesetzt

esquina
Ecke zweier Straßen

estación del ferrocarril
Bahnhof

este
Osten

estero
Flussmündung

Ex-Convento
früheres Kloster

exvotos
Votiv-Bilder, selbstgefertigte/-gemalte (Altar-) Bildchen, z.B. zum Dank für eine Heilung

F

fandango
fiesta (Bedeutungswandel von Spanien nach Mexiko: dort Tanz, hier Fiesta)

faro
Leuchtturm

fayuca
Schmuggelware

feria
Fest (landwirtschaftliches), Kirmes

finca
Grundstück, Plantage, Farm

fonda
Gasthaus, kleines Restaurant, Imbiss

fortín
Fort, Festungsanlage

fraccionamiento
Wohnviertel, (umzäuntes/ummauertes/bewachtes) Neubaugebiet

Fray
Bruder; vor Vornamen von Geistlichen bzw. Mönchen bestimmter Orden

frontera
Grenze

frontón
Spielfeld wo *jai alai* gespielt wird

fuente
Brunnen

fuerte
Festungsanlage, Bollwerk

G

gachupines
auch *chapetones,* Schimpfname für Spanier in Mexiko

glorieta
Kreisverkehr, runde Verkehrsinsel

Glyphen
s. *Hieroglyphen*

gobierno
Regierung („Palacio de Gobierno" – Regierungspalast)

Grijalva
Juan de; span. Seefahrer, befuhr 1518 die Küste Nord-Yucatáns und die Golfküste

gringo
ursprüngliche Bezeichnung für US-Amerikaner; heute in ganz Lateinamerika (abwertende) Bezeichnung für einen Angehörigen eines nichthispanischen (westlichen) Landes. Im nördlichen Mexiko wird der *gringo* auch *gabacho* genannt

gruta
Grotte, Höhle

Guarda equipaje
Gepäckaufbewahrung

güero/a
(sprich guero/a), so werden in Mexiko
Blonde bzw. Hellhäutige genannt

Guerrero
Gonzalo; schiffbrüchiger spanischer
Seemann, der 1511 an die Ostküste
Yucatáns gespült wurde (zusammen mit
Aguilar). Er nahm sich in Chetumal die
Maya-Häuptlingstochter Zazil Há zur Frau
(mit der er zwei Söhne hatte, erste Urahnen
der mexikanischen Mestizen) und kämpfte
mit den Maya gegen das Vordringen der
spanischen Truppen, dabei fiel er 1536.

H

Haab
Maya-Sonnen- oder Gemeinjahr, 360 Tage
(kin), eingeteilt in 18 Monate *(uinic)* zu 20
Tagen mit zusätzlicher 5-tägiger
Jahresendperiode *uayeb*

hacendado
Besitzer einer *hacienda*

Hacienda
großes Landgut bzw. Plantage mit abhängigen Arbeitskräften, entstanden ab ca.
1550 aus staatlichen Landschenkungen.
Viele mexikanische Haciendas wurden
heute zu teuren Luxushotels umgebaut, vor
allem auf Yucatán

Halach uinic
Maya-Herrscher („wahrer Mann")

hamaca
Hängematte

henequén
maya, verspinnbare Agavenfaser für Seile
usw.

Hidalgo
Edelmann bzw. Titel des niederen spanischen
Geburtadels, Anredetitel „Don" oder „Doña"

Hidalgo
y Costilla, Miguel (1753–1811); Padre,
mexikanischer Nationalheld, stieß am
16.09.1810 in Dolores den „Grito von
Dolores" aus, den Aufruf zur nationalen
Erhebung, damit begann der
Unabhängigkeitskampf Mexikos.

Hieroglyphen
(griech. „eingravieren") Bilderschrift aus
Zeichen und Symbolen. Eine Hieroglyphenschrift kann sowohl Ideogramme (Logogramme) enthalten, also Bildzeichen, die für
ein ganzes Wort stehen oder Begriffe repräsentieren, wie auch phonetische Zeichen, die
für bestimmte Laute stehen (Lautschrift).
Wobei aber die Logogramme der Maya-
Schrift nicht unbedingt Abbilder der Dinge
waren, die sie zeigten, und nicht Einzellaute,
sondern Silben aufgezeichnet wurden

hispanos
Einst Spanien-Abkömmlinge in Mexiko, in
den USA vor allem Personen hispanischer
Herkunft

hotun
Zeitabschnitt im Maya-Kalender, 5 Jahre

huapango
traditioneller Tanz der Huasteken (Veracruz,
San Luis Potosí, Tamaulipas)

huipil
(hipil) kurzärmlige oder ärmellose Bluse,
Überhemd bzw. Hemdkleid der Indígena-
Frauen (meist schön bestickt)

Humboldt
Alexander von (1763–1859); großer dt.
Südamerikaforscher der 1803/04 auch
Mexiko bereiste (Acapulco, Taxco, Mexiko-
Stadt, Pachuca, Querétaro, Guanajuato,
Actopan, Puebla, Veracruz)

I

Idol
Kleinplastik, Abbild einer Gottheit

i-griega
griechischer „i", bedeutet „y" und ist auch
eine Metapher für Straßengabelung

iglesia
Kirche

iguana
Leguan (Echse)

Ikonographie
Beschreibung und Klassifizierung bildlicher
Darstellungen (z.B. Reliefs, Hieroglyphen)

incensario
(porta de); Terrakotta- bzw. Keramikfigur für
Räucherwerk *(copal)*, meist dekoriert mit einem Göttergesicht oder einer Monster-Maske

Indígenas
die autochthone (alteingesessene), „indianische" Bevölkerung

Indio
ursprünglich die spanische Bezeichnung für die Bewohner Amerikas bzw. „Indiens" (geogr. Irrtum von Kolumbus); heute abwertende Bezeichnung für die *Indígenas*

Inquisition
geistliche Behörde bzw. höchstes Gericht in Glaubensfragen, das Verstöße gegen die katholische Lehre verfolgte und Ketzer verurteilte (in Mexiko 1539–1815)

in situ
archäologisches Objekt am originalen (Fund-)Platz

insurgentes
„Aufständische", die Anführer des Freiheitskampf gegen Spanien von 1810, Hidalgo, Allende, Aldama und Jiménez

J

jai alai
die mexikanische Form des baskisch-spanischen Pelota-Spiels (ein kleiner Ball wird mit bananenförmigen Körben gegen eine Wand geschleudert; sehr schnelles Spiel)

jarana
traditioneller Tanz auf Yucatán und Musik-/Tanzform aus Veracruz; auch hochgestimmte Gitarre

jardín
Garten

jarocho/a
Einwohner(in) des Bundesstaates Veracruz

Juárez
Benito; (1806–1872); Zapoteke und erster indigener Präsident Mexikos (1858)

K

Kahlo
Frida (1907–54); mexikanische Malerin (Vater aus Pforzheim), war verheiratet mit *Diego Rivera,* dem wichtigsten Repräsentanten der mexikanischen Wandmalererei

Kapitell
der oberste Teil (Kopf) bei Säulen und Pfeilern als Zwischenglied zwischen Stütze und Lastauflage; oft verziert

katun
Zeitphase im Maya-Kalender *Haab:* 20 Jahre zu je 360 Tagen

kin
(maya) „Sonne" bzw. „Tag" im Maya-Kalender

Klassik
Zeit- und Ereignisschema für die historische Abfolge und die Entwicklungsstadien Mexikos und Mesoamerikas. Die „Präklassik" reicht (von Urzeiten) bis ca. 200 n.Chr., die „Klassik" von 200–909 n.Chr., die „Postklassik" 910–1517

Konquistador
s. Conquistador

Kraggewölbe
Konstruktion aus vorkragenden (vorspringenden) Steinlagen zweier gegenüberliegenden Wände und einem oberen Abschlussstein für ein Dachgewölbe (span. *bóveda*) oder für einen Torbogen, auch „Schein-", „falsches" oder „Maya-Gewölbe" genannt. Das typische Kennzeichen klassischer Maya-Architektur (Palenque u.a.)

Kreolen
(criollos) rein spanischstämmige Bewohner Mexikos bzw. Hispanoamerikas

Kreuzgang
Wandelgang mit Säulenreihen um einen viereckigen Klosterhof

Kukulkán
der mayanische *Quetzalcóatl* (maya *kukul* = Vogel bzw. Quetzal, *kán* = Schlange), versinnbildlicht durch den Vogel-Schlangen-Mann: aus einem aufgerissenen Schlangenrachen schaut ein menschlicher Kopf hervor. Bei den Guatemala-Maya *Gucumátz*

L

Ladinos
in Guatemala und teils auch in Chiapas Bezeichnung für jene Bevölkerungsteile, die nach dem Vorbild westlicher Kultur leben bzw. stark in der hispanischen verwurzelt sind (zur Abgrenzung von traditionell lebenden *Indígenas*). Auch Eigenbezeichnung von Stadtbewohnern.

lago
See

laguna
Lagune, flacher See

lancha
Boot

Landa
Diego de (1524–1579); Bischof von Yucatán, fanatischer Inquisitor und zugleich Ethnograph, der sich intensiv für die Kultur der Maya interessierte und 1566 seine Beobachtungen in seinem Hauptwerk „Relación de las Cosas de Yucatán" (Bericht über die Angelegenheiten von Yucatán") niederschrieb. Eine der zuverlässigsten Quellen der Maya-Forschung.

Lange Zählung
(auch „Initialserie" genannt); Maya-Zählprinzip, basierend auf der Einheit 20 (Vigesimalsystem) und Anwendung der Null. Mit ihm werden fortlaufend alle Tage und Jahre gezählt, die seit dem Nullpunkt des mayanischen Kalenders im 4. Jahrtausend v.Chr. vergangen sind (11.08.3114). Die Lange Zählung ist – noch vor dem indischen – das älteste Rechensystem der Menschheit mit der Erfindung und Einbeziehung der „0". Ihr Gebrauch wurde um 900 n.Chr. mit dem Zusammenbruch des mayanischen Klassikums aufgegeben.

Latifundium
Land eines Großgrundbesitzers, das von Leibeigenen oder abhängigen Bauern in Abwesenheit des Besitzers bewirtschaftet wird. *Latifundistas:* Großgrundbesitzer

lavandería
Wäscherei

libramiento
Umgehungsstraße um eine Stadt

lintel
(engl.) Türsturz (span. *dintel*)

Licenciado
Akademikertitel, insbesondere Anwälte bzw. alle, die mal an einer Uni waren und eine *Licenciatura* abgeschlossen haben

lista de correos
„Briefliste", postlagernd

lienzo
span. „Leinwand", im Sinne von Indígena-Hand- bzw. Bilderschrift *(códices)*

llano
Flachland, Ebene

Logogramme
Schriftzeichen oder Symbol, das ein Wort bezeichnet

M

machismo
übersteigertes mex. Männlichkeitsbewusstsein

Madero
Francisco (1873–1913); liberaler Sohn eines Großgrundbesitzers von Coahuila, ab 1910 Revolutionsführer an der Seite von Zapata und Villa gegen Díaz, 1911 mexikanischer Präsident, 1913 erschossen

maguey
mex. Name für Agave, s. dort

Maler
Teobert (1842–1917); deutsch-österreichischer Architekt, Fotograf und Pionier der Maya-Archäologie, durchforstete 1880/1890 die Yucatán-Halbinsel nach Maya-Stätten und fertigte von vielen hervorragende Fotografien an, arbeitete eng mit dem franz. Archäologen Charnay zusammen

malecón
Straße am Meer entlang, Uferpromenade, Kai

Malinche/Malintzín
(náh.), auch *La Malinche,* span. getauft als Doña Marina, richtiger Name wahrscheinlich *Ce Malinali Tenepal,* Tochter eines aztekischen *caciquen,* geb. wahrscheinlich in Painala in der Nähe des Flusses Coatzacoalcos. Malinche war Cortés' einheimische Dolmetscherin (sie sprach aztekisch bzw. *náhuatl* und Yucateco-Maya), Geliebte und Ratgeberin (auf den *códices* der Azteken sitzt sie oft neben ihm). Mit ihr hatte er einen Sohn, Don Martín Cortés. Nach der Eroberung von Tenochtitlán gab Cortés Malinche einem seiner Hauptleute zur Frau. Malinche ist auch das mex. Symbol des Verrats und ausländischer Bevormundung *(malinchismo).*

Maquiladoras
Industriebetriebe mit Niedriglöhnen nahe der US-Grenze; Vorprodukte werden zollfrei eingeführt und billig exportiert

Mariachi
typ. mex. (Straßen)-Gesangsmusikgruppe
mit Trompeten und Gitarren

marías
Frauen, die in Mexiko-Stadt mit
Kleinkindern auf der Straße leben

marimba
xylophonartiges Musikinstrument mit
Tonhölzern

matachine
Tanz und Musik der Tarahumara

matapalo
Würgefeige *(Ficus lapathifolium);* ihre Luft-
wurzeln erdrosseln ihren Wirtsbaum

Maximilian I.
von Habsburg (1832–1867); jüngster
Bruder des österreichischen Kaisers Franz
Josef I. Wurde auf Vorschlag von Napoleon
III. 1864 Kaiser von Mexiko und nach einem
Militärprozess in Querétaro standrechtlich
erschossen

Mayab
das Territorium der prähispanischen Maya
(„Land der Auserwählten")

mayordomo
gewählter Träger eines religiösen und sozialen Amtes mit gewissem politischen Einfluss,
Autorität. Noch üblich in indigenen Gebieten
(Chiapas, z.B. bei den Chamula), nicht aber
mit einem offiziell gewählten Bürgermeister
vergleichbar. Ursprünglich span.: Haushof-
meister, Gutsverwalter; s.a. *alcalde*

Mazariegos
Diego de; spanischer Konquistador, stieß
nach Chiapas vor

Mennoniten
menonitas, deutschstämmige protestantische Minderheit (Chihuahua, Yucatán u.a.
Orte)

mercado
Markt (stationär, Markthalle, im Gegensatz
zum temporären *tianguis*)

Mesoamerika
kulturgeografische Bezeichnung des
Gebiets der altmexikanischen und der
Maya-Kulturen von Nordmexiko bis einschließlich Honduras bzw. des Maya-
Gebiets (nicht identisch mit dem geografischen Mittelamerika)

Mestize
lat. *mixticius,* Mischlinge unterschiedlichen
Grades europäisch-indigener Eltern. Also der
Großteil der Mexikaner. Die Vermischung ist
die *mestizaje*

Mestizo-Stil
indigen beeinflusster barocker Baustil

metate
(náh.) konkaver Stein, auf dem mit dem
Handreibestein, dem *mano,* beidhändig Mais
zerdrückt bzw. gemahlen wird. Der Metate
kann auch drei kleine Füßchen haben

mezcal
Agavenschnaps (mit Wurm)

Migración
Mex. (Pass-)Behörde zur Verlängerung der
Aufenthaltsgenehmigung

milpa
(aztek. *milpan,* Feld); Anbaumethode durch
Brandrodung (Milpa-Feldbau), älteste
Methode zur Aussaat bzw. Kultivierung von
Nutzpflanzen, noch heute praktiziert

mirador
Aussichtspunkt

mochila
Rucksack

Moctezuma I.
(richtiger: Motecuhzoma Ilhuicamina,
„Pfeilwerfer des Himmels"), Aztekenherrscher, Regierungszeit 1440–1469. Er baute
Tenochtitlán und den Aztekenstaat auf.

Moctezuma II.
(richtiger: Motecuhzoma Xocoyotzin, „unser
Herr, der Erhabene") aztekischer Herrscher,
erweiterte das Aztekenreich in mehreren
Feldzügen nach Süden und unterlag dann
Cortés. Regierungszeit 1502–1519. Er wurde
entweder von den Spaniern ermordet oder
starb durch Steinwürfe aus einer Menschen-
menge.

mojiganga
Mummenschanz, lustiges Treiben bzw. tan-
zende Clowns oder „Puppen" mit übergro-
ßen Pappmaché-Köpfen bei Straßenfesten
oder Bühnenaufführungen

Monolith
aus einem einzelnen großen Steinblock ge-
fertigte Säule, Statue oder anderes
Architekturteil

Montejo y León
Francisco de, Vater („El Adelantado") und
Sohn („El Mozo", der Jüngere, 1507–1564);
sie eroberten ab 1527 Yucatán. Montejo d.J.
gründete 1542 Mérida.

Morelos
y Pavón, José María (1765–1815); Priester
und Unabhängigkeitsführer wie Hidalgo
und Allende

mordida
„Biss"; Bestechungs- und Schmiergeld

mota
Marihuana

motocicleta
Motorrad

Mozarabischer Stil
Stilbezeichnung für die maurisch geprägte
christliche Architektur und Kunst in den
ehemals arabisch besetzten Gebieten
Spaniens (Hufeisen-Arkaden, islamische
Kapitelle und Ornamentik; s.a. *Mudejar-Stil*

muchacha
kleines Mädchen, Haushalts-Dienstmädchen

Mudejar-Stil
(arab.); Bau- und Dekorationsstil, bei dem
sich islamische (maurische) Baukunst und
Ornamentik mit spanischer Gotik vermischt. Charakteristisch sind hufeisenför-
mige Bögen und Arkadengänge, arabeske
Stuckornamente, Kassettendecken aus
Holz, farbig glasierte Kacheln *(azulejos),*
prunkvolles Schnitzwerk. Der Name leitet
sich von den *Mudejaren* ab, den 1492 nach
der Vertreibung der Mauren in Spanien
verbliebenen arabischen Künstlern und
Handwerkern.

muelle
Pier

municipal
städtisch; *Municipalidad:* Gemeindeverwaltung

municipio
verwaltungstechnische Zusammenfassung
von Kleinstädten und umliegenden
Dörfern

murales
Wandmalereien mit historischen und poli-
tisch-sozialkritischen Inhalten

muralismo
Kunst der Wandmalerei

N

Nagualismus
(Nahualismos), von aztek. *nahualli,* „Maske,
Verkleidung". Bei nahezu allen Indígena-
Ethnien verbreiteter Glaube an einen tierischen (oder pflanzlichen) Schutzgeist, der
mit dem Menschen schicksalhaft verbunden ist (Simultanexistenz). *Nahualli* ist eine
(in der Regel bösartige) Person, die sich
nachts in ein Tier verwandelt und ihr
Unwesen treibt

Náhuatl
klassisches *náhuatl* sprachen die Azteken,
aber auch andere prähispanische Völker
Zentralmexikos (Tolteken). Gegenwärtig
existieren verschiedene dialektale
Varianten, in abgelegenen Gebieten ist
Náhuatl oftmals noch die wichtigste
Verkehrssprache der Bevölkerung

naos
spanische Handelsgaleonen

Neu-Spanien
(Nueva España) Spanisches Vizekönigreich
der Kolonialzeit, das außer Mexiko auch
Texas, Kalifornien, Mittelamerika und
Venezuela umfasste. Hauptstadt war
Ciudad de México

Nevado
Berggipfel oder „verschneit"

Niños héroes
„Heldenkinder", die sich 1847 im US-
Interventionskrieg in Mexiko-Stadt den US-
amerik. Truppen entgegenwarfen. Ihrer
wird alljährlich patriotisch gedacht

noche triste
„Traurige Nacht" (für die Spanier) von 30.06.
auf 01.07. 1520, weil die Azteken den Eindringlingen dabei hohe Verluste beibrachten

norte
Norden

O

Obregón
Alvaro (1880–1928); Revolutionsführer und
mexikanischer Präsident 1920–24

Obsidian
vulkanisches schwarzes Gesteinsglas
(Silizium) für überaus scharfe Messer, Werkzeuge und Waffenspitzen, begehrt bei allen
mesoamerikanischen Völkern, ursprünglich

von Teotihuacán und Tula stammend, bei den Maya aus dem Mayab-Hochland (heutiges Guatemala, Jilotepeque u.a.)

occidente
Westen; *occidental:* westlich

oeste
Westen

oratorio
Bethaus, Hauskapelle

oriente
Osten; *oriental:* östlich

P

padre
Vater, Priester; „qué padre" – wie gut, schön, prima

palacio
Palast oder Herrenhaus

Palacio Municipal
Rathaus

Palacio de Gobierno
Regierungspalast, Regierungssitz

palapa
palmwedelgedeckte Hütte, meist ringsum offen (z.B. als Palapa-Restaurant)

panadería
Bäckerei

panga
kleines Boot oder Fähre

panteón
(auch: camposanto) Friedhof

paracaidista
„Fallschirmspringer", Bezeichnung für illegalen Siedler

parada
Bushaltestelle/Straßenecken

parroquia
Pfarrkirche

pasamontañas
Kopfmasken (nur die Augen bleiben frei) der Zapatisten (Chiapas)

Paseo
breiter Boulevard, Promenade, Fußgängerzone, auch das abendliche Flanieren um den Zócalo

paso
Passhöhe

pastelería
Konditorei

patio
Innenhof eines Hauses, meist von (doppelgeschossigen) Arkaden umgeben

pelota
juego de; rituelles prähispanisches Ballspiel

península
Halbinsel

peña
Musikkneipe mit Folkloremusik

peón
ungelernter Arbeiter, landwirtschaftlicher Tagelöhner

periférico
Ring-(Umgehungs)-Straße

pesero
Name für einen *colectivo* (Kleinbus) in Mexiko-Stadt

Petén
(maya, Insel); Provinz im Nordosten Guatemalas, Herzland der Maya-Kultur

peyote
kleiner stacheloser Kaktus mit halluzinogenen Wirkstoffen

Pib na
(maya, „unterirdisches Haus"), Schrein- oder Sakralräume in Tempeln

Pilaster
aus einer (Kirchen-)Fassade heraustretende Pfeiler zur Wandgliederung

piñata
mit Süßigkeiten gefüllte Pappmaché-Figur (Stern), die mit einem Stock und mit verbundenen Augen zerschlagen wird. Vor allem in der Adventszeit darf die *piñata* bei keinem Fest (das heißt dann *posada*) fehlen

plateresker Stil
(span. platería, Silberarbeiten); filigraner Dekorations- und Ornamentsstil. An Fassaden fein ziselierte Steinmetzarbeiten mit Blumen-, Ranken- und Fantasie-Elementen

plaza
Platz (plazuela = Plätzchen)

Poblano-Stil
Variante des mexikanischen Barocks (18. Jh.): mit Talaveras (Kacheln) verblendete Kirchen- und Hausfassaden, weißer indigener Stuckornamentik und roten Ziegeldächern. Um die Städte Puebla und Tlaxcala

pochteca
aztekische Fernhändler

polychrom
vielfarbig

pom
s.Copal

poniente
Westen (bei Straßen)

Popol Vuh
„Buch des Rates" (oder der
Ratsversammlung), Buch der Quiché-Maya
(heutiges Guatemala), das die mythologische Schöpfungsgeschichte der Maya und
ihrer Herrscherdynastien zum Inhalt hat. Es
wurde ca. 1545 auf der Grundlage eines
(verschwundenen) Maya-Glyphenbuchs
und mündlichen Überlieferungen von Pater
F. Jiménez in lateinischer Schrift niedergeschrieben und später von dem franz. Pater
Brasseur entdeckt und übersetzt und 1861
veröffentlicht („Geschichte der zivilisierten
Völker Mexikos und Zentralamerikas")

Porfiriat
Regierungszeit des Diktators Porfirio Díaz
(1876–80 und 1884–1911)

portales
Arkadenbögen zwischen Pfeilern oder
Säulen (meist um die Plaza de Armas oder
bei kirchlichen Bauten)

portico
(Portikus) Säulenhalle/-raum in Tempeln

posada
kleines Hotel („Herberge"); *posadas* sind
Vorweihnachtsfeiern

posh
selbstgebrannter, hochprozentiger Schnaps,
traditionelles Trancemittel in Chiapas

Postklassik
s. Klassik

prähispanisch
die Zeit vor der spanischen Eroberung
Mexikos

Präklassik
s. Klassik

präkolumbisch
die Zeit vor Kolumbus, die Zeit vor der
spanischen Eroberung Mexikos

presa
span. Staudamm, Stauwehr

Presbyterium
(hinterer) Chorraum einer Kirche

profan
weltlich, unkirchlich, alltäglich

prolongación
(abgekürzt prol.), Verlängerung (einer
Straße)

propina
Trinkgeld (das keine *mordida* ist)

pueblo
Ort, Ortschaft

puente
Brücke

puerto
(Pto.) Hafen

pulque
vergorener, weißlicher alkoholischer
Agavenmost; bei den prähispanischen
Völkern Ritual-Trunk

punta
Landspitze

Puuc-Stil
Maya-Architekturstil, benannt nach einer
Hügellandschaft bei Mérida (Uxmal, Sayil
u.a.). Charakteristisch für den Puuc-Stil sind
keine Stuckreliefs wie z.B. in Palenque, sondern kahle untere Mauernzonen und überreich verzierte Oberteile (Friese, Gesimse
und Türsturze)

Q

quebrada
Bach, Klamm

Quetzal
Urwaldvogel mit farbenprächtigem, grünem Federschmuck (lange Schwanzfedern),
bei den mesoamerikanischen Herrschern
(Maya und Azteken) begehrt für Federkronen *(penachos)*, heute nahezu ausgestorben. Die Maya verehrten den Quetzal
auch als Götterbote, bei ihnen hieß er
Kukulkán.

Quetzalcóatl
Die **„Gefiederte Schlange"** (geschmückt mit
grünen Federn des Quetzal-Vogels) war die
zentrale Gottheit der gesamten mesoamerikanischen Götterwelt und Urgott aller Nahua-
Stämme (Tolteken und Azteken, bei letzteren
war Quetzalcóatl der Schöpfergott im Zeitalter

der „Fünften Sonne"). Er hatte sich aber auch schon um die Zeitenwende in *Teotihuacán* manifestiert (Quetzalcóatl-Pyramide).

Es gibt verschiedene Deutungen und Theorien über ihn und er war für viele Bereiche zuständig, z.B. war er der Gott der Fruchtbarkeit, der vier Element und Schutzpatron der Künste. Als ein Mischwesen versinnbildlichte Quetzalcóatl die Dualität und die Erde, die Grundlage allen Lebens. Was zu beachten ist: Die toltekischen Priesterkönige trugen gleichfalls den Titel Quetzalcóatl. Der Legende nach verließ ein solch vergöttlichter Herrscher das Toltekenreich nach Osten übers Meer, und nach einer mythischen Weissagung sollte er auf einem Schiff wiederkommen – was dann zu dem tragischen Missverständnis der Azteken führte, die in Cortés anfänglich den wiederkehrenden (weißhäutigen) Quetzalcóatl erblickten. Unter der Führung des existierenden, historischen Quetzalcóatl, *Ce Acatl Topiltzin Quetzalcóatl* (König von Tula, geb. vermutl. um 940; *ce acatl* = das aztekische Jahr 1 Rohr) sollen Tolteken, noch vor dem Jahr 1000 (vermutlich 987), nach Yucatán (Chichén Itzá) gezogen sein. Bei den Maya hieß Quetzalcóatl **Kukulkán** (Quetzal = *Kukul*), s. dort.

Nach der Interpretation des aztek. Autors *Xokonoschtletl Gomora* war Quetzalcóatl auch das **heiligste Symbol der Azteken:** *„Einen Menschen, der über große Weisheit verfügt, nennen wir Quetzalcóatl. Quetzal heißt ,hübsch' und cóatl ,Schlange', Quetzalcóatl ist die ,hübsche Schlange'. Sie verkörpert für uns die Weisheit. Jede Kultur hat ihren eigenen Begriff für die Weisheit. Für die Spanier und ihre Missionare war die Schlange das Symbol des Bösen, des Teufels. Deshalb dachten sie, unser Volk würde den Teufel anbeten, als sie unsere zahlreichen Schlangensymbole sahen".*

quinta
Herrenhaus, Stadtpalast, auch Landhaus

quiosco
kleiner, erhöhter und überdachter Musikpavillon in meist schmiedeeiserner Ausführung in der Mitte der mexikanischen *zócalos*

Quiroga
Vasco de (1470?–1565); Indigenenfreundlicher Franziskaner-Mönch, wirkte in Pátzcuaro

R

rancho
Landgut mit überwiegend extensiver Viehzucht

Real Audiencia
oberstes Gericht Neu-Spaniens

rebozo
span. „Umschlagtuch", traditionelles Schultertuch der Frauen, Schal

Reduktion
Missionsterritorium (Jesuiten) mit begrenzter Selbstverwaltung (hauptsächlich in Südamerika)

refugio
Schutzhütte

Relief
sich plastisch aus einer Fläche (Stein oder Holz) erhebende Darstellungen. Je nach ihrer Ausarbeitung bzw. Erhöhung unterscheidet man Flach-(Bas-)Reliefs, Halb- oder Hochreliefs

Repartimiento
span. „Verteilung"; Feudal(Herrschafts-)besitz mit versklavten Ureinwohnern zur Zwangsarbeit

retablo
dt. Retabel, „Brett, Gemäldetafel", das Wort setzt sich zusammen aus lat. *retro* = hinter und *tabula* = Brett); prunkvolle, meist mit feinstem Blattgold überzogene Schaufront hinter dem Hochaltar, mit Heiligenbildnissen, Gemälden und Skulpturen geschmückt; ursprünglich vor dem Altartisch befindlich, später auf und dann hinter ihm, in mexikanischen Kirchen der Barock-Epoche oft monumental die ganze Rückwand des Presbyteriums (Chorraum) ausfüllend

ría
eine schmale und lange, tief in das Land eindringende Meeresbucht

Río Bec
Maya-Baustil im Süden Yucatáns, ähnlich dem *Chenes*-Stil. Typisch sind kompaktschlanke, kantengerundete sehr steile Zwillingstürme bzw. „Scheinpyramiden"

Rivera
Diego (1886–1957); berühmtester mex. Wand- und Freskenmaler, er schuf monumentale Wandgemälde der mex. Geschichte *(murales)*

S

sacerdote
Priester

Sahagún
Bernardino de (1500–1590), Franziskaner-mönch; er schrieb als erster urmexikanische Dichtungen und Überlieferungen in der Náhuatl-Sprache und die Eroberung des Aztekenreichs und Tenochtitláns aus indi-gener Sicht auf (*„Historia general de las cosas de la Nueva España"*), ein 12bändiges Werk (*Codex Florentinus,* 1555)

sakbe
(Plural *sakbeob*). Schnurgerade, dammartig erhöhte und teilweise sehr lange Verbin-dungsstraßen zwischen Maya-Städten und auch innerorts von Maya-Städten, hauptsäch-lich in der Mitte und im Norden Yucatáns. *Sakbe* – „weiße Straße" leitet sich von der Deckschicht mit weißen Kalksteinen ab

sala capitular
Kapitelsaal, Versammlungsraum eines Klosters

sanitarios
Toiletten

santuario
Kirche mit Heiligenschrein, Schutzgebiet

sarape
traditionelles Umhangtuch, Decke, Poncho

Schamane
Geisterbeschwörer, Naturheilpraktiker

Semana Santa
Karwoche (Ferienzeit)

señorío
herrschaftlicher Besitz

serranía
Gebirgsland

sierra
(„Säge"), Gebirgskette

siesta
Ruhepause nach dem Mittag

sitio
archäologische Stätte, Taxistand

son
(pl. *sones*), spezieller mexikanischer regio-naler Musikstil, z.B. an der Golfküste *son ja-rocho* und *son huasteco*

Stele
(griech.) freistehende, aufrechte und in den Boden eingelassene kantige oder runde Steinsäule (Monolith), oder auch in Platten-form, meist mit (datierten) Inschriften oder Reliefs versehen. Stelen dienten als Kult,-Weihe,- Grenz- oder Siegesobjekte

Stuck
(Mörtel-)Gemisch aus gebranntem Kalk, Muschelschalen oder Kalkstein. Das wich-tigste Material der Maya, um Reliefs und Masken zu modellieren und Steingebäuden eine Schutzschicht zu geben. Stuck diente außerdem als Malgrund und es wurden da-mit auch Stelen ummantelt

Sukkulenten
Wasserspeichernde, dickblättrige Pflanzen (*succulentus* – fleischig, saftig), heimisch in Trockenzonen und Wüsten

sur
Süden

T

Tablero-Talud (o. Talud-Tablero)
Architekturstil zur plastischen Fassaden-gestaltung an Bauten und Pyramiden, be-sonders in Teotihuacán angewandt: Auf eine schräge bzw. gebösche Wand *(talud)* wird eine senkrechte *(tablero)* gesetzt. Es gibt viele stilmäßige Abwandlungen und von Teotihuacán aus verbreitete sich das Prinzip über ganz Mexiko (Cholula, El Tajín u.a.)

Stein- und Geröllfüllung

talaveras
s. Azulejos

taller
Werkstatt

tapatío
Einwohner von Guadalajara

taquería
(Straßen)-Verkaufsstelle für Tacos

taquilla
Fahrkarten-/Kartenschalter

temazcal
Dampf- oder Schwitzbad der Maya (für rituelle Reinigungen)

temblor
Erdbeben

templo
Tempel, Kirche, Kapelle, Kathedrale

Tenochtitlán
Hauptstadt der Azteken bei der Ankunft der Spanier (heute steht hier Mexiko-Stadt). Nicht zu verwechseln mit der Pyramidenstätte Teotihuacán außerhalb von Mexiko-Stadt (wird oft verwechselt)

teocalli
(náh. „Götterhaus" oder „Heiliges Haus"), auch allgem. für „Heilige Pyramide" bzw. sakrale Tempelpyramide

terremoto
sehr starkes Erdbeben

tezontle
leicht bearbeitbarer rosa- bis dunkelroter Tuffstein (vulkanisch) zum Bau von Palästen und Kirchen (Mexiko-Stadt u.a. Kolonialstädte)

tianguis
Indígena-Markt, temporärer „Open-air"-Markt, z.B. Straßenmarkt

tienda
Laden

tlalocán
in der Mythologie der Azteken das Paradies des Regengottes Tláloc

tlatoani
aztekischer Herrschertitel („der für andere spricht", oder „Großer Sprecher")

tonal
(auch *tonali*), tierischer Schutzgeist, Schutztier bei den Völkern in Zentral- und Nordmexiko *(chulel)*

topes
Querschwellen auf Straßen, damit Fahrzeuge die Geschwindigkeit herabsetzen

trajinera
buntbemaltes Touristenboot auf den Kanälen von Xochimilco (Mexiko-Stadt)

transbordador
Fährschiff

tranvía
aus engl. tramway (dt. „Tram"); Straßenbahn

trova
spezielle Form von Musik und Balladenliedern auf Yucatán (*trova yucateca*)

tumba
Grab

tun
Maya-Jahr zu 360 Tagen (Haab-Gemeinjahr)

tzolkin
Ritualjahr von 260 Tagen

tzompantli
(náh.) „Schädelgerüst" oder „Schädelplattform", Bauwerk der Tolteken, Azteken und Maya, auf dem die aufgespießten Schädel besiegter Feinde oder geopferter Menschen zur Schau gestellt wurden

U

uayeb
19. Kurzmonat im Haab-Gemeinjahr, 5 Unglückstage

uinic
Maya-Monat im Haab-Gemeinjahr

urbanización
(Urb.) Wohnviertel (Vorort)

V

vaquero
Cowboy, Rinderhirt

verbena
nächtliches Fest am Vorabend von Patronats-Festen (regional) oder nächtliches Wohltätigkeits-Fest

viajera/o
Reisende/r

Vigesimalsystem
Zahlen- und Rechensystem der Maya, basierend auf der 20-Einheit. Reihenfolge also nicht dezimal (1 – 10 –100 –1000 usw.), sondern 20 – 400 – 8000 usw.

Villa
Pancho (= Francisco, 1878–1923); charismatischer mexikanischer Revolutionsheld, Mitstreiter von Zapata, kämpfte mit seiner Aufständischen-Armee „División del Norte" gegen die Regierungstruppen. Richtiger Name *Doroteo Arango*.

Virreinato
Vizekönigreich, Periode der span. Herrschaft ü. Mexiko (1521–1821).

Virrey
Vizekönig (Vizekönige waren Beamte des span. Königs mit einem befristeten Dienstverhältnis)

Visionsschlange
die Maya stellten Visionen als Schlangen dar, aus deren Köpfe die angebeteten Vorfahren blicken

Voladores de Papantla
ritueller „Fliegertanz"; vier Männer lassen sich rücklings von einem hohen Mast gleiten, totonakischen Ursprungs (s. Exkurs „Voladores – die fliegenden Menschen")

W

Waldeck
Johann Friedrich Maximilian von (1766–1875); Künstler und Abenteurer, fertigte 1832-34 über 100 (idealisierende) Zeichnungen und Aquarelle von Palenque an

Weltenbaum
der kreuzförmige *wacah chan* ist im kosmologischen Modell der Maya das Zentrum des Kosmos und die Verbindungslinie zwischen natürlicher und übernatürlicher Sphäre. Die Enden seines Querarms stellen Schlangenköpfe dar, auf der Spitze thront der Himmelsvogel. Symbolisiert wird er durch den (kreuzförmigen) Ceiba-Baum; s.a. *Blattkreuz.*

X

xibalba
Maya-Unterwelt, Schattenreich, Hades

Z

Zapata
Emiliano (1879–1919); Mexikos legendenumwobener Revolutionsheld, kämpfte ab dem Beginn der mexikanischen Revolution 1910 für *tierra y libertad* und die Campesinos

zapote
oder *Chico zapote* (*Manilkara zapota,* maya *Y'aa,* dt. Breiapfelbaum), Kautschukbaum mit sehr hartem Holz. Aus dem weißen Rindensaft wird die Rohmasse für Kaugummi gewonnen *(chicle)*

zócalo
(span. Sockel); zentraler (Markt)-Platz einer mexikanischen Stadt (Name je nach Region auch anders)

zona peatonal
Fußgängerzone

Zona Rosa
„Rosarote Zone", (teures) Touristenviertel in Mexiko-Stadt

zoomorph
tiergestaltige Objekte (Masken)

Zumárraga
Juan de; erster Erzbischof von Mexiko-Stadt, ließ viele aztekische *códices* verbrennen

Peru entdecken

Entdecken und erleben

Der optimale Reisebegleiter für das beliebteste Andenland Südamerikas, Peru. Alle Reise-Highlights wie Cusco, Machu Picchu, Arequipa, Titicacasee, Amazonas-Tiefland, Kulturstädten in Nordperu, berühmte Kolonialstädte sowie **Abstecher nach La Paz und Tiwanaku in Bolivien.**

Reiseinformationen

Detailgenaue, verlässliche Reise-informationen mit unterhaltsamen Themen über Land und Leute, visualisiert durch zahlreiche Fotos und Illustrationen.

Kultur und Geschichte

Zusätzlich ein Kulturführer für die Welt der Inkas mit kulturellen Bräuchen und Fiestas. Dazu geschichtliche Hintergründe und historische Zusammenhänge.

Adressen und Karten

Die besten Adressen für unterwegs, viele Karten und Stadtpläne, alle eng mit dem Inhalt verzahnt.

43 detaillierte Karten, Stadtpläne und Übersichtskarten

Über 250 Fotos und Abbildungen

Tipps und Aktivitäten

Feste und kulturelle Veranstaltungen, viele Tipps und Vorschläge für Aktivitäten und zur Gestaltung freier Zeit.

Informative Exkurse, Glossar und Sprachhilfe Spanisch

Tipps & Empfehlungen zu Unterkünften und Restaurants, Web-Adressen, Exkurse

Stichwortregister A–Z, Griffmarken, Seiten- und Kartenverweise

10. komplett aktualisierte Auflage 2020
ISBN 978-3-89662-585-4
288 Seiten | € 17,50 [D]

Reise Know-How Verlag H. Hermann und C. Blind GbR, Markgröningen

Peter Smolka

Zum zweiten Mal
mit dem Rad um die Welt:

Rad ab 2

Vier Jahre, 68 Länder
und 88.000 Kilometer

Job gekündigt, Auto verkauft, Wohnung
leergeräumt und alles, was man für viereinhalb Jahre braucht, in ein paar Pack-
taschen verstaut – im Frühjahr 2013 lässt
der Erlanger Abenteurer Peter Smolka das
bequeme Leben hinter sich, um den Globus zu umradeln. Er startet nach
Osten. Eine Reise ins Ungewisse.

Bis nach Russland begleiten ihn drei Freunde aus Erlangen, jenseits von
Moskau ist Smolka dann allein unterwegs. Auf langen Umwegen über
Pakistan und Südindien geht es weiter nach China, wo er an der Grenze
vier Wochen lang festsitzt. Ein Jahr nach dem Aufbruch steht der Erlanger
in Shanghai am Pazifik. Von dort bringt ihn ein Containerschiff nach Kanada.

Als langsam Reisender ist Peter Smolka immer ganz nah an den Menschen
und an der Natur. Er nimmt Indien intensiv mit der Nase auf, Südostasien
mit dem Gaumen, genießt die Freiheit in der Weite Kanadas. Auf seinem
Weg nach Südamerika kann ihn auch ein Überfall in Nicaragua nicht aufhalten. Als ihm nach 60.000 Kilometern in Argentinien allerdings das treue
Fahrrad gestohlen wird, steht er kurz vor dem Abbruch der Reise.

Von Brasilien wählt Peter Smolka den Seeweg nach Kapstadt, um dann
ganz Afrika vom Kap der Guten Hoffnung bis nach Kairo zu durchqueren.
Über den Bosporus kehrt er nach Europa zurück. Nach viereinhalb Jahren
und 88.000 geradelten Kilometern durch 68 Länder kommt er wieder in
Erlangen an.

Taschenbuch ISBN 978-3-89662-526-7 · € 17,90 [D]
E-Book ISBN 978-3-89662-633-2 · € 12,99 [D]

Mehr Infos auf www.rkh-reisefuehrer.de

Stichwortregister A–Z

A-Z

A-Z

Bitte schreiben oder mailen Sie (verlag@rkh-reisefuehrer.de), wenn sich vor Ort Dinge verändert haben oder Sie Neues wissen. Besten Dank!

A-Z

Kartenübersicht A–Z

(Seite / Kapitel ■)